Martin Wagener

Kulturkampf um das Volk

Martin Wagener

Kulturkampf um das Volk

Der Verfassungsschutz und die nationale Identität der Deutschen

lau verlag

Bibliografische Information
der Deutschen Nationalbibliothek
Die Deutsche Nationalbibliothek verzeichnet diese
Publikation in der Deutschen Nationalbibliografie;
detaillierte bibliografische Daten sind
im Internet über http://dnb.d-nb.de abrufbar.

MIX
Papier | Fördert
gute Waldnutzung
FSC® C014138

1. Auflage 2021
2., leicht korrigierte Auflage 2024

ISBN 978-3-95768-228-4

Internet: www.lau-verlag.de

Umschlagentwurf: pl, Lau-Verlag, Reinbek
Umschlagabbildung: ullstein bild - joko
Satz und Layout: pl, Lau-Verlag, Reinbek
Druck und Bindung: Finidr, s.r.o.
Printed in Czech Republic

Inhalt

Gewidmet den mutigen Männern und Frauen,
die im Herbst 1989 eine deutsche Diktatur zu Fall brachten und
damit den Grundstein für die Wiedervereinigung legten.

I. Kulturkampf

> »Es ist eine alte und weise Maxime, daß neue Maßregeln und Einrichtungen im Staate an schon vorhandene geknüpft werden müssen, damit sie, als heimisch und vaterländisch, im Boden Wurzeln fassen können.«[1]
>
> Wilhelm von Humboldt, 1819

Was sich vor nun schon über 30 Jahren auf dem Gebiet der Deutschen Demokratischen Republik (DDR) abgespielt hat, war nicht mehr und nicht weniger als eine nationale Eruption. Dabei ging es zunächst um das Streben nach Freiheit und eine Beendigung der Herrschaft der Sozialistischen Einheitspartei Deutschlands (SED). Die Forderungen der Demonstranten bewegten sich dann jedoch schnell auf ein neues Ziel zu. Aus dem Schlachtruf »Wir sind das Volk!« wurde »Wir sind ein Volk!«. So fiel die Berliner Mauer in spektakulärer Weise am 9. November 1989. Die Deutschen entdeckten in den kommenden Monaten ihre gemeinsamen Wurzeln wieder. Schlusspunkt der Entwicklung war die Wiedervereinigung des Landes am 3. Oktober 1990.

Wer die damalige Zeit nicht miterlebt hat, wird sich kaum vorstellen können, dass Gemeinschaftsgefühle mit nationalem Anklang keine Seltenheit waren. Während in den Reden von Bundeskanzlerin Angela Merkel emotionale Bezüge zum deutschen Volk und zur deutschen Nation heute fast vollständig verschwunden sind, beendete ihr Vorgänger Helmut Kohl nicht nur seine Ansprachen zum Jahreswechsel mit identitär[2] aufgeladenen, fast schon salbungsvollen Worten: »Gott schütze unser deutsches Vaterland!«[3]

Seit der Wiedervereinigung hat sich diese Situation drastisch verändert. Begriffe wie »deutsches Volk« und »deutsche Nation« gelten immer mehr als antiquiert. Dafür sind mehrere Ursachen zu nennen. Von der Bundesregierung wird seit vielen Jahren eine nachhaltige Umformung der Zusammensetzung der Bevölkerung betrieben. Das Staatsangehörigkeitsrecht war 1999 von der rot-grünen Bundesregierung unter Führung von Bundeskanzler Gerhard Schröder (R 1998–2005) zugunsten der Errichtung einer multikulturellen Gesellschaft – aber auch zur Verbesserung der eigenen Wahlchancen –[4] geändert worden. Unter Angela Merkel wurde diese Politik nicht nur fortgesetzt, sondern forciert. Sie baute die Christlich Demokratische Union Deutschlands (CDU) Schritt für Schritt zu einer Mittelinks-Partei um, so dass es immer weniger Kritik in den eigenen Reihen an der Umsetzung des zunächst nur rot-grünen Gesellschaftsprojekts gab. Die Verdrängung konservativer Mitbewerber um Führungsämter in der Union sollte sich 2015 auszahlen. Die Bundeskanzlerin ordnete an, dass es keine systematischen Kontrollen von Flüchtlingen und Migranten an der deutschen Grenze gibt. Stattdessen wurde von staatlicher Seite zunächst eine »Willkommenskultur« zum Maß der Dinge erklärt. Mit weitreichenden Folgen: Von Januar 2015 bis Dezember 2020 stellten 1 769 607 Menschen einen Erstantrag auf Asyl in Deutschland.[5]

Parallel dazu ist es weder im Schulunterricht noch in Politik und Medien zu einer Historisierung der Ära des Dritten Reiches gekommen. Der Tiefpunkt der deutschen Geschichte wird weiterhin genutzt, um das nationale Narrativ primär negativ aufzuladen. Einen erheblichen Beitrag zu dieser Lage haben Aktivisten der Generation der 1968er und ihre politischen Nachkommen geleistet,[6] die sich in einem Punkt immer einig waren: Die deutsche Nation darf in der Form ihrer Gründung im 19. Jahrhundert wegen der Untaten der Nationalsozialisten keine Zukunft haben.[7] In der politischen Elite wagten es nur wenige, sich dieser Entwicklung entgegenzustellen. Zu ihnen gehörte der ehemalige Bundeskanzler Helmut Schmidt (R 1974–1982), der in einem Interview am 9. November 1999 erklärte: »Die Deutschen müssen lernen, dass die eigenen Beiträge im Guten wie im Schlechten zu unserer Geschichte dazugehören. […] Die Deutschen schwelgen derzeit in der Hervorhebung der negativen Seiten der deutschen Geschichte. Die dürfen auch nicht vergessen werden, aber die deutsche Geschichte besteht nicht nur aus einem Verbrecheralbum. Das ist der Irrtum einiger Wichtigtuer.«[8] Zum mit Abstand größten Verbrechen der Nationalsozialisten führte er aus: »Das ist ganz sicher so, dass der Holocaust an den Juden Europas noch Jahrtausende im Bewusstsein der Menschen aufgehoben sein wird. Aber gleichwohl wäre es zerstörerisch, den Holocaust und den von Hitler inszenierten Zweiten Weltkrieg zum allerheiligen moralischen Maßstab der Deutschen zu machen.«[9]

Die Linie Helmut Schmidts konnte sich nicht durchsetzen – ganz im Gegenteil. Das in der Phase der Wiedervereinigung reanimierte Gemeinschaftsgefühl der Deutschen sollte schnell wieder verblassen. Stattdessen wird heute immer mehr ersichtlich, dass Fragen der nationalen Identität zutiefst belastet sind. Für das Regierungsprojekt[10] der Multikulturalisierung des Landes ist dies von großem Vorteil: Je diffuser der Begriff »Deutscher« erscheint, desto mehr Möglichkeiten gibt es, ihm mit neuen Inhalten wieder Konturen zu verschaffen.

Wer sind wir?

Die Deutschen haben schon immer mit sich, ihrer Geschichte, den nationalen Brüchen und der eigenen Identität gehadert. Der Politikwissenschaftler Samuel P. Huntington fragte 2004 mit Blick auf die amerikanische Gesellschaft: »Who are we?«[11] Um nicht weniger geht es derzeit auch in Deutschland: »Wer sind wir?« Angela Merkel hat sich mehrfach dazu geäußert, etwa am 10. April 2013 auf einem Festakt des Bundesamts für Migration und Flüchtlinge (BAMF): »[…] wir wollen ein Integrationsland werden. […] Deshalb darf es keine Frage der Herkunft sein, sondern es muss für jeden klar sein: Jeder, der sich mit seinem jeweiligen kulturellen Hintergrund, mit seinen Interessen, Kenntnissen, Erfahrungen in Wirtschaft, Gesellschaft und Politik in unserem Land einbringt, ist ein Gewinn für unser Land.«[12] Zu diesem Ansatz passt, dass Merkel nicht zu Grenzkontrollen bereit ist. Die Bundesregierung ist zudem nicht willens, Abschiebungen in angemessener Zahl zu organisieren.[13] Zusätzlich setzt sie sich dafür ein, auch Flüchtlingen ohne berechtigten Asylgrund eine Bleibeperspektive zu eröffnen.[14]

Zwei Entwicklungen kommen nun zusammen. Mit dem Zuzug der Flüchtlinge und Migranten werden Fakten geschaffen. Parallel dazu erweist es sich als günstig, dass die nationale Identität der Deutschen gestört ist. Denn wäre sie intakt, dann wäre die Politik Merkels seit 2015 in der erfolgten Form vermutlich nicht möglich gewesen. Dies alles hat zu einer massiven Polarisierung der deutschen Gesellschaft beigetragen.

Und zur Wiederbelebung eines alten Themas, der Identitätsfrage. Was also ist das deutsche Volk? Was ist die deutsche Nation? Und am wichtigsten: Wer gehört dazu und wer nicht? Keine dieser Fragen ist neu. Gegenwärtig könnten sie sich aber in einer finalen Form stellen. Das Bundeskanzleramt ist sich der sozialen Sprengkraft der Thematik natürlich bewusst. Das Deutsche Reich war 1871 als Nationalstaat formiert worden, welcher sich an der Idee der Kulturnation orientierte. Die derzeitige Regierung versucht dagegen, Ausländer sowie deutsche Staatsbürger mit und ohne Migrationshintergrund in einer neuen Willensnation zusammenzufügen. Sollte es künftig ein Kabinett mit grüner Beteiligung auf Bundesebene geben, wird das Vorhaben mit noch stärkerer Entschlossenheit vorangetrieben werden.

Im November 2020 haben sich die Grünen ein neues Grundsatzprogramm gegeben, in dem gefordert wird, die »Einwanderungsgesellschaft [...] als Staatsziel im Grundgesetz zu verankern.«[15]

Das große Problem an diesem Unterfangen ist, dass es Kernbereiche menschlicher Identität berührt. Soll der Aufbau der Willensnation gelingen, muss sich die Regierung in diesen Kernbereich einmischen. Die Termini »deutsch«, »deutsches Volk« und »deutsche Nation« sind neu zu konstruieren. Zugleich müssen jene, die heute in einer mittlerweile schon abwertenden Form als »Biodeutsche«[16] bezeichnet werden, eine solche Identitätsumbildung mittragen. Doch genau dazu sind viele Menschen offensichtlich nicht bereit.

Datenerhebungen zeigen, dass Versuche einer Neukonstruktion der deutschen Identität an Grenzen stoßen. Im Spätsommer 2016 hat das Institut für Demoskopie Allensbach eine Umfrage mit erstaunlichen Ergebnissen durchgeführt. Gefragt wurde: »Gibt es so etwas wie einen deutschen Nationalcharakter, oder gibt es das eigentlich nicht?« 57 Prozent der Befragten bejahten das Vorliegen eines Nationalcharakters, 26 Prozent sahen ihn nicht. Selbst Anhänger der Grünen gingen zu 46 Prozent von der Existenz eines deutschen Nationalcharakters aus. Dagegen waren nur 19 Prozent der Befragten der Meinung, Moscheen würden zum Leben in Deutschland dazugehören.[17] Eine weitere Frage lautete: »Wenn immer mehr Einwanderer nach Deutschland kommen, geht dann das, was Deutschland war, allmählich verloren, oder glauben Sie das nicht?« 53 Prozent der Interviewten sahen negative Folgen für Deutschland, 30 Prozent waren nicht dieser Ansicht.[18]

Weitere Antworten vervollständigen das Bild. So stimmten 76 Prozent der Befragten folgender Aussage zu: »Ausländer, die in Deutschland leben, sollten sich an der deutschen Kultur orientieren. Natürlich können sie ihre eigenen Bräuche, Sprache oder Religion pflegen, aber im Konfliktfall sollte die deutsche Kultur Vorrang haben.« Die Anhänger dieser Aussage sind seit 2000 gewachsen; damals stimmten nur 61 Prozent der Formulierung zu.[19] Die Umfrage bot zur Vertiefung des Punktes zwei verschiedene Aussagen zur Auswahl an: »Ich finde, deutsch sein hat nicht unbedingt etwas mit Herkunft und Tradition zu tun. Für mich sind alle diejenigen Deutsche, die den deutschen Pass besitzen, das Grundgesetz und unsere freiheitliche demokratische Grundordnung akzeptieren und danach leben.« Dem wurde folgende Position entgegengestellt: »Für mich reicht das allein zum Deutsch sein nicht aus. Deutsch sein ist mehr und hat auch mit Herkunft und Tradition zu tun. Menschen ausländischer Herkunft, die den deutschen Pass besitzen und schon länger hier leben, sind für mich daher noch lange keine ›richtigen‹ Deutschen.« Die Ergebnisse der Umfrage stehen im Gegensatz zur Regierungspolitik. 39 Prozent stimmten Aussage 1 und 49 Prozent Aussage 2 zu.[20]

Nach den Maßstäben des Bundesamts für Verfassungsschutz (BfV) kann damit etwa die Hälfte der Deutschen als latent oder offen rechtsextremistisch eingestuft werden. Denn die von den Nachrichtendienstlern heute verwendete Definition dessen, was einen Rassisten ausmacht, ist sehr weitreichend. Demnach rückt eine Person in die Nähe der Verfassungsfeindlichkeit, sobald sie sich einem Volk zugehörig fühlt und dies über den Gesichtspunkt der Abstammung begründet. Entsprechend haben die Verfassungsschützer im Gutachten zur Partei Alternative für Deutschland (AfD) vom 15. Januar 2019 die Gedanken jener kritisiert, die von einem »ethnisch-biologischen und/oder ethnisch-kulturellen Volksbegriff«[21] ausgehen. In vielen Fällen werden sie damit sogar richtig liegen. Wenn Menschen durch entsprechende Einordnungen ab- oder aufgewertet werden, liegt eindeutig Rassismus vor.

Die Definition des BfV ist allerdings viel zu ungenau. Die Formulierungen »ethnisch-biologisch« und »ethnisch-kulturell« werden inhaltlich gleichbehandelt, was nicht korrekt ist.[22] Zudem wird behauptet, dass weitere Begriffe wie etwa »Überfremdung«, »Auflösung«, »Zersetzung der Gesellschaft«, »Remigration« und »Massenabschiebung« »eine Parallele zum rechtsextremistischen Diskurs erkennen lassen.«[23] Das kann je nach Kontextverwendung zutreffen, bedeutet aber nicht, dass die genannten Termini – wie es suggeriert wird – per se verfassungsfeindlich sind. Unübersehbar ist, dass mit solchen und vielen weiteren Aussagen alle unter Verdacht geraten, die sich kritisch zum Multikulturalismus äußern und zugleich dem deutschen Volk für zugehörig erklären – ganz ohne Überlegenheitsgefühle, sondern als Ausdruck der eigenen Identität. Oft reicht bereits die Feststellung von interkulturellen Unterschieden aus, um eine Meinungsäußerung als rassistisch einzuordnen.

Bereits 2006 hatte der Politikwissenschaftler Hans-Gerd Jaschke das Vorgehen des BfV kritisiert. Er verglich die publizistische Zurückhaltung der Behörde in den 1980er-Jahren mit den aktuellen Aktivitäten einer »expandierenden Öffentlichkeitsarbeit«[24]. Die entstandene Transparenz begrüßte er. Jaschke sah die damit verbundene Einmischung in politische Diskurse jedoch kritisch, was er vor allem auf die »wachsende Definitionsmacht«[25] der Verfassungsschützer bezog: »Sie prägen nicht unerheblich die öffentliche und in Teilbereichen auch die wissenschaftliche Diskussion über politischen Extremismus.«[26]

Das BfV geht daher mittlerweile über seinen ursprünglichen Auftrag, zu dem natürlich der in jeder Hinsicht notwendige Kampf gegen den Rechtsextremismus gehört, deutlich hinaus. Im Sinne einer politischen Erwartungshaltung des linksliberalen politischen Lagers wird im Kampf gegen die »Neue Rechte« insinuiert, dass es Verbindungslinien zwischen demokratischen Konservativen und Rechtsextremisten gebe. Sie würden zu ähnlichen Themen arbeiten, ähnliche Positionen vertreten und auch sprachlich ähnliche Formulierungen nutzen. Auf diese Weise trägt die Behörde dazu bei, Fragen der nationalen Identität als potenziell verfassungsfeindlich zu kontaminieren.

Die Positionierung des BfV wird bei den Funktionären der Linken, der Grünen und der Sozialdemokratischen Partei Deutschlands (SPD), aber auch der Freien Demokratischen Partei (FDP) sowie der CDU und der Christlich-Sozialen Union (CSU) weithin geteilt. Das hat für die politische Auseinandersetzung Folgen. Es wird, erstens, der Eindruck erweckt, dass nationale Identität in geradezu typischer und exklusiver Weise von Rechtsextremen gelebt wird. So werden Bürger abgeschreckt, sich zu ihrem Volk zu bekennen, weil eine solche Haltung eventuell als verfassungsfeindlich eingeordnet werden kann. Zweitens hat das BfV im Januar 2019 die AfD zum »Prüffall« erklärt. Eine solche Einordnung wurde ihm zwar bereits kurze Zeit später gerichtlich untersagt, aber die mit der Einstufung verbundene Botschaft konnte dennoch abgesetzt werden: Wer sich mit Fragen der nationalen Identität befasst, könnte Gefahr laufen, als verfassungsfeindlich vorgeführt zu werden. Zugleich sind auf diese Weise potenzielle Wähler eingeschüchtert worden, der Partei ihre Stimme zu geben. Ein weiterer Nebeneffekt wurde erzielt, um mögliche Diskussionen des Nationalen einzuhegen: Konservative Kräfte in der SPD, der FDP und der CDU/CSU dürften mitbekommen haben, dass es für die eigene Karriere besser ist, das Thema ad acta zu legen.

Der Umgang des BfV mit der nationalen Identität der Deutschen ist in der derzeitigen Form nicht nur neu, sondern in Teilen auch unsachlich und ahistorisch. Die Verfassungsschützer in Köln hätten sich vielleicht für eine weniger einseitige Herangehensweise entschieden, wenn sie die Zusammenfassung der Allensbach-Umfrage vom Spätsommer 2016 durch Thomas Petersen zur Kenntnis genommen hätten. Dieser betrachtet den mit Abstand kritischsten Punkt sehr differenziert: »Zur Wirklichkeit in Deutschland gehört, dass mindestens eine relative Mehrheit der Bevölkerung ihre eigene Nationalität auch über eine in Jahrhunderten gewachsene Kulturtradition und eine gemeinsame Herkunft definiert. Das hat mit Chauvinismus oder Fremdenfeindlichkeit nichts zu tun, sondern es ist Ausdruck eines meist nicht tiefer reflektierten, aber dafür umso tiefer im Unterbewusstsein verankerten Identitätsgefühls. Wer solche Vorstellungen pauschal als ›völkisch‹ diffamiert, verwässert damit nicht nur diesen Begriff, sondern er wird den Zuspruch der Menschen verlieren und sie nationalistischen Bewegungen in die Arme treiben.«[27]

Dagegen hat sich die Regierung auf eine Art Kulturkampf[28] um die Deutungshoheit dessen, was das eigene Volk ausmacht, eingelassen; dabei assistiert ihr das BfV. Zu den Ergebnissen dieser Politik gehört, dass sich viele Menschen aus Sorge vor den Konsequenzen in der Ausübung ihrer Meinungsfreiheit zurückhalten. Für diese Bewertung lassen sich mittlerweile zahlreiche Belege anführen.

Im Mai 2019 hatte eine weitere Allensbach-Umfrage zu Tage gefördert, dass sich die große Mehrheit der Bevölkerung nur noch im privaten Kreis traut, offen eigene politische Ansichten zu äußern. In der Öffentlichkeit bevorzugten es 78 Prozent, ihre Meinung regelmäßig für sich zu behalten.[29] Insgesamt betrachteten 41 Prozent der Befragten das etablierte Niveau politischer Korrektheit in Deutschland als überzogen.[30] Mit Blick auf ein konkretes Beispiel bedeutet dies: 66 Prozent der Bundesbürger vertraten die Meinung, es sei übertrieben, dass »man nicht mehr von ›Ausländern‹, sondern von ›Menschen mit Migrationshintergrund‹ spricht«.[31]

Solche Einstellungen stehen weit entfernt von der genormten Sprachwelt der politisch-medialen Elite[32], von der sich die Mehrheit der Menschen geradezu gegängelt fühlt. So stimmten 57 Prozent der Befragten der folgenden Aussage zu: »Mir geht es auf die Nerven, dass einem immer mehr vorgeschrieben wird, was man sagen darf und wie man sich zu verhalten hat.«[33] 63 Prozent fanden sich in diesen Sätzen wieder: »Heutzutage muss man sehr aufpassen, zu welchen Themen man sich wie äußert. Es gibt viele ungeschriebene Gesetze, welche Meinungen akzeptabel und zulässig sind und welche eher tabu.« Nur 23 Prozent sahen das nicht so, der Rest positionierte sich unentschieden.[34]

Vor den Landtagswahlen in Brandenburg und Sachsen 2019 hatte Infratest Dimap eine Umfrage durchgeführt. Die Ergebnisse waren eindeutig. 64 Prozent der Brandenburger und sogar 69 Prozent der Sachsen stimmten der Aussage zu, dass man heute bei bestimmten Themen »ausgegrenzt [wird], wenn man seine Meinung sagt.«[35] Ein Jahr zuvor waren 526 Schriftsteller vom Poets, Essayists, Novelists(PEN)-Zentrum Deutschland und dem Institut für Medienforschung der Universität Rostock befragt worden, wie sie zur Meinungsfreiheit in Deutschland stehen. 75 Prozent zeigten sich besorgt.[36]

Auch bei jungen Menschen dominiert diese Einstellung. Die Shell Jugendstudie 2019 ist zu dem Ergebnis gelangt, dass in der Generation der 12- bis 25-Jährigen 68 Prozent der folgenden Aussage zustimmen: »In Deutschland darf man nichts Schlechtes über Ausländer sagen, ohne gleich als Rassist beschimpft zu werden.«[37] Die Mehrheit der Jugendlichen äußerte sich zudem kritisch zur Politik der Bundesregierung. Mehr als die Hälfte der Befragten bejahte die folgende Aussage: »Die Regierung verschweigt der Bevölkerung die Wahrheit.«[38] In gleichem Umfang erhielt eine weitere Formulierung Zustimmung: »Der Staat kümmert sich mehr um Flüchtlinge als um hilfsbedürftige Deutsche.«[39]

In einem solchen Klima der Angst halten sich viele Menschen folgerichtig mit öffentlichen Äußerungen zu identitären Themen zurück. Dies zeigen Antworten der Allensbach-Umfrage vom Mai 2019 auf die folgende Frage: »Sind ›Vaterlandsliebe‹ und ›Patriotismus‹ heikle Gesprächsthemen?« 1996 antworteten nur 16 Prozent der Befragten mit ja, 2019 waren es schon 41 Prozent.[40] In der Amtszeit von Angela Merkel hat der Wert deutlich zugenommen.

Ansatz und Aufbau des Buches

Es sind diese Zusammenhänge, die den Verfasser motiviert haben, ein Buch zu schreiben, das sich mit Fragen der nationalen Identität befasst. Wenn die Menschen in Deutschland zunehmend Angst haben, ihre Meinung frei zu äußern und sich auch deshalb nicht mehr offen zu ihrem eigenen Volk jenseits anonymisierter Umfragen bekennen, ist in der Bundesrepublik etwas aus den Fugen geraten. Schließlich war es ganz explizit in der Tradition der Kulturnation das »Deutsche Volk [, das sich] kraft seiner verfassungsgebenden Gewalt dieses Grundgesetz gegeben«[41] hat – und nicht die deutsche Bevölkerung oder das deutsche Staatsvolk.

Das Erkenntnisinteresse der vorliegenden Abhandlung umfasst zwei Themen, die eng miteinander verbunden werden. Erstens soll mehr als 30 Jahre nach dem Fall der Mauer und der Wiedervereinigung ein Beitrag zu einer Debatte geleistet werden, die in den Augen von Friedrich Nietzsche (1844–1900) uralt ist: »Es kennzeichnet die Deutschen, daß bei ihnen die Frage ›was ist deutsch?‹ niemals ausstirbt.«[42] Im derzeitigen Meinungsklima scheint es gleichwohl nicht mehr ganz ungefährlich zu sein, in unbefangener Weise Antworten zu geben. Um den analytischen Mehrwert der Abhandlung zu stärken, ist zweitens ein sehr spezifischer Blickwinkel gewählt worden. Der Inlandsnachrichtendienst hat sich in jüngster Zeit sichtbar in den Diskurs um die nationale Identität der Deutschen eingemischt. Warum er das macht und welche Auswirkungen dies hat, soll ebenfalls erörtert werden.

Wer bei diesem als sensibel wahrgenommenen Thema auf den folgenden Seiten die Aufstellung einer Verschwörungstheorie erwartet, der wird die Lektüre als Enttäuschung empfinden. Der Verfasser steht solchen Ansätzen grundsätzlich skeptisch gegenüber und bevorzugt kausale oder doch zumindest plausible Argumentationsmuster, die sich über die Literatur belegen lassen. Auch ist es natürlich nicht das Ziel dieser Studie, das BfV zu diskreditieren. Der Verfassungsschutz gehört zu den herausragend wichtigen Instrumenten zum Schutz der freiheitlichen demokratischen Grundordnung (FDGO).[43] Bei der Bekämpfung von Ausländerextremisten, Islamisten, Linksextremisten und Rechtsextremisten leistet er vorzügliche Arbeit.

Infrage gestellt wird nicht die Existenzberechtigung der Institution, sondern eine bestimmte Form der Amtsführung in einem für diese Arbeit speziell ausgewählten Themenfeld. Seit Thomas Haldenwang am 15. November 2018 Präsident des BfV geworden ist, sind einzelne Darstellungsformen zur innenpolitischen Gefahrenlage zu entdecken, die bedenklich sind und die mehr oder weniger gezielt den Interessen großer Teile von Regierung und Opposition dienen. Denn in einem Punkt sind sich Linke, Grüne, SPD, FDP, CDU und CSU einig: Eine Debatte über die seit der Migrationskrise von 2015 immer dringender werdende Frage der nationalen Identität muss verhindert werden, weil sie sowohl die Legitimität des Aufbaus einer multikulturellen Gesellschaft in Deutschland als auch die Integration der Bundesrepublik in die Europäische Union (EU), soweit sie nicht im nationalen Interesse liegt, in Frage stellen würde. Das Vorgehen des BfV zeigt daher exemplarisch auf: Je steiniger der politische Weg Richtung Utopia wird, desto größer scheint die Bereitschaft zu sein, den Druck auf die Unfolgsamen zu erhöhen.

Dabei entsteht jenes Dilemma, das der britische Philosoph John Stuart Mill (1806–1873) vor über 160 Jahren trefflich erkannt hat. Er legte dar, wie leicht sich individuelle Freiheiten praktisch einschränken lassen, wenn der Staat und die öffentliche Meinung bei einem bestimmten Sachthema Diskurse verengen. Mill sprach von »soziale[r] Tyrannei«[44] und davon, dass »die Seele selbst versklavt«[45] werde. »Schutz gegen die Tyrannei der Behörde[46] ist daher nicht genug, es braucht auch Schutz gegen die Tyrannei des vorherrschenden Meinens und Empfindens, gegen die Tendenz der Gesellschaft, durch andere Mittel als zivile Strafen ihre eigenen Ideen und Praktiken als Lebensregeln denen aufzuerlegen, die eine abweichende Meinung haben, die Entwicklung in Fesseln zu schlagen, wenn möglich die Bildung jeder Individualität, die nicht mit ihrem eigenen Kurs harmoniert, zu verhindern und alle Charaktere zu zwingen, sich nach ihrem eigenen Modell zu formen.«[47]

Parallelen zu diversen innenpolitischen Diskussionen in Deutschland drängen sich förmlich auf – wie der Gedanke, dass in sozialen Konstellationen vieles konstant ist und sich deshalb wiederholt. Dazu gehören die unverrückbaren Parameter der menschlichen Natur, das zyklische Moment historischer Entwicklungen und die prägende Wirkung von Strukturen für Entscheidungen gesellschaftlicher sowie zwischenstaatlicher Art. Diese Perspektive auf politische Phänomene wird im vorliegenden Buch immer wieder erkennbar werden.

Somit kann nun die zentrale These aufgestellt werden, die in den nächsten fünf Kapiteln bearbeitet wird: Die Bundesregierung unter Führung von Angela Merkel versucht, aus der deutschen Kulturnation eine multikulturelle Willensnation zu machen. Diese Politik wird gegen große Teile des Volkes durchgesetzt, die in Umfragen immer wieder erkennen lassen, das Projekt nicht zu unterstützen. Gegner des Vorhabens werden als »rechts« etikettiert, womit die politisch-mediale Elite tendenziell »neonationalsozialistisch« assoziiert. So wird eine abschreckende Brandmauer gegenüber jenen aufgebaut, die an der deutschen Kulturnation festhalten wollen. Möglich wurde diese Politik, weil sich die Bundesrepublik in den vergangenen Jahrzehnten zu einem Parteienstaat entwickelt hat, in dem die Volkssouveränität de facto auf die politische Klasse übergegangen ist. Um die neue Willensnation zu schaffen, greift die Bundesregierung auch auf die Unterstützung des Bundesamts für Verfassungsschutz zurück. Die jüngsten Entwicklungen zeigen: Die Behörde ist partiell bereit, sich von der Führung des Staates parteipolitisch instrumentalisieren zu lassen, womit sie ihr eigentliches Mandat überschreitet.

Die Studie ist wie folgt aufgebaut: In Kapitel II geht es zunächst darum, eine begriffliche und historische Grundlage zum Themenfeld Identität und Nation zu legen. Dazu sind die üblichen umstrittenen Begriffe zu definieren und inhaltlich auszuleuchten: Identität, Nation, Nationalismus, Ethnie, Volk, völkisch, Rasse und andere mehr. Anschließend werden die Herkunft und Reichweite der deutschen Nation behandelt, um die historische Tiefe aufzuzeigen, aus der die Deutschen kommen. Dabei wird etwas deutlich werden, was heute insbesondere vom linksliberalen Lager bestritten wird: die kulturelle Bedingtheit des deutschen Volkes. Darauf aufbauend erfolgt eine Vorstellung der Vor- und Nachteile jener Konzepte, die in der politischen Arena miteinander ringen. Dabei geht es um die Kulturnation und die Willensnation – und die Beobachtung, dass die Bundesregierung de facto am Aufbau einer Zwangsnation arbeitet. In diesem Kontext wird zudem aufgezeigt, dass die Behauptung, das deutsche Volk könne im Zeichen zunehmender Formen von Multikulturalität nur noch als Teilmenge des deutschen Staatsvolkes verstanden werden, in keiner Form verfassungsfeindlich ist. Dem Verfasser war dies in einem vom Bundesnachrichtendienst (BND) in Auftrag gegebenen Gutachten zu seinem 2018 erschienenen

Buch »Deutschlands unsichere Grenze. Plädoyer für einen neuen Schutzwall« vorgeworfen worden.[48] Abschließend werden einige Widersprüche in der Argumentation der politisch-medialen Elite skizziert: Ist sich diese z. B. bewusst, dass nach heutigen Maßstäben angesehene Persönlichkeiten wie Bundeskanzler Konrad Adenauer (R 1949–1963) oder Bundespräsident Richard von Weizsäcker (P 1984–1994) als rechtsextrem eingeordnet werden müssten? Sind jene Aussagen von Bündnis 90/Die Grünen zum Volk der Tibeter bekannt, die aus der Sicht des Verfassungsschutzes als in der Tendenz extremistisch zu markieren wären?

In Kapitel III wird dann zunächst das BfV näher unter die Lupe genommen. Betrachtet werden der organisatorische Aufbau, die besondere Rolle des Präsidenten und der offizielle Auftrag. Nachgegangen wird auch der Frage, wie sich die diversen Krisen und der Vorwurf der »Rechtslastigkeit« auf die Arbeitsweise der Behörde ausgewirkt haben. Vor dem Hintergrund vor allem struktureller Faktoren wird gezeigt, warum es in der Natur dieser Institutionen liegt, hin und wieder Berichte vorzulegen, in deren Mittelpunkt nicht die nüchterne Gefahrenanalyse steht. Vielmehr sollen sie Regierungen gefallen, indem sie deren politische Sichtweise bestätigen. In der Fachliteratur wird dieses Phänomen *intelligence to please* genannt. Es zeigt sich auch in der Auseinandersetzung um Fragen der nationalen Identität.

Das Thema ist direkt mit dem »Kampf gegen rechts« verbunden, der sich ebenfalls dadurch auszeichnet, dass er mit unklaren Begrifflichkeiten geführt wird. Die Ausführungen in Kapitel IV beginnen daher mit einer Absteckung terminologischer Horizonte. Dazu gehört eine Analyse wissenschaftlicher wie auch politischer Vorstellungen zu den Begriffen »rechts«, »rechtspopulistisch« und »rechtsextrem«. Anschließend werden die Vorstellungswelt und die Politik Thomas Haldenwangs durchleuchtet. Unter seiner Führung ist in der Auseinandersetzung mit dem Rechtsextremismus eine Neuausrichtung vollzogen worden. Sie hat zu einer Perforierung der Trennlinie zwischen verfassungskonformen und verfassungsfeindlichen Diskussionen nationaler Themen geführt. Sobald Abstammungsfragen ins Spiel kommen – was auch immer sie im Einzelfall bedeuten –, wird in der Tendenz eine extremistische Positionierung angenommen. Vor diesem Hintergrund erfolgt ein Blick in den Verfassungsschutzbericht. Er wird zeigen, dass das Dokument einen toten Winkel aufweist. Das BfV geht von einem einseitigen Extremismusverständnis aus, das weitere Formen der Verfassungsfeindlichkeit – namentlich den in dieser Abhandlung definierten liberalen und administrativen Extremismus – ausblendet. Abschließend wird zusammengefasst, wie sich die Politik der Behörde auf den Diskurs zur nationalen Identität auswirkt.

Kapitel V ordnet die Ergebnisse schließlich in den größeren politischen Kontext ein. Gezeigt wird in bildhafter Form, dass der ideologische Überbau – die Durchsetzung einer neuen Nation in Form der Zwangsnation – von einer Basis und mehreren Stützpfeilern getragen wird. Um Extrapolationen vornehmen zu können, muss daher zunächst das Fundament, auf dem alles andere ruht, identifiziert werden. In diesem Fall ist es die Entwicklung Deutschlands zum Parteienstaat. Sie hat dazu geführt, dass die Bedeutung des Demos zu einer vernachlässigenden Größe bei der politischen Entscheidungsfindung geworden ist. Daraus ergeben sich für die Elite Handlungsräume. Anschließend werden jene fünf Säulen, die auf dem Fundament ruhen und den Überbau tragen, der Reihe nach vorgestellt. (1) Das ausführende Machtzentrum: Die Betrachtungen zur Vita Angela Merkels und ihren identitären Wurzeln zeigen, warum in der Zeit ihrer Kanzlerschaft nationale Themen in Vergessenheit geraten sind und was daraus für die Gestaltung der Innenpolitik folgte. (2) Die linke Hand des Machtzentrums: Die Bedingungen des Parteienstaats ermöglichen es der Bundesregierung, das BfV zur Durchsetzung auch ideologischer Ziele einzusetzen. Um die Behauptung einer solchen Instrumentalisierung einer Behörde weiter abzusichern, wird zusätzlich auf den Umgang der Landesämter für Verfassungsschutz mit der Linkspartei eingegangen. Dabei zeigt sich, dass die jeweilige Regierung den Druck auf Andersdenkende in einer bestimmten Aktionszone beliebig gestalten kann. (3) Das ideologische Druckmittel: Die politische Brandmauer gegen »rechts«, vom BfV mit Kräften gestützt, dient den Herrschenden dazu, den Meinungskorridor beim Thema nationale Identität eng zu halten. Im Gegensatz zum Fußball gibt es nicht ein Regelwerk für alle, dafür aber das Spiel auf ein einziges Tor. (4) Das kognitive Transportmittel: Hat ein politisches Lager die Diskurshegemonie erobert, kann es Frames und Narrative festlegen, die das Denken des Elektorats beeinflussen. So werden jene Inhalte transportiert, die der ideologischen Grundhaltung der Herrschenden entsprechen. (5) Die Neutralisierung potenzieller Gegner: Die Bundesregierung erfährt deshalb so wenig organisierten Widerspruch aus der Bevölkerung, weil umfassende Mechanismen der politischen Demobilisierung greifen. Die hier thesenhaft vorgetragenen Bewertungen von Basis und Stützpfeilern werden in jedem Abschnitt ausführlich hergeleitet.

Die Studie endet mit dem Fazit in Kapitel VI. Es fasst die Ergebnisse kurz zusammen und zeigt aus politikwissenschaftlicher Sicht auf, warum es jederzeit verfassungskonform ist, gegen »das« – zu definierende! – System zu sein. Abschließend werden die Schwachstellen des Projekts der Zwangsnation vor dem Hintergrund eines Szenarios erörtert, das von einem Aufbrechen sozialer und multikultureller Bruchlinien in einer ökonomischen Krisensituation ausgeht. Die Überlegungen lassen den Schluss zu, dass die Gesellschaftspolitik der Bundesregierung den sozialen Frieden in der Bundesrepublik strukturell und damit dauerhaft gefährdet. Das politische Experiment der Zwangsnation wird schließlich auch deshalb scheitern, da weder Autochthone noch Migranten mit dem, was dann identitär Deutschland ausmachen soll, etwas anfangen können.

In der Abhandlung kommt die neue Rechtschreibung zur Anwendung. Zitate werden hingegen nicht nur in der gesetzten Schreibweise, sondern auch im Stil der Zeit des 18. oder 19. Jahrhunderts beibehalten. Die in einzelnen alten Schriften übliche Breitsetzung von Worten, um diese hervorzuheben, ist nicht berücksichtigt worden. Die Publikation erfolgte wenige Monate vor der Bundestagswahl 2021. Da Bundeskanzlerin Angela Merkel zu diesem Zeitpunkt noch im Amt war, sind Darstellungen zu ihrem Regierungshandeln nicht aus einer historisierten Perspektive vorgenommen worden.

Somit liegt nun das erste Buch von Teil 2 der Deutschland-Trilogie vor. Mein Dank gilt einer ganzen Reihe von Personen, die das Projekt begleitet und inhaltlich besser gemacht haben. Dr. Klaus Jochen Arnold hat das Manuskript kritisch durchgesehen und zahlreiche konstruktive Verbesserungsvorschläge beigesteuert. Weitere Fachkollegen haben sich des Geschriebenen angenommen und inhaltliche Anregungen wie formale Korrekturen vermerkt. Ihre Bitte, an dieser Stelle nicht namentlich erwähnt zu werden, wird natürlich respektiert. Äußerst hilfreich war zudem die Mitwirkung meiner sprachgewaltigen Schwester Andrea an der Durchsicht des Textes. Herzlich danken möchte ich dem Lau-Verlag für die vorzügliche Zusammenarbeit. Für alle Inhalte und für vermutlich leider nicht identifizierte Fehler trage ausschließlich ich die Verantwortung. Der größte Dank geht wie immer an meine Frau Katharina, die ihren Mann stärker beeinflusst, als sie es vermutlich weiß.

Widmen möchte ich dieses Buch den mutigen Männern und Frauen, die im Herbst 1989 eine deutsche Diktatur zu Fall brachten und damit den Grundstein für die Wiedervereinigung des Landes legten. Dankbar müssen wir vor allem der Bürgerrechtsbewegung sein, die hartnäckig am Sturz der SED gearbeitet hat. Dank gebührt aber sicherlich auch jenen Menschen der Staatssicherheit, der Volkspolizei und der Nationalen Volksarmee, die in der Endphase des Regimes nicht bereit waren, die DDR mit Gewalt nach innen zu verteidigen.

Es ist heute in vielen Medien üblich, das Bild des »tumben Ossis« zu entwerfen, der einfach nicht verstehen will, warum der multikulturelle Zukunftsentwurf der Bundesregierung alternativlos ist. Dahinter steckt die Enttäuschung primär westlicher politischer Eliten über die seit 1990 hinzugekommenen Landsleute, von denen sich viele partout nicht in die eingeübte bundesrepublikanische Denkkultur integrieren lassen. Die Bürger Mecklenburg-Vorpommerns, Brandenburgs, des Ostens Berlins, Sachsen-Anhalts, Sachsens und Thüringens haben mit politischen Vorgaben und Überlegungen zu einer historischen Endstufe breite Erfahrungen sammeln müssen. Auch deshalb stehen viele von ihnen einer solchen Politik skeptisch gegenüber. Wer sich mit dem Osten näher befasst, wird schnell merken, dass ein großer Teil des gesunden Menschenverstands unseres Landes dort konserviert wurde.

II. Nationale Identität

»Staat heißt das kälteste aller kalten Ungeheuer. Kalt lügt es auch; und diese Lüge kriecht aus seinem Munde: ›Ich, der Staat, bin das Volk.‹«[1]

Friedrich Nietzsche, 1883

In der Zeit der französischen Besetzung Berlins hielt der Philosoph Johann Gottlieb Fichte (1762–1814) im Zeitraum von 1807 bis 1808 seine berühmten »Reden an die deutsche Nation«. In ihnen setzte er sich für eine Nationalerziehung ein, die der Herausbildung eines deutschen Nationalbewusstseins dienen sollte. Bis zur Reichsgründung am 18. Januar 1871 dauerte es zwar noch einige Jahrzehnte. Fichte hatte aber frühzeitig erkannt, dass es gemeinsamer Anschauungen bedurfte, um eine Nation zu schaffen – und dass in diesem Prozess ein Instrument von zentraler Bedeutung ist: »[...] mit Einem Worte, eine gänzliche Veränderung des bisherigen Erziehungswesens ist es, was ich, als das einzige Mittel die deutsche Nation im Daseyn zu erhalten, in Vorschlag bringe.«[2]

In den Jahren seit der deutschen Wiedervereinigung 1990 – und natürlich auch zuvor – ist im staatlichen Erziehungswesen genau gegenteilig angesetzt worden. Mit der Fokussierung auf die Zeit des Nationalsozialismus wird an vielen Schulen gemäß Lehrplan gegen die Herausbildung eines positiven Nationalbewusstseins gearbeitet. Ergebnis ist eine Anti-Nationalerziehung, die jungen Menschen bereits in frühen Jahren Zugänge zu einem aufgeklärten Patriotismus verwehrt und so zum Aufbau einer gestörten nationalen Identität beiträgt.[3] Selbst im Ausland stößt dieser Umgang mit dem eigenen Selbstverständnis auf Verwunderung. John C. Kornblum, von 1997 bis 2001 Botschafter der United States of America (USA) in Deutschland, sagte in einem Interview im Juli 2016: »Was mich seit Jahren stört, ist, dass man in Deutschland diese deutsche Identität geradezu leugnet.«[4]

In den Sendungen des öffentlich-rechtlichen Fernsehens wird das einseitige Bild einer primär schuldbeladenen Geschichte bestätigt. In einer extremen Ausprägung gehen einige Journalisten so weit, Deutsche zu diskriminieren, die keinen Migrationshintergrund haben. So veröffentlichte der Westdeutsche Rundfunk (WDR) im Januar 2020 einen Bericht zum

Thema »Handball in Deutschland: Weiß und deutsch wird zum Problem«. In dem Beitrag wird versucht, der Ursprungsbevölkerung eine Mitschuld daran zu geben, dass sich Migranten im Vergleich zu anderen Sportarten weniger für Handball interessieren. Von der Sportwissenschaftlerin Carmen Borggrefe wird folgende Aussage als Beleg ausgestrahlt: Es gebe eine »Bildsprache«[5] der Vereine. »Wenn ich dort lauter blond aussehende Menschen entdecke, dann sehe ich [als Migrant, M. W.] erst einmal Differenzen.«[6] Ausführlich kommt Yilmaz Dogan, Jugendtrainer beim Turn- und Ballspielverein (TBV) Lemgo Lippe, zu Wort. Er verspüre keinen Wunsch, der deutschen Handball-Nationalmannschaft zuzuschauen. Da gebe es nur »blonde Köpfe, wenig schwarze Köpfe«[7]. Für die WDR-Redaktion sind das nachvollziehbare Argumente.

Die Einseitigkeit des Weltbildes dieser Journalisten wird daran deutlich, dass sie einen »Biodeutschen« mit Sicherheit für einen Rechtsextremisten halten würden, wenn er aus der Sicht seiner Identität Folgendes erklärt: Er verspüre keinen Wunsch, der deutschen Fußball-Nationalmannschaft zuzuschauen. Da gebe es »zu viele schwarze Köpfe, zu wenig blonde Köpfe«. Der WDR würde diese Aussage als diskriminierend werten, was natürlich nicht für die Aussage von Yilmaz Dogan gilt, obwohl er eindeutig Menschen mit blonder Haarfarbe abwertet.

Das Thema wird im öffentlich-rechtlichen Fernsehen immer wieder angestoßen, um auf eine multikulturelle Zusammensetzung der deutschen Handball-Nationalmannschaft zu drängen. Am 1. Juni 2016 war in der Talkshow *Markus Lanz* zunächst festgestellt worden, dass im deutschen Fußball und in Kampfsportarten Migranten stark repräsentiert seien, in anderen Sportarten nicht. Der Philosoph Wolfram Eilenberger wies dann darauf hin, dass es in der Nationalmannschaft der Handballer kaum Migranten gebe, woraufhin Markus Lanz für den Zuschauer klärend einwarf: »Sie sagen damit nicht, dass z. B. die Handballmannschaft eine Mannschaft ist, die in irgendeiner Form rassistisch unterwandert ist oder ausgrenzt oder in irgendeiner Form national denkt, ist und so komisch deutschtümelnd daherkommt.«[8] Lanz legt dabei nicht nur den Begriff »Deutschtümelei« falsch aus, sondern er betrachtet bereits den Terminus »national« als kritisch.

Solchen Einordnungen liegt eine vollkommen schräge, empirisch nicht rückgebundene Vorstellung von dem, was eine Nation ausmacht, zugrunde. Auf den folgenden Seiten wird darauf ausführlich eingegangen. Ein erster Gedanke sei schon an dieser Stelle vorgestellt. Wenn Regierungen auf die Ideen von Johann Gottlieb Fichte zurückgreifen, können sie wenigstens drei Zustände anstreben: einen überbordenden Nationalismus, ein gesundes Nationalbewusstsein oder die geistige Entkernung des kulturell Nationalen. Der erste Zustand kann zum Krieg führen, der letzte zur Sinnentleerung und zu Formen mangelnder Solidarität in einer Gemeinschaft. Dem Nationalen wohnen also nicht nur die Kräfte des Unheils inne, es kann in ganz unterschiedliche Richtungen genutzt werden.

Das gesunde Nationalbewusstsein hat gemäß Fichte klare Vorteile. Der Mensch müsse sein Selbst zwei Dingen unterordnen, zuvörderst natürlich der Verfassung des Staates. Es bestehe jedoch – zumindest potenziell – noch eine weitere Loyalitätsebene, die positiv wirken kann: »Sodann giebt es eine Unterordnung des Einzelnen unter das Ganze, die nicht gefordert, sondern nur freiwillig geleistet werden kann«[9]. Haben Menschen also eine klare, vom Staat anrufbare Identität, werden sie sich auch aus innerer Überzeugung für das Gemeinwesen einsetzen – und dies nicht nur dort, wo das Gesetz es vorschreibt.[10] Gesellschaftlichen Zentrifugalkräften kann so entgegengewirkt werden.[11]

Wenngleich somit die nationale Identität eines Volkes mit einer Demokratie vereinbar ist, bleibt sie doch umstritten. In einigen Fällen wird sie sogar, wie etwa in Nordrhein-Westfalen, auf offizieller Ebene zurückgedrängt. Nach einer Änderung der Landesverfassung ist der Amtseid des Ministerpräsidenten 2017 erstmals auf das Wohl des Bundeslandes und nicht mehr auf das des deutschen Volkes geleistet worden.[12] Im derzeitigen Diskurs geht es also darum, dass die politisch-mediale Elite versucht, die ursprüngliche nationale Identität der Deutschen neu zu rahmen.

Die auf diese Weise beförderte Entwicklung ist mittlerweile so weit gediehen, dass einst selbstverständliche Formulierungen und Sichtweisen in die Nähe der Verfassungsfeindlichkeit gerückt worden sind. Soweit dabei versucht wird, Themen der nationalen Identität als rechtsextrem einzuordnen, wird dies auf die Kulturnation bezogen, um die neu zu schaffende Willensnation als einziges, mit dem Grundgesetz (GG) kompatibles Gesellschaftsmodell normativ zu etablieren.

Dieses Kapitel soll zunächst diversen umstrittenen Begriffen nachspüren und sie definieren. Zu beantworten ist die Frage, welches Vokabular im Themenfeld von »Nation« und »Identität« problemlos nutzbar ist und welches zu Recht eher auf ein rechtsextremes Weltbild schließen lässt. Dabei wird deutlich werden, dass die politische Verwendung eines Terminus doch oftmals sehr weit von seinem etymologischen bzw. lexikalischen Inhalt abweicht. Anschließend werden die Ursprünge und die Reichweite von Vorstellung und Existenz der deutschen Nation nachgezeichnet: Was bedeutet es historisch und geografisch, Deutscher zu sein? Nach diesen definitorischen und rückblickenden Abschnitten werden die Konzepte der Kulturnation und der Willensnation erörtert; die Vor- und Nachteile beider Ansätze werden vorgestellt. Der Abschnitt wird zeigen, in welche Richtung sich die deutsche Nation aus der Sicht der politisch-medialen Elite entwickeln soll. Dabei wird die These vertreten, dass sich die Bevölkerung in Deutschland auf dem Weg in eine Zwangsnation befindet.

Anschließend wird dargelegt, warum es mittlerweile angebracht ist, zwischen dem deutschen Volk und dem deutschen Staatsvolk inhaltlich zu unterscheiden. Angeregt wurde dieser Passus durch eine vom Bundesnachrichtendienst in Auftrag gegebene gutachterliche Untersuchung zum Grenzbuch des Verfassers. Festzustellen war, ob dieses dem Duktus nach als Verstoß gegen das Grundgesetz gewertet werden kann. Auch wenn der so geäußerte Verdacht im Ergebnis widerlegt wurde, wies der Gutachter doch darauf hin, dass eine Unterscheidung zwischen dem deutschen Volk und dem deutschen Staatsvolk verfassungsrechtlich bedenklich sei.[13] Der Verfasser wird zeigen, dass eine solche Wertung vollkommen abwegig ist. Entsprechende Einschätzungen sind insbesondere auf eine Neukonstruktion der Identität der Deutschen durch die politisch-mediale Elite zurückzuführen.

Um diese Bewertung zu untermauern, wird im letzten Abschnitt ein Blick auf die vergessene nationale Geschichte der Bundesrepublik geworfen. Wenn das Bundesamt für Verfassungsschutz bereits von 1949 bis 1989 über seine heutigen Ansichten zu den Inhalten der nationalen Identität der Deutschen verfügt hätte, wäre dies für viele angesehene Politiker zum Problem geworden. Die Kölner Behörde hätte dann u. a. Konrad Adenauer, Kurt Schumacher, Willy Brandt, Richard von Weizsäcker, Helmut Schmidt und Helmut Kohl zu Rechtsextremisten erklären müssen.

1. Umstrittene Begriffe und ihre Inhalte

Für einzelne Politiker und Journalisten ist es völlig unbedeutend, Begriffe zumindest halbwegs nachvollziehbar zu verwenden. Dies endet bisweilen in Realsatire oder politischen Wertungen, die beim belesenen Zuschauer Verwunderung auslösen. Intellektuell bedenkliche Gedankengänge waren den Worten der Fraktionsvorsitzenden der Linken im Thüringer Landtag, Susanne Henning-Wellsow, in der Talkshow von Markus Lanz am 12. Februar 2020 zu entnehmen, als sie mit staatstragender Miene den Begriff »faschistisch« erklärte. Sie leitete ihn über beobachtete Verhaltensweisen von AfD-Abgeordneten ab: »Es ist einfach Fakt, dass die AfD tatsächlich faschistische Methoden anwendet. Zwei Beispiele. Das eine: Wir haben eine junge Abgeordnete, die war neulich im Fahrstuhl, kam eine Reihe von AfD-

Abgeordneten in den Fahrstuhl hinein, und sie stellten sich tatsächlich so [die Abgeordnete zeigt einen kurzen Abstand mit zwei Fingern an, M. W.] mit ihren Gesichtern vor sie und grinsten sie an und hörten nicht auf. Eine Situation, aus der sie nicht herauskommt. Das andere Beispiel ist das extreme Gegenbeispiel – aber auch das ist Methode der Nazis: übertriebene Freundlichkeit. ›Gehen Sie doch mit uns Kaffee trinken. Und sollen wir Sie nicht da und dort hin mitnehmen und fahren.‹ und so weiter.«[14] Markus Lanz widersprach dieser Form der Verharmlosung von Faschismus und Nationalsozialismus nicht. Es reichte aus, davon auszugehen, dass die Zuschauer wussten, was »gemeint« ist.

Am 22. Juni 2020 flog ein Flugzeug kurz vor Beginn des Fußballspiels zwischen Manchester City und dem Football Club Burnley mit dem Banner »White Lives Matter Burnley!« über das Stadion. Einige Journalisten zeigten darauf reflexhaft, wie sehr sie ihre Umwelt aus einer sehr engen Echo-Kammer heraus interpretieren. Die Tageszeitung *Die Welt* titelte: »Flugzeug fliegt mit rassistischer Parole über Manchester-City-Stadion«[15]. In der Sendung *heute* des Zweiten Deutschen Fernsehens (ZDF) wurde der Vorgang ebenfalls dergestalt eingeordnet: »Zunächst aber sorgt eine offensichtlich rassistisch motivierte Aktion für Entsetzen. Ein Flugzeug kreist über dem Stadion. Nur das Leben Weißer zähle, so die Botschaft auf dem Banner.«[16] Die Aktion mag im Zeichen der Debatte um den von einem weißen Polizisten getöteten Afroamerikaner George Floyd geschmacklos gewesen sein, aber Banner, die feststellen, dass weiße bzw. schwarze Leben zählen, sind per se nicht rassistisch. Um überhaupt zu einer solchen Interpretation zu gelangen, musste der Redakteur des ZDF den Schriftzug falsch übersetzen, indem er das Wort »nur« hinzufügte. Auf dem Banner selbst war gleichwohl kein »only« zu lesen.

Annalena Baerbock, an der Seite Robert Habecks Bundesvorsitzende der Grünen, geht ähnlich undifferenziert vor. Am 18. August 2020 sprach sie in der Talkshow von Markus Lanz über die Thüringen-Wahl. Am 5. Februar 2020 war der FDP-Vorsitzende Thomas Kemmerich mit den Stimmen der AfD in dieses Amt gewählt worden; nach breiter Empörung der politisch-medialen Elite gab er bereits kurze Zeit später auf. Bodo Ramelow kehrte auf seinen alten Posten zurück. Baerbock ordnete den Vorgang wie folgt ein: »Wir hatten [...] vor einem halben Jahr Thüringen. Da standen wir kurz davor, dass ein Nazi, dass jemand, der nicht auf dem Boden des Grundgesetzes steht, in einem unserer Bundesländer zum Ministerpräsidenten gewählt wird.«[17] Baerbock sah in dem Liberalen Kemmerich – logisch kann nur er gemeint gewesen sein – also ernsthaft einen Nationalsozialisten. Markus Lanz pflichtete ihr bei: »Das stimmt. Ja!«[18]

Alle drei Beispiele zeigen, dass Politiker und Journalisten Begriffe wie »Nationalsozialismus«, »Faschismus« und »Rassismus« nutzen, weil sie auf diese Weise sofort Emotionen ansprechen können, um Botschaften zu transportieren. Werden dadurch langfristig trainierte Frames aktiviert und zu einer oberflächlichen Meinung verdichtet, dürften sich viele Zuschauer der Bewertung anschließen, ohne den Inhalt des Gesagten im Detail zu prüfen. Gelingt es, solche Botschaften in einer Endlosschleife immer wieder medial abzusetzen, können damit bestimmte gesellschaftliche Themen so stark sprachlich belastet werden, dass Politiker und interessierte Bürger, die eine andere Meinung vertreten, um sie einen großen Bogen machen.

Die drei zitierten Beispiele richten sich inhaltlich natürlich selbst. Interessanter ist es, sich mit den Feinheiten umstrittener, stark auch politisch genutzter Begriffe zu befassen. Hier ist zunächst festzustellen, dass diese in der Vergangenheit immer wieder Schwankungen unterlagen, die auf veränderte gesellschaftliche Bedingungen oder historische Umbrüche zurückzuführen sind. Oft sind es zudem von Entscheidungsträgern vorgenommene sprachliche Konstruktionen, mit denen spezifische politische Interessen verfolgt werden. So erklärte Verteidigungsminister Peter Struck im Dezember 2002, dass Deutschlands Sicherheit auch am Hindukusch verteidigt werde.[19] Der Satz zielte darauf ab, den Begriff der »Landesverteidigung« neu zu fassen, also Auslandseinsätze der Bundeswehr in Zentralasien – im Kampf gegen al-Qaida und die Taliban – als Teil der Landesverteidigung zu begreifen. Hintergrund waren die Terroranschläge vom 11. September 2001. Deutschland hatte versprochen, den USA beizustehen – auch militärisch. Die zuständige Grundgesetz-Norm in Artikel 87a Absatz 1 besagt dazu: »Der Bund stellt Streitkräfte zur Verteidigung auf.«[20] Dies wurde während des Ost-West-Konflikts wie selbstverständlich auf die Landes- und Bündnisverteidigung bezogen. Um eine Grundgesetzänderung zu umgehen, entschieden sich Peter Struck und die Bundesregierung damals dafür, die geltende Norm einfach neu auszulegen. Wird die Konstruktion von den zentralen politischen und medialen Akteuren getragen, dann bildet sie die neue Wirklichkeit des Handelns ab.[21]

Die evolutionäre Veränderung von Inhalten zentraler gesellschaftlicher Termini ist somit als etwas Natürliches, ihre gezielte Neukonstruktion hingegen als etwas sehr Politisches zu begreifen. Dies trifft in der aktuellen Debatte zum Themenfeld »Nation« und »Identität« auf diverse Begriffe zu, die nachfolgend definiert und diskutiert werden. Der Einstieg erfolgt dabei grundsätzlich über einen Rekurs auf etymologische Inhalte und die in Lexika üblichen Ausführungen.[22]

Identität

»Identität« geht auf das lateinische *identitas* und das Wort *idem* (»derselbe«) zurück. Der Duden sieht Identität »als Selbst erlebte innere Einheit der Person«[23] an. Im Brockhaus heißt es: »subjektiv das Gefühl, wer man ist [...] Unverwechselbarkeit der Persönlichkeit, das, wodurch sich ein Mensch vom anderen unterscheidet.«[24] Der Psychoanalytiker Erik H. Erikson begründet die Ich-Identität mit zwei Beobachtungen: »[...] der unmittelbaren Wahrnehmung der eigenen Gleichheit und Kontinuität in der Zeit, und der damit verbundenen Wahrnehmung, daß auch andere diese Gleichheit und Kontinuität erkennen.«[25] Die Ich-Identität eines Menschen basiert damit auf dem Selbstbild, das im Gegensatz zum Fremdbild – »das Bild, das sich andere von einem selbst machen«[26] – steht. »Der Begriff ›Identität‹ drückt [...] insofern eine wechselseitige Beziehung aus, als er sowohl ein dauerndes inneres Sich-Selbst-Gleichsein wie ein dauerndes Teilhaben an bestimmten gruppenspezifischen Charakterzügen umfaßt.«[27]

Die Relevanz des Fremdbildes ist dabei nicht zu unterschätzen. Der Philosoph und Sozialpsychologe George H. Mead vertritt die Auffassung, dass sich der Mensch »aus der besonderen Sicht anderer Mitglieder der gleichen gesellschaftlichen Gruppe oder aus der verallgemeinerten Sicht der gesellschaftlichen Gruppe als Ganzer, zu der er gehört«[28], erfährt. Identität »erwächst aus der gesellschaftlichen Erfahrung.«[29]

Das Selbst liegt oft in ganz unterschiedlichen und zeitlich parallel multiplen Erscheinungsformen vor. Die Identität eines Menschen kann zugleich die des Europäers, des Deutschen, des Sachsen, des Dresdners oder des Christen sein. Welches Selbst dominiert und in welcher Reihenfolge Subidentitäten hierarchisiert werden, hängt von der Persönlichkeit des Einzelnen ab. Im Laufe eines Lebens kann sich die eigene Wahrnehmung von dem, wer man ist, ändern.[30]

Identität ist grundsätzlich abgrenzend. Wer sich als Mann begreift, schließt eine Identität als Frau aus. Wer Anhänger von Borussia Dortmund ist, positioniert sich im Fußball gegen Schalke 04. Diese Form der Abgrenzung gilt auch für nationale und religiöse Identitäten. Ein Mensch kann nicht zugleich dem christlichen und dem muslimischen Glauben anhängen.[31] Es gibt immer eine *In-Group* und eine *Out-Group*. Eine Identität hat somit zwingend sowohl inklusive (Wer ist Mitarbeiter der Firma X?) als auch exklusive (Wer arbeitet bei anderen Firmen?) Merkmale.

Der amerikanische Politikwissenschaftler Francis Fukuyama unterscheidet zwischen Identität und der erst ab etwa den 1980er-Jahren zu beobachtenden Identitätspolitik. Dabei geht es konkret um die Frage, wie sich das eigene Selbstverständnis in der Gesellschaft Geltung verschaffen kann. »Identität erwächst vor allem aus einer Unterscheidung zwischen dem wahren inneren Selbst und einer Außenwelt mit gesellschaftlichen Regeln und Normen, die den Wert oder die Würde des inneren Selbst nicht adäquat anerkennt.«[32] Daraus würden viele Menschen schlussfolgern, dass sich nicht ihr Selbst den geltenden Normen anpassen müsse, sondern dass die Gesellschaft zu verändern sei. Eine darauf aufbauende Politik könne zwei Seiten haben: »Identität kann zur Spaltung, aber auch zur Einigung benutzt werden.«[33]

Zivilisation

»Zivilisation« ist auf das lateinische *civilis* zurückzuführen, was mit »bürgerlich« bzw. »(Mit-)Bürger betreffend«[34] übersetzt wird. Dem Begriff werden bis heute unterschiedliche Sinnzusammenhänge zugeschrieben. Er stellt zunächst auf das Wesen des Menschen ab und ist laut Brockhaus der »Prozess der Herausbildung von Verhaltensstandards und der Affektmodellierung von Individuen und sozialen Gruppen [...], in dessen Verlauf sich äußere Zwänge in die Ausbildung von innengeleiteten Kontrollinstanzen (z.B. Gewissen, Scham- und Peinlichkeitsschwellen) umsetzen«[35] lassen. Eine solche Veredelung menschlichen Verhaltens, das sich in sozialer Hinsicht von den Gesetzen des Naturzustandes abhebt, hat auch O. Schnyder vor über 100 Jahren beobachtet: Zivilisation sei alles, »was den Menschen aus dem Zustand der blossen Natur heraushebt, was ihm Gewohnheiten und Lebenssitten anerzieht, die über das bloss natürliche hinausgehen«[36].

Eine weitere inhaltliche Dimension zielt auf die Fähigkeiten des Menschen und die sich daraus ergebenden Folgen ab. Der Duden betrachtet eine Zivilisation als »Gesamtheit der durch den technischen und wissenschaftlichen Fortschritt geschaffenen und verbesserten sozialen und materiellen Lebensbedingungen«[37]. Entsprechend setzt der Brockhaus an: »Bezeichnung für die durch Wissenschaft und Technik veränderten materiellen und sozialen Gegebenheiten einer Gesellschaft, in Abhebung von einem ungeformten Naturzustand menschlichen Zusammenlebens.«[38]

In der Kolonialzeit wurde der Begriff »zivilisiert« verwendet, um die Überlegenheit des Abendlandes gegenüber vermeintlich »primitiven« Kulturen zu markieren.[39] Der Brockhaus von 1935 begriff Zivilisation als »Verbürgerlichung«; der Gegensatz sei die »Barbarei«[40]. Im Duden findet sich zu »zivilisiert« noch heute die Formulierung »moderne [westliche] Zivilisation habend«[41], wohingegen folgerichtig unter »primitiv« die Zuordnung »nicht zivilisiert«[42] verstanden wird. Im gegenwärtigen politischen Diskurs wird auch dann von Zivilisation gesprochen, wenn unterschiedliche kulturelle Großräume oder politische Weltanschauungen voneinander unterschieden werden (»westliche Zivilisation«). Der Begriff ist also wesentlich umfassender als etwa »Nation« oder »Volk«.

Samuel P. Huntington hat in diesem Sinne *civilization* definiert. Sie sei eine »cultural entity«[43]. Menschen könnten sich einerseits unter Berücksichtigung enger lokaler Bezüge unterscheiden, andererseits auf darüber liegenden Ebenen einander zugehörig fühlen. »Villages, regions, ethnic groups, nationalities, religious groups, all have distinct cultures at different levels of cultural heterogeneity.«[44] Deutsche und Italiener gehören demnach sowohl unterschiedlichen (Volk, Nation) als auch gemeinsamen Kulturen (Europa) an. Als Europäer unterscheiden sie sich wiederum von Chinesen und Arabern. Diese Ebene versteht Huntington als Zivilisation. Über ihr könne nur noch die Menschheit verortet werden: »A civilization is thus the highest cultural grouping of people and the broadest level of cultural identity people have short of that which distinguishes humans from other species.«[45] Als verbindende Elemente zählt Huntington Sprache, Geschichte, Religion, Sitten und Gebräuche, Institutionen sowie »the subjective self-identification of people«[46] auf.

Nation – Nationalbewusstsein – Nationalismus

Der Begriff »Nation« geht auf das lateinische *natio* zurück, das mit »Geburt, Herkunft«[47], aber auch mit »Volks(stamm), Völkerschaft, Nation«[48] übersetzt wird. Der Duden versteht darunter eine »große, meist geschlossen siedelnde Gemeinschaft von Menschen mit gleicher Abstammung, Geschichte, Sprache, Kultur, die ein politisches Staatswesen bilden«[49]. Laut Brockhaus bezeichnet »Nation« den Rahmen, »innerhalb dessen neben kultureller Eigenständigkeit auch politische Selbstständigkeit (Souveränität) beansprucht wird.«[50]

Es lassen sich zwei Dimensionen unterscheiden. Der subjektive Nationsbegriff geht davon aus, dass die Einwohner eines Staates einer Nation angehören wollen. Der objektive Nationsbegriff beruht dagegen auf »gemeinsamer Sprache, gemeinsamen Traditionen der Volkskultur, der Siedlungs- und Erziehungsweise sowie den Vorstellungen von einer gemeinsamen Abstammung und Geschichte«[51]. In diesem Sinne unterscheidet Ernst-Wolfgang Böckenförde den »politisch-voluntativ orientierten Nationbegriff«[52] (Frankreich, USA) und den »ethnisch-kulturell bestimmten Nationbegriff«[53] (Deutschland, Mittel- und Osteuropa). Das eine müssen die Menschen wollen – etwa in einer multikulturellen Willensnation. Im anderen Fall sind sie Teil einer Kulturnation – selbst ohne direktes Wollen. Beiden ist gemein, dass sie sich von etwas abgrenzen,[54] was sich sowohl auf die Innenpolitik (z. B. eine Besatzungsmacht oder einen autokratischen Herrscher) als auch auf die Außenpolitik (z. B. einen machtpolitischen Konkurrenten oder schlicht eine andere Kultur) beziehen kann.

Geht die Nation im Nationalstaat auf, hat sie einigend nach innen gewirkt und nimmt nun zugleich in staatlich organisierter Form als Völkerrechtssubjekt an der internationalen Politik teil. Sie wird »Sinngebungs- und Rechtfertigungsinstanz«[55]. Zur Staatswerdung bedarf es natürlich bei der Kultur- und der Willensnation gleichermaßen einer klaren Absicht. Es gibt aber dennoch einen Unterschied, der über den französischen Religionswissenschaftler und Schriftsteller Ernest Renan 1882 abgeleitet werden kann: »A nation's existence is […] a daily plebiscite«[56]. Dieses tägliche Plebiszit ist im übertragenen Sinne für die Willensnation konstitutiv, nicht aber für die Kulturnation. Sie besteht fort, selbst wenn sie vorübergehend auf mehrere Staaten aufgeteilt wird und das Gemeinschaftsbewusstsein zurückgeht.

Der Diskurs zur Nation hat seine historischen Wurzeln in der amerikanischen Unabhängigkeitserklärung von 1776, in der Französischen Revolution von 1789 sowie in den gegen die napoleonische Fremdherrschaft gerichteten Befreiungskriegen in Europa ab 1813. In allen drei Fällen ging es darum, autoritäre Herrschaftsstrukturen zu überwinden und nach Möglichkeit eine innere Gleichberechtigung der Bürger – der Nation – durchzusetzen. Der Historiker Heinrich August Winkler behauptet deshalb, dass bis 1871 eine nationale Einstellung bedeutet habe, »gegen das dynastische Prinzip des Partikularstaates und für das bürgerliche Prinzip des Nationalstaats einzutreten. So gesehen waren national und liberal, Einheit und Freiheit geradezu Zwillingsbegriffe gewesen.«[57] Nach der Reichsgründung war gleichwohl absehbar, dass es zu einer Auseinandersetzung um die Inhalte dessen, was »national« ist, kommen würde.

Die Errichtung von Nationalstaaten wurde zu einem Trend des 19. und auch des 20. Jahrhunderts. Nationale Bewegungen erhielten in der Zeit der Dekolonialisierung nach 1945 neuen Schwung, vor allem in Afrika und Asien. Als im Zuge des Ost-West-Konflikts die Sowjetunion, Jugoslawien und die Tschechoslowakei zerfielen, nutzten die Nachfolgestaaten den nationalen Gedanken zur Legitimierung ihrer Gründung.

Autonomiebestrebungen könnten sich zu einer Herausforderung existierender Nationalstaaten in Europa entwickeln, etwa der Schotten, der

Basken, der Katalanen oder der Korsen. Sie erheben, wie einst Tschechen und Slowaken, ebenfalls den Anspruch, ein eigenes Volk bzw. eine eigene Nation zu sein. Fraglich ist dabei allerdings, ob es für das Selbstbestimmungsrecht der Völker eine personale Mindestzahl geben muss, um der Kleinstaaterei vorzubeugen. Es besteht die Gefahr, dass diese Gebilde permanenter Finanzierung durch internationale Geldgeber bedürfen und regional eher destabilisierend denn stabilisierend wirken. Als Beispiel kann die Staatsgründung von Timor-Leste (Ost-Timor) 2002 genannt werden, das ohne Anschubhilfe von außen vermutlich sehr schnell in sich zusammengebrochen wäre.[58]

Erst wenn es eine Nation gibt – staatlich organisiert oder als lose Gemeinschaft gedacht –, kann vom Vorliegen eines »Nationalbewusstseins« gesprochen werden. Der Duden bezeichnet es als »Gefühl der Zugehörigkeit zu einer Nation«[59]. Auch der Brockhaus definiert in diesem Sinne: »Bewusstsein eines Einzelnen oder einer Gruppe, einer bestimmten Nation anzugehören«[60]. Es werden zwei Ebenen dargestellt, die das Nationalbewusstsein prägen und die je nach Schwerpunkt eher in der Kultur- oder in der Willensnation zu finden sind: »[…] dabei können objektiv gegebene Faktoren (z.B. gemeinsame Abstammung, Sprache, Religion, Kultur und Geschichte) oder subjektiv-gedankliche Orientierungen (z.B. übereinstimmende Weltbilder, Rechts-, Staats- und Gesellschaftsauffassungen) bestimmend sein.«[61] In der Wissenschaft dürfte weitgehend Konsens darüber herrschen, was Peter Alter zur Herausbildung einer solchen Empfindung geschrieben hat: »Nationalbewußtsein wird durch Erziehung im weitesten Sinne vermittelt.«[62]

Wenn Nation etwas mit Bewusstsein zu tun hat, dann könnte kritisch eingewandt werden, dass sie etwas Konstruiertes ist. Wäre dem nicht so, bräuchte es keine nationale Erinnerungskultur, um die Vorstellung aufrechtzuerhalten. Benedict Anderson definiert Nation daher als »imagined political community«[63], womit er an konstruktivistische Abhandlungen anknüpft.[64] Von einer bloßen »Vorstellung« geht Anderson deshalb aus, »because the members of even the smallest nation will never know most of their fellow-members, meet them, or even hear of them, yet in the minds of each lives the image of their communion.«[65] Entsprechend wird von Wissenschaftlern darauf verwiesen, dass es der Nationalismus sei, der die Nation erfinde – und nicht die Nation, die den Nationalismus hervorbringe.[66] Dagegen ist einzuwenden, dass eine solche Konstruktion auf realen Ereignissen wie Befreiungskriegen basieren kann. Und wenn sie einen Staat schafft, wird die Ebene des Konkreten betreten. Manfred Hettling trifft beide Aspekte, wenn er von der Nation »als Wille und Vorstellung«[67] schreibt.

Der Begriff »Nationalismus«[68] kann in der Praxis unterschiedliche Erscheinungsformen annehmen. Er ist historisch, erstens, als »übersteigertes Nationalbewusstsein«[69] bekannt, das »nach außen und nach innen militant«[70] wirkt. Der »aggressive Nationalismus«[71] setzt die Nation absolut und bedroht »damit die Existenz anderer Nationen«[72]. Das öffentliche Bewusstsein wird von diesem Verständnis von Nationalismus dominiert.[73] Präziser wäre es allerdings, solche Phänomene als »Chauvinismus« einzuordnen, den der Duden als »aggressiv übersteigerte[n] Nationalismus (militaristischer Prägung) verbunden mit Nichtachtung anderer Nationalitäten«[74] beschreibt. Der Begriff geht auf den – möglicherweise fiktiven – Soldaten Nicolas Chauvin zurück, der im französischen Lustspiel »La Cocarde tricolore« der Gebrüder Cogniard von 1831 als extremer Patriot auftritt.

Zweitens ist Nationalismus laut Duden als »erwachendes Selbstbewusstsein einer Nation mit dem Bestreben, einen eigenen Staat zu bilden«[75], zu begreifen. Der Brockhaus sieht in ihm zuvörderst eine »Sammelbezeichnung für politische Ideen und Bewegungen, die die Grenzen von Nation und Staat zur Deckung bringen wollen«[76], womit er nicht mehr und nicht weniger als ein »Mittel verschiedener Bewegungen zur Ausbildung einer eigenen Nation«[77] ist. Der Historiker Hans-Ulrich Wehler versteht unter »Nationalismus« Folgendes: »[...] das Ideensystem, die Doktrin, das Weltbild, das der Schaffung, Mobilisierung und Integration eines größeren Solidarverbandes (Nation genannt), vor allem aber der Legitimation neuzeitlicher politischer Herrschaft dient.«[78] Ob ein Nationalist – also ein »Anhänger des Nationalismus«[79] – als Verfassungsfeind oder nationalbewusster Bürger agiert, hängt folglich vom konkreten Verhalten im Einzelfall ab. Der Terminus selbst ist ohne Einbindung in einen inhaltlichen Kontext ohne Aussage.[80]

Kultur – Kulturnation – Staatsnation

Der Begriff der »Kultur« geht zurück auf das lateinische *cultura*, was mit »Bearbeitung, Pflege, Bebauung, Anbau«[81], aber auch mit »Ausbildung, Veredelung«[82] oder »Verehrung«[83] übersetzt wird. Zudem ist es dem Verb *colere* (»bebauen, bestellen, bearbeiten«[84]) entlehnt. Dies bezog sich zunächst auf landwirtschaftliche Tätigkeiten (Ackerbau, Viehzucht); erst später wurden weitere gesellschaftliche Phänomene mit dem Terminus erfasst. In einer sehr basalen Definition kann »Kultur« als Gegenbegriff zur »Natur« verstanden werden.[85] Dabei geht es um das, was der Mensch mit den ihn umgebenden Ausgangsbedingungen seines Lebens macht – auch in von ihm geschaffenen Kollektiven.

Unter Kultur versteht der Duden die »Gesamtheit der geistigen, künstlerischen, gestaltenden Leistungen einer Gemeinschaft als Ausdruck menschlicher Höherentwicklung«[86]. Der Brockhaus bezieht sich auf die Disziplinen der Sozialpsychologie und der Ethnologie. Kultur wird aus dieser Sicht als eine meist »spezifische, von anderen Gruppen und Verhaltensnormen unterscheidbare Menge gemeinsamer Verhaltensweisen und Sachverhalte, die für eine bestimmte Teilgruppe der Gesellschaft oder eine ganze Gesellschaft typisch ist«[87], angesehen. »Kulturen in diesem Sinn vermitteln ihren Mitgliedern in der Regel auch ein umfassendes Sinn- und Wertesystem.«[88] Die Bedeutung für den Einzelnen wird sehr hoch angesetzt: »[…] eine seelische Entwicklung [ist] ohne kulturellen Einfluss […] nicht möglich.«[89]

Dem wissenschaftlichen Diskurs ist es bislang – wie bei den meisten anderen Begriffen auch – nicht gelungen, sich auf eine einheitliche Definition zu einigen. Bettina Beer hat mit Blick auf die Ethnologie drei Merkmale zusammengetragen, die einen weitgehend unumstrittenen Kerninhalt von »Kultur« ausmachen: (1) »Kulturelles Verhalten und Wissen ist *erlernt.*«[90] Reflexe und alles, was sich aus der Biologie des Menschen ergebe, habe nichts mit Kultur zu tun. Aus dem Erlernen folge, dass sich das Erlernte ändern könne. (2) »Kultur ist *überindividuell,* wird also von mehreren Menschen geteilt.«[91] Prozesse der Enkulturation (Hineinwachsen eines Menschen in eine Kultur) und der Sozialisation (Übernahme gesellschaftlicher Verhaltensweisen) seien in diesem Zusammenhang von Bedeutung. (3) »›Kultur‹ ist *nicht völlig homogen (einheitlich).*«[92] So könne es innerhalb einer Kultur durchaus Subkulturen geben, die normative Abweichungen aufweisen würden.

Emil Angehrn betrachtet Kultur als Teil der Identitätssicherung: »Im kulturellen Gedächtnis versichert sich eine Gesellschaft ihrer Herkunft und ihres Gewordenseins.«[93] Ein solcher Prozess wird in der Wissenschaft sowohl negativ wie auch positiv betrachtet. Martin Sökefeld weist darauf hin, »dass in gegenwärtigen Ausschließungsdiskursen«[94] das Konzept der »Kultur« oftmals jenes der »Rasse« ersetze, womit er eine inhaltliche Gleichsetzung beider Termini andeutet: »Kultur stereotypisiert.«[95] Friedrich Dieckmann lehnt eine solche Sichtweise ab und schreibt: »Das Bestehen auf dem Eigenen und das Offensein gegenüber dem Andersartigen waren zwei Seiten *einer* Medaille; die Vorstellung, dass die Hochschätzung des national Eigentümlichen im Gegensatz zu dem Interesse, der Aufmerksamkeit, der Anverwandlung fremder Kulturleistungen stehe, gehört zu den unsinnigsten Vorurteilen, die sich in das vereinte Deutschland hinübergeschleppt haben.«[96]

Wie kann nun der Begriff der »Kultur« mit jenem der »Nation« inhaltlich sinnvoll verschmolzen werden? Diese Frage ist bis heute nicht abschließend beantwortet worden. Eine Annäherung ist über Theodor Schieder möglich: »Der deutsche Nationalgedanke seit dem ausgehenden 18. Jahrhundert steht in einer unauflöslichen inneren Verbindung mit der deutschen Kulturbewegung; durch diese ist sich die deutsche Nation ihrer selbst bewußt geworden.«[97] In Artikel 35 des deutschen Einigungsvertrages vom 31. August 1990 ist dieses Verständnis ebenfalls festgehalten: »In den Jahren der Teilung waren Kunst und Kultur – trotz unterschiedlicher Entwicklung der beiden Staaten in Deutschland – eine Grundlage der fortbestehenden Einheit der deutschen Nation.«[98] Nationalbewusstsein kann demnach erst durch eine verbindende Sprache, Literatur und andere kulturelle Elemente entstehen; zugleich wird es durch beides konserviert, um später wieder reaktiviert zu werden. Entsprechend ist die Kulturnation laut Duden eine »Nation, deren Kulturgeschichte sich über einen langen Zeitraum zurückverfolgen lässt und deren Angehörige ein entsprechendes Bewusstsein von der eigenen Kultur haben«[99].

Johann Gottfried Herder (1744–1803) dürfte zu den ersten deutschen Philosophen gehören, die das Wort »Nation« und verschiedene Ableitungen in einem modernen Sinne eingesetzt haben. In seiner 1774 erschienenen Schrift »Auch eine Philosophie der Geschichte zur Bildung der Menschheit« sinniert er über das »Gefühl einer Nation, eines Vaterlands, einer Sprache«[100] und unterscheidet »Völker und Nationen«[101] kategorial. Thematisiert werden »Nationalcharaktere«[102] und »die innersten Kammern der Nationaldenkart jedes Volks«[103]. Zum »Charakter der Nationen« schreibt er: »Allein Data (sic!) ihrer Verfassung und Geschichte müssen entscheiden.«[104] In seinen »Ideen zur Philosophie der Geschichte der Menschheit« (1784–1791) wird in einigen Äußerungen die faktische Begründung der Kulturnation gesehen. So schreibt Herder: »Ganz anders ist's mit Staaten, die, aus ihrer Wurzel erwachsen, auf sich selbst ruhen; sie können überwältigt werden, aber die Nation dauret.«[105]

Der Dichter Johann Christoph Friedrich Schiller (1759–1805) erwähnte dagegen vermutlich als einer der ersten den Begriff der »Nationalkultur«, der inhaltlich der Kulturnation sehr nahe kommt. In seiner Antrittsvorlesung in Jena am 26. Mai 1789 – nur wenige Wochen vor dem Sturm auf die Bastille in Paris – hatte Schiller den Terminus eher beiläufig, wenngleich inhaltlich präzise eingeführt: »Selbst daß wir uns in diesem Augenblick hier zusammen fanden, uns mit diesem Grade von Nationalkultur, mit dieser Sprache, diesen Sitten, diesen bürgerlichen Vortheilen, diesem Maaß von Gewissensfreyheit zusammen fanden, ist das Resultat vielleicht aller vorhergegangenen Weltbegebenheiten: die ganze Weltgeschichte würde wenigstens nöthig seyn, dieses einzige Moment zu erklären.«[106] In einer Kulturnation werden folglich Vergangenheit und Gegenwart identitär miteinander verbunden.

Der Terminus verfügt über unterschiedliche inhaltliche Dimensionen, die bei der »Nation« ansetzen. Der objektive Nationsbegriff kann für die Kulturnation in einem engen und einem weiten Sinne ausgelegt werden. Wer einem engen Verständnis folgt, rekurriert zumeist auf Sprache, Literatur, Kunst, Musik, Malerei, Architektur und Wissenschaft. Dieser Sicht folgen Vertreter der Bundesregierung, wenn sie – was oft der Fall ist – von der deutschen Kulturnation sprechen.[107]

In einem weiten Sinne muss diese Sichtweise, wie es schon Herder und Schiller andeuteten, ergänzt werden. Zusätzlich zum engen Verständnis machen die folgenden Faktoren in der Gegenwart eine Kulturnation aus: die nationale Geschichte (Erfolge wie Fehler) als gemeinsame Verantwortungs- und Erinnerungskultur; der Gedanke der Schicksalsgemeinschaft[108] (meist geboren in Zeiten von Abwehrkämpfen oder Teilungen) als kulturelle Mahnung und sekuritäre Sensibilisierung; die Abstammung als grundierendes, kulturelles Band.

Der letzte Punkt ist im aktuellen Diskurs mit Abstand am sensibelsten. Er wird oft einseitig aus der Perspektive des Nationalsozialismus ausgelegt, womit zugleich Sympathien für das Rasseverständnis Adolf Hitlers unterstellt werden. Tatsächlich muss eine solche Herangehensweise an den Begriff »Abstammung« als irreführend angesehen werden, wie schon der Brockhaus von 1932 (!) in der Ausdrucksweise seiner Zeit wusste: »Nach der sprachlichen Wurzel bedeutet Nation die Gemeinschaft von Menschen gleichen Ursprungs. Doch kann infolge der Rassenmischung von einer gleichen Abstammung (Rasse) bei keiner modernen Nation mehr gesprochen werden. Der Begriff der Nation wird vielmehr in der Hauptsache nach dem aus gemeinsamer Geschichte geborenen Gefühl innerer Verbundenheit bestimmt«[109].

Auch der Begriff der »Ethnie« wird von einigen Experten jenseits von Abstammungsbezügen verstanden. Hans-Ulrich Wehler sieht in ihm den »durch ein stabiles Solidaritätsverständnis geprägte[n], selbständige[n] Herrschaftsverband mit einem gemeinsamen symbolischen Herkunftsmythos (der weiterhin auch wieder auf ›erfundenen Traditionen‹ beruht), mit dem wachen Bewusstsein gemeinsamer geschichtlicher Erfahrungen und einer engen Bindung an ein Territorium. Ethnisch heißt daher nicht etwa rassisch, sondern meint eine sozialkulturell-historisch distinkte Population mit einem eigenen Herrschaftssystem.«[110] Im 21. Jahrhundert ist daher unter der gemeinsamen Abstammung kein in sich geschlossener, biologischer Konnex zu verstehen, sondern ein tradiertes, tellurisch und historisch gebundenes Gemeinschaftsgefühl, das den Einzelnen trägt.

Abschließend muss noch die Frage geklärt werden, ob eine Kulturnation Akteursqualität besitzt. Der Historiker Friedrich Meinecke hat zu diesem Thema grundlegende Arbeiten geleistet. Er unterschied zwischen »Kulturnation« und »Staatsnation«, wobei es diesen Begriffen an einigen Stellen an definitorischer Trennschärfe mangelt. Erstere werde innerlich durch geistige Kulturgüter, vor allem die Religion, »zusammengehalten«[111], letztere beruhe auf »einer gemeinsamen politischen Geschichte und Verfassung«[112]. Meinecke selbst war bewusst, dass beide Termini eine hohe Deckungsgleichheit aufweisen, wenn er schreibt, »daß die Staatsnation zugleich Kulturnation sein kann, so daß man oft nicht weiß, was stärker sie zusammenhält, ob das politische, ob das religiös-kirchliche Band.«[113]

Seine entscheidende Beobachtung ist die, dass die Entwicklung der Kulturnation dem Aufbau der Staatsnation zeitlich vorgelagert ist. »Es ist also die Kulturnation und zwar vorzugsweise die Kulturnation in ihrer mehr vegetativen Periode, die den Nationalstaat in diesem Sinne hervorbringt, und der Staat wird bei dieser Betrachtungsweise überhaupt nur als ein Produkt nationaler Kultur neben anderen angesehen.«[114] Die Deutschen hatten demnach bereits zu einer Kulturnation zusammengefunden, bevor sich der staatliche Einigungsprozess von 1864 bis 1871 abzeichnete. Sie kann Akteursqualität erlangen, wenn sie sich zur Staatsnation weiterentwickelt und damit über eine Regierung verfügt, die in ihrem Namen spricht. Jenseits dessen gebe es, so Meinecke, diverse Erscheinungsformen. Verschiedene Kulturnationen könnten sich wie in der Schweiz zu einer Staatsnation zusammenschließen. Denkbar sei wie im Falle Deutschlands auch, dass sich eine Kulturnation in mehreren Staatsnationen aufgeteilt findet.

Der eigentliche Gegenentwurf zur Kulturnation ist gleichwohl nicht die Staats-, sondern die Willensnation. Weitere Ausführungen zu beiden Konzepten erfolgen in Abschnitt 3 dieses Kapitels.

Ethnie – Ethnizität

Der Duden versteht unter Ethnie eine »Menschengruppe (insbesondere Stamm oder Volk) mit einheitlicher Kultur«[115], was sich vor allem auf die Begriffe Volk und Stamm bezieht. Der Brockhaus ist etwas ausführlicher: »Gruppe von Menschen, die kulturell, sozial, historisch und genetisch eine Einheit bilden und sonst auch als ›Stämme‹ oder ›Völker‹ bezeichnet werden.«[116] Demnach können die Begriffe »Ethnie«, »Stamm« und »Volk« in gewisser Hinsicht synonym verwendet werden, wenngleich sie inhaltlich nicht vollständig deckungsgleich sind. Stämme und Völker haben zumeist ethnische Hintergründe; ein Volk wiederum kann aus verschiedenen Stämmen bestehen, ein Stamm jedoch nicht aus mehreren Völkern.

Von einer ethnischen Gruppe kann gesprochen werden, wenn drei Dinge vorliegen: Die Mitglieder der Gruppe sind der Auffassung, sich von anderen zu unterscheiden; diese Haltung wird von anderen gespiegelt; die Mitglieder der Gruppe veranstalten gemeinsame Aktivitäten, die sich – so Mathias Bös – »auf ihre (reale oder mythische) gemeinsame Herkunft oder Kultur beziehen«[117]. Einzelne Wissenschaftler heben zudem auf den Aspekt der Endogamie ab, was bedeutet, dass Heiraten vor allem innerhalb der jeweiligen Ethnie stattfinden.[118] Dadurch wird der Gedanke der gemeinsamen Abstammung gestärkt, was sich positiv auf die Binnenidentität des sozialen Verbandes auswirkt.

Ethnie und Ethnizität unterscheiden sich insofern, als ersteres eine Gruppe beschreibt. Letzteres hat dagegen einen stark prozeduralen Charakter, wie es im Staatslexikon der Görres-Gesellschaft heißt: »Ethnizität [...] ist das flexible Ergebnis kultureller Abgrenzungen von Bevölkerungsgruppen durch vermeintliche und/oder nachweisbare identitätsstiftende Merkmale wie gemeinsames kulturelles Erbe, verbindliches Wertesystem, gemeinsame Sprache und Mentalität, ähnliche Bräuche, religiöse Praktiken, Wohn- und Konsumformen«[119]. In diesem Sinne setzt auch Margit Feischmidt an: Ethnizität bezeichnet »Konzepte der Selbst- und Fremdzuschreibung für Gruppen von Menschen auf der Grundlage soziokultureller Merkmale. Das Ergebnis der Zuschreibung wird bezeichnet als ›ethnische Gruppe‹, bzw. im älteren Sprachgebrauch als ›Volksgruppe‹, teilweise auch ›Stamm‹ oder ›Volk‹.«[120]

Sichtbar wird bei diesen Definitionen eine konstruktivistische bzw. instrumentelle Perspektive. Es sei – so Vertreter dieser Richtung – letztlich das Individuum selbst, das im Verfahren der identitären Selbstvergewisserung über die eigene ethnische Zugehörigkeit entscheide.[121] Folglich muss nicht zwingend auf die Logik der Abstammung abgestellt werden. Bei Ethnizität steht »die individuell empfundene Zugehörigkeit zu einer Volksgruppe«[122] im Mittelpunkt. Mathias Bös spricht in diesem Zusammenhang von einem »ethnischen Abstammungsglauben«[123]. Im Gegensatz dazu argumentieren die Primordialisten bzw. Essentialisten, dass Ethnizität qua Geburt gegeben sei.[124] Unabhängig von der Selbstwahrnehmung verfüge das Individuum über nicht abänderbare kulturelle Prägungen, die grundlegend für die eigene Identität seien.

Die Zukunft des Terminus »Ethnizität« sieht das Staatslexikon äußerst kritisch: »In Zeiten globaler Mobilität und Vernetzung existieren keine isolierten Kulturen mehr, weshalb der Begriff der Ethnizität zunehmend von ›kultureller Differenz‹, ›Diversität‹, ›Kosmopolitismus‹ oder ›Hybridität‹ abgelöst wird.«[125]

Stamm

Der Duden definiert den Stamm eng angelehnt an den Inhalten der Ethnie. Er meint eine »(besonders bei Naturvölkern) größere Gruppe von Menschen, die sich besonders im Hinblick auf Sprache, Kultur, wirtschaftliche oder ähnliche Gemeinsamkeiten, gemeinsames Siedlungsgebiet oder Ähnliches von anderen Gruppen unterscheidet«[126]. Der Brockhaus verweist relativierend auf die aktuelle Verwendung des Wortes: »[...] inzwischen wird der Begriff Stamm stärker als Produkt der Romantik des 19. Jahrhunderts angesehen.«[127] Einige Wissenschaftler vertreten die Ansicht, dass der Terminus spätestens seit den 1960er-Jahren immer stärker als analytische Kategorie der Anthropologie angezweifelt worden ist. Wolfgang Kraus fordert mit Blick auf den historischen Kontext des Begriffs »Stamm«, sich »von den Assoziationen von Archaismus und Primitivität zu distanzieren«[128]. Dagegen behauptet Hans K. Schulze: »[...] die deutschen Stämme sind keineswegs Traumgespinste romantischer Germanisten und Historiker, sondern sehr reale, das kulturelle, soziale und politische Leben mitgestaltende Mächte.«[129]

Aus der Alltagssprache ist der Begriff nicht verschwunden. Die Landesregierung in München geht von drei Stämmen der Bayern aus: Altbayern, Schwaben und Franken; als »vierter Stamm« werden seit der Vertreibung von 1945 die Sudetendeutschen eingeordnet. In der Verleihungsurkunde vom 5. November 1962 wird dazu festgehalten: »Die Bayerische Staatsregierung betrachtet die sudetendeutsche Volksgruppe als einen Stamm unter den Volksstämmen Bayerns«[130]. Dieses Verständnis weicht vom Ansatz der Weimarer Reichsverfassung vom 11. August 1919 ab, die in ihrer Präambel die folgende Über-/Unterordnung vornimmt: »Das Deutsche Volk, einig in seinen Stämmen«[131]. Konflikte in Staaten der muslimischen Welt – etwa im Jemen – werden bis heute häufig aus der Perspektive rivalisierender Stämme interpretiert.[132]

Volk – Bevölkerung

Die Ursprünge des Wortes »Volk« sollen auf das althochdeutsche *folc* zurückgehen, vermutlich bedeutet der Begriff »viele«.[133] Die darauf aufbauenden inhaltlichen Definitionen entsprechen oft jenen, die auch für den »Stamm« und die »Ethnie« verwendet werden. Ein Volk ist laut Duden eine »durch gemeinsame Kultur und Geschichte [und Sprache] verbundene große Gemeinschaft von Menschen«[134] bzw. eine »Masse der Angehörigen einer Gesellschaft, der Bevölkerung eines Landes, eines Staates«[135]. Der Brockhaus bezieht sich auf die »›breite Masse‹ der ›einfachen‹ Mitglieder einer Gesellschaft«[136]. In der konkreten Anwendung ist mit Volk »die ethnisch-spezifische Einheit einer Gruppe von Menschen im Sinne von Ethnie«[137] gemeint. Allerdings findet sich im Sinne einer sehr weiten Auslegung der möglichen Inhalte des Begriffs im Brockhaus auch diese Definition, die den Faktor der Abstammung ausschließt: »[…] eine Gruppe von Menschen, die sich als ideelle Einheit begreift, das heißt als durch gemeinsame Herkunft, Geschichte, Kultur und Sprache, zum Teil auch Religion verbundene Gemeinschaft«[138].

Wenngleich es inhaltliche Schnittmengen gibt, ist der Begriff »Volk« grundsätzlich umfassender als »Stamm« zu verstehen. Demnach setzt sich das deutsche Volk u.a. aus den Stämmen der Sachsen, der Pommern, der Thüringer und der Schlesier zusammen. In begrifflicher Hinsicht können dagegen Volk und Ethnie gleichgesetzt werden, soweit bei Ethnie auf den griechischen Wortursprung *éthnos* abgestellt wird, der mit »Volk(sstamm)«[139] zu übersetzen ist. In der Bezeichnung von Professuren findet diese Differenzierung bis heute Ausdruck. So gibt es an der Universität Würzburg einen »Lehrstuhl für europäische Ethnologie/Volkskunde«[140] und an der Universität München ein »Institut für Ethnologie«[141]. Ursprünglich hatte sich die Disziplin als »Völkerkunde« entwickelt, wofür heute die Bezeichnungen »Ethnologie«, »Sozialanthropologie« und »Kulturanthropologie« eingesetzt werden.[142]

Volk und Nation werden sprachlich häufig synonym verwendet, was beiden Begriffen allen inhaltlichen Schnittmengen zum Trotz nicht gerecht wird. Im Sinne des 19. Jahrhunderts impliziert Nation einen gewissen politischen Impetus, der einen eigenen Staat zum Ziel hat. So können unterschiedliche Völker – also Vertreter eines multikulturellen Gemeinwesens – bestrebt sein, eine Nation zu bilden. Sie können aber nicht ohne Weiteres ein neues Volk schaffen. Der Brockhaus vertritt die Auffassung, dass die Begriffe »Volk« und »Nation« letztlich »nicht klar abgrenzbar«[143] sind. Die

Unterscheidung sei allerdings dort möglich, wo »Nation mehr Elemente der politischen Willensbildung enthält und Volk stärker emotionale Erfahrungen anspricht (Nationalbewusstsein).«[144] Dies kann wie folgt zugespitzt werden: Nation muss man sein wollen, Volk ist man. Oder anders formuliert: Zu einer Nation muss der Einzelne dazugehören wollen, in ein Volk wird er hineingeboren. Daraus wiederum folgt gemäß Otto Dann: »Im Unterschied zu Nationen, die unter bestimmten Bedingungen entstehen und auch wieder zerfallen können, haben Völker eine wesentlich längere Lebensdauer.«[145]

Unter »Bevölkerung« versteht man dagegen die »Gesamtheit der Bewohner und Bewohnerinnen eines bestimmten Gebiets«[146], ganz unabhängig von der Zugehörigkeit zu einem Volk, zu einer Ethnie, zu einem Stamm oder zu einer Religion. Folgerichtig wird unter »bevölkern« die neutrale Zuschreibung »als Siedlungsraum nutzen, als Heimat haben«[147] angegeben. Der Begriff »Bevölkerung« subsumiert alle personalen Gruppierungen innerhalb eines Staates, weshalb sich auf der obersten Siedlungsebene die Bezeichnung »Weltbevölkerung« – und nicht das »Weltvolk« – durchgesetzt hat. Das Staatsvolk knüpft damit immer an die Bevölkerung an, woraus – auch im Sinne des Dudens – logisch geschlussfolgert werden kann, dass es in der Regel nicht mit den Angehörigen eines Volkes deckungsgleich ist.

Völkisch – volklich

Wer sich zur Wesensart des eigenen Volkes äußert, dem wird schnell eine »völkische« Gesinnung vorgeworfen. Oftmals ist eine solche Einordnung falsch. Der Brockhaus weist einerseits auf eine harmlose Bedeutung des Terminus hin: »so viel wie ›sich auf das Volk beziehend, dem Volk gemäß‹«[148]. In einer veralteten Form ist laut Duden »völkisch« unproblematisch, weil es lediglich »nationale Eigentümlichkeiten«[149] meint. Andererseits ist dem Brockhaus eine sehr kritische Dimension des Begriffs zu entnehmen: »etwa 1875 aufgekommene Verdeutschung des Wortes ›national‹ im Sinne eines ethnisch exklusiven, meist antisemitischen Nationalismus.«[150] Auch der Duden schließt an dieses Verständnis an: »(in der rassistischen Ideologie des Nationalsozialismus) ein Volk als vermeintliche Rasse betreffend; zum Volk als vermeintliche Rasse gehörend«[151].

Völkisch stellt demnach dezidiert auf eine nationalsozialistische Haltung ab. Aus historischer Sicht haben die Ziele der Völkischen Bewegung, die Ende des 19. Jahrhunderts einsetzte, inhaltliche Vorstellungen des Wortes geprägt.[152] Im aktuellen Bewusstsein wird aber vermutlich vor allem das Zentralorgan der Nationalsozialistischen Deutschen Arbeiterpartei (NSDAP), die von 1920 bis 1945 erschienene Tageszeitung *Völkischer Beobachter,* nachwirken. Auch in der Zeit des Nationalsozialismus (NS) tätige Rechtswissenschaftler sahen eine enge Verbindung zwischen dem Begriff und dem damaligen politischen System. Günther Küchenhoff, Professor der Rechte und Oberlandesgerichtsrat aus Greifswald, ging 1944 von einem »grundlegenden völkischen Prinzip des Nationalsozialismus«[153] aus.

Die Initiative Frauke Petrys vom September 2016 setzte daher inhaltlich nicht korrekt an. Die damalige Vorsitzende der AfD sagte in einem Interview mit der *Welt am Sonntag,* man müsse »daran arbeiten, dass dieser Begriff [völkisch, M. W.] wieder positiv besetzt ist.«[154] Weiter erklärte sie, »völkisch« sei letztlich nur »ein zugehöriges Attribut«[155] zum Wort »Volk«. In beiden Fällen lag sie falsch. Aus historischer Sicht kann der Begriff nicht positiv aufgeladen werden. Und das korrekte Adjektiv zum Wort »Volk« lautet »volklich«[156]. Der Duden definiert es mit »das Volk betreffend«[157]. In dieser Weise argumentiert eine Person, wenn sie sich über den Charakter eines Volkes Gedanken macht. Nicht verwerflich ist desgleichen der Begriff »volksfeindlich«, der vom Duden mit »gegen die Interessen des Volkes gerichtet«[158] übersetzt wird.

Rasse – Rassismus

Besonders umstritten ist der Begriff der »Rasse«. Er meint laut Duden eine »Bevölkerungsgruppe mit bestimmten gemeinsamen biologischen Merkmalen«[159]. Der Brockhaus definiert ohne Bezug zu einem konkreten Akteur: »Gruppe von Lebewesen, die sich durch ihre gemeinsamen Erbanlagen von anderen Artangehörigen unterscheiden.«[160] Rassen wurden ursprünglich als Unterarten der Gattung Mensch verstanden; dabei meint »Gattung« die »Gesamtheit nächstverwandter Arten von Lebewesen«[161]. Umstritten ist der Begriff der »Rasse« vor allem deshalb, weil (vermeintliche) rassische Merkmale in der Zeit des Nationalsozialismus nicht zur neutralen, sondern zur abwertenden Etikettierung ganzer Bevölkerungsgruppen verwendet worden sind. Dies hat bis heute Folgen für die Definition des Begriffs.

Das, was lange Zeit unter »Rasse« verstanden worden ist, wird im gesellschaftlichen Diskurs zunehmend kritisch gesehen.[162] Die Ergebnisse dieser Auseinandersetzung sind im Duden nachlesbar. Bei der Definition des Begriffs »Rasse« hat die Redaktion ein Warnkästchen eingebaut: »Ob der biologische Begriff der *Rasse* auch auf Menschen anzuwenden ist, ist inzwischen wissenschaftlich höchst umstritten. Wenn auf entsprechende

Unterschiede Bezug genommen werden muss, sollten deshalb Ausweichformen wie *Menschen anderer Hautfarbe* gewählt werden.«[163]

Fraglich ist in der Tat, wie aussagekräftig die alten, sehr groben Unterscheidungen der Menschenrassen als Untergliederung des Menschen (Homo sapiens) noch sind. Aus dieser Sicht werden Unterteilungen über ein sehr grobes Raster (Hautfarbe, Haare, Physiognomie etc.) vorgenommen. Der vor allem in der Zeit des Nationalsozialismus wissenschaftlich tätige Egon Freiherr von Eickstedt unterschied drei Großgruppen. Zu ihnen gehören die Europiden (hier sind die Deutschen einzuordnen), die Mongoliden und die Negriden. Diese Einteilung findet sich auch in jüngeren Lexika wieder, wenngleich diese kritisch darauf verweisen, dass die Großgruppen bei wegfallenden »Isolationsschranken«[164] immer stärker ineinander übergehen und damit nicht mehr auseinanderzuhalten sein werden. Auch überzeugt der Hinweis, dass sich optisch stark unterscheidende Menschen im Erbgut dennoch weitgehend gleichen, also nur wenige Gene einen großen Effekt auf das Erscheinungsbild haben.[165] Problematisch ist zudem die Entdeckung von Rassen, die gar keine sind. So bezieht sich z. B. das bis heute ausgestellte »Malaya memorial« der Westminster Abbey auf die Existenz einer »British race«[166].

Die United Nations Educational, Scientific and Cultural Organization (UNESCO) hatte am 18. Juli 1950 eine Erklärung zum Thema »The Race Question« veröffentlicht. Ihre Autoren schauten sehr kritisch auf die Inhalte des Begriffs der »Rasse« und wiesen auf Gefahren des Missbrauchs hin: »For all practical social purposes, ›race‹ is not so much a biological phenomenon as a social myth.«[167] Geleitet wird das Dokument vom Gedanken einer »ethic of universal brotherhood«[168] zwischen allen Menschen. 1995 haben Wissenschaftler in einer Erklärung und unter Leitung von Horst Seidler den Begriff der »Rasse« für obsolet erklärt. Sie begründeten dies mit der Beobachtung, dass die »genetische Diversität beim Menschen gleitend ist und keine größere Diskontinuität zwischen den Populationen anzeigt.«[169] Aus dieser Perspektive ist in regelmäßigen Abständen aus Kreisen der Wissenschaft zu vernehmen, den umstrittenen Terminus ganz fallenzulassen.[170] Viele Bundestagsabgeordnete haben sich der Position angeschlossen und gefordert, den Begriff der »Rasse« aus dem Grundgesetz zu streichen.[171] Die Bundeszentrale für politische Bildung hat das Vorhaben mit verschiedenen Publikationen sekundiert.[172] Im Oktober 2020 folgte die Bundesregierung dem Ansinnen. Die Bundesministerien für Justiz und Inneres wurden beauftragt, einen entsprechenden Gesetzentwurf zu erarbeiten.[173]

Solchen Überlegungen steht die Tatsache entgegen, dass jene, die von rassischer Diskriminierung in der Gesellschaft sprechen, dazu die Existenz von Rassen anerkennen müssen. Das Gegenargument lautet, dass es gerade der Rassismus sei, der das Konzept der Rasse hervorgebracht habe. In der »Jenaer Erklärung« von 2019, verfasst von vier Professoren der Zoologie, Evolutionsforschung, Menschheitsgeschichte und Biowissenschaften, heißt es: »Das Konzept der Rasse ist das Ergebnis von Rassismus und nicht dessen Voraussetzung.«[174]

Faktisch ist der umstrittene Terminus in den vergangenen Jahren vor allem vom politisch linksliberalen Lager sprachlich am Leben gehalten worden, um Ungleichbehandlungen zwischen Menschen unterschiedlicher Herkunft gesellschaftlich zu brandmarken. Im deutschsprachigen Raum gibt es gleichwohl auch seriöse Medien wie die *Neue Zürcher Zeitung,* die Begriffe wie »Rassenbeziehungen«[175] in der Berichterstattung regelmäßig einsetzen – und dies ohne Anführungszeichen im Text.

Der Duden beschreibt Rassismus als »Lehre, Theorie, nach der Menschen bzw. Bevölkerungsgruppen mit bestimmten biologischen Merkmalen hinsichtlich ihrer kulturellen Leistungsfähigkeit anderen von Natur aus über- bzw. unterlegen sein sollen.«[176] Es geht folglich um Fragen der Auf- und Abwertung von Menschen, wenn rassistische Ansichten vertreten werden. Demgegenüber hat der Verweis darauf, dass sich ein Deutscher, ein Nigerianer und ein Japaner phänotypisch unterscheiden, nichts mit Rassismus zu tun.

Aus rechtlicher Sicht ist festzuhalten, dass der Begriff der »Rasse« weiterhin im Grundgesetz von 1949 verankert ist. In Artikel 3 Absatz 3 heißt es: »Niemand darf wegen seines Geschlechtes, seiner Abstammung, seiner Rasse, seiner Sprache, seiner Heimat und Herkunft, seines Glaubens, seiner religiösen oder politischen Anschauungen benachteiligt oder bevorzugt werden.«[177] In der Charta der United Nations (UN) von 1945 findet der Terminus ebenfalls mehrfach Verwendung, um darzulegen, dass die Menschenrechte allen Erdenbewohnern zustehen – unabhängig vom »Unterschied der Rasse«[178]. Sowohl das Grundgesetz als auch die Charta der Vereinten Nationen gehen folglich von der Existenz unterschiedlicher Rassen aus.[179]

Deutschtum – Deutschtümelei

Laut Duden ist es nicht unangemessen, sich über das Deutschtum Gedanken zu machen und dabei auch expressis verbis genau diesen Begriff zu verwenden. Wer zum Thema forscht, der befasst sich mit der »Gesamtheit der für die Deutschen typischen Lebensäußerungen«[180]. Es geht um »deutsche Wesensart«[181], die »Zugehörigkeit zum deutschen Volk«[182] und die »Gesamtheit der deutschen Volksgruppen im Ausland«[183].

Theodor Steltzer, der erste Ministerpräsident Schleswig-Holsteins nach dem Ende des Zweiten Weltkrieges, ging 1945 der Frage nach, wie es zur Katastrophe des Nationalsozialismus kommen konnte. Seine Antwort dürfte heutige Beobachter geradezu verblüffen: »Wir müssen einsehen, daß wir den uns wesensgemäßen Weg verlassen hatten. Hitlers Lehre und Handeln war die völlige Verleugnung des Deutschtums, der schlimmste Abfall eines Volkes von sich selbst. Denn im Nationalsozialismus hatte der Mensch seine Menschlichkeit verloren. Wir können uns aber ein echtes Deutschsein nicht vorstellen ohne Menschlichkeit.«[184]

Die berüchtigte »Deutschtümelei« beginnt laut Duden erst dort, wo es um eine »aufdringliche, übertriebene Betonung deutscher Wesensart«[185] geht. Das bedeutet gleichwohl auch, dass »aufdringlich« und »übertrieben« nicht mit »nationalistisch«, »völkisch« oder »rassistisch« verwechselt werden dürfen. Herbert Fürst hat sich 2012 mit diesem Thema in seiner Dissertation befasst. Die inhaltliche Einordnung des Begriffs liegt auf der Linie des Dudens: »›Deutschtümelei‹ […] ist eine abwertende Bezeichnung für eine extrem aufdringliche Betonung des Deutschtums, eine eher primitive Ausdrucksform von deutschem Patriotismus, dem man zuerst in den Anfängen des Deutschnationalismus begegnet ist und die sich oftmals am Rande der Lächerlichkeit bewegt«[186].

Vaterland – Heimatland

Ursprünglich meinte der Begriff das Land des Vaters, aus dem eine Person stammt. Im Brockhaus von 1957 heißt es dazu schlicht: »das Land der Väter und Vorfahren«[187]. Lexikalische Einträge verweisen auf das lateinische *patria,* das mit »Vaterland, -stadt, Heimat«[188] übersetzt wird. Alexander Brakel weist darauf hin, dass das Geburtsland nicht zwangsläufig auch das eigene Vaterland sein muss: »Mitunter, aber nicht immer fiel dieses Verständnis zusammen mit dem Land der eigenen Geburt.«[189] Wer in einem der 16 deutschen Bundesländer geboren wird, kann folglich die Staatsbürgerschaft der Bundesrepublik besitzen. Per definitionem muss Deutschland deshalb aber nicht zwingend sein Vaterland sein.

Im Laufe der Bildung von Nationalstaaten im 19. Jahrhundert erweiterte sich der inhaltliche Bezugsrahmen des Begriffs. Im Duden wird »Vaterland« wie folgt definiert: »Land, aus dem man stammt, zu dessen Volk, Nation man gehört, dem man sich zugehörig fühlt; Land als Heimat eines Volkes«[190]. Etwas neutraler heißt es an selbiger Stelle zum »Heimatland«: »Land, aus dem jemand stammt und in dem er seine Heimat hat«[191]. Der Duden versteht unter »Heimat« gleichwohl einen inhaltlich engeren Bezug: »Land, Landesteil oder Ort, in dem man [geboren und] aufgewachsen ist oder sich durch ständigen Aufenthalt zu Hause fühlt«[192].

Wer aus dieser Sicht vom »deutschen Vaterland« spricht, meint damit das Land der Deutschen, wie dies Konrad Adenauer in einem Interview 1962 erklärt hat: »Die Deutschen sind Deutsche, die Franzosen Franzosen, die Niederländer Niederländer. Jeder will sein Vaterland behalten mit seiner Kultur, Geschichte und Sprache. Keiner kann verlangen, daß die berechtigte Eigenart aufgegeben wird.«[193]

Der Begriff »Vaterland« ist bis heute prominent vertreten in der deutschen Nationalhymne – konkret in der dritten Strophe des Deutschlandliedes von 1841: »Einigkeit und Recht und Freiheit für das deutsche Vaterland!« Die Zeile war auf den Aufbau eines gemeinsamen, einheitlichen Staates für das deutsche Volk gerichtet, der über den damaligen 35 Fürstentümern und vier Freien Städten des Deutschen Bundes stehen sollte. Die aktuelle, eher von Konservativen erhobene Forderung, anstelle der Europäischen Union ein »Europa der Vaterländer« zu errichten, zielt darauf ab, die Souveränität der Einzelstaaten so weit als möglich zu erhalten. Als Urheber dieses Ansatzes gilt der französische Staatspräsident Charles de Gaulle (1890–1970).[194]

Patriotismus

Unter Patriotismus versteht der Duden die »(begeisterte) Liebe zum Vaterland«[195] bzw. eine »vaterländische Gesinnung«[196]. Der Brockhaus zählt noch etwas mehr auf: »Vaterlandsliebe, die Verehrung, Hingabe und gefühlsmäßige Bindung an Traditionen und Gemeinschaft des eigenen Volkes bzw. der Nation.«[197] Auch anderen Quellen ist ein ähnliches Verständnis zu entnehmen, wenn es heißt: »›gefühlsmäßige Bindung an die kulturellen und geschichtlichen Werte und Leistungen des Volkes, in dem man lebt‹«[198].

Jenseits vaterländischer Bezüge hebt der Brockhaus auf die enge Verbindung zwischen Patriotismus und Staat ab: »Der Patriotismus äußert sich u. a. in der Wertschätzung von Symbolen und historisch bedeutsamen Ereignissen sowie dem Respekt vor Institutionen und Personen, die der staatlichen Integration dienen, verbunden mit Dienst- und Opferbereitschaft«[199]. Bereits im Brockhaus von 1956 steht demgemäß: »[…] im staatsbürgerlichen Ethos wurzelnde, zugleich gefühlsbetonte, oft leidenschaftlich gesteigerte Hingabe an das überpersönliche staatliche Ganze, das in dieser

Hingabe nicht nur als rechtliche und politische Ordnung, sondern als die den Einzelnen tragende Gemeinschaft (la patrie, my country, das Vaterland) empfunden wird.«[200] An diesen Punkt schließt auch Michael Wolffsohn an: »Patriotismus ist der Einsatz der Bürger für ihr Gemeinwesen; für das Gemeinwesen, in dem sie leben, das sie entweder lebenswert gestalten oder erhalten wollen.«[201]

In Deutschland galt Patriotismus in der Zeit nach dem Nationalsozialismus lange als anrüchig, wenn nicht verwerflich. Bereits das Hissen der Nationalflagge im privaten Rahmen sorgte bei vielen Menschen für Unverständnis, was sich letztlich erst mit der Fußball-Weltmeisterschaft 2006 im eigenen Land zumindest ein wenig ändern sollte. Zum damaligen Zeitpunkt waren die Farben Schwarz-Rot-Gold in Deutschland weithin sichtbar, vor allem in Form der eigenen Fahne. Bei folgenden Welt- und Europameisterschaften wiederholte sich das Schauspiel.

Als Ersatz hatte sich zuvor die Ansicht herausgebildet, dass sich ein deutscher Patriot vor allem als Verfassungspatriot zu verstehen habe. Dies war unverfänglich, denn wer wollte den hohen Wert des Grundgesetzes anzweifeln? Der Begriff geht auf Dolf Sternberger zurück, der am 23. Mai 1979 in einem Beitrag für die *Frankfurter Allgemeine Zeitung* die Meinung vertreten hatte, dass sich »unmerklich ein neuer, ein zweiter Patriotismus ausgebildet«[202] habe, der sich auf die Verfassung gründe. Er könne als »eine Art von Vaterland«[203] betrachtet werden. Aus der Sicht Sternbergers waren deshalb die Nationalsozialisten auch jene, die mit ihrer Politik das Vaterland verraten hatten und damit schlechthin keine Patrioten sein konnten. Im Gegensatz zu ihren Widersachern: »Patrioten im eigentlichen Sinne waren die Verschwörer des 20. Juli.«[204]

Der reine Verfassungspatriotismus als Surrogat für den nationalen Patriotismus war und ist eine Konstruktion. Auf das Grundgesetz dürfen die Deutschen stolz sein. Aber das Gefühl des Patriotismus ist ein emotionales. Paragrafen muss man achten, aber nicht lieben. Anhängern dieser Richtung ist bis heute oft anzumerken, dass sie eigentlich im Sinne der Kulturnation argumentieren wollen, sich dies aber nicht trauen – auch weil sie der Nation misstrauen – und deshalb den Weg zum unverdächtigen Verfassungspatriotismus wählen.[205] Sie übersehen dabei den defensiven Charakter des Patriotismus, den der englische Schriftsteller George Orwell 1945 präzise von einer aggressiven Form des Nationalismus unterschieden hatte: »Mit ›Patriotismus‹ meine ich die Verbundenheit mit einem bestimmten Ort und einer bestimmten Lebensweise, die man für die beste der Welt hält, aber anderen Menschen nicht aufzwingen möchte.«[206]

Die Ausführungen haben gezeigt, dass sich die inhaltlichen Zuschreibungen zu vielen Begriffen im Laufe der Jahrzehnte einerseits verändert haben, was auch seinen Niederschlag in einschlägigen Lexika gefunden hat. Andererseits lassen sich konstante Kerndefinitionen finden. Hinzu kommt bei besonders umstrittenen Termini wie dem der »Rasse« eine wissenschaftliche Auseinandersetzung darüber, ob sich ihr Erklärungsgehalt nicht erschöpft hat (wenn er denn überhaupt jemals vorlag). Die Definitionen in diesem Kapitel sowie in Kapitel IV legen dar, dass viele Begriffe im Diskurs um die Identität der Deutschen in der Politik, in den Medien sowie im BfV mit starker Schlagseite, oftmals sogar jenseits ihres etymologischen Gehalts, verwendet werden. Sie haben dadurch im Laufe der Jahre ein sehr negatives Image erhalten.

Dies fängt mit der »Identität« an, die sich als eine Ausdrucksform natürlich auch »national« äußern kann. Wie gezeigt worden ist, muss selbst beim »Nationalismus« genau darauf geachtet werden, welche seiner beiden zentralen Dimensionen – die innenpolitisch einigende oder die außenpolitisch aggressive – gemeint ist. Entsprechend kann die Kategorie der »Nation« positiv wie negativ gesehen werden, aber niemals einseitig, da sie in der Form der »Kulturnation« über zahlreiche Vorteile (höhere Solidarität, mehr Sekurität) verfügt. Sie ist mit dem Gedanken der Abstammung verbunden, der in dieser Arbeit als tradiertes, tellurisch und historisch gebundenes Gemeinschaftsgefühl verstanden wird, das den Einzelnen trägt. Die nationale Identität der Deutschen ist damit als kollektives Wir-Gefühl so selbstverständlich wie jene von Russen oder Japanern. Bei der »Ethnie« ist das Abstammungsmerkmal wissenschaftlich anerkannt. Sie weist gleichwohl mehrere inhaltliche Dimensionen auf und kann auch ohne jeden biologischen Bezug eine »sozialkulturell-historisch distinkte Population mit einem eigenen Herrschaftssystem«[207] meinen. Entsprechend kann das »Volk« verstanden werden, über das aus »volklicher« – nicht aber »völkischer« – Perspektive grundgesetzkonform gestritten werden darf. Und dies auch mit Blick auf das eigene »Deutschtum« oder »Vaterland«.

Oikophobie

Solange die politisch-mediale Elite nicht zu einer Versachlichung bei der Nutzung dieser Termini bereit ist, wird es sehr schwer sein, das mit ihnen verbundene Themenfeld zwischen »Nation« und »Identität« in ruhiger Weise zu diskutieren. Klaus von Dohnanyi (SPD), von 1981 bis 1988 Erster Bürgermeister von Hamburg, kritisierte in diesem Zusammenhang den Umgang mit Thilo Sarrazin, der 2010 seinen Bestseller »Deutschland schafft sich ab« publiziert hatte. Er warf den Deutschen vor, »gedankenfeige«[208] zu sein. Damit meinte von Dohnanyi reflexhafte Äußerungen von Vertretern in Politik und Medien bei (mutmaßlichen) Reizthemen: »Nur in Deutschland macht man sich unmöglich, wenn man das Offensichtliche benennt. [...] Sarrazins Behauptung, dass es besondere, kulturelle Eigenschaften von Volksgruppen gibt, kann heute niemand mehr mit Sachkenntnis bestreiten. [...] Im Schatten unserer Geschichte und eines oft allzu einseitigen Bildes unserer Selbst scheuen wir uns vor Debatten und Worten, die bei anderen Völkern gang und gäbe sind. So aber kann eine Gesellschaft den Herausforderungen der Gegenwart kaum begegnen. Also bitte keine Feigheit mehr vor Worten wie Rasse, Juden und Muslime. Es gibt sie. Man darf über sie nachdenken, man darf sie benutzen.«[209]

Der Versuch, nationale bzw. identitäre Begrifflichkeiten zu kontaminieren oder doch zumindest als antiquiert darzustellen, geht schon seit Jahren sehr weit. Als im Mai 2016 die Arbeitsgemeinschaft der öffentlich-rechtlichen Rundfunkanstalten der Bundesrepublik Deutschland (ARD) einen Bericht über den damaligen bayerischen Ministerpräsidenten Horst Seehofer ausstrahlte, wurde diesem vom Journalisten Reinhold Beckmann vorgehalten, verstärkt Begriffe zu nutzen, »die man sonst vorwiegend auf der rechten Seite hört.«[210] Beckmann nannte als Beispiel das Wort »Vaterland«[211] und fragte, warum Seehofer dieses benutze. In anderen Ländern würde es einen Aufschrei unter Vertretern aus Politik und Medien geben, wenn Journalisten derartiges behaupteten. In Deutschland hat sich die breite Masse hingegen an solche politischen Einordnungen gewöhnt.

Sie sind überall zu finden, so auch im Auswärtigen Amt, das am 26. Mai 2020 auf Twitter kundtat: »Die Debatte über ›deutsche Tugenden‹ überlassen wir lieber Ihnen und dem 20. Jahrhundert.«[212] Dem war die Frage eines virtuellen Besuchers vorausgegangen, ob bei der Einstellung in das Ministerium nicht auch alte Tugenden – aufgezählt wurden Qualifikation und Zielstrebigkeit – für einen künftigen Diplomaten von Bedeutung seien, oder ob vor allem Hautfarbe und Geschlecht den Ausschlag geben würden.

Der 2020 verstorbene britische Schriftsteller und Philosoph Roger Scruton gehört zu jenen Intellektuellen, die dieses Phänomen als »Oikophobie« einordnen. Es geht über den notwendigen nationalen Selbstzweifel weit hinaus und kann als Ablehnung des Eigenen verstanden werden – als »repudiation of inheritance and home.«[213] In einer zugespitzten Form ist Oikophobie als »Selbsthass« zu begreifen und damit das Pendant zur Xenophobie, dem »Fremdenhass«. Kenner dieses Ansatzes werden darauf verweisen, dass es für einen Konservativen wie Roger Scruton typisch sei, ein

Konzept wie jenes der »Oikophobie« zu entwerfen. Letztlich hat er lediglich einen Begriff für ein altes Phänomen geprägt.

Bereits 1956 hatte der Psychoanalytiker Erik H. Erikson erkannt, dass eine Identitätsstörung in jungen Jahren weitgehende Folgen haben kann. Es beginne mit einer Ablehnung jener Rollen, die durch das eigene soziale Milieu vermittelt werden. Das könne sich auf »die Männlichkeit oder die Weiblichkeit, die Nationalität oder die Klassenzugehörigkeit«[214] beziehen. Die offerierte Rolle werde »zum Zielpunkt der ätzenden Verachtung des jungen Menschen«[215]. Erikson attestiert einen Zusammenhang zwischen der Geringschätzung des Eigenen und der Liebe des Fremden. Er sieht die »[ü]bertriebene Verachtung der eigenen Abstammung«[216] und zugleich – sozusagen als kompensatorische Handlung – die »irrationale Überschätzung alles Fremden. Leben und Kraft scheinen nur da zu existieren, wo man nicht ist, während dort, wo man sich zufällig befindet, nur Verfall und Gefahr drohen.«[217]

George Orwell verarbeitete dieses Phänomen unmittelbar nach dem Ende des Zweiten Weltkrieges in einem Aufsatz, in dem er ein sehr breites Verständnis von Nationalismus entfaltete. Dabei ging er auch auf die besondere identitäre Haltung der führenden geistigen Köpfe eines Staates ein: »In Gesellschaften wie der unsrigen ist es für jemanden, der sich als Intellektueller bezeichnen lässt, nicht üblich, eine sehr tiefe Bindung an das eigene Land zu empfinden. […] Er verspürt nach wie vor das Bedürfnis nach einem Vaterland, und es ist ganz natürlich, irgendwo im Ausland danach zu suchen. Hat er eines gefunden, kann er hemmungslos in genau den Emotionen schwelgen, von denen er sich emanzipiert zu haben glaubt.«[218]

Vielleicht ist die in der Bundesrepublik stark ausgeprägte Form der Oikophobie innerhalb großer Teile der Elite auch sehr deutsch. So zumindest sieht es der Schriftsteller Friedrich Dieckmann, seit 1993 Träger des Bundesverdienstkreuzes 1. Klasse und mit Sicherheit kein Anhänger des Nationalismus: »Der elitäre Hang zur Volksverachtung hat immer wieder sein Spiel getrieben unter deutschen Intellektuellen. Er hat mit Selbstverachtung zu tun, denn keiner, und gebe er sich noch so überlegen, kann sich ausnehmen von dem Volk, dem er angehört.«[219]

Der Schriftsteller Botho Strauss hat daher dazu geraten, sich selbst zu prüfen – nämlich dahingehend, »was an der eigenen Toleranz echt und selbständig ist und was sich davon dem verklemmten deutschen Selbsthaß verdankt, der die Fremden willkommen heißt […] hier, in seinem verhaßten Vaterland«[220]. Strauss stellt der akademischen Elite ebenfalls ein schlechtes Moral-Zeugnis aus: »Intellektuelle sind freundlich zum Fremden, nicht um des Fremden willen, sondern weil sie grimmig sind gegen das Unsere und alles begrüßen, was es zerstört«[221].

2. Ursprünge und Reichweite der deutschen Nation

Nach den begrifflichen Darlegungen geht es nun darum, einige Überlegungen zu den historischen Ursprüngen und der Reichweite der deutschen Nation anzustellen.[222] Grundlage ist die Entstehung eines – im Laufe der Zeit »deutsch« genannten – Volkes und eines Siedlungsgebietes bzw. Staates, mit dem das Wort »Deutschland« verbunden wird. In definitorischer Hinsicht gestaltet sich die Spurensuche nicht ganz einfach. Es lassen sich aber Wegmarken finden, die allgemein anerkannt sind. Im Falle Deutschlands spricht man von einer »verspäteten Nation«[223], was letztlich nur darauf hinweist, dass der Trend der Nationsbildungen bereits Ende des 18. Jahrhunderts begonnen hatte, das Deutsche Reich aber erst knapp 100 Jahre später gegründet wurde. Im Gegensatz zur Entstehung der Nation lässt sich nur die Gründung des Nationalstaates sehr genau datieren. Das Deutsche Reich wurde in der kleindeutschen Lösung ohne Österreich am 18. Januar 1871 proklamiert.

Den Beginn der eigenen Vergangenheit festzulegen, liegt im Ermessen des Betrachters. Die menschliche Besiedelung Europas lässt sich weit zurückverfolgen, beginnend mit dem Aufbau erster sozialer Ordnungen – den dörflichen Siedlungen. In jener Zeit gab es weder Stämme noch Völker. Soweit davon ausgegangen wird, dass es vor allem äußere Feinde sind, die ein Gemeinschaftsbewusstsein schaffen, kann als Startpunkt der deutschen Vorzeit die Varusschlacht 9 n. Chr. gewählt werden. In ihr hatte Arminius, genannt Hermann der Cherusker (um 16 v. Chr. bis um 21 n. Chr.), drei römische Legionen – »die welsche Brut«[224] – vernichtend geschlagen.[225] Der Ort des Geschehens ist umstritten – Vermutungen reichen vom Teutoburger Wald bis Kalkriese. Auch wenn es in jener Zeit noch kein deutsches Volk gab, fand sich dennoch ein Oberbegriff, unter dem die verschiedenen Stämme des nördlichen Mitteleuropas – vor allem in der heutigen Norddeutschen Tiefebene – zusammengefasst wurden: Germanen. Sie unterschieden sich von ihren Nachbarn, zu denen Kelten, Iberer, Illyrer, Daker, Slawen und Balten gehörten, in kultureller Hinsicht. Der römische Geschichtsschreiber Tacitus (um 55 n. Chr. bis um 120 n. Chr.) berichtete über sie 98 n. Chr. in seiner »Germania«.[226]

Anschlussfähig für die Herausbildung einer gemeinsamen Identität war die Varusschlacht zunächst nicht, da die Menschen im Mittelalter von ihr keine Kenntnis hatten. Der gemeinsame Faden wurde im Fränkischen Reich wieder aufgenommen. In jener Zeit wurden wichtige Grundlagen gelegt, die für die Entstehung einer spezifischen deutschen Geschichte wesentlich waren. Karl I. der Große (747–814) herrschte über germanische und romanische Völker. Die Sachsen versuchte er, in den Kriegen von 772 bis 804 zu christianisieren; ihr Führer Widukind willigte 785 in die Taufe ein. In Aachen ließ Karl I. den Königsthron errichten, auf dem sich von 936 bis 1531 insgesamt 31 römisch-deutsche Könige krönen ließen. Die Kaiserwürde erhielt er 800 in Rom, wodurch ein neues – römisches – Kaisertum des Westens geschaffen wurde. Der Führer der Franken wird in der Gegenwart zwar als Urvater der europäischen Einigung begriffen und nicht als klassischer deutscher Kaiser (zumal er bis heute in Frankreich Verehrung erfährt). Dennoch hat er auch die hiesige Geschichte stark beeinflusst. Nach dem Vertrag von Verdun 843 entstand aus der Erbmasse seines Herrschaftsgebietes als ein Teilgebiet das Ostfränkische Reich. Es wurde von Ludwig II. (um 805 bis 876) regiert, der den Beinamen »der Deutsche« erhielt. Mit dem Vertrag von Meerssen 870 und der Aufteilung Lothringens festigte er seine Stellung. Das neue Herrschaftsgebiet umfasste Sachsen, Franken, Schwaben, Bayern und Lothringer.

Regnum Teutonicum

Spätestens mit Heinrich I. (um 875 bis 936), der 919 König der Franken und Sachsen wurde, gab es ein Gebilde, das in kultureller und organisatorischer Hinsicht einen ersten Nukleus des späteren Deutschlands formte.[227] Otto I. der Große (912–973) folgte seinem Vater auf den Thron und baute das Reich zur Vormacht Europas aus. Die Schlacht auf dem Lechfeld in der Nähe Augsburgs wurde zum größten Sieg seiner Regierungszeit. Sachsen, Bayern, Schwaben, Franken und Böhmen rangen 955 das damals gefürchtete Reiterheer der Ungarn nieder. Die Auseinandersetzung gilt vielen Historikern als eine Art Geburtsstunde der Deutschen, da es Otto I. gelungen war, zur Abwehr eines äußeren Feindes eine gewisse Einigung im Innern zu schaffen.[228] 962 wurde er zum Kaiser gekrönt. So bieten sich wenigstens drei Daten an, die als Ausgangspunkt der deutschen Geschichte gewählt werden können: 919, 936 und 955.[229]

Letztlich würde ein einziges Datum der komplexen Sachlage aber nicht gerecht. Eine gemeinsame Geschichte der Deutschen setzt zumindest zwei Dinge voraus: eine einheitliche Sprache und ein Gemeinschaftsbewusstsein. Zwingend notwendig ist zudem die Existenz eines weltlichen Herrschers, der beides repräsentiert. Zwischen der Mitte des 9. und der Mitte des 10. Jahrhunderts fand eine Entwicklung statt, die diesen Voraussetzungen gerecht wurde.[230] Der Beginn der deutschen Geschichte wird von Historikern deshalb auch als »gestreckter Vorgang«[231] eingeordnet. Vom »Regnum Teutonicum«, das aus dem Ostfränkischen Reich hervorging, war ab etwa dem 11. Jahrhundert die Rede. Der Begriff »Deutschland« wurde dabei lange nicht als staatlicher Akteur verstanden, sondern mit dem Siedlungsgebiet jener Menschen gleichgesetzt, die Deutsch sprachen. Wie überhaupt die mittelalterliche Realität natürlich nichts mit den modernen Vorstellungen vom deutschen Volk und vom deutschen Staat zu tun hatte.

Das Herrschaftsgebiet der deutschen Könige wurde später zum Zentrum des »Heiligen Römischen Reiches«, das in der Kurzfassung »Sacrum Imperium« 1157 seine früheste urkundliche Erwähnung fand. Ende des 15. Jahrhunderts kam es zur Ergänzung des Namens. Die neuartige Formulierung kam erstmals 1486 im Landfriedensgesetz Kaiser Friedrich III. zum Einsatz. Nun war vom »Heiligen Römischen Reich Deutscher Nation«[232] die Rede, die als Wahlmonarchie über ein gewaltiges Territorium in der Mitte Europas verfügte und vor allem den Frieden im Innern bewahren sollte. Nach außen war das »Alte Reich«, wie es später genannt wurde, hingegen schwach, wenngleich seine Einflusssphäre durch die deutsche Ostsiedlung weiter ausgedehnt wurde. Niccolò Machiavelli (1469–1527) beschrieb die Lage treffend: »[…] die Macht Deutschlands ist […] groß, aber so, dass man sich ihrer nicht bedienen kann.«[233]

Diese innere Zerrissenheit des Reiches war auch eine der Ursachen der schlimmsten Katastrophe der deutschen Geschichte vor Beginn des 20. Jahrhunderts: des Dreißigjährigen Krieges von 1618 bis 1648, der etwa ein Drittel der Bevölkerung das Leben kostete und als »deutsches Trauma«[234] in die Geschichte einging. Nach dem Westfälischen Frieden gab es etwa 300 souveräne, oft sehr kleine Staaten, die das Regieren innerhalb des Reiches nicht einfacher machten.[235] Statt nach Einigkeit zu streben, bekämpften sich die führenden Mächte. Am Dualismus zwischen Preußen und Österreich entzündete sich etwa der Siebenjährige Krieg (1756–1763). Es war nicht das erste und nicht das letzte Mal, dass Deutsche aufeinander schossen und dazu mit ausländischen Mächten paktierten. Auf der Seite Preußens stand damals Großbritannien, Österreich verbündete sich mit Russland und Frankreich.[236]

Identitätsbildung fand in jener Zeit Europas auf dynastischer, oft aber auch auf religiöser Ebene statt. Die zahlreichen Türkenkriege stärkten das abendländische Bewusstsein in Abgrenzung zum Osmanischen Reich. Bei diesen Auseinandersetzungen zwischen Orient und Okzident spielte das Christentum eine wichtige Rolle, deren Vertreter sich durch die Ausbreitung des Islam bedroht sahen (Emirat und später Kalifat von Córdoba auf der iberischen Halbinsel von 756 bis 1031; Reconquista bis 1492; Expansion auf dem Balkan; Verlust Konstantinopels 1453). Im Großen Türkenkrieg von 1683 bis 1699 wurde der weiteren Ausdehnung der späteren Hohen Pforte ein Riegel vorgeschoben. Papst Innozenz XI. hatte eine Heilige Liga zusammengestellt, an der neben anderen das Heilige Römische Reich Deutscher Nation beteiligt war. Die nach 1529 zweite Wiener Türkenbelagerung wurde am 12. September 1683 in der Schlacht am Kahlenberg beendet. Ein Entsatzheer aus Polen und Deutschen sorgte für den Wendepunkt des Krieges.

Grundlagen der deutschen Kulturnation hatten sich folglich über Jahrhunderte auf verschiedenen Ebenen – Sprache, Religion, Brauchtum, Rechtswesen, Kunst, Literatur, historische Abwehrkämpfe – herausgebildet. Zur Initialzündung auf dem Weg zum dies alles integrierenden Nationalstaat wurde das Wirken eines weiteren äußeren Feindes. Das Heilige Römische Reich Deutscher Nation war am politischen und militärischen Druck Frankreichs zerbrochen. Bereits durch die territoriale Umgestaltung durch den Reichsdeputationshauptschluss vom 25. Februar 1803 war der Staatenbund bis ins Mark getroffen.[237] Am 12. Juli 1806 hatten sich schließlich 16 deutsche Fürsten zum Rheinbund zusammengeschlossen (später folgten 23 weitere Staaten). Am 1. August 1806 traten sie aus dem Heiligen Römischen Reich Deutscher Nation aus, was dazu beitrug, dass Franz II. (1768–1835) nur fünf Tage später die Kaiserkrone niederlegte. Der Rheinbund war ein französisches Protektorat, das Napoleon I. half, Truppen für seine Feldzüge aufzustellen. So erreichte er die Kontrolle über große Teile des deutschen Siedlungsgebietes.

Am 14. Oktober 1806 musste Preußen die verheerende Niederlage von Jena und Auerstedt hinnehmen. Im Frieden von Tilsit vom 7./9. Juli 1807 verlor es etwa die Hälfte seines Gebietes und wurde von Frankreich zu hohen Kriegsentschädigungen verpflichtet. Preußen sah sich daher gezwungen, neue Wege zu beschreiten, die zu einer Wiedererstarkung der Hohenzollern beitragen sollten. Dem diente ein ganzes Bündel von Reformen,[238] die maßgeblich von Heinrich Friedrich Karl Reichsfreiherr vom und zum Stein (1757–1831) sowie von Karl August Freiherr von Hardenberg (1750–1822) vorangetrieben wurden. Aus dem absolutistischen Stände- und Agrarstaat wurde ein bürgerlicher Verfassungsstaat; die Industrialisierung des Landes wurde vorangebracht; die Bauernbefreiung war Teil der Agenda; die Städteordnung ermöglichte die kommunale Selbstverwaltung; die Gewerbefreiheit hob die Zunftordnungen auf; die Juden wurden allen anderen Bürgern gleichgestellt. Die Staatsregierung stützte sich auf fünf Ministerien: jene für Innenpolitik, Außenpolitik, Justiz, Finanzen und Krieg. Die Heeresreform ist mit den Namen Gerhard Johann David von Scharnhorst (1755–1813), August Wilhelm Anton Graf Neidhardt von Gneisenau (1760–1831) und

Hermann von Boyen (1771–1848) verbunden. Vor allem die Schaffung der allgemeinen Wehrpflicht, die zur Ausbildung einer Heeresreserve führte, sollte sich später als Vorteil erweisen. Die Bildungsreform geht wiederum auf Wilhelm Freiherr von Humboldt (1767–1835) zurück, der sich für die Erziehung eigenständig denkender Menschen, zugleich aber auch für die Schaffung eines Nationalbewusstseins einsetzte.

Vor diesem Hintergrund entstanden in nur wenigen Jahren die logistischen, militärischen und ideellen Voraussetzungen für einen Aufstand gegen die Besatzungsmacht. Als König Friedrich Wilhelm III. (1770–1840) Frankreich den Krieg erklärte, verband er dies am 17. März 1813 mit dem Aufruf »An Mein Volk«, der bereits eine gesamtnationale Richtung vorgab. Seine Landsleute müssten siegen, »wenn wir nicht aufhören wollen, Preußen und Deutsche zu sein.«[239] Ergebnis waren die Befreiungskriege von 1813 bis 1815.[240] Ihnen war eine Schwächung Napoleon I. nach der Niederlage im Russlandfeldzug 1812, an dem viele Deutsche teilnehmen mussten,[241] vorausgegangen. Zudem hatte sich der Rheinbund im Oktober 1813 aufgelöst. Das Gemeinschaftserlebnis half nicht nur, ein Volk zu formen. Es wurde nun im Sinne des Abbé Sieyès auch immer mehr zum Träger der Nation.[242] Als solcher hatte sich im Mittelalter und bis zum Ende des 18. Jahrhunderts primär der Hochadel empfunden.[243]

Symbolische Handlungen begleiteten das Geschehen. Nach seinem triumphalen Einzug in Berlin Ende Oktober 1806 hatte Napoleon I. die Quadriga vom Brandenburger Tor als Kriegsbeute abbauen lassen; nach dem Einmarsch der Koalitionsarmee in Paris im Frühjahr 1814 wurde sie von preußischen Truppen entdeckt und zurückgebracht.[244] Europa wurde schließlich 1815 auf dem Wiener Kongress staatlich neu geordnet.[245] Dazu gehörte die Gründung des Deutschen Bundes, zu dem sich zunächst 34 souveräne Fürstentümer und vier Freie Städte zusammenschlossen.[246] Zu ihnen zählten die beiden deutschen Führungsmächte Preußen und Österreich. Ebenso waren Großbritannien, die Niederlande und Dänemark präsent, da sie über Besitzungen in Deutschland verfügten bzw. mit ihnen verbunden waren.

Die Nationalbewegung wurde nun zu einem festen Bestandteil politischer Bestrebungen innerhalb des Deutschen Bundes, der damit aber letztlich überfordert war. Dies lag zu einem großen Teil an dynastischen Beharrungskräften der Fürsten, die dem Aufbau eines gemeinsamen Staates entgegenwirkten. Die nationalen – und deutlich liberalen! – Impulse kamen daher zunächst direkt aus dem Volk. Auf dem Wartburgfest der Jenaer Burschenschaft am 18. Oktober 1817 wurden von etwa 500 Studenten entsprechende politische Forderungen öffentlich kundgetan. Sichtbar wurde eine rot-schwarz-rote Fahne mit goldenem Eichenzweig und goldenen Fransen,[247] die sich an Elementen der Uniform des Lützowschen Freikorps orientierte. Die Studenten gedachten der Völkerschlacht von Leipzig und der Reformation (Martin Luther hatte 1521/1522 auf der Wartburg Zuflucht gefunden). Das Hambacher Fest vom 27. Mai 1832, auf dem sich ca. 30 000 Teilnehmer für ein freies und einiges deutsches Vaterland einsetzten, war ein weiterer Meilenstein. Die schwarz-rot-goldene Fahne wurde nun endgültig zum Symbol der Nationalbewegung.

Hinzu kamen erste Schritte zum Aufbau einer historischen, nationalen Erinnerungskultur. Dazu wurde 1842 in der Nähe von Regensburg die »Walhalla« eröffnet, in der bis heute an große Deutsche in Form von Büsten und Gedenktafeln erinnert wird. Der Bau der Ruhmeshalle geht auf Ludwig I. von Bayern (1786–1868) zurück, der in seiner Zeit als Kronprinz 1807 entschied, mit der Schaffung eines Nationaldenkmals – auch bezeichnet als »Pantheon der Nation«[248] – auf die Vorherrschaft Napoleons zu reagieren.[249]

Zum Symbol der Einheit von Kirche und Nation wurde der 1880 fertiggestellte Kölner Dom, dessen Grundsteinlegung 1248 erfolgt war. Über 300 Jahre lag die Baustelle brach. Erst der sich ausbreitende Geist der Befreiungskriege, eine hohe Spendenbereitschaft in der Bevölkerung und neue staatliche Anstrengungen sorgten dafür, die Vollendung der heute größten gotischen Kirche Deutschlands als Zeichen der Stärke der Nation anzusehen. Die Errichtung vieler weiterer Denkmäler sollte vor und nach der Reichsgründung folgen, um die nationale Erinnerungskultur zu festigen.[250]

In der bürgerlichen Märzrevolution von 1848 kam es erneut zu Aufrufen zur nationalen Einheit. Hätte Friedrich Wilhelm IV. die ihm am 3. April 1849 von der verfassungsgebenden Nationalversammlung angebotene Kaiserkrone angenommen, dann wäre Deutschland bereits unter einem Kaiser geeint worden; doch der König der Preußen wollte nicht. Im Schriftwechsel beider Seiten zeigte sich ein stark etabliertes nationales Vokabular: Die Vertreter der Nationalversammlung sprachen von »Volksstämme[n] Deutschlands«[251] und den »Erwartungen des Vaterlandes«[252]. Friedrich Wilhelm IV. entgegnete den »Vertreter[n] des deutschen Volkes«[253] seinen Respekt und erwähnte die »deutschen Stämme«[254] und »Deutschlands Einheit«[255]. Da er die Krone ablehnte, stellte sich schon damals die Frage, wie ernst es dem König mit der deutschen Einheit war. Bereits ein Jahr zuvor hatte er in der Proklamation »An mein Volk und an die Deutsche Nation« behauptet: »Preußen geht fortan in Deutschland auf.«[256] Konsequenzen hatten solche Aussagen zunächst nicht.

Erst die nationalen Einigungskriege von 1864 bis 1871 setzten der innerdeutschen Kleinstaaterei ein Ende. Wegbereiter dieser Entwicklung waren Otto von Bismarck (1815–1898) als Ministerpräsident Preußens, General Helmuth von Moltke (1800–1891) als Generalstabschef und General Albrecht von Roon (1803–1879) als Kriegsminister. Infolge der Niederlage Österreichs bei Königgrätz 1866 kam es zur Auflösung des Deutschen Bundes und 1867 zur Gründung des Norddeutschen Bundes, der unter der Hegemonie Preußens stand. Nach dem Sieg gegen Frankreich bei Sedan am 2. September 1870 war die entscheidende, letzte Etappe auf dem Weg zum Nationalstaat absolviert.[257] Das Deutsche Reich wurde am 18. Januar 1871 im Spiegelsaal von Versailles ausgerufen. Wilhelm I. (1797–1888), seit 1861 König von Preußen, war sein erster Kaiser. An jenem Tag drückte er in einer Rede an sein Volk aus, »daß es der Deutschen Nation gegeben sein werde, unter dem Wahrzeichen ihrer alten Herrlichkeit das Vaterland einer segensreichen Zukunft entgegenzuführen.«[258] Es sollte ein »ruheloses Reich«[259] bzw. eine »nervöse Großmacht«[260] werden.

In intellektueller Hinsicht haben sich in dieser Zeit viele Persönlichkeiten hervorgetan, deren Schriften den Wesenscharakter der deutschen Nation zu beschreiben versuchen. Sie trugen auf einer ideellen Basis zur Entstehung eines Nationalbewusstseins bei, bevor es in der Bevölkerung Ausbreitung fand. Bereits 1791 sprach Johann Gottfried Herder von »der deutschen Nation«[261], die als »eine Schutzwehr und Vormauer des Christentums zur Freiheit und Sicherheit des ganzen Europa dastand.«[262] Damit bezog er sich auf die Zeiten von Heinrich I. und Otto I. Besondere Bedeutung erlangten zudem Johann Gottlieb Fichte mit seinen »Reden an die deutsche Nation« sowie der Schriftsteller, Historiker und Politiker Ernst Moritz Arndt (1769–1860), der 1813 in einem Lied fragte: »Was ist des Deutschen Vaterland?«[263]

Fichte und Arndt beklagten nicht nur die Kleinstaaterei innerhalb Deutschlands und die Besatzungszeit unter Napoleon I. Sie waren angesichts der nationalen Selbstvergessenheit der Deutschen fassungslos, dass diese sich in Kriegen im Verbund mit ausländischen Mächten immer wieder gegenseitig bekämpften, anstatt sich in einem Staat selbst zu verbünden. Abstrakt kann man an diesem Punkt Vergangenheit und Gegenwart durchaus vergleichen. Die nationale Selbstvergessenheit der Deutschen hat seit den Jahren nach der Wiedervereinigung erheblich zugenommen. Erst im Zuge der Migrationskrise seit 2015 sind Fragen der Identität wieder stärker in den Mittelpunkt des Diskurses gerückt – wenngleich ausgelöst auf einer anderen Ebene. In der napoleonischen Zeit wurde die Herrschaft fremder Politiker über Deutschland beklagt; heute wendet sich die Kritik gegen den zunehmenden Einfluss kulturfremder[264] (vor allem muslimischer) Bevölkerungsgruppen in Deutschland. In beiden Fällen haben die heimischen Eliten dazu beigetragen, dass entsprechende Entwicklungen möglich wurden.

Nachdem der Gedanke der Nation in der Zeit des Nationalsozialismus durch eine Politik des aggressiven Nationalismus missbraucht worden war, stellte sich nach 1945 eine sehr grundlegende Frage: Müssen die Verbrechen des Hitler-Regimes, insbesondere der Holocaust, nicht in der Schlussfolgerung münden, dass es besser wäre, die Idee der Existenz einer deutschen Nation vollständig aufzugeben? Hatte sie durch humanistische Blindheit ihre Daseinsberechtigung als ideelle Gemeinschaft nicht verwirkt? Im politischen linken Lager sehen dies bis heute viele Menschen so. Der Militärhistoriker Martin van Creveld urteilt daher bildlich treffend, wenn er das politische Vermächtnis der Vertreter des Nationalsozialismus beschreibt: »Sie nagelten Generationen von Deutschen, die nach ihnen kamen, an das Hakenkreuz, von dem herabzusteigen, wie ich fürchte, sehr schwer sein wird.«[265] Als Friedrich Meinecke 1946 sein Buch »Die deutsche Katastrophe« publizierte, ahnte er dies bereits.[266]

Während der Zeit der deutschen Spaltung von 1945 bis 1990 gedachte die Bundesregierung dennoch regelmäßig der Landsleute in der Sowjetischen Besatzungszone, die sich selbst seit 1949 euphemistisch »Deutsche Demokratische Republik« nannte. Der Tag des Volksaufstands vom 17. Juni 1953 wurde in der Bundesrepublik zum »Tag der deutschen Einheit« erklärt. Seit 1968 hielt jeder Bundeskanzler im Parlament einen »Bericht zur Lage der Nation im geteilten Deutschland«.[267] Mehr noch: In Bonn gab es ein »Bundesministerium für innerdeutsche Beziehungen«, das schon in seiner Bezeichnung den besonderen Charakter der Kontakte zwischen Bonn und Ost-Berlin markierte. Beide Akteure unterhielten in der Hauptstadt des anderen keine Botschaft, sondern nach dem am 21. Juni 1973 in Kraft getretenen Grundlagenvertrag seit 1974 eine »Ständige Vertretung«. Bürger der DDR hatten zudem Anrecht auf einen westdeutschen Pass, sobald sie das Bundesgebiet durch Flucht oder nach einem politischen Gefangenenfreikauf erreichten. Damals glich es somit auch einem politischen Bekenntnis, ob man im Zeichen der Spaltung der Nation von »zwei deutschen Staaten« oder von »zwei Staaten in Deutschland« sprach.

Am 11. Juni 1963 erhob Bundespräsident Heinrich Lübke (P 1959–1969) den »Tag der deutschen Einheit« zum »Nationalen Gedenktag des deutschen Volkes«. Er tat dies in Erinnerung an die »Verantwortung für unsere Landsleute hinter dem Eisernen Vorhang und an unsere Pflicht, die Einheit aller Deutschen wiederzuerringen«[268]. Wäre die CDU in ihrer begrifflichen

Bewertung konsequent, müsste sie heute die folgenden Sätze des damaligen Bundespräsidenten als Deutschtümelei und völkisch bedenklich einordnen: »Das Bekenntnis zur Einheit verlangt jedoch einen noch höheren Einsatz, nämlich die persönliche Bereitschaft eines jeden einzelnen, mit der ganzen Kraft des Verstandes und des Herzens gegen die Zerreißung unseres Landes zu wirken und die Not unseres Volkes bewußt auf seine Seele zu nehmen. [...] Unser stetes und treues Gedenken an den Opfergang des 17. Juni 1953 wird unsere Forderung auf Wiederherstellung eines gemeinsamen Vaterlandes nachdrücklich bekräftigen.«[269]

Der damalige westdeutsche Diskurs bezog sich bis in die 1970er-Jahre hinein noch auf die Wiederherstellung eines Deutschlands in den Grenzen von 1937. Um die Vertriebenen nicht zu verprellen, hatte die CDU an dieser Fiktion sogar bis zur Wiedervereinigung 1990 festgehalten.[270] Bundeskanzler Helmut Kohl wollte wichtige Wählerstimmen erhalten und zog sich nach seinem Offenbarungseid den Zorn des Bundes der Vertriebenen zu. Am 14. November 1990 kam es schließlich zum Grenzvertrag mit Polen.[271] Dabei ging es – ob nun in den Grenzen von 1937 oder nicht – immer nur um eine kleindeutsche Wiedervereinigung, niemals um die Vollendung dessen, was im Zuge der Einigungskriege des 19. Jahrhunderts blockiert worden war.

Österreich und Südtirol

Viele Historiker sehen bis heute in dem Jahr 1866, in dem Österreich im Krieg gegen Preußen unterlag und damit nicht mehr Teil des staatlichen Einigungsprozesses war, eine deutsche Spaltung.[272] In historischer Hinsicht ist es also sehr angebracht, sich über die territoriale Reichweite der deutschen Nation Gedanken zu machen: Gehören Wiener, Innsbrucker, Salzburger und Meraner dazu? Die Österreich-Frage zeigt exemplarisch auf, in welchem Umfang, erstens, von Drittstaaten eine Einmischung erfolgt ist, um Deutschland territorial zu begrenzen. Zweitens ist deutlich zu sehen, wie darauf aufbauend die Mehrheit der Wiener Politiker in den vergangenen Jahrzehnten mit großem Erfolg ein »Österreichbewusstsein« gefördert hat. Schließlich ist dieses Projekt, drittens, dadurch gekrönt worden, dass demjenigen, der Österreicher kulturell als Deutsche einstuft, eine nationalistische oder völkische Gesinnung vorgeworfen wird. In Berliner Regierungskreisen ist diese Sichtweise mehrheitsfähig.

Doch der Reihe nach. Die Geschichte Österreichs ist untrennbar mit der deutschen verbunden. Zahlreiche Beispiele lassen sich nennen. Wien war

Residenzstadt mehrerer Habsburger Kaiser des Heiligen Römischen Reiches Deutscher Nation; Franz II., der am 6. August 1806 die Kaiserkrone niederlegte, war Österreicher. Im Deutschen Bund (1815–1866) nahm Wien eine führende Stellung ein. Kaiser Franz Joseph I. (1830–1916) soll 1859 in einem Gespräch mit Napoleon III. in Villafranca gesagt haben: »[…] ich bin ein deutscher Fürst.«[273] In Geschichtsbüchern flackert der Bezug gemeinsamer Wurzeln ebenfalls unübersehbar auf, wenn der Krieg Preußens gegen Österreich 1866 als »Deutscher Krieg« bezeichnet wird; der »deutsche Dualismus« meint die Spannungen zwischen Berlin und Wien. Die Reichsgründung von 1871 nennen Historiker »kleindeutsche Lösung«, weil Österreich von Preußen ausgeschlossen wurde. Der Historiker Theodor Schieder sprach deshalb vom »unvollendete[n] Nationalstaat«[274].

Im Zuge des Zerfalls der Donaumonarchie wurde die »Republik Deutsch-Österreich« gegründet. Das »Gesetz vom 12. November 1918 über die Staats- und Regierungsform von Deutschösterreich« bringt die gemeinsame Identität in Artikel 2 klar zum Ausdruck: »Deutschösterreich ist ein Bestandteil der Deutschen Republik [gemeint ist die Weimarer Republik, M. W.]. Besondere Gesetze regeln die Teilnahme Deutschösterreichs an der Gesetzgebung und Verwaltung der Deutschen Republik sowie die Ausdehnung des Geltungsbereichs von Gesetzen und Einrichtungen der Deutschen Republik auf Deutschösterreich.«[275]

Der Namensgeber der SPD-Parteistiftung, Reichspräsident Friedrich Ebert (P 1919–1925), sah die historischen Verbindungslinien in einer Rede vom 6. Februar 1919 sehr klar. Unter dem Beifall der Abgeordneten erklärte er: »Unsere deutsch-österreichischen Brüder haben auf ihrer Nationalversammlung bereits am 12. November vorigen Jahres sich als Teil der großdeutschen Republik erklärt. Jetzt hat die deutsch-österreichische Nationalversammlung erneut unter stürmischer Begeisterung uns ihren Gruß entboten und die Hoffnung ausgesprochen, daß es unserer und ihrer Nationalversammlung gelingen wird, das Band, das die Gewalt 1866 zerrissen hat, wieder neu zu knüpfen. Deutsch-Österreich müsse mit dem Mutterland für alle Zeiten vereinigt werden. […] Unsere Stammes- und Schicksalsgenossen dürfen versichert sein, daß wir sie im neuen Reich der deutschen Nation mit offenen Armen und Herzen willkommen heißen. Sie gehören zu uns, und wir gehören zu ihnen.«[276] Diesem Ansinnen wurde jedoch von den Siegermächten des Ersten Weltkrieges ein Riegel vorgeschoben. Artikel 88 des Staatsvertrages von Saint-Germain-en-Laye vom 10. September 1919 schrieb vor: »Die Unabhängigkeit Österreichs ist unabänderlich, es sei denn, daß der Rat des Völkerbundes einer Abänderung zustimmt.«[277] Der Passus firmierte fortan als »Anschlussverbot«.

Im März 1938 wurde Österreich dennoch unter dem Jubel vermutlich der Mehrheit der Bevölkerung Teil des Deutschen Reiches. Selbst Sozialdemokraten wie Karl Renner, von 1918 bis 1920 Staatskanzler und von 1945 bis 1950 Bundespräsident Österreichs, stimmten der Vereinigung zu.[278] Kardinal Theodor Innitzer begrüßte den Vorgang ebenfalls und sorgte dafür, dass die Kirchen mit Hakenkreuzfahnen geschmückt wurden.[279] Die Begeisterung auf dem Heldenplatz galt deshalb vermutlich eher einem Wir-Gefühl als der NSDAP.[280] Die Volksabstimmung vom 10. April 1938 billigte den »Anschluss« mit 99,7 Prozent; sie wurde zusammen mit der Wahl eines neuen »Großdeutschen Reichstags« abgehalten (Einheitsliste der NSDAP: 99 Prozent Zustimmung). Historiker wie Hans-Ulrich Wehler gehen davon aus, dass auch unter freien Bedingungen und der Überwachung durch internationale Beobachter ein ähnliches Ergebnis zustande gekommen wäre.[281]

Unabhängig davon hätte Hitler die Eingliederung seines Heimatstaates in das nationalsozialistische Deutschland aber auch ohne Wohlwollen der Bürger vollzogen. Das Unternehmen »Otto« sah die Gewaltanwendung bei Bedarf klar vor,[282] und Einheiten der Wehrmacht waren am 12. März 1938 in Österreich einmarschiert. Dieser Umstand ist von den nach 1945 verantwortlichen Politikern in Wien genutzt worden, um die »Opfer-These« zu entwickeln. Demnach war das Land das erste Opfer der nationalsozialistischen Aggression, womit desgleichen verdeckt werden soll, dass Österreicher bei der Umsetzung des Holocaust umfassend mitgewirkt haben.

An diesem Punkt kann somit festgehalten werden, dass auch in der Zeit von 1866 bis 1945 in Regierungskreisen weitgehend unumstritten war, dass die Österreicher wie Bayern und Pfälzer Deutsche sind. Zunächst sprach sich Preußen gegen eine Beteiligung Wiens im neuen Staat aus, um selbst der unumstritten größte Akteur innerhalb des Deutschen Reiches zu sein. Später waren es die Siegermächte des Ersten Weltkrieges, die der Entstehung eines großen deutschen Staates in der Mitte Europas entgegenwirken wollten.

Der am 27. Juli 1955 in Kraft getretene Staatsvertrag für die Republik Österreich zeigt, dass es wie nach dem Ersten Weltkrieg erneut das Ziel der Siegermächte war, Deutschland als Machtzentrum Europas zu schwächen. Wenn man die Österreicher damals nicht für Deutsche gehalten hatte, wozu bedurfte es dann des Artikels 4 des Staatsvertrages, der den Titel »Verbot des Anschlusses« trägt? Die Sorge der Siegermächte vor dem deutschen Nationalgefühl war offensichtlich so groß, dass sie bereit waren, Identität per Gesetz zu unterdrücken. Die nachfolgenden Politikergenerationen Österreichs haben an dieser Linie mehrheitlich festgehalten und blenden damit die gemeinsame deutsche Geschichte aus. Im immer noch gültigen Artikel 4 heißt es unter anderem: »Die Alliierten und Assoziierten Mächte erklären, daß eine politische oder wirtschaftliche Vereinigung zwischen Österreich und Deutschland verboten ist. [...] Österreich verpflichtet sich ferner, innerhalb seines Gebietes jede Handlung zu verhindern, die geeignet wäre, eine solche Vereinigung mittelbar oder unmittelbar zu fördern, und wird den Bestand, das Wiederaufleben und die Tätigkeit jeglicher Organisationen, welche die politische oder wirtschaftliche Vereinigung mit Deutschland zum Ziele haben, sowie großdeutsche Propaganda zugunsten der Vereinigung mit Deutschland verhindern.«[283] Artikel 4 steht damit im Widerspruch zum »Grundsatz der Gleichberechtigung und Selbstbestimmung der Völker«[284] der UN-Charta.

Zur Schaffung des »Österreichbewusstseins«[285] gehörte, Erinnerungen an die deutschen Wurzeln des Landes zu tilgen. So wurde z. B. das 1889 in Wien gegründete »Deutsche Volkstheater« 1945 in »Volkstheater« umbenannt. Diese Politik zeigte im Laufe der Jahre Wirkung, der Bezug zur deutschen Nation schwand. 1964 stimmten 47 Prozent der Befragten dem Satz »Die Österreicher sind eine Nation.« zu, 1987 waren es bereits 75 Prozent. Im gleichen Zeitraum waren 23 bzw. 16 Prozent der Auffassung: »Die Österreicher beginnen sich langsam als Nation zu fühlen.« Dagegen sank die Unterstützung für die Aussage »Die Österreicher sind keine Nation.« von 15 auf 5 Prozent.[286] Von 1987 gibt es zwei weitere aussagekräftige Umfrageergebnisse. Dabei geht es zum einen um die Festlegung eines Zeitpunktes für die Entstehung des österreichischen Nationalbewusstseins. 61 Prozent der Befragten gaben an, dass dieser Prozess zwischen 1945 und 1955 bzw. nach dem Abzug der Alliierten eingesetzt habe.[287] Zum anderen wurde die folgende Frage – von einem fiktiven Ausländer – zur Beantwortung vorgelegt: »Sind Sie Deutscher?« 87 Prozent antworteten mit »Österreicher«, 3 Prozent mit »österreichischer Deutscher« und 6 Prozent mit »Deutscher«.[288]

Die beiden über Jahrzehnte wichtigsten Parteien des Landes, die Sozialdemokratische Partei Österreichs (SPÖ) und die Österreichische Volkspartei (ÖVP), haben diese Entwicklung unterstützt. Das Wort »deutsch« taucht im Grundsatzprogramm der Sozialdemokraten von 2018 nur ein einziges Mal auf (Erlernen der deutschen Sprache). Das Grundsatzprogramm der Partei von Bundeskanzler Sebastian Kurz hat das Wort »deutsch« komplett gemieden.[289] Vom »Zukunftsfonds der Republik Österreich« werden zudem bis heute Projekte gefördert, die das eigene Nationalbewusstsein begründen sollen, was bis hin zur Neukonstruktion von Geschichte geht. Dazu gehört eine Schrift von Ernst Karl Winter von 1945, in der gleich zu Beginn von folgender Annahme ausgegangen wird: Das österreichische Volk wisse, »daß es niemals in seiner Geschichte wirklich ein Glied Deutschlands war«[290]. Ganz offen erklärt er dann das Ziel seiner Untersuchung: »Zur Neugründung des österreichischen Staates, die uns von der Geschichte als Aufgabe anvertraut ist, muß daher die Neudeutung der österreichischen Geschichte als unsere eigene, frei gewählte Aufgabe treten, und zwar aus dem Geiste des neuen Staates.«[291] Es müsse daher »der ernsthafte Versuch einer gemeinsamen österreichisch-nationalen Geschichtsauffassung gemacht werden.«[292]

Allerdings wird Österreich die Debatte, wie deutsch es ist, nicht wirklich los. Im Sommer 1988 sagte der damalige Vorsitzende der Freiheitlichen Partei Österreichs (FPÖ), Jörg Haider: »Das wissen Sie so gut wie ich, dass die österreichische Nation eine Missgeburt gewesen ist, eine ideologische Missgeburt, denn die Volkszugehörigkeit ist die eine Sache und die Staatszugehörigkeit ist die andere Sache.«[293] Der Bürgermeister Wiens, Helmut Zilk (SPÖ), sorgte für großes Aufsehen in seinem Land, als er am 3. Oktober 1990 aus Freude über die deutsche Wiedervereinigung die schwarz-rot-goldene Flagge an seinem Rathaus hissen ließ.[294] Bis heute gehört zur offiziellen Tiroler Landeshymne der 1832 verfasste Text von Julius Mosen, in dem die Zeilen »Ganz Deutschland, ach«[295] und »Mit dem verratnen Deutschen Reich«[296] gesungen werden. Auch nach der Ära Haider hat die FPÖ an den historischen Wurzeln festgehalten. In ihrem Parteiprogramm von 2011 ist zu lesen: »Sprache, Geschichte und Kultur Österreichs sind deutsch. Die überwiegende Mehrheit der Österreicher ist Teil der deutschen Volks-, Sprach- und Kulturgemeinschaft.«[297] Der Begriff »deutsch« findet auf 17 Seiten siebenmal Erwähnung. Norbert Hofer, 2016 knapp unterlegener Kandidat der FPÖ für das Amt des Bundespräsidenten und von 2019 bis 2021 Vorsitzender der Partei, sieht sich ebenfalls in der Tradition der Farben Schwarz, Rot und Gold. Sie zieren das Band der Burschenschaft Marko-Germania, deren Mitglied er ist.[298]

Wie problematisch aus historischer Perspektive der Einwurf ist, die Österreicher seien keine Deutschen, lässt sich am Beispiel Südtirol demonstrieren.[299] Dieses musste nach dem Ersten Weltkrieg 1919 von Österreich an Italien abgetreten werden. Die Regierung Benito Mussolinis betrieb darauf eine Italienisierungspolitik im besetzten Gebiet. Zur Auflösung der deutschen Identität der Bewohner Südtirols führte dies gleichwohl nicht. Im deutsch-italienischen Umsiedlungsvertrag von 1939 hatten sich 86 Prozent der betroffenen Südtiroler für die deutsche Staatsangehörigkeit entschieden.[300] Österreich verlangte nach dem Zweiten Weltkrieg erfolglos die Rückgabe des abgetrennten Teils Tirols, Italien konnte sich lediglich zur

Gewährleistung von Autonomierechten durchringen. Erst 1992 legten beide Seiten den Konflikt bei.

Bis in die Gegenwart sind die Zeugen dieser Zeit deutlich zu sehen, etwa das von 1926 bis 1928 errichtete und über 20 Meter hohe faschistische Siegesdenkmal in Bozen, das optisch an einen Triumphbogen erinnert. Es dokumentiert bis heute den Herrschaftsanspruch auf das besetzte Gebiet, der in lateinischer Sprache auf der Frontseite wie folgt festgehalten worden ist: »Hic patriae fines siste signa. Hinc ceteros excolvimus lingua legibus artibus« (»Hier sind die Grenzen des Vaterlandes, richte die Feldzeichen auf. Von hier aus erzogen wir die anderen durch Sprache, Gesetze und Künste«).[301] Südtiroler ärgern sich über diese Anmaßung. Es gibt zwar seit 2014 unter dem Siegesdenkmal eine in jeder Hinsicht sachlich gestaltete Ausstellung, die der Geschichte der Anlage gewidmet ist.[302] Dies hat aber nichts daran geändert, dass der Mussolini-Bau weiterhin Deutsche und Italiener spaltet. Wie sonst sollte die vom Staat in Auftrag gegebene Renovierung des Siegesdenkmals ab 2009 interpretiert werden?[303] Bereits zuvor hatten die wahlberechtigten Bozner in einer Namensabstimmung im Oktober 2002 gezeigt, wo sie in dieser Frage politisch stehen: 62 Prozent der Teilnehmer stimmten dafür, den Platz am Siegesdenkmal wie zuvor »Siegesplatz« und nicht »Friedensplatz« zu nennen.[304] Auch thront weiterhin über dem Eingang des Finanzamts in Bozen ein übergroßes Mussolini-Relief.[305] Es wurde 1957 (!) vollendet.[306]

Aus historischer Perspektive müssten die Südtiroler eindeutig Österreicher sein, da ihre Wurzeln im heutigen Bundesland Tirol liegen. Man würde also erwarten, dass sich Bürger und verantwortliche Politiker als »Österreicher« bezeichnen. Dies ist zumindest nicht durchgängig der Fall. Die Südtiroler sehen sich unter italienischer Herrschaft auch als Deutsche. Dies betonten sie demonstrativ kurz vor ihrer Loslösung von Österreich, als Ende 1918 der »Provisorische Nationalrat für Deutsch-Südtirol« gegründet wurde, der allerdings nur kurze Zeit existierte.[307] Wer heute nach Meran oder in das Passeiertal fährt, der wird schnell merken, wie sehr sich dort die deutsche Kultur gehalten hat – und wie sehr alte Traditionen, etwa das Gedenken an den Freiheitskämpfer Andreas Hofer (1767–1810), gepflegt werden.[308] In der Volkszählung von 2011 gaben 62,3 Prozent der Befragten an, zur deutschen Sprachgruppe zu gehören.[309] Auf der offiziellen Tourismusseite Südtirols im Internet stand 2016 geschrieben: »Deutsche, Italiener, Ladiner leben in Südtirol.«[310] Die Südtiroler Landesverwaltung verfügt über das »Ressort Deutsche Kultur, Bildungsförderung, Handel und Dienstleistung, Handwerk, Industrie, Arbeit sowie Integration«.[311] Im »Koalitionsabkommen zur Bildung der Landesregierung für die Legislaturperiode 2013 bis 2018« heißt es: »Südtirol [sollte] in besonderer Weise das Potential nutzen, das sich aus seiner Brückenfunktion zwischen dem deutschen und italienischen Kultur- und Wirtschaftsraum ergibt.«[312] *Der Spiegel* sprach 2010 von »Deutsch-Tirolern«[313], *Die Zeit* 2015 von »Deutschen«[314].

Wenn es somit also selbst für linksgerichtete Wochenmagazine legitim ist, Südtiroler als Deutsche zu bezeichnen – was sind dann Österreicher? Diese haben zumindest das Unrecht von 1919 nicht vergessen. Aus einer Anfang 2015 veröffentlichten Umfrage geht hervor, dass 89 Prozent der Österreicher eine Wiedervereinigung mit Südtirol begrüßen würden.[315] Norbert Hofer sagte dazu kurz darauf in einer Rede in Meran, dass die Grenze zwischen beiden Gebieten Unrecht sei: »Österreich ist die Schutzmacht Südtirols. […] Eure Heimat ist Österreich. […] Südtirol ist untrennbar mit dem Vaterland verbunden. Ich bin deswegen heute natürlich so wie alle anderen meiner Landsleute nicht nach Italien gekommen, ich bin nach Südtirol gekommen.«[316] Hofer sprach sich für die doppelte Staatsbürgerschaft aus und zeigte sich überzeugt, dass es früher oder später zu einer Wiedervereinigung kommen kann. Der Status quo ist weit von dieser Forderung entfernt. Die Südtiroler werden wohl noch eine ganze Weile »Italiener mit Besatzungshintergrund« bleiben.

Das Lied der Deutschen

Die Österreicher fühlen sich heute mit großer Mehrheit nicht als Deutsche, was zeigt, dass die Interventionen der Siegermächte und der Staatsvertrag von 1955, verbunden mit einer entsprechenden Umsetzung im Schulunterricht, wirken. Im Deutschlandlied wird hingegen die historische Reichweite der deutschen Nation auch auf offizieller Ebene immer noch sichtbar. Der Komponist Franz Joseph Haydn (1732–1809) hatte 1797 eine Melodie geschrieben, die damals nicht nur zur österreichischen Kaiserhymne wurde, sondern seit 1922 auch musikalische Unterlegung der deutschen Nationalhymne ist. August Heinrich Hoffmann, genannt von Fallersleben (1798–1874), soll die Haydn-Vertonung für sein »Lied der Deutschen« gemäß Guido Knopp und Ekkehard Kuhn nicht nur wegen ihrer Schönheit ausgewählt haben: »Er traf die Wahl auch deshalb, weil er sich ein einiges Deutschland nur mit Österreich vorstellen konnte und wollte.«[317]

Mit Blick auf die Geschichte der deutschen Nation haben Volk und Staat nur selten eine Einheit gebildet. Die Nation kann folglich unabhängig vom Staat bestehen und muss mit ihm nicht deckungsgleich sein. Zu ihr gehören damit auch Auslandsdeutsche, also Menschen, die z.B. einen amerikanischen Pass haben, aber sich gemäß ihren Wurzeln immer noch als Deutsche empfinden. Ergo deckt die Bundesrepublik Deutschland nicht den gesamten Siedlungsraum jener Menschen ab, die über ein Zugehörigkeitsgefühl zur deutschen Nation verfügen. Ihre Mitglieder leben u. a. in Österreich, Südtirol sowie als Minderheiten in den ehemals deutschen Gebieten in Polen und Russland.

Solche räumlichen Fragen sind auch Bestandteil des Streits um das Deutschlandlied. In ihm spiegeln sich bis heute das mangelnde Geschichtsbewusstsein und die damit verbundenen identitären Störungen eines großen Teils der deutschen Nation wider. Hoffmann von Fallersleben hatte »Das Lied der Deutschen« am 26. August 1841 auf Helgoland zu Papier gebracht. Am 11. August 1922 wurde es von Reichspräsident Friedrich Ebert zur Nationalhymne erklärt. Umstritten war und ist vor allem die erste Strophe. Im Dritten Reich wurde der Liedeinstieg »Deutschland, Deutschland über alles« als Forderung nach globaler Beherrschung interpretiert. Bis heute hält sich in der politisch-medialen Elite die irrige Auffassung, dass genau dies auch die ursprüngliche Intention der ersten Strophe war. Aus diesen Gründen wird bei offiziellen Anlässen nur die dritte Strophe gesungen. Die Vorwürfe sind gleichwohl vollkommen unbegründet:

- Hoffman von Fallersleben schrieb das Lied, weil ihm die Einheit seines Vaterlandes am Herzen lag. Mit »Deutschland, Deutschland über alles« forderte er, die Nation über die Kleinstaaterei zu stellen. Der Deutsche Bund umfasste bei seiner Gründung 1815 insgesamt 34 Fürstentümer und vier Freie Städte. Guido Knopp und Ekkehard Kuhn sehen in von Fallersleben einen »Vormärzianer, Republikaner und Demokraten«[318]. Für ihn »las sich die Ergänzung der ersten Zeile nicht ›... soll herrschen‹, sondern ›wollen wir lieben‹. Sein Gedicht war nie ein chauvinistischer Fanfarenstoß, sondern stets ein leidenschaftlicher Appell an die zersplitterten Partikularstaaten des deutschen Bundes gewesen – ein Aufruf zur inneren Einigung.«[319] So sah es auch Friedrich Ebert in seiner Rede vom 11. August 1922: »Aber so wie einst der Dichter, so lieben wir heute Deutschland über alles.«[320] Während des Aufstandes in der DDR am 17. Juni 1953 wurde das Deutschlandlied ebenfalls mit Blick auf die Einheit des Landes gesungen; Ernst Reuter, einst Regierender Bürgermeister von West-Berlin, wünschte sich zu seinem Begräbnis das Deutschlandlied; und auch die 1955 aus sowjetischer Gefangenschaft heimgekehrten deutschen Soldaten intonierten bei ihrer Ankunft in Friedland »Deutschland, Deutschland über alles« – womit sie mit Sicherheit nicht an die Weltherrschaft dachten![321]

- Das Schriftbild des Originals setzt hinter »über alles in der Welt« kein Ausrufezeichen, sondern ein Komma. Inhaltlich kann die folgende Zeile mit dem Konditionalsatz »wenn es stets zu Schutz und Trutze brüderlich zusammenhält« also auch als Wunsch verstanden werden, im Verteidigungsfall zusammenzustehen.[322] Im Ersten Weltkrieg wurde das Deutschlandlied durchaus in diesem Sinne gesungen.[323]

- Die Formulierung von »Von der Maas bis an die Memel, von der Etsch bis an den Belt« bezieht sich auf das Siedlungsgebiet der Deutschen im 19. Jahrhundert. Einerseits ist dieser Satz überholt, andererseits aber auch nicht: Die Deutschen leben in diesem Gebiet heute nur mit einer im Osten und Süden gänzlich anderen Siedlungsdichte. Eine Gebietsforderung stellen die Worte mitnichten dar, soweit die erste Strophe in Erinnerung an die Situation der Gründungszeit verstanden wird. Es geht um eine nationale Reverenz an die Leistungen der Vorväter im 19. Jahrhundert, nicht um Annexionsgelüste. Knopp und Kuhn meinen mit Blick auf Maas, Memel, Etsch und Belt: »Dies als historische Erinnerung auch singend zu zitieren, ist eigentlich vertretbar.«[324]

- Vor der Wiedervereinigung war vermutlich nur wenigen Deutschen bewusst, dass tatsächlich alle drei Strophen des Deutschlandliedes Bestandteil der offiziellen Nationalhymne waren. Es gibt für diese Festlegung kein Gesetz, sondern einen Schriftwechsel der Staatsspitze. Konrad Adenauer hatte am 29. April 1952 die Bitte der Bundesregierung geäußert, »das Hoffmann-Haydn'sche Lied als Nationalhymne anzuerkennen. Bei staatlichen Veranstaltungen soll die dritte Strophe gesungen werden.«[325] Bundespräsident Theodor Heuss entsprach dieser Bitte am 2. Mai 1952.[326] Dass sich in großen Teilen des Volkes dennoch die Auffassung durchgesetzt hatte, es sei verboten, die erste Strophe zu singen, zeigt, wie sehr bereits in der Zeit des Kalten Krieges politisch-mediale Mechanismen zu einer Eintrübung der Urteilskraft vieler Deutscher beitrugen.

- Nach der Wiedervereinigung 1990 wiederholten Bundespräsident und Bundeskanzler dieses Ritual. Richard von Weizsäcker schrieb am 19. August 1991: »Die 3. Strophe des Liedes der Deutschen von Hoffmann von Fallersleben mit der Melodie von Joseph Haydn ist die Nationalhymne für das deutsche Volk.«[327] Helmut Kohl stimmte dem am 23. August 1991 zu.[328] Erst jetzt war ausschließlich die dritte Strophe Nationalhymne. Auffällig ist gleichwohl, dass beide das Deutschlandlied als solches nicht verurteilten. Von Weizsäcker erkannte an: »Als ein Dokument deut-

> scher Geschichte bildet es in allen seinen Strophen eine Einheit.«[329] Die dritte Strophe ist damit auch als Nationalhymne im Lichte des ganzen Deutschlandliedes zu sehen. Die Überschrift zum Bulletin ist noch deutlicher: »Das Deutschlandlied ist Nationalhymne der Bundesrepublik Deutschland«[330].

Wer das Singen der ersten Strophe heute mit Blick auf die Zeit des Dritten Reiches ablehnt, der muss sich vorwerfen lassen, damit den Missbrauch der Hymne in der Zeit des Nationalsozialismus für die Gegenwart zu kultivieren. Er akzeptiert mit seiner Ablehnung nämlich, dass die Worte »Deutschland, Deutschland über alles« im Sinne der Nationalsozialisten und nicht im Sinne von Hoffmann von Fallersleben zu verstehen sind. Ein Umdenken wäre der Sache mehr als angemessen. Es kommt darauf an, in welchem Bewusstsein das Deutschlandlied gesungen wird. Vollkommen unproblematisch ist das Absingen aller drei Strophen, wenn es als Hommage an jene Jahre des 19. Jahrhunderts verstanden wird, in denen die Deutschen um ihre Einheit rangen. Entscheidend ist nicht, was andere bei den Worten »Deutschland, Deutschland über alles« denken, sondern die Empfindung des Singenden. Er wird sich das mangelnde Geschichtsbewusstsein seiner Kritiker kaum vorwerfen lassen können. Auch Knopp und Kuhn urteilen zum Deutschlandlied: »Es ist ein demokratisches Lied.«[331] Dass die erste Strophe dennoch so selten gesungen wird, hängt mit den zu erwartenden gesellschaftlichen Gegenreaktionen zusammen. Für eine Demokratie ist dies ein Armutszeugnis: Ausschlaggebend für den Hymnen-Frieden sind in Deutschland Konzessionen an jene politisch-medialen Kräfte, die den öffentlichen Diskurs durch Unwissen, Vorurteile und Geschichtsverdrehungen dominieren.

Ein Blick nach Frankreich ist in diesem Fall sehr aufschlussreich. Zu fragen ist, warum sich deutsche Politiker nicht am Text der Marseillaise von 1792 stoßen, die bei bilateralen Treffen in Gegenwart der Bundeskanzlerin oder des Bundespräsidenten gesungen wird. Der Text ist geradezu blutrünstig, kriegerisch, vielleicht sogar rassistisch. Einige Textstellen seien dazu zitiert: »Unreines Blut Tränke unsere Furchen! […] Franzosen, Ihr edlen Krieger, Versetzt Eure Schläge oder haltet sie zurück! […] Heilige Liebe zum Vaterland, Führe, stütze unsere rächenden Arme.«[332] Expansionistisch ist das britische Lied »Rule, Britannia« von 1740, das noch heute gerne in Großbritannien gesungen wird. Bei dem jährlichen Konzert »Last Night of the Proms«, das von der British Broadcasting Corporation (BBC) übertragen wird, ertönt es inbrünstig aus den Kehlen Tausender Besucher.[333] Im Text wird eine totale Seeherrschaft proklamiert: »Herrsche, Britannien!

Britannien beherrsche die Wellen!«[334] Die politisch-mediale Elite Deutschlands schafft es problemlos, diese Lieder historisch einzuordnen. Bei der eigenen Hymne verweigert sie sich.

Wer aus diesem Rückblick in die deutsche Geschichte nun den Schluss zieht, der Verfasser strebe die Errichtung eines Großdeutschen Reiches an, war nicht wirklich bereit, sich inhaltlich auf das Geschriebene einzulassen. Die Ausführungen haben mindestens vier Dinge verdeutlicht. Erstens: Die deutsche Kulturnation hat ein festes, je nach Messpunkt mindestens über 1100 Jahre gewachsenes historisches Fundament. Sie baut nicht nur auf einer gemeinsamen Sprache, sondern auch auf den Erlebnissen der Schicksalsgemeinschaft auf. Dazu gehören die Abwehrkämpfe gegen – in vordeutscher Zeit – die Römer und bis zur Gründung des Deutschen Reiches gegen Ungarn, Osmanen und Franzosen.

Zweitens: Aydan Özoğuz irrt. Sie war von 2013 bis 2018 die Beauftragte der Bundesregierung für Migration, Flüchtlinge und Integration. Am 14. Mai 2017 hatte sie in einem Beitrag für *Der Tagesspiegel* behauptet: »Kein Wunder, denn eine spezifisch deutsche Kultur ist, jenseits der Sprache, schlicht nicht identifizierbar. Schon historisch haben eher regionale Kulturen, haben Einwanderung und Vielfalt unsere Geschichte geprägt.«[335] Die Ausführungen in diesem Abschnitt haben gezeigt, dass eine solche Bewertung nicht nur unsinnig ist.[336] Özoğuz hat auch versucht, aus dem Amt heraus die nationale Geschichte der Deutschen neu zu konstruieren.

Drittens: Die Frage »Was ist deutsch?« kann mit der Aufforderung »Blicke in die Ruhmeshalle von Walhalla!« beantwortet werden. Dort sind viele jener herausragenden Persönlichkeiten versammelt, die ganz maßgeblich die nationale Identität geprägt haben.

Viertens: Die deutsche Kulturnation ist folglich nicht beliebig veränderbar, wenn sie eine solche bleiben möchte. Am Beispiel Österreichs wurde gezeigt, dass machtpolitische Entwicklungen und die damit verbundene Neuinterpretation von Geschichte dazu beitragen können, die Identität einer Nation oder eines Teils davon umzupolen. Eine solche Entwicklung erfolgt immer schleichend, nie abrupt. Und sie kann sich wiederholen, wozu es – wie Ernst-Wolfgang Böckenförde festgestellt hat – eines Anstoßes bedarf. Dann erscheint »es auch möglich, eine ethnisch geprägte Nationidentität, wie sie nach wie vor für Deutschland – aber keineswegs in Deutschland allein – bestimmend ist, zu einer anders gearteten oder anders akzentuierten Nationidentität umzubilden.«[337]

Psychologie der Massen

Es ist bedenklich, dass die Überlegungen dieses Abschnitts im öffentlichen Diskurs Gefahr laufen, als rechtsextrem klassifiziert zu werden. Weitere Vorhaltungen folgen oft in Form eines Stakkatos: nationalistisch, rassistisch, völkisch, revanchistisch oder auch antieuropäisch. Solche Verbalinjurien entbehren jeder Faktizität und orientieren sich meist an gefühltem Wissen, auf jeden Fall aber an einer vermeintlich höheren Moral.

Die ständigen Einlassungen der politisch-medialen Elite zu diesem Thema, die täglich große Teile der Bevölkerung erreichen, sind deshalb zur Aufrechterhaltung des Status quo außerordentlich wichtig. Sie verleiten jene, die sich an Emotionen und affektiv angeeigneten Moralvorstellungen orientieren, dazu, den eigenen Standpunkt nicht mehr in Frage zu stellen. Der Blick in die Geschichtsbücher wird durch gefühltes Wissen ersetzt, welches wiederum entlang der »Psychologie der Massen« trainiert wird.

Der französische Sozialpsychologe Gustave Le Bon hat auf diese Zusammenhänge schon 1895 hingewiesen: »Die Hauptmerkmale des einzelnen in der Masse sind also: Schwinden der bewussten Persönlichkeit, Vorherrschaft des unbewussten Wesens, Leitung der Gedanken und Gefühle durch Beeinflussung und Übertragung in der gleichen Richtung, Neigung zur unverzüglichen Verwirklichung der eingeflößten Ideen. Der einzelne ist nicht mehr er selbst, er ist ein Automat geworden, dessen Betrieb sein Wille nicht mehr in Gewalt hat.«[338] Zu den mannigfachen Erscheinungsformen der Masse zählt Le Bon auch »ein ganzes Volk ohne sichtbare Zusammenscharung unter dem Druck gewisser Einflüsse«[339]. Seine Einschätzungen zur Psychologie der Masse sind bis heute von Wert:

- *Zum nicht vorhandenen Selbsterhaltungstrieb:* »Die mannigfachen Triebe, denen die Massen gehorchen, können je nach dem Anreiz edel oder grausam, heldenhaft oder feige sein, stets aber sind sie so unabweisbar, dass der Selbsterhaltungstrieb vor ihnen zurücktritt.«[340]

- *Zur Leichtgläubigkeit:* »Die Masse ist unfähig, das Persönliche von dem Sachlichen zu unterscheiden. Sie nimmt die Bilder, die in ihrem Bewusstsein auftauchen und sehr oft nur eine entfernte Ähnlichkeit mit der beobachteten Tatsache haben, für Wirklichkeit.«[341]

- *Zur Beeinflussbarkeit:* »Die Massen kennen nur einfache und übertriebene Gefühle. Meinungen, Ideen, Glaubenssätze, die man ihnen einflößt, werden daher nur in Bausch und Bogen von ihnen angenommen oder verworfen und als unbedingte Wahrheiten oder ebenso unbedingte Irrtümer betrachtet.«[342]

- *Zur Irrelevanz der Wahrheit:* »Nie haben die Massen nach Wahrheit gedürstet. Von den Tatsachen, die ihnen missfallen, wenden sie sich ab und ziehen es vor, den Irrtum zu vergöttern, wenn er sie zu verführen vermag. Wer sie zu täuschen versteht, wird leicht ihr Herr, wer sie aufzuklären sucht, stets ihr Opfer.«[343]

- *Zur Konstruktion von Glaubenssätzen:* »Man versteht den Einfluss der Wiederholung auf die Massen gut, wenn man sieht, welche Macht sie über die aufgeklärtesten Köpfe hat. Das Wiederholte setzt sich schließlich in den tiefen Bereichen des Unbewussten fest, in denen die Ursachen unserer Handlungen verarbeitet werden. Nach einiger Zeit, wenn wir vergessen haben, wer der Urheber der wiederholten Behauptung ist, glauben wir schließlich daran.«[344]

- *Zur Lenkung der Massen:* »Die Kunst, die Einbildungskraft der Massen zu erregen, ist die Kunst, sie zu regieren.«[345]

- *Zu den Grenzen des Gelehrten:* »Die Versammlung einiger einzelner bildet eine Masse; und selbst wenn es hervorragende Gelehrte wären, so würden sie doch alle für die Dinge, die außerhalb ihres Faches liegen, die Massenkennzeichen annehmen. Das Beobachtungsvermögen und der kritische Geist eines jeden von ihnen schwinden sofort.«[346]

3. Kulturnation, Willensnation und Zwangsnation

Die Begriffe der »Kulturnation« und der »Willensnation« sind zu Beginn dieses Kapitels vorgestellt worden. Anschließend wurden die historischen Wurzeln der Deutschen skizziert, die weit in die Geschichte zurückreichen. Jahrhunderte vergingen, bis im Zuge der Befreiungskriege von 1813 bis 1815 eine Bewegung entstanden war, die den Aufbau eines gemeinsamen deutschen Nationalstaates zum Ziel hatte. Mit der Ausrufung des Deutschen Reiches am 18. Januar 1871 war das Ziel erreicht. Die Kulturnation gab sich einen eigenen Staat. Nach der Katastrophe des Dritten Reiches waren es ihre verbliebenen Reste, die das Fundament der Bundesrepublik bildeten und die in der Zeit der Teilung den Gedanken an das Gemeinsame zwischen Ost und West aufrechterhielten.

In diesem Abschnitt sollen nun die politischen Konzepte der Kultur- und Willensnation mit Blick auf ihre Vor- und Nachteile ausführlich betrachtet werden. Die Ausführungen werden zeigen, welche Risiken mit dem Versuch der politisch-medialen Elite verbunden sind, eine multikulturelle Gesellschaft aufzubauen. Denn dazu muss aus der Kulturnation durch Prozesse der Umformung eine Willensnation werden, die – so die These des Verfassers – tatsächlich in den Aufbau einer die Gesellschaft destabilisierenden Zwangsnation münden wird.

Der Wert der Kulturnation

Welches Konzept besser ist, lässt sich pauschal nicht beantworten. Wo es um Identität geht, spielen subjektive Faktoren eine große Rolle. Der Wert der Kulturnation kann für drei verschiedene Dimensionen benannt werden, die natürlich genau solche identitären Elemente umfassen – aber nicht nur. In Dimension 1 geht es um Identität, die nur innerhalb von zumindest halbwegs in sich konsistenten Kulturnationen gelebt werden kann. In Dimension 2 erlaubt die Kulturnation den Aufbau einer Gemeinschaft, über die der Staat zum einen Loyalität und Gefolgschaft abruft. Zum anderen kann er auf Solidaritätsmuster setzen, die vor allem in Krisenzeiten greifen. Wenn eine Regierung im Kriegsfall sich der Motivation ihrer Soldaten gewiss sein möchte, dann müssen die Angehörigen der Streitkräfte über eine gewisse Opferbereitschaft verfügen. Diese kann jenseits von Gesetzen und Gehältern erfahrungsgemäß auch über identitäre Aspekte erzeugt werden. In Dimension 3 geht es um ein höheres Maß an Sekurität in Kulturnationen, da es innerhalb dieser einfacher ist, Werte durchzusetzen. Dies bedeutet natürlich keine totale Sicherheit. Kriminelle gibt es in allen Völkern und in allen nur denkbaren politischen Systemen.

Der Wert der deutschen Kulturnation ist in Dimension 1 zunächst emotionaler Natur. Er ermöglicht eine klare kulturelle Identität innerhalb eines Wir-Bezugs. Menschen haben grundsätzlich multiple Identitäten. Als Einzelne können sie sich zugleich als Bruder, Sohn, Vater und Onkel sehen und entsprechende Rollen ausüben. Gruppenidentitäten beziehen sich auf einen Fußballverein, einen Chor oder ein Theaterensemble. Das Wir-Gefühl ist Bestandteil der Ich-Identität und kann jenseits funktionaler Zusammenhänge, etwa Mitglied einer Firma zu sein, auch kulturelle Bezüge aufweisen. So kann man sich mit seinem Dorf, der nächstgrößeren Stadt, einer Region, dem Land und sogar einem ganzen Kontinent identifizieren. Multiple Identitäten überschneiden sich notwendigerweise und können sich im Laufe eines Lebens stark wandeln. Es gibt jedoch auch festgelegte Identitäten, die sich aus der Abstammung ergeben: Der einzelne Mensch kann sich ändern, nicht aber seine Vorfahren. Jemand, der in Afrika geboren, aber in Deutschland aufgewachsen ist, kann sich im Selbstbild als Deutscher fühlen; aufgrund seiner Hautfarbe wird er im Fremdbild aber weiter von vielen Menschen als Afrikaner eingeordnet werden. Wenn also Identität »als Selbst erlebte innere Einheit der Person«[347] begriffen wird, ist diese angegriffen, sobald Selbst- und Fremdbild auseinanderfallen. Für einen Deutschen kann dies allerdings auch heißen, dass er sich in dem Moment, in dem er einen Menschen aus Afrika als Teil seines eigenen Wir-Gefühls verstehen soll, in seiner Ich-Identität in Frage gestellt sieht.

Die deutsche Kulturnation hat in Dimension 2 eine weitere positive Eigenschaft. Sie ist der Garant gesellschaftlicher Mobilisierung. Voraussetzung ist eine verantwortliche Lenkung der Nation durch eine kluge Führung. Nur so kann dem Missbrauch des Wir-Gefühls, den es in der Geschichte immer wieder gegeben hat, vorgebeugt werden. Die Nation ist hier janusköpfig: Vor- und Nachteile der Mobilisierbarkeit sind zwei Seiten einer Medaille, und es ist die Aufgabe einer Regierung, dafür zu sorgen, dass die Medaille nach oben die Seite der Vernunft zeigt und sich niemals umdreht.

Ist das der Fall, kann die Kulturnation über die explizite oder implizite Anrufung der Schicksalsgemeinschaft enorme Energien freisetzen, gerade auch weil sie soziale Unterschiede auf der emotionalen Ebene egalisiert. Wie die Französische Revolution hat die Nation damit etwas zutiefst Demokratisches an sich. Verfügt sie zudem über ein historisch gewachsenes, positives Image, wird es umso leichter, die Bürger zu einem solidarischen Miteinander zu bewegen. Ihre Spendenbereitschaft wird hoch sein, sollten innerstaatliche Naturkatastrophen bewältigt werden müssen. Der Sinn von Steuern wird weniger hinterfragt, weil diese nachvollziehbar für das innere und äußere Gemeinwohl eingesetzt werden. Die Wiedervereinigung Deutschlands 1990 ist in diesem Kontext ein gutes Beispiel. Nur weil sich die Deutschen im Westen mit jenen im Osten solidarisch als Schicksalsgemeinschaft gesehen haben und der Satz »Wir sind ein Volk!« größte Zustimmung erfahren hatte, war es möglich, von den Neubürgern Anpassungsleistungen einzufordern und von den Altbürgern zu erwarten, enorme Summen zur Finanzierung der Vereinigung aufzubringen. Insgesamt soll die Verschmelzung der beiden Staaten in Deutschland im Zeitraum von 1991 bis 2013 Kosten in Höhe von 1,6 Billionen Euro (Summe Nettotransfer) verursacht haben, wobei es hierzu auch Schätzungen gibt, die zu anderen Ergebnissen gelangen.[348] Eine solche Opferbereitschaft ist nur innerhalb einer Kulturnation zu erwarten. Entsprechend ist der Unmut vieler Bürger zu erklären, die den erheblichen Finanzierungsaufwand zur Bewältigung der Migration von Menschen fremder Kulturen nach Deutschland beklagen. Eine vergleichbare Opferbereitschaft liegt nicht vor.

Der Wert der Kulturnation in Dimension 3 dürfte der wichtigste für den Alltag einer Gesellschaft sein: das gesteigerte Maß an Sekurität. Er ist auch für jene Deutsche von Bedeutung, die keinerlei emotionale Bezüge zur eigenen Nation haben. Es gilt eine simple Hypothese: Je homogener eine Gesellschaft ist, desto friedlicher ist sie. Homogenität bezieht sich dabei auf ganz unterschiedliche Kategorien. Wenn die sozialen Lebensverhältnisse der Menschen ausgewogen sind, fördert dies den Zusammenhalt der Gesellschaft. Zu diesem Zweck gibt es in der Bundesrepublik nicht nur die Segnungen des Sozialstaats, sondern auch den Länderfinanzausgleich. Eine Gesellschaft ist zudem dann friedlich, wenn sich die politisch-ideologischen Differenzen in Grenzen halten lassen. Die Weimarer Republik war daran gescheitert, dass es keinen Konsens der Demokraten gab; das neue Gebilde wurde von Kommunisten und Nationalsozialisten aufgerieben. Stabilisierend wirkt sich zudem religiöse Homogenität aus. So schlichteten die Christen in Deutschland den Streit zwischen Katholiken und Protestanten zunächst 1555 im Augsburger Religionsfrieden und dann 1648 im Westfälischen Frieden, nachdem zuvor im Dreißigjährigen Krieg auch religiöse Fragen zu Auseinandersetzungen beigetragen hatten.[349]

Schließlich trägt ein kulturelles, in Tiefe und Breite von den Menschen akzeptiertes Fundament ganz maßgeblich zum Frieden in einer Gesellschaft bei. Dabei geht es schlicht um die empirische Feststellung, dass multikulturelle Staatsgebilde in der Geschichte häufiger zu Konflikten neigten als weitgehend homogene wie etwa Japan, das eine der weltweit geringsten Kriminalitätsraten aufweist.[350] Der Hinweis, dass es kulturell homogene Staaten heute kaum noch gebe, trifft zu, ist aber auch unerheblich. Es geht nicht um die Suche nach der Mehrheit der Urgermanen, sondern um die Feststellung, dass große, in sich gefestigte Kulturgruppen, die in einem Staat leben, regelmäßig miteinander in Konflikt geraten. Die Schlussfolgerung lautet daher auch nicht, eine homogene deutsche Gesellschaft zu schaffen, sondern die Dominanz der deutschen Kulturnation innerhalb des deutschen Staates zu erhalten. Der 18. Januar 1871, die Gründung des Deutschen Reiches, ist aus dieser Sicht eine der größten gesellschaftlichen Friedensleistungen des 19. Jahrhunderts. Otto von Bismarck war es gelungen, die unterschiedlichen deutschen Stämme politisch zu einer Nation zu einen, woraufhin die Ära der innerdeutschen Bruderkriege beendet war.

Das Hinwirken der Bundesregierung auf immer mehr gesellschaftliche Heterogenität kann folglich auch jenseits identitärer Überlegungen als gefährlich eingeordnet werden, da es neue alte Konflikte geradezu provoziert. Durch den Zuzug von Millionen Menschen fremder Kulturen sind alle oben markierten Homogenitätskriterien berührt: Die sozialen Disparitäten wachsen, da eine Zuwanderung häufig in die sozialen Sicherungssysteme erfolgt. Nur wenigen Migranten wird der soziale Aufstieg gelingen. Zudem liegt die Annahme nahe, dass Menschen, die in Diktaturen groß geworden sind, nicht zwangsläufig die Mechanismen einer demokratischen Gesellschaft internalisiert haben. In religiöser Hinsicht wird die wachsende Ausbreitung des Islam in Deutschland zu einer Gefahr für die Gesellschaft. Das Verhältnis der Scharia zum Staat, die Stellung der Frau aus der Sicht der Gleichberechtigung der Geschlechter sowie die Positionierung vieler Muslime gegenüber Israel sind nur einige offensichtliche Themen, deren inhaltliche Ausgestaltung vollkommen quer zu jenem Konsens liegt, der sich innerhalb der deutschen Kulturnation durchgesetzt hat. Hinzu kommen ethnische Faktoren, die ganz maßgeblich die Siedlungslogik vieler Ausländer in Deutschland beeinflussen. Sie ziehen in jene Gebiete, in denen bereits viele ihrer Landsleute leben, und schaffen so Parallelgesellschaften. Diese werden zumeist in Großstädten aufgebaut, in denen es Fremden besonders leicht fällt, fremd zu bleiben. Am Ende des 20. Jahrhunderts hatten 80 Prozent der Ausländer in Deutschland eine solche Lebensform gewählt.[351]

Es ist durchaus nicht polemisch zu behaupten, dass die Bundesregierung systematisch – wenngleich sicher ungewollt – an einem Konfliktimport arbeitet, der auch durch noch so umfassende Aufstockungen des Personals von Polizei und Nachrichtendiensten nicht kompensiert werden kann.[352] Die Positionsdifferenz zwischen Türken und Kurden wird offen in deutschen Städten ausgetragen. Auch Einmischungen in die Außenpolitik sind nicht unüblich. Im Vorfeld der Resolution des Deutschen Bundestages Anfang Juni 2016 zum Völkermord in Armenien 1915/1916 beschwerte sich die Türkei massiv bei der Bundesregierung und den Parlamentariern. Die Türkische Gemeinde in Berlin ging noch einen Schritt weiter und drohte, dass die Verabschiedung der Resolution »Gift für das friedvolle Zusammenleben zwischen Deutschen und Türken hierzulande, aber auch in der Türkei«[353] sei. Es kam zu Demonstrationen. Dabei scheint die Türkische Gemeinde in Berlin gar nicht zu merken, wie sehr solche Proteste zeigen, auf welcher Seite sie steht – nämlich auf jener der türkischen Parallelgesellschaft in Deutschland, die ausschließlich in der Türkei ihr Vaterland sieht.

Nach dem gescheiterten Putschversuch in der Türkei im Juli 2016 demonstrierten in Köln 40 000 Türken, um sich mit Recep Tayyip Erdoğan solidarisch zu zeigen – also mit jenem Mann, der die Demokratie am Bosporus abgeschafft und der bei der Verfolgung seiner politischen Gegner massiv Menschenrechte verletzt hat.[354] Hinzu kommt, dass die große Zahl der mittlerweile in Deutschland lebenden Türken Zurückhaltung bei der deutschen Bundesregierung auslösen dürfte, wenn diese sich in kritische Verhandlungen mit Erdoğan begibt. Sie befürchtet, dass der türkische Präsident seine Landsleute in Deutschland auffordern könnte, für Unruhen zu sorgen. Für eine entsprechende Loyalitätsbeziehung gibt es diverse Indizien. So gaben in Deutschland etwa 65 Prozent der an der Präsidentschaftswahl teilnehmenden Türken im Juni 2018 Erdoğan ihre Stimme.[355] Am Idealismus orientierte Integrationsüberlegungen des linksliberalen Lagers werden spätestens an solchen Punkten von der Realität überholt.

Hintergrund dieser Entwicklungen sind Bruchlinien, die infolge des Aufbaus einer multikulturellen Gesellschaft in Deutschland entstanden sind. Der Begriff lehnt sich an Samuel P. Huntington an, der 1993 seinen wohl berühmtesten Aufsatz veröffentlicht hatte: »Clash of Civilizations«. Er unterschied sieben bis acht Zivilisationen, die künftig miteinander ringen würden. Dort, wo sie sich berühren, steige die Konfliktwahrscheinlichkeit: »The fault lines between civilizations will be the battle lines of the future.«[356] Anlass der Auseinandersetzungen seien meistens Streitigkeiten um politische oder religiöse Werte, die von unterschiedlichen Zivilisationen unterschiedlich gelebt würden. Dies bezog Huntington jedoch nicht nur auf Staaten oder Staatengruppen, sondern auch auf substaatliche Akteure.[357] Die zentralen Konfliktlinien sah er frühzeitig voraus: »Conflict along the fault line between Western and Islamic civilizations has been going on for 1,300 years. […] This centuries-old military interaction between the West and Islam is unlikely to decline. It could become more virulent.«[358] Es fällt auf, dass die Wurzel zahlreicher Bruchlinienkonflikte nicht im Islamismus, sondern ganz grundsätzlich im Islam gesehen wird. Huntington sorgte unter Muslimen vor allem mit dem folgenden Satz für Empörung: »Islam has bloody borders.«[359]

Die These vom Zusammenstoß der Zivilisationen ist in der Literatur heftig kritisiert worden.[360] Dies ist einerseits auf verschiedene Formen der Vereinfachung Huntingtons zurückzuführen, etwa bei der territorialen Zuordnung der Zivilisationen. Zudem ist der Ansatz ganz offensichtlich untertheoretisiert. Richtig ist natürlich auch, dass es einen entsprechenden Konflikt bislang im Großformat noch nicht gegeben hat, und dass weiterhin das klassische Ringen der Großmächte ganz maßgeblich das regionale

Geschehen prägt, so etwa die Konkurrenz Chinas und der USA in Ostasien. Aber bereits an diesem Punkt würde Huntington anmerken, dass es sich dabei um eine Auseinandersetzung der führenden Staaten der konfuzianischen (sinischen) und der westlichen Zivilisation handelt. Weitere aktuelle Konflikte bestätigen die These vom Zusammenstoß der Zivilisationen, etwa die Auseinandersetzung zwischen dem »Islamischen Staat« und dem Westen. Auch bei den Dissonanzen zwischen Russland (Teil der slawisch-orthodoxen Zivilisation) und der North Atlantic Treaty Organization (NATO) (Teil der westlichen Zivilisation) geht es im Kern nicht nur um Machtfragen, sondern auch um unterschiedliche Wertvorstellungen (Autoritarismus versus Demokratie) und Überlegungen zur Sicherheitsarchitektur Osteuropas (Reinkarnation der Sowjetunion versus Gemeinschaft des Westens). Vielleicht ist Huntington mehr abzugewinnen, wenn die Messlatte für den Erfolg seiner These niedriger angesetzt wird. Es geht weniger darum, dass ganze Zivilisationen gegeneinander geschlossen in den Krieg ziehen, sondern dass es zwischen Teilen von Zivilisationen zu diplomatischen oder gewaltsamen Auseinandersetzungen kommt, die in unterschiedlichen kulturellen Sozialisierungen gründen.

Die Argumentation des »Clash of Civilizations« kann grundsätzlich auch auf die deutsche Innenpolitik übertragen werden.[361] Die dominierende Gruppe ist die deutsche Kulturnation, deren Regierungen seit den 1960er-Jahren den Zuzug von deutlich über 5 Millionen Muslimen in die Bundesrepublik ermöglicht haben.[362] Damit sind die strukturellen Voraussetzungen für einen gesellschaftlichen Bruchlinienkonflikt geschaffen. Natürlich muss er sich nicht zwingend zum Bürgerkrieg entwickeln. Die hohe Zahl der nun in Deutschland lebenden Muslime macht es aber wahrscheinlicher, dass sie immer stärker und auch selbstbewusster bereit sein werden, für ihre spezifischen politischen und religiösen Werte einzustehen.

Wie kann solchen Bruchlinienkonflikten vorgebeugt werden? Der Verfasser lehnt vollständige kulturelle Homogenität ab. Sie würde Deutschland geistig arm machen und es zahlreicher positiver Anreize berauben, die gesellschaftlichen Fortschritt erst ermöglichen. Plädiert wird dafür, die bekannten Bruchlinien eines politischen Gemeinwesens möglichst gering zu halten, um den inneren Frieden zu wahren. Hat eine Gesellschaft multikulturelle Züge, ist dies bereichernd. Bilden sich dagegen Parallelgesellschaften, ist eine Bruchlinie geschaffen, die zur Gefahr werden kann. Es ist unproblematisch und sogar wünschenswert, Ausländer zu integrieren – bis zu einer bestimmten Zahl. Wird diese überschritten, ist Integration nicht mehr möglich – weder durch Gesetze noch durch finanzielle Zuwendungen.

In der Integrationsforschung gibt es dazu zahlreiche Metaphern, die unterschiedliche Integrationslogiken beschreiben. Interessant ist das Bild der »Tomatensuppe«[363] von Samuel P. Huntington. In sie seien Gewürze, Petersilie, Sellerie und Croûtons gegeben worden. »Sie verstärken und verändern den Geschmack, aber letztlich bleibt es eine Tomatensuppe.«[364] Um im Bild zu bleiben: Wird der Anteil der Tomaten reduziert und jener von Petersilie, Sellerie und Croûtons erhöht, entsteht etwas Neues. Die Metapher kann auf die Auseinandersetzung um eine deutsche Leitkultur angewandt werden, die immer wieder einmal Thema der öffentlichen Debatte ist.

Bruchlinienkonflikte und die Freund-Feind-Unterscheidung

Unterschiedliche kulturelle Gruppen geraten entlang religiöser und ethnischer Bruchlinien miteinander in Konflikt, wenn der Staat im Innern schwach wird sowie unkontrollierbare Parallelgesellschaften oder sogar No-Go-Areas entstehen. Je enger dagegen Leviathan und Kulturnation miteinander verschmelzen, desto geringer ist die Wahrscheinlichkeit, dass sich solche Freund-Feind-Beziehungen entwickeln bzw. aufbrechen können. Der Verfasser sympathisiert dabei mit einem demokratischen Leviathan und nicht mit der autoritären Fassung des Thomas Hobbes (1588–1679).

Um das Problem der Bruchlinienkonflikte und der Multikulturalität für das Maß der Sekurität stärker theoretisch zu fundieren, sei an die 1932 publizierte Schrift »Der Begriff des Politischen« erinnert, die aus der Feder des Staats- und Völkerrechtlers Carl Schmitt (1888–1985) stammt. In ihr ist seine berühmte – für liberale deutsche Betrachter berüchtigte – Freund-Feind-Theorie enthalten, die als Grundlage aller Innen- und Außenpolitik bzw. des Politischen verstanden wird. Sie ist den politischen Dingen immanent, unabhängig vom Wollen der Dinge selbst. Schmitt sieht in den Begriffen Freund und Feind das zentrale Gegensatzpaar des Politischen, so wie im Moralischen das Gute und Böse oder im Ästhetischen das Schöne und Hässliche.[365] Dieses dichotomische Politikverständnis hat zwei Dimensionen: Es ist, erstens, latent und nicht zwingend manifest: »Die Unterscheidung von Freund und Feind hat den Sinn, den äußersten Intensitätsgrad einer Verbindung oder Trennung, einer Assoziation oder Dissoziation zu bezeichnen; sie kann theoretisch und praktisch bestehen«[366]. Die Freund-Feind-Unterscheidung ist, zweitens, und das ist der entscheidende Punkt, existenziell: »Er ist eben der andere, der Fremde, und es genügt zu seinem Wesen, daß er in einem besonders intensiven Sinne existenziell etwas anderes und Fremdes ist, so daß im extremen Fall Konflikte mit ihm möglich sind, die weder durch eine im voraus getroffene generelle Normierung, noch durch den Spruch eines ›unbeteiligten‹ und daher ›unparteiischen‹ Dritten entschieden werden können.«[367] Es hänge gleichwohl von den Beteiligten ab, ob sich aus Andersartigkeit auch eine existenziell bedrohliche Feindschaft ergebe, die Schmitt nie als zwangsläufig betrachtet. Gleichwohl macht sie ganz offensichtlich den Kern des Politischen in von Menschen strukturierten Welten aus: »Denn erst im wirklichen Kampf zeigt sich die äußerste Konsequenz der politischen Gruppierung von Freund und Feind. Von dieser extremsten Möglichkeit her gewinnt das Leben der Menschen seine spezifisch *politische* Spannung.«[368]

Carl Schmitt hat die Freund-Feind-Unterscheidung auf menschliche Großgruppen bezogen, soweit sie politisch organisiert sind (sein Ansatz gilt nicht für den privaten Freund oder Feind): »[…] daß die Völker sich nach dem Gegensatz von Freund und Feind gruppieren, daß dieser Gegensatz auch heute noch wirklich und für jedes politisch existierende Volk als reale Möglichkeit gegeben ist, kann man vernünftigerweise nicht leugnen.«[369] Dies bezieht sich auf interstaatliche Auseinandersetzungen, ist im Sinne der Logik Schmitts aber auch auf innerstaatliche und in sich verschiedene Großgruppen übertragbar, soweit Konflikte eine politische Dimension haben.[370] »Feind ist nur eine wenigstens eventuell, d. h. der realen Möglichkeit nach *kämpfende* Gesamtheit von Menschen, die einer ebensolchen Gesamtheit gegenübersteht.«[371] Auch hier gilt: Zum Bürgerkrieg kann es kommen, muss es aber nicht.[372]

Auf die Gegenwart übertragen bedeutet dies, dass die Menschen zwar einerseits alle gleichwertig sind, ihnen allen die Menschenrechte, insbesondere die Menschenwürde, zustehen. Andererseits sind sie aber auch verschieden, ob nun in ihrer ethnischen und religiösen Zugehörigkeit oder ganz allgemein in den kulturellen Lebensgewohnheiten und politischen Ansichten. Da der Mensch gemäß Aristoteles (384–322 v. Chr.) ein nach Gemeinschaft strebendes Wesen, ein *Zoon politikon,* ist, neigt er zur Gruppenbildung. Diese wiederum zeichnet sich durch Gemeinsamkeiten aus, sei es der katholische Glaube, die Unterstützung für einen Fußballverein, eine Mundart oder auch die gemeinsame kulturelle Herkunft. Es ist völlig normal, dass sich Menschen einer Ethnie in fremden Mehrheitsgesellschaften gemeinsam organisieren und auch danach streben, in einem eigenen Siedlungsgebiet zu leben, sich also vom für sie fremden Einheimischen abzugrenzen. Wäre dem nicht so, würde es weder Separatisten und Streitigkeiten um Autonomierechte noch die weltweit verbreiteten Chinatowns geben.

Nicht normal dagegen ist, dass eine politische Führung die eigene Kulturnation der Beliebigkeit preisgibt. Was die deutschen Bundesregierungen seit dem Ende der 1990er-Jahre entschieden haben, war für Carl Schmitt 1932 unvorstellbar: »Auch ist in dem tausendjährigen Kampf zwischen Christentum und Islam niemals ein Christ auf den Gedanken gekommen, man müsse aus Liebe zu den Sarazenen oder den Türken Europa, statt es zu verteidigen, dem Islam ausliefern.«[373] Die politisch-mediale Elite leugnet in diesem Zusammenhang das Wesen des Politischen, die inhärente Freund-Feind-Beziehung zweier auf Missionierung bedachter Religionen, und setzt schlicht darauf, dass Normen und soziale Projekte Bruchlinien verschwinden lassen. Tatsächlich ist dies zeitlich begrenzt möglich. Der Gegensatz ist aber nicht grundsätzlich auflösbar, weshalb sich insbesondere die Politik von Bundeskanzlerin Angela Merkel in der Migrationsfrage als schwere Hypothek für die Zukunft erweisen wird.

Carl Schmitt ist aufgrund seiner Nähe zum Nationalsozialismus heute umstritten, wird aber von Politikwissenschaftlern wie Herfried Münkler weiterhin und völlig zu Recht zu den Klassikern des politischen Denkens gezählt.[374] Für die Zwecke dieses Buches sei an einer weiteren Überlegung Schmitts demonstriert, wie aktuell seine Ausführungen zum Begriff des Politischen sind. Zur Freund-Feind-Dichotomie führt er aus: »Es steht einem politisch existierenden Volk keineswegs frei, durch beschwörende Proklamationen dieser schicksalsvollen Unterscheidung zu entgehen. Erklärt ein Teil des Volkes, keinen Feind mehr zu kennen, so stellt er sich nach Lage der Sache auf die Seite der Feinde und hilft ihnen, aber die Unterscheidung von Freund und Feind ist damit nicht aufgehoben. [...] Es wäre ferner ein Irrtum zu glauben, ein einzelnes Volk könnte durch eine Freundschaftserklärung an alle Welt oder dadurch, daß es sich freiwillig entwaffnet, die Unterscheidung von Freund und Feind beseitigen. Auf diese Weise wird die Welt nicht entpolitisiert und nicht in einen Zustand reiner Moralität, reiner Rechtlichkeit oder reiner Wirtschaftlichkeit versetzt. Wenn ein Volk die Mühen und das Risiko der politischen Existenz fürchtet, so wird sich eben ein anderes Volk finden, das ihm diese Mühen abnimmt, indem es seinen ›Schutz gegen äußere Feinde‹ und damit die politische Herrschaft übernimmt; der Schutzherr bestimmt dann den Feind, kraft des ewigen Zusammenhangs von *Schutz* und *Gehorsam*.«[375]

Diese Passage bezieht sich auf die Innen- und die Außenpolitik, und für die Gegenwart ist es in Zeiten fern der Eskalation besser, vom Konkurrenten oder dem politisch bzw. kulturell Anderen als vom Feind zu sprechen. Für die Auseinandersetzungen im Innern heißt dies aber dennoch: Wenn sich die deutsche Kulturnation nicht um einen inneren Zusammenhalt bemüht, wird sie – vor allem wegen des ungünstigen demografischen Faktors – in den nächsten Dekaden innerhalb des Staates Bundesrepublik Deutschland sukzessiv verdrängt werden. Dies ist die Logik Carl Schmitts: Aus dem Mehrheitsvolk wird eine Minderheit, die dann darauf hoffen darf, dass die neue Mehrheit am Grundgesetz festhält. Das Ergebnis dieser Entwicklung lässt sich a priori nicht vollständig sicher abschätzen, aber doch mit Blick auf die in Deutschland aktiven Araber-Clans und vergleichbar entstehende Strukturen einigermaßen absehbar vorhersagen. Die umstrittenen Großfamilien agieren gegenüber der Exekutive und der demokratischen Kultur des Landes vollständig aus der Freund-Feind-Perspektive. Wo sie sich partiell und temporär durchsetzen, geben sie offen zu verstehen, die hiesigen Gesetze nicht zu achten.

Die Verschiedenartigkeit vor allem größerer, nebeneinander lebender Menschengruppen unterschiedlicher kultureller Herkunft zeichnet sich somit im Politischen durch eine inhärente Freund-Feind-Beziehung aus. Diese muss nicht ausbrechen, kann es aber in Extremsituationen. Im unteren Bereich der Eskalationsskala (Stufe 1) liegen rassistische, verbale Pöbeleien. Auch Situationen sexueller Belästigungen zählen dazu. So wurden in der »Nacht von Köln« zu Silvester 2015/2016 Frauen einer Kulturnation durch Männer anderer Kulturnationen geradezu als Beute auserkoren. Dem schließen sich einzelne, temporär begrenzte Unruhen mit ethnischer Komponente an (Stufe 2), die es in Europa z. B. 2005 in Frankreich, vor allem in Paris, sowie 2011 in verschiedenen Orten Englands gab – Tote, Verletzte und hohe Sachbeschädigungen inklusive.

Am oberen Ende der Skala steht das offene und gewaltsame Zerwürfnis, in dem der Staat die Kontrolle verliert (Stufe 3). Der Bürgerkrieg auf dem Balkan in den 1990er-Jahren steht für diese Situation exemplarisch: Nachdem Jugoslawien 1918 gegründet worden war, lebten Serben, Kroaten, Slowenen, Bosniaken, Mazedonier, Kosovaren, Montenegriner und andere Ethnien weitgehend friedlich miteinander, wofür auch zahlreiche interkulturelle Ehen sprachen. Aber weder royale, demokratische oder diktatorische politische Systeme noch Gesetze und Appelle an die Vernunft konnten nach weit über 70 Jahren das Unvermeidliche verhindern. Die unterschiedlichen Ethnien bekriegten sich, die zuvor mühsam zusammengehaltene Willensnation Jugoslawien zerbrach. Die Freund-Feind-Theorie des Carl Schmitt, die erst ab Stufe 2 anwendbar ist, wurde durch die Balkankriege ein weiteres Mal bestätigt. Die Anhänger multikultureller Gesellschaften in Deutschland haben daraus nichts gelernt. Ihr Glaube ist unerschütterlich, mag dieser auch von noch so vielen Menschen mit dem Leben bezahlt werden.

Eine multikulturelle Gesellschaft kann natürlich funktionieren, solange das Fundament der Demokratie keine Risse zeigt. Gerät es jedoch unter Druck, z. B. weil die Regierung wegen finanzieller Probleme den Sozialstaat zurückbauen muss, können jene Mechanismen greifen, die Carl Schmitt beschrieben hat. Die Menschen fallen auf ihre Identitäten zurück, verfassungsrechtliche Spielregeln werden zweitrangig. Die Anhänger der Kulturnationen X und Y schieben sich gegenseitig die Schuld für die Misere zu, es kommt zu gewaltsamen Auseinandersetzungen. Demokratische Politiker lehnen diese Mechanismen ab, was zwar moralisch zu unterstützen, aber mit Blick auf die Urgewalten des Politischen auch naiv ist. Frei nach Hans J. Morgenthau (1904–1980) könnte man sagen: Politiker müssen mit der – und nicht gegen die – Natur des Menschen arbeiten.[376] Genau hier liegt eines der großen Defizite heutiger Entscheidungsträger und auch des Journalismus. Seit dem Ende des Zweiten Weltkrieges scheinen viele Vertreter der politisch-medialen Elite gar nicht mehr wahrhaben zu wollen, dass es so etwas wie eine menschliche Natur gibt, über die sich die Grenze des humanen Kooperationspotenzials ausloten lässt. Morgenthau und auch Wissenschaftler wie Reinhold Niebuhr (1892–1971)[377] haben sich mit diesem Thema umfassend befasst.

Damit ist das zentrale Problem der deutschen Integrationspolitik benannt: ein naives Menschenbild. Es geht davon aus, dass der Einzelne stets über gute Absichten verfügt, rational handelt, motiviert ist und vereinbarte Normen nicht bricht. Eine Debatte über die menschliche Natur fehlt. Der Streit, ob der Mensch mehrheitlich gute oder schlechte Eigenschaften hat, ist gleichwohl uralt und geht bis auf die biblische Sünde zurück. Weil Thomas Hobbes im 17. Jahrhundert glaubte, dass der Mensch dem Menschen im staatenlosen Naturzustand ein Wolf sei (*homo homini lupus*), erdachte er den Leviathan.[378] Demnach können sich die Menschen nur durch einen Staatsvertrag mit einem anschließend allmächtigen Herrscher retten, der im Gegenzug den Frieden im Innern zu wahren hat. In diesem Punkt unterscheidet sich Hobbes deutlich von Aristoteles. Beim Aufbau einer Gemeinschaft wird der Egoismus des Menschen berücksichtigt, nicht in Form von Tugendlehren bekämpft. Sicherlich hat Hobbes gewusst, dass der Mensch immer beides hat, positive und negative Eigenschaften. Sonst gäbe es entweder nur Krieg oder nur Frieden. Für Hobbes hat es aber nicht ausgereicht, dass der Mensch auch mit Vernunft gesegnet ist, sondern dass er zum Schlechten fähig ist. Im Naturzustand dominiert der Trieb zur Selbsterhaltung, woraus sich wiederum das Machtstreben des Einzelnen ergibt.

Um das berühmte Zitat von Hobbes nun zu präzisieren: Deshalb kann – nicht muss – der Mensch dem Menschen ein Wolf sein. Für den Staat bedeutet dies laut Carl Schmitt: »Hobbes hat diese Wahrheit in den schlimmen Zeiten des Bürgerkriegs erfahren, weil dann alle die legitimistischen und normativistischen Illusionen entfallen, mit denen sich die Menschen in Zeiten ungetrübter Sekurität über politische Wirklichkeiten gern hinwegtäuschen. Sind innerhalb eines Staates organisierte Parteien imstande, ihren Angehörigen mehr Schutz zu gewähren als der Staat, so wird der Staat bestenfalls ein Annex dieser Parteien, und der einzelne Staatsbürger weiß, wem er zu gehorchen hat.«[379]

Die Integrationspolitik der Bundesregierung wird langfristig zu einer Spaltung der Gesellschaft und zur Gefährdung des inneren Friedens beitragen, weil sie Adaption mit Integration verwechselt. »Adaption« ist die »Anpassung des Menschen an die soziale Umwelt«[380], wohingegen »Integration« die »Verbindung einer Vielheit von einzelnen Personen oder Gruppen zu einer gesellschaftlichen und kulturellen Einheit«[381] bedeutet. Die meisten Ausländer in Deutschland gehen den Weg der Adaption. Sie respektieren die Gesetze und richten sich im politischen System unter Wahrung ihrer Identität ein. Mit Blick auf die deutsche Gesellschaft ist dies eine Entscheidung des Verstandes, nicht des Herzens. Adaption ist sozusagen Integration an der Oberfläche, sie reicht nicht in die tieferen Schichten der eigenen Identität hinein. Wer sich dagegen integriert, der nimmt die neue Kultur an. Dies geschieht nicht an der Oberfläche, sondern im Rahmen eines Prozesses der Habitualisierung. Problematisch ist daran, dass ein Ausländer dazu seine eigene Identität zu großen Teilen aufgeben müsste. Genau dazu wird er jedoch nicht animiert, solange er sich in Deutschland innerhalb der eigenen Großgruppe bewegen und dort seine Identität pflegen kann. So entstehen in einer sehr natürlichen Weise Parallelgesellschaften, die weder durch Integrationsgesetze, Migrationsgipfel oder sozialstaatliche Wohltaten beseitigt werden können. Sie sind Ergebnis eines natürlichen Identitätsstrebens, das immer ein Distinktionsbedürfnis enthält und der Logik der Zahl folgt. Je größer die fremde kulturelle Großgruppe ist, desto stärker wird diese im fremden Land den Weg der Adaption gehen.

Die in der Bundesrepublik lebenden Türken stellen ein gutes Beispiel für diese Unterscheidung dar. Die Aussage, gerne in Deutschland zu leben, ist ehrlich. Sie hat aber nichts mit einem Integrationsbekenntnis zu tun. Die meisten Türken leben gerne in Deutschland, weil sie hier zwei Dinge ideal kombinieren können: Die sozialen, ökonomischen und rechtsstaatlichen Bedingungen sind, erstens, besser als im Heimatland. Zweitens besteht nicht der geringste Zwang zur Aufgabe der eigenen Identität in den großen türkischen Stadtvierteln der Bundesrepublik. Natürlich fühlen sich viele Türken unter diesen Bedingungen »integriert«.

Die Kulturnation als Rechtsgut

Unabhängig von Überlegungen zur Identität und Sekurität kann die Kulturnation zusätzlich als ein durch internationales Recht geschütztes Gut betrachtet werden. Im Völkerrecht finden sich dazu unterschiedliche Anknüpfungspunkte, die naturgemäß sowohl rechtswissenschaftlich als auch politikwissenschaftlich strittig sind. In der von den Staaten der UNESCO im Juli/August 1982 erarbeiteten »Erklärung von Mexiko-City über Kulturpolitik« heißt es in Punkt 7: »Die internationale Gemeinschaft sieht es als ihre Aufgabe an, sicherzustellen, dass die kulturelle Identität eines jeden Volkes erhalten und geschützt wird.«[382]

In systematischer Hinsicht lässt sich zudem grundsätzlich argumentieren, dass ein Recht auf kulturelle nationale Identität über das Selbstbestimmungsrecht der Völker ableitbar ist. Diese Norm ist in Artikel 1 sowohl des Internationalen Pakts über bürgerliche und politische Rechte als auch des Internationalen Pakts über wirtschaftliche, soziale und kulturelle Rechte vom 19. Dezember 1966 wortgleich festgehalten worden: »Alle Völker haben das Recht auf Selbstbestimmung. Kraft dieses Rechts entscheiden sie frei über ihren politischen Status und gestalten in Freiheit ihre wirtschaftliche, soziale und kulturelle Entwicklung.«[383]

Das Recht auf Selbstbestimmung der Völker macht nur vor dem Hintergrund eines volklichen Schutzgutes Sinn und nur über dieses lässt es sich konkretisieren. Ein »Selbstbestimmungsrecht der Bevölkerungen« gibt es nicht, und dass Staatsbürger unabhängig von der ethnischen Herkunft einander gleichgestellt sind, hat mit dieser Norm auch nichts zu tun. Daraus folgt, dass die kulturelle Identität des einzelnen Menschen im Gruppenzusammenhang als Daseinselement völkerrechtlich anerkannt sein dürfte.

Diese Behauptung lässt sich durch den Minderheitenschutz weiter bekräftigen. Demnach sind Gruppen mit einer von der Mehrheitsgesellschaft abweichenden Identität zu achten und zu schützen. Im Umkehrschluss heißt dies aber desgleichen, dass alle Menschen mit ihrer sehr persönlichen Identität zu schützen sind, auch jene der Mehrheitsgruppe. Anderenfalls würde durch den Minderheitenschutz eine Ungleichbehandlung einzelner Gruppen entstehen. Das »Rahmenübereinkommen zum Schutz nationaler Minderheiten« vom 1. Februar 1995 trifft einige Aussagen über den völkerrechtlichen Stellenwert von nationalen kulturellen Identitäten. In der Präambel wird der Anspruch erhoben, »daß eine pluralistische und wahrhaft demokratische Gesellschaft nicht nur die ethnische, kulturelle, sprachliche und religiöse Identität aller Angehörigen einer nationalen Minderheit achten, sondern auch geeignete Bedingungen schaffen sollte, die es ihnen ermöglichen, diese Identität zum Ausdruck zu bringen, zu bewahren und zu entwickeln«[384]. In Artikel 3 werden die Rechte des Einzelnen grundsätzlich festgehalten. Er besagt in Absatz 1 für eine Person, die einer nationalen Minderheit angehört: »[...] aus dieser Entscheidung oder der Ausübung der mit dieser Entscheidung verbundenen Rechte dürfen ihr keine Nachteile erwachsen.«[385] In Absatz 2 heißt es: »Angehörige nationaler Minderheiten können die Rechte und Freiheiten, die sich aus den in diesem Rahmenübereinkommen niedergelegten Grundsätzen ergeben, einzeln sowie in Gemeinschaft mit anderen ausüben und genießen.«[386]

Somit wird einerseits festgelegt, dass nationale Identität nicht beliebig ist, sondern kulturelle und ethnische Bezüge aufweist. Andererseits ist Minderheitenschutz immer auch ein Plädoyer für eine Vielfalt, die logisch nur möglich ist, wenn Kulturen und Ethnien erhalten werden. Wichtig ist aber insbesondere, dass der einzelne Mensch seine spezifische Identität im Gruppenverband praktizieren kann und dass ihm dies nicht zum Nachteil gereichen darf. Wenn eine solche Feststellung für eine Kulturnation unter Minderheitenbedingungen gilt, muss selbiges auch unter Mehrheitsbedingungen gelten. Mit Blick auf die deutsche Kulturnation wird dieser Zusammenhang von der politischen-medialen Elite des Landes nicht anerkannt, ja sogar regelmäßig als »völkisches Getöse« oder »Deutschtümelei« diffamiert. Mehr noch: Dem deutschen Volk wird durch die gezielte Förderung des Zuzugs von Millionen Migranten die Bewahrung und Weiterentwicklung der eigenen Identität deutlich erschwert.

Wären die Deutschen in nationaler Hinsicht eine Minderheit, würde die Politik der Bundesregierung nicht nur gegen das in Artikel 5 des Rahmenübereinkommens festgehaltene Zwangsassimilierungsverbot[387] verstoßen, das zumindest theoretisch auch dort Anwendung finden müsste, wo sich einzelne Deutsche im eigenen Land bereits in einer Minderheitensituation befinden. Die Integration von Millionen Menschen fremder Kulturen würde auch mit Artikel 16 und dem dort beschriebenen Verbot von Überfremdungsmaßnahmen kollidieren: »Die Vertragsparteien sehen von Maßnahmen ab, die das Bevölkerungsverhältnis in von Angehörigen nationaler Minderheiten bewohnten Gebieten verändern und darauf gerichtet sind, die Rechte und Freiheiten einzuschränken, die sich aus den in diesem Rahmenübereinkommen niedergelegten Grundsätzen ergeben.«[388] Beim Minderheitenschutz geht es also immer wieder darum, innerhalb einer nationalen Minderheit ein Höchstmaß an kultureller Homogenität zu bewahren. Es ist in sich widersprüchlich, dass die politisch-mediale Elite Deutschlands dies für fremde Minderheiten anerkennt, mit Blick auf das eigene Volk aber als völkisch und rassistisch bewertet. Damit argumentiert sie de facto gegen den Geist der zitierten internationalen Rechtsnormen.

Die Staaten Afrikas sind in diesem Zusammenhang weitaus selbstbewusster und weniger selbstvergessen, als dies im Falle Deutschlands zu beobachten ist. In der »Afrikanischen Charta der Menschenrechte und Rechte der Völker« der Organisation of African Unity, die seit dem 21. Oktober 1986 in Kraft ist, sind sehr konkrete kulturelle Schutzgüter markiert. Sie weist in der Präambel auf die »Werte der afrikanischen Zivilisation«[389] hin. In Artikel 22 wird gefordert: »Alle Völker haben ein Recht auf eigene wirtschaftliche, soziale und kulturelle Entwicklung unter angemessener Berücksichtigung ihrer Freiheit und Identität«[390]. Artikel 29 verpflichtet in diesem Sinne jedermann, »seiner nationalen Gemeinschaft [...] zu dienen«.[391]

In der Europäischen Union sind solche Aussagen weniger stark vertreten, aber doch vorhanden. Im Maastricht-Vertrag vom 7. Februar 1992 wird gleich in der Präambel der Wunsch der Vertragsparteien ausgedrückt, »die Solidarität zwischen ihren Völkern unter Achtung ihrer Geschichte, ihrer Kultur und ihrer Traditionen zu stärken«[392]. In Artikel F der Gemeinsamen Bestimmungen wird festgehalten: »Die Union achtet die nationale Identität ihrer Mitgliedstaaten«[393]. Die nachfolgenden europäischen Verträge haben diese Garantie bestätigt.

Vor- und Nachteile der Willensnation

Damit sind der Wert und die völkerrechtliche Verankerung der Kulturnation benannt. Ohne Defizite ist auch sie nicht, denn im Vergleich zu ihr kann die Willensnation einen großen Vorteil aufweisen: Sie verfügt zumindest theoretisch über ein wesentlich größeres Integrationspotenzial. Wer sich mit der Geschichte der USA und ihren Werten identifiziert, der kann – soweit rechtliche Fragen geklärt sind – Amerikaner werden. Auf dieser Basis können Menschen ganz unterschiedlicher Herkunft oder religiösen Glaubens eine gemeinsame Identität formen, die zum emotionalen Ankerpunkt der Gesellschaft wird. Die Verbundenheit mit der eigenen Nation zeigen die US-Bürger im ungezwungenen, oftmals auch offensiven Umgang mit der eigenen Flagge und der Nationalhymne. Sie sind zumeist stolz darauf, Amerikaner zu sein, und legen dieses Bekenntnis auf Nachfrage ohne jede Scheu gegenüber Ausländern ab.

Die Kulturnation könnte angesichts des Integrations- und damit ja auch Pazifizierungspotenzials der Willensnation eigentlich als antiquiert betrachtet werden, gäbe es da nicht ein fundamentales Problem: die Fragilität der Funktionsmechanismen eines solchen Gebildes. Wenn Menschen unterschiedlicher Herkunft und unterschiedlichen Glaubens primär über gemeinsame Werte zusammengehalten werden, steht der Staat in der Pflicht, diese Werte kontinuierlich in ihrer Strahl- und Bindungskraft zu stärken. Sie sind es, die das gemeinsame Band der Mitglieder einer Willensnation darstellen. Eine solche Gesellschaft ist ökonomisch geradezu zum Erfolg verdammt. Denn wirtschaftliche Krisen könnten den Glauben an das politische System, das auf der Willensnation identitär aufbaut, erschüttern. Fraglich ist also, wie überlebensfähig dieser Ansatz in innenpolitischen Konfliktlagen ist. Hält eine Krise über längere Zeit an, ist es durchaus vorstellbar, dass die Bürger auf ihre ethnischen und/oder religiösen Subidentitäten zurückfallen und diese zur wichtigsten Grundlage ihres Handelns werden.

Den USA ist es bislang immer wieder gelungen, solche Krisen zu überstehen. Das politische System verfügt ganz offensichtlich über starke Selbstheilungskräfte. Dass die tragenden Säulen der Willensnation gleichwohl nicht von dauerhafter Natur sein müssen, zeigt sich in verschiedenen Bereichen. Im Sommer 2018 gaben in einer seit 18 Jahren durchgeführten, jährlichen Umfrage erstmals nur 47 Prozent der Amerikaner an, sehr stolz auf ihr Land zu sein.[394] Beobachter werden diese Zahl vermutlich sofort im Kontext der auch international kritisierten Präsidentschaft von Donald Trump lesen. Dies ist sicherlich ein Teil der Erklärung, überzeugt aber nur begrenzt vor dem Hintergrund weiterer Zahlen. In den Jahren nach den Terroranschlägen vom 11. September 2001 waren bis zu 70 Prozent der US-Bürger sehr stolz auf ihr Land – und dies unter Präsident George W. Bush, der im Ausland ebenfalls starker Kritik ausgesetzt war.[395] Der Abschwung auf deutlich weniger als 60 Prozent sollte ausgerechnet unter dem international geachteten Präsidenten Barack Obama erfolgen, der die Amerikaner aus dieser Sicht eigentlich besonders stolz hätte machen müssen.[396] Die Zahlen weisen noch nicht auf Zweifel der Bürger der USA an ihrer Nation hin, sie zeigen aber durchaus, dass es in einer Willensnation Risse gibt, die schnell an Tiefe gewinnen können.

Wie wirkmächtig Subidentitäten sind, ist während der Amtszeit Donald Trumps sichtbar geworden. 83 Prozent der befragten Afroamerikaner erklärten Anfang 2020, dass sie ihren Präsidenten für einen Rassisten halten.[397] 65 Prozent waren der Auffassung, dass es eine schlechte Zeit sei, schwarz zu sein, wohingegen sich 77 Prozent überzeugt zeigten, dass es eine gute Zeit sei, weiß zu sein.[398] 70 Prozent vertraten sogar die Auffassung, dass sie der Polizei nicht zutrauen, »to treat races equally«[399].

Das Lebensgefühl vieler Amerikaner wird weiterhin sehr deutlich von wahrgenommenen Unterschieden zwischen den Großgruppen geprägt – und dies nicht erst seit der Präsidentschaft Donald Trumps. 2013 waren 79 Prozent der Schwarzen und 48 Prozent der Hispanics der Meinung, dass deutlich mehr für Rassengleichheit getan werden müsse.[400] Die Afroamerikaner sahen in verschiedenen Bereichen im Vergleich zu den Weißen eine Benachteiligung, was für den Umgang mit der Polizei 70 Prozent, mit den Gerichten 68 Prozent, im Arbeitsverhältnis 54 Prozent, in Geschäften und Restaurants 44 Prozent, in öffentlichen Schulen 51 Prozent und beim Zugang zum Gesundheitswesen 47 Prozent der Befragten angaben.[401] 59 Prozent der Schwarzen glaubten zudem, in finanzieller Hinsicht schlechter als Weiße gestellt zu sein.[402]

Die statistischen Werte bestätigen diesen Eindruck, und sie haben sich im Laufe der Jahre in vielen Bereichen nicht verbessert. Im Juni 2020 stellte *The Washington Post* verbittert fest: »In many ways, the gap between the finances of blacks and whites is still as wide in 2020 as it was in 1968«[403]. Das Median-Vermögen eines weißen Haushalts lag 2016 bei 149 703 Dollar (1968: 70 786 Dollar), wohingegen ein schwarzer Haushalt nur auf 13 024 Dollar (6674 Dollar) kam.[404] Das mittlere Einkommen eines Weißen lag 2018 bei 70 642 Dollar, jenes eines Schwarzen bei 41 361 Dollar.[405] Entsprechend sind die Unterschiede im Bereich der Bildung. Und so war es nicht verwunderlich, dass die Corona-Pandemie die schwarze Bevölkerung weitaus stärker als die weiße getroffen hat.

In der Literatur ist diesbezüglich von einem »racial wealth gap«[406] die Rede. Die Zahlen lassen den Schluss zu, dass es weder über rechtliche Maßnahmen der Gleichstellung noch über Bewegungen wie »Black Lives Matter«, deren Wurzeln bis in das Ende des 18. Jahrhunderts zurückreichen,[407] möglich war und ist, die Wohlstandsunterschiede zu beseitigen. Die Beschwörung der Integrationskraft des *melting pot* stößt somit sichtbar an Grenzen. Das Ende des Amerikanischen Bürgerkrieges, das zur Befreiung der schwarzen Sklaven geführt hatte, ist über 155 Jahre her. 1964 war in den USA die Rassentrennung in öffentlichen Einrichtungen aufgehoben worden. Dennoch ist es der Gesellschaft bis heute nicht gelungen, die erheblichen Unterschiede zwischen den Rassen – an dieser Stelle verstanden im Sinne der offiziellen US-Terminologie – auszugleichen. Die Prognose ist daher eindeutig: Dabei wird es bleiben. Natürlich werden dennoch viele Afroamerikaner den amerikanischen Traum erleben und Ämter bis zum Präsidenten erklimmen. Der durchschnittliche schwarze US-Bürger wird aber in den Bereichen Bildung und Einkommen langfristig schlechter dastehen als ein durchschnittlicher weißer US-Bürger.

Diese harte Einschätzung, die vollkommen quer zu den Träumen sozialer Gleichheit der Bewegung »Black Lives Matter« liegt, beruht auf der Studie »The Son Also Rises« des britischen Ökonomen Gregory Clark. Er behauptet, dass sozialer Aufstieg nur in Einzelfällen möglich sei. Soziale Schichten blieben selbst über Jahrhunderte erhalten – sei es in Großbritannien, Schweden, China oder den USA.[408] Soziale Immobilität gehört demnach zum Wesen einer Gesellschaft. Und dies gilt unabhängig von Kriegen, sozialistischen Revolutionen oder den Wohltaten des Sozialstaats.

Diese Aussage beruht auf der Auswertung familiärer Karrieren, die sich über Jahrhunderte nachzeichnen lassen, wenn besonders seltene Nachnamen ausgewählt werden. So gab es in England 1881 nur 37 Mitglieder der Familie Pepys, 2002 waren es 18. Clark weist nach, dass es seit 1496 mindestens 58 Angehörige dieser insgesamt immer sehr kleinen Familie geschafft haben, an den Universitäten Oxford oder Cambridge zu studieren. Normalerweise wären bei einer derart begrenzten Gruppe zwei bis drei Personen zu erwarten gewesen. Im Jahr 2012 hatten von den verbliebenen 18 Pepyses sogar vier einen Doktortitel in Medizin. Eine andere Familie in Cambridge ist die der Peeps. Auch ihre Geschichte lässt sich über Jahrhunderte nachzeichnen. Nie waren ihre Mitglieder auf Universitäten oder später in akademischen Berufen tätig, abgesehen von zwei Ausnahmen in den 1530er-Jahren.[409]

Weder Flagge noch Staatsbürgerschaft können daher etwas an den sozialen Disparitäten, die in den USA zur Stärkung der ethnischen Subidentitäten beitragen, ändern. Entlang solcher gesellschaftlicher Bruchlinien kommt es regelmäßig zu gewaltsamen Auseinandersetzungen. Rassenunruhen sind daher ein fest verankertes Merkmal der amerikanischen Gesellschaft. Zu nennen sind die Aufstände 1917 in East St. Louis, 1919 in Chicago sowie in den 1960er-Jahren in New Jersey, Detroit oder Tampa – um nur einige wenige Fälle aufzuzählen. Nach der Ermordung Martin Luther Kings 1968 kam es in über 100 Städten zu Protesten. Die Rassenunruhen endeten jedoch nicht. 1992 sollte Los Angeles die größten Ausschreitungen seit den 1960er-Jahren erleben, denen ca. 50 Menschen zum Opfer fielen.[410] In diesen wie in anderen Fällen konnten die bürgerkriegsähnlichen Zustände nur durch den Einsatz von mehreren Tausend Sicherheitskräften, darunter Soldaten der Nationalgarde, eingedämmt werden.[411] Aus jüngerer Zeit sind die Rassenunruhen von Ferguson 2014, Baltimore 2015 und Charlotte 2016 in Erinnerung. In vielen Fällen entzündete sich die Gewalt an Auseinandersetzungen zwischen weißen Polizisten und Menschen aus der schwarzen Unterschicht.

Ein massiver Zerfall der öffentlichen Ordnung ist in Chicago zu beobachten. Allein 2016 sind insgesamt 778 Menschen ermordet worden – so viele wie seit Mitte der 1990er-Jahre nicht mehr.[412] Auch vier Jahre später ist die Stadt nicht zur Ruhe gekommen. Journalistische Formulierungen wie »Weekend Shootings« deuten fast schon eine Gewöhnung an die Zustände an. Die Zeitungen veröffentlichen wöchentlich lange Listen über angeschossene und getötete Menschen.[413] Dass der Zerfall der öffentlichen Ordnung ganz offensichtlich etwas mit Integrationsproblemen einer multikulturellen Gesellschaft zu tun hat, zeigen die folgenden Zahlen: Der Anteil der Schwarzen an der Bevölkerung in Chicago City liegt bei 29,6 Prozent, jener der Weißen – ohne Hispanics und Latinos – bei 33,3 Prozent (Schätzung vom 1. Juli 2019).[414] An den Schießereien waren und sind hingegen vornehmlich Schwarze beteiligt. 2011 stellten sie 75,3 Prozent der Opfer (Weiße: 4,6 Prozent) und 71,3 Prozent (3,5 Prozent) der Täter.[415] Insgesamt waren Schwarze in den USA 2019 für 51,2 Prozent aller Taten im Bereich Mord und Totschlag verantwortlich; ihr Anteil an den Raubüberfällen lag bei 52,7 Prozent.[416]

Entsprechend befanden sich Anfang März 2021 überdurchschnittlich viele Nichtweiße in amerikanischen Bundesgefängnissen in Haft. Unter ihnen waren 38,5 Prozent Schwarze (Anteil Bevölkerung am 1. Juli 2019: 13,4 Prozent) und 30,1 Prozent Hispanics (18,5 Prozent). Dagegen lag der Anteil der Asiaten bei nur 1,5 Prozent, obwohl ihr Bevölkerungsanteil 5,9 Prozent umfasste.[417] Diese Zahlen sagen sehr viel über die soziale Ausgestaltung der amerikanischen Schichten aus. Zugewanderte und ihre Nachkommen stehen weiterhin überdurchschnittlich oft am unteren Ende der Gesellschaft, wodurch die Anfälligkeit für illegale Aktivitäten steigt. Der Hinweis, dass Schwarze und Hispanics von weißen Polizisten und Richtern überdurchschnittlich oft überprüft, festgenommen und verurteilt werden, dürfte einen Teil der statistischen Häufung nachvollziehbar machen,[418] im Lichte der anderen zitierten Parameter aber nur eine begrenzte Erklärungskraft für das Gesamtphänomen haben.

Die Ereignisse vom Sommer 2020 in den USA haben dies erneut bestätigt. Über Jahrzehnte sind strukturelle Voraussetzungen dafür geschaffen worden, dass es nur eines Auslösers bedarf, um zu zeigen, welche Sekuritätsprobleme ausgeprägten multikulturellen Gesellschaften in Konfliktsituationen innewohnen. Nach der gezielt in Kauf genommenen Tötung George Floyds am 25. Mai 2020 in Minneapolis durch Polizisten der weißen Bevölkerungsgruppe war es nicht möglich, den Vorgang lediglich der Staatsanwaltschaft zu übergeben. Das gedrehte Video vom Tod des Afroamerikaners wurde – nicht nur, aber auch entlang der ethnischen Bruchlinien des Landes – zum Anlass genommen, angestaute Wut durch Gewaltausbrüche in vielen Städten der USA zu entladen. Dabei kamen allein in den ersten zwei Wochen 19 weitere Menschen ums Leben,[419] Geschäfte[420] wurden geplündert und zahlreiche Häuser sowie Autos in Brand gesetzt. Schließlich musste die Nationalgarde eingesetzt werden, um der bürgerkriegsähnlichen Zustände Herr zu werden. Präsident Donald Trump war zwischenzeitig wegen der Proteste vor dem Weißen Haus sogar in einem Bunker in Sicherheit gebracht worden.[421]

Willensnationen können eine gewisse Integrationskraft an der Oberfläche bewirken, aber letztlich vorhandene Subidentitäten und die sich daraus ergebenden Konflikte nicht auflösen. Die innere Sekurität bleibt in ihnen selbst dann herausgefordert, wenn sie wie die USA ein hohes Bruttoinlandsprodukt (BIP) pro Kopf aufweisen und weiterhin die führende Wirtschaftsmacht der Welt sind. Denn dies kann nicht zwangsläufig verhindern, dass es eine konfliktanfällige Unterschicht gibt, in der die üblichen Bruchlinienkonflikte am wahrscheinlichsten ausbrechen.

Als auf den ersten Blick überzeugendes Gegenbeispiel zu dieser Einschätzung könnte die Schweiz angeführt werden. Sie gilt angesichts ihres politischen und ökonomischen Erfolges als Musterfall für die Integrationskraft einer Willensnation. Das Land sah sich im 19. Jahrhundert von Nationalstaaten umgeben, die auf einer gemeinsamen Sprache und Kultur aufbauten. Wäre die Schweiz als multikulturelles Gebilde diesem Ansatz gefolgt, hätte es vermutlich ihr Ende bedeutet. Der Historiker Jakob Tanner führt aus, dass deshalb der Gedanke geboren worden sei, sich als Willensnation zu begreifen. Der Bundesbrief und der Rütlischwur[422] von 1291, das Wirken Wilhelm Tells und der Burgensturm – halb real, halb sagenhaft – »wurden zum grossen Mythos eines kleinen Staates verschmolzen.«[423] Er stützt bis heute die Identität des südlichen Nachbarn Deutschlands. Im nationalen Selbstverständnis der Regierung wird vor diesem Hintergrund formuliert: »Die Schweiz ist eine Willensnation: Sie bildet weder ethnisch noch sprachlich noch religiös eine Einheit.«[424] Die Praxis der Willensnation ist dabei eng an die plebiszitäre Beteiligung des Bürgers an politischen Entscheidungen gebunden.[425]

Die Entwicklung der Schweiz ist geradezu phänomenal. 2020 belegte sie im Fragile States Index Platz 3 von 178 Plätzen, womit sie zu den stabilsten Staaten der Welt zählt.[426] Und dies, obwohl die Bevölkerung ab 15 Jahren zu 37,7 Prozent einen Migrationshintergrund aufweist (2019).[427] Aus dem Fall lassen sich gleichwohl keine generalisierbaren Schlussfolgerungen ableiten, da sowohl die Lage, die Neutralitätspolitik und die damit verbundene Historie der Alpenrepublik in jeder Hinsicht besonders sind. Nach dem kurzen Sonderbundkrieg 1847 fanden 1848 die deutsche, die französische, die italienische und die rätoromanische Sprach- und Kulturwelt in einem gemeinsamen Bundesstaat zusammen. Dies war damals weitaus einfacher, als heute Afrikaner und Araber mit nichteuropäischen Gesellschaftsvorstellungen in Staaten des alten Kontinents integrieren zu wollen. Die Schweiz hat zudem eine Bevölkerung von nur etwas über 8,6 Millionen Einwohnern,[428] die mit einem BIP pro Kopf von 81 993,7 Dollar zu den reichsten Erdenbürgern zählen (2019).[429] Unter solchen idealtypischen Bedingungen ist die Verwirklichung einer Willensnation, wozu immer auch die politische Unterdrückung oder – wie in diesem Fall – die wirtschaftliche Übermalung gesellschaftlicher Bruchlinien gehören, natürlich einfach.

Aus einer globalen Perspektive ist daher trotz dieses positiven Beispiels weiterhin Skepsis angebracht. Die Willensnation weist schlicht zu viele Sollbruchstellen auf. Jeder historischen Erfahrung zum Trotz bleibt die Bundesregierung dennoch zutiefst davon überzeugt, dass im Aufbau einer solchen Nation das künftige Heil Deutschlands liegt. Viele Intellektuelle, die diesen Weg unterstützen, verschließen vor den damit verbundenen Problemen nicht die Augen, sondern sie bieten kreative Lösungen an. Ein Thema wird die Erinnerungskultur des Landes sein. Wenn immer mehr Menschen mit Migrationshintergrund in Deutschland leben, dann wird die Frage der Verantwortung für den Zweiten Weltkrieg und den Holocaust irgendwann neu gestellt werden. Die Vorfahren der heutigen Migranten und damit diese selbst können schwerlich für die Zeit von 1933 bis 1945 verantwortlich gemacht werden, da sie damals noch in ihrer eigenen Heimat lebten. Die kommenden deutschen Regierungen werden dennoch weiterhin an die Verbrechen der Vergangenheit erinnern, dabei aber perspektivisch immer weniger Staatsbürger emotional erreichen.

Der Schriftsteller und Orientalist Navid Kermani hat deshalb im Sommer 2017 vorgeschlagen, in der Erinnerungskultur neue Wege zu beschreiten. So sollten auch Deutsche mit Migrationshintergrund bereit sein, die schlimmen Seiten der Geschichte ihrer Wahlheimat innerlich anzunehmen: »Wer sich gegen ein völkisches Verständnis der Nation wendet, kann die historische Verantwortung nicht ethnisch engführen. Wer sich in Deutschland einbürgern lässt, wird auch die Last tragen müssen, Deutscher zu sein.«[430] Kermani meint es gut, aber er spricht viel zu sehr aus der Sicht des Intellektuellen. Wie realistisch ist es, dass Polen, die sich einbürgern lassen, anschließend glauben, die Schuld von Auschwitz mittragen zu müssen? Es ist sehr unrealistisch und käme in diesem Fall sogar einer Verdrehung der Geschichte gleich. Eine 2010 durchgeführte Umfrage unter Türken in Deutschland hatte ergeben, dass 60 Prozent von ihnen der Meinung sind, der Umgang der Deutschen mit der eigenen Geschichte sei »eher abschreckend«.[431] 53 Prozent waren der Auffassung, »die Deutschen sollten sich heute weniger mit der Judenverfolgung, dafür mehr mit der Politik Israels gegenüber den Palästinensern beschäftigen«.[432] Wie offen wird diese Bevölkerungsgruppe für die Anregungen Kermanis sein?

Was auch immer Politiker an Vorschlägen zum Aufbau oder zur Festigung einer Willensnation formulieren, sie werden dabei von einem naiven Menschenbild und vom Prinzip Hoffnung getragen. Ihr Handeln trägt eine stark gesinnungsethische Note, die von der integrierten Welt aller Erdenbürger ausgeht, die in der Bundesrepublik prototypisch verwirklicht werden soll. Auch noch so viele abschreckende Beispiele können diese Politiker in ihrer Überzeugung nicht zur Umkehr bewegen. Natürlich sind auch Kulturnationen per se nicht konfliktfrei. Sie weisen Kriminalitätsraten, soziale Verwerfungen und innerethnische Streitigkeiten auf. Sie haben aber eine entscheidende Bruchlinie weniger – und dafür im Sinne der Schaffung freiwilliger (!) gesellschaftlicher Solidarität einen Vorteil mehr.

Auf dem Weg zur Zwangsnation

Die Überlegungen zum Aufbau einer deutschen Willensnation sollen nun noch einmal kritisch hinterfragt werden. Ist die Bezeichnung überhaupt angemessen für das, was die Bundesregierung beabsichtigt? Geht es tatsächlich darum, die in Deutschland lebenden Menschen zu einer Willensnation zusammenzufügen? Dies würde inhaltlich einen gemeinsamen Willen und ein hohes Maß an Freiwilligkeit voraussetzen. Die Deutschen müssten bereit sein, ihre autochthone Identität abzulegen. Die Migranten mit deutscher Staatsbürgerschaft müssten selbiges vollführen, also auch bereit sein, sich von ihrer ursprünglichen Heimat innerlich zu distanzieren und sich voll und ganz als Deutsche zu verstehen.[433]

Der Politikwissenschaftler Herfried Münkler und seine Ehefrau, die Literaturwissenschaftlerin Marina Münkler, haben 2016 eine interessante Abhandlung zum Thema »Die neuen Deutschen. Ein Land vor seiner Zukunft« vorgelegt. Das Buch verfolgt das Ziel, Grundlagen für den Aufbau einer neuen deutschen Willensnation zu legen.[434] Die Autoren positionieren sich dabei dezidiert politisch,[435] was deshalb nicht unseriös ist, weil beide ihre Annahmen und Vorstellungen vom Umgang mit den seit 2015 nach Deutschland gekommenen Migranten transparent machen. Ihre Ausführungen »sind von der Überzeugung getragen, dass die Neuankömmlinge eine Chance für unsere Gesellschaft darstellen«[436]. Sie plädieren für eine neue Form des Zusammenlebens und definieren den Begriff »Deutsch« jenseits seiner historischen Entstehung. Dies muss in einer Demokratie legitim sein, was gleichwohl auch für die Gegenposition zu gelten hat.

Das Buch liegt vollständig auf der Linie der politisch-medialen Elite,[437] argumentiert jedoch weitaus stringenter. Auffällig ist die Nähe zur aktuellen Regierungspolitik: So habe Angela Merkel im September 2015 die Grenzen öffnen müssen, um »das erreichte Niveau der europäischen Integration«[438] – den Schengen-Raum – zu erhalten. Dadurch habe Deutschland »Verantwortung für das Europaprojekt«[439] übernommen. Die Bundeskanzlerin habe zudem Chaos auf dem Balkan verhindert, was durch einen Rückstau des Flüchtlingsstroms zu erwarten gewesen wäre.[440]

Für die Flüchtlinge selbst wird im Sinne von Amnesty International Verständnis gezeigt. Wer in Deutschland untergetaucht sei, der lebe nur angeblich »illegal«[441] im Land – im Text wird das Wort bewusst in Anführungszeichen gesetzt, um sich von seinem Inhalt zu distanzieren. Die vielen Fehler der Integrationspolitik würden zu einem »faktische[n] Hineinzwingen der Flüchtlinge in Illegalität und Kriminalität«[442] führen. Dass viele auch von sich aus ein solches Interesse haben könnten, liegt nicht im Vorstellungshorizont der Autoren. Dies wird sogar auf die Verbrechen der Silvesternacht von Köln 2015/2016 bezogen. Die Münklers zeigen insofern Verständnis für die Straftaten der Nordafrikaner und Araber, als »deren prekäre Lebenslage ihre Integration verhindert«[443] habe.

Das Buch wendet sich gegen eine Rückführung der Geflüchteten.[444] Vielmehr müsse es darum gehen, diese zu befähigen.[445] Die jugendlichen Migranten seien in den Arbeitsmarkt zu integrieren; insgesamt müsse in der Gesellschaft mehr Respekt füreinander aufgebaut werden; die Diskriminierung sei zu verringern; und die Deutschen müssten akzeptieren, dass die zugewanderten Männer Geld verdienen wollten. Dies müsse ihnen ermöglicht werden.[446]

Eine jährliche Zuwanderung von einer Millionen Menschen sei für Europa verkraftbar.[447] Zumal der Kontinent in der Pflicht stehe: »Die Verpflichtung, den Flüchtlingen als Opfern von Grausamkeiten zu helfen, ist umso größer, je weniger Schritte vorher unternommen wurden, diese Grausamkeit zu beenden.«[448] Auffällig ist an dieser und an anderen Stellen, dass die Münklers die Schuldigen für das Unglück dieser Welt selten in den betroffenen Ländern suchen, sondern vor allem dem Westen Untätigkeit und sogar alte koloniale Schuld vorhalten, woraus sich dann eine Verantwortung für die Gegenwart ergebe. Kurzum: Weil die entwickelte Welt so wenig unternimmt, ist sie an den sich daraus ergebenden Folgen selbst schuld. Ob die entwickelte Welt jedoch überhaupt in der Lage ist, die Folgen etwa der Bevölkerungsexplosion in Afrika abzufedern, wird nicht reflektiert. Für die

Münklers ist es selbstverständlich, »dass die Länder der südlichen Hemisphäre sozial und wirtschaftlich stabilisiert werden«[449] müssten.

Mit den Osteuropäern gehen die Autoren dabei hart ins Gericht: »Politisch inakzeptabel ist dagegen der Verweis einiger Regierungen auf die ethnisch-religiöse Identität ihrer Länder«[450]. Das Selbstbestimmungsrecht der Völker und alle Dokumente des Völkerrechts, die sich zu Fragen der kulturellen Identität äußern, sind aus dieser Sicht irrelevant. Den Osteuropäern wird sogar vorgehalten, sie würden sich »aus einer gesamteuropäischen Verantwortung«[451] stehlen. Tatsächlich ist genau das Gegenteil der Fall: Seit 2015 sind es vor allem die Osteuropäer, die bereit sind, einer gesinnungsethischen Überfremdungspolitik Grenzen zu setzen – auch, um die Stabilität Europas zu bewahren.

Soweit die Deutschen übermäßige Zuwanderung ablehnen, haben die Münklers für diese Haltung kein Verständnis: »Eine kluge Integrationspolitik sollte zunächst über die zu Integrierenden nachdenken und nicht über jene Teile der deutschen Bevölkerung, die der Integration skeptisch gegenüberstehen.«[452] Dabei werden ahistorische Gleichsetzungen vorgenommen. Die Behauptung, die Bundesrepublik sei schon immer ein Zu- und Einwanderungsland gewesen, wird mit dem Verweis auf den Zuzug der Heimatvertriebenen, der Aussiedler und der DDR-Flüchtlinge begründet.[453] Inhaltlich ist dies nicht haltbar, weil es sich dabei um eine Migrationsbewegung von Deutschen innerhalb ihres eigenen Kulturraums handelte. Eine besondere kulturelle Affinität zum eigenen Land ist den Autoren nicht zu unterstellen. Deshalb schreiben sie auch, dass Deutschland nur noch ein »angeblich durch eine christliche Leitkultur geprägter Nationalstaat«[454] sei.

Interessant ist an »Die neuen Deutschen«, dass die Autoren dadurch Zustimmung zu gewinnen versuchen, dass sie die Umsetzung ihrer Vorschläge als Voraussetzung für die Aufrechterhaltung des Wohlstands und des Sozialstaats in Deutschland darstellen.[455] Die Folgen der Multikulturalisierung für die innere Sicherheit und den Zusammenhalt der Gesellschaft werden ausgeblendet.[456] Will der Norden, in dem die Industrieproduktion stattfindet, überleben, dann müsse er den Süden als »demographische Reserve«[457] begreifen (ganz unabhängig davon, wie qualifiziert diese ist). Die Verhinderung eines Einbruchs ökonomischer Wachstumsraten scheint demnach die oberste Priorität von Regierungshandeln zu sein.

Herfried und Marina Münkler führen schließlich konkrete Vorschläge zum Bau einer neuen Nation auf, die wenig mit einem gemeinsamen Willen und sehr viel mit verordnetem Zwang zu tun haben. Zunächst empfehlen sie dem deutschen Volk, die eigene Identität zugunsten einer

Migrationsgesellschaft aufzugeben. Dies würde auf die Abwicklung der deutschen Kulturnation hinauslaufen, oder wie die Münklers es ausdrücken: Es gehe um »das Ende des Hegemonialanspruchs, den die deutsche Kultur und Geschichte als Hüter der nationalen Identität bislang geltend gemacht hat.«[458] Deutsche, die Identität auch unter Bezugnahme auf ihre Vorfahren begründen, würden damit nur ihre »Selbstprivilegierung«[459] schützen wollen.

Sodann werden »fünf Merkmale des Deutschseins«[460] der Zukunft vorgestellt: (1) Ein Deutscher könne selbst für sich sorgen und nehme die Solidargemeinschaft nur im Notfall in Anspruch. (2) Ein Deutscher vertraue der Solidargemeinschaft. (3) Ein Deutscher betrachte religiösen Glauben als Privatangelegenheit. (4) Ein Deutscher entscheide selbst und ohne Druck der Familie über seine Lebensform. (5) Ein Deutscher bekenne sich zum Grundgesetz.[461] Kaum ein Leser wird diesen fünf Forderungen widersprechen. Sie sind allerdings vollkommen ungeeignet, um eine spezifische kulturelle Identität zu stiften, die sich von anderen unterscheidet. Dies sehen auch die Münklers so: »In diesem Sinn kann tatsächlich jeder, der nach Deutschland gekommen ist, ein Deutscher werden«[462]. Für die alteingesessenen Deutschen kann dies im Umkehrschluss sogar zur Aberkennung ihrer Identität führen: »Zugleich werden viele von denen, die als Deutsche geboren wurden und fest davon überzeugt sind, Deutsche zu sein, sich anstrengen müssen, selbst diesem Anspruch zu genügen.«[463]

Dies alles sind Formen und Vorschläge für die Selbstaufgabe und die Anpassung der Deutschen – in Wort und Tat – an die Lebensgewohnheiten neuer kultureller Großgruppen. Die Muslime sind dabei den Christen eindeutig überlegen. Angebote, etwa das Ende des Ramadans gemeinsam zu feiern, werden gerne angenommen.[464] Weihnachtsfeiern dürften perspektivisch aber kaum zum festen Bestandteil von Gemeinschaftserlebnissen in Moscheen gehören. Muslimische Frauen können sich in ihrem Herkunftsland und in Deutschland verschleiern. Reisen deutsche Frauen in den Iran, müssen sie die Haare mit einem Kopftuch bedecken. Das Auswärtige Amt gibt dazu den folgenden Ratschlag: »Der Mantel für Frauen (genannt Manteau) muss die weiblichen Körperformen verhüllen. Haare und Nacken müssen durch ein Kopftuch bedeckt sein. Arme und Beine müssen bis zu den Handgelenken bzw. Fußknöcheln bedeckt sein.«[465] Die Evangelische Landeskirche in Württemberg hat »Dreißig kulturelle Tipps für die Begegnung mit Orientalen« veröffentlicht. In ihnen geht es ebenfalls darum, dass die heimische Bevölkerung bei Zusammenkünften mit Muslimen vollständig den kulturellen Verhaltenserwartungen der Migranten gerecht wird.[466]

Die Deutschen sind also bereit, sich sowohl in ihrem eigenen Land als auch im Ausland den Sitten und Gebräuchen der Fremden anzupassen.[467] Daher ist durchaus kritisch zu hinterfragen, wer sich eigentlich langfristig integrieren soll: Die Ausländer in die deutsche Gesellschaft oder die Deutschen in neue Formen multikulturellen Lebens? Wer eine solche Überlegung für überzogen hält, dem sei ein Blick in den Bericht »Gemeinsam die Einwanderungsgesellschaft gestalten« vom November 2020 empfohlen. Er wurde von der »Fachkommission der Bundesregierung zu den Rahmenbedingungen der Integrationsfähigkeit« verfasst. Die Autoren sehen als Ergebnis ihrer Analyse eine Bringschuld der autochthonen Bevölkerung: »Die Fachkommission plädiert dafür, das Integrationsverständnis von Migration zu entkoppeln und auf die Gesellschaft als Ganzes zu beziehen.«[468]

Solche Vorstellungen wie auch die Ideen der Münklers – vermutlich vor allem von Marina Münkler – sind mit der Hoffnung verbunden, dass die Utopie des Konvivialismus tatsächlich umsetzbar ist.[469] Der Ansatz geht auf ein Manifest zurück, das 2013 in Frankreich erschienen ist und seit 2014 auch in deutscher Sprache vorliegt. Bemerkenswert ist, dass die Publikation »Das konvivialistische Manifest. Für eine neue Kunst des Zusammenlebens« vom Bundesministerium für Bildung und Forschung gefördert worden ist, woraus sich durchaus eine gewisse Sympathie für den Ansatz ableiten lässt.

In vielen Punkten ist den Autoren des Manifests gar nicht zu widersprechen. Sie zählen korrekt die zahlreichen Bedrohungen der Erde auf – von der Klimaerwärmung und Umweltzerstörungen über die Verknappung von Energieträgern bis zur aufgehenden Schere zwischen armen und reichen Ländern. Mit Sorge wird auf Zonen mangelnder Staatlichkeit, mögliche neue Kriege zwischen den Großmächten und Formen des Terrorismus geschaut.[470] Besondere Aufmerksamkeit erhalten Pervertierungen eines global nicht gebremsten Kapitalismus. Die Konvivialisten haben durchaus einen Blick für Realitäten: »Es ist illusorisch, in absehbarer Zukunft die Errichtung eines einzigen Weltstaats zu erwarten.«[471] Auch erkennen sie Konflikte zwischen den Menschen an. Der Weg aus den geschilderten Bedrohungen setzt aber ausschließlich auf das Prinzip Hoffnung: Es wird erwartet, dass die Menschheit zu einem großen Akt der Transformation ihrer selbst bereit ist. Dazu gehört die Aneignung einer Moral, die sich gegen Konkurrenzmechanismen richtet und dafür auf Akte freiwilligen Teilens materieller Güter setzt. Es geht um eine »Kunst des Zusammenlebens (*convivere*), die die Beziehung und die Zusammenarbeit würdigt und es ermöglicht, einander zu widersprechen, ohne einander niederzumetzeln, und gleichzeitig für einander und für die Natur Sorge zu tragen.«[472]

Der Konvivialismus wird deshalb selbst von wohlmeinenden Wissenschaftlern dort kritisiert, wo er zu idealistisch ansetzt. Dirk Jörke sieht die »quasi-religiöse [...] Emphase«[473] des Manifests als Problem an. Danny Michelsen und Franz Walter monieren, dass die Überlegungen zu neuen Formen des Zusammenlebens Züge einer »politisierten Privatmoral«[474] tragen würden. Viele Autoren, die sich mit dem konvivialistischen Manifest auseinandergesetzt haben, bemängeln praktisch nur schwer operationalisierbare politische Forderungen sowie die Ausblendung prozessualer Strukturen, mittels derer sich Ideen in Handeln umsetzen lassen. Steffan Mau schreibt dazu: »Das Manifest ist zum überwiegenden Teil ein normatives und auf ein verändertes Menschenbild zielendes Programm auf der Ebene de[s] Prinzipiellen, nicht des Konkreten. Das mag man als Stärke sehen, es ist aber zugleich auch eine Schwäche.«[475] Stephan Lessenich sieht dies ähnlich: »Diese Gegenstrategie reflektiert letztlich nicht die gesellschaftlichen Bedingungen der anvisierten neuen Form von Gesellschaftlichkeit.«[476] Und Henning Hahn formuliert mit ironischem Unterton: »Insbesondere für die normativen Wissenschaften ist der Gedanke aber noch fremd, dass vernünftige Prinzipien und Ziele nicht nur gut begründet sein sollten, sondern auch mit Praktiken verbunden sein müssen, die diesen Prinzipien und Zielen entsprechen.«[477]

Der Konvivialismus hat zwei weitere Schwächen, derentwegen er auch als gesellschaftlich gefährlich betrachtet werden muss. Erstens geht er davon aus, dass die normativ zu verschmelzenden Ethnien ihre Identität tatsächlich ablegen und sich dieser auch in Krisenzeiten nicht erinnern. Zweitens scheinen die Münklers von einer permanenten normativen Mobilisierungsfähigkeit des Staates auszugehen, die eine entlang der Utopie des Konvivialismus aufgebaute Gesellschaft zusammenhält. In Krisenzeiten waren es historisch jedoch immer wieder gerade die interethnischen Bruchlinien, die später als Ursache eines Konflikts ausgemacht wurden. Mit anderen Worten: Die Vorschläge der Münklers würden das Herz eines Thomas Morus (1478–1535) sicher höherschlagen lassen, und sie sind auch gut gemeint. Tatsächlich würde eine so konstruierte Einwanderungsgesellschaft aber auf beweglichem Dünensand gebaut. Denn mehr war und ist das »Utopia« (1516) von Thomas Morus auch nicht.[478]

Im Manifest finden sich nur wenige Aussagen zur Zukunft multikultureller Gesellschaften, wenngleich diese implizit natürlich mittels der Eine-Welt-Logik positiv gesehen werden. Die Grundüberlegungen zum Konvivialismus sind gleichwohl äußerst anschlussfähig für dieses Politikfeld. Naika Foroutan plädiert für neue »Großerzählungen«[479], die Grundlage multikulturell organisierter Staaten sein könnten: »Dabei stellt sich wieder einmal die Frage, ob ein Verfassungspatriotismus als Basis ausreicht, um heterogene Gesellschaften – etwa die deutsche Gesellschaft – zukünftig politisch weiterzudenken. Braucht es vielleicht zusätzlich einen sinnstiftenden Endpunkt, ein handlungsleitendes Motiv oder Leitbild, welches politisch definiert, wie dieses neue heterogene Deutschland sich erzählt?«[480] Der Ausweg wird in der Neukonstruktion historisch verwurzelter, identitärer Elemente gesehen: »Wenn die Entität die Nation war, das Volk, die nationale Identität, das deutsche Wir – so muss es Ziel der konvivialistischen Integration sein, genau diese Entitätsbestandteile im Sinne eines integrativen Zusammenlebens neu zu erzählen«[481].

Exakt in diesem Sinne setzt das Buch der Münklers an. Ihr Gesellschaftsmodell zielt auf einen radikalen Bruch mit der deutschen Geschichte ab, weshalb sie nicht darum herumgekommen sind, die eigene Argumentation inhaltlich zu immunisieren. Dazu werden Gegenargumente mehrfach unter den Verdacht des Extremismus gestellt. Dieser liege bereits vor, wenn sich Personen um die »ethnische Identität des Volkes«[482] Gedanken machen. Wer sich für ein Grenzregime ausspricht, dem wird unterstellt, dass eine solche Überlegung Ausdruck eines »krude[n] Rassismus«[483] sei. Die Belastung des Sozialsystems durch Migranten wird anerkannt; der Hinweis auf die dadurch entstehenden Verteilungskonflikte wird aber sogleich als eine »in rechtspopulistischen Kreisen dominierende Perspektive«[484] bewertet. Wer Kritik an der Völkerwanderung übt, der bediene sich einer »Ablehnungsrhetorik«[485]. Auf jeden Fall ist er nicht gesellschaftsfähig, sondern wird irgendwo stereotypisch zwischen »harten Rechtsextremisten«[486] und »Rechtspopulisten«[487] verortet. Kommt es dann zur Gewalteskalation, etwa gegen Flüchtlingsheime, ist dies natürlich auf den »Einfluss publizistischer Stichwortgeber«[488] zurückzuführen. Ergo: Wer sich nicht im Sinne der politisch-medialen Elite und der Münklers mit der Migrationsproblematik befasst, ist potenziell rechtsextrem, auf jeden Fall unsachlich und er leistet der Gewalt Vorschub. Einfacher ist die Welt nicht zu erklären!

Erfahrungen im Zusammenleben verschiedener kultureller Großgruppen werden in diesem integrationspolitischen Wunschkonzert ausgeblendet. Es wird davon ausgegangen, dass ein Staat wechselseitige Sympathie schlicht anordnen oder durch Gesetze schaffen kann. Wer sich als Autochthoner nicht beugt, grenzt sich aus der neuen Gesellschaft aus. Und wenn Migranten kein Interesse an Integration haben, muss aus der Sicht des Bundesinnenministeriums mittels Zwang nachgeholfen werden. Im »Masterplan Migration« vom 4. Juli 2018 heißt es ohne Umschweife: »Integration erfordert Mitwirkung, die wir künftig noch entschlossener einfordern wollen.«[489] Im drohenden Ton wird angekündigt: »Verschärfung der Sanktionsmöglichkeiten bei Verstößen gegen die Pflicht zur Teilnahme am Integrationskurs«[490].

Eine solche Politik hat sich nicht nur von der Kulturnation verabschiedet, sie ist nicht einmal in der Lage, eine Willensnation zu schaffen. Dafür fehlt dem neuen Gebilde schon der Gründungsmythos, wie er in den USA – allen aktuellen innenpolitischen Verwerfungen zum Trotz – vorliegt: von der Unabhängigkeitserklärung über den Bürgerkrieg bis hin zur Stählung der Nation in mehreren Kriegen, vor allem im Zweiten Weltkrieg. Ernest Renan schrieb dazu 1882: »The nation, like the individual, is the outcome of a long past of efforts, sacrifices, and devotions. […] A nation is therefore a great solidarity constituted by the feeling of sacrifices made and those that one is still disposed to make.«[491]

In Deutschland wird dagegen etwas völlig Neues geschaffen: eine Zwangsnation. Dieser Begriff soll neu in die Debatte eingeführt werden.[492] Wird die Zwangsnation umgesetzt, bedeutet dies, dass die Deutschen ihren Blick von den eigenen historischen und kulturellen Wurzeln abzuwenden haben. Menschen, die erst vor kurzem die deutsche Staatsbürgerschaft erhalten haben, wird dagegen per Integrationsgesetz vorgeschrieben, welche Identität sie anzunehmen haben – sie werden zu »Deutschen mit Migrationshintergrund«.

Der angewendete Zwang zur Schaffung der neuen »Nation« weist mindestens fünf Facetten auf. Die politisch-mediale Elite pflegt, erstens, einen ausgeprägten Populismus. Dazu gehört das Mantra, dass Deutschland durch Massenzuwanderung ausschließlich bereichert werde. Wer dies anders sieht, setze die ökonomische Stabilität des Landes aufs Spiel. Von dieser Position abweichende Argumente werden, zweitens, unter den generellen Verdacht des Rechtsextremismus gestellt. Das Bundesamt für Verfassungsschutz assistiert der Regierung in diesem Bereich dort mit *intelligence to please,* wo es gewünscht ist.[493] Der öffentliche Diskurs wird, drittens, mit Mitteln der sozialen Ächtung Andersdenkender eng gehalten. Die Bundesregierung setzt zudem, viertens, auf die normative Kraft des Faktischen. Natürlich weiß Angela Merkel, dass Personen, die illegal die Grenze überquert haben, aus rechtlicher Sicht nur sehr schwer wieder abzuschieben sind und auch eigentlich gar nicht mehr abgeschoben werden sollen.[494] Im »Masterplan Migration« wird dies offen angesprochen: »Wir wollen, dass sich Menschen, die mit einem Schutzstatus länger in Deutschland bleiben, in unsere Gesellschaft und Werteordnung integrieren.«[495] Der permanente Aufenthalt mit dem langfristigen Ziel der Verleihung der Staatsbürgerschaft wird dann, fünftens, durch entsprechende Gesetze erleichtert.

Von der autochthonen Bevölkerung wie auch von den Zugewanderten wird erwartet, dass sie sich als moderne Deutsche neuen Typs betrachten

– ganz gleich, ob dies die Identitäten beider Gruppen verletzt oder nicht. Wer als Autochthoner widerspricht, ist potenziell völkisch einzustufen. Wer als Migrant eine andere Meinung hat, ist integrationsunwillig. Eine so gestaltete Zwangsnation wird scheitern. Denn die meisten Deutschen lehnen dieses Gebilde ab, wohingegen sich viele Ausländer aus Interesse an der deutschen Staatsbürgerschaft zwar fügen werden, gleichzeitig aber natürlich ihre Ursprungsidentität weiter pflegen. Staatlicher Zwang und permanente Aufrufe zur Toleranz werden notwendig sein, um die neue Gemeinschaft zusammenzuhalten.

Die Geschichte hat gezeigt, dass künstlich gezeugte Nationen ohne kulturellen Tiefenbezug nach einer bestimmten Zeit vergehen. Dies galt für sämtliche »sozialistischen Nationen«. Nach dem Untergang der Sowjetunion 1991 brachen sich sofort die nationalen Subidentitäten Bahn – und plötzlich hatten Litauer, Ukrainer, Georgier oder Kasachen wieder einen eigenen Staat. Zerfallen sind zudem die multikulturellen Staaten Österreich-Ungarn (1918), das Osmanische Reich (1922), Jugoslawien (1992 bzw. 2003) und die Tschechoslowakei (1992). Ob Belgien, Kanada und Spanien in ihrer heutigen Form dauerhaft bestehen werden, darf langfristig bezweifelt werden. Und wenn es je eine »europäische Nation« gegeben hat, dann ist diese spätestens nach den negativen französischen und niederländischen Referenden über den EU-Verfassungsvertrag von 2005 und dem Brexit von 2020 als Willensnation zusammengebrochen. Wer Staatsgebilde mit mehreren kulturellen Großgruppen schafft, der ist aus historischer Sicht meistens gescheitert. Den Preis zahlt immer die letzte Generation und selten jene Regierung, die das heterogene Gebilde in den Jahren zuvor aufgebaut hat.

4. Das deutsche Volk als Teil des deutschen Staatsvolkes

Die bisherigen Überlegungen sollen nun an einem weiteren Beispiel vertieft werden. Es greift einen Vorwurf auf, der im Kontext des ersten Teils der Deutschland-Trilogie erhoben worden ist. Nachdem der Verfasser im August 2018 sein Buch »Deutschlands unsichere Grenze. Plädoyer für einen neuen Schutzwall« veröffentlicht hatte, ließ der BND ein Gutachten erstellen. Es sollte herausfinden, ob es in der Abhandlung Hinweise für eine mangelnde Verfassungstreue des Autors gibt. Der dazu bestellte Christoph Möllers, Rechtswissenschaftler an der Humboldt-Universität zu Berlin, gelangte zu der Einschätzung, dass die Veröffentlichung keinen »Verstoß gegen die durch Art. 5 Abs. 3 Satz 2 GG gezogenen Grenzen oder andere Pflichten zur Verfassungstreue«[496] enthält. Der Verfasser durfte weiter seiner Lehrtätigkeit nachgehen, der im Raum stehende Vorwurf des Rechtsextremismus konnte natürlich nicht erhärtet werden.

Christoph Möllers äußert sich darüber hinaus in seinem Gutachten ausführlich zum Volksbegriff, den er in der vom Verfasser verwendeten Form für »bedenklich«[497] hält. Im Buch selbst sind nur wenige Formulierungen diesem Thema gewidmet. Der Gutachter behauptet, in der Ausarbeitung »einen ethnischen Volksbegriff«[498] zu entdecken. »Er betrachtet nicht alle Staatsbürger als normativ gleichwertige Angehörige des deutschen Volkes, sondern bezieht von ihm kritisch betrachtete Entwicklungen wie eine ›Überfremdung‹ auch auf deutsche Staatsangehörige.«[499]

Möllers erklärt, dass das »relevante, über den Grad von Fremdem und Eigenem entscheidende Kriterium der Zugehörigkeit zum ›Deutschen‹ [im Buch, M. W.] ein ethnisches, kein rechtliches ist. Die durch das Grundgesetz konstituierte politische Gemeinschaft knüpft aber an die Staatsangehörigkeit an und kennt darüber hinaus keine weiteren Kriterien der Zugehörigkeit zum deutschen Volk, es kennt insbesondere nicht die Unterscheidung zwischen Staatsvolk und deutschem Volk.«[500]

Die entscheidende Passage im geprüften Buch steht gleichwohl nicht im Gegensatz zu den Ausführungen Möllers, sondern sie bestätigt dessen Sichtweise sogar: »Demnach ist zwischen Volk und Staatsvolk zu unterscheiden. Zum ersten gehören die Deutschen qua Geschichte und Abstammung, zum zweiten über die erlangte Staatsbürgerschaft. Ersteres hat etwas mit Identität zu tun, letzteres etwas mit Recht. Für den Umgang der Menschen in diesem Land bedürfen die Inhalte einer hierarchischen Ordnung. Natürlich ist das Recht – die Staatsbürgerschaft – entscheidend, um das Miteinander der Bürger der Bundesrepublik zu ordnen.«[501] Wer die deutsche Staatsbürgerschaft hat, ist in rechtlicher Hinsicht ein Deutscher und allen anderen Personen mit deutscher Staatsbürgerschaft vollständig gleichgestellt – unabhängig von seiner ethnischen, religiösen und jeder anderen Zugehörigkeit. Dies gilt nicht in gleichem Umfang für die 11 228 300 in der Bundesrepublik lebenden Ausländer ohne deutschen Pass (Stand: 31. Dezember 2019),[502] da sie z. B. nicht das Recht haben, den Bundestag zu wählen.

Bereits an dieser Stelle lässt sich somit ein grundlegendes Missverständnis aufdecken, das der Argumentation von Christoph Möllers – aber teilweise auch jener des BfV in anderen Fällen – zugrunde liegt. Beide unterscheiden nicht zwischen einer sozialwissenschaftlichen und einer rechtswissenschaftlichen Definition von »Volk«.[503] Wer jedoch eine solche

Differenzierung vornimmt, kann gar nicht von einer Deckungsgleichheit zwischen dem Staatsvolk auf der einen und dem Volk bzw. der Nation auf der anderen Seite ausgehen. Eine spektakuläre Erkenntnis ist dies nicht. Schon Friedrich Schiller stellte 1801 lakonisch fest: »Deutsches Reich und deutsche Nation sind zweierlei Dinge.«[504] Ebenso hat Otto Dann festgehalten: »Es gab und gibt Nationen, die keinen eigenen Staat haben, und Staaten, die mehrere Nationen umfassen. Der Begriff Nation bedeutet also nicht einfach Staatsbevölkerung«[505].

Aufschlussreich ist in diesem Zusammenhang ein Blick in das Staatsangehörigkeitsgesetz vom 22. Juli 1913 in der Fassung vom 19. Juni 2020. In § 1 wird festgehalten: »Deutscher im Sinne dieses Gesetzes ist, wer die deutsche Staatsangehörigkeit besitzt.«[506] Dieser Punkt wird von Rechtswissenschaftlern vielleicht hin und wieder überinterpretiert. Denn »im Sinne dieses Gesetzes« heißt, dass der Begriff »Deutscher« jenseits des Gesetzes natürlich zusätzlich historisch oder kulturell definiert werden kann. Die rechtswissenschaftliche Diskussion sollte sich nicht anmaßen, über Diskurse in anderen wissenschaftlichen Disziplinen – Geschichte, Soziologie, Politikwissenschaft, Ethnologie – quasi hoheitlich entscheiden zu wollen.

Die Frage der persönlichen Identität kann folglich etwas mit dem Grundgesetz zu tun haben, muss es aber nicht. Ob sich ein Mensch als Weltbürger, Europäer, Deutscher, Türke, Franzose oder Taiwaner sieht, obliegt dem eigenen Selbstverständnis. Im Laufe seines Lebens wird er es immer wieder mit Fremdzuschreibungen zu tun haben, die zur Affirmation oder Negation des Selbstbildes führen. Identität ist folglich ein innerer Aushandlungsprozess des Individuums, der im Laufe eines Lebens unterschiedliche Ergebnisse hervorbringen kann. Das Grundgesetz spricht in Artikel 2 Absatz 1 jedem Menschen das »Recht auf die freie Entfaltung seiner Persönlichkeit«[507] zu. Der Passus gilt auch für Fragen der Identität, und in diesem Sinne ist die Unterscheidung zwischen deutschem Volk und deutschem Staatsvolk zu sehen. Es geht dabei nicht um eine Auf- oder Abwertung anderer Menschen.

Dass die gewählte begriffliche Unterscheidung zum Anlass genommen werden konnte, die Verfassungstreue des Autors in Frage zu stellen, sagt mehr über die Zweifelnden als über das Grenzbuch aus. Zumal es das Statistische Bundesamt selbst ist, das unterhalb der Ebene der Staatsbürgerschaft die Heimatstaaten der nichtdeutschen Bevölkerung detailliert aufführt.[508] Dennoch kann auch weiterhin in einer polarisierten Gesellschaft derjenige als Völkischer oder Anhänger der Deutschtümelei verunglimpft werden, der zwischen Nichtdeutschen und Menschen deutscher Volkszugehörigkeit – der Begriff wird an dieser Stelle bewusst gewählt – unterscheidet. Auf den folgenden Seiten seien weitere Widersprüche benannt, die von Vertretern einer solchen Positionierung ausgeblendet werden.

So ist das Sächsische Sorbengesetz vom 31. März 1999 auf der Basis der Annahme der »sorbischen Volkszugehörigkeit« (Überschrift von § 1) ausgefertigt worden. Da es weiterhin in Kraft ist, scheint es nicht gegen das Grundgesetz zu verstoßen. Aus der Sicht von Christoph Möllers und des BfV müsste es »bedenklich« sein, weil es dezidiert zwischen deutscher Staatsbürgerschaft auf der einen Seite und der Zugehörigkeit zum sorbischen Volk auf der anderen Seite unterscheidet: »Die im Freistaat Sachsen lebenden Bürger sorbischer Volkszugehörigkeit sind gleichberechtigter Teil des Staatsvolkes.«[509] (§ 2 I) Der ethnische Faktor wird betont: »Das sorbische Volk und jeder Sorbe haben das Recht, ihre ethnische, kulturelle und sprachliche Identität frei zum Ausdruck zu bringen, zu bewahren und weiterzuentwickeln.«[510] (§ 2 II) Es wird sogar ein Anspruch auf Erhalt des – auch ethnisch definierten – sorbischen Volkes postuliert: »Das sorbische Volk und jeder Sorbe haben das Recht auf Schutz, Erhaltung und Pflege ihrer angestammten Heimat und Identität.«[511] (§ 2 III) Würden diese Passagen sprachlich leicht angepasst – »sorbisch« wird durch »deutsch« ersetzt –, dann würde aus der Sicht der politisch-medialen Elite ein Dokument mit rechtsextremer Gesinnung vorliegen.

Im Gesetz über die Angelegenheiten der Vertriebenen und Flüchtlinge (kurz: Bundesvertriebenengesetz) vom 19. Mai 1953 in der Fassung vom 19. Juni 2020 wird zehnmal der Begriff »deutscher Volkszugehöriger« verwendet, viermal ist vom »deutschen Volkstum« und zweimal von »Volkszugehörigkeit« die Rede. In Paragraf 6 Absatz 1 wird folgende Definition festgelegt: »Deutscher Volkszugehöriger im Sinne dieses Gesetzes ist, wer sich in seiner Heimat zum deutschen Volkstum bekannt hat, sofern dieses Bekenntnis durch bestimmte Merkmale wie Abstammung, Sprache, Erziehung, Kultur bestätigt wird.«[512] Der Gesetzgeber hat die Zugehörigkeit zum deutschen Volk damit u. a. an das Kriterium einer spezifischen, eindeutig ethnisch zu verstehenden deutschen Abstammung gebunden und damit genau jene Sicht normiert, die das BfV derzeit für verfassungsfeindlich hält.[513]

Die Unterscheidung zwischen Volk und Staatsvolk ist international üblich. Die für statistische Fragen zuständige Einheit in Japan gliedert die Bevölkerung in zwei Gruppen auf: »Total population« und »Japanese population«.[514] Das Office for National Statistics in Großbritannien differenziert zwischen Bevölkerung und ethnischen Gruppen. Demnach gibt es »White British«, »All Other White«, »Mixed/Multiple ethnic groups«, »Asian/Asian British«, »Black/African/Caribbean/Black British« und »Other ethnic group«.[515] In Südafrika werden die Inhaber der Staatsbürgerschaft des Landes in vier Subgruppen unterteilt: »Black African«, »Coloured«, »Indian/Asian« und »White«.[516]

Bezogen auf die Zusammensetzung der amerikanischen Staatsbürger wird traditionell sogar zwischen Rassen unterschieden. Die Ergebnisse beruhen auf Selbstzuschreibungen, das United States Census Bureau übernimmt die Angaben lediglich. Unter der Überschrift »Race and Hispanic Origin« (Stand: 1. Juli 2019) erfolgt eine Aufteilung in acht Personengruppen: »White alone« (76,3 Prozent), »Black or African American alone« (13,4 Prozent), »American Indian and Alaska Native alone« (1,3 Prozent), »Asian alone« (5,9 Prozent), »Native Hawaiian and Other Pacific Islander alone« (0,2 Prozent), »Two or More Races« (2,8 Prozent), »Hispanic or Latino« (18,5 Prozent), »White alone, not Hispanic or Latino« (60,1 Prozent).[517]

Was folgt daraus? Ein Mensch kann sich zum deutschen Volk zugehörig fühlen, ein anderer zum türkischen. Besitzen beide die deutsche Staatsbürgerschaft, sind sie in diesem Sinne Deutsche. Die Zuständigkeit des Grundgesetzes endet allerdings dort, wo es darum geht, die nationale Identität der Staatsbürger zu erörtern. Wer dabei glaubt, dass sich ein Türke mit deutschem Pass nur deshalb auch automatisch als Teil des – nun kulturell und historisch gesprochen – deutschen Volkes sieht, der dürfte sich in seinem Leben eher selten mit Türken unterhalten haben. Und er wird sich selbstverständlich empört über das Verhalten einzelner Sportler mit Migrationshintergrund gezeigt haben.

Im Mai 2018 war ein Treffen zwischen den beiden deutschen Fußball-Nationalspielern İlkay Gündoğan und Mesut Özil mit dem türkischen Staatspräsidenten Recep Tayyip Erdoğan bekannt geworden. Dabei sind Fotos in fast schon familiärer Atmosphäre entstanden, die auch als Wahlkampfhilfe für den starken Mann am Bosporus gedeutet werden konnten.[518] Gündoğan übergab Erdoğan ein handschriftlich signiertes Trikot, auf dem in türkischer Sprache zu lesen war: »Für meinen verehrten Präsidenten – hochachtungsvoll«[519]. Die Enttäuschung in Deutschland war in den folgenden Wochen groß. Cem Özdemir von den Grünen kritisierte beide Fußballspieler scharf: »Der Bundespräsident eines deutschen Nationalspielers heißt Frank-Walter Steinmeier, die Bundeskanzlerin Angela Merkel und das Parlament heißt Deutscher Bundestag.«[520] Die Wogen schlugen in der Öffentlichkeit so hoch, dass es sogar zu einem Treffen Gündoğans und Özils mit dem Bundespräsidenten kam, in dem sie sich geläutert gaben.[521]

Grundlage der Enttäuschung ist eine tief sitzende Selbsttäuschung vieler Vertreter der politisch-medialen Elite. Sie glauben fest daran, dass der deutsche Pass und die Kenntnis der deutschen Sprache ausreichen, um Identität zu schaffen. Dabei gehen sie vor allem von sich selbst und ihrer inneren Distanz zur deutschen Kulturnation aus. Die identitäre Leere haben sie mit kosmopolitischen und europäischen Elementen gefüllt, nationale Facetten gelten ihnen als rückständig. Wer jedoch das Eigene nicht schätzt, kann schnell dem Trugschluss unterliegen, dass dies auch für Migranten in Deutschland gilt. Genau das ist nicht der Fall. Um nur ein Beispiel zu nennen: Die meisten der in der Bundesrepublik lebenden Türken haben eine ausgeprägte nationale Identität. Gündoğan und Özil haben in diesem Sinne gehandelt und damit – sicherlich ungewollt – eines der zentralen Projekte der politisch-medialen Elite, den Aufbau einer multikulturellen Gesellschaft, an seiner Achillesferse getroffen. Denn beide Fußballspieler haben mit ihrem Handeln gezeigt, dass die deutsche Integrationssaga von falschen Annahmen ausgeht.

Dies wurde auch in der Folgezeit des »Skandals« sichtbar. Im Juni 2019 war Erdoğan Trauzeuge auf der Hochzeit Özils in Istanbul.[522] Im Oktober 2019 sorgten İlkay Gündoğan und der ebenfalls deutsche Nationalspieler Emre Can für Aufsehen, als sie auf Instagram ein »Like« für Cenk Tosun abgaben. Er hatte zusammen mit weiteren Spielern der türkischen Nationalmannschaft nach dem Siegtreffer gegen Albanien militärisch salutiert, um sich solidarisch mit der Militäroffensive seines Landes in Nordsyrien zu zeigen. Das mit dieser Geste auf Instagram eingestellte Foto hatte eine klare Bildunterschrift: »Für unsere Nation, vor allem für jene, die für unser Land ihr Leben riskieren«[523]. Gündoğan und Can mussten sich öffentlich erklären.

Über den Inhalt der Aktivitäten der Nationalspieler kann sicherlich aus der Perspektive der Angemessenheit disputiert werden. Tabuisiert werden soll dagegen eine simple Tatsache: Özil, Gündoğan und Can sind Türken mit einem deutschen Pass, die für Deutschland spielen bzw. spielten, weil sie in dieser Mannschaft größere Erfolgschancen auf den Europa- oder Weltmeistertitel haben. Eine solche Haltung ist nur allzu menschlich. Alle drei werden aber in ihrem Herzen zuvörderst Türken bleiben, auch wenn die politisch-mediale Elite ihnen gerne etwas anderes – etwa in der anmaßenden, eine germanisierende Stoßrichtung enthaltenden Zuschreibung des »Deutschtürken« – einreden würde. Özil selbst demonstrierte dies erneut im Februar 2021. Vor einem Spiel seines Vereins Fenerbahçe Istanbul sang er die türkische Nationalhymne mit, wohingegen er die dritte Strophe des Deutschlandliedes bei Auftritten im Trikot der Nationalmannschaft nie angestimmt hatte.[524] Über das Verhalten Özils, Gündoğans und Cans kann politisch gestritten werden, aber in einer subjektiven Hinsicht sollte ihnen kein Vorwurf gemacht werden. Sie leben in ehrlicher Weise ihre Identität und stehen als Patrioten für ihre Heimat ein, und dies ist die Türkei.

Der Streit um das Verhalten Özils, Gündoğans und Cans zeigt, wie dünnhäutig Anhänger des Aufbaus einer multikulturellen »deutschen« Nation sind. Je enger dabei Fragen der Identität gefasst werden, desto umstrittener sind die Inhalte. Christoph Möllers kritisiert in seiner Untersuchung mehrfach die angebliche Verwendung eines »ethnischen Volksbegriffs«, obwohl dieser an keiner einzigen Stelle im Grenzbuch genutzt oder gar definiert worden ist. Im Gutachten heißt es dann: »Die Tatsache, dass das Grundgesetz einen ethnischen Volksbegriff ausschließt, ist von der Möglichkeit des Gesetzgebers, für die Vergabe der Staatsangehörigkeit an ethnische Kriterien anzuknüpfen, wie er es bis 1999 auch gemacht hat, zu unterscheiden.«[525] Der Verfasser hatte nie mehr im Sinn. Um der fortschreitenden Multikulturalisierung mit allen absehbaren Folgen für den inneren Frieden entgegenzuwirken, wäre es notwendig, bei der Vergabe der Staatsangehörigkeit das *ius sanguinis* in den Mittelpunkt zu stellen – so, wie es vor dem 1. Januar 2000 der Fall war.[526] Warum soll eine Diskussion, die auf eine Wiederherstellung des Status quo ante abzielt, verfassungsfeindlich sein?

Dass die Volkszugehörigkeit je nach Sichtweise etwas mit Abstammung zu tun haben kann, es also eine ethnische Komponente bei der Definition dessen, was ein Volk ausmacht, gibt, ist Teil des offiziellen Sprachgebrauchs. Entsprechende rechtliche Passagen oder Aussagen von Regierungspolitikern spielen im Diskurs allerdings keine besondere Rolle, weshalb sie in Vergessenheit geraten sind. Im Verfassungsschutzbericht 2017 findet sich die Formulierung von den »kurdischstämmigen türkischen Staatsangehörigen«[527]. Am 3. August 2018 sprach Außenminister Heiko Maas von Deutschland als einem Ort mit »drei Millionen türkischstämmigen Bürgern«[528]. Am 15. Februar 2018 gab Bundeskanzlerin Angela Merkel zu Protokoll: »Allerdings ist uns auch sehr wichtig, dass die verschiedenen Gruppen, die in Deutschland leben – seien es türkischstämmig[e] Aleviten oder türkischstämmige Kurden oder türkischstämmige Türken –, auch miteinander friedlich zusammenleben, so wie wir das hier bei uns insgesamt wollen.«[529] Geradezu erstaunlich sind die Worte Merkels vom 24. Juni 2010: Die Fußballspieler der deutschen Nationalmannschaft seien »Vorbilder für unser Land: für die, die deutschstämmig sind, genauso wie für die, die sich integrieren wollen«[530]. Sollte man aus diesen Äußerungen nicht ohne die Verletzung methodischer Grundlagen ableiten können, dass es in Deutschland Menschen gibt, die dem kurdischen, dem alevitischen, dem türkischen und dem deutschen Volk angehören? Zugleich können sie alle oder Teile von ihnen die deutsche Staatsbürgerschaft besitzen. Die Nutzung des Wortbestandteils »-stämmig« rekurriert auf das Substantiv »Abstammung«, womit die aufgeführten Regierungszitate eine ethnische Komponente des Volksbegriffs anerkennen.

Ein solcher Bezug findet sich auch in der deutschen Verfassung. Im bis heute gültigen Artikel 116 Absatz 1 des Grundgesetzes wird definiert, wer Deutscher ist: »Deutscher im Sinne dieses Grundgesetzes ist vorbehaltlich anderweitiger gesetzlicher Regelung, wer die deutsche Staatsangehörigkeit besitzt oder als Flüchtling oder Vertriebener deutscher Volkszugehörigkeit oder als dessen Ehegatte oder Abkömmling in dem Gebiete des Deutschen Reiches nach dem Stande vom 31. Dezember 1937 Aufnahme gefunden hat.«[531] Demnach ist Deutscher, wer entweder die deutsche Staatsangehörigkeit hat oder (sic!) im Abstammungssinne deutscher Volkszugehörigkeit ist.

Die Widersprüche im Umgang der Bundesregierung mit dem Terminus »deutsches Volk« zeigen sich in weiteren Dokumenten. Zu ihnen gehört der vom Bundesministerium des Innern, für Bau und Heimat herausgegebene, 148 Seiten starke und 2018 veröffentlichte Bericht »Deutsche Minderheiten stellen sich vor«. Aus der Sicht des BfV und der meisten Vertreter der Exekutive dürfte es eine solche Schrift gar nicht mehr geben. Denn wenn ein historisch gewachsenes, durch spezifische kulturelle Besonderheiten geprägtes deutsches Volk nicht existent sein soll, dann kann es auch keine deutschen Minderheiten im Ausland mehr geben. Der Bericht sieht das anders: Er bezieht sich eindeutig auf ein deutsches Volk im Abstammungssinn, aus dem heraus Menschen in ferne Länder ausgewandert sind. Dort haben sie die Staatsbürgerschaft der neuen Wahlheimat angenommen und zugleich ihre Identität als deutsche Volksgruppe bewahrt. Insgesamt soll etwa eine Million Menschen deutscher Abstammung im Ausland leben, die meisten in Russland (400 000), Ungarn (186 000), Kasachstan (182 000) und Polen (148 000).[532]

Zur Einstimmung des Lesers wird in großen Buchstaben ein Zitat des rumänischen Staatspräsidenten Klaus Johannis abgedruckt, der sich unter Betonung seiner »ethnische[n] Zugehörigkeit«[533] zum »Deutschtum«[534] bekennt. Bernd Fabritius, Beauftragter der Bundesregierung für Aussiedlerfragen und nationale Minderheiten, verweist anschließend auf die »Lage von Deutschstämmigen außerhalb unserer Landesgrenzen«[535]. Auch das Bundesministerium hat in den allgemeinen Ausführungen keinerlei Probleme, über Menschen »deutscher Abstammung«[536] zu berichten. Was innerhalb der eigenen Landesgrenzen geradezu verpönt ist und im Sinne der aktuellen Behördenleitung des BfV als in der Tendenz rechtsextrem gilt, wird von der Regierung Merkel im Ausland mit finanziellen Mitteln unterstützt: »Neben der Verbesserung ihrer Lebens- und Zukunftsperspektiven fördert die Bundesregierung daher Maßnahmen zur Wahrung und Stärkung ihrer Identität.«[537] Sodann stellen sich die einzelnen Minderheiten vor. Das Bundesministerium hatte keinerlei Bedenken, Passagen wie diese abzudrucken: »Die deutsche Minderheit in Rumänien setzt sich aus mehreren Gemeinschaften zusammen, die hinsichtlich ihrer Abstammung, Sprache und kulturellen Merkmale zum deutschen Sprach- und Kulturraum gehören.«[538] An anderer Stelle heißt es: »Heute leben etwa 8000 usbekische Staatsbürger deutscher Volkszugehörigkeit in Usbekistan«[539].

Dieser Punkt lässt sich am Beispiel des Beauftragten der Bundesregierung für Aussiedlerfragen und nationale Minderheiten weiter ausbauen. Grundsätzlich ist festzuhalten: Gäbe es kein deutsches Volk jenseits der Staatsbürgerschaft, dann bräuchte es auch nicht dieses Amt! In einem auf der Internetseite des Beauftragten eingestellten Dokument wird die Motivation der Aussiedlerpolitik Deutschlands beschrieben: »Neben dem primären Ziel, den deutschen Volkszugehörigen in den Aussiedlungsgebieten Perspektiven zum Bleiben zu bieten und dort lebensfähige Strukturen für die deutschen Minderheiten herzustellen, wird mit der Aufnahme dem besonders schweren Schicksal der deutschen Volksgruppen in Mittel- und Osteuropa Rechnung getragen.«[540] Der Text unterscheidet dann eindeutig zwischen der Existenz eines deutschen Volkes und jener eines deutschen Staatsvolkes, wenn von »deutschen Staatsangehörigen und deutschen Volkszugehörigen in den Aussiedlungsgebieten«[541] die Rede ist. In diesem Zusammenhang gibt es auf offizieller Seite starke sprachliche Kontinuitäten. So nutzt der Beauftragte Fabritius in seinem Tätigkeitsbericht vom Juni 2019 auf 40 Seiten viermal den Terminus »deutsche Volkszugehörigkeit«[542].

Bei der Bewertung indigener Völker bricht das offizielle Argument, wonach es innerhalb des deutschen Staatsvolkes kein mit einer eigenen Identität versehenes deutsches Volk gibt, ebenfalls. Die Bundesregierung unterscheidet ein weiteres Mal beide Kategorien außerhalb der eigenen Landesgrenzen sehr deutlich. Am 13. September 2007 unterstützte sie die »Erklärung der Vereinten Nationen über die Rechte der indigenen Völker«. In Artikel 8 wird einerseits festgestellt, dass diese das Recht haben, »keiner Zwangsassimilation oder Zerstörung ihrer Kultur ausgesetzt zu werden.«[543] Zudem wird ihnen in Artikel 9 zugesprochen, »einer indigenen Gemeinschaft oder Nation anzugehören«[544]. Weiterhin wird in Artikel 33 festgehalten, dass zwischen der Zugehörigkeit zu einem Volk und einem Staatsvolk klar getrennt werden kann: »Indigene Völker haben das Recht, ihre eigene Identität oder Zugehörigkeit im Einklang mit ihren Bräuchen und Traditionen zu bestimmen. Dies beeinträchtigt nicht das Recht indigener Menschen auf die Erlangung der Staatsangehörigkeit des Staates, in dem sie leben.«[545]

Bei der Beschreibung der indigenen Völker zögert die Bundesregierung nicht, jenes Vokabular zu verwenden, das – von anderen Politikern genutzt – als Hinweis für eine rechtsextreme Gesinnung angesehen wird. So würden diese Gruppen etwa über einen »angestammten Lebensraum«[546] verfügen; in Ausarbeitungen zum Thema ist immer wieder von »Lebensräumen«[547] indigener Völker die Rede. Das Bundesministerium für wirtschaftliche Zusammenarbeit und Entwicklung (BMZ) sieht in den Indigenen eine »ethnisch definierte Bevölkerungsgruppe«[548] mit einer eigenen Kultur, die einen »bedeutenden Teil des Weltkulturerbes«[549] darstelle. Diese Gruppen würden sich durch verschiedene Charakteristika auszeichnen. Genannt werden:

- »direkte Nachkommen historischer, vorkolonialer Gesellschaften«[550],
- »nicht dominierender Teil ihrer aktuellen nationalen Gesellschaften«[551],
- »mit besonderem Bezug zu ihrem angestammten Territorium und ihrer ethnischen Identität«[552],
- »bestrebt, ihre kulturelle Eigenart sowie eigene gesellschaftliche Institutionen und Rechtssysteme zu erhalten und zu entwickeln sowie an spätere Generationen weiterzugeben«[553].

Wenden deutsche Politiker solche Aussagen auch nur ansatzweise auf das eigene Volk an, würde ihnen eine völkische Argumentation vorgehalten. Dies würde insbesondere auch für die folgende Aussage des BMZ gelten: »Der Selbstidentifikation dieser Völker, das heißt das Recht auf individuelle und kollektive Eigenwahrnehmung der Zugehörigkeit zu einer distinkten Gruppe, wird heute grundlegende Bedeutung beigemessen.«[554] Die Positionierung der Bundesregierung in der Frage der indigenen Völker zeigt, dass sie bei der Bewertung von Identitätsfragen in- und außerhalb Deutschlands unterschiedliche Maßstäbe anwendet. Dies trifft auch auf die folgende Einschätzung zu: »Die Erhaltung und nachhaltige Nutzung der Land- und Naturressourcen ihrer traditionellen Lebensräume ist für alle indigenen Völker überlebenswichtig.«[555]

Die Bekenntnisse zur Zukunft der Indigenen verdeutlichen, dass es für die Führung Deutschlands absolut selbstverständlich ist, sich für den Erhalt gewachsener Völker einzusetzen, um deren – wie es in Artikel 8 der Erklärung der Generalversammlung heißt – »ethnische[n] Identität«[556] zu stützen. Mit Blick auf das eigene Volk wird eine solche Politik rigoros abgelehnt. Oder gibt es irgendeine Entwicklung, die von der Bundesregierung – analog zur Sprache gegenüber den Indigenen – für »überlebenswichtig«

erklärt worden ist, um den »traditionellen Lebensraum des deutschen Volkes« zu erhalten? Die politisch-mediale Elite würde in solchen Positionen, assistiert vom Verfassungsschutz, eine rechtsextreme Einstellung erblicken.

Das letzte Beispiel dürfte einige Leser überraschen. Es geht um eine deutsche Partei, die bezüglich der Tibeter vom »Schutz ihrer kulturellen Identität«[557] spricht. Der Tibet-Aufstand vom 10. März 1959 wird als »Volksaufstand« bezeichnet: »Er steht für das weiterhin unterdrückte Recht auf Selbstbestimmung, auf Meinungs- und Religionsfreiheit, auf kulturelle Eigenständigkeit in Tibet.«[558] Angemahnt wird die Achtung des Erbes der tibetischen »Hochkultur«[559]. Weiter heißt es: »Seit der Annexion des Staates Tibet durch China ist das tibetische Volk Opfer eines schleichenden kulturellen Genozids«[560]. Dieser Punkt ist auffällig: Wie selbstverständlich wird vom »tibetischen Volk«[561] gesprochen – anstatt von »Chinesen mit Tibet-Hintergrund«. Die Partei beklagt »den ungeregelten Zuzug von Chinesen in tibetische Gebiete, die dort die Wirtschaft kontrollieren. Tibeter und Tibeterinnen werden in ihrem eigenen Land als Bevölkerungsgruppe und sozio-ökonomisch marginalisiert«[562]. Es wird daher zur »Rettung der tibetischen Kultur und Identität«[563] aufgerufen.

Wer könnte in Deutschland so umstrittene Worte und Aussagen wie »Volk«, »Identität«, »Hochkultur« sowie Anspielungen auf eine Überfremdung durch den Zuzug von Nicht-Tibetern von sich gegeben haben? Es sind Vertreter der Grünen. Die Aussagen zur Lage der Tibeter sind inhaltlich nicht zu kritisieren. Wie jedoch würde sich der Text anhören, wenn einzelne Wörter getauscht werden: Aus Tibet wird Deutschland, aus Tibetern werden Deutsche, und aus dem ungeregelten Zuzug von Chinesen wird der ungeregelte Zuzug von Migranten; der Rest wird sinngemäß eingebettet. Schon würde der Text ganz anders klingen – und die Grünen würden ihn empört als Machwerk der Nationaldemokratischen Partei Deutschlands (NPD) zurückweisen.

Ungeschminkt deutlich wird, wie gestört das Verhältnis vieler Politiker dieser Partei zur eigenen nationalen Identität ist, während sie sich unumwunden für die Identität anderer Völker einsetzen. Dies beginnt bereits bei der Grünen Jugend, die auf ihrer Internetseite mit dem Aufkleber »Wir bleiben dabei: Patriotismus? Nein Danke!«[564] wirbt. In einem inhaltlich wirren Aufruf, der aus Anlass des Verhaltens deutscher Fans bei der Europameisterschaft 2016 verfasst worden ist, wird festgehalten: »Die kollektive Begeisterung für ›Deutschland‹ bei Fußballevents bezieht sich nämlich nicht nur auf das Fußballteam, sondern auch auf die Nation. Motive der Fans sind den Studien der Sozialwissenschaftlerin Dagmar Schediwy zufolge eben sehr häufig auch Vaterlandsliebe und Nationalstolz. Mit der Unterstützung der deutschen Nationalelf wird auch nationale Zugehörigkeit demonstriert.«[565] Hier hat die Grüne Jugend ohne Zweifel Recht. Ihre Sorgen sind gleichwohl völlig unbegründet.

Die Grüne Jugend Rheinland-Pfalz ging noch einen Schritt weiter und verbreitete folgende Losung: »Patriotismus = Nationalismus. Fußballfans Fahnen runter!«[566] Diese politische Linie ist nicht neu. Die Grüne Jugend forderte zum Tag der Deutschen Einheit 2015: »Am 3. Oktober wurde ein Land aufgelöst und viele freuen sich 25 Jahre danach. Warum sollte das nicht noch einmal mit Deutschland gelingen?«[567] Noch weitaus problematischer ist das Verhalten von Claudia Roth, Vizepräsidentin des Deutschen Bundestages, in dieser Frage. Ende November 2015 marschierte sie auf einer Demonstration gegen die AfD mit. Dass dort »Deutschland verrecke« und »Deutschland, Du mieses Stück Scheiße« skandiert wurde, hat sie nicht davon abgehalten, der Veranstaltung durch Anwesenheit ihren Segen zu geben.[568] Ob vor dem Hintergrund solcher Äußerungen wirklich alle Mitglieder der Grünen – insbesondere ihre Jugendorganisation –[569] auf dem Boden der Verfassung stehen, darf bezweifelt werden. Das hohe Maß an Intoleranz gegenüber Menschen mit einer deutschen Identität gehört zum Wesenskern der Politik der Partei.

An dieser Stelle soll ein kleines Zwischenfazit gezogen werden. Wenn die Unterscheidung von »deutschem Volk« und »deutschem Staatsvolk« für Rechtswissenschaftler oder Behördenvertreter problematisch ist, dann wird dies vermutlich primär mit ihrer persönlichen Weltsicht zusammenhängen. Inhaltlich ist an der Differenzierung nichts auszusetzen. Sie ist nicht nur international üblich, sondern sie entspricht auch der Notwendigkeit, identitäre und rechtliche Elemente definitorisch auseinanderzuhalten. Bereits das Grundgesetz hatte in seiner Fassung von 1949 dazu aufgerufen, die »nationale und staatliche Einheit zu wahren«[570], womit es in concreto zwischen dem kleinen westdeutschen Staat und dem größeren deutschen Volk unterschieden hat. Festgestellt wurde des Weiteren, dass auch die Bundesregierung in ihrer Politik gegenüber den deutschen Minderheiten im Ausland die Termini Volk und Staatsvolk kategorial verschieden behandelt. Sie vertritt dabei sowie bei den Ausführungen zu den Indigenen zudem die Auffassung, dass bei der Definition eines Volkes auch ethnische Facetten zu berücksichtigen sind.

Christoph Möllers wird mit seiner Positionierung vermutlich der Ansicht sein, dass es aus der Sicht des Grundgesetzes nicht zulässig ist, ein ethnisch homogenes Staatsvolk schaffen zu wollen. Denn das würde bedeuten, Minderheiten die Staatsbürgerschaft entziehen zu müssen. Dieser

Bewertung, die ja auch vom Verfassungsschutz geteilt wird, ist uneingeschränkt zuzustimmen.

Davon zu unterscheiden sind politische Forderungen von Menschen deutscher Volkszugehörigkeit, die Kultur und Identität des eigenen Volkes auf seinem angestammten Gebiet wahren zu wollen. In Fragen der Abstammung geht es dabei vornehmlich um tellurische und historische, nicht biologische Inhalte.

Die Theorie des Ursouveräns

Debatten zur nationalen Identität, etwa zu einer deutschen Leitkultur, lösen bei der Bundesregierung und dem von ihr verpflichteten BfV aus verschiedenen Gründen Nervosität aus. Größte gesellschaftliche Sprengkraft dürften dabei jene Themen besitzen, bei denen es um die immer offener zu Tage tretenden kulturellen Bruchlinienkonflikte in Deutschland geht. In Städten wie Frankfurt am Main und Offenbach leben die Deutschen ohne Migrationshintergrund mittlerweile in der Minderheit,[571] Parallelgesellschaften mit eigenen kulturellen Ausprägungen haben die autochthone Bevölkerung in bestimmten Gebieten verdrängt. Verantwortlich für diese Situation sind insbesondere politische Richtungsentscheidungen zweier Kanzlerschaften seit 1998, die fundamentale Auswirkungen für die weitere Existenz der deutschen Kulturnation haben. Aus einer rechtlichen – und auf jeden Fall aus einer verfassungstheoretischen – Perspektive ist gleichwohl fraglich, ob damit nicht gegen das Telos des Grundgesetzes verstoßen worden ist. Über die Arbeiten von Rechtswissenschaftlern wie Arnd Uhle, Rupert Scholz und Paul Kirchhof lässt sich eine solche Sichtweise ableiten.[572] Ihren Analysen ist zu entnehmen, dass die Bundesregierung verpflichtet ist, die kulturelle Identität des deutschen Volkes und damit dieses selbst zu schützen.

Die Argumentation von Arnd Uhle setzt wie folgt an: Die Verfassungsgebung sei keine *creatio ex nihilo,* sie entsteht also nicht plötzlich und aus dem Nichts. Vielmehr müsse davon ausgegangen werden, dass sie nur über das Vorliegen von vorrechtlichen Entstehungsbedingungen möglich sei: »[…] dies gilt namentlich insoweit, als Verfassungsvoraussetzung die vorstaatliche Existenz einer rechtlich verfassbaren Kulturgemeinschaft ist, die durch gemeinsame Überzeugungen, durch Geschichte und Sprache geeint ist und die bereits vorstaatlich derart zusammengewachsen sein muss, dass sie konstitutionsfähig ist.«[573] Die kulturelle Identität müsse als »Geltungsbedingung der freiheitlichen Verfassungsordnung«[574] angesehen werden.

Zu den »existentielle[n] Voraussetzungen des deutschen Verfassungsstaates«[575] zählt Uhle »den Bestand des auf einem historisch gewachsenen Territorium durch das kulturelle Band geeinten deutschen Volkes«[576]. Ein »vorrechtliche[r] Gehalt«[577] wird zudem der nationalen Identität zugeschrieben. Darunter versteht er »die Gesamtheit der kulturell geprägten Werte samt der daraus resultierenden Weltsichten und Denkweisen sowie der ebenfalls kulturell geprägten Verhaltens- und Lebensweisen [...]. Die so verstandene nationale Identität wird sowohl durch Elemente der Zugehörigkeit zu einem (übergeordneten) Kulturkreis – hier: dem abendländischen – als auch durch Elemente der Zugehörigkeit zu der spezifischen Kultur der betreffenden Nation bestimmt.«[578] Teile der vorrechtlich entstandenen, nationalen Identität würden in die Verfassungsordnung einfließen.

Der ins Leben gerufene Staat habe »auch nach der Inkraftsetzung der Verfassung [ein Interesse] an der Aufrechterhaltung dieser kulturellen Identität«[579]. Sie gehöre zum Verfassungsstaat, der sie »überdies partiell selbst verkörpert«[580]. Für die weitere Existenz der freiheitlichen Verfassung folge daraus, »dass sie die grundlegende kulturelle Gestimmtheit – die kulturelle Identität – des durch sie rechtlich verfassten Volkes zutreffend erfasst und umsetzt.«[581] Der Staat müsse sie schützen und pflegen. Zugleich ist er in zweifacher Hinsicht Pflichten unterworfen: (1) dem »Gebot, mit dem staatlichen Handlungsinstrumentarium die kulturelle Identität zu stärken«[582]; (2) dem »Verbot, durch sein Handeln dazu beizutragen, dass diese kulturelle Identität geschwächt wird«[583].

Rupert Scholz bezieht sich direkt auf Arnd Uhle und pflichtet ihm bei. Zur kulturellen Identität zählt er die gemeinsame Geschichte, Religion sowie die geistigen Werte und Traditionen eines Volkes. Soweit sich seine Überlegungen auf den Westen beziehen, spricht er von »christlich-abendländischen Traditionen und Grundwerte[n]«[584], der Aufklärung und dem Erbe der Antike. Eine Verfassung basiere »existenznotwendig«[585] auf der kulturellen Identität jener Gemeinschaft, die sich als Staatsvolk formiert. Aus diesen Zusammenhängen ergeben sich weitreichende Konsequenzen: Eine Verfassung müsse die kulturelle Identität »als eigene Basis voraussetzen und damit auch hegen und pflegen.«[586] Als Träger der kulturellen Identität sieht er die Nation, die sich als Kulturnation konstituiere.[587]

Aus diesen Zusammenhängen folgt: »Ein Staatsvolk oder eine Gesellschaft, die die eigene kulturelle Identität leugnet oder aufgibt, verliert damit auch die Grundlage der eigenen verfassungspolitischen und letztlich auch verfassungsrechtlichen Legitimität.«[588] Den rechtsstaatlichen Minderheitenschutz hält Scholz für selbstverständlich. Gleichzeitig gelte, »dass die eigene kulturelle Identität eines Volkes oder einer Gesellschaft nicht durch

Selbstaufgabe infrage gestellt werden darf, dass es vielmehr durchaus der Behauptung und Bewahrung der eigenen kulturellen Identität bedarf.«[589] Konsequenterweise wird der Multikulturalismus als Gefahr betrachtet, »weil er – zumindest implizit – auch die Relativierung, möglicherweise sogar die Negation der eigenen kulturellen Identität einschließt.«[590]

Die Politik der Bundesregierung in der Migrationskrise von 2015 ist von Rupert Scholz massiv kritisiert worden: »[...] was damals passiert ist, war nicht nur ›ein‹ Verfassungsbruch – sondern der schwerste, den wir in der Geschichte der Bundesrepublik Deutschland jemals erlebt haben.«[591] In seiner Analyse verbindet er aktuelle Beobachtungen mit grundsätzlichen Überlegungen zur kulturellen Identität. Der Verfassungsbruch liege einerseits in der unkontrollierten Grenzöffnung: »Wer in dieser Weise auf eigene Staatsgrenzen verzichtet, der verzichtet in der weiteren Konsequenz auf die Identität des ganzen Staates.«[592] Andererseits verstoße der unkontrollierte Zuzug von Menschen anderer Kulturen vermutlich insofern gegen das Grundgesetz, als sich dieser Prozess auf die Zusammensetzung des Staatsvolkes auswirke: »Sollte die Einwanderung solche Ausmaße annehmen, daß dessen Identität sich verändert, dann ist das mit dem Grundgesetz wohl nicht mehr zu vereinbaren.«[593]

Paul Kirchhof wiederum stellt klar, dass es im Rahmen der freiheitlichen Ordnung des Grundgesetzes natürlich zur Entfaltung unterschiedlicher Kulturen kommen könne. Er sieht allerdings auch eine Grenze, die zu beachten die Aufgabe des Staates sei: »Würde das Stichwort der Multikulturalität hingegen als ein Wettbewerb gegenläufiger Kulturen gedeutet, dessen Ergebnis sich der nur beobachtende Staat zu eigen machte, so wäre die Freiheitlichkeit grundlegend mißverstanden.«[594] Weiter heißt es: »Zu der rechtlich vorgefundenen Wirklichkeit, die der Staat zu achten und auszugestalten hat, gehört das Staatsvolk, die Nation, die den konkreten Verfassungsstaat rechtfertigt, seine Aufgaben und Maßstäbe bestimmt.«[595]

Die Ausführungen von Arnd Uhle, Rupert Scholz und Paul Kirchhof können dahingehend erweitert werden, dass es im vorrechtlichen Raum nicht nur eine kulturelle Identität gibt, sondern auch einen Ursouverän, der diese kreiert hat. Das deutsche Volk hat sich somit als Kulturnation nach den Einigungskriegen einen eigenen Staat gegeben. Das Urteil des Bundesverfassungsgerichts vom 31. Juli 1973 geht darauf aufbauend von einer Kontinuitätslinie aus: »Mit der Errichtung der BRD [Bundesrepublik Deutschland, M. W.] wurde nicht ein neuer westdeutscher Staat gegründet, sondern ein Teil Deutschlands neu organisiert. Die BRD ist also nicht ›Rechtsnachfolger‹ des Deutschen Reiches, sondern als Staat identisch mit dem Staat ›Deutsches Reich‹, – in bezug auf seine räumliche Ausdehnung allerdings ›teilidentisch‹«[596]. Das historische deutsche Volk – der Ursouverän – von 1871 ist folglich mit jenem von 1949 kulturell und damit identitär verbunden. In Artikel 146 der vier Jahre nach dem Zweiten Weltkrieg verabschiedeten Verfassung ist ihm ein wichtiges Recht zugesprochen worden: »Dieses Grundgesetz verliert seine Gültigkeit an dem Tage, an dem eine Verfassung in Kraft tritt, die von dem deutschen Volke in freier Entscheidung beschlossen worden ist.«[597]

Artikel 146 wäre in seiner Substanz vollkommen wertlos, wenn die Politik bereit ist, die Verfassung ohne Zustimmung des Ursouveräns so umzuformen, dass sie nichts mehr mit dem zu tun hat, was 1949 durch das Grundgesetz intendiert wurde: die Fortsetzung der Existenz der deutschen Kulturnation sowie die Selbstverwirklichung des deutschen Volkes in einem eigenen Staat. Eine andere Interpretation lässt die damalige Lage, wie dies auch die Ausführungen im nächsten Abschnitt zeigen werden, nicht zu. Zu dem mehrfach im Grundgesetz erwähnten »deutschen Volk« zählten 1949 jene, die Deutsche im Sinne des Reichs- und Staatsangehörigkeitsgesetzes vom 22. Juli 1913 waren.

Mit der Neufassung des Staatsangehörigkeitsrechts 1999 wurde die Zusammensetzung des Staatsvolkes verändert. Dieser Prozess ist durch die von Angela Merkel seit 2015 bewirkte Masseneinwanderung kulturfremder Menschen verstärkt worden. Dadurch ist es zu erheblichen Einschnitten in die staatlich eigentlich zu schützende kulturelle Identität gekommen.[598] Mehr noch: Die Regierungen von Gerhard Schröder und Angela Merkel haben die Grundlagen für einen neuen Souverän geschaffen. Ein solcher Eingriff in die identitäre Staatszielbestimmung – unter den Bedingungen des Parteienstaates –[599] hätte im Vorhinein durch einen Volksentscheid abgesichert werden müssen.[600] Anschließend hätten gesellschaftlich umstrittene Pfade mit höherer Legitimität beschritten werden können.

Zur Politik des Ursouveräns gehörte – abgesehen von den Jahren 1933 bis 1945 – nie die Absicht, das friedliche Zusammenleben mit Menschen anderer Kulturen auszuschließen; deutsche Staatsbürger konnten und können natürlich auch Menschen ohne deutsche Volkszugehörigkeit werden. Nicht vorgesehen waren dagegen eine sich ausbreitende Islamisierung in einem christlich-abendländisch geprägten Land und die Entstehung ganzer Parallelgesellschaften.

Die schrittweise Einsetzung eines neuen, zunehmend multikulturell geprägten Souveräns verstößt daher nicht nur gegen die Pflicht des Staates, die eigene kulturelle Identität zu fördern und zu verteidigen. Das Ergebnis dieses Prozesses widerspricht auch dem völkerrechtlich verbrieften Selbstbestimmungsrecht des deutschen Volkes, das gleichwohl nicht von außen, sondern in diesem Fall von innen untergraben wird. Dazu ist ein ebenso kalter wie mäandrisch-schleichender Prozess in Gang gesetzt worden, dem die Qualität eines vernebelten Putsches von oben zukommt. Wie alle Revolutionen hat nicht minder die kulturelle einen Haken: Je intensiver die politisch-mediale Elite daran arbeitet, den deutschen Ursouverän zurückzudrängen, desto mehr wird das politische System aus der Sicht vieler Angehöriger der autochthonen Bevölkerung an Legitimität verlieren. Dies ist – neben vielen anderen – die zentrale Bruchlinie der bundesrepublikanischen Gesellschaft.

5. Die vergessene nationale Geschichte der Bundesrepublik

Die derzeitige Debatte über die Identität der Deutschen wird vor allem jene Menschen irritieren, deren Geschichtsbewusstsein bereits vor dem Jahr 2005 eingesetzt hat – und noch stärker jene, die als politisch interessierte Bürger die Zeit des Kalten Krieges und der Wiedervereinigung erlebt haben. Auf sie muss das, was in der Amtszeit von Angela Merkel passiert ist, wie ein sprachlicher Bildersturm wirken, in dessen Folge Inhalte wesentlicher identitärer Elemente neu gefasst werden sollen. Über Jahrzehnte war es weitgehend unumstritten, was unter »deutschem Volk« und »deutscher Nation« zu verstehen ist. Damit ist es vorerst vorbei.

Die derzeitige Neukonstruktion dieser zentralen Termini, über die Fragen der Zugehörigkeit geregelt werden, ist für die Bundesregierung von größtem Interesse, weil die alten Inhalte dem Aufbau einer multikulturellen Gesellschaft im Wege stehen. Das Bundesamt für Verfassungsschutz assistiert bei diesem Vorhaben und beeinflusst den Diskurs im Sinne der politischen Führung. An dieser Stelle soll nun in der gebotenen Kürze – es gibt unzählige Beispiele – dargestellt werden, wie ahistorisch dieses Vorgehen ist. Zugleich wird gezeigt, dass die Handelnden in ihrer Argumentation diverse ideologische Widersprüche aufweisen.

Bereits ein kursorischer Blick in die Geschichte signalisiert, dass aus der Sicht der politisch-medialen Elite führende Politiker der alten Bundesrepublik (1949–1989) heute als Rechtsextremisten eingeordnet werden müssten. Sie alle gingen von einem Volksbegriff aus, der im klassischen Sinne Elemente der gemeinsamen Abstammung, der kulturellen Zugehörigkeit und der Schicksalsgemeinschaft aufweist. Einige Spitzenpolitiker bedienten sich dabei eines Vokabulars, das der Verfassungsschutz gegenwärtig dem »ethnisch-biologischen und/oder ethnisch-kulturellen Volksbegriff«[601] zuordnen und damit als rassistisch bewerten würde. Am 20. Juni 1961 sagte z. B. Bundeskanzler Konrad Adenauer in einer Ansprache auf dem Deutschen Handwerkstag in Köln: »Eine gesunde Mittelschicht ist ein Schutzdach gegen diese drohende Vermassung, gegen die geistige Nivellierung unseres Volkes. Sie ist aber nicht nur ein Schutzdach, sie ist auch ein Fluss, der den gesamten Volkskörper immer neu mit frischem und gesundem Blut erfüllt.«[602]

In der Zeit der deutschen Teilung haben Entscheidungsträger immer wieder an das gemeinsame Band der deutschen Nation erinnert, womit sie eindeutig die deutsche Kulturnation meinten. Der Wille zur Wiedervereinigung bezog sich auf die eigenen Landsleute, nicht auf eine kulturell beliebig zusammengesetzte Bevölkerung. Bundeskanzler Helmut Kohl erklärte am 23. Juni 1983 im Bericht zur Lage der Nation vor dem Deutschen Bundestag: »Es gibt zwei Staaten in Deutschland, aber es gibt nur eine deutsche Nation. Ihre Existenz steht nicht in der Verfügung von Regierungen und Mehrheitsentscheidungen. Sie ist geschichtlich gewachsen, ein Teil der christlichen, der europäischen Kultur, geprägt durch ihre Lage in der Mitte des Kontinents. Die deutsche Nation war vor dem Nationalstaat da, und sie hat ihn auch überdauert; das ist für unsere Zukunft wichtig.«[603]

Der nationale Patriotismus Helmut Kohls, der ja zugleich über ein tiefes europäisches Selbstverständnis verfügte, hatte nie etwas Überzogenes, sondern er deklarierte das Selbstverständliche. Die Erinnerung an den 17. Juni 1953, den heute weitgehend vergessenen Aufstand der Deutschen in der DDR, bezeichnete er als »nationalen Gedenktag des deutschen Volkes«[604]. Identitär aufgeladene Formulierungen gehörten zu seinem Standardvokabular, wenn er sich an sein Volk wandte: »Das Zusammengehörigkeitsgefühl der Deutschen ist trotz nunmehr 38 Jahre währender Teilung unseres Vaterlandes unverändert lebendig.«[605]

Auch führende Sozialdemokraten pflegten ein vollkommen normales Nationalbewusstsein. In den Reden Kurt Schumachers, von 1946 bis 1952 Vorsitzender der SPD, gehörten die Worte »deutsches Volk« zu den prägenden Stilelementen seiner Ausdrucksweise.[606] Ihm lag die Einheit der deutschen Nation so sehr am Herzen, dass er den Kurs der Westbindung Konrad Adenauers kritisch beäugte. Berühmtheit erlangte ein Zwischenruf. Als der Bundeskanzler in der Nacht vom 24. auf den 25. November 1949 im Bundestag über das kurz zuvor abgeschlossene Petersberger Abkommen sprach, rief Schumacher dazwischen: »Der Bundeskanzler der Alliierten.«[607] Politikern, die bereit waren, 1952 den Deutschlandvertrag zu unterstützen, hielt er vor: »Wer diesem Generalvertrag zustimmt, hört auf, ein Deutscher zu sein!«[608]

Aus der Sicht des SPD-Politikers Willy Brandt konnten sich Entscheidungsträger am deutschen Volk sogar versündigen. Als Regierender Bürgermeister von Berlin appellierte er am 12. August 1961 an den Gedanken der Überparteilichkeit: »Wenn es um die Existenz der Nation geht und um die Zukunft unserer Kinder, muß ein Mindestmaß an Gemeinsamkeit erreicht werden. Wer diese Gemeinsamkeit verweigert, der versündigt sich an unserem Volk.«[609] Auch einer Rede vom Juni 1966 mangelte es nicht an nationalem Pathos: »Kein Volk kann auf die Dauer leben, ohne sein inneres Gleichgewicht zu verlieren, ohne in Stunden der inneren und äußeren Anfechtung zu stolpern, wenn es nicht ja sagen kann zum Vaterland. Wir Deutsche dürfen nicht die Geschichte vergessen. Aber wir können auch nicht ständig mit Schuldbekenntnissen herumlaufen, die junge Generation noch viel weniger als die ältere. Auch wenn der Nationalstaat als Organisationsform gewiß nicht das letzte Ziel politischer Ordnung bleibt, die Nation bleibt eine primäre Schicksalsgemeinschaft.«[610]

Egon Bahr hat zahlreiche Aussagen Willy Brandts zur deutschen Nation überliefert. Nach Abschluss des Passierscheinabkommens am 17. Dezember 1963 sagte er: »Diese Weihnachtswochen dokumentieren, dass wir ein Volk und eine Nation sind.«[611] Im Bundestagswahlkampf 1972 wandte er sich geradezu appellierend an seine Landsleute: »Deutsche, wir können stolz sein auf unser Land.«[612] Egon Bahr war vielleicht der engste Vertraute Willy Brandts. In seinen Ausführungen von 2008 zum einstigen Bundeskanzler machte er sich auch selbst Gedanken über die Zukunft der deutschen Nation. So schrieb er mit Blick auf die Jugend: »Junge Menschen entdecken und genießen in der Grenzenlosigkeit des Internets ihre neue Welt und glauben, ihr Glück erjagen und finden zu können, auch ohne Vaterland. Das ist ihr gutes Recht. Aber sie werden ärmer und verlieren etwas, was sich nicht mit Euro oder Dollar bezahlen lässt. Und viele könnten eines Tages das Gefühl der Bindung, der vertrauten Gesellschaft, der heimischen Umwelt vermissen.«[613]

Willy Brandt ordnete die Leistungen der Gründungsgeneration des Deutschen Reiches in ausgewogener Form ein.[614] Obwohl er Otto von Bismarck innenpolitisch schwere Fehler vorwarf, bezeichnete er ihn 1965 als »außenpolitische[s] Genie«[615]. 1969 sagte er in einem Interview: »Ich habe Respekt vor diesem Mann, ganz großen Respekt.«[616] An anderer Stelle nannte er Bismarck »eine[n] der großen Staatsmänner unseres Volkes«[617]. In der Amtszeit Brandts als Bundeskanzler erschienen eine Gedenkbriefmarke und eine Gedenkmünze, die an die Reichsgründung vom 18. Januar 1871 erinnerten.[618]

Der CDU-Politiker Richard von Weizsäcker war seit 1969 Mitglied des Bundestages und hatte von 1981 bis 1984 ebenfalls das Amt des Regierenden Bürgermeisters von Berlin inne. Anschließend war er bis 1994 Bundespräsident. Auch er hatte nicht die geringsten Probleme damit, sich zur Existenz der deutschen Kulturnation zu bekennen. In seiner berühmten, von rechtsextremen Kreisen stark kritisierten Rede vom 8. Mai 1985 sagte von Weizsäcker: »Wir Deutschen sind ein Volk und eine Nation. Wir fühlen uns zusammengehörig, weil wir dieselbe Geschichte durchlebt haben. Auch den 8. Mai 1945 haben wir als gemeinsames Schicksal unseres Volkes erlebt, das uns eint.«[619]

Interessant sind Vergleiche in der Bewertung des Jahres 1871. Frank-Walter Steinmeier sagte dazu am 3. Oktober 2020: »Die nationale Einheit 1871 wurde erzwungen, mit Eisen und Blut, nach Kriegen mit unseren Nachbarn, gestützt auf preußische Dominanz, auf Militarismus und Nationalismus.«[620] Eine derart einseitige Darstellung blendet vieles aus – vom Streben der Deutschen nach Einheit im 19. Jahrhundert über die Kriegserklärung Frankreichs am 19. Juli 1870[621] bis zur dauerhaften Befriedung der Fehden zwischen den Partikularstaaten in Deutschland als Folge der Reichsgründung. Steinmeier sagte weiter: »Es war ein kurzer Weg von der Gründung des Kaiserreiches bis zur Katastrophe des Ersten Weltkrieges.«[622] Damit geht der Bundespräsident sogar hinter den bekannten Forschungsstand zurück. Die Gründung des Deutschen Reiches kausal mit dem Konfliktausbruch und der alleinigen Verantwortung für den Ersten Weltkrieg zu verbinden, ist durch die Arbeiten Christopher Clarks und vieler anderer Historiker längst widerlegt worden.[623]

Am 13. Januar 2021 legte Steinmeier in einer Rede zum 150. Jahrestag der Reichsgründung nach. Er skizzierte erneut den Mythos einer kriegerischen Kontinuitätslinie von 1871 bis 1945; das Werk Bismarcks sei eine »mit der Feindschaft Frankreichs bezahlte Reichseinigung«[624] gewesen, was einer starken Vereinfachung der Geschehnisse gleichkommt. Das Staatsoberhaupt sagte zudem mit der Behauptung, bei der »Erstürmung« des Reichstages am 29. August 2020 seien »Reichskriegsflaggen auf den Stufen des Reichstagsgebäudes«[625] gezeigt worden, die Unwahrheit. Zur Rede gehörte ein anmaßender Tonfall, etwa in dieser Aussage: »Wir Deutschen stehen dem Kaiserreich heute so beziehungslos gegenüber wie den Denkmalen und Statuen von Königen, Kaisern und Feldherren aus dieser Epoche.«[626] Kann das Staatsoberhaupt in diesem Punkt wirklich ganz allgemein von den Deutschen sprechen?

Als Bundestagsabgeordneter hatte Richard von Weizsäcker dagegen ganz anders auf das Jahr 1871 geschaut. In einer Rede vom 24. Februar 1972 behauptete er, dass es einen spezifischen Nationalcharakter gebe, der das Deutschtum ausmache: »Ich meine, Nation ist ein Inbegriff von gemeinsamer Vergangenheit und Zukunft, von Sprache und Kultur, von Bewußtsein und Wille, von Staat und Gebiet. Mit allen Fehlern, mit allen Irrtümern des Zeitgeistes und doch mit dem gemeinsamen Willen und Bewußtsein hat diesen unseren Nationbegriff das Jahr 1871 geprägt. Von daher – und nur von daher – wissen wir, daß wir uns als Deutsche fühlen. Das ist bisher durch nichts anderes ersetzt.«[627] Unter dem Beifall von CDU und CSU fügte er hinzu: »Leider aber haben wir im Jubiläumsjahr der Reichsgründung, also im letzten Jahr, statt dessen von hoher und besonders hoher Stelle andere, zumeist kritische Äußerungen zu dieser Nation gehört.«[628]

Einem weiteren Text von 1985 sind weitreichende Aussagen zum Thema »Was ist deutsch?« zu entnehmen. Der Leser möge sich bei den folgenden Zitaten überlegen, wer sie gesagt haben könnte: »Deutsch zu sein ist zunächst ein naturgegebener Sachverhalt. Es ist die Folge der Tatsache, in Deutschland geboren und aufgewachsen zu sein, die deutsche Sprache zu sprechen, sich natürlicherweise hier zu Hause zu fühlen und damit Teil des eigenen Volkes zu sein.«[629] Für den Autor dieser Zeilen hat das persönlich Konsequenzen: »Die Tatsache, daß ich Deutscher bin, durchdringt mein Leben auf vielfältige Weise, ob ich mir dessen bewußt bin oder nicht. Die deutschen Traditionen der Geschichte, des Geistes und der Kultur, der Gefühle, des Glaubens haben meine Geschichte, meine Kultur, meine Gefühle und meinen Glauben mitbestimmt.«[630] Das Verhalten der Sieger des Ersten Weltkrieges sieht er kritisch: »Das deutsche Nationalgefühl wurde mit den Beschlüssen von Versailles gedemütigt.«[631] In der Diskussion über das Deutschtum sieht der Autor »den Versuch, bleibende Grundelemente eines deutschen Volkscharakters zu finden.«[632] In den folgenden Absätzen wird diesem Gedanken nachgespürt, wobei erneut der »deutsche Charakter«[633] angesprochen wird. Wer gehört nun zum deutschen Volk? Da der Text 1985 publiziert wurde, heißt es: »Die Menschen in der DDR sind Deutsche wie wir.«[634] In einer historischen Perspektive geht der Autor jedoch noch weiter, als er die Niederlage Österreichs gegen Preußen in den Einigungskriegen bewertet: »Österreich mußte nach tausend Jahren der Zusammengehörigkeit 1866 aus Deutschland ausscheiden.«[635] Dieses Verdrängen des südlichen Nachbarn aus dem Deutschen Bund wird als »Teilung Deutschlands«[636] eingeordnet. Wer mag vor über 35 Jahren so gesprochen haben? Ein NPD-Funktionär? Ein Alt-Nazi? Es war Bundespräsident Richard von Weizsäcker.

Waren diese herausragenden Politiker bundesrepublikanischer Geschichte Rechtsextremisten? Natürlich nicht, die Frage ist abwegig, sie würde aber durchaus zur aktuellen Debatte passen – parallel (!) zur anhaltenden Verehrung der Genannten in ihren Parteien und weit darüber hinaus. Nach dem ersten Kanzler der Bundesrepublik ist weiterhin die »Konrad-

Adenauer-Stiftung« benannt; Helmut Kohl ist seit 1998 Ehrenbürger Europas; Willy Brandt gilt als Ikone der SPD; Richard von Weizsäcker war bis zu seinem Tod 2015 ein hoch angesehener Gesprächspartner im öffentlich-rechtlichen Fernsehen. Ihr Nationalstolz entsprach dem, was in anderen Nationen üblich ist – und mehr braucht es auch nicht, um kulturelle Gemeinschaft zu stiften. Die Aussagen – viele weitere ließen sich nennen, auch von politisch linker Seite –[637] zeigen allesamt, dass es in Regierung und Opposition ein klares Identitätsverständnis gab: Das deutsche Volk versteht sich als Kulturnation.

Die Wiedervereinigung Deutschlands 1990 war nur vor diesem Hintergrund denkbar. Wäre die alte Bundesrepublik eine Willensnation gewesen, die sich nicht historisch national, sondern ausschließlich als abstrakte Wertegemeinschaft versteht, dann hätte die DDR als Ausland verstanden werden müssen. Die Solidarität mit den Landsleuten in der Sowjetischen Besatzungszone gründete in gemeinsamen Wurzeln und einer daraus resultierenden gemeinsamen Identität.

In der jungen Generation ist heute weitgehend in Vergessenheit geraten, dass sich die Deutschen im Westen 1949 – in Form der Bundesrepublik – nur »für eine Übergangszeit eine neue Ordnung«[638] gegeben hatten. So stand es in der Präambel des Grundgesetzes, die in dem Bewusstsein erlassen wurde, die »nationale und staatliche Einheit«[639] zu wahren. Abschließend hieß es: »Das gesamte Deutsche Volk bleibt aufgefordert, in freier Selbstbestimmung die Einheit und Freiheit Deutschlands zu vollenden.«[640] Entsprechend wurde im alten Artikel 23 des Grundgesetzes die Wiedervereinigung als Staatszielbestimmung eindeutig festgelegt.[641]

Als es so weit war, wendeten sich der Bundeskanzler und der Bundespräsident aus Anlass der Wiedervereinigung im Geiste der Kulturnation an die Deutschen. Helmut Kohl setzte in einer kurzen Fernsehansprache am 2. Oktober 1990 gleich mehrfach das Wort »Vaterland« ein und sprach gar von »Vaterlandsliebe«[642]. Er beendete seine Ansprache mit den Worten: »Gott segne unser deutsches Vaterland.«[643] Einen Tag später, am 3. Oktober 1990, äußerte sich Richard von Weizsäcker ausführlich zur historischen Dimension der neuen Einheit. Er sah eine »vereinte deutsche Nation«[644], die nun wieder ihren Platz in Europa einnehmen werde. Immer wieder sprach er von »wir Deutschen« und »uns Deutschen«; die angerufene gemeinsame Identität wird mit der Geschichte verknüpft: »Wir Deutschen hatten frühzeitig an der demokratischen Entwicklung Anteil. Und doch folgten wir ihr in der politischen Praxis nur halbherzig. Rechtsstaatlichkeit war bei uns aus eigenen Traditionen erwachsen. In den preußischen Reformen der napoleonischen Zeit wurde die kommunale Selbstverwaltung zur

Quelle demokratischer Gesinnung. Im Zeichen der Paulskirche suchte das Volk Einigkeit und Recht und Freiheit. Es wollte durchaus die Einheit, die schließlich 1871 geschaffen wurde«[645]. Die Teilung bezeichnete von Weizsäcker als »unser gemeinsames deutsches Schicksal.«[646]

Auch nach der Wiedervereinigung waren Politiker noch einige Jahre in einem Duktus zu identitären Fragen zu vernehmen, wie er seit 1949 üblich war. In einem 1994 veröffentlichten Buch hielt der damalige Vorsitzende der CDU/CSU-Bundestagsfraktion Wolfgang Schäuble ein leidenschaftliches Plädoyer für die Nation. Diese sei die »Identifizierungs- und Akzeptanzgrundlage für den Staat«[647]. Nur sie allein könne im Sinne Max Webers bei den Menschen die Bereitschaft erzeugen, »sich solidarisch und selbstlos für das Gemeinwesen einzusetzen.«[648] Er forderte, sich »an den Gedanken der Nation als Schutzgemeinschaft zu erinnern […] Für mich gründet sich die Staatsraison der Bundesrepublik Deutschland auf die Idee der Nation, die den inneren Zusammenhalt sichert«[649]. Dies präzisierte er als »emotionale Bindung, das verinnerlichte Ethos einer stets zur Selbstbehauptung und Verteidigung der Freiheit bereiten Schicksalsgemeinschaft«[650]. Patriotismus sei zudem »nichts Antiquiertes. Unser Vaterland könnte viel mehr Patriotismus brauchen.«[651] Das Ersatzkonstrukt des »Verfassungspatriotismus« sah er dagegen kritisch: »Wir müssen uns des Gefühls nationaler Zusammengehörigkeit wieder sicherer und gewisser werden. Bei allem Respekt für die Freiheits- und Rechtsordnung unseres wohlgelungenen und bewährten Grundgesetzes: Ein Verfassungstext allein kann nicht ausreichen, um nicht nur im Verstand, sondern auch in den Herzen der Menschen jene Gemeinschaft zu stiften, die notwendig ist, auch schwierige Zeiten zu meistern.«[652]

Schäuble äußerte sich nach Ausführungen zur Bevölkerungspolitik in Deutschland auch zur Migrationsfrage: »Die multikulturelle Gesellschaft hat also schon Rom nicht aus der Patsche geholfen. In den Stürmen der Völkerwanderung erlosch Rom schließlich, ähnlich wie vorher Griechenland, nicht zuletzt wegen des anhaltenden Rückgangs seiner Bevölkerung.«[653] Geradezu prophetisch setzte er fort: »Man darf bei den Menschen nicht die Sorge und die Angst wachsen lassen, der Staat schütze sie nicht mehr ausreichend. Wenn eine große Zahl den Eindruck von Überwanderung und Überfremdung (sic!) hat und sich das auch noch mit sozialen Problemen mischt, dann kann leicht Fremdenhaß entstehen. Oder allgemeiner ausgedrückt: Man darf die Menschen nicht überfordern, wenn man Toleranz bewahren will.«[654]

Vor allem in der Amtszeit von Angela Merkel sind solche Bezüge fast vollständig verschwunden. Die Bundeskanzlerin hat zur deutschen Nation keinen inneren Bezug. Dies ist einerseits konsequent: Für Merkel ist das deutsche Volk nur eine stetig abnehmende Teilmenge des neuen, multikulturellen deutschen Staatsvolkes, dessen Geschichte ganz neu geschrieben werden muss. Mit einem neuen Narrativ, das in etwa wie folgt aufgebaut wird: Es reicht von der notwendigen Zuwanderung der Gastarbeiter, über die positiven Beiträge von Ausländern zur bundesrepublikanischen Gesellschaft bis zu den Chancen, die sich aus dem humanitären Akt der Aufnahme einer siebenstelligen Zahl von Flüchtlingen und Migranten seit 2015 ergeben. Auf dieser Basis soll die neue »deutsche« Willensnation entstehen, die de facto eine Zwangsnation werden wird.

Identitäre Bezüge weisen die Reden Merkels vornehmlich dort auf, wo es um Schuldfragen geht. In solchen Kontexten spricht sie aus der Blickrichtung der Zugehörigkeit und der Verantwortung »der« Deutschen, womit sie zweifellos nicht jene Menschen meint, die einen Migrationshintergrund haben. Merkel redet dann von »dem Leid, das die Deutschen in zwei Weltkriegen über ihre Nachbarn, über Europa und die Welt gebracht haben.«[655] In diesem Zusammenhang taucht auch die identitäre Formel des »wir Deutsche«[656] auf. In einer Rede in Auschwitz erklärte sie am 6. Dezember 2019: »Ich empfinde tiefe Scham angesichts der barbarischen Verbrechen, die hier von Deutschen verübt wurden«[657]. Bei solchen Anlässen nutzt sie das Wort »Deutsche« besonders intensiv: »Auschwitz war ein deutsches, von Deutschen betriebenes Vernichtungslager. Es ist mir wichtig, diese Tatsache zu betonen. Es ist wichtig, die Täter deutlich zu benennen. Das sind wir Deutschen den Opfern schuldig und uns selbst.«[658] Daraus erwachse eine Verantwortung, die »fester Teil unserer nationalen Identität«[659] sei.

Inhaltlich ist das alles richtig, es fällt aber auf, dass Merkel bei erfreulichen Anlässen, die etwas mit der deutschen Nation zu tun haben, nicht in ähnlicher Weise positive identitäre Bezüge herstellt. In ihrer Rede zum Tag der Deutschen Einheit am 3. Oktober 2019 tauchen die Worte »Vaterland« und »Volk« nicht ein einziges Mal auf.[660] Dafür leitete sie auch an diesem Tag ihre Ausführungen bereits im ersten Satz mit Bezügen zum Holocaust und dem Zweiten Weltkrieg ein. Für den Aufbau einer multikulturellen Gesellschaft ist diese Vorgehensweise durchaus nachvollziehbar, erinnert sie doch immer wieder, wozu Deutsche fähig waren, was eo ipso heißt, dass es durchaus sinnvoll sein kann, langfristig ein Volk neuen Typs zu schaffen, das zwar dem Namen nach deutsch ist, mit dem historischen Volk aber nichts mehr zu tun hat.

Der Rückblick in die eigene Geschichte zeigt, dass es in der alten Bundesrepublik auch in führenden politischen Positionen vollkommen normal war, sich zum deutschen Volk, der deutschen Nation und dem eigenen Vaterland zu bekennen. Entsprechende Aussagen erfolgten aus der Sicht der Kulturnation, und sie galten nicht als verfassungsfeindlich. Was die Deutschen gegenwärtig erleben, ist eine Neukonstruktion identitärer Begriffe, verbunden mit dem Versuch, abweichende Einstellungen als verfassungsfeindlich zu markieren, um sie aus dem Diskurs zu nehmen. Soll der Aufbau der politisch gewollten multikulturellen Gesellschaft gelingen, dann müssen gewisse tradierte Termini neue Inhalte bekommen. Das Bundesamt für Verfassungsschutz und auch führende Rechtswissenschaftler begleiten diesen Prozess im Geiste linksliberaler Gesellschaftsvorstellungen. Dazu müssen sie das Grundgesetz und Vorstellungen von den Grenzen der freiheitlichen demokratischen Grundordnung anders auslegen, als dies in der alten Bundesrepublik Usus war.

Der doppelte Bewertungsmaßstab

Unter den Bedingungen des Grundgesetzes sind in unterschiedlichen Dekaden nicht nur konstante identitäre Begriffe unterschiedlich verstanden worden. Es hat sich ganz allgemein ein doppelter Bewertungsmaßstab auf dem Feld des Sagbaren ergeben, was sich an weiteren Beispielen demonstrieren lässt. Es macht dabei stets einen Unterschied, wer was sagt. Gemäß der alten Volksweisheit, die wohl auf den römischen Komödiendichter Publius Terentius Afer (um 195 bis 159 v. Chr.) zurückgeht: Wenn zwei das Gleiche tun, ist es noch lange nicht dasselbe.

Kurz vor dem Mauerfall waren einige führende Politiker bereit, sich sehr offensiv zu äußern, wenn es darum ging, sich Gedanken über eine deutsche Wiedervereinigung und die Reichweite des deutschen Siedlungsgebietes zu machen. Theo Waigel sprach im Juli 1989 auf dem Schlesiertreffen in Hannover vor einer großen Deutschlandkarte mit den Grenzen von 1937. Dort sagte er: »Zur deutschen Frage gehören auch die ostdeutschen Gebiete jenseits von Oder und Neiße.«[661] Waigel war zum damaligen Zeitpunkt CSU-Vorsitzender und Bundesfinanzminister. Folgen für die eigene Karriere hatte seine Rede nicht. Das bedeutet, dass ihm weder vom BfV noch von Teilen der Bundesregierung vorgehalten wurde, rechtsextrem zu argumentieren – und dies, obwohl die Oder-Neiße-Linie als deutsch-polnische Grenze längst anerkannt war. Seit 2009 ist Waigel Ehrenvorsitzender der CSU.

Mit seiner Positionierung stand er nicht allein. Der bayerische Abgeordnete Eduard Lintner, zum damaligen Zeitpunkt Vorsitzender der Arbeitsgruppe »Deutschlandpolitik und Berlinfragen« der CDU/CSU-Bundestagsfraktion der Union, erklärte im Juli 1989: »Die Frage der Ostgebiete ist Teil der deutschen Frage. Das Deutsche Reich in seinen Grenzen vom 31.12.1937 besteht ohnehin fort. Es muß daher Ausgangspunkt für die Verhandlungen über eine europäische Friedensordnung sein.«[662] Nach der Wiedervereinigung wurde er Parlamentarischer Staatssekretär im Bundesinnenministerium.

Wolfgang Schäuble äußerte sich einige Jahre später ähnlich. Im Oktober 1992 hielt er in Eisenach eine kurze Ansprache aus Anlass der 175-jährigen Wiederkehr des Wartburgfestes. Unter dem großen Applaus der anwesenden Burschenschafter wies er darauf hin, dass die neuen Bundesländer eigentlich allesamt Mitteldeutschland und nicht Ostdeutschland genannt werden müssten.[663] Folgen für die eigene Karriere ergaben sich nicht. Schäuble ist seit 2017 Präsident des Deutschen Bundestages.

Was heute Konservativen vorgehalten wird, haben Vertreter der politisch-medialen Elite vor einigen Jahren zumindest in ausgewählten Themenfeldern selbst noch verlauten lassen. Im November 2004 hatte die damalige CDU-Vorsitzende Angela Merkel erklärt: »Die multikulturelle Gesellschaft ist grandios gescheitert.«[664] Den Deutschen hielt sie vor: »Wer sein eigenes Land nicht liebt, wird auch immer ein zerrissenes Verhältnis gegenüber anderen Völkern haben.«[665] CSU-Generalsekretär Markus Söder stieß in selbiges Horn, als er in der Debatte um den 3. Oktober erklärte: »Wer den Nationalfeiertag abschaffen will, ist ein vaterlandsloser Geselle.«[666] Auf dem Deutschlandtag der Jungen Union in Potsdam im Oktober 2010 wiederholte Merkel ihre Position: »Der Ansatz für Multikulti ist gescheitert, absolut gescheitert!«[667] Zuvor hatte der Ministerpräsident Bayerns, Horst Seehofer, erklärt: »Wir als Union treten für die deutsche Leitkultur und gegen Multikulti ein – Multikulti ist tot.«[668] Als Innenminister der Bundesrepublik legte er im März 2018 nach: »Der Islam gehört nicht zu Deutschland.«[669]

Insgesamt fällt auf, dass die politisch-mediale Elite in der Gegenwart nicht einmal ansatzweise zu reflektieren bereit ist, warum bestimmte Aussagen der einstigen und aktuellen politischen Führung des Landes über Jahrzehnte als Teil des Diskurses anerkannt waren, heute hingegen weitgehend nicht mehr. Nie wurde versucht, den genannten Personen wegen der getätigten Formulierungen Verfassungsfeindlichkeit zu unterstellen. Würden Vertreter von AfD und Identitärer Bewegung die in diesem Abschnitt genannten Zitate zu eigenen Positionspapieren zusammenstellen, würden sie vermutlich sofort das BfV auf den Plan rufen.

Vier Beispiele sollen den Vorwurf eines doppelten Bewertungsmaßstabs abschließen. Edmund Stoiber formulierte Ende der 1980er-Jahre mit markigen Worten seine Haltung zur Bevölkerungspolitik. Direkt nach dem Tod von Franz Josef Strauß war er bayerischer Innenminister geworden. In dieser Funktion warf er Oskar Lafontaine von der SPD, damals Ministerpräsident des Saarlandes, vor, er wolle »eine multinationale Gesellschaft auf deutschem Boden, durchmischt und durchrasst«[670]. Stoiber hat diese Aussage nie geschadet. Wie Waigel ist er Ehrenvorsitzender der CSU – und dies bereits seit 2007.

Norbert Geis (CSU) griff die Stoiber-These der »Durchrassung« der Gesellschaft im Februar 2002 in den Medien wieder auf und verteidigte sie. Es passierte nichts, er blieb bis 2013 Mitglied des Bundestages. Geis hatte die Worte Stoibers um den Hinweis ergänzt, dass Deutschland den Deutschen gehöre – »so wie den Franzosen Frankreich und den Italienern Italien«[671]. Er fragte dann: »Warum lasst ihr nicht Deutschland den Deutschen?«[672]

Der CDU-Politiker Jürgen Rüttgers erklärte 2000 im Wahlkampf in Nordrhein-Westfalen: »Statt Inder an die Computer müssen unsere Kinder an die Computer.«[673] Entrüstet fügte er hinzu: »Statt sich um die Integration der hier lebenden Ausländer zu kümmern, sollen jetzt noch Hindus hinzukommen.«[674] Folgen für seine Laufbahn hatten die Aussagen nicht. Rüttgers war von 2005 bis 2010 Ministerpräsident Nordrhein-Westfalens.

Der Innenminister Bayerns, Joachim Herrmann, ist sogar zu einer Sprache fähig, die das BfV eindeutig als rassistisch wertet. Am 31. August 2015 sagte er in der Talkshow *Hart aber fair:* »Roberto Blanco war immer ein wunderbarer Neger«[675]. Der Ausspruch ist heute vergessen, Herrmann weiter im Amt.

Die Vorgänge zeigen, dass es einen Unterschied macht, wer wen als »Neger« bezeichnet. Äußert sich so Herr X, belegt dies dessen Rassismus; gibt das Wort Herr Y von sich, lässt man es ihm als Lapsus durchgehen. Verweisen beide darauf, dass Martin Luther King bei der Entgegennahme des Friedensnobelpreises in Oslo am 10. Dezember 1964 von »22 million Negroes of the United States«[676] sprach und den Begriff »Neger« drei weitere Male nutzte, so würde Herr Z dies als Spitzfindigkeit bezeichnen. Ein konstanter Begriff, vier Herren – und das jeweils aktuelle, politisch determinierte Sprachverständnis macht den Unterschied. Dies hat dazu geführt, dass das umstrittene Wort nicht in der spanischen (*negro*) oder lateinischen (*niger*) Ableitung benutzt werden darf. Dagegen ist die Übersetzung »Schwarzer« halbwegs anerkannt und verwendbar.

Wer nun glaubt, dass lediglich Politiker vor nicht geraumer Zeit noch eine andere Sprache benutzten, um gesellschaftliche Themen zu bearbeiten, der irrt natürlich. Selbst in linksgerichteten Wochenmagazinen kam eine unbefangene Ausdrucksweise zum Einsatz. *Der Spiegel* hatte sich – um nur ein Beispiel zu nennen – 1975 ein heute spektakulär anmutendes Titelblatt zugelegt: »Sterben die Deutschen aus?«[677] In der Titelgeschichte wurden die Geburtenraten von Einheimischen und Gastarbeitern verglichen. Ohne weitere Kommentierung wird dazu eine deutsche Mutter zitiert, die im Krankenhaus über die »türkische Invasion«[678] klagt und den Alltag auf der Entbindungsstation beschreibt: »Da drängten sich ganze Sippschaften, ein deutscher Vater kam kaum durch, die Ausländer machen Kinder wie die Brezeln.«[679] Die Lagebewertung Hans Dullsteins von der Hessischen Krankenhausgesellschaft erfolgt ungefiltert: »Die Gastarbeiterfrauen legen sich tüchtig ins Zeug«[680]. Untermalt wird all das mit einem alten Ausspruch von Familienminister Franz-Josef Würmeling (A 1953–1962): »Unter der Decke sind wir ein sterbendes Volk.«[681] Am Ende der Titelgeschichte ist eine Karikatur zu finden, die einen Arzt zeigt, der vor vermutlich türkischen Ehepaaren triumphierend ein Baby hochhält. Darunter steht geschrieben: »Es ist ein Deutscher!«[682]

III. Das Bundesamt für Verfassungsschutz

»Ich habe bereits viel an deutscher Medienmanipulation und russischer Desinformation erlebt. Dass aber Politiker und Medien ›Hetzjagden‹ frei erfinden oder zumindest ungeprüft diese Falschinformationen verbreiten, war für mich eine neue Qualität von Falschberichterstattung in Deutschland.«[1]

Hans-Georg Maaßen, 2018

Das Bundesamt für Verfassungsschutz ist geschaffen worden, um das Grundgesetz zu schützen. Abgesehen von politisch radikalisierten Personen dürfte es in der großen Mehrheit der Bevölkerung weitgehend unumstritten sein, dass dies eine notwendige Aufgabe ist, um die Demokratie zu erhalten. Im Fokus dieser Behörde steht damit der Verfassungsfeind, den es in unterschiedlichen Abstufungen gibt. Er existiert als rhetorisch radikalisierter, aber passiver Systemgegner und in der gesteigerten Variante als gewaltbereiter Aktivist. Bis heute gibt es jedoch ein Definitionsproblem: Was ist ein »Verfassungsfeind«? Wer legt die Kriterien zur Messung von Verfassungsfeindlichkeit fest? Wie sehr ist dabei eine objektive Einordnung überhaupt möglich, die politische Präferenzen der Herrschenden ausblendet?

In gesellschaftlich aufgewühlten Zeiten besteht die Gefahr, dass sich ein Nachrichtendienst jenseits seines ursprünglichen Auftrags in parteipolitische Auseinandersetzungen hineinziehen lässt und somit selbst zum politischen Akteur wird.[2] In diesem Kapitel sollen die strukturellen Voraussetzungen einer solchen Vorgehensweise diskutiert werden. Gibt es also Wirkkräfte, die in den Arbeitsbedingungen der Behörde angelegt sind und die zu einer Produktion von *intelligence to please* führen können? Die nachfolgenden Ausführungen werden zeigen, dass das BfV in einem Umfeld operiert und auch von der Bundesregierung institutionell so verankert worden ist, dass es immer wieder Analysen vorlegt, die vor allem dem politischen Bedarfsträger gefallen sollen. Dazu gehörten in der jüngsten Vergangenheit auch Elaborate, die eine nationale Positionierung oder

Bekenntnisse zum eigenen Volk in die Nähe der Verfassungsfeindlichkeit rückten. Auf sie wird in Kapitel IV näher eingegangen.

Die nachfolgenden Ausführungen sind wie folgt aufgebaut: Betrachtet werden Organisation und Auftrag der Behörde, der permanente Druck auf das Amt angesichts einer nur schwer zu überschauenden Bedrohungslage, der Vorwurf der »Rechtslastigkeit« und seine Folgen, die natürliche Neigung des Verfassungsschutzes zur Erstellung von *intelligence to please* sowie die Rolle eines politisierten Präsidenten.

1. Organisation und Auftrag

Am 14. April 1949 ließen die Militärgouverneure des Westens der Bundesregierung ein Schreiben zukommen, das als »Polizei-Brief« in die Geschichte eingegangen ist. In ihm gewährten sie dem neuen Staat folgendes Recht: »Der Bundesregierung wird es ebenfalls gestattet, eine Stelle zur Sammlung und Verbreitung von Auskünften über umstürzlerische, gegen die Bundesregierung gerichtete Tätigkeiten einzurichten.«[3] Auf dieser Grundlage wurde das Bundesamt für Verfassungsschutz 1950 unter Besatzungsbedingungen durch die Alliierten Hohen Kommissare ins Leben gerufen, deren Sicherheitsdirektoren den organisatorischen Aufbau leiteten. Die Alliierten bestimmten den ersten Präsidenten der Behörde, nachdem die Bundesregierung zuvor Vorschläge unterbreitet hatte. Zugleich waren sie bis zum Auslaufen des Besatzungsstatuts 1955 auch für die Einstellung des Personals zuständig.[4] Von Anfang an wurde darauf geachtet, keine zweite Geheime Staatspolizei (Gestapo) zu schaffen, weshalb das BfV bis heute nicht einer polizeilichen Dienststelle angegliedert werden kann (Trennungsgebot). Es verfügt somit über keinerlei exekutive Kompetenzen, was im Polizei-Brief festgelegt worden war: »Diese Stelle soll keine Polizeibefugnis haben.«[5]

Der Verfassungsschutz ist auf der Ebene einer Bundesoberbehörde organisiert, die direkt dem Bundesministerium des Innern, für Bau und Heimat unterstellt ist. Die Verantwortung der Bundesregierung für die Behörde ergibt sich aus Artikel 73 Absatz 1 Nr. 10 Buchstabe b sowie aus Artikel 87 Absatz 1 Satz 2 des Grundgesetzes.[6] 2019 lag die Zahl der Mitarbeiter bei 3864 (2018: 3505), der Haushalt umfasste 399,1 Millionen Euro (2018: 345,9 Millionen Euro).[7] Das BfV ist damit weit größer als der Militärische Abschirmdienst (MAD),[8] der 2019 über 1255 Mitarbeiter (2018: 1169) verfügte und auf einen Etat von 113,3 Millionen Euro (2018: 95,6 Millionen Euro) zugreifen konnte.[9] Deutlich darüber liegt die Ausstattung des Bundesnachrichtendienstes, dem 6500 Planstellen[10] und ein Haushalt von 954,8 Millionen Euro (2018: 813,4 Millionen Euro) zugewiesen sind.[11]

Präsident des BfV ist seit November 2018 Thomas Haldenwang. Ihm sind zwei Vizepräsidenten zur Seite gestellt, Michael Niemeier und Sinan Seelen. Unterhalb des Präsidialbereichs sind zwölf Abteilungen sowie die Ausbildungsstätte des Amts angesiedelt:[12]

Abteilung Z:	Zentrale Dienste
Abteilung TA:	Technische Analyseunterstützung und Datengewinnung
Abteilung TX:	Technische Infrastruktur, Basis- und Querschnittsverfahren
Abteilung S:	Interne Sicherheit, Geheim- und Sabotageschutz, Fachprüfung, Innenrevision
Abteilung O:	Observation
Abteilung C:	Cyberabwehr
Abteilung 1:	Fachunterstützung
Abteilung 2:	Rechtsextremismus/-terrorismus
Abteilung 3:	Maßnahmen nach Artikel 10 des Grundgesetzes
Abteilung 4:	Spionageabwehr
Abteilung 5:	Ausländerextremismus und Linksextremismus/-terrorismus
Abteilung 6:	Islamismus und islamistischer Terrorismus
AfV:	Akademie für Verfassungsschutz

Die Darlegung des Auftrags des BfV findet sich im Bundesverfassungsschutzgesetz (BVerfSchG) vom 20. Dezember 1990. In § 1 Absatz 1 ist nachzulesen: »Der Verfassungsschutz dient dem Schutz der freiheitlichen demokratischen Grundordnung, des Bestandes und der Sicherheit des Bundes und der Länder.«[13] In § 3 Absatz 1 werden die Aufgaben sämtlicher Verfassungsschutzbehörden, zu denen auch jene der Bundesländer gehören, umfassend erläutert. Dazu gehören die »Sammlung und Auswertung von Informationen, insbesondere von sach- und personenbezogenen Auskünften, Nachrichten und Unterlagen«[14] in vier Bereichen:

- »Bestrebungen, die gegen die freiheitliche demokratische Grundordnung, den Bestand oder die Sicherheit des Bundes oder eines Landes gerichtet sind oder eine ungesetzliche Beeinträchtigung der Amtsführung der Verfassungsorgane des Bundes oder eines Landes oder ihrer Mitglieder zum Ziele haben«[15],

- »sicherheitsgefährdende oder geheimdienstliche Tätigkeiten im Geltungsbereich dieses Gesetzes für eine fremde Macht«[16],

- »Bestrebungen im Geltungsbereich dieses Gesetzes, die durch Anwendung von Gewalt oder darauf gerichtete Vorbereitungshandlungen auswärtige Belange der Bundesrepublik Deutschland gefährden«[17],

- »Bestrebungen im Geltungsbereich dieses Gesetzes, die gegen den Gedanken der Völkerverständigung (Artikel 9 Abs. 2 des Grundgesetzes), insbesondere gegen das friedliche Zusammenleben der Völker (Artikel 26 Abs. 1 des Grundgesetzes) gerichtet sind«[18].

Damit sind jene Indikatoren, die einen Verfassungsfeind ausmachen, in grundsätzlicher Weise benannt. Wer also lediglich die herrschenden Verhältnisse kritisiert, ist als unproblematisch einzustufen. Die Behörde betont: »Kritische Bürger und ›radikale‹ Ansichten sind jedoch kein Anlass für den Verfassungsschutz tätig zu werden. In der Bundesrepublik ist Kritik nicht verpönt, sondern erwünscht. Selbst radikale Meinungen sind legitim.«[19] Demnach sind also Menschen mit einer linksradikalen, rechtsradikalen und radikalen religiösen Ansicht kein Fall für den Verfassungsschutz. In der politisch-medialen Elite dürfte diese Positionierung kaum bekannt sein. Obwohl sie nicht einmal neu ist. So sagte z. B. 1992 der damalige Präsident der Behörde, Eckart Werthebach, das Grundgesetz garantiere »auch Freiheit für den politisch Andersdenkenden bis hin zu radikalen Positionen.«[20]

Das BfV hat weitere Aufgaben. Zu ihnen gehören die Spionageabwehr sowie der Geheim- und Sabotageschutz. Die Behörde wirkt gemäß dem Sicherheitsüberprüfungsgesetz vom 20. April 1994 an Sicherheitsüberprüfungen von Personen (vor allem im öffentlichen Dienst) mit, soweit diese in sensiblen Bereichen tätig sind oder Zugang zu Verschlusssachen haben.[21] Sie ist zur Zusammenarbeit mit den Landesbehörden für Verfassungsschutz verpflichtet. Zudem informiert das Amt nach § 16 Absatz 1 BVerfSchG »die Öffentlichkeit über Bestrebungen und Tätigkeiten nach § 3 Absatz 1, soweit hinreichend gewichtige tatsächliche Anhaltspunkte hierfür vorliegen, sowie über präventiven Wirtschaftsschutz.«[22]

Diesem Zweck dient auch der jährlich publizierte Verfassungsschutzbericht. In seiner Fassung vom Juni 2019 bezeichnet Bundesinnenminister Horst Seehofer das BfV als »Frühwarnsystem«, das »von zentraler Bedeutung für den Schutz unserer offenen Gesellschaft«[23] sei. Konkret bedeutet dies, dass Verfassungsschützer im Vorfeld der üblichen Polizeiarbeit aktiv werden und ihre Erkenntnisse in Lagebildern sowie Analysen aufbereiten, die der Bundesregierung und den Landesregierungen zur Verfügung gestellt werden. Es ist anschließend an den verantwortlichen politischen Entscheidungsträgern, aus diesen Informationen die richtigen Schlüsse zu ziehen und gegebenenfalls Maßnahmen zum Schutz der freiheitlichen demokratischen Grundordnung einzuleiten. Das BfV kann folglich zu den Instrumenten der »wehrhaften Demokratie« gezählt werden. Die Bundesrepublik Deutschland hat damit auf eine ganz offensichtliche Ursache für den Untergang der Weimarer Republik reagiert. Damals nutzten extreme politische Kräfte nahezu ungebremst demokratische Freiheiten, um die Demokratie selbst zu beseitigen.

Der Inlandsnachrichtendienst untersteht mehreren Kontrollinstanzen, wobei zwischen Theorie und Praxis eine große Lücke klafft. BND, BfV und MAD hatten 2019 insgesamt 11 619 Beschäftigte bzw. Planstellen. Wie soll das Parlamentarische Kontrollgremium, das aus neun (!) Mitgliedern zuzüglich bürokratischem Unterbau besteht,[24] diese kontrollieren? Es kann lediglich auf Fehlentwicklungen reagieren, wenn es dieser gewahr wird. Das Bundeskanzleramt verfügt am Dienstsitz Berlin über 590 Mitarbeiter (inklusive Bonn: 620 Mitarbeiter).[25] Diese verteilen sich auf das Kanzlerbüro, den organisatorischen Unterbau diverser Beauftragter und sieben Abteilungen.[26] Für die Koordinierung der Nachrichtendienste des Bundes ist die Abteilung 7 zuständig. Damit dürfte der personale Anteil für die Dienst- und Fachaufsicht bei weit unter 100 Bediensteten liegen, von denen wiederum nur eine kleine Personengruppe – es werden deutlich unter 50 Männer und Frauen sein – wirklich in der Lage sein dürfte, zu »kontrollieren«, also die Zeit hat, mögliche Fehlentwicklungen inhaltlich tief zu durchdringen. Ein großer Teil der Arbeit der Abteilung 7 wird für Verwaltungsaufgaben anfallen. Insofern kann auch das Bundeskanzleramt unmöglich immer rechtzeitig aus eigener Kraft herausfinden, wo es zu welcher Fehlentwicklung kommt.

Nachrichtendienste sind pyramidal aufgebaut. An ihrer Spitze steht der Präsident, der mit umfassenden Kompetenzen ausgestattet ist. Er entscheidet als Leiter der Behörde in internen Belangen. Für das Tagesgeschäft werden Aufgaben an Vizepräsidenten und Abteilungsleiter delegiert, aber bei einem Dissens oder Entscheidungsblockaden hat der Präsident stets das letzte Wort. Ihm steht zudem die Festlegung des Lagebildes zu. Zwar sind es die Analysten des Dienstes, die dieses in täglicher Arbeit entwickeln und aktualisieren. Was in welchem Umfang in der wöchentlichen Lagebesprechung im Bundeskanzleramt, die in der Regel am Dienstag stattfindet,[27] vorgetragen wird, entscheidet am Ende der Präsident.[28] Er nimmt somit maßgeblichen Einfluss auf die Wahrnehmung von Bedrohungen im Innern durch die Entscheidungsträger.

Zu den Aufgaben des Präsidenten gehört auch die Vermittlung sicherheitsrelevanter Informationen gegenüber Bedarfsträgern aus »Wirtschaft, Wissenschaft und Behörden«[29]. Weitere Mitarbeiter wirken an dieser Tätigkeit mit, bei der es darum geht, nicht nur Mitglieder der Bundesregierung zu unterrichten. Bei der Übermittlung von Informationen an Bedarfsträger werden die üblichen Geheimhaltungsstufen beachtet. Zu ihnen gehören die Kategorien »Nur für den Dienstgebrauch«, »Vertraulich«, »Geheim« und »Streng geheim«. Während die Bundesregierung Zugriff auf sämtliche Informationen hat, ist davon auszugehen, dass Behördenvertreter vor Unternehmern vermutlich nur bei Bedarf aus den Segmenten »Geheim« und »Streng geheim« vortragen werden.

Der Präsident ist zudem dafür zuständig – ganz im Sinne des Gedankens des »Frühwarnsystems« –, die Öffentlichkeit für mögliche Bedrohungen der freiheitlichen demokratischen Grundordnung zu sensibilisieren. Dazu gehören Presseerklärungen, Interviews mit relevanten Medien und auch Vorträge auf ausgewählten Tagungen. Des Weiteren ist es Teil seiner Aufgaben, Kontakte zu Amtskollegen im In- und Ausland zu pflegen. Zu ihnen zählen die Präsidenten der Bundespolizei, des BND und des MAD sowie die 16 Leiter der Landesämter für Verfassungsschutz. Hinzu kommen zum Zwecke des Informationsaustauschs die Vertreter ausländischer Nachrichtendienste, etwa Schin Bet in Israel, die Military Intelligence Section 5 in Großbritannien oder die Central Intelligence Agency (CIA) in den USA.[30] Viele weitere Gesprächspartner ließen sich nennen.

Der Auftrag des BfV besteht also darin, die Bedrohungen der freiheitlichen demokratischen Grundordnung gemäß ihrer nachweisbaren Relevanz zu gewichten und aufzubereiten. Somit ist grundsätzlich ein 360-Grad-Blick erforderlich, um Verfassungsfeinde zu identifizieren. Sollte es zu Verzerrungen oder analytischen Schlagseiten kommen, liegen diese immer in der Verantwortung des amtierenden Präsidenten.

2. Unter permanentem Druck

Der Verfassungsschutz steht unter Druck – und dies rund um die Uhr. Er soll in einer zunehmend komplexen Welt perfekt funktionieren, das heißt auf jede nur denkbare Gefahr für die freiheitliche demokratische Grundordnung frühzeitig hinweisen. Bei einem Personalansatz von 3864 Personen ist dies jedoch schon strukturell vollkommen unmöglich. Nur ein Teil der Mitarbeiter kann aktiv dem »Frühwarnsystem« zuarbeiten. Viele Personen sind in der Verwaltung gebunden, arbeiten in der Poststelle oder im Sekretariat. Sie sind wichtige Bestandteile des BfV, tragen aber natürlich nicht als Analysten oder verdeckt operierende Kräfte direkt zur Entstehung des Lagebildes bei. Hinzu kommen die Wochenenden sowie die üblichen Urlaubs- und Krankheitstage, die weitere Kapazitäten binden.

Mehr noch: Die offiziellen Zahlen sagen wenig über die analytische Schlagkraft des Verfassungsschutzes aus, da vermutlich zwischen Planstellen und der tatsächlich tätigen Mitarbeiterzahl zu unterscheiden ist. Ende August 2018 sollen beim BND 970 und beim BfV sogar über 1000 Planstellen nicht besetzt gewesen sein.[31] Wenn dem tatsächlich so ist, stehen beide Behörden vor großen Herausforderungen, denn die Gewinnung wirklich qualifizierter Mitarbeiter – also nicht nur die Besetzung von Posten im Geiste der Planerfüllung – ist nicht einfach. Im Zuge der sich seit 2015 verschärfenden Sicherheitslage konkurriert das BfV insbesondere mit der Personalgewinnung des BND, der Bundespolizei und der Bundeswehr.

Wie schwach die deutschen Nachrichtendienste aufgestellt sind, zeigt der internationale Vergleich. Das entsprechende Budget der Bundesrepublik lag 2019 – ohne die Landesämter für Verfassungsschutz – bei 1,47 Milliarden Euro. Aus amerikanischer Sicht ist dies eine Quantité négligeable. 2019 umfasste das gemeinsame Budget des National Intelligence Program und des Military Intelligence Program 81,7 Milliarden Dollar.[32] Allein von 2017 auf 2018 ist dieser Haushalt um 8,5 Milliarden Euro gestiegen. In lediglich zwölf Monaten schaffte es das Weiße Haus, den Etat seiner Nachrichtendienste um etwa das Fünffache des gesamten Haushalts von BND, BfV und MAD anzuheben.

Dieser strukturell schwachen Ausgangslage stehen hohe Erwartungshaltungen in der Politik und der Bevölkerung gegenüber. Der Verfassungsschutz geht für 2019 von 31 472 Straftaten »mit extremistischem Hintergrund«[33] aus, was über 86 Vorfällen pro Tag entspricht. Mit den geringen Mitteln des BfV ist es unmöglich, deren Entstehung in jedem Einzelfall im Vorfeld zu erkennen, um sie so zu verhindern. Noch problematischer ist die Überwachung sämtlicher gewaltbereiter Links- und Rechtsextremisten, deren Zahl für 2019 auf 22 200 geschätzt wird.[34] Das BfV wird im Einzelfall nicht erkennen können, ob sich einzelne Mitglieder in kürzester Zeit so weit radikalisieren, dass sie zu einem Terroranschlag bereit sind. Dabei ist das Phänomen des »einsamen Wolfes« noch gar nicht berücksichtigt. Der Terminus bezieht sich auf Menschen mit extremistischen Einstellungen, die sich z. B. über das Internet radikalisieren, aber bis zur Tat nie selbst öffentlich in Erscheinung treten. Wie soll der Verfassungsschutz zuverlässig in Erfahrung bringen, wie viele »einsame Wölfe« es in der Bundesrepublik gibt?

Hinzu kommen 28 820 Mitglieder extremistischer Ausländerorganisationen und das mit 28 020 angegebene Personenpotenzial des Bereiches Islamismus und islamistischer Terrorismus.[35] Zu beiden Phänomenen liegen keine Angaben zur Gewaltbereitschaft vor. Bundesinnenminister Horst Seehofer gab Anfang November 2020 bekannt, dass sich 615 Gefährder[36] aus der Islamismus-Szene in der Bundesrepublik befinden würden.[37] Weitere Personenkreise, aus denen der Attentäter von morgen hervorgehen könnte, sind vorab nur schlecht aufzuklären. Dazu zählen radikalisierte Muslime, die im Zuge der Migrationsbewegung seit 2015 nach Deutschland gekommen sind – und deren Zahl sich nicht quantifizieren lässt. Schließlich sind die Folgen dauerhaft offener Grenzen für das BfV nicht abzuschätzen. Potenzielle Attentäter können jederzeit aus dem Schengen-Gebiet einreisen und einen Terroranschlag durchführen.[38] Der Verfassungsschutz kann dem nur weitgehend machtlos zusehen.

An dieser Stelle kann nun der Einwand vorgebracht werden, dass es die Polizei ist, die für die Strafverfolgung zuständig ist. Konkret geht es dabei um den Einsatz des Staatsschutzes der Länder, der im Gegensatz zum BfV auch über hinreichend exekutive Befugnisse verfügt, um gegen Verfassungsfeinde vorzugehen. Das Landeskriminalamt Niedersachsen beschreibt den Aufgabenbereich dieser Abteilung wie folgt: »Der Schutz des demokratischen Rechtsstaates vor extremistischen und terroristischen Aktivitäten sowie die Gewährleistung der Inneren Sicherheit durch die präventive und repressive Bekämpfung der Politisch motivierten Kriminalität sind die Hauptaufgaben des Polizeilichen Staatsschutzes.«[39] Sollte es also zu Gewaltakten aus den genannten Personenkreisen kommen, ist das BfV für die Verfolgung der Straftaten nicht der richtige Ansprechpartner. Der Druckpunkt liegt an einer anderen Stelle: Von einem »Frühwarnsystem« wird erwartet, dass es in jedem konkreten Fall vorab erkennt, ob sich eine Person radikalisiert und ob sie dann auch bereit ist, einen politisch motivierten Terroranschlag durchzuführen. Genau dazu ist die Kölner Behörde nur begrenzt in der Lage.

Somit kann nun ein erstes, kleines Zwischenfazit gezogen werden. Wenn es in den nächsten Jahren in Deutschland zu weiteren Anschlägen kommt, wird dies in nur sehr wenigen Fällen auf ein Versagen des BfV zurückzuführen sein. Es ist personell und mit Blick auf seine Überwachungsmöglichkeiten auch materiell viel zu schwach aufgestellt, um die potenziellen Taten gewaltbereiter Extremisten im Vorfeld vernünftig einschätzen zu können. Allein zur Überwachung von drei Terrorverdächtigen sind – ganztägig und auf einen Monat gerechnet – 150 Kräfte der Observation erforderlich.[40] In der Verantwortung steht dagegen die Bundesregierung. Der Ansatz des ungebremsten Zuzugs von Flüchtlingen und Migranten sowie die damit einhergehende Weigerung, die eigenen Grenzen zu kontrollieren, haben in der Konsequenz zu einer weiteren Überforderung des Inlandsnachrichtendienstes geführt. Die Politik der Regierung Merkel hat zudem zu einer Radikalisierung der politischen Ränder beigetragen, was die Arbeit der Verfassungsschützer weiter erschwert.

Im Falle institutioneller Krisen, die im Zuge von öffentlich gewordenen *intelligence failures* heraufziehen können, entsteht ein weiterer Druckpunkt: die Frage der internen Verantwortung und der zu ziehenden Konsequenzen. Das BfV ist dann in einer unbequemen Lage. Selbst wenn es nachvollziehbar erklären kann, warum es einen Anschlag nicht voraussehen konnte (womit dann auch kein *intelligence failure* vorliegen würde), weiß es doch um die Neigung der Politik, die Behörde zum Sündenbock zu machen.

Regierungen haben gelernt, sich vor den politischen Folgen des »Versagens« ihrer Nachrichtendienste abzusichern. Um das Amt des Bundeskanzlers wurden auch zu diesem Zweck mehrere Verantwortungsringe gelegt, die den Regierungschef institutionell schützen sollen.[41] In Deutschland ist der Chef des Bundeskanzleramts im Ministerrang für die Kontrolle des BND zuständig. Die Dienst- und Fachaufsicht über das BfV hat dagegen das Bundesministerium des Innern, für Bau und Heimat. Im Bundeskanzleramt ist darüber hinaus der Beauftragte für die Nachrichtendienste des Bundes installiert. Er bekleidet das Amt eines Staatssekretärs und steht der zuständigen Abteilung 7 vor, die wiederum von einem Ministerialdirektor geleitet wird. Kommt es also zu angeblichen oder tatsächlichen Fehlleistungen des BfV, kann die Bundesregierung wahlweise den verantwortlichen Minister, den Präsidenten der Behörde, einen Staatssekretär oder einen Ministerialdirektor von seinem Dienstposten entfernen, um dem öffentlichen Druck gerecht zu werden.

Nachrichtendienste reagieren wie andere Bürokratien auf solche Situationen mit dem, was in der Politikwissenschaft institutionelles Lernen genannt wird.[42] Im konkreten Fall sind diverse Reaktionen im Bereich der Entscheidungsfindung möglich. Probleme können z. B. sehr offensiv und auch öffentlich benannt werden, um die Politik unter Druck zu setzen. Entscheidungsträger sind dagegen immer wieder froh, bestimmte Details nicht zu kennen, um nicht in der Verantwortung zu stehen. Es bietet sich aus der Sicht eines Nachrichtendienstes folglich eine Politik der Prophylaxe an: Je umfassender die Regierung informiert wird, desto weniger Vorwürfe können dem BfV später gemacht werden. Kommt es dann dennoch zu einem

Anschlag, kann die Behörde immer darauf verweisen, rechtzeitig gewarnt zu haben.

Mit Blick auf das Thema dieses Buches ist ein möglicher weiterer Lerneffekt aber noch viel interessanter: Die Neigung zu einer Produktion von *intelligence to please* könnte ebenfalls zunehmen.[43] Entspricht das Handeln der Behörde der Erwartungshaltung von Medien und Politikern, übernimmt sie also deren öffentlich proklamierte Bedrohungswahrnehmung, kann sie davon ausgehen, an institutionellem Kredit zu gewinnen. Solches Wohlwollen in der politisch-medialen Elite kann ganz erheblich dazu beitragen, die Amtszeit eines Präsidenten zu verlängern. Macht er trotzdem Fehler, werden diese sowohl von den Medien als auch von relevanten Politikern leichter verziehen.

3. Der Vorwurf der »Rechtslastigkeit«

Seit seiner Gründung muss sich das BfV vorhalten lassen, nicht nur auf einer »braunen« Tradition aufzubauen, sondern zumindest in seinen frühen Jahren an diese in personeller Hinsicht auch angeknüpft zu haben. Der erste Vorwurf ist sicherlich nicht gerechtfertigt, da auch von alliierter Seite alles getan wurde, den Aufbau einer zweiten Gestapo zu verhindern. Der Verfassungsschutz steht nicht nur unter der Kontrolle des Bundesinnenministers, er hat gemäß Trennungsgebot auch bis heute keine Polizeibefugnisse. Der zweite Vorwurf konnte dagegen bestätigt werden. In einer vom BfV begleiteten Untersuchung haben die Historiker Constantin Goschler und Michael Wala von 2011 bis 2015 an einem Forschungsprojekt gearbeitet, das eine sperrige Bezeichnung trägt: »Organisationsgeschichte des Bundesamtes für Verfassungsschutz 1950–1975, unter besonderer Berücksichtigung der NS-Bezüge früherer Mitarbeiter in der Gründungsphase«.[44]

Die Ergebnisse zeigen, dass es eine beachtliche Präsenz ehemaliger Vertreter bzw. Anhänger des Dritten Reiches in den Reihen des neu gegründeten Inlandsnachrichtendienstes gab. Ende 1951 lag die Zahl der Mitarbeiter des Bundesamts, die solche Bezüge aufwiesen, bei 15 Prozent. Bis Ende 1954 war der Anteil ehemaliger Mitglieder der NSDAP im Verfassungsschutz auf bis zu 30 Prozent angestiegen.[45] Zahlreiche Vertreter des nationalsozialistischen Staates, die heute namentlich bekannt sind, arbeiteten direkt für das BfV oder seine anfangs errichtete Parallelstruktur (»Titelgruppe 300«) zur Gewinnung »freier« Mitarbeiter. Die neuen Bediensteten der Behörde hatten während der Hitler-Zeit zum Teil hochrangige Positionen inne. In den Personalakten finden sich ehemalige Mitglieder der NSDAP, der Gestapo, des Sicherheitsdienstes, des Reichssicherheitshauptamts, der Sturmabteilung (SA), der Schutzstaffel (SS) (mindestens bis zum Rang des Sturmbannführers) und der Leibstandarte-SS »Adolf Hitler«.[46] Unter ihnen waren auch Gewaltverbrecher wie der Gestapomann Gustav Barschdorf. Er hatte 1942 im norwegischen Oslo die Widerstandskämpferin Brynhild Strøm so hart gefoltert, dass diese ihren Verletzungen erlag.[47]

Unmittelbar nach dem Ende des Zweiten Weltkrieges waren die westlichen Alliierten und das deutsche Gründungsteam der neuen Behörde allerdings in einer misslichen Lage. Es war schlicht schwierig, unbelastete Personen mit hoher administrativer und kriminalistischer Ausbildung zu gewinnen. Trotz erheblicher Bemühungen gelang es den zuständigen Stellen nicht, einen vollkommen unbelasteten Inlandsnachrichtendienst aufzustellen. Dies lag sicherlich auch daran, dass es geradezu unmöglich war, alte Seilschaften vollständig zu erfassen oder gar zu zerschlagen. Zumal sie bis in die Spitze des Bundeskanzleramts reichten, wie dies der Fall des Hans Globke zeigte. Er zählte während der NS-Zeit zu den Kommentatoren der Nürnberger Rassegesetze von 1935 und schaffte es dennoch, von 1953 bis 1963 das Amt des Chefs des Bundeskanzleramts in der Position eines Staatssekretärs auszuüben.[48] Globke war der engste Vertraute Adenauers und in dieser Position auch mit Personalangelegenheiten des BfV befasst. Die Seilschaften dürften mindestens bis in die 1970er-Jahre gereicht haben. Zumindest wirkten sie lange nach. Dem langjährigen Präsidenten Hubert Schrübbers (A 1955–1972) wurden Verwicklungen in die NS-Justiz vorgehalten. Zu den Vorwürfen gehörten unangemessene Urteile gegen eine Jüdin und politische Gegner des damaligen Regimes. Zudem soll er Mitglied der SA gewesen sein.[49] Auch sein Nachfolger, Präsident Günther Nollau (A 1972–1975), wurde wegen seiner Mitgliedschaft in der NSDAP kritisiert.[50] Es wundert dann kaum noch, dass selbst ein deutscher Bundesinnenminister entsprechende Verstrickungen aufzuweisen hatte. So ist bekannt, dass Hermann Höcherl (A 1961–1965) langjähriges Mitglied der NSDAP war.[51]

Zu dieser Melange an ganz unterschiedlichen Einflussfaktoren auf die Gründung des BfV gehörte eine zweischneidige Politik der westlichen Alliierten. Einerseits waren sie bestrebt, ehemalige Nationalsozialisten von der neuen Behörde fernzuhalten. Andererseits machten sie fallweise Zugeständnisse, wenn sie glaubten, daraus einen Nutzen ziehen zu können. Im neuen Kalten Krieg waren die USA, Großbritannien und Frankreich bereit, auch die Expertise ehemaliger Mitglieder der Gestapo oder der SS zu nutzen. Die entsprechenden Personen durften nur nicht offiziell Teil des Verfassungsschutzes sein.[52]

Besonders auffällig war die Flexibilität der Alliierten im Falle der Leitung des BND. Reinhard Gehlen war Generalmajor der Wehrmacht und leitete dort die Abteilung Fremde Heere Ost. Nach dem Krieg bot er sich den Amerikanern an, die seine Dienste und vor allem sein Wissen nutzten, um ein besseres Lagebild zur Sowjetunion zu erhalten. Ergebnis war die 1946 gegründete Organisation Gehlen, die bis zu ihrer Überführung in den BND 1956 von der CIA geleitet wurde.[53]

Diese und viele andere Beispiele zeigen, dass Urteile über die Entwicklungsgeschichte der deutschen Nachrichtendienste sehr viele Facetten berücksichtigen müssen. Mit Blick auf den Verfassungsschutz urteilen Goschler und Wala in einem Zwischenfazit von 2013: »Eine monokausal aus personellen ›braunen Wurzeln‹ erklärte Geschichte und gesellschaftliche Rolle des BfV greift nach den Ergebnissen unserer bisherigen Forschung daher offensichtlich zu kurz.«[54] Im Abschlussbericht ihres Forschungsprojekts weisen sie mehrfach darauf hin, dass Mitarbeiter des BfV, die auf eine gewisse Karriere im Dritten Reich zurückblicken können, keinen im Sinne der NS-Ideologie inhaltlich prägenden Einfluss auf den Verfassungsschutz ausgeübt haben. Es ging diesem Personenkreis primär um ganz praktische Dinge: »Vieles spricht dafür, dass diese ›Ehemaligen‹ ihre wiedergewonnenen Positionen nicht für einen neuerlichen Versuch nutzen wollten, ihr altes Weltbild durchzusetzen, vielmehr waren sie entschlossen, die sich bietenden sozialen und gesellschaftlichen Chancen in der ›Verwandlungszone‹ der frühen Bundesrepublik zu ergreifen.«[55]

Aus dieser Perspektive hat das BfV also keine – und dies ist entscheidend – inhaltliche (!) »braune« Vergangenheit, über die sich Rückschlüsse auf sein Wirken in der aktuellen Tagespolitik ableiten lassen. Trotzdem wird immer wieder versucht, eine solche Kontinuitätslinie zu konstruieren, um das Handeln der Behörde in der Gegenwart durch die Formulierung eines Generalverdachts in Misskredit zu bringen.[56] Hans-Joachim – Rufname »Hajo« – Funke, langjähriger Professor an der Freien Universität Berlin, ist bekannt dafür, die Arbeit des Verfassungsschutzes aus dieser Perspektive darzustellen. In einer 2018 publizierten Schrift stellt er die Morde des Nationalsozialistischen Untergrunds (NSU) in einen Kontext, der »insbesondere auf die Entstehung des Verfassungsschutzamtes selbst zurückweist«[57]. Natürlich könne man die aktuelle Lage nicht mit der Vergangenheit vergleichen, es sei aber erkennbar, »mit welcher Erbschaft aus einer autoritären nach-nationalsozialistischen Geschichte wir es bis heute zu tun haben.«[58] Funke ist sich seit Jahren nicht zu schade, geradezu reißerische Schriften gegen die Arbeit des BfV zu verfassen. Sie gehen weit über das übliche Maß angebrachter Kritik hinaus. Bereits das Cover des Buches von 2018 weist den Weg: »Sicherheitsrisiko Verfassungsschutz«, »Staatsaffäre NSU« und »V-Mann-Desaster«[59] – das sind die Ansagen im Ober- und Untertitel.

In jüngerer Zeit musste sich das BfV erhebliche Vorwürfe wegen seiner Rolle beim ersten Verbotsverfahren der NPD machen lassen. Bereits 1968 war angedacht worden, die Partei verbieten zu lassen. Innenminister Ernst Benda (A 1968–1969) erklärte: »Man kann nicht ständig die NPD als staatsfeindlich hinstellen und dann nichts dagegen tun.«[60] 1952 war die Sozialistische Reichspartei verboten worden, 1956 folgte die Kommunistische Partei Deutschlands. Es sollten weitere Jahrzehnte vergehen, bis den Worten Bendas Taten folgten. Erst Anfang 2001 reichten die Bundesregierung, der Bundestag und der Bundesrat beim Bundesverfassungsgericht Anträge ein, um ein Verbot der NPD zu bewirken.

Das Vorhaben scheiterte in geradezu spektakulärer Weise.[61] Am 18. März 2003 stellte das Bundesverfassungsgericht das Verfahren ein. Dafür wurden vor allem formale Gründe angeführt. Der Zweite Senat habe davon Kenntnis erhalten, dass ein Funktionär, dessen Angaben mehrfach »zur Stützung der Verbotsanträge herangezogen worden sind«[62], als V-Mann eines Landesamts für Verfassungsschutz tätig sei. Dem folgten weitere Enthüllungen. So wurde bekannt, dass V-Männer in der NPD bis hin zu Vorständen der Partei aktiv waren. Dies führte dazu, dass im Zweiten Senat nicht die erforderliche Zweidrittelmehrheit erzielt werden konnte, um den Einstellungsantrag der Nationaldemokraten abzulehnen. Vier Richter sahen kein Verfahrenshindernis, drei Richter vertraten die gegenteilige Position. Sie waren der Auffassung, dass durch den Einsatz der V-Männer ein »nicht behebbares Verfahrenshindernis«[63] geschaffen worden sei. Es bestehe im Verstoß gegen das Gebot »strikter Staatsfreiheit«[64]. Den Richtern sei es unmöglich, im Verfahren festzustellen, welches Verhalten NPD-Funktionären und welches V-Männern zugerechnet werden kann. Angeblich sollen bis zu 15 Prozent der Vorstandsmitglieder der Nationaldemokraten für den Verfassungsschutz gearbeitet haben.[65]

Verantwortlich für das Scheitern des Verbotsantrags sind sicherlich primär die zuständigen politischen Entscheidungsträger. Der Vorgang wurde aber auch zum Anlass genommen, das BfV aus der üblichen Perspektive zu kritisieren: Gab es eine inhaltliche Nähe zwischen Vertretern des Verfassungsschutzes und ihren Quellen? Wurden V-Männer genutzt, um die Politik der NPD zu beeinflussen – und wurden dabei eventuell sogar politische Präferenzen von Vertretern des BfV berücksichtigt? Die Fragen bedurften nicht einmal klarer Antworten. Der gestreute Verdacht reichte völlig aus, um den Vorwurf der Rechtslastigkeit gegenüber dem Verfassungsschutz ein weiteres Mal zu erneuern.

Bis heute bleibt unerklärlich, warum das BfV überhaupt der Meinung war, die NPD mit V-Männern infiltrieren zu müssen.[66] Die Partei hat nach außen sehr transparent gearbeitet und nie Zweifel an ihrer Verfassungsfeindlichkeit aufkommen lassen, zu der auch offen neonationalsozialistische Bekenntnisse gehören. Genau das sollen V-Männer eigentlich ans Licht bringen, solange sich eine Gruppierung öffentlich weniger deutlich äußert, aber dabei zumindest Verdachtsmomente hat aufkommen lassen. Die NPD-Führungskader haben sich dagegen immer klar und deutlich geäußert. Es ließen sich an dieser Stelle diverse Verlautbarungen wiedergeben. Der Beleg dieser Einschätzung soll über ein besonders markantes und aussagekräftiges Beispiel erfolgen.

Im September 2004 hat der damalige Bundesvorsitzende der NPD, Udo Voigt, seine Gesinnung in einem Interview mit der Wochenzeitung *Junge Freiheit* offen vertreten: »Es ist unser Ziel, die BRD [...] abzuwickeln«[67]. Auf die Frage, ob es ihn irritiere, dass seine Partei vom BfV beobachtet werde, antwortete er: »Nein, im Grunde ist diese Beobachtung der NPD aus Sicht der Vasallenstaaten nachvollziehbar.«[68] Zur NS-Zeit äußerte sich Voigt ebenfalls: »Wir sind keine Partei, die nur deshalb etwas schlecht findet, weil es schon zwischen 1933 und 1945 vorhanden war. Tatsächlich hat der Nationalsozialismus die Ideen völkischer Identität von 1848 in hohem Maße realisiert, leider aber war er auch imperialistisch.«[69] Noch deutlicher wird er kurz darauf: »Natürlich ist der Nationalsozialismus als Strömung in Deutschland auch heute vorhanden. Für die NPD ist er nicht maßgebend, aber wir versuchen, neben Nationalliberalen und Nationalkonservativen eben auch die nationalsozialistische Strömung zu integrieren, da eine Abgrenzung nur dem politischen Gegner hilft. [...] Zweifellos handelt es sich bei Hitler um einen großen deutschen Staatsmann. Ich verkenne aber nicht, daß er letztlich die Verantwortung für die Niederlage Deutschlands trägt.«[70]

Können V-Männer in ideologischer Hinsicht mehr ermitteln? Voigt hatte diese Äußerungen nach dem gescheiterten Verbotsantrag vorgenommen, neu waren sie gleichwohl nicht. Die NPD hatte ihre Haltung bereits bei der Wahl des Rechtsbeistandes im Verbotsverfahren ab 2001 erkennen lassen, als sie den bekannten Antisemiten und Verfassungsfeind Horst Mahler engagierte.[71] Zuvor war die Partei von 1991 bis 1996 von Günter Deckert geführt worden, der schon damals ein bekennender Holocaust-Leugner war.[72]

Im Zuge des Bekanntwerdens der Morde des NSU kamen erneut Überlegungen auf, einen weiteren Anlauf zum Verbot der NPD anzustrengen. Alte Fehler sollten nicht wiederholt werden. Bis zum April 2012 wurden daher elf V-Männer, die der Verfassungsschutz in Führungsämtern im

Bundesvorstand und in Landesvorständen installiert hatte, abgeschaltet.[73] Am 2. Dezember 2015 nahm das Bundesverfassungsgericht den Antrag des Bundesrats, die NPD zu verbieten, zur Verhandlung an.[74] Am 17. Januar 2017 beschloss der Zweite Senat erneut, dass die Partei nicht verboten werden könne. Allerdings wurde dies nun wie folgt begründet: Der Antrag war zwar zulässig. Das Gericht wies ihn aber einstimmig zurück, obwohl es inhaltlich eindeutig anerkannte, dass die Arbeit der NPD darauf abziele, die freiheitliche demokratische Grundordnung zu beseitigen. Es wurden jedoch keine Anhaltspunkte erkannt, »die es zumindest möglich erscheinen lassen, dass dieses Handeln zum Erfolg führt.«[75] Die schlechten Wahlergebnisse der Partei wurden als Indikator dafür gewertet, dass sie nicht einmal ansatzweise in der Lage ist, ihre Ziele umzusetzen: »Eine Durchsetzung des verfassungsfeindlichen politischen Konzepts der Antragsgegnerin mit parlamentarischen oder außerparlamentarischen demokratischen Mitteln erscheint ausgeschlossen.«[76] Zudem stellte das Gericht fest, dass lediglich eine »begrenzte Zahl von Gewalttaten«[77] Mitgliedern der NPD direkt zugerechnet werden konnte, »die aber nicht ausreichen, um ihr eine Grundtendenz zur Durchsetzung ihrer verfassungsfeindlichen Absichten mit Gewalt oder durch die Begehung von Straftaten nachweisen zu können.«[78] Der Verbotsantrag wurde als »unbegründet«[79] zurückgewiesen.

Welche Schlussfolgerungen lassen sich aus diesen Vorgängen ziehen? In rechtlicher Hinsicht bestand keine Möglichkeit, die NPD zu verbieten, obwohl diese eindeutig als verfassungsfeindlich zu klassifizieren ist. Wenn führende Vertreter des Staates dennoch bereit sind – erneut assistiert vom Verfassungsschutz –, einen Verbotsantrag zu verfolgen, dann sollen damit vor allem Zeichen gegen einen angeblich geradezu grassierenden Rechtsextremismus in der deutschen Bevölkerung gesetzt werden. Es ist nicht mehr als Symbolpolitik, die aber natürlich immer geeignet ist, Sympathien in den eigenen politischen Reihen der Regierungsparteien zu erzeugen. Zudem lernen Entscheidungsträger aus solchen Vorgängen: Selbst wenn in der Substanz nichts zu erreichen ist, können symbolische Akte von Nutzen sein, soweit sie sich abstrakt dem »Kampf gegen rechts« – und der damit verbundenen medialen Berichterstattung – zuordnen lassen. Dieses Muster in der politischen Auseinandersetzung ist in den folgenden Jahren auf weitere Akteure übertragen worden.

Zu einem wahren Desaster für den Verfassungsschutz wurden schließlich die Berichte über das Trio Uwe Mundlos, Uwe Böhnhardt und Beate Zschäpe. Sie hatten zwischen 2000 und 2007 insgesamt zehn Menschen getötet – neun Migranten und eine Polizistin.[80] Es dauerte Jahre, bis die Ermittler erkannten, dass es sich dabei um rechtsextremistisch motivierte

Serienmorde handelte. Bekannt wurde die Gruppe, die sich Nationalsozialistischer Untergrund nannte, nach den Geschehnissen vom 4. November 2011. Mundlos und Böhnhardt wurden nach einem missglückten Banküberfall in Eisenach tot in einem Wohnmobil aufgefunden. Sie hatten mutmaßlich Suizid begangen. In Zwickau ging wenige Stunden später ein Wohnhaus in Flammen auf. Das Feuer war von Zschäpe gelegt worden, um Spuren zu vernichten. Nach einer kurzen Flucht stellte sie sich am 8. November 2011 den Behörden.[81]

Die in diesem Fall sehr berechtigten Vorwürfe gegen das BfV können wie folgt zusammengefasst werden: Der NSU hatte sich, erstens, spätestens Ende der 1990er-Jahre formiert. Kennengelernt hatte sich das Trio vermutlich bereits in der Zeit nach der Wende. Alle drei waren frühzeitig als Aktivisten in der Neonazi-Szene aufgefallen. Den Verfassungsschützern war es jedoch nicht möglich, Zusammenhänge zwischen rechtsextremistischen Umtrieben, vor allem in Zwickau, und einer über zehn Jahre tätigen Terrorzelle herzustellen.

Dies wurde, zweitens, später vor allem deshalb mit Erstaunen zur Kenntnis genommen, weil der Verfassungsschutz über V-Männer im direkten Umfeld von Mundlos, Böhnhardt und Zschäpe verfügte. Die Gruppe war im Thüringer Heimatschutz (THS) aktiv, der von Tino Brandt geführt wurde. Er arbeitete bereits seit 1994 unter dem Decknamen »Otto« für den Verfassungsschutz in Erfurt. Der THS soll zu seiner stärksten Phase über 140 bis 160 Mitglieder verfügt haben. Schätzungen gehen davon aus, dass aus dieser Gruppe 35 bis 45 Personen – einige nur sehr kurz, andere für längere Zeit – als V-Männer für das BfV, den MAD oder das thüringische Landesamt für Verfassungsschutz aktiv waren.[82] Es ist unter solchen geradezu optimalen Aufklärungsbedingungen nur schwer vorstellbar, dass es nicht möglich war, die besonders radikalisierten Mitglieder des THS ausfindig zu machen.

Insbesondere diese Situation sorgte, drittens, natürlich dafür, dass sich die Verfassungsschutzämter unbequeme Fragen stellen lassen mussten. In welchem Umfang haben sie z. B. selbst auf die inhaltliche Ausrichtung des THS Einfluss genommen, wenn sie über eine derart hohe Dichte an V-Männern in der Organisation verfügten? Wer Quellen innerhalb eines Zielobjekts führt, muss diese in der Regel monetär entlohnen. Ist es dann denkbar, dass die Formierung des NSU de facto mit Geldern des Verfassungsschutzes finanziert worden ist? Die zahlreichen V-Männer werden umfassende – mehr oder weniger zutreffende – Berichte aus dem Zentrum des THS verfasst haben. Was hat das BfV aus welchen Gründen ernst genommen und was nicht? Diese Frage öffnet jenseits der notwendigen Kritik an der Behörde die üblichen Räume, um den bekannten Vorwurf, der Staat sei auf dem »rechten Auge« blind, zu erneuern. Nachgewiesene und nur vermutete Entwicklungen werden dabei miteinander vermengt. Vereinzelt gehen Interpretationen in die übliche Richtung: Haben Verfassungsschützer aus Sympathie für den THS relevante Informationen unterschlagen?

Schließlich kann dem BfV, viertens, vorgehalten werden, die Aufklärung der NSU-Morde behindert zu haben. So sollen über die V-Männer im THS 35 Akten angelegt worden sein, von denen sieben im November 2011 vernichtet wurden.[83] Angeblich sind sogar Computerdateien manipuliert worden. Sie wiesen an bestimmten Stellen Lücken auf, die dort vermutlich gezielt eingebaut wurden, um bestimmte Informationen nicht zu dokumentieren. Davon betroffen sollen »Werbefälle« gewesen sein, also angeworbene V-Männer, deren Tätigkeiten nicht in einer Akte festgehalten wurden. Der damalige Präsident des BfV, Heinz Fromm (A 2000–2012), äußerte nach Bekanntwerden der Vorfälle deutliche Selbstkritik: »Hierdurch ist ein erheblicher Vertrauensverlust und eine gravierende Beschädigung des Ansehens des Amtes eingetreten.«[84] Kurz darauf trat er zurück.

Die Aufarbeitung der Taten des NSU inklusive der zugehörigen Gedenkfeiern wurde zu einem Dauerthema in Politik und Medien. Damit verbunden war nicht nur die berechtigte Warnung vor Rechtsextremisten, sondern auch die pauschale Forderung, die Gesellschaft müsse mehr Präsenz im »Kampf gegen rechts« zeigen. Dies inkludiert in der Regel auch die Diskreditierung des konservativen politischen Gegners, der in die allgemeine Auseinandersetzung gegen »rechts« einbezogen wird. Es ist diese gezielte Vernachlässigung der Binnendifferenzierung innerhalb eines politischen Großlagers, die aus demokratischer Sicht problematisch ist, weil sie im Ergebnis Verfassungsgegner und Verfassungsfreunde politisch auf eine Stufe stellt – und sie dann gleichermaßen bekämpfen möchte. Die Verbindung zwischen einer notwendigen Aufgabe des Staates und der Streuung von Verdachtsmomenten gegen das konservative Lager in Deutschland ist ein typisches Stilmittel der politisch-medialen Elite geworden.

Das Lagebild selbst ist dagegen gut dokumentiert. Dazu gehören Gewaltakte rechtsextremistischer Verbrecher. Fast ausschließlich aus diesem Personenkreis sind die zahlreichen Straftaten gegen Asylunterkünfte erfolgt, die in der Summe allerdings stark rückläufig sind: 198 (2014), 1031 (2015), 995 (2016), 312 (2017), 173 (2018) und 126 (2019).[85] Bei diesen Taten handelte es sich in der Regel um Propagandadelikte und Sachbeschädigungen. Die Zahl der Gewaltdelikte gegen Asylunterkünfte liegt weitaus niedriger und nimmt ebenfalls deutlich ab: 28 (2014), 177 (2015), 169 (2016), 46 (2017), 14 (2018) und 14 (2019).[86]

Besondere Aufmerksamkeit erregten Morde und Anschlagsversuche von Einzeltätern, die einen rassistischen oder rechtsextremistischen Hintergrund hatten. Zu ihnen gehört die Ermordung des Kasseler Regierungspräsidenten und CDU-Politikers Walter Lübcke in Wolfhagen-Istha bei Kassel in der Nacht zum 2. Juni 2019. Für die Tat wird der Rechtsextremist Stephan Ernst verantwortlich gemacht.[87] Am 9. Oktober 2019 kam es zum Anschlag von Halle. Der Rechtsextremist Stephan Balliet hatte zunächst versucht, gewaltsam in die Synagoge der Stadt einzudringen. Als dies misslang, erschoss er eine Person vor dem Gebäude und anschließend einen Gast eines Döner-Imbisses.[88] Am 19. Februar 2020 wurden zehn Menschen von Tobias Rathjen, vermutlich ein rassistisch verwirrter Psychopath, in Hanau ermordet. Neun der Opfer hatten einen Migrationshintergrund.[89]

Was einzelne Politiker und Journalisten aus diesen Fakten machen, hat oft nichts mehr mit dem Lagebild selbst zu tun. Einige von ihnen nutzen die Vorgänge, um kontinuierlich Druck auf das Innenministerium – und damit auf den Verfassungsschutz – auszuüben. So gehört es zu den Standardformulierungen vor allem linksliberaler Medien, der Staat sei auf dem »rechten Auge« blind, wenn es zu Übergriffen gegen Ausländer kommt.[90] Auch die *Frankfurter Allgemeine Zeitung* nutzt diese Formulierung und kritisierte nach dem Mordfall Lübcke den hessischen Verfassungsschutz. Der Attentäter sei über Jahre als gewaltbereiter Rechtsextremist eingestuft worden. Trotzdem habe niemand den Mord verhindern können.[91] Gerade die drei genannten Mordanschläge sehen viele Journalisten als Beleg für die grundsätzliche Existenz einer »rechten Gefahr«.

Dass Stephan Balliet[92] und Tobias Rathjen[93] nach allem, was öffentlich bekannt geworden ist, Einzeltäter waren und keinem Netzwerk angehörten, ist dabei ohne Belang. Lediglich bei Stephan Ernst sind regelmäßige Kontakte zur Führungsspitze der NPD nachweisbar,[94] aus denen sich jedoch keine Verabredung zum Mord ableiten lässt (sicher aber eine Festigung des neonationalsozialistischen Weltbildes). Wissenschaftler wie Journalisten ergehen sich in solchen Fällen daher oft in der Aufstellung rein spekulativer Wirkungsketten, die viel über ihr eigenes Weltbild aussagen – und nur wenig belegen.[95]

Wenn spektakuläre Anschläge von Rechtsextremisten ausbleiben und auch die Gewaltakte gegen Asylunterkünfte zurückgehen, suchen sich einzelne Medien andere Zielobjekte aus, an denen die generelle – und auch kultivierte – Annahme eines auf dem »rechten Auge« blinden Staates abgearbeitet wird. Am 8. August 2020 machte *Der Spiegel* mit einem Titelblatt auf, das geradezu von einer Unterwanderung des staatlichen Sicherheitsapparats ausgeht: »Die dunkle Seite der Staatsmacht. Polizei, Bundeswehr,

KSK [Kommando Spezialkräfte, M.W.]: Wie rechts sind unsere Sicherheitskräfte?« Der zehn Seiten lange Beitrag listet zwar diverse rechtsextremistische Vorfälle korrekt auf.[96] In methodischer Hinsicht sind die Ausführungen aber sehr angreifbar. Termini wie »rechts« (= konservativ) und »rechtsextremistisch« (= verfassungsfeindlich) werden synonym verwendet; die *Junge Freiheit* wird als »neurechte«[97] Publikation eingestuft, ohne dies zu konkretisieren; ein aus Pflastersteinen gelegtes Eisernes Kreuz gilt als Beleg für eine verdächtige Haltung,[98] obwohl dieses aus den Befreiungskriegen von 1813 bis 1815 stammende Symbol auch die Waffensysteme der Bundeswehr ziert.[99]

Wo klar nachweisbare Vorgänge nicht angeführt werden können, wird reihenweise mit Mutmaßungen und Verdächtigungen gearbeitet: »400 Verdachtsfälle«[100], »um die Spitze des Eisbergs handeln könnte«[101], »sollen geplant haben«[102], »stammen mutmaßlich von«[103], »wurde verdächtigt«[104], »Beweisen konnte man ihr nichts.«[105], »mit 70 Verdachtsfällen«[106], »mindestens 340 Verdachtsfälle«[107], »sollen einige Soldaten den Hitlergruß gezeigt haben«[108], »soll Verdächtige aus dem Umkreis von Franco A. vor Ermittlungen gewarnt haben«[109], »sollen er und seine Kameraden bei Rechtsrock mitgegrölt und mehrere Partygäste am Lagerfeuer den Hitlergruß gezeigt haben«[110], »638 Verdachtsfälle«[111].

Ungeschickt ist eine solche Vorgehensweise nicht. Der Leser wird durch einen Mix aus Realität und Andeutung in permanenter Wiederholungsschleife auf eine einzige »logische« Interpretation der Lage vorbereitet: Der Beitrag selbst trägt die Überschrift »Der Feind im Innern«. Die Schlussfolgerungen generalisieren in diesem Sinne: »Welcher Institution ist noch zu trauen, wenn es in ihr Staatsdiener gibt, die in Wahrheit Staatsfeinde sind?«[112] Weiter heißt es: »Es sind Geschichten wie diese, die eine Unterwanderung der Behörden durch Rechtsextremisten plötzlich als denkbar erscheinen lassen.«[113] *Der Spiegel* gibt insgesamt 19 (!) Autoren für diesen Beitrag an, womit das Wochenmagazin eine klare Botschaft transportieren möchte: Wir sind uns einig!

Wenn Journalisten Vertreter der Politik, der Polizei, der Bundeswehr oder der Nachrichtendienste kritisieren, liegen sie natürlich sehr oft vollkommen richtig. So ist es etwa ein Unding, wenn Polizisten Chat-Gruppen bilden, in denen sie rechtsextreme Positionen teilen.[114] Das Verhalten der Medienvertreter ist an anderen Punkten zu bemängeln: dem der ständigen Wiederholungen ohne substanziellen neuen Anlass, dem der Überbewertung von Einzelfällen und dem der allgemeinen Unterstellung eines neonationalsozialistischen Weltbildes ganzer Berufszweige und Bevölkerungsgruppen. Denn dann geht es nicht mehr um investigativen Journalismus, sondern – wie im zitierten *Spiegel*-Beitrag – um die Beeinflussung von Politik.

Der Schriftsteller Botho Strauss hatte diese Vorgehensweise in ihrer Substanz schon 1993 beargwöhnt: »Überhaupt ist pikant, wie gierig der Mainstream das rechtsradikale Rinnsal stetig zu vergrößern sucht, das Verpönte immer wieder und noch einmal verpönt, nur um offenbar immer neues Wasser in die Rinne zu leiten, denn man will's ja schwellen sehen, die Aufregung soll sich ja lohnen. Das vom Mainstream Mißbilligte wird von diesem großgezogen, aufgepäppelt, bisweilen sogar eingekauft und ausgehalten.«[115]

Ein auf diese Weise aufgeheiztes Klima gegen »rechts« hat Folgen. Entscheidungsträger werden massiv unter Druck gesetzt, endlich schärfer gegen entsprechende Gruppierungen vorzugehen. Und dieser Druck wird oft eins zu eins an das BfV weitergegeben, nun endlich stichhaltige Belege für das vorzulegen, was als Mutmaßung im politischen Raum steht. Es sind solche Bedingungen, die *intelligence to please* begünstigen.

Pawlowsche Reflexe

An dieser Lage und der damit verbundenen mentalen Haltung der involvierten Akteure wird sich auf lange Sicht nichts ändern. Zu stark sind die historischen Konditionierungen, und zu leicht greifen Pawlowsche Reflexe. Ursache sind anhaltende Wahrnehmungsfehler, die auf einer Mischung aus mangelndem Fachwissen bei der Beurteilung komplexer Sachverhalte und intuitiver Verdrehung der Tatsachen beruhen. Im »Kampf gegen rechts« werden mittlerweile ganzjährig von Vertretern aus Politik und Medien immer neue Themen und Anlässe genutzt, um die nächste öffentlichkeitswirksame Kampagne vom Zaun zu brechen. Das hält auch die Kölner Behörde auf Trab.

Der Pawlowsche Reflex zeigte sich besonders eindrucksvoll während und kurz nach den Anti-Corona-Demonstrationen vom 29. August 2020 in Berlin. Unter den etwa 43 000 Teilnehmern der von »Querdenken 711« organisierten,[116] sehr heterogenen Veranstaltung waren zweifellos Gegner der freiheitlichen demokratischen Grundordnung. Der Verfassungsschutz Berlin spekulierte über 2500 bis 3000 Rechtsextremisten und Anhänger der Reichsbürger-Szene.[117] Die SPD-Vorsitzende Saskia Esken erklärte dagegen bereits am 30. August 2020 über Twitter, welche Zahlen sie für realistisch hält. Demnach waren es »Zehntausende Rechtsradikale, Reichsbürger, QAnon-Anhänger, Holocaust-Leugner, antisemitische Verschwörungsideologen und Esoteriker«[118]. Diese Sichtweise fand sich auch bei vielen Journalisten wieder, die sich in ihrem Weltbild bestätigt fühlten, als sie einzelne Teilnehmer mit Reichsflaggen sahen und diese fälschlicherweise für Reichskriegsflaggen hielten.[119]

Im Laufe der Demonstration mit ganz unterschiedlichen Themenschwerpunkten war es etwa 400 bis 500 Personen gelungen, kurzfristig die Treppe des Reichstages zu besetzen. Erneut waren neben vielen anderen Fahnen auch Reichsflaggen zu sehen.[120] Die dabei entstandenen Bilder sollten fortan die Bewertung der Anti-Corona-Demonstration maßgeblich prägen.

Die *Frankfurter Allgemeine Zeitung* ordnete den Vorgang als »Angriff«[121] auf den Reichstag ein, Bundespräsident Frank-Walter Steinmeier sprach von einem »Angriff auf das Herz unserer Demokratie«[122]. Hätten die Demonstranten tatsächlich eine »Erstürmung« des Reichstages zum Ziel gehabt, wäre es ihnen sicherlich ein Leichtes gewesen, die letzten drei Polizisten vor dem Eingang des Parlaments zu überwinden. Zahlreichen Videos ist zu entnehmen, dass sie genau dies nicht versucht haben.[123] Der Berliner Verfassungsschutz ging von einer spontanen Aktion aus.[124] In dem Vorgang einen dezidiert und ausschließlich rechtsextremen Angriff gegen das Parlament erblicken zu wollen, bedarf also mehr als nur etwas Fantasie.

In den folgenden Tagen wurde das Ereignis in Politik und Medien entlang der bekannten Interpretationslinie aufbereitet. Steinmeier forderte verstärkte Anstrengungen im Kampf gegen den Rechtsextremismus. Im Stile eines Parteipolitikers erklärte er: »Wer auf den Straßen den Schulterschluss mit Rechtsextremisten sucht, aber auch wer nur gleichgültig neben Neonazis, Fremdenfeinden und Antisemiten herläuft, wer sich nicht eindeutig und aktiv abgrenzt, macht sich mit ihnen gemein.«[125] Die Umsetzung dieses Satzes in der Praxis würde bedeuten, dass der verfassungstreue Bürger auf die Teilnahme an regierungskritischen Protesten komplett verzichten müsste, da kein Veranstalter vorab garantieren kann, dass sich Rechtsextremisten nicht dem Demonstrationszug anschließen.

Das BfV orientierte sich in der Lagebewertung erneut an der vorherrschenden Stimmungslage. Vor der Anti-Corona-Demonstration hatte Thomas Haldenwang erklärt, dass das rechtsextremistische Lager im Vergleich zur Demonstration vom 1. August zwar aktiver mobilisiere. Es könnte daher eine größere Zahl an Aktivisten teilnehmen. Den Rechtsextremisten sei es aber nicht gelungen, die »Hoheit über diese Demonstrationen, das Demonstrationsgeschehen«[126] zu erlangen. Die geschätzten Teilnehmerzahlen bestätigen diese Aussage: Etwa 93 Prozent der Demonstranten wurden auf der Basis der Angaben des Verfassungsschutzes Berlin nicht dem rechtsextremen Lager zugerechnet. Nach den Protesten setzte Haldenwang in seiner Darstellung des Geschehens jedoch einen anderen Akzent: »Rechtsextremisten und Reichsbürgern ist es gelungen, einen Resonanzraum zu besetzen, wirkmächtige Bilder zu erzeugen und so das heterogene Protestgeschehen zu instrumentalisieren.«[127] Zu dieser Einschätzung war die politische-mediale Elite bereits am Abend des 29. August 2020 gelangt – auch, weil sich die journalistische Aufmerksamkeit auf einen kleinen Ausschnitt der Anti-Corona-Demonstration beschränkte, was erst zur Erzeugung der »wirkmächtigen Bilder« geführt hat.

Ins Visier der Politik geriet nun neben der kaiserlichen Reichskriegsflagge auch die Reichsflagge, obwohl der Verfassungsschutz das Zeigen beider Symbole nie als strafbar eingeordnet hat.[128] Begründet wurde die Kritik mit dem Verweis darauf, dass die Farben Schwarz, Weiß und Rot Symbole des Rechtsextremismus seien. Das Bundesland Bremen hatte daher Mitte September 2020 die Reichs- und die kaiserliche Reichskriegsflagge in der Öffentlichkeit verboten; weitere Maßnahmen anderer Bundesländer waren zum damaligen Zeitpunkt zu erwarten. Zutreffend ist, dass die NPD und andere Gruppierungen seit vielen Jahren beide Flaggen auf Veranstaltungen einsetzen. Dadurch werden sie aber nicht per se zu einem rechtsextremen, einer spezifischen Gruppe als exklusives Erkennungszeichen zuzuordnendem Symbol. Wer so argumentiert, müsste sich auch gegen die schwarz-rot-goldene Fahne wenden, galt diese doch nach 1871 vielen nicht als Inkarnation der deutschen Demokratie, sondern – so der Historiker Theodor Schieder – als Flagge »der großdeutschen Bewegung außerhalb der Reichsgrenzen«[129].

Die Reichsflagge wurde 1867 als Fahne des Norddeutschen Bundes etabliert. Sie ist eine Verschmelzung der Farben Preußens (Schwarz-Weiß) und der Hanse-Städte (Weiß-Rot). Zuvor zierten Schwarz, Rot und Gold die Flagge des Deutschen Bundes. Diese kam auch in der Weimarer Republik zum Einsatz – aber nicht nur. Die Reichsflagge fand in verschiedenen Varianten ebenfalls Verwendung. Verziert mit einem Eisernen Kreuz in der Mitte und einer kleinen schwarz-rot-goldenen Fahne in der oberen linken Ecke war sie von 1921 bis 1933 die Reichskriegsflagge des demokratischen Deutschlands. Die heute verbotenen Symbole tauchten erst später auf: 1935 wurde aus der Hakenkreuzfahne die alleinige Nationalflagge des Dritten Reiches; in jenem Jahr entstand auch die nationalsozialistische Reichskriegsflagge mit Eisernem Kreuz und Hakenkreuz.

Wie willkürlich von der politisch-medialen Elite Symbole und historische Ereignisse genutzt werden, um mit ihnen verfassungsfeindliche oder politisch vorbildliche Aktivitäten zu markieren, mag das folgende Beispiel demonstrieren. Seit 1950 wird einmal jährlich in Aachen der Karlspreis vergeben, um Personen zu würdigen, die sich um die Einigung Europas verdient gemacht haben. Nun sind die Errungenschaften Karl I. nicht zu bestreiten – von der Förderung des Christentums und der Wissenschaft über die Architektur bis zum Rechtswesen. Auf der Internetseite der »Stiftung Internationaler Karlspreis zu Aachen« wird die dunkle Seite des Namensgebers allerdings vollständig ausgeblendet.[130] Zu ihr gehört das »Verdener Blutgericht« von 782. Damals sollen 4500 gefangengesetzte Sachsen auf Befehl Karl I. hingerichtet worden sein, wozu sie geköpft wurden. Auch wenn es für diese Zahl keinen Beleg gibt,[131] sind die brutalen Eroberungsfeldzüge des späteren Kaisers, der die Christianisierung mit dem Schwert vorantrieb, Teil der nachweisbaren Geschichte. Für die Bundesregierung und die Leitmedien sind diese Zusammenhänge es nicht wert, die Vergabe eines nach Karl I. benannten Preises zu überdenken. Das Zeigen eines auf das Jahr 1867 zurückgehenden Fetzen Stoffes vor dem Reichstag wird dagegen offiziell als Gefahr für die Demokratie ausgelegt.

Es ist für den Inlandsnachrichtendienst nicht einfach, in einer polarisierten politischen Landschaft und im Angesicht klar vorgegebener Denkpfade aus dem Bundesinnenministerium ausschließlich zur Sache zu arbeiten. Hans-Georg Maaßen, der von 2012 bis 2018 Präsident des BfV war, hat sich in einem konkreten Fall der öffentlichen Erwartungshaltung nicht gebeugt – und kurze Zeit später sein Amt verloren. Dem linksliberalen Establishment in Berlin war er seit Jahren ein Dorn im Auge. Sein Verhalten bei der Aufklärung der NSU-Morde wurde als halbherzig dargestellt. Er galt überdies als heimlicher Sympathisant der AfD. Und seine kritische Haltung gegenüber dem nicht begrenzten Zuzug von Flüchtlingen und Migranten seit 2015 stieß natürlich im linken Lager auf Gegenwehr. Maaßen hatte also in der politisch-medialen Elite keinen Kredit aufbauen können. Wäre es ihm nur um die eigene Karriere gegangen, hätte er *intelligence to please* vorlegen müssen. Er tat während der rechtsextremistischen Ausschreitungen in Chemnitz im Spätsommer 2018 aber genau das Gegenteil. Im Widerspruch zur Sichtweise der Bundesregierung äußerte er Anfang September 2018: »Die Skepsis gegenüber den Medienberichten zu den rechtsextremistischen Hetzjagden in Chemnitz wird von mir geteilt.«[132] Das war *intelligence to blame* – gerichtet direkt gegen das Bundeskanzleramt.

Der Präsident des BfV sorgte auf diese Weise für Empörung. Während der Vorgänge in Chemnitz war ein kurzer Videoausschnitt an die Öffentlichkeit gelangt, in dem zu sehen ist, wie mehrere Deutsche in aggressiver Pose auf zwei Ausländer zugehen und diese dazu bringen, ihren Standort fluchtartig zu verlassen. Im Video sind deutlich rassistische Kommentare zu hören. Prüfungen von Journalisten haben ergeben, dass der kurze Film mit großer Wahrscheinlichkeit authentisch ist.[133] Maaßen dürfte verärgert haben, wie Regierungssprecher Steffen Seibert den Vorgang dargestellt hat: Er sprach von dem, was »stellenweise zu sehen war« – also an mehreren Orten in Chemnitz –, nämlich »Hetzjagden auf Menschen anderen Aussehens, anderer Herkunft«[134]. Seibert bemühte also den Plural und behauptete, dass es nicht nur diesen einen, dokumentierten Vorfall gab. Die Bundesregierung erweckte durch die Äußerungen ihres Pressesprechers den Eindruck, in Chemnitz habe eine Art Pogromstimmung geherrscht. Zwischen Maaßen und der politisch-medialen Elite gab es anschließend vor allem in diesem einen Punkt ein erhebliches Kommunikationsproblem. Nach weiteren Irritationen zog Bundesinnenminister Horst Seehofer Konsequenzen. Hans-Georg Maaßen wurde im November 2018 in den einstweiligen Ruhestand verabschiedet.[135]

Somit lässt sich das folgende Zwischenfazit ziehen: Das BfV musste sich in der noch jungen Phase der Bundesrepublik vorwerfen lassen, aufgrund der NS-Vergangenheit diverser Spitzenbeamter nicht genug Abstand zum Dritten Reich zu haben. Diese Bewertung wird in Teilen des linken politischen Lagers bis heute kultiviert. Aus der Sicht der Kritiker der Behörde gehört es sozusagen zur bürokratischen Genetik des Verfassungsschutzes, auf dem »rechten Auge« blind zu sein, auf jeden Fall aber eine deutliche Sehschwäche zu haben. Die Involvierung in die NPD-Verbotsverfahren, die Versäumnisse bei der Aufklärung der Morde des NSU und zuletzt sogar gestreute Gerüchte um die politische Haltung von Präsident Hans-Georg Maaßen wurden immer auch aus der Sicht dieses Narrativs interpretiert. Solche und ähnliche Ereignisse lassen für die geneigte Linke nur eine Schlussfolgerung zu: Tatsächliche oder vermeintliche Fehler der Behörde sind als Ausdruck von Verständnis oder gar Sympathie für »Rechte« zu deuten.

Auf diese Weise wird gegenüber dem BfV in regelmäßigen Abständen enormer Druck aufgebaut. Er hat aufgrund der Tatsache, dass die Bundesregierung eine Politik links von der Mitte betreibt, sogar noch zugenommen. Will ein Präsident also Politik und Medien überzeugen, dass der Verfassungsschutz unter seiner Führung auf dem »rechten Auge« nicht blind ist, sondern geradezu ein Sehender, dann müssen der Haltung irgendwann vorzeigbare Ergebnisse folgen. Dadurch kann seine Neigung, Vertretern der politisch-medialen Elite zu berichten, was diese hören wollen, steigen. Nur so ist es möglich, sich jenes herkulischen Drucks zu entledigen, der auf der Behörde lastet. Analysen, die unter solchen Bedingungen vorgelegt werden, orientieren sich naturgemäß nicht durchgehend an der Sachlage.

4. Die natürliche Neigung zu *intelligence to please*

Zu den Aufgaben des BfV gehört, Feinde der freiheitlichen demokratischen Grundordnung der Bundesrepublik Deutschland zu benennen und zu beobachten. Zu diesem Personenkreis zählen insbesondere Anhänger des Rechtsextremismus, des Linksextremismus, des Islamismus und des Ausländerextremismus. Die Mitarbeiter des Inlandsnachrichtendienstes stehen dabei vor der Herausforderung, Bedrohungen angemessen einzuschätzen und zu gewichten. Dabei können sie nach eigenem Ermessen gewisse Spielräume nutzen, und die bisherigen Ausführungen haben gezeigt, dass dies – gerade auch vor dem Hintergrund des Vorwurfs der »Rechtslastigkeit« der Behörde – dazu führen kann, *intelligence to please* zu produzieren. Das bedeutet, dass das Lagebild eine analytische Schieflage aufweist (unabhängig von dem, was tatsächlich ausgewertet worden ist bzw. gar nicht ausgewertet werden konnte). Sie entsteht, wenn der Präsident der Behörde meint, mit seiner Sichtweise der Erwartungshaltung der politisch-medialen Elite gerecht werden zu wollen.[136]

Das Phänomen ist nicht neu, sondern im wissenschaftlichen Diskurs etablierter Bestandteil der Intelligence-Literatur. Loch K. Johnson definiert *intelligence to please* wie folgt: »[...] information that supports the prevailing political views of an administration, rather than speaking truth to power about the unpleasant reality that its policies have failed or are likely to fail.«[137] Uri Bar-Joseph und Rose McDermott sprechen in solchen Fällen von der »politicization of the intelligence product«[138]. James J. Wirtz hat die folgende Definition vorgelegt: Das »›intelligence-to-please‹ syndrome«, wie er es nennt, sei »a tendency to produce intelligence estimates that support current policy even though information indicates that policy is failing.«[139] Das Syndrom sei zu beobachten, wenn es zwischen der nachrichtendienstlichen Analyse und der Formulierung von Politik keine hinreichende Trennung gebe. Diese müsse in totaler Form vorliegen. Sie werde unterlaufen, wenn Mitarbeiter im Nachrichtendienst Kompromisse eingehen, damit ihre Analysen von der Politik wahrgenommen werden.

Wirtz spricht damit die Anschlussfähigkeit von Intelligence-Produkten an die Welt der politischen Praktiker an. Liegt das, was BfV und BND produzieren, zu weit von der Verständniswelt der Bundesregierung (Bedrohungswahrnehmung, normative Vorstellungen usw.) entfernt, kann es passieren, dass der Bedarfsträger die Lagebilder nicht annimmt. Analysen müssen folglich so geschrieben werden, dass die – auch intellektuelle – Anschlussfähigkeit zur Politik gewährleistet ist. An dieser Stelle kann es zu Kompromissen zuungunsten des ursprünglichen Lagebildes kommen. *Intelligence to please* entsteht also aufgrund von Ereignissen an der kommunikativen Schnittstelle zwischen Nachrichtendienst und Bedarfsträger.

Wirtz nennt weitere Motive auf der Seite der Auswerter. Sie könnten geneigt sein, mit ihren Analysen der Politik gefallen zu wollen, da »pleasing estimates are often rewarded«[140]. Die Initiative könne allerdings auch von der anderen Seite ausgehen: »Sometimes the ›intelligence-to-please‹ syndrome is a result of outright pressure from intelligence ›consumers‹ for estimates that support existing preferences.«[141]

Marina Caparini vertritt die These, dass *intelligence to please* auftrete, wenn der Nachrichtendienst institutionell zu enge Verbindungen zu seinem Bedarfsträger aufweise. Solche Einheiten seien geradezu gezwungen, »to take into account their parent organisation's policy preferences and budgetary interests«[142]. Dies gelte z. B. für die amerikanische Defense Intelligence Agency innerhalb des Pentagons.[143]

Selbstredend kann die analytische Schlagseite auch ohne politischen Druck entstehen, wobei dann nicht mehr von *intelligence to please,* sondern lediglich von *intelligence failures* die Rede ist. Dies wäre der Fall, wenn ein falsches Lagebild entweder auf der Basis ungenügender Informationen oder von Fehlschlüssen in der Auswertung zustande kommt (unbewusstes Versagen). Oder die Mitarbeiter eines Nachrichtendienstes erarbeiten eine Vorlage gezielt und am eigentlichen Sachstand vorbei, um vorhandene Bedrohungen zu über- bzw. untertreiben und die eigene Regierung zu beeinflussen (bewusstes Versagen).[144]

Einer der bekanntesten Fälle der *intelligence to please* der jüngeren Vergangenheit ereignete sich im Vorfeld des Irakkrieges von 2003. Rafid Ahmed Alwan al-Janabi, Deckname »Curveball«, hatte 1999 einen Asylantrag in Deutschland gestellt.[145] Der irakische Ingenieur war in den folgenden Monaten mit dem BND in Kontakt gekommen, dem er eine spektakuläre Geschichte auftischte. Er sei Experte für chemische Kampfstoffe, an denen er für das Regime in Bagdad arbeitete. Zudem gab er an, dass der Irak über mobile, von Lastkraftwagen bewegte Produktionsanlagen zur Herstellung von biologischen Waffen (B-Waffen) verfüge. US-Außenminister Colin Powell sollte Zeichnungen dieser Vorrichtungen am 5. Februar 2003 während seiner Rede im UN-Sicherheitsrat präsentieren. Washington hatte sich auf die Aussagen Curveballs verlassen und mit ihnen ganz maßgeblich den Angriff gegen das Regime von Saddam Hussein begründet. Später sollte sich herausstellen, dass die CIA einem großen Schwindel aufgesessen war. Im Irak wurden weder biologische noch chemische Waffen (C-Waffen) gefunden. Im September 2005 bezeichnete Powell den Auftritt im UN-Sicherheitsrat als »Schandfleck«[146] seiner Karriere.

Natürlich ist der Vorgang zunächst als *intelligence failure* einzuordnen.[147] Er war aber noch mehr. Die Geschichte von Curveball passte einfach zu gut zu der Annahme der Regierung von US-Präsident George W. Bush, dass der Irak heimlich B- und C-Waffen produzieren lasse.[148] Er täuschte aus der Sicht Washingtons also nicht nur die UN-Waffeninspektoren, sondern zugleich die Weltöffentlichkeit. Wenn der deutsche Auslandsnachrichtendienst nun über eine Quelle verfügte, die diese Sichtweise auf der Basis von Human Intelligence erstmals direkt bestätigen konnte, war dies für alle Beteiligten verlockend. Der BND konnte der Bundesregierung gefallen, die wiederum dem Weißen Haus etwas höchst Exklusives anzubieten hatte und sich dadurch interessant machte. Soweit solche Überlegungen zu Beginn des Kontakts mit der Quelle eine Rolle spielten, könnten sie schnell eine hohe Eigendynamik entwickelt haben. In Pullach nahmen die Zweifel an der Geschichte von Curveball und ihrer Verwendbarkeit zu, als sich abzeichnete, dass die USA dessen Aussagen ganz maßgeblich zum Anlass nehmen würden, den Krieg gegen den Irak zu beginnen. Da sich die Geschichte von mobilen B-Waffen nicht durch mindestens eine weitere Person bestätigen ließ, machte der damalige BND-Präsident August Hanning einen Rückzieher. Er äußerte gegenüber seinem amerikanischen Kollegen George J. Tenet Zweifel an der Glaubwürdigkeit Curveballs. Im Sinne der *intelligence to please* konzedierte er in einem Schreiben an den Verbündeten allerdings auch: »Mein Fazit ist, dass […] diese Erkenntnisse deshalb nicht als verifiziert gelten können. Solltest Du dennoch der Meinung sein, die Berichte öffentlich zu verwenden, stelle ich Dir dieses Vorgehen […] frei.«[149] Eine nachhaltige Distanzierung von einer BND-Quelle sieht sicherlich anders aus. Es wurde lediglich die Verantwortung verschoben, um Streit mit dem Verbündeten zu vermeiden.[150]

Auch der Verfassungsschutz hat bereits frühzeitig *intelligence to please* erstellt. In der Anfangszeit der Behörde war dies mit dem Ziel verbunden, sich gegenüber anderen Institutionen im Sicherheitsgefüge zu profilieren. Constantin Goschler und Michael Wala gehen so weit zu behaupten, dass sich das BfV »der Bundesregierung als Instrument im innenpolitischen Kampf«[151] angedient habe: »Die Mitarbeiter des Bundesamts stellten Wahlprognosen an, gaben Ratschläge, wie die Regierung auf Gruppierungen und Parteien reagieren sollte, die einen anderen politischen Kurs als die Bundesregierung favorisierten«[152]. Letzteres wird heute sicherlich nicht mehr stattfinden. Dagegen hat das Andienen offensichtlich eine lange Tradition.

In den 1980er-Jahren waren Mitglieder der Bundesregierung bestrebt, einen neuen politischen Konkurrenten – die Grünen – schnell wieder auf das politische Abstellgleis zu schicken. Dazu versuchte man, die Unterstützung durch den Verfassungsschutz zu gewinnen. 1984 hatte der Parlamentarische Staatssekretär im Bundesinnenministerium, der CSU-Politiker Carl-Dieter Spranger, das BfV gebeten, eine Zitatensammlung mit verfassungsfeindlichen Aussagen von Vertretern der Grünen zu erstellen. Die Verfassungsschützer reagierten zunächst irritiert. Dennoch kam der Leiter der Abteilung III im BfV, Bloch, der für die Bearbeitung des Linksextremismus zuständig war, dieser Bitte offensichtlich nach. Er soll sogar versucht haben, im Bundesamt und in den Landesämtern eine klare Linie durchzusetzen. Die Grünen müssten zum »Verdachtsfall« oder aber zum »Prüfobjekt« erklärt werden. Bloch scheiterte damit letztlich intern bei seinem Vorgesetzten.[153]

Unter inoffizieller Beobachtung könnten aber trotzdem führende Politiker der Grünen gestanden haben. Als der spätere Außenminister Joseph, genannt Joschka, Fischer im Dezember 1985 in Hessen als Minister vereidigt wurde, war er angeblich immer noch als Verfassungsfeind im NADIS-Computer[154] gelistet. Die Grünen konnten damals nicht als Partei zum Beobachtungsobjekt erklärt werden. Die Verfassungsschützer fanden jedoch einen alternativen Weg zum Ziel. Dazu gehörte die Beobachtung einzelner Extremisten, die in der Ökobewegung eine neue politische Heimat gefunden hatten. Dadurch wurde es dem Verfassungsschutz möglich, die komplette Partei auszuspähen. Das BfV hatte zudem mehrfach V-Männer auf Veranstaltungen der Grünen im Einsatz. Joachim Wagner schrieb in *Die Zeit*, vor welchen Problemen die Behörde in Köln analytisch stand: »Auf das bunte Spektrum von Apo-[Außerparlamentarische Opposition, M. W.]Veteranen und Müsli-Essern, Maoisten und enttäuschten Sozialdemokraten, Spontis und konservativen Waldbesitzern passen all die Schablonen nicht recht, mit denen sich ›alte Kunden‹ von der DKP [Deutsche Kommunistische Partei, M. W.] oder den Neo-Nazis mühelos erfassen lassen.«[155]

Grundsätzlich trifft die Behauptung, dass linksextremistische Kräfte in den 1980er-Jahren die Grünen in Teilen erfolgreich unterwandert oder sie zumindest politisch unterstützt haben, zu. Dies gilt für die DKP, den Kommunistischen Bund (KB), den Kommunistischen Bund Westdeutschland (KBW), die Neue Linke, die Gruppe Internationaler Marxisten und die Gruppe Z.[156] Der Verfassungsschutzbericht von 1982 stellt beachtliche Erfolge des Ansinnens einer letztlich sehr kleinen kommunistischen Formation fest: »Die ›Gruppe Z‹, Ende 1979 vom ›Kommunistischen Bund‹ abgespalten, mit noch etwa 150 Mitgliedern vorwiegend in Hamburg (1981:

ca. 200) konzentriert sich weiterhin auf die Mitarbeit in der Partei ›Die Grünen‹; sie stellt einen der drei Sprecher im Bundesvorstand der ›Grünen‹ und beeinflußt maßgeblich den Hamburger Landesverband dieser Partei.«[157] Dies ging so über mehrere Jahre. Im Verfassungsschutzbericht von 1987 heißt es: »Einzelne KB-Mitglieder bekleideten weiterhin herausgehobene Positionen bei den GRÜNEN.«[158] Dabei wird – so die Fassung von 1986 – von einer gewissen ideologischen Nähe ausgegangen: »Mitglieder von K-Gruppen und Trotzkisten halten die GRÜNEN und die Grün-Alternativen Listen nach wie vor für geeignete Vehikel, um revolutionären Zielen näher zu kommen.«[159]

Kritisch zu sehen ist nicht die durchgeführte Beobachtung kommunistischer Umtriebe in der damals neuen Öko-Gruppierung, die sich strukturell und ideologisch erst finden musste. Die Maßnahmen waren angesichts der Unterwanderung der Partei durchaus gerechtfertigt. Es spricht vielmehr einiges dafür, dass das Regierungslager dabei nicht der Versuchung widerstehen konnte, das Vorgehen des BfV zu nutzen, um den politischen Neuling zu diskreditieren. Dazu sollte nicht mehr zwischen Einzelfällen und der Gesamtpartei unterschieden werden. Begleitet wurde dieses Ansinnen damals von Äußerungen konservativer Rechtswissenschaftler, die infrage stellten, ob der politische Neuling auf dem Boden des Grundgesetzes steht.[160]

Zudem gibt es Berichte, wonach der Verfassungsschutz Björn Engholm (SPD) beobachtet haben soll, bevor dieser von 1988 bis 1993 Ministerpräsident von Schleswig-Holstein wurde. Daran sollen auch Vertreter der Landesregierung von Uwe Barschel (CDU) mitgewirkt haben.[161] Das BfV hat derartigen Berichten heftig widersprochen.[162]

Treffen die Recherchen zu Beobachtungen grüner und sozialdemokratischer Politiker durch den Verfassungsschutz zu, dann waren sie in einem Klima möglich geworden, in dem eine noch deutlich konservativere CDU hinreichend Personal in Führungsgremien der Verfassungsschutzämter hatte unterbringen können. Maßgabe des Handelns war die Vorstellung, die Bundesrepublik vor den Ergebnissen eines linksextremistischen Marsches durch die Institutionen schützen zu müssen. Heute wird vor den »Gefahren von rechts« gewarnt. Und immer wieder sind es Verfassungsschützer, die den dominierenden Parteibüchern ideologisch folgen.

Auf der Ebene der Bundesländer ist der politische Einfluss auch strukturell noch deutlicher zu erkennen. So ist der Organisation des Ministeriums für Inneres und Europa in Mecklenburg-Vorpommern zu entnehmen, dass der Verfassungsschutz dort direkt vom Minister geführt wird und lediglich den Status einer Abteilung hat, die gerade einmal über 100 Sollstellen verfügt.[163] Für die Inhalte des Verfassungsschutzberichtes kann dies Folgen haben: Je nach politischer Opportunität obliegt es dem Minister zu entscheiden, was als verfassungsfeindlich zu markieren ist. Dazu kann er sich jederzeit über die Faktenlage hinwegsetzen. Der Verfasser konnte im Bundesgebiet einen Fall recherchieren, der dies auch in der praktischen Umsetzung belegt. Demnach hat der zuständige Innenminister klar zu erkennen gegeben, dass er von einem Präsidenten des Landesamts für Verfassungsschutz keine Widerworte erwarte.[164]

Zur Handlungslogik von Spitzenbeamten

Um nun noch besser zu verstehen, wie es aus einer abstrakten Perspektive zur Produktion von *intelligence to please* beim Verfassungsschutz kommen kann, ist etwas tiefer in die Handlungslogik von Beamten und insbesondere in jene von Spitzenbeamten einzudringen.[165] Zum Einstieg seien einige Überlegungen von Max Weber (1864–1920) von 1919 zitiert, der das Wesen des Beamten wie folgt verstand: »Ehre des Beamten ist die Fähigkeit, wenn – trotz seiner Vorstellungen – die ihm vorgesetzte Behörde auf einem ihm falsch erscheinenden Befehl beharrt, ihn auf Verantwortung des Befehlenden gewissenhaft und genau so auszuführen, als ob er seiner eigenen Überzeugung entspräche: ohne diese im höchsten Sinn sittliche Disziplin und Selbstverleugnung zerfiele der ganze Apparat.«[166] Dieser bis heute gültige Befund hat eine positive und eine negative Seite. Der Staat muss sich auf seine Beamten verlassen, um überhaupt Staat sein zu können.[167] Wenn eine Regierung ihre Politik umsetzen will, ist sie auf zuverlässige Staatsdiener angewiesen, die natürlich – unabhängig von eigenen Präferenzen – die Order der Spitze der Exekutive umzusetzen haben. In der Bürokratie muss das funktionieren, was der Politikwissenschaftler Graham Allison und der Historiker Philip Zelikow »standard patterns of behavior«[168] nennen.

Dies kann aber auch dazu führen, dass gerade Spitzenbeamte es verlernen, sich im Entscheidungsprozess argumentativ gegen vorgesetzte Politiker durchzusetzen, wenn es angebracht ist, da sie vielleicht fachlich irren. Oder sie gehen einen Schritt weiter: Sie verzichten auf eine eigene Positionierung und handeln in Antizipation dessen, was der Vorgesetzte tatsächlich oder vermeintlich erwartet. Im Fachjargon wird dies »funktionale Politisierung«[169] genannt. Eine solche Haltung ist die Grundlage einer personalen Arbeitskultur, auf der *intelligence to please* gedeihen kann.

Verpflichtet sich ein Bürger für den Staatsdienst, so wird er von Anfang an von jenen sozialisiert, die bereits Teil des Systems sind. Je jünger der neue Beamte ist, desto größer werden die Erfolge bei der Sozialisierung sein, die auf der Basis einer etablierten Arbeitskultur erfolgt. Gelernt wird, dass es für ein besseres Gehalt gute Beurteilungen braucht, um z. B. in der Laufbahn des gehobenen Dienstes von der Besoldungsstufe A 11 in jene der A 12 zu gelangen. Wer den Aufstieg in den höheren Dienst plant, braucht noch weitaus bessere Aussagen zu seiner Qualifikation, wofür wiederum intern Fürsprecher notwendig sind. All das setzt eine gewisse systemische Anpassungsfähigkeit voraus, um nicht negativ aufzufallen. Zu den wichtigsten, bereits früh angelegten Lernerfahrungen gehört es daher, Personen in übergeordneten Positionen gefallen zu können. Dazu ist das notwendig, was Max Weber die »Selbstverleugnung« nennt. Natürlich kann diese Beschreibung nicht verallgemeinert werden. Die Beamten einer Großbürokratie bilden in ihrer charakterlichen Zusammensetzung eine heterogene Schar ab. Nicht jeder, der Karriere macht, passt sich an. Aber unbestreitbar ist, dass die Lernerfahrung, bei Bedarf gefallen zu müssen, bei vielen Staatsdienern über die Jahre tief verinnerlicht wird.

Besonders ausgeprägt ist diese Fähigkeit bei Spitzenbeamten. Deutlicher formuliert könnte es auch heißen: Gerade in diesem Personenkreis muss ein entsprechendes Verhalten geradezu habitualisiert sein (und auch hier gibt es natürlich Ausnahmen). Der Weg zum Spitzenbeamten ist lang und steinig. Wer hoch kommt, möchte höher – und wer oben ist, wird seine Stellung nicht riskieren wollen. Der stete Aufstieg – manchmal vom mittleren über den gehobenen in den höheren Dienst – ist für viele Mitarbeiter das zentrale Movens ihres Schaffens, vor allem der eigenen Motivation. Spitzenbeamte wissen zudem, dass sie oft nur dann in die höchsten Verwaltungsämter des Staates gelangen können, wenn sie über politische Protektion verfügen. Wer nicht zu gefallen vermag, wird es kaum nach oben schaffen.

Im Bundesministerium für Verteidigung zeigt sich, wie sehr es gerade hohen Offizieren über Jahre und Jahrzehnte gelingt, Handlungen gegen ihre Überzeugungen vorzunehmen, um die eigene Karriere nicht zu gefährden. Klaus Naumann war von 1991 bis 1996, Harald Kujat von 2000 bis 2002 Generalinspekteur der Bundeswehr. Beide sind vorzügliche Analysten, doch ihre fundamentale Kritik an der deutschen Sicherheitspolitik, der Bundesregierung und dem Zustand der Streitkräfte haben sie sich natürlich für ihre Zeit nach dem Ausscheiden aus der Truppe aufbewahrt.[170] Hätten sie anders gehandelt, wären sie beide nach ihrer Tätigkeit als Generalinspekteur nicht auch noch Vorsitzender des Militärausschusses der NATO geworden.

Vor vielen Jahren hielt der Verfasser einen Vortrag vor deutschen Offizieren. Die Reaktionen auf die vorgestellten Thesen, vor allem zu den Verteidigungspolitischen Richtlinien von 2003, fielen dichotomisch aus. Die eine Seite äußerte heftige Kritik. Der Vortragende habe nichts verstanden. Die andere Seite stimmte vollends zu und stellte die Lage der Bundeswehr noch schlimmer dar. Erstaunlich war nun, wie Mitglieder einer Gruppe – zumeist im Range eines Oberstleutnants oder eines Obersts – so unterschiedlich auf das Gesagte reagieren konnten. Die Antwort war plausibel: Im Vortragsraum befand sich ein hochrangiger General, der an der Abfassung der Verteidigungspolitischen Richtlinien von 2003 mitgewirkt hatte. Die Unterstützer des Vortrags berichteten, dass sie selbst keinerlei Chancen mehr hätten, auf die Stelle eines Brigadegenerals zu rücken. Deshalb könnten sie frei sprechen.

Der innere Druck, den einzelne Offiziere im Dienst verspüren, lässt sich leicht erklären. Sie sehen die Entscheidungen der politischen Führung kritisch – in der Sicherheitspolitik auch deshalb, weil die Bundesregierung ohne Sicherheitsstrategie sehr ad hoc und ohne Bewusstsein für die Interessen des eigenen Landes handelt. Zugleich können sie sich nur im vertrauten Offizierskreis offen äußern, nach außen müssen sie der Selbstverleugnung im Sinne Max Webers folgen, wenn die Karriere nicht abrupt enden soll. Dies werden einige Offiziere wie folgt vor ihrem Gewissen rechtfertigen: Geht es der Bundeswehr besser, wenn die Kritischen und Anständigen in dieser Situation das Feld räumen? Dies ist eine zweifellos plausible, in keiner Form ehrvergessene Haltung.

Wie recht jene haben, die meinen, in der Bundeswehr könnte sich ein Offizier schnell auf dünnes Eis begeben, wenn er zu offen seine Meinung sagt, zeigt der Fall des Joachim Wundrak. Er war bis 2018 Generalleutnant der Luftwaffe, womit er zur Führungsspitze der deutschen Streitkräfte gehörte. Seine Vita ist beeindruckend: zahlreiche Verwendungen in Führungspositionen im Ausland, Träger des Bundesverdienstkreuzes, verabschiedet mit einem Großen Zapfenstreich und der Nationalhymne. Im Juli 2019 wurde bekannt, dass Wundrak für die anstehende Oberbürgermeisterwahl in Hannover für die AfD kandidiert. Die entsetzten Reaktionen vieler Medien zeigten, was passieren kann, wenn sich ein hoher Offizier in seiner aktiven Zeit politisch äußert – der Gegenwind ist schon als Pensionär erheblich. Die inhaltliche Positionierung des Generals ist dabei so weit von der Politik der Bundesregierung entfernt,[171] dass von außen nur erahnt werden kann, wie sehr er in seiner Zeit bei der Bundeswehr aus pragmatischen Gründen zum Mittel der Selbstverleugnung greifen musste. Generalleutnant Karl Müllner, seit 2012 Inspekteur der Luftwaffe, war zu einer solchen Haltung nicht fähig und widersprach Verteidigungsministerin Ursula von der Leyen offensichtlich mehrfach. Diese versetzte ihn deshalb 2018 in den einstweiligen Ruhestand.[172]

Ein anderes Beispiel deutet an, dass ein Spitzenbeamter, der politisch loyal ist, mutmaßliche Fehltritte anderer Art offensichtlich sehr lang durchstehen kann. Dies trifft auf Guido Müller zu, der von 2013 bis 2018 das Amt eines Vizepräsidenten beim BND innehatte. Laut Medienberichten hat er regelmäßig ein Verhalten an den Tag gelegt, das zumindest als nicht dem Amt angemessen bezeichnet werden kann, das aber – so die recherchierenden Journalisten – vom Bundeskanzleramt stets hingenommen worden sei. Zu den breit dokumentierten Vorgängen zählt die Finanzierung eines Abendessens für vier Personen in einem Berliner Edelrestaurant für 1051,5 Euro auf Staatskosten – zulässig seien 37 Euro pro Person, bei hochrangigen Gästen werde der doppelte Betrag angesetzt.[173] Das Privathaus des Vizepräsidenten sei für 180 000 Euro auf den neuesten Sicherheitsstand gebracht worden. Gemäß einer bundesweiten Richtlinie hätten es eigentlich nur 30 000 Euro sein dürfen.[174] Auf einer einwöchigen, vom Dienst finanzierten Reise nach Mexiko soll Müller lediglich zwei Gespräche mit fachlichem Bezug geführt haben, der Rest habe einer Urlaubsreise geglichen.[175] Seine Mitarbeiter soll der Vizepräsident »nach Gutsherrenart«[176] (Aussage eines BND-Mitarbeiters) behandelt haben.

Die Berichte sind so detailliert gehalten, dass davon ausgegangen werden muss, dass sie aus dem Innern des BND Richtung Presse durchgestochen worden sind, um Müller zu schaden – vermutlich von jenen Menschen, die angeblich »nach Gutsherrenart« behandelt worden sind. Für ein solches Vorgehen muss derjenige, der die Informationen rechtswidrig weitergeleitet hat, ein schwerwiegendes Motiv gehabt haben. Stimmen die erhobenen Vorwürfe auch nur halbwegs, so zeigt dies, dass es vermutlich schwierig ist, das Amtsgebaren von Spitzenbeamten unter bestimmten Bedingungen in den Griff zu bekommen. Interne Mechanismen der Selbstregulation zeitigten vorübergehend keine Wirkung. Dies könnte auch daran gelegen haben, dass Müller sowohl für den BND als auch für das Bundeskanzleramt gearbeitet hat,[177] womit von Kennbeziehungen auf beiden Seiten auszugehen ist.

Beamte lernen somit, dass ihr Verhalten in den deutschen Großbürokratien durchaus mit zweierlei Maß gemessen wird, was ebenfalls dazu beitragen kann, während der aktiven Zeit gefallen zu wollen. Dies ist auch beim Umgang mit Fehlverhalten von Staatsdienern zu beobachten. Der politisch Untreue, der nicht mehr fähig zur Selbstverleugnung ist, muss damit rechnen, dass sein Karriereweg innerhalb der Bürokratie endet. Ganz anders sieht es beim politisch disziplinierten, aber normativ und materiell Untreuen aus. Er versteht sich zwar auf die Selbstverleugnung, kann das persönliche Fehlverhalten in anderen Bereichen aber nicht abstellen. In Frage kommen etwa sexuelle Belästigung, schwere Beleidigung, Alkoholmissbrauch oder Diebstahl. Einheitliche Verfahren zum Umgang mit solchen Vergehen gibt es in deutschen Bürokratien in der Theorie, sie werden in der Praxis allerdings nicht einheitlich gehandhabt. Ob gegen einen Beamten ein Disziplinarverfahren eröffnet wird, hängt von vielen Faktoren ab: Wird er von Vorgesetzten gedeckt oder haben diese ein Interesse am Disziplinarverfahren? In welche bürokratischen Netzwerke ist er eingebunden? Ist der Vorgesetzte bereit, sich im Falle eines Vorgehens gegen den Beamten den Unmut dieses Netzwerkes zuzuziehen? Oder benötigt er diesen Teil des Verwaltungsapparats künftig zur Durchsetzung eigener Ambitionen? Wie könnte der Beamte zudem nach dem Disziplinarverfahren reagieren? Ist mit Geheimnisverrat, etwa im Vorfeld einer militärischen Operation, zu rechnen?

Solche Überlegungen, die allesamt jenseits des tatsächlichen oder vermeintlichen Fehlverhaltens liegen, fließen zweifelsfrei in die Beurteilung von Vorgängen ein. Wer dabei blind an die Macht des Rechts glaubt, unterschätzt die Macht des Politischen. Eine ausgewogene Selbstregulation, die in allen Fällen gleichermaßen zum Tragen kommt, gibt es in deutschen Großbürokratien nicht. Die Bewertung von Fehlverhalten liegt meistens im Auge des zuständigen Betrachters. Dem einen Beamten werden Zeugenaussagen, etwa im Falle der sexuellen Belästigung, zum Verhängnis. Ein anderer Beamter, der selbiges getan hat, kommt mit dem Hinweis auf die Unglaubwürdigkeit von Zeugenaussagen durch. Die Wahrheit wird zur Aushandlungssache.

5. Der politisierte Präsident

Ob der Präsident des BfV ein Spitzenbeamter im beschriebenen Sinne ist, hängt natürlich immer vom Einzelfall ab. Dass er aber eine natürliche Neigung zur Produktion von *intelligence to please* haben kann, ergibt sich auch aus seiner Stellung als politischer Beamter. Damit gehört er zur Gruppe jener Menschen, die gemäß § 54 Absatz 1 des Bundesbeamtengesetzes vom 5. Februar 2009 jederzeit in den einstweiligen Ruhestand versetzt werden können. Der Passus zählt u. a. die folgenden Personen auf: »Beamtinnen und Beamte des höheren Dienstes des Militärischen Abschirmdienstes, des Bundesamtes für Verfassungsschutz und des Bundesnachrichtendienstes von der Besoldungsgruppe B 6 an aufwärts«[178]. Warum dies so ist, geht aus § 30 Absatz 1 des Beamtenstatusgesetzes vom 17. Juni 2008 hervor. Personen wie der Präsident des BfV (Besoldungsgruppe B 9) bekleiden ein Amt, »bei dessen Ausübung sie in fortdauernder Übereinstimmung mit den grundsätzlichen politischen Ansichten und Zielen der Regierung stehen müssen.«[179] Ulrike Schmidt und Jana Hechel zeigen in einer Studie zum Thema, was dies für die Praxis bedeutet: »Parteipolitische Neutralität gehört gerade nicht zu seinen dienstlichen Pflichten.«[180]

Mit Blick auf die Stoßrichtung der Tätigkeit des Verfassungsschutzes ist diese Form der institutionellen Anbindung – der Begriff der »Ankettung« wäre eigentlich treffender – aus demokratischer Sicht problematisch. Denn das BfV wird damit eindeutig als politisches Instrument der Regierung aufgestellt, womit es zuvörderst nicht der Stabilität des Staates, sondern vielmehr der Parteilinie des Bundeskanzlers verpflichtet ist. Der Verfassungsschutz kann also nicht in vollständig freier Ermessensentscheidung beurteilen, wo die Grenze zwischen Verfassungstreue und Verfassungsfeindschaft liegt. Diese Linie ist in der Vergangenheit je nach politischer Stimmungslage immer wieder verschoben worden. Ein weiterer Nachteil ist offensichtlich: Der Verfassungsschutz ist vor dem Hintergrund seiner institutionellen Anbindung nicht in der Lage, die Politik der Bundesregierung und ihrer Ministerien aus der Perspektive der Verfassungstreue zu beurteilen. Hier gilt a priori die Annahme, dass der Kanzler und die Minister nicht verfassungsfeindlich handeln können.

Das Instrument des politischen Beamten hat dennoch insofern eine gewisse Berechtigung, als es verhindert, dass Verwaltungen ein Eigenleben entwickeln. Sie haben gegenüber einer neu ins Amt gesetzten Regierung einen erheblichen Wissens- und Erfahrungsvorsprung.[181] Politiker sind auf die Zuarbeit von Verwaltungen angewiesen, die aus dieser Position heraus selbst Politik machen könnten. Aus demokratietheoretischer Sicht ist dies nicht gerade zu begrüßen, so Jörg Auf dem Hövel, denn die Verwaltung ist »nicht legitimiert, Politik in maßgeblicher Weise zu bestimmen.«[182] Um regulative Fähigkeiten zurückzugewinnen, müssen Regierungen loyale politische Beamte einsetzen können. Nur so sind sie überhaupt erst in der Lage, sich die Kompetenzen der Verwaltung nutzbar zu machen und sie in ihrem Sinne zu steuern.[183]

Der Tübinger Politikwissenschaftler Theodor Eschenburg hat diesen Zustand dennoch deutlich kritisiert – und das bereits 1959. Denn durch die Etablierung politischer Beamter wird etwas bewirkt, das – so kann der Gedanke Eschenburgs übertragen werden – heute gerade beim BfV zu beobachten ist: die »Politisierung der hohen Bürokratie«[184]. Dies setzt Formen der »Herrschaftspatronage«[185] voraus und mündet in klaren hierarchischen Strukturen: »[…] wer befördert, befiehlt.«[186]

Damit sind soziokulturelle und strukturelle Zusammenhänge benannt, die erklären, warum Spitzenbeamte eines Nachrichtendienstes dazu neigen können, *intelligence to please* zu produzieren. Aus der Sicht des Präsidenten des BfV soll nun – vollkommen unabhängig vom jeweiligen Amtsinhaber – in hypothetischer Form diskutiert werden, was ihn *in concreto* motivieren könnte, politische Bewertungen im Sinne der Bundesregierung zu erstellen.

Die eingangs skizzierten Aufgaben des Behördenchefs zeigen, dass dieser strukturell in jeder Hinsicht überlastet ist. Um überhaupt handlungsfähig zu bleiben, muss er Arbeitsschwerpunkte setzen. Gleichzeitig gilt es, alte Fronten zu befrieden und neue nach Möglichkeit gar nicht erst aufkommen zu lassen, um zumindest an der einen oder anderen Stelle Zeit einzusparen. Um die Arbeitslast einigermaßen bewältigen zu können, wird der jeweilige Amtsinhaber vermutlich regelmäßig bis an die körperliche Belastungsgrenze gehen. Zugleich liegt es in der Natur der Sache, dass er immer nur über einen kleinen Ausschnitt dessen, was in seiner Behörde und in der sicherheitspolitischen Welt geschieht, einen Überblick haben kann.

Vor diesem Hintergrund wird ersichtlich, warum der Präsident des BfV geneigt sein könnte, in seiner Bewertung von Gefahren für die freiheitliche demokratische Grundordnung politischen und medialen Erwartungshaltungen zumindest teilweise gerecht werden zu wollen. Er kann dadurch Fronten verkürzen und Zeit einsparen. Sinkt die Neigung von Bundestagsabgeordneten, einen Vorfall zum Skandal aufzubauschen und ihn vor einem Untersuchungsausschuss durchleuchten zu lassen, werden ebenfalls keine Ressourcen gebunden.

Zugleich gewinnt der Präsident auf diese Weise Kredit bei jenen Abgeordneten, die traditionell bereit sind, alles in Frage zu stellen, was das BfV unternimmt. Sie sind es, die es nicht abwarten können, bis sie endlich einen Anlass gefunden haben, den nächsten Untersuchungsausschuss gegen die Tätigkeiten des Verfassungsschutzes einzuberufen. Diese Haltung werden die Abgeordneten nur dann vorübergehend einfrieren, wenn sie sehen, dass der Präsident gegen eine politische Gruppierung vorgeht, die zu ihrem Gegnerspektrum gehört. Denn unter solchen Bedingungen wird die Kalkulation neu aufgesetzt: »Warum sollen wir versuchen, einen Verfassungsschutzchef zu stürzen, der unsere Gegner bekämpft?« Es wäre ja denkbar, dass der nächste Präsident wieder andere Prioritäten setzt. So entstehen informelle Stillhalteabkommen, die keine Unterschriften tragen, aber für einen gewissen Zeitraum bestens funktionieren können. Sie setzen voraus, dass sich die Leitung des BfV auf die Formulierung von *intelligence to please* einlässt.

Noch ein weiteres Motiv kann den Handlungen eines Präsidenten zugrunde liegen: der strategische Blick auf das, was nach der Zeit als Behördenchef kommt. Dieser Punkt ist insofern sensibel, als pauschale Unterstellungen wahrlich unredlich sind. Bei den meisten Spitzenbeamten sollte zunächst einmal davon ausgegangen werden, dass sie tatsächlich zuvörderst dem Staatswohl dienen wollen. Und nicht jede weitere Karriere nach der Zeit als Präsident des BfV ist geplant oder gar anstößig. Sie kann Zufällen geschuldet sein oder sich schlicht ohne größeres eigenes Zutun ergeben. Sicher ist aber natürlich, dass die Chancen auf einen Fortgang der Karriere steigen, wenn die Zeit als Behördenleiter positiv bewertet wird.

Ein Blick auf die unterschiedlichen Amtsleiter zeigt, dass deren Viten doch sehr heterogen sind und sich aus ihnen natürlich nicht generalisierbare Handlungs- oder Denkmuster ableiten lassen. Präsident Peter Frisch (A 1996–2000) zog es nach seiner Dienstzeit in die Wirtschaft, wo er für einige Jahre im Aufsichtsrat der Hunzinger Information Aktiengesellschaft (AG) tätig war.[187] Heribert Hellenbroich (A 1983–1985) wurde nach seinen Jahren als Behördenchef Berater des Sicherheitsdienstleisters Industrie- und Handelsschutz Gesellschaft mit beschränkter Haftung (GmbH).[188]

Weitere Beispiele zeigen gleichwohl eine Auffälligkeit: Noch während der aktiven Dienstzeit in Aussicht gestellte Posten wie das Amt des Staatssekretärs können für den Präsidenten eines Nachrichtendienstes jene Karriereverlockung sein, die möglicherweise auch Folgen für den Führungsstil hat. So konnte Eckart Werthebach (A 1991–1995) seine Karriere in der Politik fortsetzen. Zunächst war er von 1995 bis 1998 Staatssekretär im Bundesministerium des Innern, anschließend von 1998 bis 2001 Innensenator in Berlin.[189] Ludwig-Holger Pfahls (A 1985–1987) ging einen ähnlichen Weg. Von 1987 bis 1992 war er Staatssekretär im Bundesministerium der Verteidigung. In der Wirtschaft brachte er es später zum Asienchef von Daimler-Benz in Singapur.[190] Ein Blick in die Liste der Präsidenten des BND zeigt, dass es auch dort regelmäßig eine Karriere nach der Zeit des Chefs des Auslandsnachrichtendienstes gab: August Hanning (A 1998–2005) war von 2005 bis 2009 Staatssekretär im Bundesministerium des Innern.[191] Ambitionen auf den Posten des Staatssekretärs werden auch dem seit 2016 amtierenden Präsidenten des BND, Bruno Kahl, nachgesagt.[192] Hans-Georg Wieck (A 1985–1990) wurde zwar nicht Staatssekretär, setzte seine Karriere im öffentlichen Dienst aber von 1990 bis 1993 als Botschafter in Indien fort.[193] Für Klaus Kinkel (A 1979–1982) war seine Zeit als Amtschef in Pullach der Auftakt einer beeindruckenden Laufbahn. Es folgten die Tätigkeiten als Bundesminister der Justiz (1991–1992), Bundesminister des Auswärtigen (1992–1998) und Vizekanzler (1993–1998).[194]

Vor diesem Hintergrund ist es zumindest plausibel anzunehmen, dass ein Spitzenbeamter das Amt des Präsidenten des BfV als politisches Sprungbrett betrachtet. Nicht immer muss es ihm in seinem Tun also primär um den Schutz des Grundgesetzes gehen. Die Motive können schlichter Natur sein. Die Loyalität kann einem Parteibuch dienen, verbunden mit der Hoffnung auf spätere Belohnung. Finanziell geht es dabei immerhin um einen Sprung von der Besoldungsgruppe B 9 in die Besoldungsgruppe B 11, wenn das Amt des Staatssekretärs das Ziel ist. Jeder Einzelfall ist natürlich anders. Die Geschichte der Präsidenten des BfV zeigt aber, dass es wahrlich nicht immer nur um die Sache ging.

Schlimmer noch: Die Behörde wurde in der Summe 25 Jahre lang von Menschen mit zweifelhaftem Ruf geleitet. Von den 14 Präsidenten verfügten mindestens vier über ein mit dem Grundgesetz sicherlich nicht konformes Weltbild oder sogar über erhebliche kriminelle Energie. Die Verwicklungen von Hubert Schrübbers und Günther Nollaus in das NS-Regime wurden bereits erwähnt. Wahrlich spektakulär war das Wirken des ersten Präsidenten des BfV, Otto John (A 1950–1954). Bis heute ist ungeklärt, ob sein Auftauchen in Ost-Berlin im Juli 1954 Teil einer Entführungsgeschichte oder doch ein bewusstes Überlaufen zum Gegner war. Ende 1955 kehrte er nach West-Berlin zurück und wurde 1956 zu vier Jahren Zuchthaus verurteilt.[195] In jüngerer Zeit war es Ludwig-Holger Pfahls, der mit dem Gesetz in Konflikt kam. 2005 wurde er wegen Vorteilsnahme und Steuerhinterziehung in der Affäre um den Waffenhändler Karlheinz Schreiber verurteilt. Die Haftstrafe betrug zwei Jahre und drei Monate. 2011 erfolgte eine weitere Verurteilung, nun zu 4,5 Jahren wegen Betrugs und betrügerischen Bankrotts.[196] Was folgt aus diesen Beispielen? Zumindest so viel, dass die Vermutung, es bei Behördenleitern grundsätzlich und ausnahmslos mit moralisch integren Personen zu tun zu haben, falsch ist.

Was passiert, wenn man als amtierender Behördenchef bestehende Narrative der politisch-medialen Elite anzweifelt und nicht bereit ist, *intelligence to please* zu formulieren, zeigt die Amtszeit von Hans-Georg Maaßen. Zunächst wurde ihm nur das Amt des Staatssekretärs versagt, dann wurde er auch nicht mehr Sonderberater im Innenministerium. Es folgte der totale Absturz: Bundesinnenminister Horst Seehofer versetzte ihn in den einstweiligen Ruhestand. Maaßen gehört damit zu den Überzeugungstätern im positiven Sinne. Seine persönlichen Vorstellungen zum Schutz der freiheitlichen demokratischen Grundordnung wogen deutlich schwerer als die Vorbereitung einer zweiten Karriere nach seiner Zeit als oberster Verfassungsschützer.

IV. Rechte, Rechtspopulisten und Rechtsextremisten

> »Ja, es stimmt: Diese Menschen stehen rechts von der Mitte, aber sie sind damit nicht rechtsradikal, rassistisch, Nazis. Sie sind einfach dezidiert konservativ. [...] Mögen sie für mich manchmal auch zu konservativ sein – sie bleiben ein zu respektierender Teil des Meinungsspektrums in einer Demokratie.«[1]
>
> Joachim Gauck, 2019

In einer Demokratie reicht es nicht, nur an der Regierung zu sein, um Politik zu gestalten. Es braucht mehr. Erst wer in der Lage ist, Einfluss auf das Sprachverständnis der Wählerschaft und damit ihre Wahrnehmungen auszuüben, verfügt über wahre Macht. Dies heißt auch, dass jene, die wie die Leitmedien Sentenzen einseitig festlegen können, in geradezu steuernder Weise auf den Kurs einer Gesellschaft einwirken. Die »vierte Gewalt« wird nicht umsonst als wesentlicher Faktor in gesellschaftlichen Auseinandersetzungen begriffen, weil sie in der Lage ist, Einzelthemen der Regierungsagenda öffentlich mehr oder weniger Aufmerksamkeit beizumessen. Sind sich beide Seiten – Entscheidungsträger und Leitmedien – in der Interpretation eines Vorgangs einig, entsteht ein nur schwer zu änderndes Narrativ, festgelegt von einer Gruppe, die in einem solchen Fall politisch-mediale Elite genannt werden kann.

Sie hat es geschafft, Themen wie die Einigung Europas, das Asylrecht, die multikulturelle Gesellschaft, die Identität der Deutschen oder den Umgang mit der jüngeren Geschichte des Landes unter ihre Kontrolle zu bringen. Dabei bedeutet »Kontrolle«, eine Art interpretatorische Melodie zu komponieren, die eine ebenso lenkende wie wirkungsvolle Kraft entfaltet, hat sie sich erst einmal in Wahrnehmungsmustern festgesetzt. In einer Demokratie ist die politisch-mediale Elite nicht in der Lage, Sichtweisen zu diktieren. Vielmehr setzt sie auf subkutane Wirkungen, indem sie das Denken der Bürger in ihrem Sinne trainiert. Die in den Leitmedien täglich zu vernehmende Melodie erinnert dabei ein wenig an eine maoistische Massenkampagne neuen Typs, die das politische Ziel durch eine permanente sprachliche Revolution zu erreichen versucht.

Auf diesem Humus ist in den vergangenen Jahrzehnten ein sehr einseitiges Politikverständnis gewachsen. Während Anhänger der Linken und der politischen Mitte wie selbstverständlich zum demokratischen Lager gezählt werden, gilt dies nicht für Sympathisanten der politischen Rechten. Nach den Landtagswahlen 2019 in Brandenburg, Sachsen und Thüringen war sogar zu beobachten, wie sich nicht nur bei SPD und Grünen, sondern auch bei der CDU die Sichtweise verfestigt hatte, dass die Linkspartei nun zum respektierten Spektrum gehört. Dies hängt auch damit zusammen, dass sie im »Kampf gegen rechts« gebraucht wird. Wenn also von den »demokratischen Parteien« innerhalb der politisch-medialen Elite gesprochen wird, gehört die AfD nicht dazu – die Linkspartei mittlerweile schon.

Vor 30 Jahren war es undenkbar, dass der Nachfolgepartei der SED eine solche Entwicklung gelingt und dass sie in Thüringen seit 2014 sogar den Ministerpräsidenten stellt. Am 27. Oktober 2019 gewann die Linkspartei in spektakulärer Weise die Landtagswahlen mit 31 Prozent, womit sie ihren Anspruch auf die Regierung in Erfurt festigte. Die Berichterstattung der *Frankfurter Allgemeinen Zeitung* fiel am folgenden Tag freundlich aus, Wahlsieger Bodo Ramelow wurde positiv dargestellt, seine Partei von Daniel Deckers zum Kreis der Demokraten gezählt: »So bleibt es dabei, dass drei Viertel der Wähler im Osten hinter Parteien stehen, die, von Randunschärfen bei der Linkspartei abgesehen, fest auf dem Boden des Grundgesetzes stehen.«[2]

Hätte die AfD einen ähnlichen Spitzenkandidaten mit dem Format des Landesvaters, dann würden die Leitmedien ihn niemals so wohlwollend darstellen, sondern ihn durchgehend mit tatsächlichen und vermeintlichen rechtsextremen Bestrebungen in seiner Partei konfrontieren. Ramelow blieben solche Anwürfe dagegen erspart. Mehr noch: In der CDU gab es postwendend Überlegungen, nun ein Bündnis mit der Linkspartei einzugehen. Im Osten wurde der Weg dorthin bereits ein wenig bereitet. Im Mai 2020 half die CDU in Mecklenburg-Vorpommern, Barbara Borchardt von der Linkspartei zur Richterin im Landesverfassungsgericht zu bestellen. Sie ist Gründungsmitglied der vom BfV als linksextremistisch eingestuften Antikapitalistischen Linken (AKL),[3] die das System des Kapitalismus überwinden will.[4] Die Aufregung im Blätterwald sollte sich schnell wieder legen, obwohl Borchardt ihre Gesinnung sogar noch einmal bestätigt hatte. Ihre Mitgliedschaft in der AKL werde sie auch als Richterin beibehalten.[5]

In diesem Sinne versuchte der Politikwissenschaftler Gero Neugebauer sogleich, die Parteienlandschaft ganz neu zu definieren: »Die Mitte wird jetzt von den Linken gebildet.«[6] Dazu bemühte er die Wählerstruktur, die sich in die Mitte orientiere. Es gibt sicherlich nur wenige Politikwissenschaftler, die ein solches Votum auch für die AfD gelten lassen würden – also über die Betrachtung von Wählergruppen darauf zu schließen, dass sie zu großen Teilen (z. B. ehemalige SPD- und CDU-Wähler) auch in der politischen Mitte angesiedelt werden muss.

Hinter dieser einseitigen Bewertung liegen klare Interessen. Aus der Sicht der Bundesregierung und der Leitmedien darf einer rechten Partei eine vergleichbare Metamorphose, wie sie die Linkspartei vollbracht hat, nicht gelingen. Deshalb müssen auch die eingeübten Sprechakte beibehalten werden. Neue Definitionen oder gar Etiketten gelten als gefährlich, wenn sie das gesetzte Axiom »Rechts = rechtsextrem = neonationalsozialistisch!« unterminieren könnten. Droht eine Relativierung dieser Sichtweise, werden die Reihen in der politisch-medialen Elite schnell geschlossen, um gegen Abweichler vorzugehen.

Als die Moderatorin Wiebke Binder nach den Landtagswahlen in Sachsen und Brandenburg am 1. September 2019 in einem Interview für die ARD über eine »bürgerliche« Koalition zwischen CDU und AfD spekulierte, gab es einen Aufschrei der Entrüstung in sämtlichen Leitmedien. Es sei völlig unzulässig, eine solche Zuordnung vorzunehmen. Die AfD könne niemals als »bürgerlich« bezeichnet werden. Selbst Bundespräsident Frank-Walter Steinmeier mischte sich in den Vorgang ein, was zeigt, welche Bedeutung dem Vorfall beigemessen wurde. Immerhin verletzte das Staatsoberhaupt damit seine Neutralitätspflicht in zwischenparteilichen Auseinandersetzungen. Steinmeier sieht in der AfD ohne jede Differenzierung eine Gruppe, die »einem ausgrenzenden, autoritären oder gar völkischem Denken«[7] huldige. Sie sei deshalb nicht bürgerlich. Derweil hatte sich der Mitteldeutsche Rundfunk (MDR) bereits für seine Mitarbeiterin entschuldigt.[8] Gesteigert wurde das alles noch durch eine Ansprache Herbert Grönemeyers in einem seiner Konzerte, in dem er in ekstatisch-einpeitschender Weise ins Mikrofon brüllte: »Kein Millimeter nach rechts! Keinen einzigen Millimeter nach rechts! Und das ist so und das bleibt so.«[9] Schreiend gab Grönemeyer auch sein Demokratieverständnis kund: Sollten Politiker schwächeln, »dann liegt es an uns, zu diktieren, wie eine Gesellschaft auszusehen hat.«[10]

Die Kritik an Herbert Grönemeyer hielt sich in Grenzen. Außenminister Heiko Maas gratulierte ihm sogar ausdrücklich zu seiner Zivilcourage.[11] Würde der AfD-Vorsitzende in Thüringen, Björn Höcke, einen ähnlichen

Tonfall anschlagen, würde er – ganz gleich, um welches Thema es geht – von führenden Politikern und Leitmedien sofort in die Nähe eines Joseph Goebbels gerückt. Diese und ähnliche Vorgänge zeigen: Im öffentlichen Diskurs hat sich längst ein doppelter Bewertungsmaßstab durchgesetzt.

Er trägt dazu bei, Verfehlungen auf der Seite der Etablierten mit Milde zu behandeln. Selbst wenn diese Politiker zu sicher nicht intendierten, aber doch von entsprechend affinen Menschen so deutbaren Gewaltaufrufen neigen. Ralf Stegner, stellvertretender Bundesvorsitzender der SPD, teilte am 8. Mai 2016 über Twitter mit: »Fakt bleibt, man muss Positionen und Personal der Rechtspopulisten attackieren, weil sie gestrig, intolerant, rechtsaußen und gefährlich sind!«[12] Auf dem Deutschlandtag der Jungen Union im Oktober 2019 sagte der Ministerpräsident Nordrhein-Westfalens, Armin Laschet, man müsse die AfD »bis aufs Messer«[13] bekämpfen. Ganz gleich, wie Stegner und Laschet solche Worte verstanden wissen wollen, wenn sie von den falschen Personen wörtlich aufgefasst werden, kann daraus großes Unheil erwachsen.

Von April bis Juni 2019 registrierte die Polizei bei der Gewalt gegen Politiker 31 Fälle, die den Kriterien der Körperverletzung oder der gefährlichen Körperverletzung gerecht werden. In 24 Fällen (77,4 Prozent) waren es Mitglieder der AfD, die Opfer eines Angriffs wurden.[14] Einige Vorgänge landeten beim Gemeinsamen Extremismus- und Terrorismusabwehrzentrum – kurz GETZ. Für 2020 wurden insgesamt 1534 Straftaten gegen Politiker gezählt, von denen sich 694 (45,2 Prozent) gegen Vertreter der AfD richteten.[15] Es ist keine besonders kühne Vermutung, diese Formen der Gewaltanwendung auch auf die Art des Umgangs der politisch-medialen Elite mit der Partei zurückzuführen. Den »Kampf gegen rechts« fassen einige Menschen mittlerweile in existenzieller Weise wörtlich auf.

In diesem Kapitel erscheint es daher zunächst einmal sinnvoll, den inhaltlich umstrittenen Begriff »Rechter« sachlich zu definieren, um ihn vom »Rechtspopulisten« und verfassungsfeindlichen »Rechtsextremisten« abgrenzen zu können. Anschließend wird die Vorstellungswelt (inklusive der mit ihr verbundenen Politik) Thomas Haldenwangs untersucht. Er ist seit November 2018 Präsident des BfV und legt im »Kampf gegen rechts« Analysen vor, die nicht nur der Exekutive, sondern auch Oppositionsgruppen und vielen Journalisten gefallen. Dabei handelt es sich teilweise um *intelligence to please,* womit der Verfassungsschutz sein Mandat überschreitet. Mit Blick auf die übergeordnete Fragestellung des Buches wird darauf erörtert, wie die Thematik im Verfassungsschutzbericht aufgearbeitet wird. Dabei ist an einigen Stellen eine simplifizierende Vorstellung von dem, was Rechtsextremismus in der Praxis ausmacht, zu erkennen. Die Ausführungen gelangen darüber hinaus zu dem Ergebnis, dass dem zentralen Dokument des BfV ein verengtes Verständnis von Extremismus zugrunde liegt. Der Verfasser schlägt daher vor, Verfassungsfeindlichkeit um zwei Kategorien zu erweitern: den liberalen und den administrativen Extremismus. Dass dies bislang nicht geschehen ist, liegt daran, dass der Verfassungsschutz ein Instrument der Bundesregierung ist. Im Ergebnis stellt dieses Kapitel fest, dass die aktuelle Politik des BfV zur Kontaminierung von Themen beiträgt, bei denen es um Fragen der nationalen Identität geht.

1. Wissenschaftliche und politische Definitionen

Es ist erstaunlich, dass es bei diesem Thema überhaupt einer sachlichen Klärung bedarf. In der parlamentarischen Logik muss der Rechte schlicht als Pendant zum Linken angesehen werden. Ist der eine ein legitimer Volksvertreter, muss der andere es auch sein. Die Mehrheit der Abgeordneten wird sich in der Mitte verorten. Solche Zuordnungen lassen sich in jedem demokratisch gewählten Parlament finden. Mindestens drei definitorische Zugänge sind zur weiteren inhaltlichen Erschließung des Umstrittenen möglich: erstens die Herkunft der Begriffe, zweitens ihre politikwissenschaftliche Beschreibung und drittens die Entwicklung inhaltlicher Zuschreibungen innerhalb der politischen Auseinandersetzung.

In der parlamentarischen Welt des 19. Jahrhunderts war es üblich, dass eher sozialistisch orientierte Politiker links vom Präsidium des Hohen Hauses saßen, konservative Abgeordnete rechts von ihm. Die Ursprünge dieser Sitzaufteilung gehen bis in die Zeit der Französischen Revolution zurück. In der Deputiertenkammer nahmen die Vertreter des Adels rechts vom Präsidenten, jene des Dritten Standes links von ihm Platz.[16] Es dürfte der eigentliche Ursprung einer Richtungsaufteilung des politischen Spektrums sein, die natürlich in demokratisch gewählten Parlamenten nicht immer Anwendung finden konnte. Dies gilt vor allem für die Bundesrepublik. Im 17. Deutschen Bundestag (2009–2013) saßen die Abgeordneten der FDP rechts vom Präsidenten, was durchweg nicht ihrer politisch liberalen Ausrichtung entsprach. Im 18. Deutschen Bundestag (2013–2017) wurden die Abgeordneten der Union auf der rechten Seite platziert, was zumindest mit Blick auf die CDU irreführend war, hatte sie sich doch längst zu einer Mitte-links-Partei entwickelt. Erst seit der Konstituierung des 19. Deutschen Bundestages am 24. Oktober 2017 ist wieder eine halbwegs plausible Zuordnung über die Anordnung der Fraktionen erkennbar: Die Abgeordneten der Linkspartei sitzen – wie schon zuvor – zur Linken, jene der AfD zur Rechten von Bundestagspräsident Wolfgang Schäuble.

Der Duden definiert die umstrittenen Termini in der üblichen sachlichen Form. Zur Linken zählt er die »Parteien, politischen Gruppierungen, Strömungen, die den Sozialismus, Kommunismus vertreten«[17]. Zur Rechten rechnet er die »Parteien, politischen Gruppierungen, Strömungen (stark) konservativer Prägung, die dem Kommunismus und Sozialismus ablehnend gegenüberstehen«[18]. Der Brockhaus setzt ähnlich, aber etwas grundsätzlicher an: Die Linke ist »in der parlamentarischen Sprache ursprünglich die liberale Partei im Unterschied zur konservativen Partei oder zur ›Rechten‹ […] Seit dem letzten Drittel des 19. Jahrhunderts wurde der Name Linke besonders für die sozialistischen Parteien und Gruppierungen verwendet. Später umfasste er alle, die politisch das Moment des Veränderns stärker betonten als das des Bewahrens. ›Links‹ wurde auch oft gleichgesetzt mit liberal, fortschrittlich, tolerant.«[19] Die Rechte dagegen »betont im Gegensatz zur Linken mehr das Moment der Bewahrung überkommener politisch-sozialer Verhältnisse und Normen.«[20]

Der Verfasser schließt sich dieser Festlegung in ihrer grundsätzlichen Stoßrichtung an. Konkret bedeutet dies: Ein »Rechter« ist ein »Konservativer« – kein Rassist, kein Nationalist und auch kein Nationalsozialist. Damit muss dann »rechte Politik« als »konservative Politik« übersetzt werden. Gibt es in einer Gesellschaft einen »Rechtsruck«, wird sie lediglich konservativer. Sie lässt aber nicht die Zeit des Nationalsozialismus wiederaufleben. Der Begriff »rechtskonservativ« ist damit unsinnig, da er lediglich einen Pleonasmus abbildet – wie der berühmte »weiße Schimmel«. Auch das Wort »rechtsnational« ist nicht das, was meistens mit ihm ausgedrückt werden soll. Versucht wird, mit ihm Menschen in tatsächliche oder vermeintliche ideologische Nähe zum Nationalismus zu rücken. In etymologischer Hinsicht bedeutet »rechtsnational« hingegen nicht mehr als »konservativ und national«. Der »Kampf gegen rechts«, der die vollständige Neutralisierung dieser Denkrichtung verfolgt, ist demnach ein »Kampf gegen Konservative«.

In der Politikwissenschaft sind die Begriffe umso umstrittener, je konkreter sie präzisiert werden sollen.[21] Dabei sind zwei Hauptachsen der Parteienkonkurrenz zu unterscheiden, die sozioökonomische und kulturelle Inhalte umfassen.[22] Linke Politiker bevorzugen die Kontrolle des Marktes und staatliche Lenkung wie Eingriffe in die Wirtschaft. Sie treten für einen sozialen Ausgleich ein, der über Steuerabgaben organisiert wird. In diesem Sinne folgen sie auch sozialen Gleichheitsvorstellungen, die vom Staat verwirklicht werden sollen. Politiker der Mitte und der Rechten treten für die freien Kräfte des Marktes ein, wobei sie diese Idee im Laufe der Jahre zur »sozialen Marktwirtschaft« weiterentwickelt haben. Vor allem Liberale machen sich für die Freiheit des Individuums stark und meinen damit auch dessen Eigenverantwortung für sein Leben. In kultureller Hinsicht bevorzugt das linke Milieu eine offene und multikulturelle Gesellschaft, wohingegen konservative und bürgerliche Kräfte traditioneller und nationaler argumentieren. Vom Staat erwarten sie die Bereitschaft, alle rechtlich möglichen Maßnahmen auszuschöpfen, um die innere Sicherheit zu gewährleisten.

Damit ist eines der zentralen Probleme politischer Zuordnungen benannt. Fragen der nationalen Identität werden in der Gegenwart als »rechts« eingeordnet. Dies ist jedoch nicht mehr und nicht weniger als eine viel zu starke Fixierung auf aktuelle Positionierungen von Entscheidungsträgern. In der Vergangenheit deutscher Demokratien sah dies ganz anders aus. In der Weimarer Republik oder in der frühen Bundesrepublik war ein nationaler Patriotismus in den seriösen Parteien breit vertreten. Dies galt z. B. für Vertreter der Sozialdemokratie. SPD-Politiker wie Friedrich Ebert (1871–1925), Kurt Schumacher (1895–1952) und Helmut Schmidt (1918–2015) hatten ein vollkommen normales Verhältnis zu ihrem Volk und ihrer Nation. Beide heute umstrittenen Begriffe wurden damals nicht als exklusive konservative Positionierung verstanden. Nicht nur Willy Brandt (1913–1992) bekannte sich während der Zeit der Wiedervereinigung Deutschlands zu seinen patriotischen Gefühlen. Diese wurden damals auch offensiv von Bundeskanzler Helmut Kohl (1930–2017) oder, etwas dezenter, von seinem Außenminister, dem FDP-Politiker Hans-Dietrich Genscher (1927–2016), gepflegt. Selbst politisch eigentlich in unterschiedlichen Lagern stehende Publikationsorgane wie *Der Spiegel* oder die *Bild*-Zeitung stimmten in den Chor der deutschen Einheit ein. Von Rudolf Augstein waren in jenen Tagen erstaunliche Aussagen zu vernehmen.[23] Die *Bild*-Zeitung erschien regelmäßig in schwarz-rot-goldener Aufmachung; am 2. Oktober 1990 druckte sie auf der ersten Seite die Deutschlandfahne und die dritte Strophe der Nationalhymne ab.[24] Ein Satz Willy Brandts vom November 1989 ging in die Geschichtsbücher ein: »Jetzt wächst zusammen, was zusammen gehört.«[25] Dies war die klassische Anrufung der Kulturnation.

Wenn also heute »national« als »rechts« gilt, hat dies etwas mit der gesellschaftlichen Verschiebung des Diskurses zu tun, weniger mit dem Begriff »national« an und für sich. Bekenntnissen zum eigenen Volk oder zum Vaterland lag – abgesehen von Anhängern der Internationalen – ursprünglich ein parteiübergreifendes Verständnis zugrunde. Wer sich mit Russen, Polen, Ungarn, Chinesen oder Japanern unterhält, wird in der Regel feststellen, dass sich diese wie selbstverständlich als Teil der eigenen Kulturnation begreifen. Für sie ist es schlicht nichts Besonderes, eine Verbindung zwischen dem gegenwärtigen Ich und dem historischen Wir anzuerkennen. Wer sich gleichwohl als Deutscher zu seiner Identität in ähnlicher Weise bekennt, sieht sich sofort dem Verdacht ausgesetzt, ein »Rechter« zu sein, womit de facto natürlich nicht ein Konservativer, sondern ein Anhänger des Nationalismus gemeint ist.

Ab wann sollte vom Vorliegen einer rechtsextremistischen Gesinnung gesprochen werden? Als Minimaldefinition kann festgehalten werden: Jemand ist dann ein politischer Extremist, wenn er die freiheitliche demokratische Grundordnung – die Garantie der Menschenwürde, das Demokratieprinzip und das Rechtsstaatsprinzip – ablehnt.[26] In einer gesteigerten Form geht dies mit dem Ansinnen einher, das System notfalls gewaltsam zu stürzen. Ein Rechtsextremist widerspricht zusätzlich der Gleichheit der Völker und Rassen, indem er seine eigene Abstammung überhöht. Er ist nicht national, sondern aggressiv-nationalistisch eingestellt,[27] und ein antisemitisches Weltbild gehört zu seiner ideologischen Grundausstattung. Solange diese Bedingungen nicht vorliegen, müssen Bekenntnisse zur Nation, zum eigenen Volk und zum Vaterland als verfassungskonform eingeordnet werden.

Das Bundesamt für Verfassungsschutz definiert den umstrittenen Terminus umfassend: »Unter Rechtsextremismus werden Bestrebungen verstanden, die sich gegen die im Grundgesetz konkretisierte fundamentale Gleichheit der Menschen richten und die universelle Geltung der Menschenrechte ablehnen. Rechtsextremisten sind Feinde des demokratischen Verfassungsstaates, sie haben ein autoritäres Staatsverständnis, das bis hin zur Forderung nach einem nach dem Führerprinzip aufgebauten Staatswesen ausgeprägt ist. Das rechtsextremistische Weltbild ist geprägt von einer Überbewertung ethnischer Zugehörigkeit, aus der u. a. Fremdenfeindlichkeit resultiert. Dabei herrscht die Auffassung vor, die Zugehörigkeit zu einer Ethnie, Nation oder ›Rasse‹ bestimme den Wert eines Menschen. Offener oder immanenter Bestandteil aller rechtsextremistischen Bestrebungen ist zudem der Antisemitismus. Individuelle Rechte und gesellschaftliche Interessenvertretungen treten zugunsten kollektivistischer ›volksgemeinschaftlicher‹ Konstrukte zurück (Antipluralismus).«[28]

Im Vergleich zu dieser sehr klaren inhaltlichen Festlegung ist die Definition des österreichischen Bundesamts für Verfassungsschutz und Terrorismusbekämpfung inhaltlich dort angreifbar, wo von »deutschnationalen bzw. nationalistisch-konservativen Konzepten«[29] die Rede ist. Denn erst eine aggressiv-nationalistische Einstellung deutet auf das Vorliegen einer rechtsextremistischen Attitüde hin, nicht jedoch eine deutschnationale

Haltung. Wenn unverfängliche Begriffe wie »deutsch« und »national« zusammengefügt werden, entsteht dadurch nicht gleich ein extremistischer Terminus. Auch ist eine konservative Einstellung keine rechtsextremistische Positionierung.

In der Politikwissenschaft finden sich zumeist Definitionen zum Rechtsextremismus, die den Festlegungen im BfV-Glossar entsprechen. Armin Pfahl-Traughber, Professor am Fachbereich Nachrichtendienste der Hochschule des Bundes für öffentliche Verwaltung, sieht im Rechtsextremismus eine »Sammelbezeichnung für alle politischen Bestrebungen, die sich im Namen der Überbewertung ethnischer Zugehörigkeit gegen die Minimalbedingungen eines demokratischen Verfassungsstaates richten. Da hierzu die Auffassung von der Gleichwertigkeit der Menschen gehört, zählen Antisemitismus oder Fremdenfeindlichkeit zu den Grundprinzipien. Sie finden in Nationalismus oder Rassismus ihren ideologischen Ausdruck.«[30] Pfahl-Traughber benennt schließlich vier Merkmale, an denen sich ein Rechtsextremist erkennen lässt: (1) »die Überbewertung ethnischer Identität«[31] – verbunden mit der Folge, dass diese über den Grund- und Menschenrechten steht; (2) »die Abwertung von Angehörigen anderer ethnischer, religiöser oder sozialer Gruppen«[32]; (3) die »Forderung nach einer ethnischen und politischen Homogenität«[33]; (4) »das Eintreten für einen politischen Autoritarismus«[34]. Der Verfasser schließt sich zusätzlich zu seiner Minimaldefinition den Darlegungen des BfV und Armin Pfahl-Traughbers an.

In der Diskussion der inhaltlichen Reichweite des Rechtsextremismus sind gleichwohl einige Phänomene kritisch zu hinterfragen. Der Politikwissenschaftler Richard Stöss sieht das regelmäßig einsetzende Kesseltreiben seiner Zunft, also der Rechtsextremismusforscher, durchaus bedenklich: »Der Begriff Rechtsextremismus ist aus historischen Gründen stark politisiert, die Diskussionen um seine Ursachen, seine Bedeutung und um die Methoden für seine Bekämpfung sind hochgradig durch Werturteile geprägt. Selbst der wissenschaftlichen Forschung gelingt es nicht immer, sich der Problematik unbefangen zu nähern.«[35]

Dies gilt auch für die diversen Definitionsmerkmale, die den Rechtsextremismus ausmachen. Der ansonsten sehr sachlich argumentierende Pfahl-Traughber schreibt in einer älteren Abhandlung über Parteien, die »auf die ›Nation‹ fixiert sind und demnach eine nationalistische Position vertreten«[36]. Dies ist natürlich nie zwangsläufig der Fall.

Kritikwürdig sind zudem Untersuchungen zum Potenzial des Rechtsextremismus, die vielleicht über provokative, letztlich aber inhaltlich harmlose Fragen ermittelt werden. So sah der Wahlforscher Jürgen W. Falter in einer Untersuchung von 1994 in der Bejahung der folgenden Aussagen ein Anzeichen für eine rechtsextreme politische Haltung: »Ich bin stolz, ein Deutscher zu sein.«[37] Einen solchen Stolz kann ein Mensch empfinden, ohne damit andere Menschen abwerten zu wollen. Spricht dagegen ein Neonazi ihn aus, transportiert er damit Überlegenheitsgefühle. »Wir sollten endlich wieder Mut zu einem starken Nationalgefühl haben.«[38] Solange dieses Nationalgefühl nicht zu einer Abwertung anderer Nationen führt, ist es völlig unverfänglich. Je nach Zusammenstellung solcher und weiterer Fragen lässt sich das festgestellte Ausmaß des Rechtsextremismus stark variieren. Falter selbst kam damals zu dem Ergebnis, dass bei Anwendung harter Kriterien 5 Prozent der Deutschen als rechtsextrem eingestuft werden müssten, bei Verwendung weicher Kriterien dagegen 17 Prozent.[39] Einfacher werden Potenzialschätzungen dadurch nicht.

Der Assoziationsraum

Bei Fragen der nationalen Identität können es auch anerkannte Politikwissenschaftler nicht lassen, eine inhaltliche Nähe zwischen einem Rechten und einem Rassisten zu schaffen. So greift Jürgen Falter in einem Rechts-links-Vergleich zu kurz, wenn er behauptet: »Während die politische Rechte glaubt, dass nicht nur Menschen, sondern auch ganze Ethnien von Natur aus ungleich sind, laufen Linke der Fiktion hinterher, dass alle Menschen gleich sind, beziehungsweise gleichgemacht werden sollen.«[40] Konservative glauben nicht, dass eine Ethnie über einer anderen steht. Wenn sie es dennoch tun, sind sie keine Rechten, sondern Rechtsextreme. Falter nimmt es mit den Begrifflichkeiten regelmäßig nicht so genau, wie dies bereits dem Titel seiner Studie von 1994 zu entnehmen ist: »Wer wählt rechts? Die Wähler und Anhänger rechtsextremistischer Parteien im vereinigten Deutschland«[41]. »Rechts« und »rechtsextrem« werden synonym verwendet.

Die dabei und vor allem in der medialen Berichterstattung zu beobachtende inkriminierende Vorgehensweise, die einem diffamierenden Zweck folgt, ist ebenso plump wie wirkungsvoll. Es werden rechtsextreme Inhalte genutzt, um eine rechte Einstellung zu beschreiben. Natürlich muss die Überhöhung des eigenen Volkes als extremistisch eingestuft werden. Das Bekenntnis zum eigenen Volk hat aber nichts mit einer solchen Überhöhung zu tun. Für den politischen Ankläger ist dies irrelevant, weil er zwischen »rechts, »rechtspopulistisch«, »rechtsextrem« und »neonationalsozialistisch« gar nicht unterscheiden möchte. Alles wird in demselben, konstruierten Assoziationsraum platziert und dort miteinander vermischt, um so rechte – also konservative – Positionen zur Nation dem völkischen

Gedankengut zuordnen zu können. Zum Modus Operandi des Antinationalen gehört daher zwingend einerseits der Verzicht auf Differenzierung, andererseits die Hoffnung, dass der Adressat den semantischen Schwindel nicht bemerkt.

Zahlreiche Artikel ließen sich nennen, in denen unterschiedliche Begriffe in einem Assoziationsraum vermischt werden, wodurch der legitime Begriff »rechts« kontaminiert wird. Im Vorfeld der Europa-Wahlen 2019 brachte *Der Spiegel* einen ausführlichen Beitrag über »Europas Rechtspopulisten«. In ihm wird geradezu prototypisch auf die eigentlich notwendige Binnendifferenzierung verzichtet. Die Bezeichnungen »Rechtspopulisten« und »Populisten« dominieren den Beitrag. Mit synonymer Absicht werden dann die üblichen Schlagworte beigemischt: »Parteien von Europas rechtem Rand«[42], »rechtsnationale[r] Gruppierungen«[43], »Rechtsparteien«[44], »rechte[n] Regierungen«[45] und »Störpotenzial der Rechtsaußen«[46]. Auf einem Foto sind mehrere Frauen mit Fackeln in der Hand zu erkennen, die offensichtlich demonstrieren. Es wird mit den Worten »Extremisten bei Marsch in Wien 2018«[47] untertitelt. Zugleich ist nirgendwo transparent gemacht worden, was die Bezeichnung »Extremisten« rechtfertigt. In einem Schaubild wird das Ergebnis einer Umfrage mit der Überschrift »Stimmenanteil rechtspopulistischer Parteien« bezeichnet, für das komplette Schaubild ist der Titel »Europa und die Rechten« gewählt worden.[48] Natürlich fehlt auch der übliche NS-Vergleich nicht, der an die Kommunikationsstrategien der betrachteten europäischen Parteien anknüpft. Diese sind in der Tat in überproportionaler Weise im Internet erfolgreich aktiv. Für die Autoren des Beitrages kann das nur eines bedeuten: »Die Parallele zu den Dreißigerjahren, in denen die Nazis die Macht des Films und die Möglichkeiten des damals neuen Fernsehens etwa bei der Übertragung der Olympischen Spiele 1936 erprobten, drängt sich förmlich auf.«[49]

Am 19. Juni 2019 berichtete *Spiegel Online* über den Mord an Walter Lübcke. Der Attentäter sei vermutlich »rechtsextrem«[50]. Nur zwei Sätze später heißt es: Der CDU-Politiker Peter Tauber sehe »rechte Politiker in der Verantwortung.«[51] Dazu seien konkret zu zählen: »Rechtspopulisten von AfD und vom rechten Rand der CDU«[52]. Die WerteUnion wird als »ultrakonservative[n] Gruppierung«[53] eingeordnet. Erwähnung findet auch der »Kampf gegen rechte Hetze«[54] (also nicht gegen »rechtsextreme Hetze«). Wer so etwas liest, kann schnell zu der Auffassung gelangen, dass es zwischen »rechts« und »rechtsextrem« keinen Unterschied gibt.

Am 28. September 2019 meldete die *Tagesschau:* »Rechte Szene rüstet offenbar auf: 2018 deutlich mehr Waffen sichergestellt«[55]. Zur Verstärkung der Botschaft wurde ein Foto mit mehreren Skinheads gezeigt. Die verantwortlichen Redakteure meinten sicherlich, dass die rechtsextreme Szene aufrüstet. Der Bezug zur »rechten Szene« ist vermutlich nicht einmal in boshafter Absicht gesetzt worden. Die Redakteure sehen einfach nicht die Notwendigkeit, Inhalte klar voneinander abzugrenzen. Würde der Zuschauer den Titel der Nachricht der *Tagesschau* ernst nehmen, müsste er denken, dass Konservative in Deutschland zu Hauf armiert werden, die Mehrheit der CSU-Anhänger also nur noch bewaffnet an den bayerischen Stammtischen anzutreffen ist.

Bei der Kritik dieser Zustände wird meistens übersehen, dass es durchaus Journalisten und Politiker gibt, die sichtlich bemüht sind, umstrittene Begriffe voneinander zu unterscheiden – auch wenn dabei natürlich keine vollständige Einigung auf einheitliche Definitionen gelingt. *Spiegel Online* ließ den Historiker Ralf Melzer die Frage beantworten: »Was ist rechtspopulistisch, was rechtsextrem?«[56] Im *Deutschlandfunk* erklärte der Politikwissenschaftler Werner Patzelt, »dass ein undifferenzierter Umgang mit dem Begriff [den Begriffen, M. W.] rechts, rechtsradikal, rechtspopulistisch, rechtsextremistisch«[57] für die politische Kultur des Landes nicht heilsam sei. Für die *Frankfurter Allgemeine Zeitung* machte sich Daniel Deckers Gedanken zum Thema: »AfD: Rechts? Rechtspopulistisch? Rechtsradikal? Rechtsextrem?«[58] Auf *Zeit Online* reflektierte wiederum Jens Jessen die Begriffe »Konservativ, reaktionär, rechtsradikal«[59]. Im täglichen Geschäft der Leitmedien gehen diese Differenzierungen dann aber doch immer wieder verloren.

Nur wenige bekannte Journalisten wie etwa Hugo Müller-Vogg wagen es, die Formulierung vom »Kampf gegen rechts« offensiv anzugehen. Er wirft einigen seiner Kollegen sogar eine gezielte Strategie der Diffamierung vor: »Die Medien, allen voran die öffentlich-rechtlichen Anstalten, achten sorgfältig darauf, dass bei Gewalttaten von Linksradikalen kein Schatten auf die demokratische Linke fällt. Aber gegenüber dem rechten Teil des politischen Spektrums legen dieselben Akteure auf Differenzierung gar keinen Wert.«[60]

Eine bemerkenswerte Wortmeldung ist Ralf Schuler gelungen, der seit 2013 Leiter des Berliner Parlamentsbüros der *Bild*-Zeitung ist. In seinem Buch »Lasst uns Populisten sein. Zehn Thesen für eine neue Streitkultur« titelt er in einem Kapitel provokativ: »Rechts ist keine Krankheit«. Vertreter der politischen Linken würden den »Kampf gegen rechts« bewusst sehr vage halten, damit er als »Sammelbegriff für das gesamte Spektrum zwischen Lebensschützern und überzeugten Nationalsozialisten herhalten darf.«[61] Es sei daher wichtig zu unterscheiden, wo rechte Positionen lediglich von anderen Diskursteilnehmern nicht geteilt würden und wo sie tatsächlich der freiheitlichen demokratischen Grundordnung zuwiderlaufen. Schuler sieht die demokratische Rechte als »wichtige Bereicherung im demokratischen Flügelkampf«[62] an, wobei er »rechts« mit »konservativ« übersetzt. Seine Überlegungen sind in der Wortwahl sehr deutlich. Dazu gehört die Forderung, wieder stärker zwischen Begriffen und Inhalten zu differenzieren, was allerdings einen Lernprozess voraussetze: »Deutschland muss wieder ›rechts‹ lernen.«[63]

Auch in der Politik trauen es sich nur wenige, diese Problematik anzusprechen. Zu ihnen zählt die CDU-Politikerin Kristina Schröder, die von 2009 bis 2013 Bundesministerin für Familie, Senioren, Frauen und Jugend war. Sie fordert, »rechts« und »rechtsextrem« inhaltlich voneinander zu trennen, und erklärt zugleich, was das Ziel der Sprachwahl ist: »Alle politischen Positionen, die nichts links sind, sollen delegitimiert werden.«[64]

Im Kontext dieser über Jahrzehnte geführten Debatte ist seit einigen Jahren ein weiterer Begriff en vogue: der »Rechtspopulismus«. Er kommt zum Einsatz, um verdächtige »rechte« Strömungen sowie ganz allgemein die AfD zu brandmarken. Ausgedrückt werden soll, dass gesellschaftliche Probleme vereinfacht dargestellt werden und dass sie sich in der Nähe »rechtsextremer« Positionen befinden. Der Duden versteht unter Populismus eine »von Opportunismus geprägte, volksnahe, oft demagogische Politik, die das Ziel hat, durch Dramatisierung der politischen Lage die Gunst der Massen (im Hinblick auf Wahlen) zu gewinnen.«[65]

Auf dieses Mittel setzen gleichwohl alle Parteien. Angela Merkel sieht in einem möglichen Untergang des Euros den Untergang Europas. Linke Politiker betrachten rechtsextreme Parteien als eine Gefahr für die Demokratie, obwohl diese seit der Gründung der Bundesrepublik Deutschland 1949 nie mehrheitsfähig waren und de facto seit Jahrzehnten ein Schattendasein führen. Die Grünen wiederum versuchen, die »Klimakatastrophe« in die Nähe einer unmittelbar drohenden Gefahr zu rücken. Desgleichen verlassen sich im Ausland demokratische Parteien auf das Mittel des Populismus. So erklärte der französische Ministerpräsident Manuel Valls im Dezember 2015, dass sein Land in den Bürgerkrieg abzurutschen drohe, sollte der Front National auch die zweite Runde der Regionalwahlen gewinnen.[66]

Viele weitere Beispiele ließen sich anführen, um eine simple Wahrheit zu belegen: Sämtliche Parteien greifen vor allem bei Wahlen zu Darstellungsformen der Vereinfachung, agieren also populistisch.[67] Und sie sind sich nicht zu schade, den politischen Gegner zu diffamieren, wenn sie dazu die Möglichkeit haben. Als sich der SPD-Kanzlerkandidat Martin Schulz im Frühjahr 2017 in einem Umfragehoch befand, war es nur eine Frage der Zeit, bis CDU und CSU Angriffe gegen seine Person starteten. Dabei ging und geht es immer um zwei Themenfelder, die das Ziel diskreditieren sollen: fachliche Unfähigkeit und Amtsmissbrauch in früheren Verwendungen.[68] Die Form der Aufbereitung der Attacken gegen Schulz war natürlich populistisch angelegt.

Daher stellt sich folgende Frage: Warum soll ausgerechnet der Begriff »Rechtspopulismus« eine besondere Aussagekraft besitzen? Eine Schärfung inhaltlicher Argumentationen lässt sich über ihn nicht ableiten, da Konservative in Wahlzeiten ganz unterschiedliche Themen in dramatisierender Form aufbereiten können.

Der Politikwissenschaftler Michael Minkenberg, der diverse Publikationen zum Rechtsradikalismus vorgelegt hat, behauptet in diesem Sinne, »dass Rechtspopulismus, so wie er weitgehend in der Forschung, den Medien und auch in der Politik verwendet wird, nur neue analytische Unschärfe ins Spiel bringt und somit nicht dazu taugt, die älteren etablierten Begriffe abzulösen.«[69] Auch verweist er darauf, dass in der Wissenschaft »etliche begriffliche Konjunkturen und Verschiebungen zu beobachten«[70] sind. Teilweise würden als zuvor rechtsradikal eingestufte Gruppierungen einfach umetikettiert.[71] Minkenberg kritisiert weitere mangelnde begriffliche Schärfen. Bei den meisten Populismus-Definitionen bleibe es »beim vagen Hinweis auf eine nicht weiter spezifizierte Homogenitätsvorstellung«[72]. Im Ergebnis schlägt er vor, den »Begriff Rechtspopulismus aufgrund seiner Inhaltsleere«[73] fallenzulassen und mit dem Terminus »Rechtsradikalismus« zu arbeiten.

Dies ist nachvollziehbar. Der Verfasser plädiert hingegen dafür, noch mehr inhaltliche Trennschärfe durch begriffliche Reduktion herzustellen. Der Duden definiert »rechtsradikal« wie folgt: »radikal im Sinne der politischen Richtung bzw. Ideologie der äußersten Rechten«[74]. Als »rechtsextremistisch« gilt dagegen: »extremistisch im Sinne einer politischen Richtung bzw. Ideologie der äußersten Rechten«[75]. Das BfV hat darauf hingewiesen, dass »›radikale‹ Ansichten«[76] kein Anlass für die Behörde seien, tätig zu werden. Dies muss dann auch für rechtsradikale Positionen gelten, die Richard Stöss ebenfalls durch das Grundgesetz für abgedeckt hält.[77] Insofern bietet es sich an, den Terminus »rechtsradikal« fallenzulassen, wenn es darum geht, etwas Verfassungsfeindliches zu markieren. Die Vereinfachung könnte wie folgt aussehen: Legitimer Konservatismus wird als »rechts« eingestuft, verfassungsfeindliche Bestrebungen rechts der Mitte als »rechtsextrem«. Legitime und illegitime Positionen würden sich klar voneinander unterscheiden lassen. Wenn Etikettierungen wie »rechtsradikal« und »rechtspopulistisch« aufgegeben werden, wäre dies ein Beitrag zur Versachlichung von Diskussionen. Es bestünde nicht mehr die Möglichkeit, normale konservative Positionen durch Verwendung eines diffusen Vokabulars unter Verdacht zu stellen. Da die politische Linke genau daran kein Interesse hat, wird es zu einer solchen Versachlichung nicht kommen.

Nicht alle politikwissenschaftlichen Ausführungen zu diesem Thema sind derart nüchtern gehalten wie die von Michael Minkenberg. Der Politikwissenschaftler Frank Decker lässt vor allem eigene soziale und politische Präferenzen erkennen, wenn er die Inhalte des Rechtspopulismus zu erfassen sucht. Vertreter dieser Richtung würden »an überkommenen konservativen Rollenbildern in der Familien- und Geschlechterpolitik festhalten«[78]. Fraglich ist, wer für andere definieren darf, ab wann Rollenbilder als »überkommen« einzuordnen sind. In seinen Schlussfolgerungen plädiert er für eine stärkere europäische Integration und eine Vertiefung der Außen- und Verteidigungspolitik in der EU.[79] An solchen Forderungen ist nichts auszusetzen. Gefragt sei allein: Warum soll Kritik an europäischen Integrationsprojekten rechtspopulistisch sein?[80]

Wenn es diversen Wissenschaftlern immer wieder schwer fällt, zu einer Versachlichung der Thematik beizutragen, wie groß dürfen dann die Erwartungen an Vertreter aus Politik und Medien ausfallen? An einer Differenzierung haben zumindest die ARD und das ZDF kein Interesse. Sie bezeichnen die AfD als rechtspopulistisch, verzichten aber darauf, in gleichberechtigter Weise die Linkspartei als »linkspopulistisch« einzuordnen. Grund dazu gäbe es: Vorschläge wie jener zum »bedingungslosen Grundeinkommen«[81] vereinfachen ökonomische Zusammenhänge und zielen auf billigen Applaus linker Wählergruppen.

Der Begriff des Rechtspopulismus hat sich unabhängig von seiner eigentlichen inhaltlichen Bedeutung im Laufe der Jahre verselbstständigt und ist dabei zu einer Kampfvokabel des politischen Wettstreits geworden. Er wird es bleiben, solange sich mit ihm die gewünschten Assoziationen wecken lassen. Der Leser möge sich daran selbst ausprobieren, um in einer sehr einfachen Form Belege für diese Behauptung zu finden: Fragen Sie Menschen, die bestimmte Gruppierungen oder Positionen als rechtspopulistisch einordnen, nach einer inhaltlichen Konkretisierung, nach Definitionen und Abgrenzungen. Die Antworten setzen meistens in ernüchternder Weise unbedarft an.

Natürlich ist die AfD an den negativen Zuschreibungen, die sie aus Politik und Medien erhält, nicht ganz unschuldig. Es gelingt ihr viel zu langsam, bekannte Antisemiten und Rechtsextremisten aus den eigenen Reihen zu entfernen. In der politischen Auseinandersetzung wird dagegen viel zu oft inhaltlich überzogen. So kann eine Kanzlerin, die demokratisch gewählt worden ist, nicht als »Kanzlerdiktatorin«[82] bezeichnet werden. Kritik an den öffentlich-rechtlichen Medien ist angebracht, wird aber dort unsachlich, wo viel zu pauschal von der »Lügenpresse«[83] die Rede ist. Wer die in Deutschland lebenden Türken dem Ton nach als »Kameltreiber«[84] herabwürdigt, darf sich nicht darüber beschweren, wenn er politischen Gegenwind zu spüren bekommt. Dies gilt auch für jene, die offensichtlich Freude daran haben, mit dem Vokabular der NS-Zeit zu spielen und dadurch zu provozieren.

Es gibt viele weitere Faktoren, die den Status quo begünstigen. Der falsche Gebrauch und auch der inhaltliche Missbrauch des Begriffes »rechts« können auf den institutionellen Siegeszug von Anhängern der Generation der 1968er oder eher linksliberal orientierter Medienvertreter zurückgeführt werden – aber nicht nur. Maßgeblich für diese Entwicklung ist der inhaltliche Umbau der CDU unter Führung Angela Merkels seit 2000. Sie hat den konservativen Flügel ihrer Partei neutralisiert, was dazu beigetragen hat, dass rechte Positionierungen in der politischen Auseinandersetzung kaum noch sichtbar sind. Zudem hat es der CDU und auch der CSU immer am Mut gefehlt, den Terminus »rechts« offensiv und seriös zu definieren, um ihn in der Debatte nutzen zu können.

Vertreter der Union werden diese Sichtweise ablehnen. Sie können auf das Grundsatzprogramm der Partei von 2007 verweisen: »Die CDU ist die Volkspartei der Mitte. In ihr sind auch heute die politischen Strömungen lebendig, aus denen sie nach 1945 entstanden ist: die christlich-soziale, die liberale und die wertkonservative.«[85] Die Wertkonservativen wurden jedoch nicht nur aus Führungsämtern der Partei herausgedrängt. Sogar der Begriff »wertkonservativ« entspricht heute nicht mehr dem, was gemeinhin darunter verstanden wird. Er bedeutet schlicht, dass die CDU ihren Werten treu ist. Dies muss aber kein Zeichen für Konservatismus sein, denn alle Parteien werden zu ihren Werten stehen und sind damit »wertkonservativ«. Ein Konservativer würde das, was Deutschland ausmacht, bewahren wollen – auch seine nationale Identität. Die CDU treibt dagegen eine permanente kulturelle Revolution voran, die genau das Gegenteil bewirkt.

Natürlich kann argumentiert werden, dass es mittlerweile eine Gegenbewegung in der Partei gibt, die WerteUnion. Sie hat deutlich an Zulauf gewonnen, konnte 2019/2020 aber noch nicht nachweisen, dass sie auf die politische Ausrichtung der Union tatsächlich Einfluss gewonnen hat. Die wichtigsten Entscheidungsträger im Konrad-Adenauer-Haus lehnen diese Gruppe ab. Sie arbeiten daran, dass die CDU das sozialliberale Chamäleon der Merkel-Ära bleibt, das je nach machtpolitischem Bedarf die Farbe wechseln kann, um für Koalitionen mit der SPD, der FDP, den Grünen und vielleicht bald auch der Linkspartei offen zu sein. Die Partei will nun ein neues Grundsatzprogramm beschließen; die internen Diskussionen waren dazu 2020 noch nicht abgeschlossen. Die Frage sei ohne jede Ironie erlaubt:

Braucht sie das noch? Tatsächlich orientiert sie sich seit Jahren an der Merkel-Doktrin: Die Erfordernisse der Tagespolitik und Machterhaltungsfragen bestimmen den politischen Kurs.

Ralf Schuler sieht die CDU hingegen in der Pflicht, auch konservativ eingestellten Wählern eine Heimat zu bieten. Derzeit geschehe dies nicht, obwohl sich – je nach Messpunkt – ein großer Teil oder sogar die Mehrheit der Union politisch rechts von der Mitte verorte. Dazu zitiert Schuler eine Studie der Konrad-Adenauer-Stiftung von 2015, der zu entnehmen sei, dass sich das durchschnittliche CDU-Mitglied auf einer Skala von 1 (links) bis 11 (rechts) bei einem Wert von etwas mehr als 7 einordne.[86] Auch der als konservativ und wirtschaftsliberal geltende Friedrich Merz könne als Beleg für diese These herangezogen werden. Dieser hatte zwar im Dezember 2018 die Stichwahl um den CDU-Vorsitz gegen Annegret Kramp-Karrenbauer verloren, war aber immerhin auf knapp 48 Prozent der Delegiertenstimmen gekommen.[87] In der Kampfabstimmung um den Parteivorsitz im Januar 2021 unterlag Merz mit 47,2 Prozent der Delegiertenstimmen Armin Laschet.[88] Schuler sieht daher eine »Diskrepanz zwischen Basis und Kurs«[89]. Mit anderen Worten: Angela Merkel hat es geschafft, mehrheitlich rechts der Mitte stehende CDU-Anhänger über Jahre für eine Politik links der Mitte zu gewinnen.

Die Entgiftung des Begriffes »rechts«

Letztlich wird eine gesellschaftliche Versachlichung der Debatte nur gelingen, wenn das geschieht, was Joachim Gauck 2019 in seinem Buch »Toleranz – einfach schwer« und in mehreren Interviews zum Thema gefordert hat: »eine erweiterte Toleranz in Richtung rechts.«[90] Dazu müsse man manche Begriffe »entgiften«[91], womit er auch den Terminus »rechts« meint. »Rechts im Sinne von konservativ zählt seit über 200 Jahren zum integralen Bestandteil einer demokratischen Parteienlandschaft.«[92] Der Altbundespräsident sieht in Rechten jene, die Vorhandenes bewahren wollen, und in Linken jene, die vom Willen zur Veränderung angetrieben werden. »Rechts ist im Grunde eine Verortung im politischen Raum, die noch nicht negativ ist.«[93] Gauck weist daher auf das Positive hin: »Ihr Konservatismus ist eine Haltung, die – ganz im Gegensatz zu Radikalen – Extreme meidet. [...] Meines Erachtens handelt daher verantwortungslos, wer Konservative, statt sie als Verbündete im Kampf gegen Rechtsextreme und Rechtspopulisten zu begreifen, ebenfalls zu Feinden erklärt.«[94]

Der einstige Pfarrer aus Rostock bietet zudem Erklärungen an, warum dem Begriff »rechts« bis heute das »Odium des Anrüchigen und Extremen«[95] anhaftet. Nach der NS-Zeit sei rechtes Denken stark diskreditiert worden. Im Milieu der Linken und Linksliberalen habe sich dann ein einfaches Muster festgesetzt: »Rechts ist für viele gleichbedeutend mit rechtsradikal oder sogar mit Nazi.«[96] Dass es so weit kommen konnte, hänge auch mit den Spätfolgen des Wirkens der Generation der 1968er zusammen.[97] Gauck vermutet, dass Vertreter des linksliberalen Milieus ein zu geringes Vertrauen in die Substanz der deutschen Demokratie haben, weshalb sie Diskurse verengen: »Wir verlieren uns selbst, wenn wir so tun, als wäre es zu gefährlich, in großer Offenheit Probleme zu debattieren, weil das Volk sofort wieder umkippen könnte und eine Diktatur wählen würde.«[98] Beachtlich sind diese Darlegungen vor allem deshalb, weil Gauck eindeutig dem liberalen Spektrum zuzuordnen ist. Zudem hat er aus seiner Ablehnung der AfD nie einen Hehl gemacht.

In seinen Ausführungen weist Gauck auch darauf hin, dass viele politische Überlegungen der Rechten zu Unrecht als rechtsradikales oder rechtsextremes Gedankengut gebrandmarkt werden. Es seien an dieser Stelle nur seine wichtigsten Aussagen dokumentiert.

- *Zur Last der Geschichte:* Er betrachtet es als Fehler, eine »unschuldige Generation mit Schuld zu infizieren.«[99] Auf Nachfrage begründet Gauck dies wie folgt: »Weil es neurotisch ist. Die Jungen müssen wissen, was geschah, und aus diesem Wissen erwächst Verantwortung für das politische Handeln, aber du sollst ihnen nicht das Gefühl der Scham oder der Schuld implementieren, weil Schuld individuell ist.«[100]

- *Zum Thema Deutschlandflagge und Nation:* »Wie kann es sein, dass Menschen, die sich progressiv dünken, die schwarz-rot-goldene Fahne ablehnen? Eine Fahne, die die liberale Tradition Deutschlands verkörpert [...] Wer ein solches Nationalsymbol, wer schon den Begriff Nation für gefährlich hält, hat einen Irrweg gewählt.«[101] Gauck sieht eine »neurotische Feindschaft gegen das Eigene«[102]. Sie habe »bei vielen zu tiefer und anhaltender Verunsicherung geführt, teilweise sogar zu einer Vernachlässigung nationaler Interessen.«[103]

- *Zum Umgang mit (kriminellen) Ausländern in Deutschland:* »Intolerante gibt es nicht nur mit deutscher Sprache und mit deutscher Nationalität, sondern Intolerante gibt es in jedem Milieu. Und Du kannst nicht aus Toleranzgründen Intoleranz in einem Ausländermilieu plötzlich übersehen oder sagen, das ist ja nur deren Kultur, und bei den eigenen schärfst Du die Waffen. So geht es nicht.«[104]

- *Zur Zuwanderung:* »Multikulti ist nicht umstandslos gut, das kann ganz schön anstrengend sein. [...] Deswegen kann es sogar ethisch geboten sein, über eine Begrenzung zu sprechen. Wir dürfen darüber nachdenken, welches Maß an Zuwanderung geeignet ist, um die Zustimmung zu ihr gerade noch zu erhalten.«[105]

- *Zum doppelten Bewertungsmaßstab politischer Missstände:* »So, wie meines Erachtens gegenüber dem, was rechts der Mitte existiert, oft zu schnell mit Intoleranz reagiert wird, existiert gegenüber den Problemen, die in Kreisen von Zugewanderten vorkommen, oft zu viel Toleranz.«[106]

- *Zur Intoleranz vieler Linksliberaler:* »Was mir aber bedrohlich erscheint, ist, dass viele in diesen linksliberalen Kreisen sehr pauschal alles ablehnen und sogar als Gefahr für die Demokratie verurteilen, was rechts von der politischen Mitte oder rechts von der Union ist.«[107]

- *Zur Political Correctness:* »Wenn sie aber benutzt wird, um Andersdenkende öffentlich anzuklagen und allein für ihre Wortwahl zu verurteilen, dann ist das nicht sehr fortschrittlich. Wenn man die deutsche Sprache unbedingt einer erhofften gesellschaftlichen Entwicklung anpassen will, kann das schnell zu Übertreibungen führen, die von großen Teilen der Bevölkerung abgelehnt werden. Ich nenne diesen ›Neusprech‹ auch ›betreutes Sprechen‹, aber das mögen natürlich viele nicht hören, die sich im Dienste des Fortschritts wähnen.«[108]

In dem Gespräch mit Markus Lanz vom Juni 2019 zeigte sich, dass selbst ein routinierter Moderator sehr verunsichert sein kann. Dies lag sicher auch daran, dass in der ZDF-Talkshow seit Jahren vermehrt Vertreter des linksliberalen politischen Lagers zu Wort kommen, die »rechts« als »rechtsextrem« verstehen. Nun erklärte ihm Gauck, dass »rechts« in Deutschland »negativ konnotiert«[109] sei, und er stellte freimütig fest: »Da gehen wir zu weit.«[110] Wie zu erwarten, brachte Lanz den Gedanken ins Spiel, der Altbundespräsident könnte nun Applaus von der falschen Seite bekommen, was dieser jedoch zurückwies. Gauck leitete seine Forderungen nach mehr Toleranz immer wieder philosophisch ab. Lanz dagegen zeigte, dass er mit den intellektuellen Ausflügen seines Gastes überfordert war. Entweder konnte oder wollte er ihn nicht verstehen, als er feststellte: »Wir haben solange jedes konservative Argument den Rechten überlassen, bis es irgendwann nur noch rechte Argumente waren.«[111] Gauck lachte freundlich, Lanz hatte nichts verstanden.[112]

2. Vorstellungswelt und Politik Thomas Haldenwangs

Nach dem an der V-Mann-Politik der Behörde gescheiterten NPD-Verbotsverfahren, den zu spät aufgedeckten Verbrechen des NSU und der starken öffentlichen Kritik an Hans-Georg Maaßen nach dessen Bewertung der Ausschreitungen von Chemnitz im Spätsommer 2018 stand Bundesinnenminister Horst Seehofer unter erheblichem Druck. Einigkeit herrschte in der Regierung darüber, im Amt des Präsidenten schnell einen Wechsel vollziehen zu müssen. Die Latte für den neuen Behördenchef lag hoch, wenngleich sich dies eher auf politisch-pragmatische denn auf inhaltliche Gesichtspunkte bezog. Er durfte nicht einmal ansatzweise im Verdacht stehen, Sympathien für »Rechte« zu haben. Zudem musste das BfV aus der öffentlichen Schusslinie gebracht werden, wofür ein durch und durch linientreuer Spitzenbeamter gesucht wurde. Im Idealfall würde er sogar in weiten Kreisen der politisch-medialen Elite auf Akzeptanz stoßen.

Gefunden wurde Thomas Haldenwang, dessen Vita die typischen Elemente einer Karriere im Beamtenapparat aufweist. Nach dem Studium der Rechtswissenschaften war er von 1991 bis 2000 im Bundesministerium des Innern in der Dienstrechtsabteilung und im Personalwesen tätig. 2000 wechselte er in das Bundesverwaltungsamt, wo er Referatsgruppenleiter wurde. 2006 erfolgte die Rückkehr in das Bundesministerium des Innern. Dort übernahm er das Referat »Laufbahnrecht«. Auch war er für die Geschäftsführung des Bundespersonalausschusses zuständig. 2009 ging Haldenwang zum Bundesamt für Verfassungsschutz, wo er bis Ende 2012 die Zentralabteilung leitete. Am 1. August 2013 wurde er zum Vizepräsidenten der Behörde ernannt.[113] Der vorläufige Höhepunkt der Karriere wurde am 15. November 2018 erreicht, als Thomas Haldenwang das Amt des Präsidenten des BfV übernahm.

Die *Frankfurter Allgemeine Zeitung* charakterisierte ihn nach seinem Amtsantritt wie folgt: »[k]eine politische Agenda, kein Geltungsdrang, ein bisschen trocken, aber unkompliziert«[114]. Im ZDF-Interview mit Marietta Slomka vermittelte er am 13. Mai 2019 einen ebenso galanten wie sympathischen Eindruck.[115] Der Presseberichterstattung sind weitere Details zum Lebenslauf zu entnehmen. Demnach ist Haldenwang Mitglied der CDU. Mit seinem Vorgänger Maaßen soll er inhaltlich in den meisten Fragen übereingestimmt haben. Mit einer Ausnahme: Als sich 2015 die große Völkerwanderung gen Mitteleuropa in Gang setzte, ging er im Gegensatz zu Maaßen nicht auf Distanz zu Bundeskanzlerin Angela Merkel. Im Oktober 2019 beurteilte er die damaligen Vorgänge wie folgt: »Ich habe die Politik der Bundesregierung unterstützt, auch im Jahr 2015. Zu meinem christlichen Weltbild gehört es, dass man Menschen in Not hilft. Da hat Deutschland 2015 Beachtenswertes geleistet.«[116]

Wer sich die Reden und Äußerungen von Thomas Haldenwang durchliest, wird sehr schnell merken, dass der neue Präsident zweifellos umfassend in die Thematik eingearbeitet ist. Die Darstellungen zum Bedrohungsspektrum sind in der Summe ausgewogen. Ihnen ist durchweg eine sehr glaubwürdige Sorge um die Zukunft der freiheitlichen demokratischen Grundordnung zu entnehmen.

Dennoch hat unter Haldenwang in einer nicht unwichtigen Einzelfrage eine Neuausrichtung stattgefunden. Er hat unmittelbar nach Dienstantritt das Thema »Rechtsextremismus« auf Platz 1 seiner Sicherheitsagenda gesetzt. Dagegen ist nichts zu sagen, wenn die Bedrohungslage eine solche Einordnung hergibt. Auffällig ist gleichwohl, wie sehr Haldenwang von Anfang an versucht hat, öffentlichen Erwartungshaltungen gerecht zu werden. In diesem Sinne kam er auch bei seinem Auftritt vor dem Parlamentarischen Kontrollgremium – nach der Amtseinführung in den neuen Posten – sofort bestens an.[117]

Rechtsextremismus als größte Gefahr

Kurz vor Weihnachten 2018 erläuterte Haldenwang in einem Interview mit der *Süddeutschen Zeitung*, wie er sich den Kampf gegen den Rechtsextremismus vorstellt. Dazu gehörte eine Aufstockung der zuständigen Mitarbeiter von – wie es in den Medien kolportiert wurde – 200 auf 300 Personen. Verlautbarungen von AfD-Abgeordneten zum Thema Flüchtlinge und Migranten kommentierte er kritisch: »Wenn eine Partei im Deutschen Bundestag diese Debatte immer wieder lautstark befeuert, dann kann auch dies dazu beitragen, dass der Rechtsextremismus neue Anhänger findet.«[118] Es sind genau solche Äußerungen, die über das Mandat des Präsidenten hinausgehen, solange er nicht als Politiker gesehen werden möchte. Mandatsträger des Bundestages sollen folglich aufhören, sich mit der Flüchtlings- und Migrationsfrage kritisch zu befassen, um den Rechtsextremismus einzudämmen. Dies ist eine klare Einmischung in den politischen Wettbewerb.

Mehrere von Rechtsextremisten begangene Anschläge verschärften die Wahrnehmung der Problematik durch die politisch-mediale Elite. Die Ermordung Walter Lübckes im Juni 2019, der Versuch der Durchführung eines Massakers in der Synagoge von Halle im Oktober 2019 und der Amoklauf vom Februar 2020 in Hanau erhöhten den Druck auf das BfV. Horst Seehofer erklärte nun, »dass vom Rechtsextremismus die größte Bedrohung in unserem Land ausgeht.«[119] Das BfV hat ihn am 12. März 2020 umgehend in dieser Auffassung unterstützt. Thomas Haldenwang sagte: »Und deshalb bestätigt und bekräftigt das Bundesamt für Verfassungsschutz: Rechtsextremismus und Rechtsterrorismus sind aktuell die größte Gefahr für die Demokratie in Deutschland!«[120]

Sachlich war dies natürlich unsinnig, wie die Ausführungen im nächsten Abschnitt zeigen werden. Aus einer kurzfristigen Häufung von Anschlägen, mehrheitlich durchgeführt durch Einzeltäter, kann nicht auf das Bedrohungspotenzial einer verfassungsfeindlichen Strömung geschlossen werden. Wenn 2021 in kurzer Abfolge vier Anschläge durch Islamisten erfolgen, würde dann die vom Rechtsextremismus ausgehende Gefahr auf Platz 2 gerückt? Solchen Bewertungsmustern liegen vor allem politische Motive zugrunde. Im konkreten Fall war klar erkennbar: Thomas Haldenwang ist bereit, der parteipolitischen Sicht des Bundeskanzleramts bis in die Details zu folgen. Die Anschläge wurden als Bestätigung der eingeschlagenen Richtung gewertet und zum Anlass genommen, den »Kampf gegen rechts« kontinuierlich zu verschärfen.

Damit setzt die Betrachtung der beklagten Missstände gezielt einseitig an. Horst Seehofer hat in der letzten Phase seiner Amtszeit darauf verzichtet, die Politik der Bundeskanzlerin kritisch zu hinterfragen. Hätte er dies getan, dann hätte er die Ursachen der Entstehung politischer Gewalt zumindest bis zu einem bestimmten Umfang auch in der Politik der Bundesregierung sehen können. Insbesondere seit 2015 haben die Entscheidungen Angela Merkels zur Entstehung gesellschaftlicher Zustände beigetragen, die nicht nur den Aufstieg einer neuen Partei befördert haben, sondern auch die politische Radikalisierung im Rechtsextremismus. Bei der Bundestagswahl 2013 scheiterte die AfD mit 4,7 Prozent der Stimmen am Einzug in das Parlament.[121] Anschließend legte sie im Fahrwasser der Euro-Krise deutlich zu, fiel aber trotzdem wieder unter die 5-Prozent-Hürde. Im Sommer 2015 stand die Partei vor dem Nichts; Umfragen sahen sie nur noch bei 3 Prozent.[122] Zum Rettungsanker der AfD wurde die durchweg verfehlte Flüchtlings- und Migrationspolitik Merkels. Sie war und ist es auch, die zur Erstarkung des Rechtsextremismus beigetragen hat. Die Verfassungsschutzberichte der letzten Jahre belegen diese Behauptung eindrucksvoll. Sie weisen die folgenden Zahlen für das Rechtsextremismuspotenzial aus: 22 150 Personen 2012, 21 700 in 2013 und 21 000 in 2014 – Tendenz also deutlich sinkend. Dann kam das Jahr 2015, und die Zahl der Rechtsextremisten stieg sprunghaft auf 22 600 an. 2016 waren es schon 23 100, 2017 dann sogar 24 000 und 2018 wurden 24 100 Personen gezählt.[123]

Nun ist es sicherlich nicht die Aufgabe Haldenwangs, die Politik der Bundeskanzlerin aufzuarbeiten. Aber er verfestigt mit Interviews wie in der *Süddeutschen Zeitung* natürlich bestehende Narrative, die in unbekümmerter Weise die Verantwortung Merkels für die Gefährdung des inneren Friedens ausblenden. Zudem muss ihm klar gewesen sein, wie Teile der Medien sein Interview vermarkten werden. Die *Süddeutsche Zeitung* machte aus dem Kampf gegen den Rechtsextremismus im Titel den »Kampf gegen rechts«.[124] Die Online-Ausgabe der *Tagesschau* schloss sich dieser Form der Kommunikation an.[125] Der *Deutschlandfunk* sinnierte über die »Gefahr von rechts«[126].

Zur Neuausrichtung der Behörde gehörte auch die am 21. Januar 2019 erfolgte Ernennung Sinan Selens zum neuen Vizepräsidenten des BfV. Am 27. März sprach er auf einer Tagung in Berlin zum Thema »Extremismus – steigende Gefahr für Sicherheit und Reputation von Unternehmen«. In seinen Ausführungen stellt Selen die These auf, dass der politische Extremismus zu einer Gefahr für den Wirtschaftsstandort Deutschland werden könnte: »Extremisten – oder extremistische Kommentare – können das betriebliche Zusammenleben massiv stören. Extremisten sind sogar in der Lage, den Wirtschaftsstandort Deutschland zu gefährden – und zwar, indem sie durch ihr menschenverachtendes Agieren unser Ansehen in der Welt beschädigen und potentielle Mitarbeiter sowie Investoren aus dem Ausland abschrecken.«[127] Eine solche Lagedarstellung scheint doch arg übertrieben. Der Fragile States Index 2019 zählte Deutschland weiterhin zu den weltweit stabilsten Staaten.[128] Aus der Sicht von Selen müssten demnach ganz andere Akteure Sorge um das Investitionsklima haben. Dem ist nicht so: Selbst autoritären Staaten wie China gelingt es problemlos, mit dem Ausland Handel zu treiben. Warum sollte daher ausgerechnet das demokratisch stabile Deutschland als Wirtschaftsstandort gefährdet sein? Zudem haben die vorhandenen Formen des Rechtsextremismus in keiner Weise abschreckend auf jene Flüchtlinge und Migranten gewirkt, die seit 2015 nach Deutschland gekommen sind.

Selen dürfte mit seiner völlig überzogenen Lagebewertung ein ganz anderes Ziel verfolgt haben. Da das BfV die AfD in die Nähe des Rechtsextremismus gerückt hat, wird deren Wählern ein klares Signal vermittelt: Wer diese Partei wählt, gefährdet den Wirtschaftsstandort Deutschland – vielleicht sogar den eigenen Arbeitsplatz. Das Gespenst des allseits gegenwärtigen, die Gesellschaft geradezu vergiftenden »Rechtspopulismus« erhält so weitere Nahrung. Der neue Vizepräsident bediente zudem das Bild von der »rechte[n] Gewalt«[129], statt korrekt von »rechtsextremer Gewalt« zu sprechen. Bemerkenswert ist, dass er seiner Analyse im zugespitzten Duktus wohl doch nicht ganz getraut hat, als er sagte: »Bleiben bereits potentielle Fachkräfte aus dem Ausland weg? Nach meiner Einschätzung lautet die Antwort: nein – noch nicht! Wir sind immer noch eines der attraktivsten Länder der Welt! Aber das müssen wir uns auch bewahren – wir müssen es schützen!«[130] Das hat nichts mit einer sachlichen Bedrohungsanalyse zu tun, sondern muss als politische Partizipation zugunsten der Regierungsparteien gewertet werden. Es ist *intelligence to please* in reinster Form.

Thomas Haldenwang äußerte sich am 13. Mai 2019 in einer umfassenden Rede zur inneren Sicherheitslage. Thema war die »Mobilisierungsfähigkeit im politischen Extremismus«.[131] Der Präsident erklärte: »Rechtsextremisten sind nationalistisch orientiert, gehen von der Überlegenheit der eigenen Ethnie aus und stellen die Gleichheit der Menschen sowie ihre Menschenwürde in Frage.«[132] Diese Definition trifft zweifelsfrei zu. »Sie reden von ›Überfremdung‹ und erhöhen die eigene Identität.«[133] An anderer Stelle spricht er von »Debatten über eine angebliche Überfremdung und Islamisierung«[134]. Im weiteren Verlauf seiner Rede ordnet Haldenwang auch »Europa-Skepsis«[135] als typisches Thema der Extremisten ein. Die Entwicklungen von 2015 bezeichnet er dagegen als »sogenannte Flüchtlingskrise«[136]. Mit Blick auf den 8. Mai 1945 heißt es ganz im Sinne des linksliberalen Lagers: Er werde von den Rechtsextremisten »nicht mehr als Tag der ›Befreiung‹ bezeichnet, sondern als Tag der ›Niederlage und Besatzung‹ sprachlich umgedeutet.«[137]

Mit solchen Einlassungen verlässt Haldenwang den Boden seriöser Beschreibungen der innenpolitischen Lage. Der Begriff der »Überfremdung« kann per se nicht rechtsextremistisch sein, solange damit lediglich zum Ausdruck gebracht werden soll, dass z. B. in einem größeren Wohngebiet in kurzer Zeit eine übermäßig hohe Zahl Fremder angesiedelt worden ist, die damit den Charakter des Zusammenlebens der ursprünglichen Gesellschaft verändert. Unter »Islamisierung« ist in historischer Perspektive die Ausbreitung des Islam im Sinne der Bekehrung »Ungläubiger« und der Erweiterung des Herrschaftsbereichs der Anhänger bzw. politischen Führer dieser Religion zu verstehen. Für die Gegenwart Europas bedeutet dies: Eine Islamisierung in einem ursprünglich weitgehend christlich-abendländisch geprägten Land liegt dann vor, wenn die Zahl der Muslime und Moscheen steigt, die mit dem Koran verbundenen gesellschaftlichen und politischen Ansichten Raum greifen und dieser Prozess insgesamt in Politik und Medien zunehmend auf Akzeptanz stößt. Und wer die EU kritisiert, muss noch lange kein Europa-Feind sein. Es ist die politisch-mediale Elite, die beide Ebenen gerne vermengt und dabei übersieht, dass ein EU-Skeptiker zugleich ein großer Freund Europas sein kann.

Die einschneidende Wegmarke des 8. Mai 1945 muss ebenfalls differenziert gesehen werden. Deutschland wurde vom Nationalsozialismus befreit, die Herrschaft der Konzentrationslager endete. Aber natürlich wurde an jenem Tag auch eine militärische Niederlage besiegelt, die Folgen hatte, zu denen erhebliche Gebietsabtretungen im Osten des Reiches und die deutsche Teilung gehörten. Die anschließende Besatzung ist keine Umdeutung, sondern ein historischer Fakt. Jene Soldaten, die in sowjetische Kriegsgefangenschaft gingen, kamen vom Regen in die Traufe. Für das, was ihnen blühte, kann schwerlich der Begriff »Befreiung« zutreffen. Allein nach den Kämpfen von Stalingrad wurden 92 000 deutsche Soldaten zu Kriegsgefangenen, nur 6000 von ihnen überlebten.[138] In den Rheinwiesenlagern wurden unmittelbar nach Kriegsende über 900 000 Gefangene der amerikanischen, britischen und französischen Streitkräfte festgesetzt.[139] Sie hausten unter freiem Himmel in Erdlöchern, mehrere Tausend von ihnen starben.

Auch dürften die zahlreichen, von alliierten Soldaten vergewaltigten deutschen Frauen, Mädchen und auch Männer den 8. Mai 1945 kaum als Befreiung betrachtet haben. Die üblichen Schätzungen nehmen allein bis zu 2 000 000 Vergewaltigungen durch sowjetische Soldaten an.[140] Diese gingen so brutal gegen die Zivilbevölkerung vor, dass sich in der kleinen Stadt Demmin in Mecklenburg – aber nicht nur dort – allein vom 28. April bis zum 3. Mai 1945 etwa 700 bis 1000 verzweifelte Menschen das Leben nahmen (durch Gift, Erhängen, Pistolenschuss, Aufschneiden der Pulsadern).[141] Jüngere Forschungen wie jene von Miriam Gebhardt geben die Gesamtzahl sämtlicher Missbrauchsopfer in Deutschland mit 860 000 deutlich geringer an. Neu an ihrer Studie ist, dass sie auch von Eingriffen in die sexuelle Selbstbestimmung aus den Reihen der westlichen Besatzungsmächte ausgeht. Sie vermutet 190 000 Vergewaltigungen durch US-Soldaten, 50 000 durch Mitglieder der französischen Streitkräfte und 45 000 durch britische Soldaten.[142] Eine Befreiung war es zudem nicht für die Bewohner Ostdeutschlands. Bis zu 14 Millionen Landsleute wurden aus Pommern, Schlesien und Ostpreußen vertrieben; hinzu kamen jene Menschen, die das Sudentengebiet verlassen mussten. Bis zu zwei Millionen Menschen starben auf der Flucht.[143]

Diese kritische Würdigung einzelner Aussagen des Präsidenten des BfV lässt sich durch ein Urteil des Bundesverwaltungsgerichts vom 18. Mai 2001 zusätzlich abstützen. Es enthält Bewertungen zum Rahmen des Sagbaren in gesellschaftlich kritischen Fragen. Demnach ist es einer politischen Partei gemäß Artikel 5 Absatz 1 Satz 1 Grundgesetz vor dem Hintergrund »einer erheblichen Einwanderung in Deutschland […] nicht verwehrt, zum Beispiel einen ›Verlust der nationalen Identität‹ durch ›Überfremdung‹ und die

Aushöhlung des ›Abstammungsprinzips‹ zu beklagen, die Art und Weise der Bewältigung der deutschen Vergangenheit nach dem zweiten Weltkrieg zu problematisieren sowie die Frage nach der Ausländern geschuldeten Solidarität anzusprechen.«[144] Wenn der Verfassungsschutz diese Themen trotz des Urteils des Bundesverwaltungsgerichts in die Nähe des Rechtsextremismus rückt, ignoriert er nicht nur die Meinungsfreiheit und die geltende Rechtslage. Er greift dann auch ganz gezielt jenseits seines Mandats in politische Prozesse ein.

Am 28. November 2019 hielt Thomas Haldenwang in Wiesbaden eine Rede zum Thema »Früherkennungs- und Analysefähigkeiten weiterentwickeln«. Im Mittelpunkt stand – wie schon einen Monat zuvor in seiner Rede vor dem Parlamentarischen Kontrollgremium –[145] das Thema Rechtsextremismus, das vollständig so aufbereitet worden ist, dass es nahtlos an die Sichtweise der politisch-medialen Elite anschließt. Der Präsident des BfV äußerte sich u. a. zu Fragen der Mobilisierung im politischen Extremismus, wobei er oft vage blieb und sehr viel Spielraum für Interpretationen ließ. Mobilisierung gelinge, wenn vier Faktoren vorliegen, die an dieser Stelle kritisch kommentiert werden sollen:

- Faktor 1: Emotionen würden an »gesellschaftlichen Bruchlinien«[146] geschürt. Das ist bei Rechtsextremisten sicher so. Gefragt sei aber auch: Ab wann liegen solche Emotionen vor? Welche Handlungen gelten als verwerfliches Schüren? Gesellschaftliche Bruchlinien, etwa zwischen Deutschen und den Mitgliedern multikultureller Parallelgesellschaften, sind von der Politik geschaffen worden. Sich daraus ergebende Probleme müssen diskutiert werden können. Wer das macht, kann Emotionen wecken, ohne es zu wollen. Ist er deshalb ein Verfassungsfeind? Zu unterscheiden ist zwischen jenen, die Bruchlinien erzeugen, und jenen, die sich die Mühe machen, die sich daraus ergebenden gesellschaftlichen Konsequenzen zu reflektieren.

- Faktor 2: Es würden »Brückenköpfe im bürgerlichen Lager etabliert«[147]. Gefragt sei: Was ist damit gemeint? Wie sieht ein solcher Brückenkopf aus? Es wird sicherlich Kontakte zwischen Konservativen und Rechtsextremisten geben, die ganz unterschiedliche Hintergründe haben können. Die Aussage ist aber auch dazu geeignet, konservativ eingestellte Bürger einzuschüchtern, da vollkommen unklar bleibt, ab welcher Stufe bereits ein rechtsextremer Kontakt vorliegen und ob dieser künftig für die »Früherkennungsfähigkeiten« von Interesse sein könnte. Wenn Haldenwang vor der Entstehung von »Brückenköpfen« warnt, wirkt das wie die Beschreibung einer Fata Morgana. In Abhängigkeit vom Hitzegrad der gesellschaftlichen Debatte erscheint die Luftspiegelung schwächer oder stärker.

- Faktor 3: Es würde mit den Mitteln der »Desinformation und Zwietracht«[148] gearbeitet. Das ist sicherlich so im rechtsextremen Lager. Gefragt sei aber auch: Ist das eine exklusive Vorgehensweise von Rechtsextremisten? Oder ist es nicht regelmäßig auch die Regierung, die sich im politischen Instrumentenkasten der Desinformation und des Populismus bedient? Heiko Maas war am 5. Juni 2016 in seiner Funktion als Justizminister zu Gast in der Talkshow von Anne Will. Unter Verweis auf den demografischen Faktor behauptete er in apodiktischer Manier: »Deshalb ist Zuwanderung unter allen Gesichtspunkten ein Gewinn für dieses Land.«[149] Das vom Bundeskriminalamt (BKA) herausgegebene Bundeslagebild zur Kriminalität im Kontext von Zuwanderung, Untersuchungen zur fachlichen Qualifizierung der Neuankömmlinge sowie gewachsene Formen des Antisemitismus – um nur drei Beispiele zu nennen – lassen eine andere Einschätzung zu. Maas hat die Situation also vermutlich bewusst geschönt. Auch die Behauptung der Bundesregierung, die Grenze nicht schützen zu können, muss in diesem Sinne eingeordnet werden.[150] Grenzschutz ist jederzeit möglich, wenn er politisch gewollt ist. Bundesinnenminister Horst Seehofer hat dies selbst eindrucksvoll gezeigt, als er im Zuge der Corona-Krise 2020/2021 über Monate zumindest versuchte, an mehreren Grenzübergangsstellen – ohne Grenzanlage war dies das Maximum des Möglichen – Kontrollen durchzuführen. Eine andere Entwicklung ist während der Pandemie lange tabuisiert worden, bevor sie schließlich Anfang März 2021 für Schlagzeilen sorgte. Mehrere Leitmedien berichteten darüber, dass überdurchschnittlich viele Menschen auf den Coronavirus-Disease(COVID)-19-Stationen der Krankenhäuser einen Migrationshintergrund haben, was u. a. auf das spezifische Sozialverhalten von muslimischen Großfamilien zurückzuführen ist.[151]

- Faktor 4: Die »Legitimation und Handlungskompetenz des Staates«[152] würden negiert. Rechtsextreme vertreten solche Ansichten vor dem Hintergrund ihres Weltbildes. Gefragt sei aber auch: Warum sollte eine Person, die nicht dem rechtsextremen Weltbild anhängt, darauf verzichten, staatliche Inkompetenz zu benennen? Der Staat ist heute in vielerlei Hinsicht schwach, weil die Bundesregierung bereit ist, ihn in einem solchen Zustand zu halten. Dies reicht von der Billigung der illegalen Ein-

> reise einer siebenstelligen Zahl von Migranten bis hin zu 192 801 offenen Haftbefehlen (Stand vom 31. März 2020/Vorjahr: 185 736),[153] von denen viele vollstreckt werden könnten, wenn die Polizei mehr Kontrollen im Inland durchführen dürfte.

Etwas reißerisch formuliert, heißt es schließlich: »Bei diesen Faktoren schlagen wir Alarm.«[154] Nun ist es zweifellos so, dass die genannten Merkmale dem Handeln von Rechtsextremisten zugrunde liegen können, was natürlich eine Reaktion des Verfassungsschutzes erfordert. Die insgesamt sehr allgemein gehaltenen Formulierungen von Thomas Haldenwang weisen gleichwohl Schwächen auf. Er verzichtet viel zu oft darauf, für die von ihm erhobenen Vorwürfe und Verdächtigungen konkrete Beispiele zu benennen. Es reicht nicht aus, dies mit dem Verweis auf die besondere Arbeitsweise eines Nachrichtendienstes zu rechtfertigen. In der Vergangenheit gab es zudem zahlreiche Vorfälle, die belegen, dass das BfV für vorschnelle Einschätzungen immer wieder falsche oder nur unzureichende Beweismittel genutzt hat. Wäre dem nicht so, hätte die Behörde nicht so oft vor Gericht verloren.[155]

Beobachtungsanspruch im vorpolitischen Raum

Noch wesentlich heikler ist das Ansinnen, den inhaltlichen Beobachtungsanspruch des Verfassungsschutzes bis in das demokratisch legitimierte Lager des Konservatismus hinein zu verlagern. Haldenwang würde dies natürlich als Unterstellung zurückweisen, da er es so ja nicht direkt formuliert hat. Seine öffentlich getätigten Aussagen lassen eine solche Einschätzung aber zu.

Die politischen Nachwirkungen des Anschlags von Halle im Oktober 2019 sollten das Vorhaben katalytisch befördern. Mehrere Politiker der etablierten Parteien hatten nach dem Versuch, Juden in einer Synagoge zu töten, gefordert, nun mehr Druck auf die AfD auszuüben, der eine Mitschuld an den Taten des Terroristen zugesprochen wurde. Sie müsse dringend vom Verfassungsschutz beobachtet werden. Das Argument: Die Art der Aufbereitung bestimmter inhaltlicher Sachthemen könnte zur Radikalisierung junger Menschen führen, die dann im schlimmsten Fall in Gewaltakten enden. Katrin Göring-Eckhardt, eine der Vorsitzenden der Bundestagsfraktion der Grünen, erklärte mit erregter Stimme: »Wir müssen endlich, endlich, endlich umschwenken und uns endlich der Realität stellen, dass die Rechten und die Rassisten, die Antisemiten versuchen werden, in dieser

Gesellschaft nicht nur Hass zu streuen, sondern eben auch Gewalt auszuüben.«[156] Der Ministerpräsident Thüringens und Politiker der Linkspartei, Bodo Ramelow, vermengte die Begrifflichkeiten ebenfalls, als er »die politische Auseinandersetzung mit rechtem Gedankengut und mit nationalsozialistischem Gedankengut und faschistischer Neuauflage«[157] forderte. Selbst die *Frankfurter Allgemeine Zeitung* verzichtete auf klare Definitionen, aber nicht auf Spekulationen: »Doch in der Stadt [Halle, M. W.] gibt es rechte Strukturen, die die Tat von Stephan B. begünstigt haben könnten.«[158]

Nach dem Anschlag von Halle war die Erwartungshaltung der politisch-medialen Elite an das BfV unüberhörbar, nun noch intensiver jene Entwicklungen in den Blick zu nehmen, aus denen sich theoretisch eine extremistische Haltung ergeben könnte. Dies bedeutete für die Behörde, stärker auf Spekulationen und Neubewertungen alter Phänomene setzen zu müssen, um »liefern« zu können. So wurde der Verfassungsschutz von den Sendeanstalten und Gazetten in den vorpolitischen[159] Raum geradezu hineingetrieben.

In einem Interview mit dem Wochenmagazin *Der Spiegel* machte Thomas Haldenwang deshalb nach der Tat sofort deutlich, dass er bereit sei zu handeln. Er stellte einen direkten Zusammenhang zwischen Vertretern der »Neuen Rechten« und dem Anschlag von Halle her: »Die sogenannte Neue Rechte praktiziert einen sehr intellektuellen Rechtsextremismus. Vordergründig distanziert sie sich von Gewalt, aber sie befördert die Verschwörungstheorie der ›Umvolkung‹ und vermittelt das Gefühl, dass etwas geschehen muss, um solche vermeintlichen Entwicklungen zu stoppen. Das ist der geistige Nährboden für solche Taten.«[160] Damit sind zwei Fragen bzw. Themenkomplexe berührt:

- Unter der »Neuen Rechten« verstehen die meisten Beobachter eine Art Sammelbegriff, der konservative bis rechtsextremistische Strömungen subsumieren soll. Ihren Vertretern wird unterstellt, den Rechtsextremismus intellektualisieren zu wollen, um ihn gesellschaftsfähig zu machen.[161] Die Subsumierung führt jedoch dazu, dass es »die« eine »Neue Rechte« gar nicht geben kann. Wen meinte Haldenwang also zu jenem Zeitpunkt, wenn ihm ein klar umrissener Akteur (erst später folgten Konkretisierungen) zu benennen nicht möglich war? Und warum distanziert er sich sogleich selbst von diesem Sammelbegriff (»sogenannte«), obwohl er ihn zum Anker seiner Aussage machte?

- Woher wusste der Präsident des BfV nur eine Woche nach dem Anschlag von Halle, was genau den Attentäter ideologisch inspiriert hat?

> Welche konkreten Beziehungen gab es zwischen Stephan Balliet und jenen Gruppierungen, die zur »Neuen Rechten« gezählt werden? Haldenwang äußerte öffentlich eine Vermutung, die er nicht konkretisieren konnte.

In der Rede in Wiesbaden Ende November 2019 sagte er erneut, dass nun vor allem eine Gruppe im Visier stehen müsse: die »Neue Rechte«. Der BfV-Präsident betrachtet sie als »Scharnier zwischen bürgerlichen und extremistischen Positionen«[162] mit einer klaren Mission: »Protagonisten der sogenannten ›Neuen Rechten‹ [sind] im politischen Vorfeld [tätig], um rechtsradikales bis rechtsextremes Gedankengut salonfähig zu machen.«[163] Daher wolle er nun Maßnahmen »forcieren«[164], was konkret bedeutete: »Wir intensivieren die Analyse der ›Neuen Rechten‹, indem wir wissenschaftliche und operative Erkenntnisse verzahnen.«[165]

Bei der Untersuchung des politischen Extremismus ist eine Verbindung von Theorie und Praxis, von wissenschaftlicher und nachrichtendienstlicher Expertise, uneingeschränkt zu begrüßen. Von einer solchen Zusammenarbeit profitieren beide Seiten. Im konkreten Fall ist es allerdings so, dass viele Rechtsextremismus-Experten in Deutschland tief im politisch linken Lager stehen, was dazu führt, dass sie oftmals bereits legitime konservative Positionen als rechtsextrem einordnen. Je nach Auswahl der wissenschaftlichen Expertise wird das BfV den Kreis rechtsextremer Ansichten also weiter oder enger ziehen können. Das Ergebnis dieser Vorgehensweise dürfte wenig überraschend sein: Ausgewählte, einseitig argumentierende Wissenschaftler, der Druck der politisch-medialen Elite und die Neigung Haldenwangs, bei diesem Thema *intelligence to please* vorzulegen, werden ganz natürlich dazu führen, dass weitaus mehr Rechtsextremismus entdeckt wird, als tatsächlich vorhanden ist.

Diese Prognose kann am Beispiel der Analysen des Jahrbuchs für Extremismus- und Terrorismusforschung sehr gut substanziiert werden. Der von Armin Pfahl-Traughber publizierte Sammelband gehört zu den anerkannten und sehr wichtigen Beiträgen zur Extremismus-Forschung in Deutschland. In der Ausgabe von 2015/2016 wird deutlich, vor welchen Herausforderungen die Leitung des BfV steht, wenn sie mit dem Terminus »Neue Rechte« arbeiten möchte. Florian Finkbeiner schreibt in seinem Beitrag: »Bis heute ist unklar, was die ›Neue Rechte‹ sein soll bzw. wo und wie sie zu verorten ist: Die Debatte zwischen ›Grauzone‹, ›Scharnierfunktion‹ und ›Brückenspektrum‹ hält mehr oder weniger an.«[166] Samuel Salzborn schließt sich dieser Auffassung an und ergänzt: »Zugleich wird kontrovers diskutiert, ob die ›Neue Rechte‹ Teil des Rechtsextremismus,

Teil des Konservatismus oder eine unabhängige Strömung zwischen beiden Milieus ist.«[167] Wenn ein Begriff so umstritten ist, dann sollte er aus der nachrichtendienstlichen Arbeit herausgehalten werden. Die Gefahr besteht, dass Verortungen sehr stark über das eigene Weltbild und nicht über reale Bedrohungen abgeleitet werden, wie Salzborn es in seinem Beitrag dann macht. Er betrachtet die »Neue Rechte« insgesamt »als eine Strömung *im* Rechtsextremismus«[168].

Dagegen hatte der Extremismus-Experte Uwe Backes schon 2004 dafür plädiert, »mit einem solchen Begriff nicht pauschal alles, was sich vielleicht als rechts definieren könnte, aus dem Verfassungsbogen herauszudrängen. Es sollte auch Platz sein für eine gemäßigte Rechte, genauso wie es Platz gibt für eine gemäßigte Linke.«[169] Backes sprach sich gegen das Ausleuchten von »Grauzone[n] zwischen rechtsextremer Szene und demokratischer Mehrheitskultur«[170] durch den Verfassungsschutz aus. Den Begriff der »Neuen Rechten« sah er in analytischer Hinsicht als wenig ergiebig an, weshalb man von ihm Abstand nehmen sollte.[171]

Je nach eigener Präferenz und ausgewählter wissenschaftlicher Expertise kann sich das BfV nach Belieben – ergo: orientiert an politischen Vorgaben aus Berlin – entscheiden, wie es einen im Diskurs höchst umstrittenen Terminus benutzen möchte. Dabei besteht die Gefahr, gewöhnliche Konservative der »Neuen Rechten« zuzuordnen und sie als Verfassungsfeinde zu brandmarken. Samuel Salzborn sieht z. B. die *Junge Freiheit* und die Bibliothek des Konservatismus einseitig im neurechten Lager, womit er sie vor dem Hintergrund seines Weltbildes als rechtsextrem kategorisiert.[172] Eine solche Vorgehensweise ist stark dogmatisch, und sie blendet zahlreiche Entwicklungen aus.

Die *Junge Freiheit* hat seit ihrem Bestehen einige inhaltliche Metamorphosen hinter sich gebracht und muss derzeit als konservativ eingeordnet werden. Wäre sie rechtsextrem, hätte sie kaum die folgenden Personen als Interviewpartner gewonnen: Hans Apel, Egon Bahr, Alexander van der Bellen, Michel Friedman, Thomas Goppel, Burkhard Hirsch, Freya von Moltke, Peter Altmaier, Rupert Scholz, Hans-Georg Maaßen und viele andere mehr.[173] Zudem wäre erklärungsbedürftig, warum Chefredakteur Dieter Stein in einem ausführlichen Beitrag vom 28. Februar 2019 die politischen Ansichten Björn Höckes geradezu zerrissen hat. Er beschrieb ihn als »ideologisches Irrlicht«[174]. Und weiter: »Höcke nimmt in Kauf, in Ton und Wortwahl abgründige und abstoßende Assoziationen zu wecken – weil er sich absichtlich unklar ausdrückt.«[175]Am 16. Mai 2020 legte Stein nach und bezeichnete den Ausschluss von Andreas Kalbitz aus der AfD als »Befreiungsschlag«[176] (er war damals Fraktionsvorsitzender seiner Partei in Brandenburg). Als Rechtsextremer hätte der Chefredakteur der *Jungen Freiheit* anders vorgehen müssen, und er hätte es sicherlich auch nicht zum Bruch mit dem von Götz Kubitschek geleiteten Institut für Staatspolitik (IfS) in Schnellroda kommen lassen. Wer sich mit dem Denken Dieter Steins näher befasst, wird schnell merken, dass er kein verbohrter, sondern ein liberaler Konservativer ist.

Im Falle der Bibliothek des Konservatismus kann ähnlich angesetzt werden. Wäre sie rechtsextrem, hätten die folgenden Personen sicherlich nie in den Räumlichkeiten der Bibliothek einen Vortrag gehalten: Henryk M. Broder, Jhy-Wey Shieh, Oswald Metzger, Christian Hillgruber, Martin van Creveld, Bernd Lucke, Alexander Rahr, Alexander Kissler, Werner Patzelt, Gertrud Höhler, Erich Weede und viele andere mehr.[177]

Wer sich nun fragt, wie es der *Jungen Freiheit* gelingen konnte, 2019 und 2020 vom BfV zumindest in der Öffentlichkeit nicht weiter angegangen zu werden, obwohl sie ja ebenfalls jene Themen bearbeitet, die der Kölner Behörde ein Dorn im Auge sind, findet Antworten in einem langwierigen Rechtsverfahren.[178] Dieses wurde am 24. Mai 2005 durch das Bundesverfassungsgericht entschieden. Dem Verfassungsschutz Nordrhein-Westfalens wurde dadurch untersagt, das Wochenblatt als rechtsextreme Publikation im Jahresbericht aufzuführen. Aufgrund des Urteils des obersten deutschen Gerichts scheint sich das Team um Thomas Haldenwang nicht an diesen Akteur heranzutrauen. Dieter Stein hingegen hat über die damaligen Vorgänge ein Buch geschrieben, in dem er die »Neue Rechte« als »Phantom« bezeichnet. Der Terminus habe »jenseits seiner Rolle als polemischer Kampfbegriff des Verfassungsschutzes und einer radikalen Linken«[179] keine Bedeutung. Vielmehr gehe es darum, ein komplettes politisches Lager zu desavouieren.

Beim Vergleich der Methoden der Verfassungsschützer in Nordrhein-Westfalen vor dem Junge-Freiheit-Urteil von 2005 mit dem Vorgehen des BfV seit Ende 2018 sind Parallelen im Modus Operandi unverkennbar. Die Fokussierung auf die »Neue Rechte« ist infolge politischen Drucks entstanden, um ein Instrument zur Bündelung und Bekämpfung des zerstreuten Gegners an die Hand zu bekommen. Ob dies am Ende erfolgreich in Verboten münden wird, bleibt abzuwarten. Zum Offensichtlichen gehört, dass die Bezeichnung »Neue Rechte« stark politisiert ist – ganz gleich, wie wenig sie aussagt und wie sehr sich Zuschreibungen verselbstständigt haben. So gilt es in der Forschung als Allgemeinplatz, dass der französische Philosoph Alain de Benoist zur »Nouvelle Droite« gehört. Dieser jedoch behauptet, das Etikett sei eine Erfindung der Medien.[180]

Machtpolitische Aspekte

Die Politik hat das angestrebte Vorgehen der Kölner Behörde gegen die »Neue Rechte« erwartungsgemäß unterstützt. Am 17. Dezember 2019 erklärte Bundesinnenminister Horst Seehofer, den Kampf gegen den Rechtsextremismus zu intensivieren. Er sagte dem BfV und dem BKA jeweils 300 weitere Stellen zu.[181] Auf der Pressekonferenz in Berlin war auch Thomas Haldenwang zugegen. Er erklärte ohne Begründungen im Detail, eine »Verschärfung der Lage im Bereich des Rechtsextremismus«[182] zu sehen; man müsse sich jetzt breiter aufstellen, mehr Personal einstellen und auch neue Themenfelder betrachten. Erneut setzte seine Analyse im vorpolitischen Raum an: »Da ist die ›Neue Rechte‹, die wir deutlich intensiver in den Blick nehmen müssen, weil sie der geistige Nährboden sind [Wortlaut im Original, M. W.] für alles, was sich im rechten Bereich abspielt.«[183] Als Akteure der »Neuen Rechten« nannte er beispielhaft die Identitäre Bewegung Deutschland (IBD), die Junge Alternative und den »Flügel« der AfD. Das BfV müsse stärker Netzwerke durchleuchten, wodurch Erkenntnisse darüber gewonnen werden können, mit wem Rechtsextremisten in Kontakt stehen. Besorgt zeigte sich Haldenwang dort, wo rechtsextreme »Netzwerke möglicherweise auch im öffentlichen Dienst«[184] existieren könnten. Konsequent vermengt er erneut die Begrifflichkeiten »Rechtsextremismus«, »Neue Rechte« und »was sich im rechten Bereich abspielt«. Die inhaltlichen Übergänge scheinen für ihn fließend zu sein, auch eine »rechte« – also konservative – Haltung wird inkriminiert.

Die Stoßrichtung der Ausführungen des Präsidenten geht damit weit über den eigentlichen Auftrag der Behörde – die Bekämpfung des nachweisbaren Extremismus – hinaus. Seine Darlegungen haben zum Teil den Charakter von Drohgebärden, die direkt in die politische Auseinandersetzung hineinwirken. Er formuliert dies nicht konkret. Wer seinen Auftritt allerdings inhaltlich in einen größeren Kontext einbettet, kann ihn beispielhaft durchaus wie folgt interpretieren: Ein Autor oder Vortragender möge sich fragen, ob er wirklich einen Beitrag für die *Junge Freiheit* schreibt oder einen Vortrag bei der Bibliothek des Konservatismus hält. Vielleicht nimmt das BfV dies künftig zum Anlass, ihn der »Neuen Rechten« zuzurechnen, woraus sich berufliche Konsequenzen ergeben könnten.

Denn wer kann in einer polarisierten Gesellschaft schon absehen, ob die politisch-mediale Elite nicht in Bälde nach neuen Zielen verlangt. Vielleicht werden die *Junge Freiheit* und die Bibliothek des Konservatismus im Sog einer diskursiven Zuspitzung zu Prüffällen erklärt, zumal beide Kontakte zur AfD haben. Je stärker das BfV dieser Partei rechtsextreme Einstellungen zuschreibt, desto leichter wird die Einmischung in den vorpolitischen Raum über das Instrument der »Kontaktschuld«[185] sein. Für Autoren oder Vortragende, die Beamte sind, könnte es besonders riskant werden. Sie würden – eine entsprechend radikalisierte gesellschaftliche Lage vorausgesetzt – die Entfernung aus dem Dienst wegen der »Unterstützung rechtsextremer Netzwerke« riskieren, wenn sie für inkriminierte Wochenblätter schreiben. Dem Verfasser sind mehrere Fälle bekannt, bei denen genau diese Wirkung bereits eingetreten ist. Die Kollegen würden gerne etwas für die *Junge Freiheit,* die sie selbst regelmäßig lesen, zu Papier bringen, trauen sich aber nicht.

Ob Haldenwang es beabsichtigt oder nicht: Seine Verlautbarungen können die Bereitschaft von Wissenschaftlern fördern, sich bei kritischen Gesellschaftsfragen zurückzuhalten. Bei Professoren im Dienst des Bundes oder einzelner Bundesländer können sie zu Mechanismen der Selbstzensur beitragen, wenn diese infolge des Drucks des BfV Themen meiden, bei denen sie wissen, dass sie im Falle einer wissenschaftlichen Ausarbeitung inhaltlich quer zur Haltung der Bundesregierung liegen. Funktioniert dies, wäre das Ziel erreicht: die Eindämmung missliebiger Themen in einem ohnehin schon reichlich verengten öffentlichen Diskurs.

Aus einer machtpolitischen Perspektive ist das Vorgehen Horst Seehofers gleichwohl absolut schlüssig. Die CSU war in Bayern bei der Landtagswahl vom 14. Oktober 2018 unter die als sakrosankt betrachtete 40-Prozent-Hürde gefallen. Am Ende kamen nur noch 37,2 Prozent zustande, was historisch das schlechteste Ergebnis seit 1950 war.[186] Will die CSU zu alter Stärke zurückkehren, muss sie die AfD mit allen Mitteln bekämpfen (der Corona-Aufschwung in den Umfragen hatte bereits im Frühjahr 2021 wieder abgenommen). Dies geschieht rhetorisch, indem die immer noch recht junge Partei rechts der Mitte als »neue NPD«[187] beschrieben wird. Seehofer wiederum hat den Kampf gegen den Rechtsextremismus zum zentralen Thema der inneren Sicherheit aufgebaut. Mit Hilfe des BfV soll die AfD in diese politische Ecke gerückt werden, um sie mittelfristig aus dem bayerischen Landtag herauszubekommen. Wie sehr der analytische Fokus des Verfassungsschutzes vom Bundesinnenminister geprägt wird, gab dieser auf der Pressekonferenz vom 17. Dezember 2019 unumwunden zu erkennen: »Ich bedanke mich auch bei beiden Behörden [BfV und BKA, M. W.], dass wir hier völlig nahtlos, harmonisch und ohne, dass wir irgendetwas anweisen müssen, sondern aus eigener Überzeugung diese Felder sehr, sehr stark bearbeiten.«[188] Haldenwang wird es verstanden haben. Im Klartext bedeuten solche Ansagen: Wer die politischen Vorgaben der Bundesregierung nicht mitträgt, muss sein Amt als Behördenchef aufgeben.

Die Bearbeitung der AfD durch den Bundesinnenminister und das BfV muss nicht zwangsläufig in ein Verbot münden. Nach den Wahlerfolgen der Partei würde dies nur zu einer weiteren innenpolitischen Polarisierung mit unklarem Ausgang einer absehbaren Klage vor dem Bundesverfassungsgericht führen. Erfahrene Politiker wissen dies, weshalb sie auf eine Strategie der inneren Zersetzung der Partei bauen, deren wichtigstes Instrument das der Verunsicherung von Wählern und Mandatsträgern ist.

Ein erster Erfolg war bereits kurz nach der Pressekonferenz Seehofers mit seinen Behördenleitern zu vermelden. Lars Herrmann, Bundestagsabgeordneter der AfD, trat am 18. Dezember 2019 aus der Partei aus. Herrmann ist Beamter bei der Bundespolizei und hatte offensichtlich Sorge, wegen einer möglichen Verletzung der Pflichten als Beamter zur Rechenschaft gezogen zu werden, sollte seine Partei für verfassungsfeindlich erklärt werden. Zieht er nach der nächsten Bundestagswahl nicht wieder ins Parlament ein, könnte er die Möglichkeit der Rückkehr in den alten Beruf verlieren. Solche Sorgen dürften – unabhängig von ihrem realen Gehalt – seine Entscheidung begleitet haben, zumal Herrmann den Austritt u. a. mit Verweis auf die Pressekonferenz von Horst Seehofer und Thomas Haldenwang begründete.[189] Am 27. Januar 2020 verließ auch Verena Hartmann die AfD. Eventuell lagen ihrer Entscheidung ähnliche Motive zugrunde. Hartmann ist Polizeibeamtin in Berlin.[190]

Vorschnelle Urteile und Niederlagen vor Gericht

Der Präsident des BfV handelt unter großem politischen Druck. Dies kann dazu führen, vorschnell und jenseits der Sachlage zu Bewertungen zu gelangen. Mehrere Niederlagen der Behörde vor Gericht zeigen, dass der staatlich forcierte »Kampf gegen rechts« hin und wieder auch jenseits des Rechtsstaates geführt wird.

Am 15. Januar 2019 war Thomas Haldenwang in die mediale Offensive gegangen. Auf einer Pressekonferenz erklärte er die AfD zum »Prüffall«. Die Jugendorganisation »Junge Alternative« sowie der von Björn Höcke dominierte »Flügel« wurden in den Rang eines »Verdachtsfalls« erhoben.[191] Der Präsident sagte den versammelten Journalisten, dass »erste tatsächliche Anhaltspunkte für eine gegen die freiheitlich-demokratische Grundordnung gerichtete Politik der AfD«[192] vorliegen würden. Begründet wurde dies u. a. mit dem Verweis auf nationalistische und fremdenfeindliche Äußerungen. Alexander Gauland und Alice Weidel widersprachen dieser Einordnung deutlich und kündigten juristische Schritte an.[193] Erste Zweifel an der Zulässigkeit der medialen Offensive des BfV waren am 12. Februar 2019 einem Gutachten des Wissenschaftlichen Dienstes des Bundestages zu entnehmen. Es stellt fest, dass viel dagegen spreche, »dass § 16 BVerfSchG eine ausreichende gesetzliche Grundlage dafür bietet, die Öffentlichkeit über ›Prüffälle‹ zu informieren.«[194]

Bereits am 26. Februar 2019 bestätigte auch das Verwaltungsgericht Köln die Kritik am Vorgehen Haldenwangs. Dem BfV wurde »untersagt, die Partei Alternative für Deutschland – AfD als ›Prüffall‹ zu bezeichnen.«[195] Die Begründung des Gerichts orientierte sich dabei nicht an der inhaltlichen Positionierung der Partei, sondern an der Frage, ob für die Äußerungen Haldenwangs überhaupt eine Rechtsgrundlage vorgelegen hat. Dem, so das Gericht in einer Pressemitteilung, war nicht so: »Äußerungen von Hoheitsträgern wie dem Bundesamt, durch die in die Rechte einer politischen Partei eingegriffen wird, bedürften nach der Rechtsprechung von Bundesverfassungsgericht und Bundesverwaltungsgericht einer ausdrücklichen gesetzlichen Ermächtigung, die sich nach der klaren Gesetzeslage und insbesondere unter Berücksichtigung des Willens des Gesetzgebers dem vom Bundesamt genannten § 16 Absatz 1 BVerfSchG nicht entnehmen lasse.«[196] Die weiteren Ausführungen des Gerichts haben es nicht minder in sich. Es wird von einem »Eingriff in die Rechte der AfD aus dem Parteiengrundrecht des Art. 21 GG und dem auch einer Partei zuzuerkennenden Persönlichkeitsrecht«[197] gesprochen. Das Vorgehen des BfV sei »rechtswidrig und auch unverhältnismäßig«[198]. Mit Blick auf die Handlungsbereitschaft der Behörde sah das Verwaltungsgericht Köln sogar »Wiederholungsgefahr«[199] – also die Bereitschaft, erneut gegen das Grundgesetz zu verstoßen.

Das BfV hat folglich ohne Rechtsgrundlage gehandelt und dabei auch noch in ein Parteiengrundrecht eingegriffen. Die Ironie des ganzen Vorgangs könnte nicht größer sein. Haldenwang gab sich auf der Pressekonferenz als Beschützer der freiheitlichen demokratischen Grundordnung und setzte genau zu diesem Zweck Mittel ein, die kurz darauf von einem Gericht als Verletzung des Grundgesetzes eingeordnet worden sind. Während das BfV in seinem AfD-Gutachten lediglich von »Verdachtssplitter[n]«[200] spricht, wird das Vorgehen des Präsidenten eindeutig als rechtswidrig bewertet. Dies ist normalerweise ein klarer Rücktrittsgrund. Im Amt bleiben konnte Haldenwang nach dem Vorgang nur deshalb, weil er sich aus der Perspektive der politisch-medialen Elite das richtige Ziel ausgesucht hatte.

Spätestens an dieser Stelle sollten rechtstreue Bürger nervös werden. Wenn der Verfassungsschutz tatsächlich bereit ist, in einer rechtswidrigen Weise eine Partei zu attackieren und er dabei auch noch politisch gedeckt wird, dann muss man sich Sorgen um die freiheitliche demokratische Grundordnung machen. Jeder Versuch, das Vorgehen Haldenwangs zu entschuldigen, übersieht, dass die deutschen Nachrichtendienste über ein großes Reservoir an Spitzenjuristen verfügen. Intern wird äußerst penibel darauf geachtet, dass die Mitarbeiterinnen und Mitarbeiter rechtliche Vorgaben beachten. Hätte der Präsident es gewollt, so hätte er die umfangreiche juristische Expertise des Hauses nutzen können – und dann wäre er sicherlich vor der öffentlichen Einordnung der AfD als »Prüffall« gewarnt worden.

Offensichtlich war es nicht gewollt. Haldenwang wusste, dass er mit seinem Vorgehen bei der Linken, den Grünen, der FDP, der SPD sowie bei CDU und CSU bestens ankommen wird. Er musste zudem davon ausgehen, dass die AfD natürlich gegen die Einordnung als »Prüffall« juristisch vorgehen wird. Insofern dürfte der Präsident des BfV willentlich in Kauf genommen haben, ein negatives gerichtliches Votum zu erhalten.[201] Es ging ihm um die politische Botschaft. Das Vorgehen des BfV muss als Einmischung in das Wahljahr 2019 gewertet werden (Europaparlament, Wahlen in Bremen, Brandenburg, Sachsen und Thüringen). Der Erfolg der medialen Offensive wurde kurz darauf in einer Umfrage des Instituts für neue soziale Antworten (INSA) dokumentiert: 15 Prozent der potenziellen Unterstützer der AfD gaben an, diese nicht wählen zu wollen, wenn sie vom Verfassungsschutz als »Prüffall« geführt werde. Sollte die Partei eines Tages beobachtet werden, dann wäre sie sogar für 27 Prozent nicht wählbar.[202]

Das über 400 Seiten starke Gutachten zur AfD sagt viel über die Arbeitsweise des BfV aus, die gleich in mehrfacher Hinsicht bedenklich ist. Es seien an dieser Stelle einige grundlegende Fragen aufgeworfen.

- Die AfD ist durch die Einordnung als »Prüffall« medienwirksam an den Pranger gestellt worden, obwohl Haldenwang in seinen Ausführungen zugegeben hat, lediglich über Anhaltspunkte zu verfügen. Diese seien »nicht hinreichend verdichtet, um eine Beobachtung, auch unter Einsatz von nachrichtendienstlichen Mitteln, einzuleiten«[203]. Er sprach von einer »hohen Diversität [der Partei, M.W.] in ihren politischen Aussagen«[204] und wies darauf hin, dass er nicht wisse, ob die dokumentierten Anhaltspunkte für die Partei charakteristisch seien: »Ob dies der Fall ist, muss nun im Rahmen der systematischen Prüffallbearbeitung geklärt werden.«[205] Fraglich ist, warum sich das BfV dann nicht zunächst intensiver intern mit der AfD befasst hat, statt mit Vermutungen an die Öffentlichkeit zu gehen. Dafür gibt es nur eine plausible Erklärung, die in den Motivationsmustern der *intelligence to please* liegt und über diese im Sinne der politischen Einflussnahme sogar hinausgeht.

- In methodischer Hinsicht ist das Dokument angreifbar. Wenn Björn Höcke 612-mal namentlich Erwähnung findet, dann ist er deutlich überrepräsentiert.[206] Damit kommen Aussagen anderer Funktionäre, die nicht im Rampenlicht der Öffentlichkeit stehen, zu kurz. Im Ergebnis geht diese Vorgehensweise auf Kosten einer ausgewogenen Darstellung. Wie werden verfassungsfeindliche und verfassungskonforme Aussagen gewichtet?

- Auf eine seriöse Arbeitsweise wird im Gutachten in geradezu befremdlicher Form dort verzichtet, wo Aussagen von Vertretern der linksextremen Antifaschistischen Aktion (Antifa) oder von Indymedia genutzt werden, um Ansichten von AfD-Politikern zu belegen.[207] Die Analysten des BfV scheinen also ausgerechnet jenen Aktivisten zu trauen, die selbst Gegenstand des jährlichen Verfassungsschutzberichtes sind.

- Einzelne Ausführungen geben – offensichtlich in Ermangelung von Fachkenntnissen – lediglich die Vorurteile der politischen Linken wieder, anstatt tatsächliche extremistische Passagen aufzudecken. So heißt es im Gutachten: »Der bereits mehrfach zitierte Carsten Härle zweifelt ebenfalls an der Souveränität der Bundesrepublik und postuliert in diesem Zusammenhang eine anhaltende Beeinflussung durch fremde Mächte. Dabei greift er bekannte rechtsextremistische Verschwörungstheorien auf und versteigt sich zu der Aussage, dass ›das ›Deutsche Reich‹ 1945 nicht untergegangen‹ sei.«[208] Diese Bewertung zeigt, dass dem BfV Teile der ständigen Rechtsprechung des Bundesverfassungsgerichts nicht bekannt sind. Und offensichtlich wurden Diskussionen zu diesem Thema ignoriert. Der Internetseite des Deutschen Bundestages ist dazu eine Meldung vom 30. Juni 2015 zu entnehmen: »Das Bundesverfassungsgericht hat in ständiger Rechtsprechung festgestellt, dass das Völkerrechtssubjekt ›Deutsches Reich‹ nicht untergegangen und die Bundesrepublik Deutschland nicht sein Rechtsnachfolger, sondern mit ihm als Völkerrechtssubjekt identisch ist.«[209]

- Unstrittig sind dagegen jene zahlreichen Belege, die zeigen, dass es in der AfD Rassisten, Islam-Feinde, Nationalisten und Holocaust-Leugner gibt.[210] Dies war gleichwohl vor dem Gutachten bekannt. Die AfD ist weiterhin eine Partei im Werden. Völlig offen ist, wie sich die unterschiedlichen Strömungen langfristig ausgleichen und ob sich extremistische Kräfte mehrheitlich durchsetzen.[211] Die Zeit seit Gründung der Partei im Frühjahr 2013 ist am besten mit den Anfangsjahren der Grü-

> nen zu vergleichen. Auch dort war zunächst nicht absehbar, ob langfristig eine Verbürgerlichung gelingt oder ob die diversen linksextremistischen Strömungen die Oberhand gewinnen. Die Intervention des BfV kommt daher verfrüht, solange sich in der Formierungsphase der AfD nicht mehr als die üblichen »Verdachtssplitter« finden lassen. Vor dem Amtsantritt Haldenwangs hatte der Bundesvorstand der Partei mit Blick auf eine andere Behörde die folgende Sachlage erwirkt: Im Juli 2017 sah sich das Bundeskriminalamt gezwungen, eine Unterlassungserklärung zu unterzeichnen, in der es zusicherte, die AfD nicht mehr als rechtsextrem zu bezeichnen.[212]

Auch die Identitäre Bewegung Deutschland hat nach dem Amtsantritt Thomas Haldenwangs mehr Gegenwind aus Köln erfahren. Seit dem Verfassungsschutzbericht 2016 wird sie als Verdachtsfall geführt. Das BfV war für das Jahr 2018 bei dieser Bewertung geblieben, als es seine zentrale Jahresanalyse am 27. Juni 2019 der Öffentlichkeit vorstellte. Eine Kategorisierung als nachgewiesen »rechtsextremistisch« war damit nicht erfolgt. Nur zwei Wochen später, am 11. Juli 2019, änderte der Verfassungsschutz plötzlich seine Meinung und verkündete: »Sie wird nunmehr als eine gesichert rechtsextremistische Bestrebung gegen die freiheitliche demokratische Grundordnung eingestuft.«[213] Ein so schneller Sinneswandel kann nur schwerlich auf neue Erkenntnisse zurückgeführt werden.

Dies sah auch das Verwaltungsgericht Köln so. Es urteilte nach einem Eilantrag der IBD am 25. September 2019, dass das BfV »die Mitteilung widerrufen [muss], die Identitäre Bewegung Deutschland e.V. werde als ›gesichert rechtsextremistische Bestrebung gegen die freiheitlich demokratische Grundordnung‹ eingestuft.«[214] Das Gericht verweist dazu auf Schriftsätze vom Dezember 2018 und vom Januar 2019, in denen das Bundesinnenministerium in einem Eilverfahren vor dem Verwaltungsgericht Berlin der Identitären Bewegung zugesagt habe, die Bezeichnung »Verdachtsfall« zu nutzen, solange dies auch der Einordnung im Verfassungsschutzbericht entspreche. Die IBD hat deshalb moniert, dass sich das BfV mit seiner Erklärung vom 11. Juli 2019 nicht mehr an die Vorgabe halte. Dieser Sichtweise gab das Kölner Verwaltungsgericht statt. Kritisiert wurde zudem, dass nur zwei Wochen nach der Publikation des Verfassungsschutzberichtes keine neuen Erkenntnisse zu einer solchen Einstufung vorliegen würden. Die Verlautbarung des BfV habe dazu geführt, dass der Antragsteller – die IBD – in seinem »durch das allgemeine Persönlichkeitsrecht (Art. 2 Abs. 1 i.V.m. Art. 1 Abs. 1 Grundgesetz) gewährleisteten sozialen Achtungsanspruch sowie seinem Grundrecht auf freie Meinungsäußerung (Art. 5 Abs. 1 Satz 1 Grundgesetz) verletzt«[215] worden sei.

Das BfV wurde damit 2019 in der Auseinandersetzung mit Kräften politisch rechts der Mitte bereits ein zweites Mal in die Schranken gewiesen. Nach der vorschnellen Einordnung der AfD als Prüffall wurde dem Verfassungsschutz auch mit Blick auf die IBD untersagt, diese als »gesichert rechtsextremistisch« einzustufen (erst später erfolgte eine entsprechende Einordnung in formal einwandfreier Form). In beiden Vorgängen erkannte das Gericht eine Verletzung der Verfassung durch das BfV.

Der politische Präsident

An dieser Stelle soll nun ein erstes Zwischenfazit zur Amtsführung Thomas Haldenwangs gezogen werden. In vielen inhaltlichen Aussagen fehlt, erstens, die Differenzierung. Die Begriffe »rechts« und »rechtsextrem« nutzt der Präsident des BfV häufig synonym. Er spricht vom »rechten bis rechtsextremistischen Lager«[216], vom »rechten Spektrum«[217], vom »rechten Bereich«[218] und von der »rechten Seite«[219]. Die in der Wissenschaft geäußerten Bedenken zur Operationalisierbarkeit des Terminus »Neue Rechte« werden von ihm ignoriert. Ausführungen zum Volksbegriff oder zur Einordnung historischer Ereignisse wie dem 8. Mai 1945 erfolgen in inhaltlich einseitiger Weise. Die Vorgehensweise ähnelt der eines Politikers.

Haldenwang nimmt, zweitens, absehbare Verstöße des BfV gegen das Grundgesetz hin. Das Kölner Verwaltungsgericht hat mehrfach Maßnahmen des Verfassungsschutzes für rechtswidrig erklärt. Hier scheint sich ein Verhaltensmuster herausgebildet zu haben. Ziel ist, durch öffentliche Verlautbarungen politische Botschaften im Sinne des Kurses der Bundesregierung abzusetzen. Niederlagen vor dem Kölner Verwaltungsgericht werden dafür in Kauf genommen. Diesem Muster folgt der Präsident auch, wenn politisch rechts der Mitte stehende Akteure zunächst zum Prüffall, dann zum Verdachtsfall und schließlich als »gesichert rechtsextremistisch« eingeordnet werden. Das öffentliche Bewusstsein für die tatsächliche oder nur mutmaßliche Verfassungsfeindlichkeit der betroffenen Person bzw. Partei oder Institution kann auf diese Weise über Monate geschärft werden. Vorstellbar wäre natürlich auch eine andere Vorgehensweise: Ein Akteur wird umfassend durchleuchtet, und erst bei gesicherten Erkenntnissen ist der Verfassungsschutz bereit, eine Einschätzung (verfassungsfeindlich/nicht verfassungsfeindlich) zu publizieren. Die derzeitige Informationspolitik ist dagegen erkennbar politisch motiviert.

Dies zeigte, drittens, ein weiteres Mal die 2020 erfolgte Kaskade an als verfassungsfeindlich markierten Akteuren. Haldenwang hatte sich öffentlich selbst unter Druck gesetzt, als er ankündigte, die »Neue Rechte« und das mit ihr verbundene Netzwerk stärker ins Visier nehmen zu wollen. Dass dies nicht auf eine Unbedenklichkeitsbestätigung hinauslaufen konnte, stand a priori fest. Das BfV hat seine Prüfung also gar nicht ergebnisoffen vornehmen können. So kam es zu zahlreichen neuen Einschätzungen. Am 12. März 2020 nahm Haldenwang die folgenden Einstufungen vor:

- Björn Höcke und Andreas Kalbitz seien als »Rechtsextremisten« zu bezeichnen.

- Auch Lutz Bachmann von der Bewegung Patriotische Europäer gegen die Islamisierung des Abendlandes (PEGIDA) werde entsprechend eingeordnet.

- Die *Compact-Magazin* GmbH sei zum Verdachtsfall erklärt worden. Das Monatsblatt wird von Jürgen Elsässer herausgegeben.

- Der »Flügel« der AfD werde als »erwiesen extremistische Bestrebung eingestuft«[220].

Im April 2020 wandte sich das BfV erneut an die Öffentlichkeit, um weitere Ermittlungsergebnisse im Bereich der »Neuen Rechten« zu verkünden:

- Das von dem Verleger Götz Kubitschek gegründete Institut für Staatspolitik sei zum rechtsextremistischen Verdachtsfall erklärt worden.[221]

Weiter ging es am 29. Juni 2020. Thomas Haldenwang erklärte in einer Anhörung durch das Parlamentarische Kontrollgremium:

- »Sowohl die ideologische Ausrichtung des Vereins ›Ein Prozent‹ als auch seine Vernetzungsaktivitäten zum rechtsextremistischen Spektrum begründen unsere konsequente Einstufung als Verdachtsfall.«[222]

Zeit Online fasste die Kaskade kurz darauf zusammen: »Damit ist auch die letzte größere Gruppe im neurechten Spektrum nun im Visier des Verfassungsschutzes.«[223] Dies sollte nicht ganz zutreffen: Im April 2021 wurde bekannt, dass der Blog »Politically Incorrect« als »erwiesen extremistisch«[224] eingestuft worden ist. Im Juni erklärte Thomas Haldenwang, dass der von Götz Kubitschek geführte Verlag Antaios als Verdachtsfall geführt werde.[225]

Es ist durchaus möglich, dass Haldenwang mit einzelnen seiner Einschätzungen richtig liegt. Sie werfen allerdings auch Fragen auf: Das IfS wie auch der Verlag Antaios haben ihre Arbeit 2000 aufgenommen; das Compact-Magazin gibt es seit 2010; Lutz Bachmann ist seit 2014 in der PEGIDA aktiv; der »Flügel« und die Initiative »Ein Prozent« wurden 2015 aus der Taufe gehoben; Björn Höcke und Andreas Kalbitz waren seit Jahren in der AfD deutlich vernehmbar. Alle genannten Akteure zeichnen sich durch eine hohe Konstanz in ihren Ansichten und öffentlich getätigten Aussagen aus. Sie haben sich umfassend und offen positioniert. Warum nimmt der Verfassungsschutz also erst jetzt die genannten Einstufungen und Bewertungen vor? Es drängt sich hier ganz automatisch der Verdacht auf, dass auf diese Weise eine Erwartungshaltung der politisch-medialen Elite bedient werden soll. Und um der Öffentlichkeit immer wieder »neue« Erkenntnisse zu präsentieren, werden die Ergebnisse aufgeteilt und noch vor der Vorstellung des Verfassungsschutzberichtes in drei Chargen medienwirksam präsentiert.

Hinzu kommt ein Hang zur Dramatik. Auf einer Pressekonferenz vom 9. Juli 2020 warnte Haldenwang: »Als inhaltliche Stichwortgeber – mit personellen Überschneidungen in erwiesen extremistische Gruppen hinein – sind Vertreter der Neuen Rechten gleichsam die ›Superspreader‹ von Hass, Radikalisierung und Gewalt.«[226] Wie will der Präsident des BfV das konkret messen? Wie schließt er Drittvariablen aus? Und ab wann beginnt »Hass«? Der Begriff »Superspreader« ist als Vorlage für die Medien gewählt worden, die ihn umfassend aufgegriffen haben. Im parallel vorgestellten Verfassungsschutzbericht taucht er nicht auf. Die Zahlen zeigen zudem, dass der »Superspreader«-Vergleich, der an eine Pandemie erinnern soll, auch in dieser Hinsicht dürftig ist: Auf PEGIDA-Demonstrationen versammelt sich nur noch der harte Kern; »Ein Prozent« hatte vor seiner Sperrung auf YouTube 11 800 Abonnenten (Stand: 13. November 2020);[227] den »Kanal Schnellroda« haben 11 500 Personen abonniert (Stand: 9. Februar 2021);[228] diverse Doppelmitgliedschaften bleiben in dieser Auflistung unberücksichtigt. Viele Videos weisen auch nach Wochen lediglich Klickzahlen im unteren vierstelligen Bereich auf. Auf diesem Niveau lässt sich keine »rechte Seuche« ausbreiten.

Haldenwang betont, für wie gefährlich er die aus seiner Sicht zur »Neuen Rechten« gehörenden Akteure hält. In einer Rede vom 5. Februar 2020 erinnerte er an den ursprünglichen Auftrag des BfV, »die Republik gegen Umsturzversuche von Links- oder Rechtsextremisten abzusichern.«[229] Er konstatierte eine »Lageverschärfung im Rechtsextremismus«[230] und stellte weitere Bezüge zur »Neuen Rechten« her. Fraglich ist vor diesem Hintergrund, wie er seine Jahre als Vizepräsident von 2013 bis 2018 innerlich ertragen konnte. Sein damaliger Vorgesetzter, Hans-Georg Maaßen, ist gegen die genannten Akteure nicht in einer vergleichbaren Weise vorgegangen. Hat er die vom Rechtsextremismus ausgehenden Gefahren unterschätzt? Wie konnte Haldenwang diese Politik mittragen? Warum hat er sich nicht warnend an die Öffentlichkeit gewandt? Auch durch einen Rücktritt hätte er Haltung zeigen können. Höcke, Kalbitz, Bachmann, »Ein Prozent«, das IfS, das *Compact-Magazin* und der »Flügel« waren in der Amtszeit Maaßens sehr aktiv. Neue Erkenntnisse wird man daher seit Ende 2018 kaum gewonnen haben. Ergo geht es der neuen BfV-Leitung darum, entlang überarbeiteter politischer Vorgaben alte Erkenntnisse neu aufzubereiten. Das Ergebnis wird dadurch oftmals den Kriterien der *intelligence to please* gerecht.

In methodischer Hinsicht ist Haldenwang zudem vorzuhalten, mit argumentativen Zirkelschlüssen zu arbeiten. Er verweist auf die Vernetzung der rechtsextremen Szene und begründet über solche Kontakte die Einstufung einzelner Akteure als rechtsextrem. Die Etikettierungen werden aber durchweg vom BfV vorgenommen, das auf diese Weise natürlich immer mehr Personen vorhalten kann, »rechtsextrem« zu sein. Viele Zuschreibungen werden dennoch stimmen. Überzeugender wäre gleichwohl eine Untersuchung der einzelnen Fälle: Wer hat sich in welcher Form konkret verfassungsfeindlich geäußert? Mit dem Instrument der Kontaktschuld – Haldenwang spricht von »Kennlinien«[231] – zu arbeiten, kann die Einschätzung des Umfangs des rechtsextremen Potenzials in Deutschland vermutlich verzerren.

Wolfgang Kubicki, Vizepräsident des Bundestages und stellvertretender Bundesvorsitzender der FDP, hat ein kluges Essay zu diesem Themenkomplex geschrieben. In ihm beklagt er die politische Instrumentalisierung von Institutionen des Rechtsstaats: »Mit der Illusion, Regelbrüche seien erlaubt, solange es gegen die Bösen geht, befördern politische Kräfte tatsächlich einen massiven Vertrauensverlust der Menschen in die Lauterkeit behördlichen Handelns. […] Wenn sich Behörden nur noch an Recht und Gesetz halten, wenn es ihnen selbst als richtig erscheint, können wir uns unsere Rechtsordnung und unsere Gerichte sparen.«[232]

3. Der Verfassungsschutzbericht und sein toter Winkel

Zentrale Aufgabe des Bundesamts für Verfassungsschutz ist, als Frühwarnsystem politisch extremistische Bestrebungen gegen den Bestand der freiheitlichen demokratischen Grundordnung aufzudecken, um verantwortlichen Politikern zu helfen, angemessene Entscheidungen zur Gewährleistung der inneren Sicherheit zu treffen. Dabei bleibt der Kölner

Behörde gar nichts anderes übrig, als mit Definitionen und Typologien zu arbeiten, um Verfassungsfeinde einordnen und auch in ihrer Ausrichtung voneinander unterscheiden zu können.

Für den betrachteten Gegenstand ist nun interessant zu erarbeiten, wie das BfV in seinem zentralen Dokument – dem jährlich herausgegebenen Verfassungsschutzbericht – Schlüsselbegriffe inhaltlich besetzt und welche analytischen Schwerpunkte es bildet. Dazu sollen die Fassungen von 2018 und 2019 untersucht werden. Zu erörtern ist auch, wie mit dem Begriff »rechts« umgegangen wird und ob Einordnungen betrachteter Gruppierungen als »rechtsextrem« durchweg überzeugen. Ziel ist herauszufinden, in welchem Umfang der von der politisch-medialen Elite geführte »Kampf gegen rechts« im zentralen Dokument des Inlandsnachrichtendienstes Spuren hinterlassen hat. Im weiteren Verlauf dieses Abschnitts soll es darum gehen, den toten Winkel des Verfassungsschutzberichtes zu ergründen. Dem liegt die These zugrunde, dass das BfV aus politischen Gründen einem einseitigen Extremismusverständnis folgt.

Rechtsextreme in den Verfassungsschutzberichten 2018 und 2019

Die Verfassungsschutzberichte gehören zu den wichtigsten Analysen zur inneren Sicherheit Deutschlands. Die Fassungen von 2018 (Angaben in Klammern) und 2019 umfassen exakt jeweils 388 Seiten, die insgesamt acht Beobachtungsfeldern gewidmet sind:[233]

1.	Rechtsextremismus/rechtsextremistischer Terrorismus[234]	56 (47) Seiten
2.	»Reichsbürger« und »Selbstverwalter«	10 (11) Seiten
3.	Linksextremismus	60 (63) Seiten
4.	Islamismus/islamistischer Terrorismus	60 (59) Seiten
5.	Sicherheitsgefährdende und extremistische Bestrebungen von Ausländern (ohne Islamismus)	50 (50) Seiten
6.	Spionage und sonstige nachrichtendienstliche Aktivitäten[235]	44 (51) Seiten
7.	Geheim- und Sabotageschutz	8 (8) Seiten
8.	Scientology-Organisation (SO)	8 (6) Seiten

Gerahmt werden die Beobachtungsfelder durch eine übergreifende Einführung zum Thema »Politisch motivierte Kriminalität« (PMK). Der in Seiten gemessene Umfang eines Untersuchungsgegenstandes kann natürlich nur ein grober Indikator für Beobachtungspräferenzen und tatsächlich vorliegende extremistische Bestrebungen sein, aber er ist auch nicht ohne Aussage. Vier Dinge fallen auf: Die Sachbereiche »Rechtsextremismus« und »Linksextremismus« werden, erstens, nicht vollständig gleichgewichtig betrachtet – letzteres wird etwas umfassender bearbeitet. Zweitens lässt der Verfassungsschutz ethnisch oder religiös radikalisierten Migranten (»Islamismus/islamistischer Terrorismus«, »Ausländerextremismus«) in etwa so viel Aufmerksamkeit zukommen wie dem Themenspektrum »Links-/Rechtsextremismus«. Drittens ist somit nicht erkennbar, warum der im Verfassungsschutzbericht im üblichen Modus bearbeitete Rechtsextremismus die Berichterstattung der Leitmedien und die Wahrnehmung politischer Entscheidungsträger dominiert, wenn in Deutschland von Gefahren für die freiheitliche demokratische Grundordnung gesprochen wird. Noch weniger ist, viertens, nachvollziehbar, warum die Analysekategorie »Terrorismus« seit 2019 ergänzend, aber einseitig auf den Rechtsextremismus, nicht jedoch auf den Linksextremismus bezogen worden ist.

Ein Blick auf die Verbotsmaßnahmen gegen extremistische Bestrebungen, die das Bundesinnenministerium vom Januar 1990 bis zum Dezember 2019 durchgeführt hat, ergibt in historischer Hinsicht ein klares Bild. Insgesamt sind 36 Fälle dokumentiert worden.[236] 63,9 Prozent der Verbote richteten sich gegen Akteure aus dem Bereich des Ausländerextremismus (7 Fälle) und des Islamismus/islamistischen Terrorismus (16 Fälle). Im öffentlichen Bewusstsein dürfte diese Dimension kaum verankert sein. Dem stehen zwölf Verbote im Bereich des Rechtsextremismus (33,3 Prozent) und ein einziges Verbot – in 30 Jahren! – einer linksextremistischen Vereinigung (2,8 Prozent) gegenüber.

Weitere Statistiken verdeutlichen, welche Gruppierungen in welcher Intensität politisch motivierte Straftaten begehen. Bei Rechtsextremisten wurden für 2019 insgesamt 21 290 (2018: 19 409) Fälle registriert – darunter 781 Körperverletzungen (2018: 938), 13 988 Propagandadelikte (2018: 12 404) und 5067 Straftaten wegen Volksverhetzung (2018: 4652). Von Linksextremisten wurden 6449 Straftaten (2018: 4622) begangen. Der Unterschied ist vor allem damit zu erklären, dass bei dieser Gruppierung Propagandadelikte und der Tatbestand der Volksverhetzung mit null gewertet wurden – was für den Außenstehenden angesichts der massiven Hetze gegen den Rechtsstaat nur schwer nachzuvollziehen ist. Um beide Gruppierungen angemessen beurteilen zu können, bietet sich daher eine andere Vergleichsebene an: jene der Gewalttaten. Bei Rechtsextremisten wurden 925 Fälle (2018: 1088), bei Linksextremisten 921 Fälle (2018: 1010) gezählt.[237]

Eine weitere Annäherung ist über das geschätzte Personenpotenzial möglich. Für 2019 wurde dies jeweils nach Abzug von Mehrfachmitgliedschaften bei Rechtsextremisten mit 32 080 (2018: 24 100) – davon mit vermuteter Gewaltorientierung: 13 000 (2018: 12 700) – angegeben. Im Linksextremismus ging der Verfassungsschutz von 33 500 (2018: 32 000) Personen aus (Gewaltorientierung: 9200 / 2018: 9000) aus. Im Bereich des Islamismus/islamistischer Terrorismus gab es 28 020 (2018: 26 560) und im Ausländerextremismus 28 820 (2018: 30 350) Anhänger der jeweiligen Richtung.[238] In den beiden letzten Phänomenbereichen konnten keine Angaben zur Gewaltorientierung ermittelt werden.

Mit Blick auf die Zusammensetzung der in Deutschland lebenden Menschen kann somit festgehalten werden, dass sich aus dem Kreis der Migranten ein überproportional hoher Anteil für verfassungsfeindliche Organisationen hat rekrutieren lassen. Weder aus dem Verfassungsschutzbericht 2018 noch aus jenem von 2019 lässt sich ableiten, dass eine Fixierung auf den Rechtsextremismus als vermeintlich größte Herausforderung für die freiheitliche demokratische Grundordnung angemessen ist.

Thomas Haldenwang und Horst Seehofer beziehen sich bei ihrer Bewertung, wonach der Rechtsextremismus die größte Gefahr für die innere Sicherheit Deutschlands sei, mehrheitlich auf spektakuläre Einzelfälle. Eine Betrachtung nummerischer Angaben führt zu einem anderen Ergebnis. In den Verfassungsschutzberichten 2018 und 2019 wie auch bei den Verboten verfassungsfeindlicher Organisationen sind Anhänger des Islamismus und des Ausländerextremismus in der Summe führend. Dagegen sind Straftaten gegen Asylunterkünfte stark rückläufig.[239] Dem rechtsextremistischen Spektrum zuzuordnende Körperverletzungen sind ebenfalls zurückgegangen. Dies bedeutet: Der Rechtsextremismus ist weiterhin eine große Bedrohung für die innere Sicherheit Deutschlands, aber er steht sicherlich nicht auf Platz 1.

In einem weiteren Arbeitsschritt soll nun der Frage nachgegangen werden, mit welchen sprachlichen Zuschreibungen, Definitionen und methodischen Verfahren Ergebnisse generiert bzw. präsentiert werden. Das Kapitel zum Rechtsextremismus weist eine insgesamt nüchterne Sprache auf. Im Stile eines Jahresberichts werden die bekannten Akteure des Milieus betrachtet. Der Terminus »rechtsextrem« wird dabei korrekt verwendet, wofür auch die Tatsache spricht, dass die Autoren des BfV den Begriff »rechtsradikal« entsprechend ihrer eigenen Definition nicht einsetzen. Die

Behörde betrachtet rechtsradikales Gedankengut als Teil des noch zulässigen Diskurses, mithin also durch das Grundgesetz gedeckt. Nur an einer Stelle kommt es im Verfassungsschutzbericht 2018 zu einem unangemessenen Einsatz des Wortes »rechts«, wenn von »rechten Demonstrationen«[240] gesprochen wird. Angesichts des Umfangs der Ausführungen kann der terminologische Fehlgriff – es hätte »rechtsextremen« heißen müssen – aber als Lapsus eingeordnet werden. Jede andere Bewertung wäre unverhältnismäßig. Dafür heißt es an anderer Stelle auffällig präzise: »Kampf gegen ›Rechts‹«[241] – das umstrittene Wort wird im benutzten Zusammenhang in distanzierender Weise in Anführungszeichen gesetzt.

Dieses hohe Niveau der Begriffskontinuität wird auch im Verfassungsschutzbericht von 2019 beibehalten. Er versieht z. B. in der Zuschreibung »Grundpfeiler ›rechter‹ Weltanschauung«[242] erneut das ominöse Corpus Delicti mit Anführungszeichen. In einem anderen Satz wird diese Sensibilität ebenfalls berücksichtigt: »Sie sollen zugleich ein Klima der Angst in der ›rechten‹ und rechtsextremistischen Szene erzeugen.«[243] Auffällig ist, dass die Analysten des wichtigsten, offen zugänglichen Dokuments des Inlandsnachrichtendienstes den schwammigen Terminus der »Neuen Rechten« 2018 und 2019 nicht als Analysekategorie benutzen – im Gegensatz zu Thomas Haldenwang. Dies sollte sich erst im Juni 2021 ändern, als der neue Verfassungsschutzbericht vorgestellt worden ist. Erstmals ist im Kapitel »Rechtsextremismus/rechtsextremistischer Terrorismus« ein eigenes Unterkapitel zum Thema »Rechtsextremistische Akteure der Neuen Rechten« eingefügt worden.[244]

In methodischer Hinsicht sind die Verfassungsschutzberichte an mehreren Punkten angreifbar. In der Fassung vom Juli 2020 wird das Rechtsextremismuspotenzial nach 24 100 Personen 2018 für 2019 plötzlich mit 32 080 Anhängern dieser Richtung angegeben.[245] Ein solcher Anstieg um 7980 Personen, ein Drittel in nur einem Jahr, ist vollkommen atypisch, aber leicht zu erklären. Das BfV hatte den »Flügel« der AfD am 12. März 2020 in einer Pressemitteilung als »gesichert rechtsextremistische Bestrebung«[246] eingestuft und angegeben, von »etwa 7000 Mitgliedern«[247] auszugehen. Diese Zahl wurde nun zur alten Angabe aus 2018 pauschal hinzugerechnet.[248] Drei Dinge sind dabei problematisch: Das BfV gibt, erstens, ganz offen zu, zum Personenpotenzial über keine eigenen Erkenntnisse zu verfügen. Es bezieht sich auf Aussagen wie jene von AfD-Bundessprecher Jörg Meuthen, der im Juli 2019 geäußert hatte, dass sich »wahrscheinlich nicht einmal 20 Prozent«[249] der Mitglieder seiner Partei dem »Flügel« zugehörig fühlen würden. Dies war eine grobe Schätzung; bei 35 000 AfD-Mitgliedern bzw. Förderern (Stand: 4. Januar 2019)[250] ergibt sich exakt die Zahl 7000.

Zweitens sprach die Behörde zunächst von einer »Organisation« und »Mitgliedern«, was falsch war. Tatsächlich handelte es sich beim »Flügel«, der sich kurz nach der Pressemitteilung – mehr oder weniger – auflöste, um ein eher loses Netzwerk innerhalb der Partei.[251] Drittens ist davon auszugehen, dass das BfV keine Einzelfallüberprüfung vorgenommen hat und damit gar nicht wissen kann, ob alle »Mitglieder« des »Flügels« tatsächlich Rechtsextremisten sind. Hier scheint eine Arbeitsmethode zu greifen, die bei der Benennung der Potenzialgrößen in einer kleinen Fußnote des Verfassungsschutzberichtes offen angesprochen wird: »Die Zahlen sind zum Teil geschätzt und gerundet.«[252] Der Leser möge sich nun noch einmal in Kurzform vor Augen halten, wie jene Zahl zustande gekommen ist, die der Öffentlichkeit bekannt gegeben worden ist: 7000 »Flügel-Mitglieder« sind eine Schätzgröße; die Annahme, sie seien durchweg rechtsextremistisch, beruht auf einer Vermutung; der Anstieg des Rechtsextremismuspotenzials von 2018 auf 2019 wird dagegen als gesicherte Erkenntnis dargestellt.

Des Weiteren werden in den Verfassungsschutzberichten Herausforderungen regelmäßig in einer rein spekulativen Form markiert. So wird z. B. bei der Zuordnung von Demonstranten zu rechtsextremen Gruppierungen mit Mutmaßungen gearbeitet, wenn es mit Blick auf die Demonstration in Chemnitz am 14. September 2018 heißt: »Einzelne Angehörige dieser Gruppe *sollen* schwarze T-Shirts mit der Aufschrift ›Angriff‹ und ›Kampf‹ getragen haben. Dieser Personenkreis *soll* der Hooligan- und Neonaziszene in Chemnitz angehören.«[253] Demnach liegen keine gesicherten Kenntnisse vor, das BfV stellt eine Vermutung in den Raum.

An einer anderen Stelle heißt es zur Entwicklung von Bürgerwehren: »Gleichzeitig wird wiederholt deutlich, dass sich innerhalb dieser als ›Bürgerwehren‹ auftretenden Gruppierungen auch Ansätze für rechtsterroristische Potenziale herausbilden *können*. Es *scheint* ein fließender Übergang vom Aufruf zur Bildung von ›Bürgerwehren‹ hin zu einem eigenmächtigen Eintreten für Sicherheit und Ordnung abseits des staatlichen Gewaltmonopols oder gar hin zu gewalttätigem Handeln zu sein.«[254] Abermals bewegt sich das BfV vollständig im spekulativen Raum des Möglichen, in den es seine Sorgen projiziert; eine auf Fakten basierende Beweisführung fehlt. Bei einer weiteren Gruppierung kommt dieses Muster erneut zur Anwendung: »Im Internet *sollen* sich die Gruppenmitglieder über die Beschaffung von militärischen Ausrüstungsgegenständen und Waffen sowie über die Herstellung von Sprengkörpern ausgetauscht haben. Daneben werden die Beschuldigten *verdächtigt*, Personenlisten über politisch Verantwortliche sowie politische Gegner angelegt zu haben, um diese im Falle eines Staatszusammenbruchs zur Rechenschaft zu ziehen.«[255]

Diese Passagen fallen auf, weil die Behörde mehrheitlich sehr klar formuliert, also bei den meisten als extremistisch eingestuften Akteuren Ross und Reiter nennt, wenn sie Bestrebungen gegen die freiheitliche demokratische Grundordnung aufzählt. Schätzungen und Spekulationen sind dagegen für die Aussagekraft des Berichts ohne inhaltlichen Wert; dafür öffnen sie der politischen Instrumentalisierung Tür und Tor. Denn auf diesem Weg können verfassungsfeindliche Entwicklungen sowohl über- als auch untertrieben werden.

Somit ist festzuhalten, dass zur Arbeitsweise des BfV Mutmaßungen gehören, die sich gegen alle möglichen Gruppierungen richten können, wenn es einen Anfangsverdacht gibt. Er kann im Sinne der *intelligence to please* je nach Gusto und Ermessen der Behördenleitung formuliert werden. Natürlich gilt diese Feststellung, was zu betonen ist, nur für einen kleinen Ausschnitt des ansonsten seriösen Verfassungsschutzberichts. Wer allerdings Teil von schriftlich fixierten Verdächtigungen wird, sieht sich plötzlich öffentlicher Inkriminierung ausgesetzt. Im zentralen Dokument des BfV finden sich somit unterschiedlich dicht belegte Argumentationsstränge, die meistens auf Anhieb überzeugen, dann in Einzelfällen aber auch mehr Fragen als Antworten aufwerfen. Dies soll nachfolgend am Beispiel der Identitären Bewegung dargelegt werden, die von den Behörden in Deutschland und Österreich als gesichert rechtsextremistisch eingestuft wird bzw. worden ist.

Die Identitäre Bewegung

Die Identitäre Bewegung Deutschland formierte sich im Oktober 2012 als Facebook-Gruppe, im Mai 2014 folgte der Eintrag ins Vereinsregister.[256] Zunächst trat sie nur im Internet auf, später machte sie mit zahlreichen, öffentlichkeitswirksamen Aktionen in der realen Welt Schlagzeilen. Sie soll in der Bundesrepublik über 600 Mitglieder bzw. Anhänger verfügen; genaue Zahlen sind nicht bekannt. Die Führung lag lange Zeit bei Daniel Fiß und Nils Altmieks. Seit Januar 2020 steht Philip Thaler an der Spitze der Bewegung in Deutschland.[257] Die Gruppierung agiert transnational und setzt sich insbesondere für den Erhalt der »ethnokulturellen Identität« Europas ein. Im Selbstbild versteht sie sich als außerparlamentarisch agierende, patriotische Jugendbewegung.

Führender Kopf im deutschsprachigen Raum ist Martin Sellner aus Österreich. Er hat mit »Identitär! Geschichte eines Aufbruchs« 2017 nicht nur die zentrale Schrift der Identitären erstellt.[258] Bis zur Sperrung seines

YouTube-Kanals im Juli 2020 konnte er mit Videos zu ausgewählten politischen Fragen, die mehrfach in der Woche erschienen sind, auch knapp 150 000 Abonnenten erreichen. Diese Zahl ist durch seinen anschließenden Wechsel zu BitChute auf 17 792 (Stand: 9. Februar 2021) geschrumpft.[259] Kein anderer Identitärer hat eine vergleichbare mediale Reichweite. Sellner finanziert sich zu einem erheblichen Teil über Spenden und begreift sich als hauptberuflicher Aktivist. Es ist davon auszugehen, dass er auf die inhaltliche Ausrichtung dieser Bewegung auch in Deutschland einen stark prägenden Einfluss hat.

Das BfV hat die IBD erstmals im Verfassungsschutzbericht 2016 aufgeführt und als Verdachtsfall eingeordnet, was in der Eskalationsleiter der Stufe nach dem Prüffall entspricht. Der Unterschied zwischen beiden Einordnungen liegt darin, dass bei einem Verdachtsfall nachrichtendienstliche Mittel eingesetzt werden können. Die Einstufung als Prüffall drückt dagegen lediglich eine besondere Aufmerksamkeit des BfV aus. Es soll herausgefunden werden, ob ein Verdachtsfall vorliegt.[260] Die Einordnung wurde vor allem damit begründet, dass einzelne Mitglieder einst in der rechtsextremen Szene aktiv waren bzw. weiterhin Kontakt zu diesem Milieu haben.[261] Im Verfassungsschutzbericht 2018 wurde diese Sicht beibehalten. Nach einigen juristischen Streitigkeiten stufte Thomas Haldenwang die IBD am 9. Juli 2020 schließlich »als eine gesicherte extremistische Vereinigung«[262] ein. Dem war ein Urteil des Verwaltungsgerichts Berlin vom 19. Juni 2020 vorausgegangen, in dem bestätigt wurde, dass das BfV eine entsprechende Einstufung vornehmen dürfe.[263]

Ist die Identitäre Bewegung eindeutig als rechtsextremistisch einzuordnen? Der Verfasser hat sich eingehend mit dieser Frage befasst und ist zu keinem eindeutigen Urteil gelangt. Um gesicherte Antworten geben zu können, müsste er interne Gesprächsrunden abhören können. Zweifel bestehen zudem dort, wo oberflächliche Bewertungen durch das BfV die Frage aufkommen lassen, ob die sehr eindeutige Einstufung der Gruppierung in der vorgenommenen Weise tatsächlich angemessen ist.

Dies fängt bei Darstellungen im Verfassungsschutzbericht an. Immer wieder werden Belanglosigkeiten aufgeführt, die für sich genommen keinen Hinweis auf eine rechtsextreme Haltung geben. In der Fassung von 2018 heißt es:

- »In einer konzertierten Aktion Ende Mai 2018 löschten sowohl Facebook als auch Instagram zahlreiche Profile der IBD und deren Aktivisten.«[264] Da beide Anbieter in großer Breite Sperraktionen durchgeführt haben und diese zum Teil wieder rückgängig machen mussten, kann aus den Vorgängen keine zwingende Einordnung der IBD als rechtsextremistisch abgeleitet werden.

- »Die Werte Heimat, Freiheit und Tradition spielen im Selbstverständnis der IBD als Teil einer europaweiten patriotischen Jugendbewegung eine große Rolle.«[265] Eine solche Haltung ist nicht verfassungsfeindlich. Die meisten Wähler der CSU – und nicht nur die – würden sich für die Bewahrung von Heimat, Freiheit und Tradition aussprechen.

- Die Gruppierung warne vor einer »›Islamisierung‹ Deutschlands«[266]. Eine solche Warnung ist in der von der IBD präsentierten Weise sicherlich übertrieben, kann aber nicht als verfassungsfeindlich angesehen werden. Wenn sich Religionen ausbreiten, gibt es dafür Begrifflichkeiten. Historisch gab es sowohl die Christianisierung wie auch die Islamisierung.

- »Am Pass Col de l'Echelle im französisch-italienischen Grenzgebiet errichtete eine europäisch zusammengesetzte Gruppe von Aktivisten der ›Identitären Bewegung‹ unter Beteiligung der IBD eine provisorische Grenze, um Migranten an der Reise nach Mitteleuropa zu hindern.«[267] Im Stil erinnert dies an Aktivisten, die mit anderen Themen für Organisationen wie Greenpeace versuchen, öffentliche Aufmerksamkeit zu erzeugen. Die Forderung nach dem Aufbau einer Grenze zur Verhinderung illegaler Einwanderung ist nicht rechtsextrem.

- Dem folgen Hinweise auf Kampagnen gegen die Unterzeichnung des UN-Migrationspaktes und weitere Kundgebungen, woraus sich ebenfalls nichts Verfassungsfeindliches ablesen lässt.

Der mit Abstand wichtigste Kritikpunkt des BfV ist ein anderer: »Die IBD bekennt sich zum Konzept des Ethnopluralismus, nach dem die Idealvorstellung einer staatlichen beziehungsweise gesellschaftlichen Ordnung in einem ethnisch und kulturell homogenen Staat besteht.«[268] Der Homogenitätsvorwurf leitet zur Schlussfolgerung über, die Gruppierung vertrete undemokratische Weltbilder: »Die IBD nimmt eine auf ethnischen, völkisch-abstammungsmäßigen Kriterien fußende einwanderungskritische und islamfeindliche Haltung ein. Sie fordert eine ›identitäre‹ – im Gegensatz zur bestehenden repräsentativen – Demokratie. Insbesondere die Fixierung der IBD auf eine ethnische Homogenität als zentralem Wert für Gesellschaft und Demokratie stellt einen deutlichen Anhaltspunkt dafür dar, dass die Ideologie der IBD die grundgesetzlich geschützte Menschenwürde und das Demokratieprinzip verletzen *könnte.*«[269]

Für diese Vorwürfe werden vom BfV keinerlei Belege angeführt, was nichts heißen muss. Verfassungsschutzberichte können als Zusammenfassungen breiter Lagebilder verstanden werden. Der Inlandsnachrichtendienst kann deshalb intern natürlich über hinreichend belastende Materialien verfügen. Fraglich ist nur, warum von diesen nicht einige wenige präsentiert werden – wie es bei der Bewertung anderer Akteure Usus ist. Und es fällt auf, dass die Behörde mit dem Wort »könnte« selbst Zweifel an der eigenen Bewertung hat. Da der Wissenschaftler über zusätzliche interne Belege nur spekulieren kann, ist er gezwungen, sich jener Informationen zu bedienen, die er über offene Zugänge nutzen kann.

Die Suche nach rechtsextremen Aussagen setzt am besten beim Konzept des »Ethnopluralismus« an. Es spielt im Gedankengebäude der Identitären eine zentrale Rolle. Sie verstehen darunter »die Vielfalt der Völker, wie sie sich über Jahrtausende entwickelt hat.«[270] Die unterstellte Forderung ethnischer Homogenität wird nicht aufgeführt. Dagegen heißt es: »Jede Ethnie hat das Recht, ihre Kultur, ihre Bräuche und Traditionen, also ihre ethnokulturelle Identität, zu erhalten.«[271] Homogenität erwähnt die Identitäre Bewegung in einem anderen Zusammenhang. »Um ein friedliches Zusammenleben garantieren und die Demokratie erhalten zu können, sind hingegen hohe Überschneidungen bei den Vorstellungen von kulturellen Werten und gesellschaftlicher Solidarität, d. h. eine grundsätzliche soziale Homogenität, nötig.«[272] Den bekannten Anschuldigungen, einen ethnisch reinen Staat errichten zu wollen, wird die folgende Riposte entgegengehalten: »Es geht eben nicht darum, einen Ethnostaat aufzubauen, der irgendwelchen willkürlichen Reinheitskriterien folgt, sondern [darum,] eine politisch legitime Position in einer Debatte um Identität, Kultur, Einwanderung, Assimilation und Integration einzunehmen.«[273] Die vom BfV formulierten Vorwürfe lassen sich – zumindest bei der Betrachtung dieser und ähnlicher Zitate – nur über sehr weitreichende Interpretationen und zuweilen Unterstellungen generieren, die Gefahr laufen, sich von der Quellenlage zu sehr zu entfernen.

Darüber hinaus gehört es zu den argumentativen Schwächen der Behörde, dass nicht erkennbar wird, wie eigene Erkenntnisse mit konkurrierenden Bewertungen von Rechtswissenschaftlern sowie von Gerichten abgeglichen werden. Zu den kritischen Stimmen zählt Edzard Schmidt-Jortzig von der FDP. Er war Professor für Öffentliches Recht an den Universitäten Münster und Kiel, Verfassungsrichter in Sachsen, Bundestagsabgeordneter sowie Bundesminister der Justiz. Ende August 2019 äußerte er sich in einem Interview zum Vorgehen der Kölner Behörde: »Wenn gegen sie [die Identitäre Bewegung, M. W.] ermittelt und sie konkret in der Gefährdungsskala eingestuft wird, darf das aber wenigstens nur aufgrund ihrer eigenen Programmatik und ihres Verhaltens beziehungsweise dem ihrer Mitglieder geschehen. Typisierung von Argumentationsmustern und Einschätzung nach Wortwahl oder Gruppendynamik reichen nicht.«[274]

Anschließend wird er mit Aussagen Thomas Haldenwangs konfrontiert, der seine Haltung gegenüber der Identitären Bewegung damit begründet, dass diese »verbal zündeln«[275] würde, weshalb man ihre Mitglieder zu den »geistigen Brandstifter[n]«[276] zählen müsse. Schmidt-Jortzig hält eine solche Argumentation für »nicht akzeptabel«[277] und betont: »Das BfV ist jedenfalls nicht zur Durchsetzung politischer Meinungen da, und seien sie – tatsächlich oder vermutet – noch so mehrheitsgetragen, sondern allein zur Wahrnehmung der gesetzlichen Aufgabenzuweisung.«[278] Demnach handeln die Verfassungsschützer dort jenseits ihres Auftrages, wo sie versuchen, die Meinungsfreiheit eng auszulegen. Die Kölner Behörde hat ihre Einschätzung der Identitären Bewegung als »gesichert rechtsextremistische Bestrebung«[279] am 11. Juli 2019 u. a. damit begründet, dass die Aktivisten »Multikulturalismus als […] kulturvernichtend«[280] bezeichnen würden. Schmidt-Jortzig hält dagegen, dass eine solche Positionierung »keine verfassungsfeindliche Bestrebung«[281] darstelle. Viele Äußerungen der Identitären Bewegung betrachtet er als »reichlich abwegig«[282], fügt jedoch im Sinne einer sehr breiten Auslegung der Meinungsfreiheit und mit Blick auf weitere Ansichten der Aktivisten hinzu: »[…] Verschwörungstheorien gleich als verfassungsgefährdend einzuordnen, erschiene mir doch arg übertrieben.«[283]

Aus juristischer Sicht dürfte sich der Staatsrechtler Dietrich Murswiek am intensivsten mit diesem Themenfeld befasst haben. Er hält dem BfV vor, dass es mit einzelnen kritischen Einordnungen mutmaßlich strittiger Begriffe in einer nicht demokratischen Weise in den öffentlichen Diskurs eingreift: »Derartige Bewertungen führen dazu, daß der Verfassungsschutz seine ideologischen Vorlieben oder das, was er für politisch korrekt hält, mit hoheitlichen Mitteln durchsetzt.«[284] Murswiek führt dazu zahlreiche Beispiele auf: (1) Der umstrittene *ethnisch-kulturelle Volksbegriff* habe nur eine »deskriptive Funktion und dient der Unterscheidung von Völkern anhand von Merkmalen wie Sprache, Traditionen, kulturelle Hervorbringungen.«[285] Davon zu unterscheiden seien politische Forderungen, die mit dem Begriff verbunden werden. (2) Die *Bewahrung der ethnisch-kulturellen Identität der Nation* sei ein »legitimes Ziel der Politik«[286], da es keine »verfassungsrechtliche Verpflichtung, Einwanderung zu erlauben beziehungsweise hinzunehmen, die vielleicht dazu führt, daß die Deutschen im ethnisch-kulturellen Sinn in eine Minderheitsposition gedrängt werden«[287], gebe. »Das Grundgesetz verpflichtet nicht zu einer Politik der offenen Grenzen und unbegrenzter Einwanderung.«[288] Dementsprechend seien die Kritik am Multikulturalismus sowie das Plädoyer dafür, »daß die Bevölkerungsstruktur des deutschen Staates im wesentlichen erhalten bleibt«[289], nicht verfassungsfeindlich. (3) Die *relative ethnisch-kulturelle Homogenität* sei »nicht freiheitsfeindlich, sondern tendenziell freiheitsfreundlich; sie erleichtert die demokratische Kommunikation und Konsensbildung.«[290] Daraus schlussfolgert er: »Der Wille, den Nationalstaat als einen weitgehend durch das ethnisch-kulturelle Mehrheitsvolk geprägten Staat zu erhalten, ist mit dem Grundgesetz ebenso vereinbar wie die Forderung, die relative ethnisch-kulturelle Homogenität nicht durch eine Masseneinwanderung aus anderen Kulturen aufzulösen.«[291] Murswiek betont dabei, dass es stets vom Kontext abhänge, ob als kritisch betrachtete Begriffe tatsächlich in einer verfassungsfeindlichen Weise benutzt werden.

Ebenfalls fraglich ist, ob das Urteil des Landesgerichts für Strafsachen Graz vom 26. Juli 2018 in der Argumentation des BfV vorab Berücksichtigung gefunden hat. Der Einwurf ist schnell abzuschmettern, wenn darauf verwiesen wird, dass Einlassungen österreichischer Gerichte für einen deutschen Inlandsnachrichtendienst nicht relevant sind. Da der Verfassungsschutz des südlichen Nachbarn die Identitäre Bewegung aber ebenfalls für rechtsextremistisch hält bzw. gehalten hat und ähnlich wie die Kölner Behörde argumentiert,[292] ist der Blick über den geografischen Tellerrand durchaus luzide. Angeklagt waren 17 Aktivisten, die in den zentralen Anklagepunkten freigesprochen wurden. Das Gericht stellte fest: »[...] die IBÖ [Identitäre Bewegung Österreichs, M. W.] [...] dient[en] im Kernbereich völlig legaler Tätigkeit, nämlich dem politischen Aktivismus und dient im Kernbereich keineswegs verpönte[n], strafrechtlich relevante[n] Tätigkeiten«[293]. Darüber hinaus wurden die Angeklagten vom »Vergehen der kriminellen Vereinigung«[294] freigesprochen. Der zuständige Richter bewertete die Handlungen der Identitären schließlich in einer Weise, die im Gegensatz zur Auffassung des BfV steht: »[...] eine strukturelle Ausrichtung der IBÖ [...] auf die Begehung von Verhetzungen nach den dazu getroffenen Feststellungen [ist] definitiv zu verneinen«[295]. Dies hat er wie folgt konkretisiert: »[...] die Erhaltung der ethnokulturellen Identität [...], die durch den großen Austausch bedroht werde. [...] Probleme der Islamisierung, des Sozialmissbrauches, der Überfremdung und der Migrantenkriminalität [...]. Auch daraus lässt sich keine hetzerische Grundstruktur der IBÖ ableiten.«[296]

Die Zweifel an der korrekten Bewertung der Programmatik der Identitären Bewegung lassen sich vertiefen. Offen bleibt, um auf das wichtigste Beispiel zurückzukommen, in welcher Tiefe sich die Autoren des deutschen Verfassungsschutzberichts mit dem Konzept des »Ethnopluralismus« tatsächlich auseinandergesetzt haben. Es geht auf Beiträge von Henning Eichberg aus den 1970er-Jahren zurück und wurde von der Identitären Bewegung wiederentdeckt. In der Zwischenzeit haben sich zahlreiche andere Autoren zu dem Begriff geäußert. Das BfV hat sich nun jene Definition herausgesucht, die lediglich eine Strömung in der Debatte widerspiegelt (und die laut Martin Sellner nicht Teil des Gedankengebäudes der Identitären ist)[297]. Die Publikationen der Vertreter des Ansatzes setzen dagegen auch jenseits der vom Verfassungsschutz vorgenommen Fixierung auf den ethnisch homogenen Staat an.

Der österreichische Publizist Martin Lichtmesz hat 2020 die vermutlich umfassendste Abhandlung zur Begriffsgeschichte des »Ethnopluralismus« veröffentlicht. Er gehört dem Umfeld um Götz Kubitschek und Martin Sellner an. Lichtmesz hat in seinem Buch die zahlreichen Strömungen innerhalb der ethnopluralistischen Denkschule gebündelt und sich auch selbst festgelegt: »Ethnopluralismus nenne ich alle Ansätze, die das Nation- und Volksein überhaupt und an sich als ein Gut verteidigen. [...] Aus dem Sein der Völkervielfalt wird ein Sollen dieser Vielfalt abgeleitet. [...] So gesehen bedeutet Ethnopluralismus nichts anderes als das Selbstbestimmungsrecht aller Völker gegenüber Übergriffen und Machtansprüchen von außen.«[298] Eine solche Position kann schwerlich als rechtsextrem eingeordnet werden.[299]

Würde es den Aktivisten um ein ethnisch homogenes Volk gehen, müssten sie sich beim Thema »Remigration« für die Rückführung sämtlicher Ausländer in ihre Heimatländer einsetzen. Die Forderungen der IBD scheinen dagegen begrenzt zu sein: »Wir brauchen eine Rückführung aller illegal Eingereisten nach humanen Standards und eine demografische Tendenzwende hin zur Remigration. Der große Bevölkerungsaustausch[300] in Europa erfordert klare Umkehrungsmaßnahmen der Migrationsströme, die der Bewahrung von Frieden, Sicherheit und Stabilität in allen europäischen Ländern dienen.«[301] Ist mit »Tendenzwende« tatsächlich nur die rechtsstaatlich organisierte Rückführung illegal Eingereister gemeint, liegt keine extremistische Formulierung vor. Die Identitären würden lediglich an das anknüpfen, was ohnehin zur Aufgabe des Staates gehört: die Abschiebung abgelehnter Asylbewerber. Unabhängig von diesem Thema werden in Deutschland im Rahmen der Bekämpfung der von Araber-Clans ausgehenden Kriminalität bereits einzelne Mitglieder der

Großfamilien abgeschoben,[302] was ebenfalls einer Forderung der Identitären entspricht.

Eine rechtsextreme Haltung ist solange nicht zu attestieren, wie nicht beabsichtigt wird, deutsche Staatsbürger mit Migrationshintergrund oder Ausländer mit einem legalen Aufenthalts- bzw. Schutzstatus auszuweisen. Sollten führende Mitglieder der IBD das konkret wollen: Warum werden dann nicht einschlägige Aussagen im Verfassungsschutzbericht zitiert? Der Begriff der »Tendenzwende« lässt dennoch einen interpretatorischen Spielraum offen. Die Forderung der Remigration könnte dabei durchaus im Sinne der neonationalsozialistischen Parole »Ausländer raus!« verstanden werden. Geht es hingegen lediglich darum, Anreize für eine freiwillige Rückkehr von Migranten in ihre Heimatländer zu schaffen, wäre die Positionierung verfassungskonform. Dieser durchaus kritische Punkt muss daher mit weiteren programmatischen Äußerungen der Aktivisten abgeglichen werden.

Der Identitären Bewegung wird vorgehalten, der repräsentativen Demokratie feindlich gegenüberzustehen. Vom BfV wird ein Zusammenhang zwischen Vorstellungen zur nationalen Identität und Demokratiefeindlichkeit in den Raum gestellt. In den programmatischen Aussagen der Identitären Bewegung finden sich keine Aussagen, die den unterstellten Konnex bestätigen. Dagegen lässt sich belegen, dass die Gruppierung die politische Teilhabe von Migranten akzeptiert: »Integration setzt eine Leitkultur voraus, an der Einwanderer sich orientieren und an die sie sich anpassen können.«[303] Einwanderung wird positiv gesehen, allerdings an Bedingungen geknüpft (wie dies auch bei Einwanderungsgesetzen üblich ist): »Wir sind nicht gegen Einwanderung, denn diese gab es im geschichtlichen Kontext in geringem Maße immer. Wir treten für eine maßvolle und begrenzte Einwanderung ein, die die Aufnahmefähigkeit unser[er] Gesellschaft nicht übersteigt und unsere ethnokulturelle Identität nicht gefährdet«[304]. Wer sich so positioniert, kann nicht vom Vorliegen eines homogenen Volkes ausgehen oder unter der »Tendenzwende« eine Rückführung sämtlicher Ausländer verstehen.

Der Begriff der »Identität« wird von den Aktivisten breit definiert: »Die ethnische und die kulturelle Seite unserer Identität sind dabei für uns gleichwertig.«[305] Diese Aussage wird weiter ausgebaut: »Die menschliche Identität bildet sich aus einem komplexen Geflecht verschiedenster geschichtlicher, biographischer, kultureller, religiöser und sozialer Zusammenhänge.«[306] Die IBD folgt einem breiten Identitätsansatz, der regionale (Stadt, Dorf), nationale (Volk, Staat) und zivilisatorische Komponenten (Europa) umfasst. Die Fixierung auf einen ethnisch homogenen Volksbegriff als identitärer Grundlage, den das BfV unterstellt, lässt sich über die gewählten Formulierungen nicht ableiten. Dagegen spricht auch die folgende Aussage: »Diese inhaltliche Positionierung erteilt jeglichem Rassismus und Chauvinismus eine klare Absage, da es uns stets um die Betonung des Rechts auf Bewahrung der Identität für jedes Volk und jede Kultur geht und wir eine qualitative Auf- oder Abwertung einer bestimmten ethnokulturellen Gemeinschaft klar ablehnen.«[307]

Im Interview mit dem Verfasser hat Martin Sellner sich entlang dieser Linie geäußert und zusätzlich weitere Klarstellungen vorgenommen. Die Identitäre Bewegung wolle weder »die derzeitige Staats- und Verfassungsordnung umstürzen, noch betrachtet sie Gewalt als legitimes politisches Mittel.«[308] Sie strebe keinen »›ethnisch reinen‹ Staat«[309] an. Zum Homogenitätsvorwurf sagt Sellner: »Die Frage lautet, was Homogenität in diesem Zusammenhang bedeutet. Ich verstehe darunter kein genetisches Schema, sondern vor allem ein starkes und bewusstes Gemeinschaftsgefühl, eben eine kollektive Identität.«[310] Er lehne »Rassismus und Biologismus«[311] ab und begreife unter Ethnopluralismus »kein Konzept einer ›globalen Apartheid‹, sondern die Anerkennung einer Vielfalt an Kulturen, Sprachen und Identitäten«[312]. Dem Vorwurf, ethnisch homogene Völker anzustreben, begegnet er mit einem weiteren Hinweis: »Ich zähle z. B. zur ethnokulturellen Identität einer jeden Nation auch ihre gewachsenen Minderheiten wie hierzulande etwa Burgenland-Kroaten und Kärntner-Slowenen.«[313] Seine Bewegung kenne keine »höher- oder minderwertigen Völker und Kulturen [...]. Wir sind auch nicht der Ansicht, dass ethnisch fremde Menschen niemals Teil einer anderen Nation werden können. Es ist also möglich, dass Personen mit einer anderen ethnischen Herkunft und Kultur Teil unseres Volkes werden.«[314] Folgerichtig spricht sich Sellner gegen die Abschiebung von Migranten mit der Staatsbürgerschaft Österreichs aus.

Dies alles steht vollständig im Gegensatz zu den Ausführungen des BfV. Und es zeigen sich mittlerweile weitere Widersprüche in der inhaltlichen Bearbeitung der Gruppierung. Im Verfassungsschutzbericht 2016 wurde die Einstufung als »Verdachtsfall« primär mit Kontakten der Identitären in das rechtsextreme Milieu und einer entsprechenden Vergangenheit einzelner Führungskader begründet. Interessanterweise spielt dieser Punkt im Verfassungsschutzbericht 2019 keine Rolle mehr. Wenn der Vorwurf zuvor so wichtig war, bedeutet seine unvermittelte Nichterwähnung dann, dass es keine Kontakte der Identitären in die rechtsextreme Szene mehr gibt? Die Behörde argumentiert nun ausschließlich über den Homogenitätsvorwurf, den sie ausgebaut und präzisiert hat: »Für die IBD ist nämlich die ethnische Herkunft allein maßgeblich für die Zugehörigkeit zum deutschen Volk und letztlich für den Erwerb der deutschen Staatsangehörigkeit. Damit bringt sie einen exkludierenden Biologismus zum Ausdruck, der den Wertungen des Art. 1 Abs. 1 in Verbindung mit Artikel 3 Abs. 1 und Abs. 3 S. 1 GG zuwiderläuft. Zugleich liegt hierin ein Verstoß gegen den Kern des Demokratieprinzips. Denn aufgrund der Rückbindung aller Staatsgewalt an das Volk (Artikel 20 Abs. 2 S. 1 GG) hätte die ethnische Definition des Volkes zwingend den Ausschluss derjenigen, die diesem Volk aus ethnischen Gründen nicht angehören, aus dem demokratischen Prozess zur Folge.«[315]

Auch diese Präzisierung steht im Widerspruch zu vielen programmatischen Ausführungen der Identitären Bewegung. In den Berichten der Leitmedien wird ebenfalls sehr häufig auf Differenzierungen verzichtet. Die meisten Journalisten schließen sich einfach der Bewertung des BfV an und füllen Wissenslücken durch kreative Interpretationen. Der *Deutschlandfunk* ließ den Politikwissenschaftler Michael Koß zu diesem Thema zu Wort kommen: »In meinen Augen ist die Identitäre Bewegung die Hitlerjugend unserer Zeit.«[316] Dass dies eine Verharmlosung eines wichtigen Akteurs des Nationalsozialismus ist, sei nur am Rande notiert. Koß gehört zu jener Gruppe von Politikwissenschaftlern, die wissen, dass sie mit griffigen Formulierungen schnell in zentralen Medien präsent sind, wenn sie das gewünschte Bild bestätigen. Mit einer wissenschaftlichen Analyse hat das nichts zu tun.

Weitere Journalisten übernehmen ungeprüft die Sichtweise des Verfassungsschutzes. Wie sehr dabei selbst die ARD mit einem ideologisch gefärbten Blick auf den Gegenstand schaut, zeigte ein Kommentar von Martin Schmidt in den *Tagesthemen* vom 11. Juli 2019. Er ist nicht nur darauf angelegt, die Einstufung des BfV zu bestätigen, sondern diese zu erhärten. Dazu versucht Schmidt, eine Gewaltneigung in der IBD nachzuweisen, was nicht ganz einfach ist. Gewalt wird als Mittel der Politik in allen offiziellen Verlautbarungen dieser Gruppierung zurückgewiesen.[317] Also musste der Journalist in kreativer Weise etwas konstruieren, um sein vorgefertigtes Weltbild bestätigen zu können. Dazu ließ er einen Aktivisten zu Wort kommen, der in einem bekannten Video der Identitären Bewegung sagt: »Wir stehen bereit für die Rückeroberung.«[318] Damit ist das Konzept der Reconquista gemeint. Es wird in der Gedankenwelt der Aktivisten wie folgt definiert: »Als Identitäre Bewegung wollen wir uns die gesellschaftlichen Diskursräume zurückerobern, die zuvor von einer linksliberalen Hegemonie dominiert wurden.«[319] Martin Schmidt war dieser Zusammenhang nicht bekannt, weshalb er formulierte: »Ihre Sprache: auch gewalttätig.«[320]

Kritisch zu hinterfragen ist desgleichen die Bereitschaft von ARD und ZDF, zur Einschätzung der Identitären Bewegung ausgerechnet Natascha Strobl zu Wort kommen zu lassen. Sie hat zum Thema zwar umfassend publiziert und vorgetragen. In den öffentlich-rechtlichen Medien wird sie wahlweise als »Rechtsextremismus-Expertin« oder als »Extremismusforscherin« bezeichnet.[321] Es scheint dabei aber nicht von Bedeutung zu sein, dass sich Strobl selbst politisch sehr weit links von der Mitte bewegt. Sie hat mehrfach bei Veranstaltungen der Antifa als Referentin vorgetragen,[322] obwohl diese klar verfassungsfeindliche Positionen vertritt und über eine hohe Gewaltbereitschaft verfügt.[323] In einer Signierstunde schrieb Strobl einem Leser in den Umschlag: »Im Zweifelsfall eignet sich dieses Buch zum Entglasen von Geschäften.«[324] Zusammen mit Julian Bruns und Kathrin Glösel hat sie die Schrift »Die Identitären«[325] verfasst. Beide Mitautoren sind ebenfalls als Referenten auf Veranstaltungen der Antifa aktiv.[326]

Solche Formen der Berichterstattung oder der Einholung von Expertise tragen nicht gerade dazu bei, dem Wesen der Identitären Bewegungen näherzukommen. Dies gilt auch für das oft zitierte Video »Zukunft für Europa – Identitäre Bewegung«[327] vom 21. Januar 2016. Die dort getroffenen, bewusst inhaltlich verkürzten Aussagen können – je nach politischem Standpunkt des Betrachters – vielleicht in Teilen als reaktionär oder in der Formulierung als unausgegoren angesehen werden, sicherlich aber nicht als verfassungsfeindlich. Die sich äußernden Personen sind nur für das verantwortlich, was sie sagen – nicht für das, was andere in diese Aussagen hineininterpretieren. Vielleicht haben sich die gezeigten Aktivisten tatsächlich an anderer Stelle rechtsextremistisch geäußert oder strafbar gemacht. Es wäre dann die Aufgabe der Verfassungsschützer, dies zu belegen und im Sinne des Frühwarnsystems der Öffentlichkeit kund zu tun.

Andere Urteile zur Identitären Bewegung setzen am Stil des Aktivismus an. Mitglieder der Gruppierung haben in der Öffentlichkeit mehrfach mit dem Slogan »Multikulti tötet!« für Aufmerksamkeit gesorgt. Im Dezember 2018 ließ sich eine Aktivistin in einer gestellten Szene, erinnernd an ein Tötungsdelikt, mit geschlossenen Augen am Boden ablichten. Neben ihr fand sich ein Schild mit der Aufschrift »Opfer von Multikulti«.[328] Eine solche Darstellungsform ist natürlich nicht geeignet, einem komplexen Sachverhalt gerecht zu werden. In der pauschalen Zuspitzung ist die Aussage zugleich inhaltlich unsinnig. Fraglich ist nur, ob die schauspielerische Einlage auch eine Hausdurchsuchung rechtfertigt, die sechs Monate später bei der Aktivistin durchgeführt worden ist. Der Sicherheitsapparat hat sich an den Aktivismus der Klima- und Umweltszene gewöhnt. Dort wird ebenfalls mit verkürzten Parolen operiert – im Falle der Bevölkerungspolitik wird eine Gleichbehandlung in der Wahl des Instrumentariums hingegen nicht zugelassen.

Im Mittelpunkt des medialen Interesses steht bei vielen Aktionen der Aktivisten Martin Sellner. Ihm wird von fast allen Journalisten vorgehalten, ein Rechtsextremist zu sein. Mehrfach hat er sich diesen Vorwurf in der Sendung »Fellner! Live« anhören müssen. Ein typischer Dialog sieht wie folgt aus: Wolfgang Fellner freut sich bei der Begrüßung darüber, seinen Gast immer wieder als »Nazi-Arsch« zu beschimpfen. Sellner bittet um Belege. Fellner nimmt den »Arsch« zurück, steht aber zum Vorwurf »Nazi«. Sellner fragt erneut nach: »Warum?« Fellner fällt nichts ein, das Interview geht weiter.[329]

Hohe Wellen schlug ein Vorfall, der Martin Sellner über Nacht einer breiten Öffentlichkeit bekannt machte. Am 15. März 2019 hatte der Neuseeländer Brenton Tarrant zwei Moscheen in Christchurch angegriffen und dabei mit einem Schnellfeuergewehr 51 Menschen getötet. Kurz darauf gab es – belegbare! – Hinweise darauf, dass der Rechtsextremist Tarrant offenbar Kontakt zur Identitären Bewegung Österreich hatte. In ideologischer Hinsicht knüpfte der Attentäter an Überlegungen zum »Großen Austausch« an; Martin Sellner hatte er 2018 eine Spende in Höhe von 1500 Euro zukommen lassen; zudem gab es einen E-Mail-Wechsel.[330] Letztlich lagen aber nur Indizien für einen Verdacht vor, mehr nicht. Weder die IBÖ noch Sellner können sich gegen die Übernahme von Inhalten und ihre weitere Verwendung wehren; bei der Einrichtung eines Spendenkontos ist a priori nie absehbar, welche Personen einzahlen; und wer von außen per E-Mail angeschrieben wird, kann natürlich nicht absehen, wie sich der weitere Lebensweg seines Kontakts entwickeln wird.

Nach dem Anschlag wurde die Wohnung Sellners einer Hausdurchsuchung unterzogen, es kam zur Beschlagnahmung von Handy und Datenträgern. Der Fall erregte auch international Aufsehen – bis hin zu einem Bericht in *The New York Times*.[331] Nachdem sich die mediale Aufregung gelegt hatte, gab das Oberlandesgericht Graz im Dezember 2019 bekannt, dass die Hausdurchsuchung rechtswidrig war;[332] im Dezember 2020 kam es zur Einstellung des Terrorverfahrens gegen die Identitären.[333] Ein steuernder Einfluss Tarrants auf die IBÖ konnte nicht nachgewiesen werden.

Eines der größten Probleme bei der Bewertung der Identitären Bewegung ist sicherlich ihre Verwobenheit mit Personen, Gruppierungen und Parteien, die von den deutschen Leitmedien – in einigen Fällen durchaus zu Recht – als radikal in der politischen Ausrichtung und Methodik betrachtet werden. Allein Martin Sellner ist vermutlich mit sämtlichen Akteuren vernetzt, die nicht nur im linksliberalen Lager für höchste Erregung sorgen:

- Er hat am IfS in Schnellroda vorgetragen und ist Autor der Sezession.[334] Beide Formate werden von Götz Kubitschek, einem Freund Sellners,[335] betreut. Kritiker halten ihm vor, Kräfte in der AfD zu stützen, die nicht mehr auf dem Boden des Grundgesetzes stehen. Zu seinen engen Weggefährten gehört z. B. Björn Höcke vom einstigen »Flügel«. Lange Zeit hat Kubitschek auch dem für rechtsextremistische Ausfälle bekannten André Poggenburg die Treue gehalten.[336]

- Für das *Compact-Magazin* von Jürgen Elsässer führt Sellner Rezensionen durch und tritt als Referent auf dessen Veranstaltungen auf.[337] Auch dies kann kritisch gesehen werden, da Elsässer mit seiner Kritik an den herrschenden Verhältnissen regelmäßig rhetorisch überzieht. Effekthascherei mit spektakulär gestalteten Cover-Seiten und dramatisch klingenden Überschriften gehören zum Verkaufsmodell des Monatsmagazins.[338]

- Auf PEGIDA-Demonstrationen ist Sellner ein gern gesehener, umjubelter Referent.[339] Er arbeitet folglich mit Lutz Bachmann zusammen, der 2016 wegen Volksverhetzung rechtskräftig verurteilt worden ist. Ihm wurde vorgeworfen, im September 2014 Flüchtlinge auf seiner Facebook-Seite als »Viehzeug«, »Dreckspack« und »Gelumpe« bezeichnet zu haben, was – wenn es zutrifft – eindeutig rassistisch ist.[340] Nachdem er und seine Verteidiger das Urteil akzeptiert hatten, gab Bachmann tiefblickend vor den Medien zu Protokoll: »Die Geschichte hat es oft genug bewiesen, dass Menschen, die von einem System verurteilt und verfolgt wurden, vom nächsten System als Helden gefeiert wurden!«[341]

- Kurz vor der Landtagswahl in Thüringen am 27. Oktober 2019 hat Sellner ausführlich Werbung für Björn Höcke gemacht.[342] Mit Andreas Kalbitz, dem einst führenden Politiker der AfD in Brandenburg, hat er sich am 20. Juni 2020 in einem Video solidarisiert.[343] Beide sind immer wieder durch radikale Äußerungen aufgefallen, Höcke etwa während seiner umstrittenen Rede am 17. Januar 2017, in der er das Holocaust-Mahnmal doppeldeutig als »Denkmal der Schande« bezeichnete.[344] Kalbitz wiederum hat in der Vergangenheit an einem Treffen der rechtsextremen »Heimattreuen Deutschen Jugend« teilgenommen und während einer Veranstaltung des AfD-Flügels am Kyffhäuser-Denkmal am 2. September 2017 seinen politischen Gegnern gedroht: »Wir werden auf den [gemeint: ihren, M. W.] Gräbern tanzen.«[345]

Verantwortlich ist Martin Sellner letztlich nur für das, was er selbst sagt. Fraglich ist dennoch, welche Rückschlüsse sich aus seinen zahlreichen Kontakten zu umstrittenen, rechtskräftig verurteilten und vom BfV seit 2020 sogar als rechtsextremistisch eingestuften Akteuren ziehen lassen.[346]

Dazu gibt es zwei mögliche Interpretationen: Erstens ist es durchaus nachvollziehbar, jemandem eine rechtsextremistische Gesinnung oder doch zumindest Wohlwollen gegenüber solchen Positionen zu unterstellen, wenn er selbst mit Vertretern dieser Richtung zusammenarbeitet. Im konkreten Fall muss gleichwohl berücksichtigt werden, dass der Verfassungsschutz vermutlich nicht bei allen Aussagen der Gebrandmarkten sauber differenziert. Regelmäßige Kritik am Islam, reaktionäre Attitüden, hanebüchene Verschwörungstheorien, schlechter Journalismus, billige Polemik, Effekthascherei und unbelegte Aussagen müssen nicht zwingend mit rechtsextremistischen Bestrebungen deckungsgleich sein.

Zweitens arbeitete Sellner mit den genannten Akteuren bereits zusammen, bevor diese vom BfV unter großem politischem Druck plötzlich als verfassungsfeindlich eingestuft worden sind. Wer zudem so isoliert und in eine politische Ecke gestellt wird, wie das beim führenden Kopf der Identitären Bewegung der Fall ist, der dürfte bis zu einem gewissen Punkt alles versuchen, um es sich nicht mit jenen zu verscherzen, die zugänglich sind. Erkennbar wird dabei ein Kooperationsverständnis, das sehr pragmatische Züge aufweist und das auf fast alle Kräfte gerichtet ist, die sich gegen als repressiv empfundene staatliche Strukturen wenden. Am 19. August 2020 warb Sellner aus dieser Sicht auf seinem neuen BitChute-Kanal für eine weitere Demonstration der Gegner der Corona-Maßnahmen Ende des Monats in Berlin: »Vollkommen egal, was Eure Motivation ist, ob Ihr jetzt große Corona-Kritiker seid, Freidenker, Querdenker, Patrioten, Libertäre, Sozialisten, Christen, Heiden, Atheisten. Wenn Ihr auch nur irgendwie Probleme mit dem derzeit bestehenden Establishment habt, kommt unbedingt nach Berlin.«[347]

Ist Martin Sellner ein Rechtsextremist? Der Verfasser kann dem Chef der Identitären weder hinter die Stirn schauen noch ist es zeitlich möglich, dessen umfassendes, fast täglich größer werdendes Werk an Schriften und Videos in toto zu sichten. Wer sich die Mühe macht, findet hinreichend Zitate, um Sellner als lupenreinen Demokraten darzustellen. Er würde aber auch genügend Sentenzen entdecken, die – für einen Fernsehbericht klug zusammengeschnitten – ein anderes Bild zeichnen. Es kommt also darauf an, in einer Bewertung abwägend vorzugehen.

Vorzuhalten ist ihm sicherlich, oft zu schnell generalisierende Schlüsse zu ziehen oder anzudeuten. Wer Videos sprichwörtlich am Fließband produziert, setzt zudem häufig ungenaue Begrifflichkeiten ein. Einzelne Termini sind inhaltlich schlicht abwegig (z. B. »sanfter Totalitarismus«[348] zur Beschreibung des politischen Systems der Bundesrepublik). Die gewaltsamen Ausschreitungen in Stuttgart und Frankfurt am Main im Juni/Juli 2020 bewertete er dahingehend, dass die »Party- und Eventszene […] deutsche

Innenstädte verwüstet«[349]. Es findet sich bei Martin Sellner immer wieder die Bereitschaft, oft verbunden mit empörter Emphase, bei der Beschreibung politischer Ereignisse und Phänomene inhaltlich zu überziehen. Jene Videos, für die er sich mehr Zeit nimmt, zeichnen sich dagegen durch eine sachliche Darstellung des Gegenstandes aus.

Hinweise für eine rechtsextreme Haltung lassen sich über diese Beobachtungen gleichwohl nicht ableiten. Der Verfasser konnte eine entsprechende Positionierung auch nicht in einem ausführlichen Interview im Juli 2020 erkennen. Die Persönlichkeit Martin Sellners weist insgesamt zu viele Facetten auf, die für einen typischen Rechtsextremisten vollkommen atypisch sind. Er ist mit einer Ausländerin verheiratet, mit der er Deutsch und Englisch spricht, was dem Ethnopluralismus-Verständnis des BfV widerspricht. Die ständige Nutzung von Anglizismen, die seiner Sprache eigen sind, wird von Nationalisten abgelehnt. Sellner ist gläubiger Katholik und regelmäßiger Kirchgänger, was ebenfalls nicht zum klassischen Rechtsextremisten passt. Dieser lehnt Religionen ab und sucht sein Seelenheil eher in der Welt der germanischen Riten und Mythen. Zudem hat Sellner sich immer wieder zur Demokratie bekannt und jede Form des Biologismus – etwa die Vorstellung eines »ethnisch reinen Volkes« – zurückgewiesen. Sein Identitätsverständnis ist insgesamt eher europäisch denn national. Die Anwendung von Gewalt in der politischen Auseinandersetzung lehnt er ab. Wäre dies die Gedankenwelt Adolf Hitlers gewesen, hätte es den Nationalsozialismus nicht gegeben.

Wer eine rechtsextreme Haltung der Identitären Bewegung sucht, wird sie vermutlich an einem sensiblen Punkt finden, den das BfV korrekt benennt, wenn es von einer »vorherigen Betätigung einiger Führungsaktivisten in rechtsextremistischen Organisationen«[350] spricht. Daniel Fiß und Martin Sellner waren in jungen Jahren in der Neonazi-Szene aktiv.[351] Beide haben sich von dieser Zeit distanziert und grenzen sich heute von der NPD, die sie für rechtsextrem halten, politisch ab.[352] Was bedeutet dies für aktuelle Bewertungen? Sellner, Fiß und andere Führungskader könnten, erstens, immer noch Rechtsextremisten sein und ihre Läuterung nur vortäuschen. Sie würden die Identitäre Bewegung als eine Art trojanisches Pferd nutzen, um mit gemäßigten Ausdrucksformen in die Mitte der Gesellschaft vorzustoßen. Zweitens könnten sie tatsächlich aus den politischen Verirrungen der Vergangenheit gelernt haben. Sie müssten dann als Aussteiger betrachtet werden und würden damit ein Verhalten an den Tag legen, das das BfV nicht nur begrüßt, sondern mit dem »Aussteigerprogramm für Rechtsextremisten«[353] ausdrücklich fördert. Die führenden Kräfte der Identitären Bewegung ordnen ihre Gruppierung genau in diesem Sinne ein: Sie sehen sich als diejenigen, die politisch verirrten Menschen ein Ausstiegsangebot aus der rechtsextremen Szene unterbreiten.[354]

Von außen ist für einen Wissenschaftler nicht erkennbar, wie viele der insgesamt etwa 900 Mitglieder und Anhänger der Identitären Bewegung in Deutschland und Österreich als Verfassungsfeinde eingeordnet werden müssen. Es ist aber höchst plausibel anzunehmen, dass es aufgrund der Entstehungsgeschichte dieser Gruppierung Rechtsextremisten unter den Identitären gibt. Um die Bewegung aber insgesamt und vollständig als »gesichert rechtsextremistisch« einstufen zu können, sollte die folgende Sachlage gegeben sein: Die Rechtsextremisten müssten einen steuernden Einfluss auf die IBD ausüben und zudem über eine kritische Masse an Sympathisanten verfügen, die diesen Kurs stützt. Auch informell institutionalisierte, umfassende Kontakte zu NPD-Kadern ließen auf eine Verfassungsfeindlichkeit der Aktivisten schließen. Die Verfassungsschutzämter Deutschlands und Österreichs[355] deuten entsprechende Verbindungen an, verzichten aber darauf, der Öffentlichkeit substanzielle Belege vorzulegen. Ob sie diese tatsächlich haben oder ob sie nur über eine Kollaboration zwischen Identitären und Rechtsextremen spekulieren, ist für den Außenstehenden nicht nachvollziehbar.

Die Auswertung von Videos, Facebook- und Twitter-Einträgen sowie weiterer Verschriftlichungen von Mitgliedern der Identitären Bewegung hinterlässt vor allem einen Eindruck: Diese Gruppierung weist eine starke Heterogenität in den Ansichten ihrer Aktivisten auf. Dazu gehören in der Tat ehemalige Rechtsextreme, die zu Identitären geworden sind und bei denen nicht durchweg nachweisbar ist, in welchem Umfang und wie viele von ihnen sich von ihrem alten Umfeld tatsächlich vollständig getrennt haben. Zu einem großen Teil scheint die Bewegung jedoch aus Personen zu bestehen, die mit der Multikulturalisierung der Gesellschaft unzufrieden sind, was sie aber nicht zwangsläufig zu Verfassungsfeinden macht. Im Bereich der weiblichen Mitglieder ist davon auszugehen, dass viele von ihnen durch die Folgen der Flüchtlings- und Migrationskrise von 2015 zur Mitarbeit motiviert worden sind. Sie betrachten junge Männer aus muslimisch geprägten Ländern, die heute in Mitteleuropa leben und oft einem archaischen Frauenbild folgen, als Bedrohung.[356]

Eine offene Frage bleibt natürlich, wie sich die Identitäre Bewegung mittelfristig entwickelt. Martin Sellner spricht diesen Punkt ganz offen an: »Ich verstehe völlig, dass eine Institution wie der Verfassungsschutz auch eine demokratische Bewegung wie die IB [Identitäre Bewegung, M. W.] im Auge behalten muss, da außerparlamentarische Bewegungen einer hohen Dynamik unterworfen sind«[357]. Seinen Ausführungen lässt sich entnehmen, dass er es zumindest theoretisch für möglich hält, dass sich die Ausrichtung der Identitären ins Radikale ändern könnte, sollte eines Tages eine neue Führungsmannschaft das Ruder übernehmen. Ganz offensichtlich versucht er kontinuierlich, dem durch Fortbildungsmaßnahmen und dem Aufbau von Filterstrukturen entgegenzuwirken. In einem internen Schulungspapier sagt er Sympathisanten des Nationalsozialismus geradezu den Kampf an: »Keine Krise der Welt könnte es den Leuten so dreckig gehen lassen, dass sie bereit wären, sich von Nazis ›retten‹ zu lassen. [...] Der NS hat in der IB keinerlei Platz! [...] Jeder, der derartiges [Sympathien mit der NS-Zeit, M. W.] bei einem Aktivist sieht, hat es sofort zu melden. Er muss bekämpft werden wie der politische Gegner, der [er] ist.«[358]

Ein Weg in die Radikalisierung ist von Sellner angedeutet worden: »[...] staatliche sowie mediale Formen der Einflussnahme [führen] bei Beobachtern und anderen Personen im rechten Umfeld durchaus zu einer Radikalisierung und zu der Behauptung, dass ein friedlicher, metapolitischer und demokratischer Weg, wie ihn die IB einschlagen möchte, nicht gangbar sei.«[359] Mit weitgehenden Folgen: Der Druck aus Politik und Medien könnte dazu beitragen, dass nur noch die Hartgesottenen bei den Identitären bleiben, was ihr Erscheinungsbild ändern würde (und in einigen Untergliederungen vermutlich schon geändert hat). Eignet sich der verbliebene Kern eine Wagenburgmentalität an, wäre eine Radikalisierung des Gedankenguts nicht unüblich. Was hätten diese Aktivisten noch zu verlieren? Dem Verfassungsschutz müsste dann allerdings auch vorgehalten werden, indirekt zu dieser Entwicklung beigetragen zu haben.

Zusammenfassend kann festgehalten werden, dass bei einer breiten Würdigung von Aussagen der Identitären Bewegung nicht nachvollziehbar ist, warum der Verfassungsschutz keinerlei Zweifel an der Einstufung der Gruppierung als »rechtsextremistisch« hat. Fraglich ist vor allem, wie jene Aussagen gewichtet werden, die im Gegensatz zu den Behauptungen des BfV stehen. Soweit dem Verfassungsschutz belastende Materialien vorliegen, wäre es sinnvoll, diese zur Beweisführung und zur Stärkung der Glaubwürdigkeit des Verfassungsschutzberichtes zu veröffentlichen: Wer hat was gesagt? Spricht er für die Führungsebene der Identitären Bewegung oder ist er lediglich ein Mitläufer? Darauf aufbauend könnten zwei weitere Fragen beantwortet werden: Dient die publizierte Programmatik der IBD nur Tarnzwecken? Ist sie folglich eine rechtsextreme Organisation, die ihre wahren Absichten durch wohlfeile Formulierungen verschleiert? Der Verfasser kann beide Fragen weder bejahen noch verneinen. Es ist am Verfassungsschutz, für Klarheit zu sorgen. Im öffentlichen Raum mehrheitlich mit Unterstellungen und Vermutungen zu arbeiten, reicht nicht aus.

»Extremismus der Mitte«

Die Darlegungen im Verfassungsschutzbericht orientieren sich weitgehend an jenem Extremismusverständnis, das in der Wissenschaft zur Anwendung kommt. Zugleich nutzen die forschenden Doktoren und Professoren für ihren Blick auf den Gegenstand die Analysen des BfV als Blaupause. Dabei ist ein Denkmuster entstanden, das einen toten Winkel aufweist: Ausgeblendet wird, ob es nicht auch in der breiten politischen Mitte extremistische Strömungen geben kann. Warum sollen nur Anhänger der äußersten Linken und Rechten das Potenzial zum Verfassungsfeind haben (inklusive der Unterstützer des Ausländerextremismus und des Islamismus)?

Dieser Vorwurf kann schnell gekontert werden. Es gibt eine umfassende Forschung zum »Extremismus der Mitte«. Der Terminus ist inhaltlich eindeutig besetzt. Wer zu diesem Thema arbeitet, möchte herausfinden, in welchem Umfang rechtsextremistische Ansichten von Personen geteilt werden, die Parteien aus der breiten Mitte wählen. Etwas weiter gedacht, bedeutet dies: Wie weit reicht der »rechte Rand« in die Mitte des Parteienspektrums hinein? Den Analysen liegt die These zugrunde, dass weitaus mehr Menschen rechtsextremistischen Gedanken anhängen, als dies an den üblichen Wahlergebnissen ablesbar ist. Zum deutschen Diskurs gehört dabei nicht die Frage, ob auch linksextremistisches Gedankengut in der Mitte der Gesellschaft zu finden ist.

Die Debatte geht auf Seymour Martin Lipset zurück, der Ende der 1950er-Jahre in einem viel zitierten Beitrag behauptet hatte, dass der Faschismus seinen Aufstieg vor allem der Unterstützung durch die Mittelschicht verdanke. Als ein wichtiger Beleg wird angeführt, dass sich die NSDAP bei zentralen Urnengängen in der Weimarer Republik in erheblichem Umfang auf jene Wähler stützen konnte, die zuvor die Parteien der Mitte gewählt hatten.[360] In Deutschland erhielt der Blickwinkel des »Extremismus der Mitte« zunächst Zustimmung.[361] Diese ging im Laufe der Jahre wieder zurück, was u. a. Folge der Untersuchungen von Jürgen Falter war. Er legte 1991 eine Schrift vor, der zu entnehmen ist, dass die konfessionelle Zugehörigkeit die Wahlentscheidung für oder gegen Hitler maßgeblich beeinflusst hatte. Die NSDAP habe dabei weitaus leichter Protestanten als Katholiken anziehen können.[362] Falter gelangte zu dem Ergebnis, dass die Wählerschaft der Nationalsozialisten recht heterogen gewesen sei.[363] Ein weiterer Einwand zur Lipset-These ließ sich nur schwer ausräumen: In den 1930er-Jahren gab es in vielen europäischen Staaten eine starke Mittelschicht, ohne dass dies dazu geführt hatte, für ein faschistisches Regierungssystem zu votieren. Wie erklärungskräftig sind damit Überlegungen zum Extremismus der Mitte?[364]

In der jüngeren Vergangenheit wurde versucht, durch diverse Studien zu belegen, dass sich in der Mitte der deutschen Gesellschaft ein zunehmend nationalistisches und fremdenfeindliches Denken etabliert hat. Viele Bürgerliche würden klammheimlich Freude zeigen, wenn Rechtsextremisten wie 1992 in Rostock-Lichtenhagen gegenüber Ausländern Gewalttaten verüben. Diese Wahrnehmung der Mitte erhielt neue Nahrung, als Thilo Sarrazin 2010 sein Buch »Deutschland schafft sich ab. Wie wir unser Land aufs Spiel setzen«[365] veröffentlichte. Bis Ende 2011 konnte er 1,3 Millionen Exemplare absetzen.[366] Sarrazin selbst kommt aus der linken Mitte der Gesellschaft, wird dort aber seit diesem Buch von vielen als Rechtsradikaler angesehen. Bei einem derart großen Verkaufserfolg ist davon auszugehen, dass zu ihm auch reihenweise Anhänger der CDU, der CSU, der SPD sowie der FDP beigetragen haben. Um in der Logik des Ansatzes zu bleiben: Wer die Schrift eines mutmaßlich rechtsradikale Thesen vertretenden Autors erwirbt, könnte dies aus Sympathie tun – und wäre damit ein »Extremist der Mitte«.[367]

Zu einer gewissen Prominenz haben es in diesem Zusammenhang die Mitte-Studien der Friedrich-Ebert-Stiftung gebracht. Sie werden seit 2006 alle zwei Jahre mit unterschiedlichen Schwerpunktthemen herausgegeben. Die Ergebnisse sind insofern wertvoll, als sehr schön erkennbar wird, dass sich die meisten Deutschen der politischen Mitte zugehörig fühlen, viele bei näherem Nachfragen aber Antworten geben, die eher dem linken oder dem rechten Lager zuzurechnen sind. Gleichzeitig weisen diese Analysen erhebliche methodische Defizite auf, etwa bei der Operationalisierung des Begriffs »Mitte« oder der Festlegung von Skalenlängen, über die sich die Umfrageergebnisse beliebig interpretieren lassen.[368] Problematisch ist zudem die hohe Politisierung der Analysten, die ein multikulturelles Weltbild zum Maßstab von Demokratietauglichkeit machen und auf dieser Basis Messungen vornehmen, die dann naturgemäß starke Formen von Rechtsextremismus in der politischen Mitte Deutschlands als Grundtenor sämtlicher Mitte-Studien feststellen.

Die Messproblematik sei am Beispiel der Mitte-Studie 2016 erläutert. Im Zentrum der Untersuchung steht die »Gruppenbezogene Menschenfeindlichkeit«. Um herauszufinden, in welchem Umfang diese in der Mitte der deutschen Gesellschaft anzufinden ist, werden verschiedene Messkriterien herangezogen. Zu ihnen gehören die folgenden Punkte:

- »Fremden- und Ausländerfeindlichkeit« soll bereits vorliegen, wenn Menschen mit Migrationshintergrund als Ausländer bezeichnet werden.[369] Demnach ist ein Türke, der einen am Bosporus lebenden Deutschen als Ausländer bezeichnet, ein Rassist – wie der Deutsche, der einen Türken in Deutschland als Ausländer einordnet. Wie aber sollen Migranten mit einem deutschen Pass bezeichnet werden, wenn sie sich zuvörderst mit ihrem Heimatland identifizieren? Einer Umfrage von 2017 unter den in Deutschland lebenden Türken ist zu entnehmen, dass sich 61,1 Prozent der Befragten sehr stark der Türkei – also dem Ausland – zugehörig fühlen, nur 37,5 Prozent Deutschland.[370]

- Zur »Muslimfeindlichkeit« wird der »Verweis auf fehlende Gleichberechtigung zwischen den Geschlechtern«[371] gezählt, wenn dieser »undifferenziert der Religion insgesamt zugeschrieben«[372] wird. Wie jedoch sehen die Analysten der Friedrich-Ebert-Stiftung dann Sure 4 Vers 34 des Koran? Geschrieben steht: »Die Männer sind den Weibern überlegen wegen dessen, was Allah den einen vor den anderen gegeben hat, und weil sie von ihrem Geld (für die Weiber) auslegen. Die rechtschaffenen Frauen sind gehorsam und sorgsam in der Abwesenheit (ihrer Gatten), wie Allah für sie sorgte. Diejenigen aber, für deren Widerspenstigkeit ihr fürchtet – warnet sie, verbannet sie in die Schlafgemächer und schlagt sie. Und so sie euch gehorchen, so suchet keinen Weg wider sie; siehe, Allah ist hoch und groß.«[373] Beschreibt dies nicht sehr eindeutig das Über-/Unterordnungsverhältnis zwischen Mann und Frau?[374]

- Eine »Abwertung von Sinti und Roma« liege vor, wenn Angehörigen dieser Gruppe der »Missbrauch des Sozialstaates«[375] vorgehalten werde. Sören Link, für die SPD Oberbürgermeister in Duisburg, wäre demnach Vertreter des Antiziganismus und damit ein Rassist. Er hatte im Sommer 2018 erklärt, dass viele Sinti und Roma nur nach Duisburg kommen würden, um Kindergeld zu beantragen. Einer seiner Amtskollegen äußerte sich ähnlich. Der Fürther Oberbürgermeister Thomas Jung von der SPD sagte ganz offen: »Wir haben das Gefühl, dass viele dieser Menschen nicht da sind, weil sie hier arbeiten und leben wollen, sondern dass es mehr um Kindergeld und Hartz IV geht.«[376] Verbreitet Jung damit rassistische Vorurteile oder gibt er Ergebnisse einer statistischen Erhebung wieder?

- Die »Abwertung von asylsuchenden und geflüchteten Menschen« wird konstatiert, wenn diesen Personen unterstellt wird, sie würden »Notlagen nur vortäuschen und zum Beispiel das Sozialsystem ausnutzen«[377]. 2020 lag die Gesamtschutzquote bei 43,1 Prozent. Dies heißt, dass gemäß dem Bundesamt für Migration und Flüchtlinge 56,9 Prozent der Antragsteller vermutlich primär aus wirtschaftlichen Gründen nach Deutschland gekommen sind.[378] Aus der Sicht der Mitte-Studie dürfte bereits die Wiedergabe solcher Zahlen verdächtig sein.

Viele Reizwörter werden sehr einseitig besetzt. Mit dem Terminus »Überfremdung«[379] verbinden die Autoren automatisch eine rassistische Einstellung, sie sprechen sogar von »Überfremdungsideologien«[380]. Dass Menschen aufgrund ihrer Identität gerne in einem Umfeld leben, zu dem möglichst viele Menschen aus dem eigenen Kulturkreis gehören, ist demnach ein Anzeichen für Fremdenfeindlichkeit. Dies würde dann auch für jene Ausländer in Deutschland gelten, die ebenso wie viele Deutsche gerne unter ihresgleichen leben und sich dazu in Stadtvierteln oder auch nur in einzelnen Straßen ansiedeln.

Die Autoren der Mitte-Studien folgen somit viel zu sehr einem dominant multikulturell geprägten Weltbild und in Teilen auch kruden, pauschalisierenden Vorstellungen von einer »rechten Gefahr«. Aus dieser Sicht werden sie immer umfassende Formen des Rechtsextremismus in der Mitte der Gesellschaft entdecken, ganz gleich, wie sie sich entwickelt. In der Version von 2012 wird dies so formuliert: Es sei zu einseitig anzunehmen, dass die Demokratie nur von den Rändern der Gesellschaft bedroht werde. »Die ›Mitte-Studien‹ aber weisen regelmäßig darauf hin, dass dies ein Trugschluss ist: Gefahr droht aus der ›Mitte‹ selbst, in der rechtsextreme Einstellung, autoritäre Phantasien und mangelndes demokratisches Bewusstsein weit verbreitet sind.«[381]

Die wissenschaftliche Aussagekraft der Mitte-Studien muss insgesamt als begrenzt eingeordnet werden. Dies stellte auch der Politikwissenschaftler Klaus Schroeder fest, als er die Fassung von 2006 begutachtete: »Viele Fragen sind missverständlich oder zu pauschal formuliert und können von den Befragten falsch verstanden oder nur unzulänglich beantwortet werden. Außerdem werden in dieser wie in anderen einschlägigen Untersuchungen auch Antworten erwartet, die an der Lebenswirklichkeit vorbeigehen oder vor allem das Selbstbild der Fragesteller reproduzieren. […] Wes Geistes Kind die Autoren in Wirklichkeit sind, demonstrieren sie mit ihrer Forderung nach einer weitgehenden Veränderung der Gesellschaft, deren momentane Verfasstheit sie für die zentrale Ursache für Rechtsextremismus halten.«[382] Selbst Sigmar Gabriel, einst Parteivorsitzender der SPD und Außenminister, kritisierte die Mitte-Studie von 2018/2019 scharf: »Es ist unfassbar dumm, wenn man jemanden in die Nähe von Ausländerfeinden rückt, nur weil er meint, dass Recht und Ordnung auch im Asylrecht gelten müssen und zu viele abgelehnte Asylbewerber im Land bleiben. Mit Wissenschaft hat das jedenfalls nichts zu tun.«[383]

Liberaler und administrativer Extremismus

Es soll nun eine abweichende Definition extremistischen Verhaltens in der Mitte der Gesellschaft vorgenommen werden, die den toten Winkel des Verfassungsschutzberichtes füllt. Eine genaue Bezeichnung ist nicht einfach, da der naheliegende Terminus bereits Teil des Diskurses ist (»Extremismus der Mitte«). Dennoch bietet sich eine Begrifflichkeit an, die bestens ausdrückt, worum es geht: »liberaler Extremismus«. Dem liegt die Annahme zugrunde, dass nicht nur linke und rechte Politikansätze, sondern auch jene der Mitte ins Extreme überdehnt werden können. Ein Überstrapazieren liberaler Ideen kann sich zu einer Gefahr entwickeln, wenn der Gedanke der Freiheit einer politischen Ordnung so weit interpretiert wird, dass er zu sehr auf Kosten der Sicherheit des Staates geht.

Während Links- und Rechtsextremisten die Demokratie ablehnen, untergraben liberale Extremisten – meistens unwillentlich – die Funktionsvoraussetzungen einer demokratischen Ordnung. Nun ist natürlich nicht jede politische Positionierung, die sich in besonderem Maße dem Liberalismus verpflichtet fühlt, extremistisch. Ganz im Gegenteil: Ohne eine liberale Haltung ließen sich die Früchte des Grundgesetzes gar nicht ernten. Sind Politiker jedoch im vollen Bewusstsein für die absehbaren Konsequenzen ihrer Vorschläge oder Handlungen bereit, sich an einer überzogenen Form des Liberalismus zu orientieren, die an den Funktionsvoraussetzungen des Staates rüttelt, dann muss dies als extremistisch eingeordnet werden.

Auch jenseits von Regierungsvertretern gibt es Akteure, die im Sinne des liberalen Extremismus Politik machen. Sie können dazu beitragen, jene Handlungsinstrumente des Staates zu beschädigen, die benötigt werden, um die Freiheit nach innen und nach außen zu verteidigen. Insofern müssen Nichtregierungsorganisationen, die für eine Masseneinwanderung ad infinitum plädieren, als politisch extremistisch und in der Konsequenz ihres Handelns als verfassungsfeindlich eingeordnet werden. Dies gilt auch für radikale Pazifisten, die sich für eine Abschaffung der Bundeswehr einsetzen.

Übertragen auf konkretes Regierungshandeln sollte der derzeit geltende Blick auf den Inhalt von »Verfassungsfeindlichkeit« daher nachjustiert werden. Das bedeutet zunächst anzuerkennen, dass Mitglieder von deutschen

Regierungen verfassungsfeindliche Positionen vertreten und verfassungsfeindliche Handlungen begehen können. Diese Sichtweise dürfte von den betroffenen Personen natürlich brüsk zurückgewiesen werden, weil sie sich als diejenigen begreifen, die das Grundgesetz schützen. Und genau hier liegt das Problem: Es wird nicht einmal für möglich gehalten, dass es Regierungsmitglieder mit einer verfassungsfeindlichen Positionierung geben könnte. Deshalb gehört das, was die Exekutive unternimmt, auch nicht zum Beobachtungsspektrum des Verfassungsschutzes.[384] Hier zeigt sich in besonderem Maße, warum das BfV in der Vergangenheit immer wieder Instrument der Politik war.

Wann kann nun der Bundesregierung eine Positionierung im Sinne des liberalen Extremismus zugeschrieben werden? Dies ist der Fall, wenn ihre Politik dazu beiträgt, den Bestand des Staates zu gefährden. Sollte dieser Zerfallserscheinungen zeigen, wird er nicht mehr in der Lage sein, die Inhalte des Grundgesetzes zu schützen. Als verfassungsfeindlich und damit extremistisch können folglich jene Handlungen bezeichnet werden, die zu einer Beschädigung der Staatsfundamente führen und die damit die organisatorischen Voraussetzungen der freiheitlichen demokratischen Grundordnung zersetzen.[385]

Würde ein solcher Extremismus-Begriff zur erweiterten Grundlage der Analysen des Verfassungsschutzes werden, könnte die Behörde daraus in der Praxis allerdings lediglich die Aufgabe ableiten, auf entsprechende Fehlentwicklungen intern hinzuweisen. Sie müsste zudem die Kompetenz haben, ihre Untersuchungen unter bestimmten Bedingungen öffentlich zu machen, um die Vertreter der Exekutive unter Druck zu setzen. Weitergehende Konsequenzen werden sich für die meisten Politiker nicht ergeben. Denn dies ist das Problem der Kategorie des liberalen Extremismus: Sollten Regierungsmitglieder bei zu treffenden Entscheidungen zu sehr in Sorge sein, anschließend als Verfassungsfeind gebrandmarkt zu werden oder sich gar strafbar zu machen, wird das Land unregierbar.

Angela Merkel kann eine Haltung des liberalen Extremismus dort zugeschrieben werden, wo sie mit ihrer Politik zu einer chronischen Überforderung des Staates beigetragen hat. Offene Grenzen und die von der Bundesregierung zunächst offensiv propagierte »Willkommenskultur« haben zu einer Masseneinwanderung ungekannten Ausmaßes geführt. Es war darüber hinaus absehbar, dass ohne Kontrollen auch Schwerverbrecher und Terroristen einreisen werden. Aufgrund des hohen Anteils an Muslimen unter den Zugewanderten ist zudem der Anteil jener Menschen in Deutschland größer geworden, der Juden hasst und das Existenzrecht Israels in Frage stellt.

Diese Behauptung folgt der Logik der Statistik. Umfragen haben ganz unterschiedliche globale Ausbreitungsformen des Antisemitismus ermittelt. In Westeuropa sind bei 24 Prozent der Menschen entsprechende Weltbilder festgestellt worden, im Mittleren Osten und Nordafrika sind es dagegen 74 Prozent.[386] Das BfV ist seinerzeit davon ausgegangen, dass etwa 70 Prozent der zugezogenen Flüchtlinge und Migranten Muslime sind.[387] Ergo wird – rein statistisch betrachtet – der Anteil der Antisemiten in Deutschland seit 2015 signifikant zugenommen haben. Der Historiker Michael Wolffsohn hat der Bundesregierung vorgeworfen, diese Quelle des Judenhasses aus Integrationsgründen nicht klar benennen zu wollen.[388]

Antisemitische Äußerungen sind in Deutschland seit vielen Jahren aus dem Milieu der muslimischen Migranten zu vernehmen. Erneut sichtbar wurde diese Geisteshaltung im Zuge der Eskalation des Nahostkonflikts im Mai 2021. Ganz in der Logik der Freund-Feind-Unterscheidung Carl Schmitts sah sich Israel zwei Fronten ausgesetzt, die identitär miteinander verbunden waren. Aus dem Gaza-Streifen wurde das Land massiv von der palästinensischen Hamas mit Raketen beschossen. Im Innern wiederum entluden sich aufgestaute Spannungen in gewalttätigen Auseinandersetzungen zwischen Juden und Arabern; die religiösen Subidentitäten dominierten die persönliche Positionierung – trotz oftmals gemeinsamer Staatsbürgerschaft. Viele Muslime in Deutschland solidarisierten sich mit ihren Glaubensbrüdern im Nahen Osten. Dabei kam es in zahlreichen Städten der Bundesrepublik nicht nur zu von Hass erfüllten Demonstrationen gegen Israel. Es waren auch Parolen mit antisemitischem Inhalt (»Scheiß-Juden!«) auf deutschen Straßen zu hören.[389] Die Empörung jener Politiker, die zur Entstehung dieser Zustände durch die Unterstützung einer unkontrollierten Zuwanderung beigetragen hatten, war deshalb nicht durchweg glaubwürdig.[390]

Der Anstieg der Kriminalität unter Zuwanderern lässt sich wiederum den seit 2015 erstmals veröffentlichten Lagebildern des Bundeskriminalamts zum Thema »Kriminalität im Kontext von Zuwanderung« entnehmen. Daraus folgt: Wer in politischer Verantwortung Menschen ohne Kontrolle massenhaft einreisen lässt, handelt insofern in extremistischer Weise, als er den Gedanken der Freiheit zu sehr über jenen der Sicherheit stellt.

Hinzu kommt eine sehr spezielle Form radikalen Verhaltens, die »administrativer Extremismus« genannt werden kann. Er liegt vor, wenn in der Bundes- oder Landesregierung bzw. ihrer Beamtenschaft Menschen mit einer nachgewiesenen und sehr ausgeprägten verfassungsfeindlichen Haltung ein Amt bekleiden oder eine Anstellung finden. Der administrative Extremismus ist auch dort zu beobachten, wo das Führungspersonal von Ministerien oder Behörden gezielt Verstöße gegen die freiheitliche demokratische Grundordnung vornimmt, weil es kurz- und mittelfristig keine Veto-Spieler fürchten muss. Viele Beamte trauen sich nicht, gegen erlittenes Unrecht vorzugehen. Wagen sie es dennoch, sich juristisch zu wehren, können bis zu einer Klärung des Vorgangs Monate oder gar Jahre vergehen. Hinzu kommen die üblichen bürokratischen Seilschaften und oft auch Sicherheitsbestimmungen, die einer schnellen Aufklärung eines möglichen Grundrechtsverstoßes entgegenwirken. Dies alles wissen Vertreter der Führungsebene, weshalb sie hin und wieder bereit sind, das Recht nicht nur zu dehnen, sondern es zu brechen.[391]

In der rot-grünen Bundesregierung unter Gerhard Schröder ist es zu Handlungen gekommen, die den Kriterien des administrativen Extremismus gerecht werden. Dies fängt bereits bei der Wahl des Außenministers an. Joseph »Joschka« Fischer war zur damaligen Zeit zweifellos das politische Schwergewicht der Grünen. Er verfügte über eine brillante Rhetorik und die Gabe, große Teile der Medien für sich einzunehmen. Seine Vergangenheit in der linksextremen Szene wurde durchaus diskutiert, ja sogar zu Titelgeschichten gemacht. Geschadet hat es ihm nie.

Zum verbreiteten Bild Fischers gehört, dass er zu den großen Intellektuellen Deutschlands zählt. Ein Blick in seinen Lebenslauf zeigt dagegen, dass er die 10. Klasse frühzeitig abgebrochen und auch später das Abitur nicht nachgemacht hat. Von 1968 bis 1975 hat er in Frankfurt am Main Vorlesungen von Theodor W. Adorno und Jürgen Habermas besucht, aber entgegen der heute allgemein gültigen öffentlichen Wahrnehmung nicht studiert. Fischer besitzt keinen Universitätsabschluss, was ohne Abitur von vornherein wohl kaum möglich war. Bis Mitte 30 hielt er sich mit Gelegenheitsjobs über Wasser. Finanziell gerettet hat ihn die Gründung der Grünen, für die er bereits 1983 in den Deutschen Bundestag einziehen konnte. Spätere Ehrendoktorwürden und Gastprofessuren verdankt er seinem Nimbus und der Tatsache, dass solche Auszeichnungen keine universitäre Qualifikation voraussetzen.[392]

In seiner weitgehend arbeitslosen Zeit von 1965 bis 1983 hat Joseph Fischer, der sich selbst als »Berufsrevolutionär« verstand, versucht, die bundesrepublikanischen Verhältnisse Richtung Sozialismus umzugestalten. Der Hamburger Politikwissenschaftler Wolfgang Kraushaar sieht in ihm »eine der zentralen Figuren des linksradikalen Milieus in den siebziger Jahren«[393]. Er war in jener Zeit Führer einer mehrere Dutzend Mann starken Gruppe, die in den Taunuswäldern den Straßenkampf gegen die Polizei trainierte und ihn dann praktisch umsetzte.[394]

Fischer selbst wurde 1973 dabei fotografiert, wie er auf einen hilflosen Schutzmann einschlägt.[395] Immer wieder gehörte er zu jenen, die in Straßenschlachten Polizisten verletzten. Seine straff organisierte »Putzgruppe« – militanter Arm der Gruppierung Revolutionärer Kampf (RK) – setzte auch Wurfgeschosse ein, die Beamte hätten töten können. Vereinzelt sollen die Gewalttäter Polizisten Waffen abgenommen haben, um diese, wie es in einer RK-Mitteilung hieß, »außer Landes zu einer Befreiungsorganisation«[396] zu bringen; vielleicht gelangten die Pistolen aber auch in den Besitz der terroristischen Revolutionären Zellen oder in die Hand des Top-Terroristen Carlos.[397] Fischer räumte später ein, Steine auf Polizisten geworfen zu haben, nicht aber Molotow-Cocktails.[398] Nachgewiesen ist, dass er an Demonstrationen und Schlägereien beteiligt war, bei denen Brandsätze zum Einsatz kamen. Bei einer solchen Straßenschlacht erlitt der Polizist Jürgen Weber am 10. Mai 1976 lebensgefährliche Brandverletzungen. Das Foto Fischers erschien nach der Tat in der Presse; er galt als Verdächtiger, konnte aber nicht überführt werden.[399]

Wolfgang Kraushaar war im August 1998 von der *Tageszeitung* (taz) gebeten worden, einen Beitrag zur Führungsfigur der Grünen zu verfassen. In seinem Buch »Fischer in Frankfurt« steht er der Vita des damaligen Außenministers sehr wohlwollend gegenüber. Kraushaar ging nun in dem angeforderten Artikel auch auf den beinahe getöteten Jürgen Weber ein: »[…] Fischer und die ›Putzgruppe‹, Cohn-Bendit und die Sponti-Szene [tragen] eine Mitverantwortung dafür, daß im Mai 1976 Brandsätze geflogen sind und einen Polizisten, der erst in letzter Sekunde aus seinem brennenden Fahrzeug gerettet werden konnte, lebensgefährlich verletzt haben. Es war alles andere als Zufall, sondern lag durchaus in der Logik der damaligen Auseinandersetzungen, daß so etwas geschehen konnte.«[400] Nachdem Kraushaar seinen Text eingereicht hatte, verzichtete die *taz* darauf, ihn abzudrucken.

Zu den engen Freunden und Mitstreitern Fischers beim »Bullenklatschen« gehörte Hans-Joachim Klein. Er ging den Weg in den Terrorismus, beteiligte sich am Überfall auf die Konferenz der Organization of the Petroleum Exporting Countries in Wien 1975 und saß später mehrere Jahre wegen Mordes im Gefängnis.[401]

Was auch immer an den konkreten Gewaltvorwürfen Dichtung und Wahrheit ist, Fischer selbst hat 1998 in einem Interview bekannt: »Im übrigen habe ich nie bestritten, daß ich fast zehn Jahre lang auch unter Einsatz von Gewalt die verfassungsmäßige Ordnung der Bundesrepublik umstürzen wollte. Wir haben uns nicht an die Regeln des Strafgesetzbuchs gehalten.«[402] Nur kurze Zeit nach diesem Bekenntnis wurde er Außenminister der Bundesrepublik Deutschland.

Der Aufstieg des über mehr als ein Jahrzehnt bekennenden Verfassungsfeindes Joseph Fischer in die Führung des Staates ist geradezu unglaublich, wird aber durch ein noch deutlich extremeres Beispiel übertroffen. Dabei geht es um Hans-Gerhart »Joscha« Schmierer, der heute bei der Heinrich-Böll-Stiftung als »freier Publizist« tätig ist; sie steht politisch den Grünen nahe. Dem Lebenslauf ist zu entnehmen, dass er von 1999 bis 2007 Mitarbeiter im Planungsstab des Auswärtigen Amts war. Personen dieses Gremiums werden eigentlich mit Bedacht ausgewählt, weil sie an der inhaltlichen Ausrichtung des Außenministeriums arbeiten. Schmierer wurde von Joseph Fischer auf diesen Posten gesetzt. Auch der heutige Bundespräsident Frank-Walter Steinmeier, der 2005 die Leitung des Auswärtigen Amts übernahm, hielt an ihm fest. Auf der Internetseite der Heinrich-Böll-Stiftung liest sich der Lebenslauf Schmierers unspektakulär. Dies hat einen Grund: Er wurde in politischer Hinsicht massiv bereinigt. Zu seiner Vergangenheit findet sich die folgende Aussage: »Seit 1967: politisch und publizistisch tätig«[403].

Schmierer ist jedoch nicht irgendwer, sondern eine der wirkmächtigsten Personen der linksextremen Szene Deutschlands. 1968 war er Mitglied im Bundesvorstand des Sozialistischen Deutschen Studentenbundes. Von der Gründung des Kommunistischen Bundes Westdeutschland 1973 bis vermutlich 1983 war er Sekretär des Zentralen Komitees und damit Vorsitzender.[404] Schmierer muss als Überzeugungstäter eingeordnet werden, wofür vor allem sein langes Engagement in dieser Gruppierung spricht. Er ist Jahrgang 1942 und war damit auch nach Überschreiten des 40. Lebensjahres der Anführer von mehreren Tausend maoistisch orientierten Kommunisten. Eine lässliche Jugendsünde – also politische Irrwege im Alter von 15 bis 20, vielleicht sogar 25 Jahren – war die Entscheidung für den gewählten Lebensweg also nicht. Schmierer war über einen sehr langen Zeitraum in der Szene aktiv, was gegen eine spontane Verwirrung spricht.

Um zu verdeutlichen, wie weit links er stand und vielleicht noch steht, sei aus dem Programm und Statut des KBW in der Fassung vom Januar 1975 zitiert.[405] Für seine Anhänger waren nicht nur die Mitglieder der 1968 gegründeten DKP Verräter, weil sie es zur »Aussöhnung mit der Bourgeoisie«[406] hatten kommen lassen. Auch der Staat des Erich Honecker galt ihnen als nicht sozialistisch genug. Er wurde als »revisionistische Entartung«[407] gesehen, als Gebilde, in dem sich »die bürgerlichen Machthaber in Partei und Staat als Kommunisten ausgeben und damit dem Ansehen des Kommunismus schaden.«[408] Der KBW verstand sich als »Abteilung der Weltarmee des Proletariats«[409]. Ziel war die »Errichtung der kommunistischen Gesellschaft«[410], was für das damals herrschende politische System der Bundesrepublik Deutschland bedeutete, dass es beseitigt werden musste: »Unerläßliche Vorbedingung dieser sozialen Revolution ist die Zerschlagung des bürgerlichen Staatsapparates und die Errichtung der proletarischen Diktatur«[411]. Dies sollte mit dem Einsatz von Gewalt geschehen: »Solange die Bourgeoisie über bewaffnete Formationen zur Verteidigung des kapitalistischen Eigentums verfügt, wird das Proletariat die politische Macht mit Waffengewalt erkämpfen müssen.«[412]

Die besondere Ausprägung einer extremistischen Positionierung in der Gedankenwelt des Kommunismus zeigte sich bei Hans-Gerhart Schmierer im Umgang mit einem der größten Massenmörder der Geschichte. 1975 hatte Pol Pot in Kambodscha die Macht ergriffen. Etwa 1,5 Millionen Menschen – geschätzte 20 Prozent der Gesamtbevölkerung des Landes – sind der Politik des Genozids zum Opfer gefallen.[413] Erst durch die Intervention Vietnams Ende 1978 wurde der Schreckensherrschaft ein Ende gesetzt. Schmierer machte nun ausgerechnet Pol Pot mit einer KBW-Delegation 1978 seine Aufwartung und soll sich von dessen Errungenschaften sehr angetan gezeigt haben. Noch im April 1980 – nach dem Sturz des Diktators – soll er dem »Genossen« ein Telegramm geschickt haben. Schmierer versicherte dem gestürzten Machthaber »anlässlich des fünften Jahrestages des Sieges des kampucheanischen Volkes in seinem Kampf gegen den US-Imperialismus unsere feste Solidarität mit dem Kampf gegen die sowjetisch-vietnamesische Aggression«[414]. Berichte der deutschen Presse – darunter die Spiegel-Schlagzeile »Holocaust in Kambodscha« – hatten ihn offensichtlich nicht beeindruckt.[415]

Zum Lebenslauf Schmierers gehört zudem eine Verurteilung wegen Landfriedensbruchs, die ihn 1975 für mehrere Monate ins Gefängnis führte. Als er bereits im Planungsstab des Auswärtigen Amts tätig war, veröffentlichte er einen Namensbeitrag zur eigenen Vergangenheit. Dieser hat einen klar rechtfertigenden Charakter. Eine Distanzierung zu seinem radikalen Gedankengut ist nicht erkennbar.[416]

Joseph Fischer und Hans-Gerhart Schmierer hätten angesichts ihrer extremistischen, offensiv gegen das Grundgesetz gerichteten Handlungen in der Vergangenheit niemals in Spitzenämter des Auswärtigen Amts gelangen dürfen. Ihr Weg wurde auch deshalb möglich, weil der Verfassungsschutz nicht befugt war, die Öffentlichkeit zu sensibilisieren, um in beiden Personalfragen gegenüber der rot-grünen Bundesregierung Druck aufzubauen. Die Durchsetzung Fischers und Schmierers im Auswärtigen Amt kann somit als Musterbeispiel des administrativen Extremismus eingeordnet werden.

4. Folgen für den Diskurs zur nationalen Identität

Das Extremismus-Verständnis des Bundesamts für Verfassungsschutz ist somit nicht nur einseitig ausgerichtet. Der Umgang mit den Themen Volk, Nation und Identität weist ebenfalls eine gewisse analytische Neigung auf. Die Reden und Äußerungen von Thomas Haldenwang sind in der Summe natürlich sachlich gehalten, und es ist nachweisbar, dass Rechtsextremisten die genannten Themen in einem verfassungsfeindlichen Kontext nutzen. Das heißt aber nicht – und genau dieser Eindruck wird erweckt –, dass sie zu einem exklusiven Kanon rechtsextremistischen Denkens gehören. Demokraten und Extremisten können sich in ganz unterschiedlicher Form mit demselben Thema befassen. Bei Fragen der Umwelt und des Klimas ist dies unstrittig. Eine Seite sieht größte Verwerfungen, die andere hält die aufgezeigten Sorgen für übertrieben und weist sie mit verschwörungstheoretischen Argumenten zurück. Es käme aber niemand auf die Idee, Umwelt- und Klimaschutz für ein typisch und ausschließlich linkes Thema zu halten. Dies ist bei Fragen der nationalen Identität seit vielen Jahren anders, es gilt als rechtsextremistisch kontaminiertes Terrain. Ein Bekenntnis zur deutschen Nation, zum deutschen Volk oder zum Vaterland kann aber auch aus einer rein identitären, völlig verfassungskonformen Sicht erfolgen. Warum soll das, woran in dieser Frage Politiker wie Konrad Adenauer, Kurt Schumacher, Willy Brandt, Helmut Schmidt oder Helmut Kohl geglaubt haben, plötzlich verfassungsfeindlich sein?

Vor diesem Hintergrund sind einzelne Darstellungen des BfV problematisch. Die Ausführungen zur Bedrohungsreichweite des Rechtsextremismus sind zumindest teilweise gezielt und in dramatisierender Form übertrieben worden. Dagegen wird die Flüchtlings- und Migrationskrise ernsthaft zu einer »behauptete[n] unkontrollierte[n] Massenzuwanderung«[417] heruntergespielt. Haldenwang selbst spricht demgemäß nur von einem »angeblichen Verlust der nationalen Identität«[418]. Diese und weitere Aussagen bedienen passgenau Vorstellungen der Linkspartei, der Grünen, der SPD, der FDP sowie von CDU und CSU.

Vorzuhalten ist dem BfV daher, dass es sowohl spezifische Begriffe als auch Themen mit nationaler Ausrichtung (u.a. Identität, Geschichte, Volksbegriff, Zuwanderungspolitik, Vorstellungen von Abstammung und Nation) als typische Sprache des Rechtsextremismus einordnet, obwohl diese auch in einer politisch korrekten Weise verwendet werden können. Dadurch werden zentrale nationale Diskurselemente kontaminiert. Wer sie verwendet, muss damit rechnen, unter den Verdacht der Verfassungsfeindlichkeit zu geraten. In der Wirkung bedeutet dies, dass Debatten über nationale Fragen eine Verkürzung erfahren. Die Ausführungen des BfV zu einem angeblich »biologischen« Volksbegriff dominieren mittlerweile den Diskurs insofern, als viele Journalisten tatsächlich glauben, dass ein Bekenntnis zum deutschen Volk als völkische Äußerung zu verstehen ist und damit verfassungsfeindlich sein muss. Genau an diesem Punkt findet eine unlautere Einmischung in legitime politische Auseinandersetzungen statt, die nicht vom eigentlichen Auftrag des Verfassungsschutzes abgedeckt ist.

Einzelne Landesämter gehen ähnlich vor. Die Abteilung Verfassungsschutz des Ministeriums für Inneres und Sport in Niedersachsen hat 2016 eine Studie zur Identitären Bewegung vorgelegt, die es wahrlich in sich hat. Sie behauptet, dass sich die »Neue Rechte« in mehreren Bereichen »grundsätzlich gegen die Prinzipien der freiheitlichen Demokratie«[419] wende. Als verfassungsfeindlich werden u.a. die folgenden Kategorien aufgeführt: »Nationalstolz«[420], die »Ablehnung von Political Correctness«[421] sowie die »Betonung nationalkonservativer Werte«[422]. Auch Sympathie mit Otto von Bismarck wird als verdächtig eingeordnet.[423] Die so von der Landesregierung – bewusst oder unbewusst – übermittelte Botschaft ist klar zu verstehen. Es geht darum, in einer immer multikultureller werdenden deutschen Gesellschaft darauf hinzuwirken, dass sich die autochthone Bevölkerung nicht mehr traut, die eigenen Wurzeln anzunehmen. Ein solches Vorgehen wird in der Rechtswissenschaft durchaus als verfassungswidrig eingeordnet.

Dietrich Murswiek hat sich intensiv mit dem Spannungsfeld eines notwendigen Schutzes der Verfassung einerseits und der Gefahr andererseits auseinandergesetzt, dass dabei die zuständigen Behörden demokratische Prinzipien verletzen. Dabei gelte: »Wenn der Geheimdienst politische Zielsetzungen überwacht, ist der Weg zur hoheitlichen Gesinnungskontrolle nicht weit.«[424] Denn der Staat habe eine besondere Verantwortung, er dürfe nicht mit dem ihm zur Verfügung stehenden Instrumentarium die politische Willensbildung beeinflussen. Seine Neutralitätspflicht könnte er durch die Publikation des Verfassungsschutzberichtes verletzen: »Hier wird unter massivem Einsatz hoheitlicher Mittel Meinungslenkung ›von oben nach unten‹ betrieben.«[425] Je nach Vorgehensweise und Ausgestaltung des zentralen Dokuments des BfV könnte ein Eingriff in ein demokratisches Grundprinzip – der Willensbildungsprozess habe von unten nach oben zu erfolgen – vorliegen.

Im Detail merkt Murswiek an, dass viele umstrittene Meinungsäußerungen fälschlich und voreilig als Hinweis auf eine extremistische Bestrebung gedeutet würden.[426] Er bemängelt jene Fälle, in denen »ein verfassungsfeindlicher Inhalt von Äußerungen nicht belegt, sondern unterstellt wird.«[427] Ebenso problematisch sei ein Vorgehen, in dem die Inlandsnachrichtendienste nur belastende Aussagen suchen und diese nicht mit entlastendem Material abgleichen.[428] Deshalb hält er die Verdachtsberichterstattung für verfassungswidrig,[429] denn die Tätigkeiten des BfV dürften »nicht zu einer Diskreditierung politischer Konkurrenz auf Verdachtsbasis führen.«[430]

Dabei differenziert er wie folgt: »Die Beobachtung dient nicht der Abwehr undemokratischer Meinungen, sondern der Abwehr von Aktivitäten, die die freiheitliche demokratische Grundordnung bekämpfen.«[431] Es kann davon ausgegangen werden, dass dieser Unterschied von vielen Beamten nicht verstanden wird. Laut Bundesverfassungsgericht sei, so Murswiek, selbst die Kritik an Verfassungswerten mit der freiheitlichen demokratischen Grundordnung vereinbar, solange sie nicht mit Aktivitäten zu ihrer Beseitigung verbunden werde.[432]

Konturen einer Gesinnungskontrolle

Das Vorgehen des Inlandsnachrichtendienstes unter Thomas Haldenwang ist nicht neu. Vielmehr wird auf bekannte Texturen zurückgegriffen, was sich an einem weiteren Beispiel zeigt. Im Frühjahr 2019 soll das BfV seine Mitarbeiter nicht nur aufgefordert haben, eine Mitgliedschaft in der AfD offenzulegen. Sie wurden auch gebeten, der Sicherheitsabteilung über Kontakte zu Mitgliedern dieser Partei Auskunft zu geben.[433] In den 1970er-Jahren hatten es hingegen linksgerichtete Menschen schwer, in den Staatsdienst zu gelangen, wenn sie im Verdacht standen, mit kommunistisch orientierten Gruppen zu sympathisieren. Der Radikalenerlass vom 28. Januar 1972 sah vor, Bewerber für den öffentlichen Dienst bereits vor der Übernahme in ein Beamtenverhältnis dahingehend zu überprüfen, ob sie Mitglied in einer extremistischen Organisation sind. Nun war und ist dies nur zu begrüßen, wenn Parteigänger von DKP und NPD nicht Beamte werden. Sobald sich der Staat aber entscheidet, eine generelle Gesinnungsprüfung durchzuführen, würde er politisch überziehen.

Die Kontaminierung nationaler Begrifflichkeiten mithilfe des BfV kann genau zu einem solchen Zustand führen. Müssen Geschichts- und Sozialkundelehrer daraus nicht irgendwann den Schluss ziehen, die deutsche Geschichte lieber so darzustellen, dass sie für die derzeit neu konstruierten, multikulturellen Vorstellungen von Volk und Nation anschlussfähig wird? Wie ist mit dem Beamten umzugehen, der sich anerkennend zur Reichsgründung von 1871 äußert? Und was wird aus dem, der in der Kantine in

Gegenwart von deutschen Staatsbürgern mit muslimischem Migrationshintergrund behauptet, dass türkische und arabische Großhochzeiten während der Corona-Krise problematisch waren? Ist das bereits ein Anzeichen für eine rechtsextreme Haltung? Wer hört was aus solchen Aussagen heraus?

Insofern ist der Förderung des Denunziantentums und damit des Misstrauens Vorschub geleistet worden, als Bundesinnenminister Horst Seehofer bei der Vorstellung des Lageberichts »Rechtsextremismus in Sicherheitsbehörden« am 6. Oktober 2020 forderte, verdächtige Beamte zu melden: »Schauen Sie hin, verteidigen Sie die Verfassung und unsere Werteordnung aktiv, auch passives Mitläufertum ist nicht erlaubt.«[434] Das Ansinnen ist eigentlich sehr nachvollziehbar. Anhänger des Nationalsozialismus gehören nicht in den öffentlichen Dienst. In einer politisch korrekten Sprachwelt ist es nur leider so, dass das, was als verdachtswürdig angesehen wird, im Ermessen des Betrachters liegt – mit allen Folgen für den Umgang unter Kolleginnen und Kollegen.

Der Philosoph und Soziologe Jürgen Habermas hatte sich 1978 kritisch zur »Gesinnungskontrolle«[435] durch »Gesinnungsschutzbehörden«[436]. geäußert: »Sie löst in einer ganzen Generation Angst aus«[437]. Es ist mit Blick auf die Gegenwart durchaus naheliegend zu argumentieren, dass genau dieser Effekt erzeugt werden soll, um den weiteren Aufwuchs unliebsamer politischer Konkurrenz zu verhindern. Mehr noch: Debatten zur nationalen Identität sind generell nicht erwünscht, stören sie doch den kulturellen Umbau der Gesellschaft.

Dort, wo die Große Koalition bereit ist, sie zu führen, zeigt sich Bedenkliches. Im Herbst 2019 startete die Bundesregierung eine breit angelegte Kampagne zum Thema »30 Jahre. Deutschland ist eins: vieles«. Diese bestand vornehmlich in der Gestaltung von Plakaten und kleinen Filmen, die alle eine Botschaft hatten: »Das ist sooo deutsch«. Dem Betrachter wurden neben Landschaftsaufnahmen dargeboten: ein Dackel, eine Freikörperkultur-Szene, Gartenzwerge, ein Kassenband mit Kassentrennstäben, ein Liegestuhl mit Handtuch, zwei Herrenbeine mit Tennissocken, ein Autobahnstau, Karneval-Szenen sowie ein Dönerspieß.[438] Diese Darstellungen lassen in schon erschreckender Weise erkennen, wie gestört die inneren Bezüge der deutschen Führung zur eigenen Nation sind – und weshalb sie an tiefer gehenden Debatten zu diesem Thema kein Interesse haben kann. Man stelle sich einen ausländischen Touristen vor, der gute Deutschkenntnisse hat, etwas über dieses Land erfahren möchte und dann mit der Kampagne der Bundesregierung konfrontiert wird: Welche Schlussfolgerungen soll er ziehen?

Die Einheitsfeier vom 3. Oktober 2020 in Potsdam spiegelte diesen Geist wider (eingebettet in eine über vier Wochen präsentierte, über den Innenstadtbereich verteilte Open-Air-Ausstellung).[439] Ihr fehlte jedes Pathos, und de facto wurde sie zu großen Teilen zu einer Ermahnungsfeier. Das Motto »Deutschland ist eins: vieles« suggerierte die anzustrebende Einigkeit innerhalb der neu entstehenden, multikulturellen Gesellschaft. Im Innenhof des Potsdamer Landtages dominierten großflächige Werbeträger und Ballformationen – jeweils in Regenbogenfarben – die Szenerie. Sie wurden mit der appellierenden Losung »Einheit – Vielfalt – Toleranz« verbunden.[440] Auf einem weiteren offiziellen Banner war an anderer Stelle zu lesen: »Miteinander für Toleranz & Solidarität«.[441] Aktivisten vor Ort, die wie die Vertreter des »WeltPavillon«[442] nichts mit der deutschen Einheit zu tun hatten, machten Angebote wie dieses: »Mit Bürgern aus allen Ländern ins Gespräch kommen«. Der Stand befand sich direkt neben dem »Refugee Radio«. Bundespräsident Frank-Walter Steinmeier formulierte seine Rede ebenfalls in diesem Sinne: »Heute leben wir in einem wiedervereinten Land, ohne zu erwarten, dass alle gleich sein müssen. ›*Wir sind das Volk*‹, das heißt doch: ›*Wir alle sind das Volk*‹.«[443] Mit dieser Interpretation bewegte sich der Bundespräsident jenseits der Inhalte von »Wir sind das Volk!« und »Wir sind ein Volk!« der Jahre 1989 und 1990. Weder sind alle in der Bundesrepublik lebenden Menschen deutsche Staatsbürger, noch sind alle Teil des kulturell verstandenen deutschen Volkes. »*Wir alle sind Teil der in Deutschland lebenden Bevölkerung*« – das hätte gepasst. Kerninhalte der Geschichte der deutschen Einheit werden so für ein neues Gesellschaftsmodell identitär zweckentfremdet. Wo die Politik für solche Vorstellungen in der Debatte das Schwert führt, steht das BfV mit dem Schild schützend zur Seite.

Im Gegensatz zu den Vorstellungen der Kölner Behörde soll an dieser Stelle festgehalten werden, dass das Bekenntnis zu einem Volk auch auf einem inhaltlich sehr weit gefassten Abstammungsverständnis gründen kann. Dabei geht es vor allem um Aspekte der kulturellen Zugehörigkeit, althergebrachter Bräuche, einer gemeinsamen Geschichte und Leistungen der Vorfahren. Ein Zusammengehörigkeitsgefühl kann durch positive formative Ereignisse oder Entwicklungen (z. B. Wiederaufbau eines Landes, Überleben in der Diaspora) und Schicksalszeiten (z. B. Krieg, Teilung des Landes, Unterdrückung) erzeugt werden, aber natürlich auch durch im Namen des Volkes begangene Verbrechen (z. B. Völkermord), aus denen ein besonderes Verantwortungsbewusstsein resultiert. In eine solche Gemeinschaft wird der Mensch hineingeboren, was nicht heißt, dass dies für seine persönliche Identität auch zwingend Folgen haben muss. Er kann sich ihr vollständig entziehen. Er wird aber in der Regel eines erleben: die Sozialisierung seiner selbst auf der Basis der Vorerfahrungen seiner Familie und seiner Verwandten.

Der Vorwurf, über Vorstellungen von einem homogenen Volk Ausländer ausgrenzen zu wollen, mag für Rechtsextremisten zutreffen. Bei reflektierten Menschen sollten solche Gedanken nicht verfangen. Denn ein homogenes Volk gibt es nicht – vielleicht mit Ausnahme von Gesellschaften in insularer Lage (z. B. Japan) oder in einem hermetisch abgeriegelten Gebiet (z. B. Nordkorea). Gerade in Mitteleuropa gehören vielfältige verwandtschaftliche Beziehungen zwischen Angehörigen einzelner Völker zur Lebenswirklichkeit. Und diese Verbindungen sind nicht erst mit Beginn der Globalisierung entstanden.

Nachweise für diese Behauptung lassen sich über die Ahnenforschung erbringen, die durch technologische Fortschritte ganz neue Dimensionen erreicht hat. Im Internet gibt es zahlreiche Anbieter, die wie »My Heritage« ihren Kunden versprechen: »Entdecken Sie Ihre ethnische Herkunft und finden Sie mit unserem einfachen DNA[Deoxyribonucleic Acid, M. W.]-Test neue Verwandte.«[444] Der Anbieter stellt eine »Ethnizitätsschätzung« in Aussicht: »[...] eine prozentuale Analyse der ethnischen Herkunft Ihrer Vorfahren. Dabei werden die Wurzeln Ihrer Ahnen aus 42 Ethnizitäten [...] aufgezeigt.«[445] Das Verfahren kann durchaus kritisch gesehen werden.[446] Es macht aber zumindest deutlich, dass es weder den »reinrassigen Deutschen« noch den »reinrassigen Franzosen« gibt. Insofern ist die Diskussion um ein »ethnisch homogenes Volk« eine Phantomdebatte. Ein solcher Akteur ließe sich nicht einmal mit politischem Willen herstellen. Abstammung muss im Volkssinne daher heute in moderner Form definiert werden: tellurisch und historisch, nicht biologisch.

Die drei Ebenen der Identität

Der Streit um den vom BfV kritisch beäugten Einsatz des Volksbegriffs soll nun an dieser Stelle konstruktiv durch ein drei Ebenen umfassendes Modell der Identität aufgelöst werden: (1) An erster Stelle steht die rechtliche Identität eines Menschen. Sie wird vom Staat festgelegt und manifestiert sich über die Staatsbürgerschaft. (2) Die kulturelle Identität eines Menschen hat dagegen etwas mit seiner Herkunft zu tun. Er wird in eine Nation, ein Volk, eine Religion oder eine Ethnie hineingeboren. (3) Für die gelebte Ich-Identität ist dagegen die persönliche Dimension entscheidend. Sie wird durch das Selbstverständnis des Einzelnen gegenüber sich selbst und gegenüber anderen festgelegt.

Aus diesen drei Ebenen ergeben sich verschiedene gesellschaftliche Folgen. Für den Umgang der Menschen in einem Gemeinwesen kann nur die staatlich festgelegte, rechtliche Identität relevant sein. Die kulturelle Identität auf Ebene 2 ist gesetzt und kann nicht ad libitum konstruiert werden. Sie kann aber auf Ebene 3 nach eigenem Ermessen angepasst werden, soweit die variable Ich-Identität betroffen ist. Fraglich ist gleichwohl, ob dabei Selbst- und Fremdbild deckungsgleich sind. Erfährt ein Mensch auf Ebene 3 mangelnde Akzeptanz im gewählten Selbstverständnis, kann dies auch seine Ich-Identität erschüttern. Dieser Punkt ist nicht heilbar: Das eigene Selbstbild erhofft ein adäquates Fremdbild, das aber nicht garantiert werden, sondern im Widerspruch zu den Selbstbildern anderer stehen kann.

Diese Zusammenhänge lassen sich an unzähligen Beispielen demonstrieren. Es seien an dieser Stelle nur zwei erwähnt. Zu den schillernden Politikerinnen der SPD zählt Sawsan Mohammed Chebli, die es einst bis zur stellvertretenden Sprecherin des Auswärtigen Amts gebracht hatte. Auf Ebene 1 ist sie deutsche Staatsangehörige; auf Ebene 2 hat sie den kulturellen Hintergrund einer Palästinenserin; auf Ebene 3 versteht sie sich u. a. als Deutsche. Chebli hadert immer wieder mit Identitätsfragen. Dies bezieht sich primär darauf, dass sie ihr Selbstverständnis als Deutsche nicht leben kann, weil es in ihrer Wahrnehmung einerseits von vielen Mitgliedern der autochthonen Bevölkerung nicht anerkannt wird. Andererseits zeigt sie sich verärgert darüber, dass sich selbst unter den gebildeten Mitgliedern ihrer palästinensischen Verwandtschaft in der Bundesrepublik niemand als Deutscher begreift: »Die würden überhaupt gar nicht auf die Idee kommen, mir zu sagen, sie sind Deutsche.«[447] So lebt Chebli in einem permanenten inneren Zwiespalt zwischen Selbst- und Fremdbild, der zu ihrer Politisierung beiträgt. Dennoch ist hin und wieder einigen ihrer wütenden Äußerungen durchaus zu entnehmen, wo sie politisch steht. So äußerte sie sich zu dem Namen Mohammed in ihrer Familie wie folgt: »Wir [hier argumentiert sie auf Ebene 2, M. W.] werden schon dafür sorgen, dass dieser Name nie verschwindet!«[448]

Der zweite Fall lässt noch tiefer in den Umgang des Menschen mit seiner ursprünglichen Identität blicken – und er reicht weit zurück in die Geschichte. 1619 begann die Sklaverei in den USA, indem Afrikaner unter barbarischen Bedingungen nach Nordamerika verschleppt wurden. Im Herbst 2018 rief der Präsident Ghanas, Nana Akufo-Addo, für 2019 das »Year of Return« aus. Damit wollte er Afroamerikaner nicht nur als Touristen in sein Land locken. Er bot ihnen auch an, sich wieder in Ghana anzusiedeln.[449] Einige Amerikaner sind diesem Angebot gefolgt,[450] obwohl sie auf Ebene 1 eindeutig US-Bürger sind. Auf Ebene 2 haben sie zwar einen afrikanischen Hintergrund, ihre Ahnen lebten aber oft über Jahrhunderte in Nordamerika. Sie wurden in eine spezifische schwarze Kultur der USA hineingeboren und hatten keinerlei Kontakte zu Ghana. Entscheidend ist daher Ebene 3. Viele Afroamerikaner erfahren keine gesellschaftliche Anerkennung als US-Bürger. Selbst- und Fremdbild fallen stark auseinander. In Ghana dürften sie insofern ein neues Lebensgefühl erfahren, als sie sich leichter als Teil einer Gemeinschaft empfinden können und in dieser anerkannt werden. Genau das dürfte eines der Ziele Nana Akufo-Addos sein – verbunden mit der Hoffnung, kaufkräftige Neubürger mit guten Beziehungen in die USA begrüßen zu dürfen.

Der Staat kann nur über Ebene 1 entscheiden. In Deutschland versucht er derzeit aber – gestützt durch *intelligence to please* des BfV –, sich auch in die Ebenen 2 und 3 einzumischen, um Ebene 1 zu stärken. Damit überschreitet er seine Kompetenzen und löst Konflikte aus. Im Februar 2017 hat Angela Merkel auf einer Wahlkampfveranstaltung gesagt: »Das Volk ist jeder, der in diesem Lande lebt.«[451] Dabei verwechselte die Bundeskanzlerin nicht nur »Volk« mit »Bevölkerung«, sondern sie griff auch in identitäre Bezüge der Ebenen 2 und 3 ein. Eine Regierungskoalition kann nur über die Zusammensetzung des Staatsvolkes entscheiden – und in dieses, wenn sie dazu eine Mehrheit hat, jeden in der Bundesrepublik lebenden Menschen integrieren.

Bei der Übertragung des Modells auf die Geschlechtervielfalt wird das Problem ebenfalls ersichtlich. Auf Ebene 1 kann der Staat den Gegenstand im Rahmen der Beachtung der Menschenrechte beliebig regeln, ein drittes Geschlecht anerkennen und auch fördern. Auf Ebene 2 ist dies nicht möglich. Biologisch gibt es nur zwei Geschlechter – Mann und Frau. Auf Ebene 3 kann nun wiederum jeder Mensch für sich selbst festlegen, ob er sich den biologischen Festlegungen beugt oder Identitäten jenseits von Mann und Frau ausbildet. Selbiges gilt für Fragen der Anerkennung des Geschlechts des anderen. Der Staat versucht auch in diesem Beispiel, durch sozialen Druck Positionierungen auf der zweiten und dritten im Sinne der ersten Ebene zu beeinflussen.

V. Zur Durchsetzung einer neuen Nation

»Wer absolute Wahrheit und absolute Werte menschlicher Erkenntnis für verschlossen hält, muss nicht nur die eigene, muss auch die fremde, gegenteilige Meinung zumindest für möglich halten. Darum ist der Relativismus die Weltanschauung, die der demokratische Gedanke voraussetzt.«[1]

Hans Kelsen, 1929

Die Bundesregierung verfolgt das Projekt der Ersetzung der deutschen Kulturnation durch eine multikulturell strukturierte Willensnation mit großem Nachdruck. Sie stößt dabei nur auf mäßigen Widerstand in der Bevölkerung, obwohl diese in Umfragen immer wieder erkennen lässt, mit dem Vorhaben nicht einverstanden zu sein.[2] Eine solche Situation ist nicht monokausal zu erklären. Es besteht vielmehr eine breite Basis mit mehreren Stützpfeilern, die den ideologischen Überbau trägt. Den einen Kausalpfad zur Deutung der Politik Angela Merkels gibt es nicht. Ebenso abwegig sind Verschwörungstheorien. Politik unterliegt Gesetzmäßigkeiten. In diesem Kapitel soll es daher darum gehen, die Basis und die tragenden Stützpfeiler, letztlich die Mechanismen der Macht, zu beschreiben. Auf diese Weise können die bisherigen Ergebnisse in den politischen Kontext eingeordnet werden.

Als tragende Basis kann die Entwicklung der Bundesrepublik von der Parteiendemokratie zum Parteienstaat begriffen werden. Dadurch wurde bewirkt, dass Volkes Stimme in diversen politischen Fragen nicht mehr nach oben durchdringt, ja sogar ohne Konsequenzen ignoriert werden kann. Mittlerweile ist der Prozess so weit gediehen, dass Umrisse einer Postdemokratie erkennbar werden, die den normativen Bestand des Grundgesetzes gefährden.

Der erste Pfeiler gründet in der Vita Angela Merkels, vor allem in ihren Jahren vor der Wiedervereinigung. Auf der Grundlage zahlreich zusammengetragener Mosaiksteine wird versucht, das Selbstverständnis der Bundeskanzlerin zu erfassen. Da sie im Kabinett über die Richtlinienkompetenz verfügt, kann sie in Fragen der nationalen Identität den Kurs des

Landes prägen. Wer das grundlegende Denkmuster der Regierungschefin versteht, wird ihre Motive bei der Formung der Willensnation besser nachvollziehen können.

Der zweite Pfeiler geht erneut auf die Instrumentalisierung des Verfassungsschutzes durch die Politik ein. Am Beispiel Thomas Haldenwangs wurde bereits ausführlich dessen Neigung zur Formulierung von *intelligence to please* gezeigt. Diese Ergebnisse sollen nun noch einmal breiter eingebettet werden, indem einerseits auf die hin und wieder gegebene Bereitschaft des BfV und einzelner Landesämter verwiesen wird, bei politischem Bedarf das Recht zu brechen. Andererseits zeigt auch der Umgang mit der Linkspartei, für wie selbstverständlich es einzelne Landesregierungen halten, den Inlandsnachrichtendienst für eigene Zwecke zu nutzen. Um dem ein Ende zu bereiten, wird vorgeschlagen, das BfV und die zuständigen Landesämter aus den Innenministerien herauszulösen und direkt der Dienst- und Fachaufsicht der Parlamente zu unterstellen.

Der dritte Pfeiler besteht aus der Errichtung einer politischen Brandmauer gegen »rechts«. Dargelegt wird, warum die politisch-mediale Elite alles unternimmt, um Bekenntnisse zur deutschen Kulturnation in die Nähe der Verfassungsfeindlichkeit zu rücken. Die bestehende Brandmauer wirkt auf viele Bürger einschüchternd und erfüllt damit ihren Zweck. Die kontinuierliche Eindämmung jedes Akteurs rechts von der CDU rührt zudem aus der jüngeren Geschichte her. Die Beispiele der Grünen in Deutschland und der FPÖ in Österreich haben verdeutlicht, was im Parteiensystem passiert, wenn eine Brandmauer nicht hält.

Der vierte Pfeiler ist der Pflege gesetzter Frames und Narrative gewidmet, die eine erhebliche Wirkung entfalten können. Unter Berücksichtigung von Ergebnissen der Kognitionsforschung wird gezeigt, wie sehr die Durchsetzung politischer Wahrnehmungsmuster von der Verteilung diskursiver Machtressourcen abhängt. Wer die Stellung des Diskurshegemons innehat, bestimmt in der Regel auch darüber, welche politischen Haltungen als angemessen bzw. verfassungsfeindlich gelten – oft unabhängig von ihrem realen Gehalt.

Während die bislang aufgezählten Stützpfeiler eins bis vier vor allem auf immateriell begründete Wirkkräfte abstellen, geht es beim fünften Stützpfeiler um ökonomische Faktoren. Angenommen wird, dass vor allem die Wirtschaftskraft Deutschlands und die Segnungen des Sozialstaats dazu beitragen, politisches Verhalten zu legitimieren. Die Ausführungen gehen jedoch noch einen Schritt weiter. Argumentiert wird, dass die Früchte des Wohlstands bei vielen Menschen zu einer politischen Demobilisierung beitragen. Im Windschatten dieses Erfolgs können die Herrschenden auch gegen die Ergebnisse von Umfragen einfacher Politik machen. Basis und Stützpfeiler werden nun getrennt, inhaltlich aber durchaus miteinander verwoben, dargestellt.

1. Vom Parteienstaat zur Postdemokratie

Schon immer gab es erhebliche Kritik an der Demokratie. Sie hing und hängt mit der diesem politischen System eigenen Produktion von Gewinnern und Verlierern zusammen. Aufgrund unterschiedlicher sozialer, ökonomischer und oft auch ethnischer sowie religiöser Bedingungen einer Gesellschaft wird es den einheitlichen Volkswillen nie geben. Vielmehr werden Milieu- oder Partikularinteressen über Parteien organisiert. Nach einer nationalen Wahl gibt es im Parlament Fraktionen, aus denen sich die Regierung bildet, und Fraktionen, die zur Kontrolle der Regierung die Funktion der Opposition einnehmen. Somit wird in der Demokratie immer eine Majorität der Wähler über eine Minorität bestimmen,[3] die dann wiederum hinreichend Gründe hat, nicht nur den Wahlausgang zu beklagen, sondern auch jene Elemente des Staatsaufbaus, die tatsächlich oder vermeintlich die eigene Niederlage begünstigt haben.

Solange es Demokratien gibt, wird sich an dieser Situation nichts ändern. Dem frustrierten Bürger mag vielleicht ein Bonmot helfen, das Winston Churchill in einer Rede vor dem Unterhaus am 11. November 1947 zum Besten gab: »Die Demokratie ist die schlechteste aller Regierungsformen – abgesehen von all den anderen Formen, die von Zeit zu Zeit ausprobiert worden sind.«[4] Im Gegensatz zur Autokratie haben Demokratien, allen politischen Verzerrungen zum Trotz, einen herausragenden Vorteil: die Möglichkeit der Abwahl der Herrschenden.[5] Wer jemals solche Vorteile gekostet hat, kann nicht ernsthaft Interesse am Aufbau autoritärer Systeme haben.

Seit es Demokratien gibt, weist auch das Verhalten von Politikern Züge auf, die von hoher Kontinuität gekennzeichnet sind – und die für Politikverdrossenheit sorgen. In seiner Schrift »Politik als Beruf« ging Deutschlands bis heute bekanntester Soziologe Max Weber bereits 1919 hart mit den Erscheinungsformen der politischen Praxis ins Gericht. Dem Ideal, wonach sich gewählte Politiker vor allem für das Wohl des Volkes engagieren, hielt er entgegen: »Es gibt zwei Arten, aus der Politik seinen Beruf zu machen. Entweder: man lebt ›für‹ die Politik – oder aber: ›von‹ der Politik.«[6] Die Versorgungsmentalität schien für ihn sui generis zur Spezies der Berufspolitiker zu gehören: »Alle Parteikämpfe sind nicht nur Kämpfe um sachliche Ziele, sondern vor allem auch: um Ämterpatronage.«[7] Für Parteien gebe es daher eine klare Hierarchie in ihren Zielen: »Zurücksetzungen in der Anteilnahme an den Ämtern werden von den Parteien schwerer empfunden als Zuwiderhandlungen gegen ihre sachlichen Ziele.«[8] Weber prägte den Begriff der »Stellenjägerparteien«[9]. Sie würden »ihr sachliches Programm je nach den Chancen des Stimmenfanges abändern«[10]. In der Organisation des Staates sah er im schlimmsten Fall eine »Dilettantenverwaltung durch Beutepolitiker«[11], die aber im Laufe der Zeit durch fachlich geschulte Beamte ersetzt worden seien.

Die Bundesrepublik Deutschland hat sich 1949 für den Aufbau einer repräsentativen Demokratie entschieden. Dem lag die Idee zugrunde, im Tagesgeschäft handlungsfähig zu sein, was möglicherweise unter Bedingungen einer plebiszitären Demokratie erschwert würde. Soll das Volk in breiter Form mitbestimmen, kann dies – je nach Ausbau der Variante – zu Lähmungserscheinungen praktischer Politik führen. Es besteht zudem die Gefahr, dass radikale politische Kräfte das Instrument des Referendums gezielt einsetzen, um temporäre Stimmungen zur Herbeiführung von Entscheidungen auszunutzen.

Das Problem der repräsentativen Demokratie ist gleichwohl, dass sie mit zahlreichen Fiktionen arbeitet, die einerseits notwendig sind und sich aus der Natur der Sache ergeben, die aber in einer überzogenen Form den Gedanken der Volkssouveränität ad absurdum führen können.[12] Wen repräsentiert das Parlament? Das Volk – oder ist es präziser formuliert doch so, wie es der Philosoph Karl Raimund Popper (1902–1994) ausgedrückt hat: »E[s] repräsentiert nicht das Volk und seine Meinungen, sondern lediglich den Einfluß der Parteien (und der Propaganda) auf die Bevölkerung am Wahltag.«[13] Ein zentrales Spannungsfeld ist Artikel 38 Absatz 1 des Grundgesetzes zur Stellung der Abgeordneten des Bundestages zu entnehmen: »Sie sind Vertreter des ganzen Volkes, an Aufträge und Weisungen nicht gebunden und nur ihrem Gewissen unterworfen.«[14] Das so manifestierte freie Mandat ist notwendig, um die Arbeitsfähigkeit des Abgeordneten herzustellen. Er wird aber immer dann kein »Vertreter des ganzen Volkes« mehr sein, wenn er sich im Rahmen seiner Freiheiten Positionen anschließt, für die er nicht gewählt worden ist. In der Praxis hat sich bei der Mehrheit der Abstimmungen die Fraktionsdisziplin durchgesetzt. Damit geht der auf die Abgeordneten übertragene Volkswille de facto auf eine kleine Gruppe – die Führungsmannschaften der Parteien – über, die festlegen, wie in welcher Sachfrage zu entscheiden ist.

Nun ist auch an diesem Umstand eigentlich nichts wirklich kritikwürdig. In Artikel 21 Absatz 1 des Grundgesetzes wird festgelegt: »Die Parteien wirken bei der politischen Willensbildung des Volkes mit.«[15] In Paragraf 1

Absatz 2 des Parteiengesetzes heißt es noch weitergehender: »Die Parteien wirken an der Bildung des politischen Willens des Volkes auf allen Gebieten des öffentlichen Lebens mit«[16]. Der Absatz nennt diverse Beispiele. Soll eine Demokratie funktionieren, muss das Votum des Bürgers in organisierter Weise von unten nach oben – also in Regierungshandeln – in irgendeiner Form getragen werden. Ohne Parteien wird dies nicht funktionieren, weshalb sie ein wesentlicher Bestandteil demokratischer Willensbildung sind. Das Grundgesetz hat daher im Rahmen seines repräsentativen Ansatzes eine Parteiendemokratie ausdrücklich vorgesehen.

Problematisch wird es erst dann, wenn zwei Entwicklungen zeitgleich verlaufen. Die Parteien koppeln sich, erstens, immer mehr vom Volk ab und verkürzen damit den Präferenzbildungsprozess. In Wahlen geht es darum, die Bürger zu überzeugen – und nicht darum, wie es eigentlich sein sollte, deren Willen auszukundschaften und in Politik umzuwandeln. Parteien verfolgen ihre eigene Agenda. Dabei gelangen sie immer mehr zu der Überzeugung, aus eigenem Recht zu bestehen. Um diesen Zustand zu perpetuieren, benötigen sie – staatlich finanzierte – Versorgungsapparate, die den Führungskader ökonomisch absichern.

In einer solchen Situation ist es, zweitens, nur noch ein kleiner Schritt, den Auftrag des Grundgesetzes falsch zu verstehen: An der »politischen Willensbildung des Volkes« mitzuwirken, heißt eigentlich, dabei zu helfen, Volkes Stimme von unten nach oben abzubilden. Es bedeutet nicht, die Wählerschaft im Sinne von Parteiideologien erziehen zu wollen. Dies würde zu einer Art leninistischem Avantgarde-Verständnis führen. Die Parteien würden der Auffassung folgen, genau zu wissen und auch vorgeben zu können, was das Volk zu glauben hat, damit das Land die angestrebte historische Endstufe erreicht. Im Falle der Bundesrepublik ist dies aus der Sicht der politisch-medialen Elite eine multikulturelle Gesellschaft in einem grenzenlosen Europa.

Der Freiburger Politikwissenschaftler Wilhelm Hennis sah Deutschland 1982 noch im Zustand einer Parteiendemokratie. Das politische System weise aber »auch«[17] deutliche Züge eines Parteienstaates auf – und zwar in einem Maße, das »die innere Gleichgewichtigkeit der Gewalten stört, [so dass] letzthin sogar die verfassungsmäßige Ordnung des Gemeinwesens unter der Macht der Parteien Schaden nehmen könnte.«[18] Es bestehe die Gefahr, dass die Parteiendemokratie Züge annehme, »die es zunehmend erschweren, diesen Staat innerlich zu bejahen.«[19]

Er formulierte zwei Vorwürfe: Das Engagement der Parteien sei überdehnt. Es durchdringe viel zu sehr das öffentliche Leben und fördere dabei einen »öden Parteigeist«[20]. Mehr noch: Hennis hatte den Parteien schon damals vorgehalten, dass sie die »Lebendigkeit des demokratischen Prozesses«[21] geradezu stören würden. Dafür machte er, wie andere Politikwissenschaftler heute auch,[22] zu einem erheblichen Teil Gerhard Leibholz (1901–1982) verantwortlich. Er war Richter am Bundesverfassungsgericht und habe den aus Artikel 21 des Grundgesetzes stammenden Passus »Die Parteien wirken bei der politischen Willensbildung des Volkes mit.« viel zu weit ausgelegt. Hennis kritisierte, dass Leibholz diesen Satz als eine Art Hebel nutzte, um einen Strukturwandel herbeizuführen: »[...] weg vom repräsentativen Parlamentarismus hin zur parteienstaatlichen Demokratie, in der die Parteien die Rolle des ›Sprachrohrs des mündig gewordenen Volkes‹ übernommen hätten«[23]. Bei der Niederschrift des Grundgesetzes sei die sich anschließende Entwicklung nicht beabsichtigt worden. Angemerkt sei an dieser Stelle, dass Gerhard Leibholz natürlich nicht der einzige Vertreter dieser Denkrichtung war. Schon Hans Kelsen (1881–1973), der zu den bedeutendsten Rechtswissenschaftlern des 20. Jahrhunderts gezählt wird, schrieb 1929: »Die Demokratie ist notwendig und unvermeidlich ein Parteienstaat.«[24]

Der zweite Vorwurf von Wilhelm Hennis betraf die Abkopplung der Parteien vom Volk, was dadurch geschehen sei, dass sie danach strebten, für immer größere Wählerschichten attraktiv zu werden. Zum Ergebnis dieses Prozesses gehörten die »soziologisch kontextlosen Volksparteien«[25], die sich gerade durch die Entwicklung Richtung »Allerweltspartei«[26] von sozial ausdifferenzierten Wählerschichten abkoppeln würden.

Hennis stellte damals die These auf, dass die Parteien zur »Verödung und Verkümmerung«[27] der politischen Kultur beitragen würden. Vor nun bald 40 Jahren formulierte er Aussagen zum Wesen des aufziehenden Parteienstaates, die aktueller nicht sein könnten: »[...] die Parteien entwickeln, planen und gestalten die Gesellschaft, ohne Ruhe zu geben, so daß man von der Eigentümlichkeit dieses Landes kaum noch etwas erkennt, dafür bescheren sie uns mit ›Errungenschaften‹ – die nicht preisgegeben, nicht demontiert und abgebaut werden dürfen und die wir durchweg ihnen, den Parteien, verdanken. Wie in keinem anderen westeuropäischen Lande laufen die Legitimations- und Identifikationsprozesse der Bürger der Bundesrepublik – wenigstens wenn es nach dem Sinn der Parteistrategen gehen würde – nicht mehr über die Eigentümlichkeiten unseres Vaterlandes – wenn das alte Wort erlaubt sei – sondern über die ›Errungenschaften‹ der Bildungs-, Sozial- und Friedenspolitik etc., von denen doch jeder vernünftige Mensch weiß, wie kurzfristig ihre Lebenszeit ist«[28].

Abschließend stellte er eine Frage, die zeigt, wie sehr Formen der nationalen Identität durch übergeordnete Parteiinteressen über die Jahrzehnte hinweg ausgehöhlt worden sind: »Wollen wir überhaupt noch eine bestimmte Identität pflegen – uns zu uns – mit allen Haken und Ösen bekennen?«[29] In der Anfangszeit der Bundesrepublik habe man diese Frage nicht stellen müssen. Konrad Adenauer und Kurt Schumacher »waren Europäer, aber doch selbstverständlich zunächst Deutsche«[30].

Kurt Sontheimer, lange Jahre Professor an der Ludwig-Maximilians-Universität in München, stellte der Bundesrepublik zu ihrem 40. Geburtstag ein weitgehend positives Zeugnis aus. Dennoch beklagte auch er diverse Defizite. Mit Blick auf die Berufspolitiker stellte er fest, dass sich eine »Tendenz zur Verflachung und Korrumpierung der politischen Elite«[31] zeige. Er sah eine Spannung »zwischen ideologischen Fixierungen [...] und pragmatischem Sichdurchwursteln, die kaum geeignet erscheint, den höheren Ansprüchen demokratischen Bewußtseins und demokratischen Verhaltens zu genügen.«[32] Schuld daran sei, dass viele Politiker sich weniger an einer qualitativ hochwertigen Politik als vielmehr an Machtinteressen orientieren würden.[33] Den Mandatsträgern selbst stand er kritisch gegenüber. Ihnen fehle oftmals schlicht die Kompetenz, »aufgeschlossene, lebendige, kompetente und selbständige Volksvertreter zu sein.«[34] Sein Lob für die Bundesrepublik fiel somit differenziert aus: »Regierungsstabilität bedeutet jedoch nicht Regierungsqualität.«[35]

Wenige Jahre später sah Bundespräsident Richard von Weizsäcker ebenfalls eine Verschärfung der systemischen Fehlentwicklungen im sich anbahnenden Parteienstaat. Sein Interview mit der Wochenzeitung *Die Zeit* im Juni 1992 wurde weithin als Schelte wahrgenommen. Im Kern ging es darum, dass die im Grundgesetz verankerten fünf Verfassungsorgane – der Bundestag, der Bundesrat, der Bundespräsident, die Bundesregierung und das Bundesverfassungsgericht – »unter den ständig gewachsenen Einfluß eines sechsten Zentrums geraten [sind], welches gar nicht zu den Verfassungsorganen zählt, aber praktisch über ihnen steht, nämlich der Zentralen der politischen Parteien.«[36] Der damalige Bundespräsident zweifelte nicht an der Bedeutung dieses Akteurs für die Demokratie. Skeptisch sah er dessen Wirken weit jenseits der Formulierung von Artikel 21 Absatz 1 des Grundgesetzes: »Die Parteien haben sich zu einem ungeschriebenen sechsten Verfassungsorgan entwickelt, das auf die anderen fünf einen immer weiter gehenden, zum Teil völlig beherrschenden Einfluß entwickelt hat.«[37] Von Weizsäcker bemängelte die Qualität der Berufspolitiker, die vor allem lernen würden, sich gegen den politischen Gegner und in der eigenen Partei zu behaupten; die fachliche Expertise sei weniger ausgebildet: »Der Hauptaspekt des ›erlernten‹ Berufs unserer Politiker besteht in der Unterstützung dessen, was die Partei will, damit sie einen nominiert«[38].

Vor diesem Hintergrund stellte er dann aus demokratischer Sicht die zentrale Frage: »Doch wo bleibt der politische Wille des Volkes?«[39] Aus der Sicht von Weizsäckers war die Präsenz der Parteien im Leben der Wähler bereits zum damaligen Zeitpunkt zu groß: »In der Tat geht der Einfluß weit über den öffentlichen, staatlichen Bereich hinaus. Er reicht direkt oder indirekt in die Medien und bei der Richterwahl in die Justiz, aber auch in die Kultur und den Sport, in kirchliche Gremien und Universitäten.«[40] Mehr noch: »Die Parteien wirken an der Bildung des gesamten gesellschaftlichen Lebens aktiv mit. Sie durchziehen die ganze Struktur unserer Gesellschaft, bis tief hinein in das seiner Idee nach doch ganz unpolitische Vereinsleben.«[41] Die Kritik des Bundespräsidenten enthielt die mehr oder weniger deutlich ausformulierte Aufforderung, dass Berufspolitiker sich wieder stärker am Willen des Demos – und weniger an den Eigeninteressen der Parteien – orientieren sollten. Zudem dürften sie sich nicht nur als Anwalt ihrer eigenen Klientel begreifen. Artikel 21 Absatz 1 des Grundgesetzes fordere mehr: »Daß aber Abgeordnete Vertreter des ganzen Volkes und nicht allein ihrer Partei sind, muß immer wieder in Erinnerung gerufen werden.«[42]

Kritiker des Parteienstaates wenden vor allem ein, dass die Parteien heute die Rolle des Volkes – sozusagen als neuer Souverän – einnehmen würden.[43] Das ist zwar formal nicht der Fall, aber durchaus in praktischer Hinsicht. Die Legitimation der Politik sinkt unter diesen Bedingungen. In Deutschland waren 2019 insgesamt 1 221 865 Bürger in Parteien organisiert.[44] Das waren weniger als 2 Prozent der Wahlberechtigten.

Der Parteienstaat in der Praxis

Das Ergebnis solcher Fehlentwicklungen ist der Parteienstaat, der das politische System nun so umformt, dass es vor allem seinen Interessen und nicht zwingend immer auch denen der Wähler dient.[45] Erfolgreich sind die Protagonisten dieses Ansatzes dann, wenn es ihnen gelingt, die staatlichen Institutionen zu penetrieren. Das bedeutet, dass Vertreter der Parteien nicht nur in der Regierung und im Parlament sitzen. Das Parteibuch selbst hat Auswirkungen auf Personalbesetzungen in der Exekutive, zu der neben dem Regierungsapparat auch Schlüsselstellungen in der öffentlichen Verwaltung gehören. Idealiter können Parteianhänger sogar in der Judikative untergebracht werden, z. B. in obersten Gerichten. Der Parteienstaat lebt davon, die öffentliche Meinung bis zu einem gewissen Punkt lenken zu können, weshalb er oftmals auf die Besetzung von Führungsämtern in

Medienanstalten Einfluss hat, wozu diese wiederum strukturell eine gewisse staatliche Nähe aufweisen müssen. Um diesen Zustand langfristig aufrechterhalten zu können, benötigen die Protagonisten schließlich Zugriff auf hinreichend Steuergelder. Mit diesen Mitteln kann der organisatorische Unterbau des Parteienstaates finanziert werden.

Das politische System der Bundesrepublik Deutschland hat sich mittlerweile eindeutig weg von der Parteiendemokratie entwickelt. Die Fraktionsdisziplin ist etwa in der CDU so groß, dass Angela Merkel während der Flüchtlings- und Migrationskrise 2015 ohne Probleme durchregieren konnte. Im Bundestag gab es zwar in den eigenen Reihen hinter vorgehaltener Hand jede Menge Kritik am Vorgehen der Bundeskanzlerin.[46] Dies reichte allerdings nicht aus, sie öffentlich in Frage zu stellen oder gar die Vertrauensfrage im Parlament auf die Tagesordnung zu setzen. Zuviel Angst hatten die meisten Abgeordneten vor Neuwahlen und der Gefahr, dadurch ihr Mandat zu verlieren.

Beim damaligen Ministerpräsidenten Bayerns, Horst Seehofer, und der CSU war dieses Verhaltensmuster besonders deutlich zu erkennen. Trotz massiver Kritik an Angela Merkel kam es nicht zum Bruch. Zwischenzeitig war sogar darüber gesprochen worden, die Fraktionsgemeinschaft der Union im Bundestag aufzukündigen.[47] Die CSU zog schließlich die Notbremse und beließ es beim Status quo. Das sicherte ihr sämtliche Pfründe in Berlin. Die Partei stellt in der 2017 vereidigten Bundesregierung die Minister für Inneres, Bau und Heimat (ca. 1500 Mitarbeiter)[48], für Verkehr und digitale Infrastruktur (ca. 1245 Mitarbeiter)[49] sowie für wirtschaftliche Zusammenarbeit und Entwicklung (ca. 1200 Mitarbeiter)[50] – und ist zudem verantwortlich für alle nachgeordneten Bereiche. Beim Bundesinnenministerium sind dies etwa 60 000 Bedienstete, darunter die Bundespolizei; beim Bundesverkehrsministerium belaufen sich die Angaben auf über 22 000 Mitarbeiter, die in 63 nachgelagerten Behörden tätig sind.[51] So hat die CSU auch weiterhin die Möglichkeit, eigene loyale Parteigänger mit Posten in den Ministerien zu versorgen. Die Kehrseite der Medaille zeigte sich aber bereits bei den Landtagswahlen in Bayern am 14. Oktober 2018. Das Wahlvolk quittierte die mangelnde politische Linie mit nur noch 37,2 Prozent der Stimmen, was im Vergleich zur Wahl vom 15. September 2013 (47,7 Prozent) einer deutlichen Niederlage gleichkam. Nur 1950 hatte die CSU noch weniger Stimmen in Bayern erhalten, und zum ersten Mal überhaupt seit 1954 lag sie unter der 40-Prozent-Marke.[52]

Am Beispiel des Bundesministeriums für Verkehr und digitale Infrastruktur zeigt sich, wie sehr die Logik des Parteienstaates den Bedürfnissen der breiten Bundesbevölkerung entgegenwirken kann. Es befindet sich seit

Oktober 2009 unter Führung der CSU. Die Bundesminister der vergangenen Jahre geben freimütig zu, das Ministerium auch stark dazu genutzt zu haben, die infrastrukturelle Lage in Bayern zu verbessern. Bevorzugungen gingen bis in die Wahlkreise relevanter CSU-Vertreter, um die Chancen einer Wiederwahl zu verbessern. So wurde oft nicht im Sinne des Allgemeinwohls, sondern vor allem im Sinne des Parteiwohls agiert. Der ehemalige Bundesverkehrsminister Alexander Dobrindt formuliert dies ohne Zurückhaltung: »Bayern profitiert erheblich davon, dass es immer wieder Bundesverkehrsminister hat oder hatte […] Dieses Ministerium ist schon enorm wichtig für Bayern. Es hat halt sehr viele Mittel.«[53] Sein Vorgänger Peter Ramsauer bestätigt dies: »Wenn ein Bundesland es richtig macht, dann kann es unglaublich anzapfen.«[54] Und wenn man es nicht besser wüsste, müsste man glauben, solche Sätze sind dem ZDF-Fünfteiler »Der Schattenmann« entnommen.

Weitere Merkmale des Parteienstaates sind erkennbar. Wichtige Ämter der Sicherheitsbehörden wie die der Präsidenten des BND, des BfV und des MAD werden von der Regierung bestimmt. Die Amtsinhaber sind politische Beamte, womit sie primär einer bestimmten politischen Linie verpflichtet sind – und erst an zweiter Stelle dem Wohl von Volk und Staat. Von den 16 Richtern des Bundesverfassungsgerichts im Ersten und Zweiten Senat können einige auf eine beachtliche Parteikarriere zurückblicken:[55] Stephan Harbarth war für die CDU von 2009 bis 2018 im Bundestag und seit 2016 stellvertretender Vorsitzender der CDU-/CSU-Bundestagsfraktion. Seit Juni 2020 ist er Präsident des obersten deutschen Gerichts. Peter M. Huber bekleidete von 2009 bis 2010 das Amt des Innenministers für die CDU in Thüringen. Peter Müller ist in diesem Kontext ein besonders bemerkenswerter Fall. Er hat das, was man in Parteien »Stallgeruch« nennt. Müller war von 1990 bis 2011 Mitglied des saarländischen Landtages und seit 1999 Ministerpräsident des Landes.

Auch zu den öffentlich-rechtlichen Medien haben die Parteien eine auffällige Nähe hergestellt (bloße Parteimitgliedschaften werden an dieser Stelle nicht als tiefer gehende Vermengung mit dem Parteienstaat gewertet). Ulrich Wilhelm war von 2005 bis 2010 Regierungssprecher Angela Merkels und von 2011 bis 2021 Intendant des Bayerischen Rundfunks.[56] Wechsel gibt es auch in die andere Richtung. Der langjährige Fernsehjournalist des ZDF, Steffen Seibert, wurde 2010 Pressesprecher der Bundesregierung.[57] Pikant ist der Fall des Thomas Kleist. Von 1996 bis 1999 war er Staatssekretär im Ministerium für Frauen, Arbeit, Gesundheit und Soziales in der Landesregierung des Saarlands. Bereits während dieser Zeit war er Mitglied im Rundfunkrat des Saarländischen Rundfunks, dessen Verwaltungsrat er anschließend leitete; 2011 übernahm er das Amt des Intendanten. Es gab also einen direkten Wechsel aus der Regierung in die Medienanstalt.[58] Karola Wille wiederum ist seit 2011 Intendantin des MDR. Umstritten ist sie wegen ihrer Vergangenheit. Mit 18 war sie der SED beigetreten. In ihrer Doktorarbeit setzte sie sich für die »historische Mission der Arbeiterklasse«[59] ein.

In seinem Urteil vom 25. März 2014 hat das Bundesverfassungsgericht zu diesem Themenfeld zwar noch einmal betont: »Die Organisation des öffentlich-rechtlichen Rundfunks muss als Ausdruck des Gebots der Vielfaltsicherung dem Gebot der Staatsferne genügen.«[60] Folglich soll der »Einfluss der staatlichen und staatsnahen Mitglieder in den Aufsichtsgremien«[61] begrenzt werden. Für die praktische Umsetzung hat das Bundesverfassungsgericht aber ein Drittel dieses Personenkreises im jeweiligen Aufsichtsgremium zugelassen. Beim ZDF-Fernsehrat wird diese Quote erreicht, in Untergliederungen des Rundfunkrats des NDR hingegen auch unterschritten.[62]

Die Leitmedien erhalten von der Bundesregierung eine besondere Unterstützung. Durch Gesetz ist geregelt worden, dass die Entrichtung eines Rundfunkbeitrages verpflichtend ist. Dies hat 2019 zu Einnahmen von 8,068 Milliarden Euro geführt, die auf die staatsnahen Landesrundfunkanstalten der ARD, das ZDF, die Landesmedienanstalten und das Deutschlandradio verteilt werden.[63] Keinem anderen Medium stehen auch nur ansatzweise vergleichbare Mittel zur Verfügung, um die öffentliche Meinung zu beeinflussen. Der Staat kann aber noch über ein anderes Instrument Einfluss ausüben. Indem die Bundesregierung darüber entscheidet, in welchen Tageszeitungen sie teure Anzeigen schaltet, begünstigt sie nach eigenem Ermessen bestimmte Formen der Berichterstattung. Mittel sind reichlich vorhanden. Allein für 2020 standen der Großen Koalition 42,8 Millionen Euro für Werbemaßnahmen zur Verfügung.[64] Zudem möchte die Bundesregierung die Zustellung von Zeitungen und Anzeigenblättern mit 40 Millionen Euro unterstützen. Begründet wird dies mit der Aussage, »die bundesweite Versorgung mit Presseerzeugnissen flächendeckend sicherzustellen.«[65] Tatsächlich dürfte es darum gehen, den unter Abonnentenschwund leidenden Gazetten unter die Arme zu greifen. Denn Tageszeitungen sind weiter an jedem Kiosk zu beziehen, und im Internet gibt es ein Überangebot an Nachrichten und Anzeigen. Sollte der Staat weiter durch Fördermittel versuchen, die Gesetze des Marktes zu beeinträchtigen, wird er sich vorhalten lassen müssen, dadurch die tägliche Darstellung des Nachrichtenaufkommens zu beeinflussen.

Schließlich ist auffällig, dass die Parteien es über die Jahre immer mehr geschafft haben, ihre Finanzierung über Steuergelder abzusichern. Hans Herbert von Arnim, der bekannteste Parteienkritiker der Bundesrepublik, ging auf dieses Phänomen schon 1993 ein, als er eine viel beachtete Schrift vorlegte: »Der Staat als Beute. Wie Politiker in eigener Sache Gesetze machen«[66]. Den Rechenschaftsberichten der Bundestagsparteien für 2018 sind die folgenden Angaben zu entnehmen:[67]

- Die Einnahmen der CDU lagen bei 147,34 Millionen Euro. Allein 76,88 Millionen Euro müssen als Steuergelder gewertet werden, wozu die Posten »Mandatsträgerbeiträge und ähnliche regelmäßige Beiträge« sowie »Staatliche Mittel« zählen. Ihr Anteil an der Finanzierung der Partei umfasste 52,2 Prozent.

- Die Finanzierung der SPD wurde mit 172,39 Millionen Euro sichergestellt. An ihnen war der Steuerzahler mit 83,06 Millionen Euro (48,2 Prozent) beteiligt.

- Die Zuwendungen an Bündnis 90/Die Grünen betrugen 48,44 Millionen Euro. Der Zufluss aus dem Steueraufkommen lag bei 29,2 Millionen Euro (60,3 Prozent).

- Dem Neuling AfD standen 28,47 Millionen Euro zur Verfügung. Der Anteil der Finanzierung über Steuergelder lag bei 11,53 Millionen Euro (40,5 Prozent).

- Die Einnahmen der Linkspartei betrugen 33,15 Millionen Euro. Von diesen wurden 19,5 Millionen Euro (58,8 Prozent) über die Staatskasse generiert.

- Die Finanzierung der FDP lag bei 35,76 Millionen Euro. Über Steuermittel wurden davon 17,8 Millionen Euro aufgebracht (49,8 Prozent).

- Die CSU hatte Einnahmen von 45,36 Millionen Euro. Aus der Staatskasse flossen diesem Etat 17,43 Millionen Euro (38,4 Prozent) zu.

Somit lagen die Einnahmen der Bundestagsparteien 2018 bei über 510 Millionen Euro, von denen gut 255 Millionen Euro – 50 Prozent! – vom Steuerzahler erwirtschaftet worden sind. Eine weitere, sehr geschickte Finanzierung erfolgt über parteinahe Stiftungen, die – außer jener der AfD – 2017 Zuwendungen von insgesamt 581,4 Millionen Euro erhalten haben.[68]

Je nach Kriterium ließe sich die Parteienfinanzierung in einem noch größeren Umfang darstellen – etwa wie folgt mit Blick auf den Bundestag: Wie werden Diäten gewertet? Sie liegen bei 10 083,47 Euro pro Abgeordneten und Monat.[69] Muss die steuerfreie Kostenpauschale als Teil der Amtsausstattung hinzugerechnet werden? Sie ist mit 4560,59 Euro ausgewiesen.[70] Der Mitarbeiterhaushalt umfasst 22 436 Euro.[71] Beide Summen decken jeweils den Monatsbedarf. Hinzu kommt eine Pauschale für den Bürobedarf von bis zu 12 000 Euro jährlich.[72] Bei 709 Abgeordneten betragen die Gesamtausgaben allein für diese Posten 323,99 Millionen Euro im Jahr. Reisekosten werden zusätzlich vom Bundestag übernommen. Die Bundestagsparteien, die Unterstützung ihrer Arbeit im Parlament sowie die Subventionierung der Apparate über parteinahe Stiftungen werden aus dieser Perspektive mit vermutlich über 1,2 Milliarden Euro pro Jahr direkt vom Steuerzahler finanziert. Später kommen noch Übergangsgelder und die Altersentschädigung hinzu. Und die Ausgaben für die Abgeordneten der 16 Landtage sind in dieser Berechnung noch nicht einmal enthalten.

Dabei ist eine pauschale Kritik, vor allem an den Gehältern und der organisatorischen Ausstattung der Mandatsträger, nicht angemessen. Sie haben hohe Ausgaben, zu denen immer auch private Aufwendungen während der Wahlkämpfe gehören. Abgeordnete werden zudem nur dann gute Arbeit leisten können, wenn sie von qualifizierten wissenschaftlichen Mitarbeitern Unterstützung erhalten. Zu glauben, dass ein unterfinanziertes Parlament einen besseren Dienst am Volk leisten könnte, ist absurd.

Dagegen ist eine andere Kritik gerechtfertigt. Die Finanzierung erfolgt in einer Weise, in der die Abgeordneten des Bundestages selbst über die Höhe der Zuwendungen entscheiden. Mit Blick auf die Stiftungen der Parteien hat der Bund der Steuerzahler moniert, deren Mittelzuweisungen würden »in einem rechtsfreien Raum«[73] erfolgen. Die Kritisierten betonen natürlich, sich zwar ideell in der Nähe ihrer Parteien zu befinden, letztlich aber unabhängig zu agieren. In Einzelfällen trifft dies sogar zu, wenn besonders couragierte Mitarbeiter unabhängig von der Linie der Partei Tagungen organisieren. Auch sind die zahlreichen Bildungsveranstaltungen natürlich sinnvoll. Dabei darf aber nicht übersehen werden, dass Parteien und Stiftungen sehr eng miteinander verwoben sind. Dies gilt insbesondere in Personalfragen. Es ist z. B. vollkommen üblich, verdiente Parteisoldaten in Stiftungen zu »parken«, solange es für diese im aktiven politischen Betrieb keine Stellen gibt. Die Bildungseinrichtungen erfüllen damit über den eigentlichen Auftrag hinaus die Funktion eines personellen Reservoirs der Parteien.

Auch führende Positionen in den Bundes- und Landeszentralen für politische Bildung konnten nicht vom Einfluss ehemaliger Abgeordneter ferngehalten werden. Die Bundeszentrale für politische Bildung wird seit

2000 von Thomas Krüger geleitet. Er war im Berliner Senat für die SPD von 1991 bis 1994 Senator für Jugend und Familie. Von 1994 bis 1998 war er Mitglied des Deutschen Bundestages.[74] Einfluss auf die inhaltliche Arbeit der Bildungseinrichtungen sichern sich die Abgeordneten – im Bund wie im Land – über extra etablierte Kuratorien. Diese werden oft ausschließlich mit Parlamentariern besetzt.[75]

Die Bundesregierung ist zudem für die Bestellung eines weiteren Führungspostens zuständig, über den – ein bürokratischer Schildbürgerstreich – in unabhängiger Weise die Haushalts- und Wirtschaftsführung des Bundes geprüft werden soll. Seit 2014 ist Kay Scheller Präsident des Bundesrechnungshofs. Er hatte zuvor eine Parteikarriere in der CDU absolviert – im Ministerium, dem Bundeskanzleramt und der Fraktion. Scheller galt zum Zeitpunkt der Ernennung als sehr enger Vertrauter von Volker Kauder, der seinerzeit die CDU-/CSU-Fraktion im Bundestag geleitet hatte.[76]

Natürlich wirken die Parteien desgleichen in die Hochschulen hinein. Ihre Stiftungen rekrutieren bundesweit Vertrauensdozenten, in der Regel Professoren, die eine gewisse inhaltliche Nähe zur jeweiligen Partei aufweisen müssen.[77] Dies muss natürlich nicht zwangsläufig etwas heißen. Ein Professor ist sich aber in der Regel bewusst, dass Publikationen gegen die offizielle Linie seiner Partei und Stiftung schnell mit politischer Exkommunikation gestraft werden können. Er erhält dann keine Einladungen mehr zu opulent ausgestatteten Veranstaltungen mit anschließendem Diner, zu Staatsempfängen und ähnlichen Treffen. Auch gut dotierte Gutachten werden nicht mehr an ihn vergeben. Stiftungen können daher auf Wissenschaftler durchaus disziplinierend wirken, so dass sie bei der einen oder anderen Gelegenheit – freundlich formuliert – nicht immer ihrem akademischen Gewissen folgen, wenn sie inhaltlich Position beziehen.

Der Befund, wonach sich die Bundesrepublik Deutschland zu einem Parteienstaat entwickelt hat, muss noch lange nicht bedeuten, dass damit die Demokratie außer Kraft gesetzt worden ist. Den üblichen Schriften zu Demokratietheorien sind diverse Erscheinungsformen dieses politischen Organisationsmodells zu entnehmen.[78] Eine einseitige Kritik des Parteienstaates ist daher inhaltlich nicht angebracht. Es gibt verschiedene Wege, Personal für den Staatsapparat zu rekrutieren. Die Auswahl über eine Parteikarriere ist ein probates Mittel. Aus dieser Sicht erfüllen Parteien wie auch ihre Stiftungen eine wichtige Funktion für das Gelingen der Demokratie. Zudem wird man jenen, die sich engagieren, nicht pauschal unlautere Motive unterstellen können. Eine zweifelhafte Stellung nehmen vielmehr jene ein, die mit Hohn und Spott über »die« Politiker herziehen, es selbst aber bevorzugen, keine Verantwortung zu übernehmen.

Fraglich ist also, ab wann der Parteienstaat zum Problem für den langfristigen Bestand der freiheitlichen demokratischen Grundordnung wird. Davon kann gesprochen werden, wenn die Parteien den politischen Prozess so organisieren, dass der Volkswille in zentralen politischen Auseinandersetzungen nicht mehr zur Geltung kommt. Je stärker sie ihr eigenes Überleben über Steuermittel absichern können, desto größer wird die Neigung sein, auf Vorstellungen der Wähler nicht einzugehen. Dies funktioniert natürlich nur solange, wie die Umfrageergebnisse den eigenen Vorstellungen halbwegs entsprechen. Im destruktiven Parteienstaat wird dagegen ein Prozess außer Kraft gesetzt, den der amerikanische Politikwissenschaftler Andrew Moravcsik wie folgt beschrieben hat: »In the liberal conception of domestic politics, the state is not an actor but a representative institution constantly subject to capture and recapture, construction and reconstruction by coalitions of social actors.«[79] Das etwas drastisch beschriebene *capture and recapture* durch dann auch wirklich unterschiedliche soziale Akteure mit abweichenden sozialen Präferenzen findet in bestimmten Fragestellungen in Deutschland nicht mehr statt.

Wer ist es, der diesen Parteienstaat lenkt? Im Diskurs sind dazu unterschiedliche Begrifflichkeiten etabliert worden. Klaus von Beyme präferiert den Terminus »politische Klasse«. Diese sei von der politischen Elite abgrenzbar, obwohl es sich bei beiden Begriffen zum Teil um identische Personen handele: »Die politische Klasse ist ein Kartell der Parteieliten; sie tritt hauptsächlich durch den Ausbau des Parteienstaats in der modernen Demokratie in Erscheinung.«[80] Demnach sind es also nicht einmal die Parteien selbst, die das politische System prägen, sondern die führenden Berufspolitiker. Richard S. Katz und Peter Mair setzen ähnlich an und arbeiten mit der Bezeichnung »Kartellparteien«[81]. Dahinter steckt die Überlegung, dass sich die Parteien in den letzten Jahrzehnten in der Frage des eigenen Überlebens immer mehr Richtung Staat orientiert haben, da ihre Mitgliederzahlen zurückgingen, es dadurch zu geringeren Einnahmen aus Mitgliederbeiträgen kam und zugleich die Bindungen zu den Wählern stetig volatiler wurden. Die Parteien verbinde daher das gemeinsame Interesse, die eigene Existenz zu sichern. Was erhebliche Folgen für das Verhältnis zum Elektorat in Zeiten des Wahlkampfes hat: »While the appearance of competition is preserved, in terms of political substance it has become spectacle – a show for the audience of ›audience democracy‹.«[82]

Der Verfasser arbeitet mit dem Begriff der »politisch-medialen Elite«, der die wesentlichen Beobachtungen teilt, die von Beyme, Katz und Mair formuliert haben. Er verdeutlicht aber noch besser, was zur Schwächung der Demokratie in der Bundesrepublik führt. Wenn sich die zentralen Parteien eines politischen Systems wie auch die Leitmedien bei der Beurteilung wichtiger Probleme einig sind, sie deren Lösung sogar als alternativlos darstellen,[83] dann kann von einer politisch-medialen Elite als zentralem Träger der gesellschaftlichen Entwicklung gesprochen werden. Dort, wo sich Regierung, Opposition und die öffentlich-rechtlichen Medienanstalten uneins sind, gibt es keine politisch-mediale Elite.

Die sich daraus für die Demokratie ergebenden Probleme können wie folgt zusammengefasst werden. Erstens wird der Gedanke der Abwahl einer Regierung zu etwas Fiktionalem. Natürlich kann das Kabinett durch den Bundestag gestürzt werden, und eine komplett neue Mannschaft zieht in das Bundeskanzleramt ein. Wenn sich die Parteien aber in zentralen gesellschaftlichen Fragen wie dem Aufbau einer multikulturellen Gesellschaft, der Neukonstruktion der nationalen Identität und der Offenhaltung der Grenzen einig sind, führt die Abwahl einer Regierung nicht mehr zu einem Politikwechsel.[84] Der Wandel des Parteiensystems hat zudem dazu beigetragen, dass es immer mehr Koalitionsmodelle gibt, die – soweit sie wie Rot-Rot-Grün erst kritisch betrachtet wurden oder wie Schwarz-Grün als gewöhnungsbedürftig galten – auf Landesebene erprobt werden. Dies stärkt die Neigung der Parteien, möglichst viele Koalitionsoptionen zu haben, was natürlich zur Angleichung inhaltlicher Positionierungen führen muss.[85]

Zweitens sorgen die Leitmedien dafür, dass der überparteiliche Konsens in der Berichterstattung breite Unterstützung findet. Wer eine oppositionelle Meinung vertritt, also etwa Kritik am Aufbau einer multikulturellen Gesellschaft übt, kann von einer in dieser Frage sich geradezu freiwillig gleichgeschalteten politisch-medialen Elite ohne größere Anstrengungen ins soziale Abseits manövriert werden. Da, drittens, Elemente der direkten Demokratie in Deutschland von untergeordneter Bedeutung sind, kann sich der Wähler auch auf diesem Wege kein Gehör verschaffen. Somit ist jener Prozess durchbrochen, der ausdrücklich in Paragraf 1 Absatz 2 des Parteiengesetzes genannt wird: Die Parteien sorgen »für eine ständige lebendige Verbindung zwischen dem Volk und den Staatsorganen«[86]. Das machen sie schon seit vielen Jahren nicht mehr.

Um das politische System der Bundesrepublik zu stärken, wäre es daher dringend notwendig, parallel zur repräsentativen Demokratie zumindest zur Beantwortung der großen gesellschaftlichen Fragen plebiszitäre Elemente einzuführen. Entsprechende Vorschläge haben zahlreiche Politikwissenschaftler in den vergangenen Jahrzehnten gemacht.[87] Ihre Umsetzung könnte dazu beitragen, wieder ein größeres gegenseitiges Einvernehmen zwischen dem Volk und seinen Politikern herzustellen, was zur

Erhöhung der Legitimität des ganzen demokratischen Prozesses führen würde. Wie hat Hans Kelsen doch treffsicher formuliert: »Es kann nicht geleugnet werden, dass die Regelung mancher Frage anders ausfallen würde, wenn nicht bloß das Parlament darüber zu beschließen hätte, sondern auch die Wählerschaft selbst befragt würde.«[88]

Auf dem Weg in die Postdemokratie

Der britische Politikwissenschaftler Colin Crouch hat zu dieser Form von Politik im Parteienstaat vor einigen Jahren eine Studie vorgelegt, die 2008 auch in deutscher Sprache erschienen ist. In ihr wird die These aufgestellt, dass die derzeitige Welt der Demokratien auf das zusteuere, was der Autor »Postdemokratie« nennt. Er versteht darunter ein Gemeinwesen, das weiterhin Wahlen kennt, »in dem allerdings konkurrierende Teams professioneller PR[Public Relations, M. W.]-Experten die öffentliche Debatte während der Wahlkämpfe so stark kontrollieren, daß sie zu einem Spektakel verkommt«[89]. Die Experten würden darüber bestimmen, welche Themen diskutiert werden. »Die Mehrheit der Bürger spielt dabei eine passive, schweigende, ja sogar apathische Rolle, sie reagieren nur auf Signale, die man ihnen gibt.«[90] Politik werde vor allem von Eliten in Hinterzimmern gemacht, die stark von den Vertretern der Wirtschaft beeinflusst würden.

Crouch ist sich bewusst, dass sein Modell die herrschenden Zustände in übertriebener Form darstellt. Dennoch meint er, hinreichend Details benennen zu können, die zumindest eine klare Entwicklungstendenz belegen: Das postdemokratische Zeitalter rücke näher. Die Institutionen der Demokratie würden in dieser Phase zwar formal weiterbestehen. Die faktische Entscheidungsfindung werde aber immer mehr in einer Weise von Eliten beeinflusst, »die typisch war für vordemokratische Zeiten«[91].

Auf dem Weg in die Postdemokratie lerne der Politiker, Methoden aus den Bereichen des Showbusiness und des Marketing zu imitieren; »parallel dazu werden die Parteiprogramme (wird die Rivalität zwischen den Parteien selbst) inhaltlich immer farbloser und oberflächlicher.«[92] Viele Menschen, vor allem die Armen, würden unter diesen Bedingungen nicht mehr zur Wahl gehen. Dadurch würden sie jene Position wieder einnehmen, »die sie in prädemokratischen Zeiten gezwungenermaßen innehatten.«[93] Crouch kritisiert auch die »aalglatte«[94] Sprache der Politiker, die mit der Sprache der normalen Bevölkerung nicht kompatibel sei.

Die Parteien würden im 21. Jahrhundert »eine sich selbst reproduzierende interne Elite umfassen«[95], die nichts mehr mit einer Massenbewegung zu tun habe. Dafür würde sie sich eng mit Unternehmen verzahnen, die wiederum Gelder zur Verfügung stellten, mit denen »die Partei externe Dienstleister für Meinungsumfragen, Politikberatung und Wahlkampagnen bezahlt«[96]. Zu Verzerrungen komme es, wenn nicht alle Parteien in gleicher Weise an der Parteienfinanzierung oder dem Zugang zu Medien partizipieren.[97]

Zu konstatieren sei ein paradoxes Verhalten der politischen Klasse: »Auf der einen Seite ist ihr daran gelegen, die einfachen Bürger davon abzuhalten, sich aktiv mit den Geheimnissen der Politik zu befassen, indem sie sich in oppositionellen Organisationen engagieren, die die strenge Kontrolle, die die politisch-ökonomische Ellipse im Zentrum der Macht ausübt, in Frage stellen könnten.«[98] Auf der anderen Seite hoffe sie, wiedergewählt zu werden.

Mögen die Beziehungen zwischen Wirtschaft und Politik von Colin Crouch in einer etwas übertriebenen Weise dargestellt worden sein, so gibt es doch hinreichend Fälle, die belegen, dass sich Unternehmen in systematischer Form die Dienste von Spitzenpolitikern sichern, sobald diese ihre Karriere beendet haben. Einige bekannte Beispiele seien genannt: Der ehemalige Bundeskanzler Gerhard Schröder – zugleich der prominenteste Fall – arbeitet seit seinem Ausscheiden aus dem Amt für russische Energiekonzerne.[99] Der ehemalige Bundesverkehrsminister Matthias Wissmann (A 1993–1998) war unmittelbar nach Verlassen des Bundestages 2007 zum Präsidenten des Verbandes der Automobilindustrie ernannt worden. Bis 2018 bekleidete er diese Funktion.[100] Der ehemalige BND-Präsident Ernst Uhrlau (A 2005–2011) wurde 2012 Berater der Deutschen Bank.[101] Ronald Pofalla, von 2009 bis 2013 Chef des Bundeskanzleramts, wechselte 2015 in die Führungsebene der Deutschen Bahn.[102] Eckart von Klaeden war von 1994 bis 2013 Mitglied des Bundestages und hatte diverse Positionen für die CDU inne (u. a. Bundesvorstand, außenpolitischer Sprecher, Staatsminister im Bundeskanzleramt). Bereits vor (sic!) dem Ende seiner politischen Laufbahn kündigte die Daimler AG auf ihrer Internetseite an: »Eckart von Klaeden (47) wird zum Jahresende Nachfolger von Martin Jäger (48) als Leiter Politik und Außenbeziehungen der Daimler AG Stuttgart.«[103]

Weitere Überlegungen von Colin Crouch haben sich als treffsicher erwiesen. Das Argumentationsmuster seines Buches lässt sich mühelos auf die Bundesrepublik übertragen, die in der Tat Entwicklungstendenzen aufweist, die in die Postdemokratie führen könnten und in Ansätzen auch schon geführt haben. Ein erster oberflächlicher Blick deutet jedoch zunächst auf eine hohe Stabilität des Systems hin. Zwar verzichten viele Bürger auf die Wahrnehmung ihres Wahlrechts. Bei den Bundestagswahlen

2009 war die Wahlbeteiligung auf den Tiefststand von 70,8 Prozent abgesunken. Die Erfahrung zeigt aber, dass sich die Bürger gerade in aufgewühlten Zeiten mobilisieren lassen. Bei den Bundestagswahlen 2017 lag die Wahlbeteiligung bei 76,2 Prozent, was als stabiler Wert betrachtet werden kann.[104]

Umfragen der Bertelsmann Stiftung von 2017 lassen gleichwohl genauere Interpretationen zu. Das Erfreuliche: 75,9 Prozent stimmten der Aussage, die Demokratie sei die beste Staatsform, mit den Worten »stimmt ziemlich/völlig« zu, 18 Prozent votierten für »teils/teils«.[105] Das Vertrauen in die Idee der Demokratie ist damit groß und nachhaltig. Unterhalb dieser Metaebene zeigen sich jedoch bedenkliche Brüche. Misstrauen und Ablehnung werden dort sichtbar, wo das Ansehen konkreter Akteure bzw. institutioneller Säulen des politischen Systems eruiert wird.

Gefragt nach der Zufriedenheit mit der Demokratie in Deutschland, liegen die Werte schon schlechter. 57,3 Prozent der Interviewten geben »stimmt völlig/ziemlich« an, 29,1 Prozent »teils/teils«.[106] Besonderes Misstrauen herrscht gegenüber den politischen Parteien: 36,3 Prozent der Umfrageteilnehmer äußerten überhaupt kein bzw. nur ein geringes Vertrauen, 55 Prozent »teils/teils« und nur 8,7 Prozent »großes/sehr großes Vertrauen«.[107] Dies zeigt, wie groß die Kluft zwischen dem Volk und seinen Vertretern mittlerweile ist. Auch das Vertrauen in die Bundesregierung und den Bundestag ist begrenzt: »Großes/sehr großes Vertrauen« äußerten 30,2 bzw. 29 Prozent der Befragten, »teils/teils« 44,9 bzw. 47,1 Prozent und »überhaupt kein/geringes Vertrauen« 24,9 bzw. 23,9 Prozent.[108] Die Bearbeiter dieses Teils der Studie, die Politikwissenschaftler Tom Mannewitz und Erik Vollmann, urteilen daher: »Die Unterstützung zur Demokratie nimmt damit – je konkreter und individuell anschlussfähiger die Ebene, auf der sie betrachtet wird – in der Bevölkerung ab.«[109] Offen bleibt daher, wie sich diese Zustimmungswerte weiterentwickeln, vor allem in Zeiten einer politischen oder wirtschaftlichen Krise.

Die Politikverdrossenheit der Bürger dürfte vermutlich bereits nach Bekanntgabe der ersten Prognosen am Wahltag immer wieder einen erheblichen Schub erhalten – und dies nicht nur deshalb, weil die eigene Partei vielleicht schlechter als erwartet abgeschnitten hat. Die Würdigung von Wahlergebnissen durch die politische Elite zeigt in kontinuierlicher Weise, wie entkoppelt diese von den Realitäten operiert. Obwohl Angela Merkel mit der CDU am 24. September 2017 nur 26,8 Prozent der abgegebenen Stimmen erzielen konnte – das schlechteste Ergebnis ihrer Partei seit 1949 –[110], freute sie sich vor begeisterten Parteisoldaten im Konrad-Adenauer-Haus, erneut einen Regierungsauftrag erhalten zu haben.[111] Die

CDU scheint in solchen Situationen nicht zu merken, wie befremdlich das inszenierte Theater auf die Wähler an den TV-Bildschirmen wirken muss.

Um das Ergebnis noch deutlicher zu interpretieren: Die CDU hatte 2017 bei den Bundestagswahlen 12 447 656 Zweitstimmen von insgesamt 61 688 485 Wahlberechtigten bekommen. Unter Berücksichtigung der Ergebnisse der CSU lag das Votum für die Union zwar bei 15 317 344 Zweitstimmen, was 32,9 Prozent der gültigen abgegebenen Stimmen entspricht. Legt man hingegen die Wahlberechtigten der Berechnung zugrunde, haben sich nur 24,8 Prozent der Bürger für eine Fortsetzung der Führung der Bundesregierung durch Angela Merkel ausgesprochen.[112]

Die SPD versteht es ebenfalls, auch noch so schlechten Wahlergebnissen etwas abzugewinnen. Bei der Europawahl 2019 kam sie nur noch auf 15,8 Prozent der Stimmen. Nie hat sie bei den seit 1979 stattfindenden Abstimmungen zum europäischen Parlament schlechter abgeschnitten.[113] Andrea Nahles, zu jenem Zeitpunkt noch Vorsitzende der SPD, beklagte zwar das desaströse Ergebnis. Mit Blick auf die zeitgleich abgehaltenen Kommunalwahlen in mehreren Bundesländern hob sie aber zufrieden hervor, dass man »auch viele Erfolge«[114] erzielt habe. In Cuxhaven, Wiesbaden und Saarbrücken sei man »eine starke Kommunalpartei«[115].

Bei diesen Fällen geht es um unterschiedliche Interpretationen und Wahrnehmungen der Wirklichkeit. Nach der Europawahl hatte die Bundesregierung allerdings auch kein Problem damit, ein Wählervotum komplett zu ignorieren. Die einzelnen Parteien waren mit Spitzenkandidaten ins Rennen gegangen. Manfred Weber von der CSU nahm diese Funktion für die Europäische Volkspartei (EVP) ein und sollte, wenn die Mehrheitsverhältnisse dies nach der Wahl am 26. Mai 2019 möglich machten, Präsident der EU-Kommission werden.[116] Es kam anders. Der französische Präsident Emmanuel Macron stellte sich gegen Weber und äußerte dagegen frühzeitig große Sympathien für Ursula von der Leyen.[117] Am Ende setzten die Staats- und Regierungschefs die neue Personalie durch. Angela Merkel schwenkte um und entsagte nun Manfred Weber ihre Unterstützung. Die EU-Verträge geben ein solches Vorgehen her. Rechtlich war das Verfahren ohne Fehl und Tadel. Es passt allerdings auch perfekt zum Bild der Politik der Hinterzimmer, in dem das Votum des Bürgers keine Rolle spielt.

Dem Wähler war vor den Wahlen ausdrücklich signalisiert worden, dass einer der Spitzenkandidaten EU-Kommissionspräsident wird. Das Versprechen wurde nicht eingelöst; Ursula von der Leyen war sich nicht zu schade, sich vor dem europäischen Parlament zur Wahl zu stellen, obwohl sie nicht als Kandidatin angetreten war; und anstatt diesen Vorgang nun zu boykottieren, haben die neuen Abgeordneten das Vorgehen der Staats- und Regierungschefs auch noch abgesegnet. Wer die Legitimation der europäischen Institutionen, insbesondere des EU-Parlaments, in der europäischen Bevölkerung schwächen möchte, der muss genau so vorgehen.

Bereits kurz nach der Wahl von Ursula von der Leyen wurde Annegret Kramp-Karrenbauer im Juli 2019 zur neuen Verteidigungsministerin ernannt. Auch sie tat damit ihrer eigenen Glaubwürdigkeit vor dem Wahlvolk keinen Gefallen. Zuvor hatte sie eindeutig den Eindruck erweckt, sich ausschließlich auf ihre seit Dezember 2018 neue Aufgabe als CDU-Vorsitzende zu konzentrieren.[118] Nun war sie plötzlich doch bereit, einen Sitz am Kabinettstisch in Berlin einzunehmen. Die Personalie war von Anfang an unglaubwürdig, weil Kramp-Karrenbauer nicht die geringste Expertise in verteidigungspolitischen Fragen aufzuweisen hatte und nun plötzlich für eine Bundeswehr zuständig war, die neu strukturiert werden muss und wahrlich einen Vollprofi an ihrer Spitze benötigt hätte. In einer Umfrage zu dieser Entwicklung gaben etwa drei Viertel der Befragten an, die Ernennung Kramp-Karrenbauers negativ zu sehen.[119] Im Kalkül Angela Merkels spielen solche Einstellungen des Wahlvolkes keine Rolle, solange die nächste Bundestagswahl weit genug entfernt ist. Wichtiger war die Überlegung, Kramp-Karrenbauer auch über einen Ministerposten als Kanzlerkandidatin für die Bundestagswahl 2021 aufzubauen. Als diese im Februar 2020 ankündigte, vom CDU-Vorsitz zurücktreten zu wollen, war das Vorhaben frühzeitig gescheitert.

Postdemokratische Facetten werden dort deutlich, wo Wähler nicht mehr wissen, welcher Politiker für welche Positionierung steht – und zwar mittel- bis langfristig. Sie müssen befürchten, dass ihre Stimme plötzlich für Projekte verwendet wird, denen sie vor der Wahl nicht zugestimmt hätten. Ein schneller, dem machtpolitischen Kalkül oder einfach nur Stimmungen geschuldeter Positionswandel trägt somit ohne Zweifel zur Politikverdrossenheit und zur Delegitimierung des Demokratischen bei.

Auf dem Höhepunkt der Flüchtlingskrise warf der Ministerpräsident Bayerns, Horst Seehofer, Angela Merkel Anfang Februar 2016 vor: »Es ist eine Herrschaft des Unrechts.«[120] Damit bezog er sich auf die Weigerung Merkels, gegen geltendes Recht Flüchtlinge und Migranten ohne jede Begrenzung sowie meistens auch ohne Kontrolle ins Land zu lassen. Obwohl sich die Lage grundsätzlich nicht geändert hatte, sagte selbiger Seehofer, nun in der Funktion des Bundesinnenministers, im Dezember 2018: »Sie ist die Beste.«[121] Merkel war gerade als Parteivorsitzende der CDU zurückgetreten. Das Lob des einstigen Kontrahenten ging noch weiter: »Wir alle werden sie noch sehr vermissen.«[122] Bei konservativen Wählern haben diese

Pirouetten für einen starken Vertrauensverlust gesorgt. Seehofer wurde in den Medien immer wieder für seine 180-Grad-Wenden in politischen Fragen kritisiert. Dies hinterließ auch beim Wähler Eindruck. Nach der Bayern-Wahl im Oktober 2018 sprachen sich 64 Prozent der Deutschen für seinen Rücktritt als CSU-Vorsitzender und Bundesinnenminister aus.[123]

Zu einem ähnlichen Vertrauensverlust hat es nach der Bundestagswahl 2017 der SPD-Spitzenkandidat Martin Schulz gebracht. Hatte er noch während des Wahlkampfes zeitweise Spitzenwerte in Umfragen erzielt, so brachte er es mit seiner Partei am Ende nur auf das bei Bundestagswahlen bis dato schlechteste Wahlergebnis von 20,5 Prozent.[124] Am Tag nach der Wahl wurde er von einem Journalisten gefragt, ob er es ausschließe, in das Kabinett Merkel einzutreten. Er antwortete: »In eine Regierung von Angela Merkel werde ich nicht eintreten.«[125] In den folgenden Wochen verweigerte er zudem jede Mitwirkung der SPD an einer Fortsetzung der Großen Koalition.[126] Es dauerte ein wenig, bis die Bundeskanzlerin ein neues Kabinett zusammenstellen konnte. Ergebnis war die Fortsetzung der Großen Koalition. Und in der Phase der Ämterverteilung äußerte Schulz plötzlich Ansprüche auf den Posten des Außenministers (Anfang Februar 2018 zog er diese wieder zurück).[127] Damit war seine politische Glaubwürdigkeit weitgehend zerstört. Ende Januar hatte eine Umfrage ergeben, dass Schulz selbst bei SPD-Wählern zu 45 Prozent auf Ablehnung stieß.[128]

Zur Entfremdung zwischen Politikern und Bürgern tragen desgleichen die zahlreichen Debatten bei, in denen die Vertreter des Parteienstaates vorgeben, dass es nur eine – alternativlose – Lösung eines spezifischen Problems gibt. Von Januar 2015 bis Dezember 2020 haben 1 769 607 Menschen einen Erstantrag auf Asyl in Deutschland gestellt.[129] Die Bundesregierung gibt vor, auf diese Weise etwas gegen das Elend in Afrika und anderen Weltgegenden in prekärer Lage unternehmen zu können. Tatsächlich hat diese Politik lediglich dazu beigetragen, die innere und soziale Stabilität in Deutschland zu belasten, in vielen Bereichen mittlerweile auch zu gefährden. Afrika selbst hat sie nicht geholfen. Der Kontinent benötigt für einen Bevölkerungszuwachs von über 1,77 Millionen Menschen etwas weniger als 18 Tage.[130]

Ähnlich ist es beim wohl prominentesten aller Umweltthemen. Aus der Sicht von Politik und Medien gibt es zur Rettung des Klimas nur einen Weg: Es gehört an die Spitze der politischen Agenda. Über diesen Ansatz werden die Energiewende und Eingriffe in Lebensgewohnheiten gerechtfertigt. Zudem erschien von solcher Warte die vorübergehende, faktische Aussetzung der Schulpflicht am Freitag legitim, um den Eleven die Teilnahme an den Demonstrationen von »Fridays for Future« zu ermöglichen. Die globalen Erfolgschancen des Ansatzes werden dabei nur begrenzt reflektiert. Der Anteil Deutschlands an den weltweiten CO_2-Emissionen lag 2019 bei 1,93 Prozent. Selbst wenn eine Halbierung des Wertes gelingen sollte, würde dies nichts am Gesamtzustand des Klimas ändern.[131] Deshalb ist die andere Seite des Wahlvolkes irritiert: Warum wird dieses Thema derart einseitig von der politisch-medialen Elite präsentiert?

Aus der Sicht von Colin Crouch müssten solche Entwicklungen kritisch betrachtet werden. Allerdings sah er den Feminismus und die ökologische Bewegung positiv. Neue soziale Identitäten würden zeigen, dass es »im Innern des *demos* immer einen Bereich der Kreativität und der Irritation gibt«[132], der postdemokratischen Entwicklungen entgegenwirke. Ein neuer Akteur habe es dagegen schwer, sich in gewachsenen Strukturen zu etablieren: »Innerhalb der Bewegung brechen Konflikte und Widersprüche auf, dennoch überrumpelt sie die offizielle Politik, die nicht recht weiß, wie sie mit der neuen Kraft umgehen soll und sie erst einmal als undemokratisch diffamiert; die Sprecher der Bewegung präsentieren klarere Forderungen und die Elite findet Wege, darauf zu reagieren.«[133] Crouch hat sich gleichwohl deutlich gegen neue rechtsgerichtete Gruppierungen in Europa gestellt.

Parteien und Politiker haben sich auch schon früher in einer für den Bürger beklagenswerten Weise verhalten. Der Glaube an fundamentale Neuerungen ist deshalb abwegig. Demokratie funktioniert nicht ohne die üblichen Mechanismen der Macht, derer sich die Entscheidungsträger bedienen müssen, wenn sie Ergebnisse erzielen wollen. Wenn aber immer mehr Bürger den Eindruck haben, mit ihren Anliegen von Politikern nicht ernst genommen zu werden, dann beginnt das, worüber Colin Crouch sich ausführlich Gedanken gemacht hat.

Der bislang in der bundesrepublikanischen Geschichte deutlichste Fall dieser Art hat sich in Thüringen zugetragen. Am 27. Oktober 2019 war der Landtag gewählt worden, der am 5. Februar 2020 zusammenkam, um einen neuen Regierungschef zu bestimmen. Dabei ist es dem Fraktionsvorsitzenden der AfD, Björn Höcke, gelungen, durch geschickte Absprachen und Manöver zusammen mit den Stimmen der CDU und der Liberalen Thomas Kemmerich von der FDP zum Ministerpräsidenten zu wählen. Den Vorgang mag man bedauern und kritisieren, formal ist an ihm nichts auszusetzen. In Politik und Medien gab es anschließend einen Aufschrei: FDP und CDU hätten ein Tabu gebrochen. Niemand dürfe sich mit den Stimmen der AfD zum Ministerpräsidenten wählen lassen. Kemmerich hielt dem Druck nicht stand und trat bereits kurz nach seiner Wahl zurück. Am 4. März 2020 wurde Bodo Ramelow wiedergewählt, nun als Ministerpräsident einer Minderheitsregierung aus Linkspartei, SPD und Grünen. Ein solch skandalöser Vorgang war nur möglich, weil die politisch-mediale

Elite unter Ausblendung demokratischer Grundsätze an einem Strang zog. Angela Merkel hatte sich am 6. Februar 2020 sogar persönlich aus Südafrika in das Geschehen eingemischt. Sie sagte, »dass dieser Vorgang unverzeihlich ist und [dass] deshalb auch das Ergebnis wieder rückgängig gemacht werden muss.«[134] So kam es. Den frei gewählten Abgeordneten von FDP und CDU wurde nicht zugebilligt, frei zu entscheiden. Und Merkel machte einem großen Teil der Thüringer klar, dass sie »falsch« gewählt haben, womit sie deren Wahlstimmen politisch entwertete.

Der Vorgang deutet einmal mehr an, dass die seit spätestens 2015 zu beobachtende Polarisierung der Gesellschaft und die damit verbundene Entfremdung zwischen der Regierung und großen Teilen des Wahlvolkes dazu führen, dass sich die Bundesrepublik langsam und mit leisen Schritten auf dem Weg in die Postdemokratie befindet. In dem Zustand kann sie sich theoretisch lange halten; zumindest oberflächlich-formal wird sie dabei eine Demokratie bleiben. Die Lage birgt aber große Gefahren. Politikverdrossenheit führt oft lediglich zur Wahlenthaltung oder dem Rückzug ins Private. Sollte der Bürger jedoch zunehmend den Eindruck gewinnen, dass seine Stimme wertlos ist und die Parteien am Ende machen, was sie wollen, könnte dies zu Prozessen der inneren Distanzierung von den Errungenschaften des Grundgesetzes führen. Je stärker in einer solchen Situation die herrschende Mehrheit der politischen Minderheit die eigene Überlegenheit vorführt, desto größer ist die Wahrscheinlichkeit, dass die gesellschaftliche Polarisierung weiter voranschreitet. So entsteht eine nur schwer einschätzbare, antidemokratische Schläfer-Reserve, die geradezu darauf hofft, dass das bestehende System zusammenbricht. In Krisenzeiten ist dieser Personenkreis durch geschickt auftretende Demagogen schnell aktivierbar.

2. Grundlagen der Identität Angela Merkels

Von Journalisten und Historikern ist immer wieder erörtert worden, in welchem Umfang die Vergangenheit die Politik der Bundeskanzlerin erklärt. Ein solcher inhaltlicher Annäherungsversuch ist aus wenigstens drei Gründen wenig erhellend. Erstens kann nicht zweifelsfrei ermittelt werden, wie Merkel im ersten Teil ihres Lebens (1954–1989) gedacht hat. Nur sie selbst weiß dies. Selbst wenn sie, zweitens, in jungen Jahren eine hohe Systemnähe zur DDR aufgewiesen hat, muss ihr wie jedem anderen auch zugebilligt werden, sich von vergangenen Positionen distanzieren und politisch neu ansetzen zu können. Drittens braucht es die Vergangenheit nicht, um die heutige Haltung der Bundeskanzlerin zu verstehen. Sie lässt offen erkennen, in Deutschland eine multikulturelle Gesellschaft errichten zu wollen. Dieses Projekt verfolgt sie freimütig im Rahmen der Richtlinienkompetenz, die ihr gemäß Artikel 65 des Grundgesetzes zukommt.

Interessant ist ein kurzer Exkurs in die DDR-Vergangenheit der mit Abstand prägendsten Politikerin der Bundesrepublik in der Zeit nach der Wiedervereinigung aber dennoch. Vorweg sei betont: Dabei kann es nur darum gehen, Grundlagen eines Weltbildes im Werden über die Auswertung von Indizien in plausibilisierender Form zu erschließen. Der Aufbau einer unumstößlichen Beweiskette ist auf der Basis des vorhandenen Quellenmaterials nicht möglich.

Die Relevanz eines solchen Untersuchungsabschnitts liegt auf der Hand. Die Strukturen des sich seit Jahren verfestigenden Parteienstaates befördern einerseits postdemokratische Zustände, in denen Volkes Stimme immer weniger wiegt. Selbst über Umfragen eindeutig ermittelbare, unter den Befragten mit großer Mehrheit zustimmungsfähige Positionen können unter diesen Bedingungen häufig nicht nach oben durchdringen. Eine Politik der Denationalisierung und vollkommen neue – in diesem Fall: multikulturelle – Gesellschaftsentwürfe können andererseits zügig vorangebracht werden, wenn die Regierung von einer Person geführt wird, die kaum innere Verankerungen in der deutschen Geschichte aufweist.

Der offiziell verbreiteten Vita Angela Merkels sind nur wenige Details zu entnehmen: geboren 1954 in Hamburg; 1973 Abitur in Templin; dann bis 1978 Physikstudium mit Abschluss an der Universität Leipzig; anschließend bis 1990 wissenschaftliche Mitarbeiterin am Zentralinstitut für Physikalische Chemie (ZIPC) an der Akademie der Wissenschaften in Berlin; 1986 Promotion.[135] Details zu den ersten gut 35 Jahren ihres Lebens hat sie nur sehr spärlich preisgegeben. Die meisten Informationen sind oberflächlicher Natur; an vieles kann sie sich nicht mehr erinnern. Wer über diese Phase zu forschen beginnt, dem stehen kaum Primärquellen zur Verfügung. Gerd Langguth nannte Merkel deshalb einmal treffend die »bekannte Unbekannte«[136]. Gelangten dennoch Ereignisse aus der Kindheit, der Jugend oder dem Studium an die Öffentlichkeit, so war es meist die Betroffene selbst, die sich dazu zuvor in Interviews geäußert hatte. Der Bundeskanzlerin ist es auf diese Weise bis heute gelungen, die Deutungshoheit über ihre Zeit in der DDR zu bewahren.

Bereits in der ersten Biografie über die damalige politische Aufsteigerin, die 2000 vom Journalisten Wolfgang Stock vorgelegt worden ist, wird ein Bild entworfen, das Merkel inhaltlich für die westliche CDU sehr anschlussfähig gemacht hat. Sie sei als Tochter eines evangelischen Pfarrers groß geworden und habe als Physikerin keine politische Nähe zum SED-Regime aufgebaut. Immer wieder wird auf ihre ablehnende Haltung gegenüber dem System der DDR verwiesen, dem sie in innerer Opposition gegenübergestanden haben soll. Nach der Wende habe Merkel frühzeitig an vorderster politischer Front mitgewirkt, als es darum ging, den Sozialismus zu beseitigen. Die Darstellungen Stocks weisen teilweise geradezu hagiografische Züge auf und wurden bereits damals kritisch gesehen.[137] Dieser Teil ihrer Vita strahlt gleichwohl bis heute nach Washington, wo sie Anfang Juni 2011 von Barack Obama die »Presidential Medal of Freedom« erhalten hatte.[138] Am 30. Mai 2019 hielt sie eine weit beachtete Rede an der Harvard-Universität. Die Berichterstattung im Vorfeld zu diesem Ereignis übernimmt ebenfalls unkritisch das bekannte Bild zum Wirken der Geehrten in der einstigen DDR.[139] Der Sache wird dagegen eher ein Blick gerecht, der ganz unterschiedliche Bewertungen zu integrieren versucht.

Wer Angela Merkels Rolle in den Jahren bis 1989 kritisch sieht, setzt in etwa wie folgt an. Ihr Vater Horst Kasner war ein bekannter Theologe. Er gehörte in der DDR zu jenen Pfarrern, die sich aktiv für eine friedliche Koexistenz zwischen Kirche und Sozialismus einsetzten. Wenngleich er sicher kein Unterstützer des SED-Regimes war, galt er als Befürworter eines reformierten Sozialismus.[140] Daher verhinderte Kasner auch nicht den Beitritt seiner Tochter zu den Jungen Pionieren und zur Freien Deutschen Jugend (FDJ). Später gab Merkel zusätzlich an, Mitglied des Freien Deutschen Gewerkschaftsbundes und der Gesellschaft für Deutsch-Sowjetische Freundschaft gewesen zu sein.[141] Alle vier Organisationen zählten zu den zentralen politisch-ideologischen Stützen der DDR. Nun waren solche Mitgliedschaften eher die Regel als die Ausnahme, um im real existierenden Sozialismus in sozialer oder beruflicher Hinsicht nicht benachteiligt zu werden. Kritisch können dagegen jene Personen gesehen werden, die freiwillig Führungsaufgaben übernommen haben.

Dies war bei Merkel der Fall, wenngleich die Meinungen darüber, was sie tatsächlich getan hat, auseinandergehen. Einigkeit dürfte darüber herrschen, dass sie aus Altersgründen zur FDJ-Grundorganisation gehörte und Mitglied des FDJ-Sekretariats am ZIPC war. Dort hatte sie mit zwei Personen zu tun, die bei der Durchleuchtung ihrer Vergangenheit von Interesse sind: Gunther Walther und Hans-Jörg Osten. Sie waren beide in unterschiedlichen Studienabschnitten 1. Sekretär und damit Leiter des FDJ-Sekretariats am ZIPC.[142] In der Beschreibung der Tätigkeit Merkels sind sie sich einig. Walther bezeichnet sie als »Sekretärin für Agitation und Propaganda«[143]. Osten bestätigt diese Version.[144] Am 22. September 1994 veröffentlichte er einen Leserbrief im *Neuen Deutschland*, nachdem er kurz zuvor Angela Merkel in ihrer Funktion als Bundesministerin für Umwelt, Naturschutz und Reaktorsicherheit in der Talkshow *Talk im Turm* zugehört hatte. Osten zeigte sich über ihr Verhalten geradezu entsetzt: »Bis 1987 war ich an einem Berliner Akademieinstitut beschäftigt. An diesem Institut gab es eine rührige FDJ-Leitung mit einer Sekretärin für Agitation und Propaganda, jener heutigen Frau Minister. Frau Merkel organisierte FDJ-Studienjahre, in denen eifrig darüber diskutiert wurde, wie dieser DDR-Sozialismus noch besser und vollkommener zu machen sei. [...] Mein letzter Kontakt mit Frau Merkel war im Dezember 1989. Auch da war noch immer nichts von einer Kämpferin gegen den Unrechtsstaat zu spüren.«[145] Osten kennt Merkel gut – nach der Trennung von ihrem Mann Ulrich hatte sie einige Zeit bei ihm gewohnt.[146]

Günther Krause, der 1990 für die DDR den deutsch-deutschen Einigungsvertrag ausgehandelt hatte, sieht es noch kritischer: »Sie hat dort nicht die idealistische Weltanschauung der CDU propagiert, sondern Marxismus-Leninismus. Und was mich ärgert an dieser Frau, ist schlicht und einfach der Sachverhalt, dass sie nicht zugibt, in der DDR eine Systemnähe gehabt zu haben. Sie war fachlich nicht unverzichtbar an der Akademie der Wissenschaften. Sie war aber durchaus nutzbar als Pfarrerstochter im Sinne des Marxismus-Leninismus. Und das verdrängt sie. Das ist aber die Wahrheit. [...] Agitation und Propaganda, da ist man verantwortlich für die Gehirnwäsche im Sinne des Marxismus. Das war ihre Aufgabe, und das war keine Kulturarbeit.«[147] Krause wird vorgehalten, aus verschiedenen Gründen frustriert zu sein und deshalb diese Worte von sich gegeben zu haben, um der Bundeskanzlerin zu schaden. Vielleicht kennt er sie aber auch besonders gut. Merkel sagte 1992: »Ich hatte mehrere Förderer in meinem politischen Leben. Vor Helmut Kohl waren es Lothar de Maizière und Günther Krause.«[148]

Die Einschätzung zur Systemnähe wird in einem Bericht des Ministeriums für Staatssicherheit (MfS) geteilt. Er wurde vom Führungsoffizier des Inoffiziellen Mitarbeiters (IM) »Bachmann«, der mit richtigem Namen Frank Schneider hieß und Merkel an der Akademie der Wissenschaften kennengelernt hatte, verfasst. Zu einer Reise nach Polen und dem Wirken der Solidarność soll seine Kollegin gesagt haben: »In diesem Zusammenhang stimmte sie der Einschätzung der UdSSR [Union der Sozialistischen Sowjetrepubliken, M. W.] zu, dass die Gefahr bestehe, dass der Sozialismus in Polen untergraben wird.«[149] Als FDJ-Sekretärin zeige Merkel zudem »eine gefestigte Haltung zu unserem Staat«[150]. Solche Bewertungen könnten erklären, warum ihr einstiger Ehemann Ulrich, an dessen Familiennamen sie festgehalten hat, nach der Wende sagte: »Ich habe jedoch nicht den Eindruck gehabt, dass Angela besonders unter der Mauer gelitten hat.«[151]

Merkel selbst hat immer wieder betont, sie sei lediglich »Kulturbeauftragte«[152] am ZIPC gewesen. Letztlich führt der Streit um die genaue Funktionsbezeichnung des Amts in der Jugendorganisation nicht weiter. Gerd Langguth setzt deshalb anders an. Er kritisiert bereits die Mitwirkung beim Aufbau des SED-Kadernachwuchses in grundsätzlicher Form: »Es kommt auf die Bewertung der FDJ an: Wer diese in erster Linie als Mittel zur Durchsetzung des Parteiwillens auf die junge Generation ansieht, muss zumindest jedes aktive Engagement in der FDJ kritisieren oder gar verurteilen«[153]. Dies ist sogar noch recht diplomatisch formuliert. Das X. Parlament der FDJ, das vom 1. bis zum 5. Juni 1976 in Ost-Berlin abgehalten worden war, stellte das eigene Selbstverständnis unzweideutig dar: »Die FDJ betrachtet es als ihre Aufgabe, der SED zu helfen, standhafte Kämpfer für die Errichtung der kommunistischen Gesellschaft zu erziehen, die im Geiste des Marxismus-Leninismus handeln.«[154]

Eine Mitwirkung im Kadernachwuchs der SED ist nach 1990 schnell als lässliche Jugendsünde abgetan worden, und dies war sicherlich auch insofern nachvollziehbar, als zu viele Neubürger der Bundesrepublik eine entsprechende Vergangenheit hatten. Dabei sollte aber nicht übersehen werden, dass die Bundeskanzlerin aus der Sicht des BfV nicht nur nachweisbar Mitglied einer verfassungsfeindlichen Organisation war, sondern die Umsetzung der Ziele der FDJ – in welchem Umfang auch immer – als Funktionärin vorangetrieben hatte. Die Verfassungsschutzberichte aus den Jahren des Ost-West-Konflikts sprechen diesbezüglich eine klare Sprache.[155]

Aus dieser Sicht gibt es weitere Hinweise für eine Nähe oder zumindest hohe Toleranz des sozialistischen Systems. Merkel durfte 1986 zur Hochzeit ihrer Cousine nach Hamburg fahren. Auch wenn sie wohl nicht zum privilegierten Reisekader des ZIPC gehörte,[156] muss doch davon ausgegangen werden, dass die zuständigen Stellen – sehr wahrscheinlich das MfS – von einer gewissen Linientreue der Antragstellerin ausgegangen sind. Denn einfache Reisen für jedermann waren in der DDR unmöglich. Nur der Elite wurde genehmigt, in das »kapitalistische Ausland« zu fahren.[157] Hubertus Knabe, Direktor der Gedenkstätte Berlin-Hohenschönhausen von 2000 bis 2018, spekuliert daher: »Wenn die Genehmigung ihrer Reisen in die Bundesrepublik eine Belohnung für politisches Wohlverhalten war, könnte man möglicherweise daraus ableiten, dass sie vom MfS begünstigt wurde.«[158] Allerdings verweist er auch darauf, dass die Genehmigung von Westreisen in der zweiten Hälfte der 1980er-Jahre großzügiger gehandhabt worden ist.

Aus einem anderen Blickwinkel kann die DDR-Vergangenheit Merkels desgleichen positiv dargestellt werden. Ihr Vater mag im Herzen ein Sozialist gewesen sein, in seiner Stasi-Akte steht allerdings auch der folgende Vermerk: »Kasner kam 1954 aus Hamburg/Westdeutschland und ist ein Gegner unseres Arbeiter- und Bauernstaates.«[159] Merkel erhielt nicht die Jugendweihe, sondern 1967 die Konfirmation. Sie war nicht Mitglied der SED und soll zu dieser aus der Sicht zahlreicher Zeitzeugen innerlich auf Distanz gestanden haben.[160] Einem Anwerbungsversuch des MfS von 1978 konnte sie sich entziehen;[161] 1984 soll sie in ihrer Stasi-Akte den Eintrag »Politisch-ideologische Diversion«[162] erhalten haben: »Sie steht unserem Staat sehr kritisch gegenüber.«[163] Ihr geringes Interesse an den Inhalten des Sozialismus zeigt ein weiteres Beispiel. Parallel zur Promotion musste Merkel nachweisen, dass sie über vertiefte Kenntnisse zum Marxismus-Leninismus verfügt. Sie schrieb eine Arbeit zum Thema »Was ist sozialistische Lebensweise?«, die als verschollen gilt und lediglich mit der Note »rite« (genügend) bewertet wurde.[164]

Die Mitwirkung Merkels in den staatlichen Institutionen wie den Jungen Pionieren und der FDJ kann aus einer wohlwollenden Perspektive vollkommen nüchtern eingeordnet werden. Wenn sie am ZIPC tatsächlich für den Bereich Agitation und Propaganda verantwortlich war, warum gibt es dann keine Belege für Beispiele dieser Tätigkeit?[165] Merkel wird der FDJ – wie so viele Menschen – aus Opportunismus beigetreten sein; sie selbst schrieb diesem Faktor »70 Prozent«[166] ihrer Motivation zu. Vermutlich hat sie zumindest im Geiste einer Kulturbeauftragten der Jugendorganisation des Staates gehandelt, weil sie Interesse an geselligen Abenden und Theaterbesuchen hatte. Genau deshalb dürfte sie 1991 im Interview mit Günter Gaus gesagt haben: »Ich war gerne in der FDJ.«[167] Dort habe sie Dinge unternommen, die »mit dem System und seiner Ideologie eigentlich wenig zu tun hatten.«[168] 2004 sagte sie zu dieser Form des Engagements in der Jugendorganisation: »Das war für mich schön, auch weil mein früherer Mann eher häuslich veranlagt war.«[169] Der letzte Ministerpräsident der DDR, Lothar de Maizière, sieht diesen Punkt ebenfalls unkritisch: »Sie schwamm als FDJ-Kulturtante so durch. Aber es ist unfair, wenn man ihr das heute vorhält. Sie war in der FDJ immer für Kultur zuständig. Und jeder, der in der DDR gelebt hat, weiß, wenn man sich richtig doll drücken wollte, dann machte man in der FDJ-Gruppe den Kulturonkel oder die Kulturtante.«[170]

Wie viele andere Menschen musste Merkel einen Weg finden, mit der Diktatur umzugehen, wozu immer auch gehörte, sich auf die eine oder andere Weise anzupassen. Dennoch scheint sie nicht an die Zukunftsfähigkeit des sozialistischen Systems geglaubt zu haben. Merkel behauptete vor ihrer

Kanzlerschaft, »dass für mich sehr früh entschieden war, dass die DDR nicht funktionieren konnte.«[171] Der im politisch linken Lager verachtete Journalist Gerhard Löwenthal, langjähriger Moderator des ZDF-Magazins, hatte sie dagegen beeindruckt: »Hinsichtlich der Beurteilung der DDR gab es dort jedenfalls die pointierte Aussprache meiner Empfindungen.«[172] Dies ist ein bemerkenswertes Bekenntnis. Stefan Kornelius fasst ihre Haltung wie folgt zusammen: »Ihr fehlte der Mut, offen zu opponieren. Aber sie brachte es auch nicht fertig, das Regime zu akzeptieren.«[173] Zumindest an Legenden hat sie nie gestrickt – insbesondere nicht an solchen, die zu ihren Gunsten ausgefallen wären: »Ich habe keiner Widerstandsorganisation angehört, und ich war keine Bürgerrechtlerin.«[174]

Über dem Leben der Angela Merkel in der DDR liegt selbst nach der Lektüre mehrerer Bücher und Interviews weiter ein dicht gewebter Schleier, der nur schwer zu durchdringen ist. Dies lässt die ganz natürliche Frage aufkommen, ob Historiker nicht doch noch einmal Details entdecken werden, die dazu beitragen, die Vergangenheit der Bundeskanzlerin neu zu bewerten. Spekulationen hat sie letztlich selbst durch eine nur sukzessive Preisgabe von Details zu ihrer Vergangenheit befördert. Die Weigerung, Einblick in ihre Stasi-Unterlagen zu gewähren, ist eine der Grundlagen zur Entstehung immer neuer Gerüchte.[175] Hubertus Knabe sieht daher in der »Akte Merkel eine Blackbox«[176].

So umgeben Vermutungen, nicht belegbare Zuschreibungen und boshafte Konstruktionen die ersten 35 Jahre im Leben der Bundeskanzlerin. Diese reichen so weit, dass Merkel unterstellt wird, für das MfS als IM »Erika« gearbeitet zu haben. Knabe hat dem am 9. August 2019 widersprochen: »Für die Behauptung, Bundeskanzlerin Angela Merkel hätte unter dem Decknamen ›Erika‹ für den Staatssicherheitsdienst gearbeitet, gibt es keinerlei Belege. Sollte es einen entsprechenden IM-Vorgang gegeben haben, müssten selbst im Fall seiner Vernichtung zumindest noch Spuren davon erhalten sein – zum Beispiel Berichte aus der Quelle ›Erika‹, die in den Akten ausgespähter Personen abgelegt wurden. Das ist nach gegenwärtigem Kenntnisstand aber nicht der Fall.«[177]

Für die Beurteilung eines Politikers muss die gesicherte Faktenlage die Ausgangsbasis sein. Somit kann festgehalten werden, dass den Jahren 1954 bis 1989 nichts zu entnehmen ist, das den Schluss zuließe, Merkel könnte für das Amt der Bundeskanzlerin im demokratischen Sinne charakterlich ungeeignet sein. Sämtliche oben skizzierten Vorhaltungen sind entweder banal, aufgrund begrenzter Empirie nicht weiter vertiefbar oder viel zu breit interpretierbar. Nirgendwo ist nachlesbar, dass sie für das MfS gearbeitet oder gar Menschen in ihrem persönlichen oder beruflichen Umfeld verraten haben könnte. Grundsätzliche Schlussfolgerungen zur Entstehung ihres Weltbildes lassen sich aber natürlich dennoch aus den ersten 35 Jahren ableiten.

Merkel hat in ihrem Leben mehrfach einen Identitätswandel vollziehen müssen. In Hamburg geboren, in der DDR aufgewachsen. Im einen System war sie Mitglied der FDJ und des Demokratischen Aufbruchs, im anderen stieg sie schnell in der CDU Helmut Kohls auf. Bis zur Wiedervereinigung musste sie als stellvertretende Regierungssprecherin die Interessen der DDR vermitteln (auch in Konkurrenz zur Bundesregierung), wenige Monate später war sie Bundesministerin (und nun plötzlich auf der einstigen »Gegenseite« aktiv). Dies setzt eine hohe Anpassungsfähigkeit an sich ändernde Umstände voraus, die Merkel selbst als eines der Ergebnisse ihrer Sozialisation im SED-Regime betrachtet.[178]

Aufgewachsen ist die Bundeskanzlerin als Angela Kasner. Von 1977 bis 1982 war sie mit dem Physikstudenten Ulrich Merkel verheiratet. Wenige Jahre später wurde der Quantenchemiker Joachim Sauer ihr neuer Lebensgefährte, den sie 1998 ehelichte. Es ist sicherlich nicht ungewöhnlich, nach einer Scheidung noch eine Weile den Namen des Mannes beizubehalten. Merkel ging aber so weit, den Zustand nach der Heirat ihres neuen Ehemannes fortzusetzen. Dies muss nichts heißen, könnte aber darauf hinweisen, dass für sie bestimmte persönliche Identitätsmerkmale nicht bedeutsam sind. Naheliegend ist jedoch auch die Vermutung, dass Angela Merkel den bekannten Namen, mit dem sie von 1991 bis 1998 unter Helmut Kohl Bundesministerin war, aus praktischen Gründen nicht mehr ändern wollte. Aber auch das würde die Annahme bestätigen, zu persönlichen identitären Elementen lediglich einen pragmatischen Bezug zu haben.

2013 wurde bekannt, dass Angela Kasner mit einem ganz anderen Namen hätte aufwachsen können. Ihr Vater Horst war 1926 in Berlin geboren worden. Dessen Vater – also Merkels Großvater – Ludwig hatte dagegen 1896 in Posen das Licht der Welt erblickt und gehörte dort der polnischen Volksgruppe an. Nach seiner Auswanderung nach Berlin änderte er 1930 den Familiennamen von »Kazmierczak« in den deutsch klingenden Namen »Kasner« um.[179] Merkel selbst sagt, sie sei »zu einem Viertel polnisch«[180]. So unproblematisch dies ist, war es für sie offensichtlich wichtig, die polnische Vergangenheit der Familie über Jahrzehnte nicht preiszugeben.

Fraglich ist nun, welche identitäre Verwurzelung über ein solches Leben abzuleiten ist. Zwei Pfeiler sind nachweisbar, die als Antithesen zum Kollektivismus und der Unfreiheit des DDR-Regimes entstanden sind. Der Individualismus leitet Merkel dort, wo es darum geht, die Entfaltungsmöglichkeiten des Einzelnen zu achten. Damit dies möglich ist, bedarf es der

Wahrung der Freiheit.[181] Hinzu kommt sicherlich noch das Prinzip der Nächstenliebe,[182] das eng mit der religiösen Prägung durch das Elternhaus verbunden ist. So war es für die Regierungschefin während der Flüchtlings- und Migrationskrise 2015 unmöglich, einer Entwicklung Vorschub zu leisten, die neue Grenzen auf dem Kontinent hätte entstehen lassen. Diese und viele weitere Beispiele zeigen zudem, dass sie sich als Europäerin begreift und Politik aus dieser Perspektive betreibt.

Dagegen hat Merkel in ihren Jahren in der DDR und auch danach keinerlei innere Bezüge zur deutschen Nation aufbauen können. In sämtlichen Schriften zu ihrer Vergangenheit spielt dieser Punkt keine Rolle. Das SED-Regime verabscheute die Protagonisten der Reichseinigung von 1871; das Nationale wurde aus einer sozialistischen und einer internationalistischen Sicht bewertet. Was Merkel mit der Wiedervereinigung verbunden hat, war vor allem der Zugewinn an Freiheiten für die Bürgerinnen und Bürger der neuen fünf Bundesländer. Sie dürfte nicht, wie dies Willy Brandt, Helmut Schmidt, Richard von Weizsäcker oder Helmut Kohl getan haben, darin einen tieferen historischen Sinn gesehen haben – etwa in Form der Wiedervereinigung einer historisch und kulturell gewachsenen Schicksalsgemeinschaft. Genau dies ist der zentrale Unterschied zu führenden Politikern der alten Bundesrepublik: Brandt, Schmidt, von Weizsäcker und Kohl haben sich als Europäer verstanden; zugleich haben sie sich als zutiefst mit ihrem Volk verbundene Deutsche betrachtet.

Gerd Langguth hat kurz vor der Bundestagswahl 2005 den inneren Bezug Angela Merkels zu jenem Land, das sie anschließend über 15 Jahre als Regierungschefin anführen sollte, beschrieben: »Sie ist gleichsam fremd im eigenen, nunmehr wiedervereinigten Land geblieben, auch in der eigenen Partei.«[183] Seine Bewertung geht dann noch deutlich weiter: »Im Gegensatz zu Helmut Kohl versteht sie sich nicht als jemand, der ein Geschichtsbild entfaltet. […] Wer weniger Wurzeln – wie der häufig als ›Eiche‹ beschriebene Kohl – hat, kann sich auch leichter von solchen Wurzelwerken losreißen.«[184]

1991 antwortete Angela Merkel der Journalistin Herlinde Koelbl auf die Frage, ob sie in Kindheit und Jugend eine DDR-Identität herausgebildet hatte: »Die hatte ich nie. Ich habe niemals DDR-Fernsehen gesehen, mit Ausnahme von Sportsendungen. Und ich habe die DDR nie als mein Heimatland empfunden.«[185] In einer Gesprächsfortsetzung fragte Koelbl 1993: »Was ist Deutschland für Sie? Das Vaterland?« Merkel antwortete: »Eher die Heimat.«[186] In der ersten Phase ihres Lebens konnte sie keine Beziehungen zu ihrem Land aufbauen, und in der zweiten Phase blieb der mangelnde emotionale Zugang erhalten. Deutsch zu sein, scheint für sie etwas mit Funktionsmechanismen zu tun zu haben. Koelbl fragte Merkel 1993 auch:

»Was ist typisch deutsch?« Sie formulierte dazu: »Vielleicht die Ordentlichkeit und der Mangel an Improvisationstalent. Die Neigung, alles zu planen und zu organisieren.«[187]

In diesem Stil ging sie auch Ende November 2004 auf eine Frage der *Bild*-Zeitung ein: »Welches Empfinden weckt Deutschland noch in Ihnen?« Die Antwort lautete: »Ich denke an dichte Fenster! Kein anderes Land kann so dichte und schöne Fenster bauen. Ich denke an eine bodenständige und herzhafte Küche. Ich denke an Laubbäume, an Buchen und Eichen. Ich denke an bestimmte Vögel, zum Beispiel Kraniche, Störche.«[188] Gerd Langguth fragt bei allem Verständnis für den ironischen Unterton der Aussage: »Aber kommt Merkels ›Patriotismus‹ von Herzen?«[189] Vermutlich nicht, wie dies auch ihre vielen Reden zeigen: »Vaterland«, »deutsche Nation« oder »deutsches Volk« finden zumeist keine Erwähnung. Als emotionale Bezugspunkte spielen sie keine Rolle. In der Rede Merkels zum Tag der deutschen Wiedervereinigung am 3. Oktober 2019 kommt das Wort »Volk« nur noch im Rückblick auf die DDR-Geschichte vor, wenn sie von »Volkspolizisten« spricht. Ihre abschließenden Worte lauten: »Lassen Sie uns deshalb heute den Tag der Deutschen Einheit mit einem bunten Fest feiern! Erfreuen wir uns an der Vielfalt unseres Landes!«[190] Helmut Kohl hatte seine Rede zum 3. Oktober 1997 dagegen mit den folgenden Worten beschlossen: »Wenn wir Deutschen in diesem Sinne zusammenstehen, haben wir alle Chancen auf eine gute Zukunft – in einem vereinten Vaterland, in einem vereinten Europa.«[191] Der Kreis der Adressaten, an die sich der Bundeskanzler bzw. die Bundeskanzlerin am Tag der Deutschen Einheit gewandt haben, hat sich in nur wenigen Jahren verschoben. Und damit die Geisteshaltung: Nichts zeigte dies deutlicher als die Bilder am Tag der Bundestagswahl vom 22. September 2013. Die siegreiche CDU-Führung feierte vor ihrer Anhängerschaft zu dem Lied »Tage wie diese«. Als Generalsekretär Hermann Gröhe ein Deutschland-Fähnchen gereicht bekam, ging Merkel geradezu konsterniert auf ihn zu, nahm ihm das kleine Winkelement ab und schüttelte den Kopf.[192]

Der Handlungsstil der Bundeskanzlerin zeigt zudem, wie sehr sie Politik als Experimentierfeld betrachtet; die einstige Physikerin ist hier unverkennbar. Merkel sucht nach rationalen Lösungen für aufkommende gesellschaftliche Probleme. Dieser Ansatz schließt in vielen Politikfeldern aus, romantischen Sichtweisen zu folgen oder an gewachsenen Positionen festzuhalten. Wie in einem Laborexperiment wird über Versuch und Irrtum ergründet, welche Entscheidungen zur Lösung eines Problems beitragen können. In der politischen Kalkulation kommt der Blickwinkel von Kosten und Nutzen hinzu. Einst nicht verhandelbare Positionen, die den Markenkern der CDU ausmachten, wurden so geräumt: von der Aussetzung der Wehrpflicht über die Einführung der Ehe für Homosexuelle bis zum Ausstieg aus der Kernkraft.

Für viele Anhänger der Union ist diese Entwicklung bis heute nur schwer zu verkraften. Für ihre langjährige Vorsitzende war es unproblematisch, da sie von Anfang an zur CDU und ihren Werten keine inneren Bindungen aufweisen konnte. Die Bürgerrechtlerin Vera Lengsfeld hat zur Haltung Merkels in den Wendejahren erklärt: »[...] sie hatte immer einen großen Abstand zur CDU.«[193] Auch Bodo Ihrke, nach dem Untergang der DDR Landrat der SPD und zuvor Klassenkamerad Merkels bis zum Abitur, wunderte sich über ihren Eintritt in die Partei Helmut Kohls: »Ich hatte sie eher linker eingeschätzt, als ich es bin.«[194] Wenn es kein Zufall war, dann vielleicht ein nüchternes Machtkalkül, in der CDU schneller Karriere machen zu können. Tatsächlich hätte sie 1990 jeder deutschen Partei beitreten können, so schwach war ihr inhaltlicher Kompass ausgeprägt. Langjährige Beobachter erkennen diese Disposition noch heute, was der Journalist Wolfgang Herles zugespitzt zusammengefasst hat: »Angela Merkel ist unpolitisch.«[195]

Wer derart geringe Bindungen zu langfristig gewachsenen Wurzeln eines Landes oder den Werten einer Partei hat, der kann mit zentralen Termini ganz unbefangen umgehen. Begriffe wie »Volk« und »Nation« sind für die Bundeskanzlerin Handlungsrahmen, die sich ändernden Sachlagen angepasst werden können. Ein gehöriges Maß an Internationalismus sowie die Bereitschaft, sich der normativen Kraft des Faktischen in Gesellschaftsfragen zu beugen, prägen ihr politisches Denken. Der Begriff des »Deutschen« ist damit inhaltlich variabel und ohne Konstante – so, wie dies auch von der DDR-Führung praktiziert wurde. Er kann deshalb mit neuen Inhalten gefüllt werden, und wer sich dem in der Gegenwart widersetzt, läuft Gefahr, vom BfV als »Völkischer«, »Rassist« oder »Rechtsextremist« eingeordnet zu werden. Im Rahmen ihrer Richtlinienkompetenz kann die Bundeskanzlerin genau diesen Kurs, der aus ihrer Sicht vermutlich der einzig rationale ist, vorgeben. Notfalls mit aller Härte! Bereits zu Beginn ihrer Karriere hatte sie sich klar gegen basisdemokratische Elemente ausgesprochen und bekannt: »Vielleicht habe ich da ein autoritäres Verhalten in mir.«[196] Wer so denkt, wird auch keine Probleme damit haben, zur Durchsetzung des eigenen »alternativlosen« Ansatzes den Verfassungsschutz einzusetzen.

3. Instrumentalisierung des Verfassungsschutzes

Das BfV ist ein Instrument des Staates zum Schutz der freiheitlichen demokratischen Grundordnung. Die Machtlogik des Parteienstaates kann allerdings auch dazu führen, dass sich der Verfassungsschutz politisch instrumentalisieren lässt. Der Geschichte der Präsidenten deutscher Nachrichtendienste ist zu entnehmen, dass es in diesem Amt nicht unüblich war, zum Zwecke der eigenen Karriereförderung der Politik gefallen zu wollen. Im vorliegenden Fall – dem mit neuem Schwung beförderten »Kampf gegen rechts« – ist das BfV zumindest in Teilen erneut dazu übergegangen, im Geiste des Narrativs der politisch-medialen Elite *intelligence to please* zu produzieren.

Politik kann das BfV vor allem mit seiner einzigartigen institutionellen Stellung machen. Es ist wie beim Arzt: Wenn sich der Präsident der Behörde äußert, wird dies zunächst einmal wegen des Ansehens seiner Position sehr ernst genommen. Der Verfassungsschutz weiß also, dass er oft hohe öffentliche Wellen schlägt, wenn er politische Bedrohungen benennt. Ihm kommt ein immer noch vorhandener Vertrauensvorschuss in weiten Teilen der Bevölkerung zugute.

Eine Partei, unterschiedliche Einstufungen

Formen der Instrumentalisierung und der Produktion von *intelligence to please* lassen sich gleichwohl nicht nur auf der Bundes-, sondern auch auf der Landesebene finden. Der Umgang der Verfassungsschützer mit der Linkspartei bestätigt dies. Zunächst ist festzustellen, dass die ablehnende Haltung der Partei gegenüber der freiheitlichen demokratischen Grundordnung breit dokumentiert ist. Die vom BfV weiterhin beobachtete Kommunistische Plattform der Linken tritt für den »Sozialismus als Ziel gesellschaftlicher Veränderungen ein.«[197] Ähnlich äußerte sich am 15. Juni 2007 der damalige Vorsitzende der Partei (die sich zu jenem Zeitpunkt noch Partei des Demokratischen Sozialismus, PDS, nannte), Lothar Bisky: »Ja, wir diskutieren auch und immer noch die Veränderung der Eigentums- und Herrschaftsverhältnisse, und auch das unterscheidet eine neue Partei links von der Sozialdemokratie in Deutschland von anderen. Kurz gesagt: Wir stellen die Systemfrage!«[198] Entsprechend deutlich positionierte sich Anfang Januar 2011 die Vorsitzende der Linkspartei, Gesine Lötzsch: »Die Wege zum Kommunismus können wir nur finden, wenn wir uns auf den

Weg machen und sie ausprobieren, ob in der Opposition oder in der Regierung.«[199] Führende Vertreter der Partei haben mittlerweile gelernt, solche Ansichten nicht öffentlich zu äußern.

Dies gelingt allerdings nicht immer. Nach den verheerenden Ausschreitungen von Linksextremisten während des G-20-Gipfels in Hamburg im Juli 2017 gab die Vorsitzende der Linken, Katja Kipping, eine Beurteilung der Lage von sich, in der das alte Feindbild vom Staat und den ihn schützenden Organen wieder bemüht wurde: »Die Polizeiführung lässt ihre Hundertschaften mit schwerem Gerät durch die Straßen der Hansestadt marodieren und schikaniert Menschen, die es wagen, Bier zu trinken oder im Zelt zu schlafen.«[200]

Obwohl führende Vertreter der Linken ihre Verfassungsfeindlichkeit ganz offen gezeigt haben und weiter zeigen, gehen die zuständigen Behörden bei der Bewertung der Partei höchst unterschiedlich vor. Im Verfassungsschutzbericht 2019 des Bundes wird die Kommunistische Plattform mit 1122 Mitgliedern in der Rubrik »Extremistische Strukturen der Partei DIE LINKE« aufgeführt. Weitere Erwähnung finden die Sozialistische Linke (953 Mitglieder), die Antikapitalistische Linke (1060 Mitglieder) und »marx 21« (300 Mitglieder).[201] Ein Jahr zuvor hatte das BfV weitere Gruppen genannt, die der Partei zugerechnet wurden: die Arbeitsgemeinschaft Cuba Sí (563 Mitglieder), das Marxistische Forum (400 Mitglieder) und das Projekt Geraer/Sozialistischer Dialog (keine Angaben).[202] Spitzenpolitiker der Linkspartei haben in diesen Organisationen aktiv mitgearbeitet. Sahra Wagenknecht war lange Jahre Wortführerin der Kommunistischen Plattform. Janine Wissler gehörte »marx 21« an; seit 2021 ist sie Co-Vorsitzende der Nachfolgepartei der SED.

In Bayern wird diese Perspektive geteilt. Im Verfassungsschutzbericht von 2019 heißt es: »Innerhalb der Partei ›DIE LINKE.‹ gibt es mehrere offen extremistische Strukturen, die auf eine Überwindung der freiheitlichen Staats- und Gesellschaftsordnung abzielen.«[203] Es ist keine besonders kühne These zu behaupten, dass diese identische Bewertung der Linken auch damit zusammenhängt, dass die Innenministerien des Bundes und Bayerns zum damaligen Zeitpunkt von Parteimitgliedern der CSU geführt wurden.

Im Osten Deutschlands fallen die Bewertungen dagegen ganz anders aus. In Brandenburg gab es bis 2019 eine Koalition aus SPD und Linkspartei, in Mecklenburg-Vorpommern ist 2016 eine Regierung aus SPD und CDU gebildet worden, in Sachsen-Anhalt kam es im selbigen Jahr zu einem Bündnis aus CDU, SPD sowie Bündnis 90/Die Grünen. In allen drei Bundesländern findet die Linkspartei in den Verfassungsschutzberichten 2018 keine Erwähnung. Der relativ betrachtet größte Teil des analytischen und dokumentierenden Umfangs der jeweiligen Dokumente setzt sich mit dem dominierenden Thema Rechtsextremismus auseinander, wohingegen der Linksextremismus nur auf wenigen Seiten behandelt wird.[204]

Dass es im Thüringer Verfassungsschutzbericht 2018 keine Erwähnung der Regierungspartei gibt, versteht sich von selbst.[205] Die Linkspartei stellt mit Bodo Ramelow den Ministerpräsidenten, der 2014 zusammen mit der SPD und Bündnis 90/Die Grünen eine Koalition gebildet hatte. Lediglich im Verfassungsschutzbericht 2018 in Sachsen (Regierung: Koalition aus CDU und SPD von 2014 bis 2019) findet sich ein kurzer Hinweis auf die Kommunistische Plattform, die als »linksextremistische Strömung innerhalb der Partei DIE LINKE«[206] bezeichnet wird.

Dieses Lagebild lässt sich erweitern. Im Verfassungsschutzbericht 2018 von Schleswig-Holstein ist die Linkspartei nicht Teil der Beobachtung.[207] Auch dieser Umstand hat es Ministerpräsident Daniel Günther (Regierung: Koalition aus CDU, FDP, Bündnis 90/Die Grünen) im August 2018 ermöglicht, zumindest im Osten der Bundesrepublik Koalitionen zwischen der CDU und der SED-Nachfolgepartei anzuregen.[208] Aus Niedersachsen (Regierung: Koalition aus SPD, CDU) sind derartige Gedankenspiele nicht zu vernehmen. Die Warnungen vor der Linkspartei im Verfassungsschutzbericht sind eindeutig: »Die zwei offen extremistischen Zusammenschlüsse in der Partei DIE LINKE, die ›Kommunistische Plattform‹ (KPF) und die ›Antikapitalistische Linke‹ (AKL), streben nach wie vor, wenn auch in unterschiedlicher Ausführung und Intensität, die Überwindung der bestehenden politischen Ordnung der Bundesrepublik an und wollen diese durch ein sozialistisches bzw. kommunistisches System ersetzen.«[209]

Der Extremismus-Experte Eckhard Jesse ordnet diese Situation wie folgt ein: »Die unterschiedliche Beobachtungspraxis ist ein Politikum. Sie lässt sich nicht in erster Linie mit dem Erscheinungsbild der Partei im jeweiligen Bundesland erklären. Offenbar spielen dabei auch Gesichtspunkte eine Rolle, die nicht nur die Frage der Verfassungsmäßigkeit der Partei berühren.«[210] Jesse erklärt, was er damit meint: »Politische Interessen spielen hier eine Rolle. Wenn die SPD in den neuen Bundesländern mit der LINKEN eine Koalition eingeht und anstrebt (wohl nicht nur hier), so kann sie kein Interesse daran haben, diese Partei in den Verfassungsschutzberichten erwähnen zu lassen. Für Bündnis 90/Die Grünen gilt Analoges.«[211]

Neu ist dieser Vorwurf nicht. Der Staatsrechtslehrer Erhard Denninger hatte schon 1977 die Gefahren einer den politischen Erfordernissen angepassten Auslegungspraxis moniert: »Die weitgehende Überantwortung der Interpretations- und Verfügungsherrschaft über die ›fdGO‹-Formel an die Exekutive(n) gibt dieser nahezu kontrollfreie politische Machtmittel zur Ausschaltung oppositioneller Meinungsbildungen an die Hand. Daß hier der von der Verfassung vorausgesetzte und geforderte freie und offene Prozeß demokratischer Meinungs- und Willensbildung in Gefahr gerät, ist offenkundig. Ein derartiger Einsatz der ›fdGO‹-Formel schafft eine der Vorbedingungen für den allmählichen Übergang der freiheitlichen Demokratie in einen selbstherrlich autoritären Verwaltungsstaat.«[212]

Was lässt sich aus dieser Situation schlussfolgern? Wer den Aufstieg einer Partei verhindern will, muss dafür sorgen, dass sie als Konkurrent um Wählerstimmen diskreditiert wird. Soweit es Sympathien in den eigenen Reihen für die jeweilige Gruppierung gibt, ist zusätzlich eine Politik der Vorsorge notwendig: Die neue Partei muss auch als Koalitionspartner unmöglich gemacht werden. Eine Erwähnung im Verfassungsschutzbericht erfüllt beide Ziele in vorzüglicher Weise. Im umgekehrten Fall geht es dann darum, sich neue machtpolitische Optionen zu verschaffen, indem einst geächtete Parteien für wählbar und koalitionsfähig erklärt werden. Dazu ist ihre Erwähnung in den Verfassungsschutzberichten zwingend zu unterbinden.

Die Vorgänge zeigen, dass sich Nachrichtendienste von Regierungen für die parteipolitische Arbeit instrumentalisieren lassen. Dadurch nimmt die Qualität der Verfassungsschutzberichte Schaden, und das Vertrauen der Bürger in diese Institution kann in der Folge untergraben werden. Es ist davon auszugehen, dass die Produktion von *intelligence to please* zumindest langfristig das Ansehen der Inlandsnachrichtendienste nicht verbessert.

Um dieses ist es ohnehin nicht besonders gut bestellt, was nicht an den Mitarbeiterinnen und Mitarbeitern des BfV liegt. Der übergroßen Mehrheit der Verfassungsschützer wird es in ihrer täglichen Arbeit ausschließlich darum gehen, die freiheitliche demokratische Grundordnung gegen verfassungsfeindliche Bestrebungen aller Art zu schützen. Es ist Teil des Schicksals dieser Berufsgruppe, dass sie die erzielten Erfolge ihrer Arbeit regelmäßig nicht nach außen kommunizieren darf, weil dadurch Arbeitsmethoden offengelegt werden könnten. Dies führt ganz automatisch dazu, dass das öffentliche Bild immer wieder durch tatsächliche, oft aber auch nur vermeintliche »Skandale« und »Krisen« geprägt wird. Mit Folgen für die Bewertung der Behörde durch die Bürger.

Im September 2018 ergab eine Umfrage der Forschungsgruppe Wahlen, dass 55 Prozent der Befragten kein großes oder gar kein Vertrauen in den Verfassungsschutz haben.[213] Trösten konnte sich das BfV nur mit den noch schlechteren Werten des BND, erhoben im Juli 2016 von Infratest Dimap. Gegenüber dem Auslandsnachrichtendienst hatten 68 Prozent der Deutschen wenig oder gar kein Vertrauen.[214] Die Bewertung der Behörden sollte sich in den folgenden Jahren leicht verbessern. Vom 29. September bis zum 1. Oktober 2020 wurde eine weitere Umfrage durchgeführt. 43 Prozent der Befragten gaben an, wenig oder gar kein Vertrauen in den Verfassungsschutz zu haben; beim BND lag dieser Wert bei 49 Prozent.[215]

Rechtsbrüche

Die politische Instrumentalisierung der Inlandsnachrichtendienste hat Folgen. Die Praxis zeigt, dass die Leitung des BfV, jene einzelner Landesämter sowie Mitarbeiter auf Bundes- und Landesebene immer wieder gegen geltendes Recht verstoßen haben und sogar verurteilt worden sind. Offensichtlich liegen die Verfassungsschützer mit ihren Einschätzungen häufig falsch. Ein Grund dafür könnte sein, dass sie vorschnell mit Blick auf politische und mediale Erwartungshaltungen reagieren:

- Das AfD-Gutachten vom Januar 2019 und die darauf basierende Einstufung der Partei waren zu überhastet aufgesetzt worden. Bereits im Februar hatte das Verwaltungsgericht Köln dem BfV untersagt, die Bezeichnung »Prüffall« weiter zu verwenden.[216]

- Im September 2019 urteilte das Verwaltungsgericht Köln nach einem Eilantrag der IBD, dass das BfV »die Mitteilung widerrufen [muss], die Identitäre Bewegung Deutschland e.V. werde als ›gesichert rechtsextremistische Bestrebung gegen die freiheitlich demokratische Grundordnung‹ eingestuft.«[217]

- Zuvor hatte das Kölner Verwaltungsgericht die von 1970 bis 2008 erfolgte Überwachung von Rolf Gössner für rechtswidrig erklärt. Das Gericht konnte in den übermittelten Akten aus 38 Jahren keine Hinweise für verfassungsfeindliche Bestrebungen entdecken. Dem linksgerichteten Publizisten und Rechtsanwalt wurden zwar Kontakte in die linksradikale Szene nachgewiesen. Daraus ließ sich allerdings nicht die Schlussfolgerung ableiten, dass Gössner aktiv bestrebt ist, die freiheitliche demokratische Grundordnung zu stürzen. Das Oberverwaltungsgericht Münster bestätigte diese Sichtweise.[218]

- Die konservative[219] Wochenzeitung *Junge Freiheit* war in der Vergangenheit in den Jahresberichten der Landesämter für Verfassungsschutz

Nordrhein-Westfalens und Baden-Württembergs in der Rubrik »Rechtsextremismus« aufgeführt worden.[220] Auch das BfV erwähnte sie im Verfassungsschutzbericht des Bundes.[221] Ihr wurden Aktivitäten gegen die freiheitliche demokratische Grundordnung vorgeworfen. Die Wochenzeitung klagte mit Erfolg gegen diese Anwürfe. Am 24. Mai 2005 bestätigte der Erste Senat des Bundesverfassungsgerichts die Einwände der *Jungen Freiheit:* Die Erwähnung des Blattes im Verfassungsschutzbericht komme einem »Eingriff in das Kommunikationsgrundrecht gleich.«[222] Weiter hieß es: »Der Verlag und die Redaktion der ›Jungen Freiheit‹ werden durch die Erwähnung in den Verfassungsschutzberichten zwar nicht daran gehindert, die Zeitung weiter herzustellen und zu vertreiben sowie auch zukünftig Artikel wie die beanstandeten abzudrucken. Ihre Wirkungsmöglichkeiten werden jedoch durch den Verfassungsschutzbericht nachteilig beeinflusst. Potenzielle Leser können davon abgehalten werden, die Zeitung zu erwerben und zu lesen, und es ist nicht unwahrscheinlich, dass etwa Inserenten, Journalisten oder Leserbriefschreiber die Erwähnung im Verfassungsschutzbericht zum Anlass nehmen, sich von der Zeitung abzuwenden oder sie zu boykottieren.«[223]

- Von 1978 bis 2013 hat das Landesamt für Verfassungsschutz von Baden-Württemberg den linksgerichteten Freiburger Stadtrat Michael Moos und dessen Kanzlei beobachtet. Im Juli 2019 erklärte das Verwaltungsgericht Stuttgart diese Vorgehensweise zu großen Teilen für rechtswidrig. Moos hatte Kontakte in die linksradikale Szene. So war er u. a. Mitglied im Kommunistischen Bund Westdeutschland.[224]

- Anfang 2012 erklärte das Berliner Verwaltungsgericht eine weitere Aktion des BfV für rechtswidrig. Es hatte von 1998 bis 2006 Telefone, E-Mails und den schriftlichen Postverkehr von linken Aktivisten überwacht, um Verbindungen zur linksextremen »militanten gruppe« nachzuweisen. Dies gelang nicht.[225]

- Im Juli 2020 wurde bekannt, dass das Verwaltungsgericht München einer Klage der Zeitgeschichtlichen Forschungsstelle Ingolstadt stattgegeben hat. Dem Verfassungsschutz Bayerns wurde daraufhin untersagt, den eingetragenen Verein im Bericht von 2019 in der Rubrik »Sonstige rechtsextremistische Organisationen«[226] aufzuführen.[227]

- Rechtswidrig waren zudem diverse Vorgänge der Aktenvernichtung in einzelnen Verfassungsschutzämtern. Es seien hier nur einige bekannte

Beispiele genannt: 2010 ließ der Verfassungsschutz Berlin Unterlagen zu der rechtsextremen Gruppierung »Blood & Honour« vernichten, anstatt sie dem Landesarchiv zur Aufbewahrung anzubieten.[228] Zu einem weiteren Vorfall war es beim Berliner Verfassungsschutz 2012 gekommen, als 25 Akten mit Unterlagen zu rechtsextremen Vorgängen nicht dem Landesarchiv offeriert wurden, sondern ihren Weg in den Reißwolf fanden.[229] Auch auf Bundesebene sind derartige Vorgänge nachweisbar. Im November 2011 hatte der Referatsleiter Axel M. – Deckname im BfV: Lothar Lingen – mehrere Akten vernichten lassen. Dabei ging es um V-Männer, die offensichtlich im Umfeld des NSU tätig waren. Die Aktion fand gezielt statt. Axel M. gab zu seiner Motivation zu Protokoll: »Vernichtete Akten können [...] nicht mehr geprüft werden. [...] Die nackten Zahlen sprachen ja dafür, dass wir wussten, was da läuft, was aber nicht der Fall war.«[230] 2018 wurde das Verfahren gegen eine Geldzahlung in Höhe von 3000 Euro an eine gemeinnützige Einrichtung eingestellt.

Die aufgezählten Fälle zeigen, dass Verfassungsschützer nicht nur regelmäßig gegen das Gesetz verstoßen. Oft ist ihnen gar nicht bewusst, ob ihre Handlungen rechtens und ihre Bewertungen zutreffend sind. Dennoch werden Entscheidungen getroffen – bei kritischen Sachlagen in der Hoffnung, dass es zu keinem Rechtsverfahren kommt. Jene, die eigentlich das Recht schützen sollen, haben folglich in Einzelfällen keine Probleme, es solange zu brechen, bis ihnen von einem Gericht Einhalt geboten wird.

Der bislang schwerwiegendste Vorgang dieser Art wurde am 3. März 2021 bekannt. In den Medien war zu lesen, dass das BfV die AfD nun als Verdachtsfall führt.[231] *Spiegel Online* berichtete, dass der Redaktion ein 1001 Seiten umfassendes Gutachten des Inlandsnachrichtendienstes vorliege.[232] Offiziell wollte sich die Behörde nicht zu dem Vorgang äußern, da sie eine Stillhaltezusage in einem laufenden Rechtsstreit mit der AfD abgegeben hatte. Dennoch fand das Ergebnis der internen – als Verschlusssache eingestuften – Untersuchung einen Weg an das Licht der Öffentlichkeit. Als »Durchstecher« kommen Vertreter des BfV, der informierten Landesämter für Verfassungsschutz oder des Bundesinnenministeriums in Frage. Dass dies knapp zwei Wochen vor den Landtagswahlen in Rheinland-Pfalz und Baden-Württemberg sowie im Jahr der Bundestagswahl geschah, kann kaum als Zufall eingeordnet werden.

Das Verwaltungsgericht Köln reagierte auf die Entwicklung am 5. März 2021 in scharfer Form. Es untersagte dem Verfassungsschutz bis auf Weiteres, die AfD »als ›Verdachtsfall‹ einzustufen oder zu behandeln sowie eine Einstufung oder Behandlung als ›Verdachtsfall‹ erneut bekanntzugeben.«[233]

Dabei ging es ausschließlich um eine formale, nicht um eine inhaltliche Bewertung des Gegenstandes. In der Begründung der Entscheidung wird das BfV in schwerer Form gemaßregelt. Die Behörde habe »in unvertretbarer Weise in die verfassungsrechtlich gewährleistete Chancengleichheit politischer Parteien eingegriffen«[234]. Zugleich wird ihr Wortbruch vorgeworfen, da sich das Bundesamt »nicht an seine Stillhaltezusagen gehalten bzw. nicht hinreichend dafür Sorge getragen ha[t], dass keine verfahrensrelevanten Informationen nach außen drängen.«[235] Weiter sprach das Gericht mit Blick auf den Inlandsnachrichtendienst von einer zerstörten »Vertrauensgrundlage«[236].

Der Verfassungsschutz hatte im »Kampf gegen rechts« ein weiteres Mal gegen das Grundgesetz verstoßen. Dabei wurde erneut die Existenz einer politisch-medialen Elite – doppelter Bewertungsmaßstab inklusive – sichtbar: Während die Leitmedien und zahlreiche Politiker die Einstufung der Partei rechts der Mitte als »Verdachtsfall« auf Bundesebene freudig begrüßten,[237] hatten sie sich im Januar 2021 in einem anderen Fall entsetzt gezeigt. In den Medien war seinerzeit zu lesen, dass ein Gutachten des Berliner Verfassungsschutzes an die AfD weitergereicht worden ist. Damit hatte sich mindestens ein Mitarbeiter der Behörde des Geheimnisverrats schuldig gemacht. Der Vorgang sorgte auch deshalb für Aufsehen, weil die Analyse zu dem Ergebnis gekommen sein soll, es bestehe kein Anlass zur Einstufung der Berliner AfD als Verdachtsfall.[238] Obwohl beide Vorgänge eindeutig rechtswidrig waren und jeweils eine Untersuchung zur Folge haben müssten, konzentrierte sich die Empörung von vielen Politikern und Journalisten lediglich auf die »Durchstecherei« in einem Fall.

Wege gegen die Instrumentalisierung

Vor diesem Hintergrund gibt es in der Wissenschaft einen Diskurs darüber, ob es nicht besser wäre, den Verfassungsschutz ganz abzuschaffen. Prominente Vertreter dieser These sind Claus Leggewie und Horst Meier. Sie werfen dem BfV eine ideologisch ausgerichtete Vorgehensweise gegen »Extremisten« vor, »die je nach politischer Konjunktur mal eher links, mal eher rechts ausgemacht werden«[239]. Das BfV habe heute einzigartige Möglichkeiten zum Eingriff in die Rechte von Bürgern, die an sich gesetzestreu seien. Dabei gehe der Einsatz des Begriffs »Extremismus« mit der »Mobilisierung von Ausgrenzungsbereitschaft«[240] einher. Leggewie und Meier fassen ihren Vorwurf wie folgt zusammen: »Wo andernorts mit den Rändern des politischen Spektrums die Auseinandersetzung um Meinungen und

Parlamentssitze geführt, also demokratische Normalität praktiziert wird, beherrscht hierzulande die Vorfeldaufklärung eines ›Verfassungsschutzes‹ die Szene.«[241] Die Autoren plädieren daher für das Instrument des Republikschutzes, der »politisch neutral«[242] sei, »weil er nicht auf den (stets umstrittenen) ›extremistischen‹ Inhalt von Politik abstellt, sondern gleichsam unideologisch auf die Form von Politik.«[243] Der Staat solle also erst dann gegen verfassungsfeindliche Gruppierungen vorgehen, wenn diese zur Gewalt schreiten. »Denn alle Erfahrung zeigt: Je weiter sich ein (angeblich verfassungsschützendes) Denken vom Gewaltkriterium entfernt, desto bedenkenloser ist die dahinterstehende (meist unbewusste) Neigung, anstößige Meinungen, provozierende Kundgebungen und schrille Oppositionsparteien zu unterdrücken.«[244]

Ob Verfassungsschützer dem politischen Druck widerstehen können, hängt ganz maßgeblich vom jeweils amtierenden Präsidenten und seiner Fähigkeit zur Neutralität ab. Druckpunkte ergeben sich aber auch durch die unzulängliche Ausstattung des Verfassungsschutzes, der wegen eines viel zu großen Aufgabenspektrums schauen muss, Ressourcen zu sparen, wozu er gegenüber politischen Forderungen schon aus ganz pragmatischen Gründen konzessionsbereit sein kann. Werden Narrative der politisch-medialen Elite bestätigt, nimmt von dieser Seite der Druck auf die Behörde ab. Dies ist ein strukturelles Argument, das unabhängig von der jeweiligen Leitung des BfV gilt.

Es wäre somit aus der Sicht des Grundgesetzes sicher sinnvoll, Nachrichtendienste – die Überlegung gilt grundsätzlich auch für den BND und den MAD – stärker vor Formen der politischen Vereinnahmung zu schützen. Im Parteienstaat ist dies jedoch nicht einfach. Ein Weg wäre, nur noch Präsidenten und Vizepräsidenten zu ernennen, die seit mindestens zehn Jahren kein Parteibuch haben und die auch nicht durch parteipolitische Tätigkeiten anderer Natur aufgefallen sind. Der Bundestag bzw. die Landesparlamente könnten zudem ermächtigt werden, über diese Ämter mit einer Mehrheit von zwei Dritteln der gewählten Abgeordneten abzustimmen. Denkbar wäre auch, zu diesem Zweck ein nachrichtendienstliches Gremium mit bürokratischem Unterbau zu schaffen, in das alle Parteien des Bundestages – anteilig entsprechend ihrer Fraktionsstärke – Abgeordnete entsenden. Es wäre für die Ernennung der Präsidenten der Nachrichtendienste sowie die Dienst- und Fachaufsicht zuständig. Auch hier müssten zwei Drittel der gewählten Mitglieder des Gremiums zustimmen, um zu gewährleisten, dass eine jede Regierung Stimmen der Opposition benötigt, um diese wichtigen Ämter zu besetzen. Die Präsidenten und Vizepräsidenten von BND, BfV und MAD würden für fünf Jahre ernannt. Um ihre Unabhängigkeit zu erhöhen, wäre eine Wiederwahl nicht möglich. Aus einem Vizepräsidenten könnte – jenseits der Vertretungsregel – grundsätzlich kein Präsident werden, um bürokratischen Verkrustungen und der Entstehung von Seilschaften vorzubeugen. So ließe sich verhindern, dass ein Innenminister nachrichtendienstliche Spitzenämter an Personen vergeben kann, die politisch auf der Linie seiner Partei liegen.

Vorbild könnten die USA sein. Dort kann der Präsident die Direktoren des Federal Bureau of Investigation, der National Security Agency oder der CIA vorschlagen, der Senat muss sie bestätigen. Schließlich sollte das Kriterium der Verfassungsfeindlichkeit einem echten 360-Grad-Blick unterworfen werden, womit es auch den liberalen und den administrativen Extremismus umfassen müsste. Für das hier bearbeitete Thema hieße dies: Das BfV könnte sich unter solchen Bedingungen wesentlich umfassender und in Sachfragen neutraler für den Erhalt der freiheitlichen demokratischen Grundordnung einsetzen. Zugleich würde der Gefahr vorgebeugt, dass sich sein Präsident de facto zu einem Politkommissar entwickelt, der einer Art Bundesamt für Verdächtigungen vorsteht.

4. Die politische Brandmauer gegen »rechts«

Die Lichtgestalt der CSU, der einstige bayerische Ministerpräsident Franz Josef Strauß (1915–1988), hatte frühzeitig davor gewarnt, was passieren kann, wenn sich die politischen Koordinaten in eine bestimmte Richtung verschieben. Im Oktober 1986 erklärte er: »Es darf rechts von der Union keine demokratisch legitimierte Gruppierung von politischer Relevanz geben.«[245] Dahinter steckte der Anspruch, konservativen Wählern eine Heimat bieten zu können. Angela Merkel hat diese Maßgabe ignoriert, weil sie der Überzeugung war, dass es ausreichend sein wird, die relativ betrachtet größte Partei zu bleiben, um dann die notwendige Regierungsmehrheit in wechselnden Koalitionen mit den Stimmen der CSU, der SPD, der FDP oder auch der Grünen zu bilden. Stark sichtbare konservative Kräfte in der Union hätten diese Kalkulation jederzeit torpedieren können. Merkel arbeitete daher mit Erfolg daran, den Einfluss des rechten Flügels in der Partei zurückzudrängen. Aus der Führungsriege der Union war vereinzelt zu vernehmen, dass die Zeit dieser Denkrichtung vorbei sei. Die CDU transformierte sich entsprechend und kann heute – vor 20 Jahren hätte man das als billige Polemik einordnen müssen – ohne Abstriche als Mitte-links-Partei bezeichnet werden.

So entstand rechts von der CDU und der CSU ein großes Vakuum. Es wäre nicht treffend zu behaupten, dass lediglich der »rechte Rand« in den Merkel-Jahren heimatlos geworden ist. Es ging um mehr. Der Parteienstaat hatte das Sortiment der Meinungen aus strategischen Gründen verknappt. Die Gruppierungen im Mitte-links-System wurden sich immer ähnlicher und gaben Zynikern Anlass zu dem Vorwurf, dass nun auch die Bundesrepublik ihre Blockparteien habe. In dieser Situation, die sich bereits in den Jahren vor 2015 abgezeichnet hatte, wusste ein ganzes politisches Lager nicht mehr, was es wählen sollte. Für Bürgerliche schieden Gruppierungen wie die NPD wegen ihrer eindeutig neonationalsozialistischen Gesinnung immer aus. So wählten sie widerwillig die CDU als das »kleinere Übel«, oder sie votierten für die FDP, weil sie mit der Union innerlich gebrochen hatten und zumindest ihr Wahlrecht ausüben wollten. Viele blieben den Urnen allerdings auch ganz fern und warteten ab.

Die Folgen der Politik Angela Merkels zeigten sich mit voller Wucht in der Bundestagswahl vom 24. September 2017 und den davor bzw. danach durchgeführten Landtagswahlen. Die AfD füllte das aufgekommene Vakuum mit großem Schwung und erlangte 12,6 Prozent der Stimmen. Mit 94 von 709 Sitzen im Bundestag stellt sie zudem die Oppositionsführung. Rechts von CDU und CSU war eine neue politische Kraft entstanden. Und das war nicht alles: Das Wahlverhalten der Deutschen wurde immer volatiler, die Wählerbindungen nahmen ab. So wurde das deutsche Parteiensystem kräftig durchgeschüttelt. Lagen die Ergebnisse der Bundestagswahl 2013 noch im Normbereich, galt dies nicht mehr für die meisten Wahlen ab Sommer 2015.

Im Zentrum dieser Umwälzungen steht die Politik Angela Merkels. Sie war nicht nur die Geburtshelferin der AfD, sondern auch eines neuen Denkens der Bürger: Wahlen können Parteien aus der Taufe heben oder in der Versenkung verschwinden lassen, ja sogar neue Koalitionsmodelle sind möglich. Die Volksparteien verloren an Kontur. Nach der Bundestagswahl 2017 titelte die *Berliner Morgenpost:* »SPD ist mit Martin Schulz abgestürzt«[246]. Waren bereits die erzielten 20,5 Prozent eine Enttäuschung, so sollte der richtige Absturz der Sozialdemokraten erst noch kommen. Am 15. Juni 2019 erreichten sie ihr vorläufiges Rekord-Umfragetief von 11 Prozent.[247]

Ein großer Teil der Wähler ist unberechenbar geworden. Alte Gewissheiten sind passé, sie können bei der Vorbereitung von Wahlkämpfen nicht mehr abgerufen werden. Anfang März 2020 erreichten CDU und CSU bei der Sonntagsfrage nur 24 Prozent. In der Hochphase der ersten Welle der Corona-Krise, in der sich die mediale Aufmerksamkeit auf das Regierungshandeln konzentrierte, stieg dieser Wert stark an und lag im Mai und Juni mehrfach bei 40 Prozent. Die Grünen hatten zuvor von der täglichen Berichterstattung zum Weltklima profitiert und konnten so von Januar bis März 2020 bei Umfragen mehrfach 24 Prozent Zustimmung erreichen. Als das Thema in der Corona-Krise weniger präsent war, sackten sie im Mai auf bis zu 14 Prozent ab. Ähnlichen Schwankungen waren die anderen Parteien von Januar bis Dezember 2020 ausgesetzt: Die Zustimmung zur AfD bewegte sich zwischen 7 und 15 Prozent, jene zur SPD zwischen 12 und 18 Prozent. Die FDP fiel im Mai und Juni zeitweise sogar auf 4 Prozent zurück, nachdem sie im Januar noch 9,5 Prozent verbuchen konnte. Die LINKE erzielte Werte zwischen 6 und 10,5 Prozent.[248] Dies alles bedeutet für die praktische Politik: Wenn Wähler in ihrem Verhalten immer sprunghafter werden, eröffnen sich der medialen Berichterstattung immer größere Räume, lenkend in die Meinungsbildung einzugreifen.

Während die Grünen in dieser Situation versuchen, Volkspartei zu werden, haben sich CDU, CSU und SPD auf den Weg gemacht, nach neuen Strategien zu suchen, um den einstigen Status – der zeitweise zu beobachtende »Corona-Bonus« in den Umfragen wird hier als temporäres Ereignis eingeordnet – zurückzugewinnen. Dazu werden mehrere Mittel erdacht. Bei einem Thema können die Parteien übergreifend auf die Unterstützung der Leitmedien setzen: dem Bau einer politischen Brandmauer gegen »rechts«. Mit ihr werden mehrere Ziele verfolgt:

- Vor allem die Parteien der Union haben sich einem Prozess der Selbstvergewisserung unterzogen: Wofür stehen CDU und CSU? Wofür werden sie niemals stehen? Nach rechts wird eine nicht überschreitbare rote Linie definiert, die bei der AfD beginnt. Dazu muss diese in jeder Hinsicht als politischer Akteur – und damit als möglicher Koalitionspartner – diskreditiert werden. Was bietet sich an, um dieses Ziel zu erreichen? Zunächst der radikale Vergleich, wie ihn der Ministerpräsident Bayerns, Markus Söder, im Juli 2019 angestellt hat: »Die AfD wird zur eigentlich wahren NPD werden«[249]. Zuvor hatte Söder die blaue Konkurrenz »unbayerisch«[250] genannt. Dem folgten Warnungen an die eigene Klientel. Söder sagte dazu im Juni 2019: »Wir haben nochmal klargemacht, dass wir jede Form der Zusammenarbeit mit der AfD ablehnen – und sei es nur der Kaffeeplausch in einem Kommunalparlament.«[251]

- Es geht aber nicht nur um Disziplin in den eigenen Reihen. Auch der breiten Bevölkerung soll dargelegt werden, welche Gruppierungen nicht wählbar sind. Dazu wird in einer verschärft inkriminierenden Weise vorgegangen, zu der die Bereitschaft gehört, die Partei für politisch motivierte Attentate verantwortlich zu machen. Der CDU-Politiker Friedrich Merz gab der AfD eine Teilschuld an der Ermordung Walter Lübckes in der Nacht zum 2. Juni 2019, da sie zur Verrohung der Sprache und der Umgangsformen im Land beitrage. Auf diesem Nährboden würden Morde wie jener am Regierungspräsidenten aufbauen.[252] Volker Bouffier, Ministerpräsident Hessens, legte im August 2019 nach: »Die AfD hat ein Klima geschaffen, in dem Gewalt als Lösung denkbar wird.«[253]

Die Konturen der politischen Brandmauer werden sichtbar. Dem potenziellen Anhänger der AfD soll im Grunde genommen klar gemacht werden, dass er sich mit der Wahl dieser Partei selbst ins Abseits katapultiert. Er soll sein Gewissen befragen: »Sind Sie ein Verfassungsfeind? Wollen Sie für politische Morde verantwortlich sein?« Viele Menschen dürfte es durchaus beeindrucken, wenn alle etablierten Parteien die AfD regelmäßig als rechtsextremistisch – also verfassungsfeindlich – einordnen. Es ist, als ob ein politisch gespiegeltes Sozialistengesetz zur Wirkung kommt.

- Ziel ist, weitere Wählerwanderungen zu unterbinden. In der Bundestagswahl 2017 hat die AfD aus allen Lagern Stimmen gewinnen können – natürlich in unterschiedlichen Größenordnungen: 1,28 Millionen Nichtwähler, 1,07 Millionen ehemalige Wähler der CDU, 500 000 von der SPD, 430 000 von der Linkspartei, 50 000 von der FDP und sogar 40 000 von Bündnis 90/Die Grünen.[254] Bei den Landtagswahlen in Bayern 2018 konnte die AfD etwa 690 000 Stimmen gewinnen; 160 000 waren ehemalige CSU-Wähler.[255] In der Europawahl 2019 verlor die Union erneut Stimmen an die AfD (Vergleichswert: Bundestagswahl 2017); nun waren es 230 000 Wähler, die Angela Merkel den Rücken kehrten.[256]

- Zusätzlich wurde versucht, die Beamtenschaft einzuschüchtern. Bundesinnenminister Horst Seehofer kündigte Mitte Februar 2019 an, Grundlagen einer Überprüfung eruieren zu lassen. Kurz zuvor hatte der Verfassungsschutz die AfD zum Prüffall erklärt. Seehofer ging es um die Frage, welche Folgen aus der Parteimitgliedschaft für die beruflichen Verpflichtungen des Beamten abzuleiten sind.[257] Eine solche Rechtsanalyse war natürlich überflüssig, weil sich Antworten eindeutig aus den bestehenden Gesetzen ergeben. Beamte müssen mit beiden Beinen auf dem Boden des Grundgesetzes stehen, und sie haben, so sie denn in der Öffentlichkeit auftreten, das Mäßigungsgebot zu beachten. Dies sind Selbstverständlichkeiten. Da Seehofer dennoch eine Prüfung des Gegenstandes vornehmen ließ, sollten auf diese Weise vor allem Signale der Einschüchterung gesendet werden: Kommt heraus, dass ein Beamter

Anhänger der Linkspartei oder der AfD ist, muss er vielleicht sogar mit einem Disziplinarverfahren rechnen (was in der Regel natürlich abwegig ist, aber als imaginäres Damoklesschwert durchaus wirkt).

Das BfV assistierte dem Bundesinnenminister. Es forderte seine Mitarbeiter – und zwar alle! – auf, Kontakte zur und Mitgliedschaften in der AfD offenzulegen.[258] Fraglich ist, ob diese Vorgehensweise nicht einem Eingriff in Grundrechte der Nachrichtendienstler gerecht wird. Es ging bei der Anfang März 2019 bekannt gewordenen Maßnahme des Verfassungsschutzes ja nicht nur darum, eine Gesinnungsabfrage vorzunehmen, sondern auch um eine gezielte Form der Einschüchterung bzw. Verunsicherung von Bürgern bei der freien Wahrnehmung einer Wahlentscheidung bzw. der Ausübung einer nicht verbotenen Parteimitgliedschaft. Für diese Einschätzung spricht auch die Tatsache, dass sich die Mitarbeiter des BfV dem gesetzlich vorgeschriebenen und sehr sinnvollen Prozedere des Sicherheitsüberprüfungsgesetzes unterziehen müssen. Dabei wird geklärt, ob die jeweilige Person für den Verfassungsschutz ein sicherheitsrelevantes Problem darstellt.

Im Ergebnis kam bei der rechtlichen Prüfung heraus, was absehbar war. Beamte dürfen Mitglied der AfD sein, und aus einer reinen Mitgliedschaft in dieser Partei können keine weitergehenden Folgen abgeleitet werden. Mehr noch: Selbst dann, wenn die Partei vom Verfassungsschutz als Prüf- oder Verdachtsfall eingeordnet wird, sei dies, wie das Bundesinnenministerium erklärte, »beamtenrechtlich ohne Relevanz«[259]. Von Bedeutung sei nicht die Gruppenzugehörigkeit, sondern das Verhalten im Einzelfall. Damit habe man die bisherige Einschätzung zu diesem Thema bestätigen können. Sichtbar wurde allerdings auch ein nun schon sehr bekanntes Muster. Die Drohungen Seehofers waren ohne jede rechtliche Substanz, sie dürften die Adressaten aber dennoch erreicht und eingeschüchtert haben. Genau darum ging es.

- Grundsätzlich beabsichtigt die politisch-mediale Elite, Akteure rechts der Mitte als gesellschaftliches Problem zu markieren. Anschließend geht es darum, sie zu isolieren, um dann sukzessiv den Sumpf der Wählerschaft und Unterstützer auszutrocknen. Würde es dabei um ein Thema substaatlicher Gewalt in der internationalen Politik gehen, dann könnte sich der Beobachter ein wenig an die Methoden der *counterinsurgency* erinnert fühlen.[260]

Die Brandmauer gegen »rechts« ist Mittel der politischen Auseinandersetzung, um einen wichtigen Gegner zu bekämpfen. Ziel ist, die Meinungskorridore eng zu halten. Von offizieller Seite wird dies mittlerweile sogar ganz ungeniert angedeutet. In einer Rede vom 13. Mai 2019 äußerte sich Günter Krings, Parlamentarischer Staatssekretär im Bundesinnenministerium, auf einem BfV-Symposium: Die Grenzen der Meinungsfreiheit dürfen »nicht leichtfertig oder zu eng gezogen werden, um den politischen Diskurs nicht zu sehr zu verengen.«[261] Eine gewisse Begrenzung scheint demnach durchaus erwünscht zu sein. Werden Meinungskorridore enger, so lässt sich damit de facto auch das Wahlverhalten der Bürger beeinflussen. Den Parteien der Bundesregierung, insbesondere der Union, geht es dabei immer auch darum, den Aderlass Richtung AfD zu stoppen. Der Verfassungsschutz wird in diesem Prozess als wichtige Stütze der eigenen Argumentation genutzt. Mit erheblichen Folgen und Nebenwirkungen: Das BfV überschreitet dabei sein ursprüngliches Mandat deutlich und wird selbst zum politischen Akteur.

Die politische Brandmauer hat auch eine zeitliche Dimension. Kurzfristig soll sie auf die Ergebnisse der AfD in den kommenden Wahlen einhegend wirken. Langfristig geht es um mehr, was zwei Vergleiche zeigen. Die Freiheitliche Partei Österreichs erlebte Ende der 1980er-Jahren einen ähnlichen Aufstieg wie die AfD seit 2013. Ihr Vorsitzender Jörg Haider galt vielen Beobachtern als gefährlicher Rechtsextremist. Mit der Zeit normalisierte sich die Lage. Die FPÖ etablierte sich als dritte Kraft neben den altgedienten Kräften, der Österreichischen Volkspartei und der Sozialdemokratischen Partei Österreichs. Vorwürfe des Rechtspopulismus muss sich die Partei bis in die Gegenwart anhören. Ein Hindernis für nicht nur klandestine, sondern auch ganz formale Formen der Kooperation mit der FPÖ war dies nie, weder heute noch – interessanterweise – in der Vergangenheit.

Dazu gehören zahlreiche Regierungsbündnisse mit den eigentlich Verfemten. Die ÖVP koalierte mit der FPÖ (später mit dem Bündnis Zukunft Österreich, BZÖ) auf Bundesebene von 2000 bis 2007 sowie von 2017 bis 2019.[262] In Vorarlberg waren beide über Jahrzehnte in der Landesregierung vereint.[263] In Oberösterreich gibt es seit 2015 eine Konzentrationsregierung, in der anteilig Vertreter aller gewählten Parteien in das Landeskabinett entsandt wurden. In diesem Fall gehören vier der ÖVP, drei der FPÖ und jeweils einer der SPÖ und den Grünen an.[264] Dieses Proporzsystem findet desgleichen in Niederösterreich Anwendung, weshalb die FPÖ auch dort vertreten ist, gleichwohl mit lediglich einem Landesrat.[265]

Mit der Partei rechts der Mitte haben die Sozialdemokraten ebenfalls regelmäßig kooperiert, was in der deutschen Medienberichterstattung kaum Erwähnung findet. Bereits Bundeskanzler Bruno Kreisky (A 1970–1983) war nach den Nationalratswahlen 1970 auf die Blauen angewiesen. Sie tolerierten seine Minderheitsregierung. Bundeskanzler Fred Sinowatz (A 1983-1986) holte die FPÖ von 1983 bis 1986 in sein Kabinett; Nachfolger Franz Vranitzky (A 1986–1997) setzte das Format bis 1987 fort.[266] In Kärnten gab es verschiedene Konzentrationsregierungen, mehrfach unter Führung Jörg Haiders, in denen SPÖ und FPÖ zusammengearbeitet haben. Von 2015 bis 2020 stellten beide Seiten die Exekutive im Burgenland.[267] Für Deutschland würde dies bedeuten, dass sowohl CDU und CSU als auch die SPD bereit sind, mit der AfD Bundes- und Landesregierungen zu bilden. Die politische Brandmauer gegen »rechts« soll genau das verhindern. Hierzulande soll undenkbar bleiben, was in Österreich zur Normalität geworden ist.

Um eine solche Entwicklung geht es auch im zweiten Vergleich, der in der alten Bundesrepublik ansetzt. 1983 waren die Grünen mit 5,6 Prozent erstmals in den Bundestag eingezogen. Noch 1990 war die Partei im Westen an der Fünf-Prozent-Hürde gescheitert. 2009 errang sie mit 10,7 Prozent ihr bislang einziges zweistelliges Ergebnis bei einer Bundestagswahl.[268] Zu nie gekannten Höhenflügen mit bis zu 27 Prozent Zustimmung in den nationalen Umfragen kam es erst im Juni 2019 – also 36 Jahre nach Erringen der ersten Bundestagsmandate.[269] Gerade jungen Wählern, die zur wichtigen Klientel der Grünen gehören, dürfte heute kaum noch bekannt sein, wie diese Partei einmal gestartet ist. Zu Beginn der 1980er-Jahre war es nicht selbstverständlich, dass sie überhaupt zu einer Metamorphose fähig sein wird, die sie heute selbst für das bürgerliche Lager wählbar gemacht hat.

Nach der Revolte der Generation der 1968er wurden die Grünen von vielen radikalen linken Gruppierungen als Sprungbrett für den von Rudi Dutschke bereits 1967 angekündigten »Marsch durch die Institutionen«[270] betrachtet. Dies führte dazu, dass die neue Partei auf dubiose Kräfte eine magnetische Anziehungskraft ausübte.[271] Das BfV und die Landesämter für Verfassungsschutz sahen die neue Partei zu Beginn der 1980er-Jahre als Sammelbecken linksextremistischer Gruppen unterschiedlicher Couleur: vom KBW über den Kommunistischen Bund bis zur Marxistisch-Leninistischen Partei Deutschlands.

Es ist erstaunlich, wie viele einst ebenso kommunistisch wie verfassungsfeindlich orientierte Personen aus dieser Zeit den Marsch durch die Institutionen erfolgreich absolviert haben. Es seien an dieser Stelle einige Beispiele erwähnt:

- Joseph »Joschka« Fischer (Bündnis 90/Die Grünen), 1998 bis 2005 Außenminister, zuvor Führer der militant-sozialistischen »Putzgruppe« in Frankfurt am Main, bekennender »Berufsrevolutionär« und Steinewerfer, nachgewiesene Körperverletzung an Polizisten.[272]

- Winfried Kretschmann (Bündnis 90/Die Grünen), seit 2011 Ministerpräsident von Baden-Württemberg, während seiner Studentenzeit in Hohenheim aktiv für die Kommunistische Studentengruppe/Marxisten-Leninisten und die Kommunistische Hochschulgruppe, Mitglied des KBW, beobachtet vom Verfassungsschutz.[273]

- Daniel Cohn-Bendit (Bündnis 90/Die Grünen), 1994 bis 2014 Mitglied des Europäischen Parlaments, einst Führer der Studentenrevolte in Frankreich, enger Mitstreiter von Joseph Fischer, Teil der »Sponti-Szene« in Frankfurt am Main, am 31. Oktober 1968 Sympathiebekundung für die späteren Terroristen Andreas Baader und Gudrun Ensslin (»Die gehören zu uns.«[274]).[275]

- Hans-Gerhart Schmierer (Bündnis 90/Die Grünen), 1999 bis 2007 Mitarbeiter im Planungsstab des Auswärtigen Amts, zuvor Leiter des maoistisch orientierten KBW und Verehrer des Massenmörders Pol Pot.[276]

- Ulla Schmidt (SPD), 2001 bis 2009 Bundesministerin für Gesundheit, in Studentenzeiten in Aachen Mitglied und 1976 Bundestagskandidatin des KBW, vom Verfassungsschutz beobachtet, 1976 keine Übernahme in den Schuldienst wegen eines verweigerten Eids auf das Grundgesetz.[277]

- Jürgen Trittin (Bündnis 90/Die Grünen), 1998 bis 2005 Bundesminister für Umwelt, Naturschutz und Reaktorsicherheit, in seiner Studentenzeit in Göttingen Mitglied des KB, Hausbesetzer, zeigte 1977 mangelnde Distanz zum »Mescalero-Nachruf« (Sympathiebekundung für die Ermordung des Generalbundesanwalts Siegfried Buback durch die RAF).[278]

- Reinhard Bütikofer (Bündnis 90/Die Grünen), 2002 bis 2008 Co-Bundesvorsitzender seiner Partei, seit 2009 Mitglied des Europäischen Parlaments, in Studentenzeiten in Heidelberg Mitglied der Kommunistischen Hochschulgruppe und des KBW.[279]

- Krista Sager (Bündnis 90/Die Grünen), 1997 bis 2001 Zweite Bürgermeisterin und Senatorin für Wissenschaft, Forschung und Gleichstellung der Freien und Hansestadt Hamburg, 2002 bis 2005 Co-Vorsitzende der Bundestagsfraktion ihrer Partei, in Studentenzeiten Mitglied des KBW.[280]

Viele weitere Karrieren in den Staatsämtern der Bundesrepublik Deutschland ließen sich nennen, denen eine politische Sozialisierung im KBW oder anderen verfassungsfeindlichen Organisationen in den 1970er-Jahren zugrunde liegt. Sie wurden möglich, weil es in Politik und Medien zunehmend Verständnis für ein solches Verhalten gab. Es wurde abgetan als Jugendsünde, auch als legitimes Aufbegehren gegen einen Staat, der in seinen Anfangsjahren viel zu sehr von ehemaligen NS-Eliten geprägt wurde. Vor allem aber wurden die Taten verharmlost. Als Joseph Fischer 1985 Umweltminister der Grünen in Hessen wurde, schrieb die Wochenzeitung *Die Zeit* zur Bewertung seiner Vergangenheit durch das BfV: »Ein als Verfassungsfeind registrierter Umweltminister – das ist die absurde Konsequenz eines Denkens, in dem veraltete Feindbilder, starre Prinzipientreue und grundlose Risikoscheu immer noch über politisches Fingerspitzengefühl und demokratische Sensibilität triumphieren.«[281] Es ist immer eine Frage der Perspektive, denn so ähnlich hatten nach dem Zweiten Weltkrieg auch Anhänger der CDU argumentiert, um eine zweite Chance selbst hartgesottener Vertreter des NS-Regimes in den eigenen Reihen zu rechtfertigen. *Die Zeit* schrieb weiter: »Gewiß kann man die starken Sprüche eines Joschka Fischer oder Rainer Trampert für bare Münze nehmen. Man kann sie aber ebensogut als politisches Maulheldentum abtun.«[282] Würde *Die Zeit* heute jemals auf die Idee kommen, auch nur eine einzige überzogene Aussage von Alexander Gauland oder Björn Höcke so zu bewerten?

Der Vergleich zwischen dem Aufstieg der Grünen und der AfD dürfte die heutigen Regierungsparteien nervös machen: Was passiert, wenn sich der neue Konkurrent – wie auch die damalige Ökobewegung – nicht dauerhaft unter die Fünf-Prozent-Hürde drücken lässt? Die Gründungsphase beider Parteien weist frappierende Parallelen auf. Auch den Grünen gehörten zunächst extremistische Kräfte an. Sie gerieten in den ersten Jahren ins Visier des Verfassungsschutzes. Sie veränderten das Parteiensystem. Die Grünen waren später allerdings zur Wandlung fähig und etablierten sich schließlich. Aus der Sicht der politisch-medialen Elite soll es dabei bleiben. Das heißt in der Konsequenz: Am besten wandelt sich die AfD nicht, weil sie in ihrem derzeitigen Zustand leichter zu bekämpfen ist.

Ansonsten könnte etwas geschehen, was den Grünen gelungen ist. Die Partei wurde regierungsfähig. Die Angst bei CDU, CSU und SPD ist daher unübersehbar. Es wird befürchtet, dass sich rechts der Mitte wiederholt, was links der Mitte bereits möglich war.

Der »Kampf gegen rechts« hat viele Facetten. Die beschriebene Brandmauer erfüllt die Funktion eines Dammes, der mit immer neuen Methoden befestigt werden soll, um der steigenden Fluten Herr zu werden. Eine nüchterne Betrachtung der Veränderung der Parteienlandschaft ist unter diesen Bedingungen nur schwer möglich. Dazu würde die Beobachtung gehören, dass es natürlich völlig richtig ist, einzelne AfD-Politiker als Antisemiten und Rassisten einzuordnen. Dies hängt aber auch damit zusammen, dass sich die Partei weiter – wie einst die Grünen – in einem Zustand befindet, den Alexander Gauland schon vor der Bundestagswahl 2017 als »gäriger Haufen«[283] bezeichnet hat. Die neue Formation ist immer noch viel zu jung, als dass sie die üblichen Flügelkämpfe schon alle hätte austragen können. Daher ist sie derzeit auch nicht regierungsfähig. Eine Entschuldigung für verbale Entgleisungen von AfD-Politikern, die oft als geradezu schäbig eingeordnet werden müssen, kann aber natürlich über die spezifischen Bedingungen der Gründungsjahre einer Partei nicht abgeleitet werden. Wollen die Neuen langfristig tatsächlich im bürgerlichen Lager reüssieren, werden sie sich politisch häuten und dabei die üblichen Irrlichter vertreiben müssen.

So angebracht die Kritik an vielen Funktionären der erst 2013 gegründeten neuen Partei auch ist, sie rechtfertigt nicht Einschüchterungsversuche und pauschale Invektiven gegenüber 5 878 115 Wählern, die der AfD 2017 bei der Bundestagswahl ihre Zweitstimme gegeben haben.[284] Diese Menschen stehen in ihrer großen Mehrheit nicht zu weit rechts. Ihre Wahlmotivation folgt nicht ausschließlich dem Ziel, Unmut auszudrücken, weil sie sich als soziale Verlierer betrachten. Auch sind es keine verlorenen Seelen, die nun der psychosozialen Unterstützung durch besondere Sendungen in den öffentlich-rechtlichen Medien bedürfen. Diese Menschen haben schlicht eine andere Meinung.

5. Die Macht der Sprache

Die politische Brandmauer gegen »rechts« verfolgt immer auch das Ziel, nationale Themen zu kontaminieren. Mit weitreichenden Folgen: Wer sich zu seinem Volk bekennt, so dürften viele Bürger mittlerweile glauben, ist ein verkappter Anhänger einer »braunen« Gesinnung. Aus diesem Blickwinkel könnte es als klug betrachtet werden, Fragen der nationalen Identität weder im Berufsleben noch privat anzusprechen, um der potenziellen sozialen Ächtung zu entgehen. Die Kontaminierung ist von entscheidender Bedeutung, um den Aufbau einer multikulturellen Gesellschaft mit einer neuen Identität und auch einem neuen Verständnis von dem, was deutsch ist, voranzubringen.

Es soll nun an dieser Stelle gezeigt werden, wie wichtig sprachliche Elemente sind, um politische Zielvorstellungen langfristig durchzusetzen. Dabei wird nicht die Axt geschwungen, ja nicht einmal das Florett eingesetzt. Im Idealfall kann eine Art kognitive Besatzungsmacht etabliert werden, die sich in den neuronalen Netzen des menschlichen Gehirns einnistet und über die Art des Denkens gebietet – für das Individuum selbst weder sicht- noch spürbar. Sie wirkt natürlich nicht totalitär, und das Individuum wird durch sie auch nicht zu einem lenkbaren Roboter. »Besatzung« bedeutet, wichtige Termini des sprachlich geführten Diskurses durch einseitige inhaltliche Zuschreibungen zu »besetzen«, um dadurch »Macht« im politischen Willensbildungsprozess auszuüben. Bis zu einem bestimmten Punkt, der bei jedem Menschen ein anderer ist, kann das Denken des Wählers – seine Sicht auf die Politik – beeinflusst, wenn nicht sogar gesteuert werden.

Dabei kommen »Frames« zum Einsatz, die in der gezielten Anwendung das bewirken, was unter der Bezeichnung »Framing« bekannt ist. Die Begriffe gehen auf die Neuro- und Kognitionsforschung zurück.[285] Frames sind, wie die Kognitionsforscherin Elisabeth Wehling ausführt, »gedankliche Deutungsrahmen«[286], die »durch Sprache im Gehirn aktiviert«[287] werden. Gehörtes (Fakten) oder Beobachtetes (Dinge) erlangen demnach Bedeutung, indem Frames »Informationen im Verhältnis zu unseren körperlichen Erfahrungen und unserem abgespeicherten Wissen über die Welt einordnen.«[288] Solche Deutungsrahmen sind natürlich grundsätzlich selektiv. Einige Tatsachen und Zusammenhänge werden betont, andere nicht. Durch Frames wird der Mensch in der Art und Weise, wie er denkt, fühlt und handelt, angeleitet. Politisch wird es an diesem Punkt interessant. Neuro- und Kognitionswissenschaftler behaupten nämlich, dass der einzelne regelmäßig gar nicht mitbekommt, warum er in welcher Weise denkt, fühlt und handelt. Wehling schätzt: »Unser Denken ist nur zu etwa 2 Prozent ein bewusster Prozess.«[289]

Demnach sind es offensichtlich im Gehirn angelegte neuronale Schaltkreise, die je nach externem Anreiz automatisch aktiviert werden und Wahrnehmungen der Wirklichkeit bestimmen. Anders formuliert: Frames beeinflussen unsere Auffassung darüber, was wahr und was falsch ist – unabhängig davon, ob es tatsächlich wahr oder falsch ist. Sie werden durch Worte aktiviert. Kognitionsforscher betonen, dass der Mensch ohne solche Deutungsrahmen gar nicht in der Lage wäre, das ihn umgebende Geschehen einzuordnen, zu bewerten und daraus Schlussfolgerungen für sein eigenes Handeln zu ziehen. Frames sind also notwendige Voraussetzung der geistigen Existenz des Menschen.

Zugleich lassen sie sich politisch nutzbar machen. Die Kontaminierung nationaler Themen erfolgt seit Jahrzehnten über negative sprachliche Aufladungen, die wie ein schleichendes Gift das semantisch Ungewollte zersetzen oder zumindest schlecht aussehen lassen. Dabei können Frames eingesetzt werden, um ein wirkungsmächtiges Narrativ – also eine Erzählung über einen Gegenstand – abzustützen. Auf diese Weise wird eine Interpretationshilfe geschaffen, die einen spezifischen Charakter hat: Das Narrativ legt a priori fest, wie der Gegenstand beurteilt werden soll.[290] Der Prozess des Framing ist dagegen als »Kontextsetzung«[291] zu verstehen.

Frames und Narrative sind besonders effektiv, wenn sie an ein existierendes *belief system* anknüpfen, auf das sie zuvor möglicherweise selbst eingewirkt haben. Dieses kann wie folgt definiert werden: »The belief system of a person or society is the set of beliefs that they have about what is right and wrong and what is true and false.«[292] Ist eine solche Glaubensvorstellung gesetzt, prägt sie die Art und Weise, wie sich Menschen bei politischen Fragestellungen positionieren. Sie werden dabei jener Seite folgen, die eigene Wertvorstellungen bestätigt und Abweichungen ignoriert.[293] »*Beliefs* fungieren dabei auch als eine Art Filter, die bei der Wahrnehmung Relevantes von Unrelevantem abgrenzen. Wir nehmen die Geschehnisse um uns herum daher relativ selektiv wahr.«[294]

Der Leser möge diesen kleinen Ausschnitt des Kosmos der Kognitionsforschung und seine Wirkmächtigkeit an sich selbst testen, wozu er die folgende Frage spontan beantworten muss: »Woran denken Sie beim Wort ›Rasse‹ zuerst?« Die meisten werden darauf mit »Judenvernichtung« oder »Nationalsozialismus« antworten und nicht mit einer Definition des Begriffs. An diesem Beispiel zeigt sich, wie Deutungsrahmen von Kindheit an im Gehirn angelegt und dann spontan aktiviert werden. Im Schulunterricht wurde der Rassenhass der Nationalsozialisten so intensiv besprochen, dass der Begriff »Rasse« im Gehirn nun einseitig besetzt ist. Um dies zu ändern, müssten neue neuronale Verbindungen angelegt werden. Konkret bedeutet dies, dass ein Schüler zwischen der Definition »Rasse« und dem Anwendungsbeispiel »Nationalsozialismus« unterscheiden kann.

Wenn folglich bestimmte Begriffe immer stärker negativ besetzt werden, muss dies im Sinne der Kognitionsforschung zu automatisierten Reaktionen des Einzelnen führen, sobald sie genannt werden. Volk wird mit »völkisch«, »rassistisch«, »ausgrenzend« und »veraltet« assoziiert. Zur Nation fallen dem Betrachter »Nationalismus«, »Krieg« und »19. Jahrhundert« ein. Vaterland ist das »Gegenteil von Europa«, als Kategorie auf jeden Fall »veraltet im globalen Zeitalter« und daher auch »nicht kosmopolitisch«. Deutsch assoziieren viele mit »Schuld«, »Intoleranz«, »kultureller Borniertheit« oder abwertend in jüngster Zeit mit »Biodeutschen«. Wenn solche identitären Schlüsselbegriffe dermaßen negativ besetzt werden, kann ein gesundes Nationalbewusstsein nicht entstehen.

Die gesetzten Frames könnten auch mit ganz anderen Inhalten gefüllt und somit positiv verankert werden. Volk hat etwas mit »Zugehörigkeit« zu tun. Die Nation ist eine »Schicksalsgemeinschaft«, die Reichsgründung 1871 ein »Friedensprojekt«, da es die innere Kleinstaaterei überwunden hat. Das Vaterland ist zunächst einmal eine »Heimat«, aber auch eine »Trutzburg« gegen äußere Feinde, da es »Sicherheit« verspricht. Zahlreiche kulturelle und politische Errungenschaften lassen zudem »Stolz« zu. Deutsch ist eine »Sprache«, in der sich berühmte »Dichter und Denker« ausgedrückt haben und die ebenfalls »Zugehörigkeitsgefühle« weckt. Würde die politisch-mediale Elite diese Begriffe verwenden, wären in den Köpfen der meisten Bürger andere Frames angelegt. Das derzeit dominierende negative historische Narrativ wäre folglich nicht mehr zu halten.

Elisabeth Wehling hat prägnant zusammengefasst, wozu sprachliche Dominanz führen kann: »Je öfter wir Worte oder Sätze hören, die bestimmte Ideen miteinander assoziieren, desto selbstverständlicher wird diese Assoziation Teil unseres alltäglichen Denkens und formt langfristig unsere Wahrnehmung.«[295]

Dies kann wie folgt übertragen werden: Gelingt es der politisch-medialen Elite, bestimmte Themen in einen sprachlich kontaminierten Assoziationsraum zu entsenden, in dem ganz gezielt nicht definiert, sondern vor allem gefühlt wird, ist sie am Ziel. Mit dem Begriff »rechts« ist ihr dies schon vor vielen Jahren gelungen. Im Assoziationsraum wird er mit »rechtsradikal« und »rechtsextrem« verbunden. Zu den Ergebnissen dieses Prozesses gehört, dass alle drei Begriffe heute wie Synonyme verwendet werden. So kann am Ende alles als »rechts« bezeichnet werden, was verfassungsfeindlich ist oder im Widerspruch zum Aufbau einer multikulturellen Gesellschaft steht. Der Assoziationsraum übernimmt dabei die Funktion einer Verbrennungsanlage für vermeintlichen ideologischen Sondermüll. In der Gesellschaft entstehen dadurch Ausgrenzungskammern, die politischen Leprastationen gleichen.

Frames, Narrative und Assoziationsräume müssen permanent sprachlich unterfüttert werden. Die Zeit der Verbrechen des Nationalsozialismus wird so intensiv in der Schule unterrichtet, dass die Abiturienten vom Ost-West-Konflikt und der jüngsten Gegenwart – also von 75 Jahren Geschichte! – fast nichts wissen.[296] Die Hitler-Jahre sind zudem massiv im öffentlich-rechtlichen Fernsehen und in den üblichen Gazetten präsent. Dadurch wird das Gedächtnis der Deutschen – bei aller berechtigten wie auch notwendigen Erinnerung an die Verbrechen des Nationalsozialismus – einseitig trainiert und damit konditioniert. In der ständigen Verbindung mit aktuellen Ereignissen kann es dann passieren, dass eine Realität nicht als Einzelereignis wahrgenommen wird, sondern als etwas Typisches – »wir geben ihm eine zentrale Bedeutung und halten es für viel häufiger vorkommend, als es in Wirklichkeit der Fall ist.«[297]

Trainierte Frames und Narrative

Wer den öffentlich-rechtlichen Sendern und anderen Leitmedien folgt, wird dieses Darstellungsmuster sehr häufig finden. Dahinter steckt kein Versuch einer gezielten Irreführung, vermutlich würden bei einer investigativen Recherche nicht einmal Absprachen zu entdecken sein. Die Journalisten folgen schlicht den etablierten Frames und dem zugehörigen Narrativ. Sie dürften oft gar nicht merken, dass die gewählte Form der Aufbereitung der Tagesnachrichten an der einen und anderen Stelle problematisch ist. Diese Aussage lässt sich durch unzählige Vorgänge belegen, etwa in den Sendungen von ARD und ZDF. Es sei an dieser Stelle nur ein Musterbeispiel ausgewählt.

Am 12. August 2019 hat Jan Hofer die Nachrichten der *Tagesschau* um 20:00 Uhr verlesen.[298] In einer Meldung wurde der Plan der SPD zum »Kampf gegen Rechtsextremismus«[299] thematisiert. Der Terminus war korrekt gewählt, da es um die neonationalsozialistische Gruppierung »Combat 18« ging. Anschließend sprach Hofer dann jedoch von »mehr Schutz vor rechter Gewalt«[300], womit er Gebrauch vom Assoziationsraum machte. Ähnlich ging der interviewte Generalsekretär der SPD, Lars Klingbeil, vor. Er erwähnte einen politischen Mord und Todeslisten (alles richtig). Dann schlussfolgerte er jedoch: »Das heißt, die Rechten rüsten auf. Sie sind gewaltbereit.«[301] Hätte er sich seriös äußern wollen, hätte er natürlich von »Rechtsextremisten« sprechen müssen. In einer weiteren Nachrichtenkommentierung von Michael Stempfle ist wieder präzise vom »Kampf gegen Rechtsextremismus«[302] die Rede.

Bei der Verlesung der Auslandsnachrichten ist es mittlerweile ebenfalls Brauch, politische Parteien einzuordnen – natürlich stets aus der politischen Sicht der Journalisten. So spricht Hofer den Italien-Passus in selbiger Sendung wie folgt: »Die rechte Lega von Innenminister Salvini hatte das Regierungsbündnis mit der Fünf-Sterne-Bewegung vergangene Woche platzen lassen.«[303] Matteo Salvini wird also bereits bei der Erstnennung etikettiert, die im Bericht mehrfach erwähnte Fünf-Sterne-Bewegung nicht. Anschließend kommt Nicola Zingaretti, der Vorsitzende der Demokratischen Partei, zu Wort, der auf die »gefährliche Rechte«[304] hinweist. Es folgen Ausführungen zur Präsidentschaftswahl in Guatemala. Als Gewinner wird der »rechtskonservative Politiker Alejandro Giammattei«[305] vorgestellt.

Den politischen Teil abschließend, geht die *Tagesschau* im Reportage-Stil in fast zwei Minuten Länge dazu über, an das Massaker im italienischen Sant'Anna di Stazzema vor 75 Jahren zu erinnern. Einheiten der Waffen-SS hatten das Dorf damals dem Erdboden gleich gemacht und hunderte Menschen ermordet. In dem Bericht kommt Bürgermeister Maurizio Verona zu Wort, der vor einem neuen Nationalismus in Europa warnt. Anschließend wird eine Zeitzeugin interviewt.

Mit dieser Art der Darstellung der »Tagesnachrichten« – alles in nur einer einzigen Sendung von 15 Minuten Länge! – werden im Verbund der Schlagworte (»rechts«, »rechtsextrem«, »Nationalismus«, »Verbrechen der Waffen-SS«) subkutan wirkende Botschaften gesendet. In der derzeitigen Form geht die *Tagesschau* – ganz im Sinne der hier vertretenen These von der Existenz einer politisch-medialen Elite – somit immer mehr dazu über, nüchtern vorgetragene Meldungen mit politischen Botschaften zu vermischen. Der Subtext ist dabei stets der gleiche: Deutschland wird von »rechts« bedroht, das Nationale ist gefährlich. Immer wieder werden Adjektive mit klarer Stoßrichtung eingesetzt: rechtsgerichtet, rechtspopulistisch oder rechtskonservativ. Es ist nicht einmal mehr nötig, diese Begriffe zu definieren oder sie trennscharf zu verwenden. Im geschaffenen Assoziationsraum muss der Zuschauer lediglich verstehen, dass das folgende Substantiv vermutlich von Übel ist.

Die Festigung antinationaler Glaubenssätze bedarf der ständigen Wiederholung, auch durch Berichte über Gedenkfeiern, damit das Gesagte internalisiert wird. Im Falle des Berichts über die Verbrechen von Sant'Anna di Stazzema muss allerdings hinterfragt werden: Ist dies ein Fall für die Hauptnachrichtensendung? Es wurde nicht des Beginns des Zweiten Weltkrieges, der Novemberpogrome von 1938 oder der Befreiung von Auschwitz gedacht, sondern ein wenig bekanntes Einzelverbrechen ausgewählt. Wer solche Berichte vom Tage in der ARD sieht und sich anschließend die Nachrichtenaufbereitung der BBC oder von Cable News Network (CNN) anschaut, muss den Eindruck bekommen, in der Bundesrepublik in einer Parallelwelt zu leben.

Die von Jan Hofer verlesene *Tagesschau* ist gleichwohl weder Ausdruck einer »Lügenpresse« noch Teil einer konzertierten Aktion oder gar Verschwörung. Die Nachrichten werden in methodischer Hinsicht in einer automatisierten Form vorgetragen und orientieren sich am einheitlichen, über Jahre eingeübten, tendenziell eher linken Weltbild des Senders. Dass dies kein plumper Vorwurf ist, hat eine Studie des Reuters Institute in Oxford 2019 bestätigt. Demnach genießen ARD und ZDF in sehr einseitiger Weise Vertrauen: primär bei jenen Bürgern, die deutlich links der politischen Mitte stehen.[306]

Im November 2020 wurde eine Umfrage unter ARD-Volontären bekannt, die diese Einschätzung weiter abstützt. Die Nachwuchs-Journalisten gaben die folgenden Wahlpräferenzen an: 57,1 Prozent sympathisierten mit den Grünen, 23,4 Prozent würden für die Linkspartei stimmen und 11,7 Prozent für die SPD, was einer rot-rot-grünen Mehrheit von über 92 Prozent entspricht. Für die Union votierten 3 Prozent, für die FDP 1,3 Prozent.[307] Dass eine derart einseitige politische Ausrichtung im medialen Ausbildungsbereich Konsequenzen für die Berichterstattung haben muss, wird kaum von der Hand zu weisen sein.

Vor diesem Hintergrund dürfte ersichtlich werden, woran das deutsche Volk leidet. Weniger im klinischen als vielmehr im metaphorischen Sinne muss von einer posttraumatischen Belastungsstörung gesprochen werden, die seit 1945 anhält.[308] Dieses Krankheitsbild wird nicht abklingen, solange die politisch-mediale Elite für die Therapie zuständig ist. Denn diese wird weiterhin alles versuchen, nationale Erinnerungsmuster über das bestehende Narrativ zu transportieren, um die posttraumatische Belastungsstörung aufrechtzuerhalten. Dies mag in der Bewertung drastisch klingen. Von Framing-Experten wie Michael Oswald wird der grundsätzliche Zusammenhang aber bestätigt: »Wenn Medien mit großer Reichweite Sachfragen in derselben Perspektive diskutieren wie die Politik oder eine ganze Industrie, ohne dabei alternative Frames anzubieten, lässt dies wenig Raum für eine andere Perspektive auf das Thema.«[309]

Aber nicht nur ein Zuviel, auch ein Zuwenig, also sprachliche Vernachlässigung bestimmter Begrifflichkeiten, hat laut Wehling Folgen: »Ideen, Werte oder Moralvorstellungen, die nicht über Sprache wachgehalten oder ausgebaut werden, indem sie immer wieder im Zusammenhang mit aktuellen Themen als Grundlage der Diskussion benannt werden, können neben ihren ideologischen Widersachern nicht dauerhaft bestehen. In einem öffentlichen Diskurs, in dem es an sprachlichen Alternativen mangelt, erodieren gedankliche Alternativen und dadurch letztlich Handlungsalternativen.«[310] Dies trifft zu: Im Mittelpunkt der Rhetorik der politisch-medialen Elite stehen europäische und multikulturelle Zukunftsvorstellungen, nicht nationale Ansätze.

Am 31. Dezember 2016 hat Bundeskanzlerin Angela Merkel in ihrer Neujahrsansprache diese Frames erneut aktiviert: »Ja, Europa ist langsam. Es ist mühsam. Es hat tiefe Einschnitte wie den Austritt eines Mitgliedsstaats hinzunehmen. Und – ja – Europa sollte sich auf das konzentrieren, was es wirklich besser kann als der nationale Staat. Aber nein – wir Deutschen sollten uns niemals vorgaukeln lassen, eine glückliche Zukunft könnte je im nationalen Alleingang liegen.«[311] Demnach liegt die Zukunft Deutschlands in der EU, da der Nationalstaat zum Alleingang neige. Merkel verkürzt eine komplexe Materie sehr geschickt – Frames sind ja selektiv – und blendet somit völlig aus, dass der deutsche Nationalstaat in Europa auch ohne die EU mit anderen Nationalstaaten eng zusammenarbeiten könnte und es seit Jahren auch macht.

Mit solchen und vielen anderen Beispielen sorgt die Sprache der politisch-medialen Elite immer wieder dafür, dass sich die deutsche Nation als sinnstiftende Einheit heute in einem vernachlässigten Zustand befindet. Dass es so weit kommen konnte, ist auf zwei Prozesse zurückzuführen. Zum einen mangelt es den Leitmedien an konservativen Journalisten, die einen Gegenpol zu ihren dominierenden linksliberalen Kollegen schaffen. Zum anderen haben sich die nationalkonservativen Kräfte in der SPD, der FDP, der CDU und der CSU in den vergangenen Jahrzehnten so weit zurückgezogen, dass es zu dem gekommen ist, was Kognitionsforscher Hypokognition nennen. Dies »bedeutet die Nicht-Existenz oder den Wegfall von Ideen durch den Mangel an sprachlicher Umsetzung dieser Ideen.«[312] Vor allem in der Zeit seit der Wiedervereinigung Deutschlands ist es zu einem erheblichen Einbruch in der Verwendung nationaler Ideen und nationalen Vokabulars gekommen, womit entsprechende neuronale Schaltkreise im Gehirn vernachlässigt wurden. Im Ergebnis stehen sie nicht mehr als Frames zur Verfügung, beeinflussen somit nicht die Wahrnehmungswelt der Wähler und erleichtern in der Konsequenz die Durchsetzung von Narrativen, die auf konkurrierenden Frames basieren.

Dagegen demonstriert der Diskurshegemon, dass er bereit ist, seine Stellung zu festigen – und dies nicht nur mit Hilfe des BfV. Von großer Bedeutung ist die Ausdehnung jener Strukturen, die dominierende Frames und Narrative bestätigen. Am 25. November 2020 hat die Bundesregierung bekannt gegeben, »in den Jahren 2021 bis 2024 insgesamt mehr als eine Milliarde Euro für die Bekämpfung von Rechtsextremismus und Rassismus«[313] zur Verfügung zu stellen. Selbstredend ist dies dort sinnvoll, wo tatsächlich gegen verfassungsfeindliche Strukturen gearbeitet wird. Dazu werden u. a. Verbesserungen im Bereich der Bildungsarbeit angestrebt. Aber natürlich braucht es dieses Geld nicht, um »die Ursachen insbesondere von Rechtsextremismus und Rassismus besser [zu] verstehen«[314]. Beide Phänomene sind bereits in der Tiefe und dies über Jahrzehnte erforscht worden. Zudem gibt es hinreichend Professuren und Stiftungen, die sich dem Thema widmen.

Bei einer genauen Betrachtung des 89 Punkte umfassenden Maßnahmenkatalogs wird deshalb auch schnell deutlich, worum es eigentlich geht: um die Stärkung der ideellen Grundlagen der bevölkerungspolitischen Wende und ihre Verteidigung gegen Kritiker. Dieser Punkt ist in einem der vier Ziele des Dokuments festgehalten worden: »Anerkennung und Wertschätzung einer vielfältigen und chancengerechten Gesellschaft und Stärkung gleicher Teilhabechancen von Menschen mit Einwanderungsgeschichte.«[315] In der Umsetzung heißt es dazu in Punkt 5 des Maßnahmenkatalogs: »Aufstockung der gemeinwesenorientierten Projektförderung [...] zur Stärkung der wechselseitigen Akzeptanz zwischen (Neu-) Zugewanderten und Aufnahmegesellschaft.«[316] Zur Erreichung dieses Ziels sollen auch jene vorpolitischen Kräfte Mittel erhalten, die den Aufbau einer multikulturellen Gesellschaft in ein positives Licht rücken. Zugleich wird beabsichtigt, Migranten stärker in den öffentlichen Dienst zu integrieren, um dem Anspruch der Diversität in der Bundesrepublik mehr Nachdruck zu verleihen.[317]

In sprachlicher Hinsicht hat der Maßnahmenkatalog eine übergeordnete Botschaft: Es sei vor allem das rechte[318] Denken, das dem multikulturellen gesellschaftlichen Fortschritt entgegenstehe. Genau diese Stoßrichtung ist zu kritisieren (nicht dagegen per se das Ansinnen, Menschen mit Migrationshintergrund integrieren zu wollen). Daher ist auch Punkt 42 mit Vorsicht zu genießen: »Verwendung rassismussensibler Sprache und Prüfung inwieweit einheitliche Begriffe bei Rassismusbezug in Gesetzestexten möglich sind«. Was ist eine »rassismussensible Sprache«? Gehören dazu Begriffe und Formulierungen wie »Überfremdung«, »Islamisierung«, »Schwarze« sowie »Einwanderung in die Sozialsysteme«? Zu befürchten ist, dass Diskussionen über die negativen Seiten des Multikulturalismus nach der Umsetzung solcher Vorhaben immer schwieriger werden.

Zu den Begünstigten des Maßnahmenkatalogs werden Wissenschaftler gehören, die aus einer bestätigenden Perspektive zum Aufbau der Willensnation arbeiten.[319] Profitieren dürften auch Pressure Groups wie die Amadeu Antonio Stiftung. Ihr Ziel ist »die Stärkung einer demokratischen Zivilgesellschaft, die sich konsequent gegen Rechtsextremismus, Rassismus und Antisemitismus wendet.«[320] Ein solches Vorhaben ist grundsätzlich begrüßenswert. Im konkreten Fall geht es aber um mehr. Die Amadeu Antonio Stiftung vertritt ein linksgerichtetes, multikulturelles Weltbild. Ihre Verlautbarungen – wie auch die geneigter Wissenschaftler – stützen Frames und Narrative der politisch-medialen Elite öffentlich ab. Eine ergebnisoffene Betrachtung der bundesrepublikanischen Verhältnisse ist auf einer solchen Basis unmöglich. Dies hängt auch damit zusammen, dass eine Stiftung, deren Existenzberechtigung der Kampf gegen Rechtsextremismus,

Rassismus und Antisemitismus ist, diese Phänomene umfassend aufdecken will – ganz gleich, wie es um die reale Verbreitung steht.

Ein fiktionales Beispiel dürfte diesen Punkt am besten erhellen. Angenommen, die Amadeu Antonio Stiftung ist in der Lage, sämtliche ihrer politischen Gegner zu benennen. Angenommen, die Regierung würde über einen Zauberstab verfügen, der deren verfassungsfeindliches Gedankengut komplett verschwinden lassen könnte. Was würde die Stiftung anschließend machen? Sie würde ihre Kriterien ausweiten und schauen, ob bei einem niedrigeren Schwellenwert nicht doch noch irgendwo Rechtsextremisten, Rassisten und Antisemiten zu entdecken sind. In ideologischer Hinsicht ist eine solche Pressure Group eine sich selbst erfüllende Prophezeiung.

Der Bundesregierung ist die »Aufklärungsarbeit« beträchtliche Summen wert. Das Programm »Demokratie leben! Aktiv gegen Rechtsextremismus, Gewalt und Menschenfeindlichkeit« hat die Amadeu Antonio Stiftung von 2015 bis 2019 mit 3 647 070 Euro unterstützt. Die Leistungen sind in kurzer Zeit deutlich gestiegen – von 560 800 Euro in 2015 über 661 508 Euro in 2017 auf 984 800 Euro in 2019.[321] Für die Arbeit der Stiftung sind solche Zuwendungen von großer Bedeutung. Allein der Zuschuss von 2017 entsprach 20,4 Prozent ihrer Gesamteinnahmen, 2018 lag er bereits bei 22,6 Prozent und 2019 bei 21,3 Prozent.[322]

Dabei scheinen die Geldgeber kein Problem damit zu haben, dass die Vorsitzende der Amadeu Antonio Stiftung, Anetta Kahane, politisch höchst umstritten ist. Nach eigenen Angaben war sie von 1974 bis 1982 als IM »Victoria« für das MfS aktiv.[323] Die Beziehung beider Seiten scheint dennoch von großem Vertrauen geprägt zu sein. Die Stiftung erhält über weitere vom Bund geförderte Akteure finanzielle Mittel in Form faktischer Querfinanzierungen; Vertreter von Kahane sitzen als Berater am Runden Tisch der Bundeszentrale für politische Bildung; die Bundesregierung fordert die Expertise der Stiftung an, etwa durch ein in Auftrag gegebenes Gutachten zum Thema »Instrumentalisierung des Themas sexueller Missbrauch durch Neonazis«.[324] Im Stiftungsrat wiederum sitzt neben anderen Stephan Kramer, der seit Ende 2015 Präsident des Verfassungsschutzes in Thüringen ist.[325]

Wie können nun diese auf breiter Front vorgenommenen sprachlichen und desgleichen infrastrukturell abgestützten Maßnahmen zur Beeinflussung von Frames und Narrativen im Geiste der politisch-medialen Elite eingeordnet werden? Einige Kritiker der Regierung sehen darin einen Prozess der »Umerziehung« der Bevölkerung. Der Begriff ist problematisch, weil er einen Lehrer und einen Schüler, der sozusagen die Schulbank drückt, andeutet. Er hat auch eine verschwörerische Note und ist schon deshalb mit Vorsicht zu genießen. Historisch knüpfen Überlegungen zur »Umerziehung« an die unmittelbare Zeit nach dem Ende des Zweiten Weltkrieges an, in der es darum ging, eine Demokratie zu schaffen – und dies in einem Land, in dem 8,5 Millionen Bürger Mitglied der NSDAP waren. Aus amerikanischer Sicht wurde daher ein Prozess für notwendig gehalten, der die Bezeichnung »re-education« erhielt.[326] In Deutschland wurde dies mit »Umerziehung« übersetzt. Später sollte der Begriff auf weitere Phänomene bezogen werden, etwa die Prägung des derzeitigen öffentlichen Diskurses zu diversen politischen Fragen durch die Generation der 1968er.

Tatsächlich hat sich die Sprache der Deutschen schleichend verändert (und mit ihr die Hierarchie prägender Ideologeme). Dadurch wurden innerhalb der Gesellschaft sprachliche und dann auch politische Machtverhältnisse neu gewichtet. Als die Sieger dieser Entwicklung in Regierungsverantwortung gelangten, haben sie das System der sprachlichen Delegitimierung nationaler Schlüsselbegriffe perfektioniert. Die einst konservativen Kräfte der Union sind in diesem Prozess neutralisiert worden, und die meisten deutschen Wähler haben die Entwicklung über sich ergehen lassen. Wahrnehmungsmuster wurden von einer weiteren Seite vernebelt, namentlich von langen Friedens- und Wohlstandszeiten. So segensreich diese sind, in ihnen lässt die Bereitschaft, auch existenzielle Fragen zu diskutieren – etwa jene der Nation als langfristig angelegter Schicksalsgemeinschaft –, deutlich nach.

Schweigespirale und Isolationsfurcht

Die bestehenden antinationalen Frames und Narrative weisen große Beharrungskräfte auf. Hat sich im öffentlichen Diskurs erst einmal eine bestimmte Meinung zu einem bestimmten Gegenstand durchgesetzt, ist eine Änderung der Situation nur sehr schwer möglich. Die Kommunikationswissenschaftlerin Elisabeth Noelle-Neumann hat auf diesen Zusammenhang hingewiesen. Ihrer Auffassung nach streben Menschen nach einer sie verbindenden öffentlichen Meinung, die sehr dominant wirken kann: »Belohnt wird Konformität, bestraft wird der Verstoß gegen das übereinstimmende Urteil.«[327] Strafen heiße, dem Betroffenen Sympathie, Beliebtheit oder Achtung zu entziehen. Noelle-Neumann spricht dem Menschen eine massive Isolationsfurcht zu, weshalb er sich an der Meinung der Mehrheit orientiere. »Wer anders denkt, ist nicht dumm, sondern schlecht. Aus dem moralischen Element zieht öffentliche Meinung ihre Kraft, ihre Isolationsdrohung.«[328] Eine eigene, vom Mainstream abweichende Meinung kann also auch in einer Demokratie für den Einzelnen erhebliche – soziale – Folgen haben, die er nicht zu tragen bereit ist. Lieber grüßt er den aufgestellten Gesslerhut, als an ihm lächelnd vorbeizuschreiten.

So ist es möglich, dass sich in der öffentlichen Meinung Auffassungen – etwa zur Last der Geschichte, zur deutschen Kulturnation oder zu den nationalen Interessen Deutschlands – durchsetzen, die in Politik und Medien mehrheitlich für richtig gehalten, aber gar nicht von der Mehrheit der Wahlberechtigten getragen werden. Ausgangspunkt ist die von Noelle-Neumann beschriebene »Schweigespirale«. Demnach äußern sich Menschen selbstbewusst, wenn sie sehen, dass ihre Meinung angesagt ist; und sie halten sich zurück, wenn sie glauben, dass ihre Ansicht im eigenen Umfeld auf Widerstand stößt. »Indem die einen laut reden, öffentlich zu sehen sind, wirken sie stärker, als sie wirklich sind, die anderen schwächer, als sie wirklich sind. Es ergibt sich eine optische oder akustische Täuschung für die wirklichen Mehrheits-, die wirklichen Stärkeverhältnisse, und so stecken die einen andere zum Reden an, die anderen zum Schweigen, bis schließlich die eine Auffassung ganz untergehen kann.«[329]

Das Wahlverhalten vieler konservativer CDU-Anhänger lässt sich so bestens erklären. Aufgrund ihrer politischen Haltung müssten sie die AfD wählen, zumal sie sich ganzjährig über die Politik von Angela Merkel echauffieren. Diesen Schritt gehen sie aber nicht, weil sie im Zeichen der katastrophalen Presseberichterstattung über die AfD Furcht vor der Isolation im eigenen sozialen Umfeld haben, zu dem die CDU-Parteifreunde nun einmal gehören. Sie wählen also wieder und wieder die eigene Partei, obwohl diese die eigene politische Auffassung gar nicht mehr repräsentiert. Nun wäre dem entgegenzuhalten, dass man zugleich die AfD wählen und Mitglied der CDU sein kann. Für viele Menschen wird dies zutreffen. Fraglich ist nur, wie das in ihnen arbeitende Gewissen agiert. Fühlen sie sich nicht vielleicht doch besser, wenn sie einen solchen Zwiespalt vermeiden?

Ein von Solomon E. Asch geleitetes Experiment hat das hier beschriebene Orientierungsverhalten der sozialen Natur des Menschen Anfang der 1950er-Jahre bestätigt. Viele Probanden waren gewillt, wider besseres Wissen bei einer sehr einfachen Frage eine falsche Antwort anzukreuzen, wenn sie den Eindruck hatte, dass dies der Mehrheitsmeinung der im Raum diskutierenden Personen entsprach.[330] Die Implikationen dieses Experiments sind erschreckend. Die Menschen sind bei geschickter Steuerung bereit, politische Prozesse zu unterstützen, obwohl sie deren Fehlerhaftigkeit längst durchschaut haben. Im Ergebnis kommt das heraus, vor dem Alexis de Tocqueville (1805–1859) bereits 1835 gewarnt hatte: »the tyranny of the majority«[331], die stets der Gegengewichte bedarf. Übertragen bedeutet dies: Sachgerechte politische Lösungen werden blockiert, weil die Mehrheit aufgrund der Isolationsfurcht der einzelnen Bürger, gefangen in der Schweigespirale, nicht bereit ist, eine verfestigte öffentliche Meinung aufzulösen.

Ein entschlossener Diskurshegemon ist an diesem Punkt entscheidend. Die politisch-mediale Elite steuert die bestehende öffentliche Meinung, indem sie der Isolationsfurcht des Einzelnen neue Nahrung gibt. Wenn Vertreter einer bestimmten Partei selbst in Nachrichtensendungen als »populistisch« eingeordnet werden, wenn von der »Gefahr des Nationalen« gesprochen und eine kritische Haltung gegenüber der EU als »Europafeindlichkeit« betrachtet wird, dann werden sehr viele Bürger dieser Einschätzung unreflektiert zustimmen, weil sie schlicht nicht zu den medial Gebrandmarkten gehören wollen. Ob eine bestimmte Politik tatsächlich populistisch ist, ob das Nationale als Gefahr eingeordnet werden muss, ob Kritik an der EU nicht auch sehr berechtigt sein kann und ob die deutsche Vergangenheitsbewältigung im internationalen Maßstab nicht verhaltensauffällig ist, all dies ist irrelevant, solange der Diskurshegemon die öffentliche Meinung in seinem Sinne zu steuern vermag.

Wer in solchen Überlegungen und Deutungen lediglich eine boshafte Unterstellung sieht und nicht glauben kann, dass sich die öffentlich-rechtlichen Medien solcher Methoden bedienen, der sei an das »Framing-Manual« erinnert.[332] Es ist 2017 von Elisabeth Wehling im Auftrag der ARD erarbeitet worden.[333] Nachdem es im Frühjahr 2019 an die Öffentlichkeit gelangt war, erhob sich pures Entsetzen in vielen Presseberichten.[334] Wehling hatte den Auftrag, der ARD zu helfen, ihr Image zu verbessern – auch, um auf diese Weise Argumente für die Beibehaltung des Rundfunkbeitrages zu liefern. Dazu unterbreitete sie Vorschläge, die alle in dieselbe Richtung gingen: Die ARD müsse die Wahrnehmung ihrer Zuschauer besser manipulieren, um besser wahrgenommen zu werden.

Wehling schlägt in ihrer Ausarbeitung vor: »Wenn Sie Ihren Mitbürgern die Aufgaben und Ziele der ARD begreifbar machen und sie gegen die orchestrierten Angriffe von Gegnern verteidigen wollen, dann sollte Ihre Kommunikation nicht in Form reiner Faktenargumente daherkommen, sondern *immer* auf moralische[n] Frames aufgebaut sein, die jenen Fakten, die Sie als wichtig erachten, Dringlichkeit verleihen und sie aus Ihrer Sicht – nicht jener der Gegner – interpretieren.«[335] Sie rät also klar davon ab, nur zur Sache zu sprechen, sondern schlägt einen »Framing-Sandwich« vor: »Zu Beginn das moralische Framing, dann relevante Fakten und Details und am Ende eine kurze Wiederholung des moralischen Framings«[336]. Diese Überlegungen zur gezielten Beeinflussung der Zuschauer von ARD und ZDF lassen vor allem vor dem Hintergrund einer weiteren Aussage

Wehlings tief blicken. Den Journalisten schlägt sie für die eigene Arbeit vor: »Kontrollierte Demokratie statt jeder wie er will.«[337]

Solche Vorschläge erinnern an ein Bonmot zum Wesen der Demokratie, das sowohl Benjamin Franklin (1706–1790) als auch Thomas Jefferson (1743–1826) zugeschrieben wird: »Democracy is two wolves and a lamb voting on what to have for lunch. Liberty is a well-armed lamb contesting the vote.«[338] In der Übertragung bedeutet dies, dass in der deutschen Demokratie bei der Bewerbung unterschiedlicher Positionen keine Chancengleichheit herrscht, solange es nicht – metaphorisch gesprochen – Waffengleichheit gibt. Wer in der Position des Wolfes ist, entscheidet über das Schicksal des Lammes. Dergestalt ausgerüstet, kann er in der öffentlichen Debatte jene Bilder erzeugen, über die Botschaften transportiert werden.

Wenn z. B. Björn Höcke in eine Menschenmenge winkt und Journalisten die Armbewegung im Bild so anhalten, als ob der Hitlergruß gezeigt wird, hat dies nichts mit seriöser Berichterstattung zu tun – das Bild selbst wird beim Betrachter aber jenseits des Textes eine zusätzliche Wirkung entfalten.[339] Selbiges war nach der Wahl von Thomas Kemmerich (FDP) am 5. Februar 2020 zum Ministerpräsidenten Thüringens zu beobachten. Höcke gratulierte ihm, es kam zum Handschlag. Dabei haben Journalisten das Bild exakt in jener Sekunde angehalten, die eine Wiederholung des »Tags von Potsdam« darstellen soll. Am 21. März 1933 hatte Adolf Hitler Reichspräsident Paul von Hindenburg vor der Potsdamer Garnisonskirche die Hand gegeben und sich dabei vor ihm verbeugt. Das Bild von 2020 soll zeigen: Genau in diesem Stil senke Höcke den Kopf vor Kemmerich – und genau wie damals werde die Demokratie in Thüringen gefährdet.[340]

Ein weiteres Beispiel sei erwähnt. Im ZDF-Sommerinterview vom August 2018 wurde Alexander Gauland in scharfer und einseitiger Form von Thomas Walde interviewt. Wie auf Bestellung waren plötzlich einige Störer zu vernehmen, die riefen: »Gauland, Du Schande, im Herzen von Potsdam.« Das ZDF-Aufnahmeteam schwenkte die Kamera und fing dabei auch »spontan« errichtete Protestschilder ein. Walde stellte dem sichtlich irritierten Gauland weiter Fragen. Das Interview wurde nicht neu aufgenommen, dafür wurden die Zwischenrufe gesendet.[341]

Gezielte Manipulationen können in unterschiedlicher Weise erfolgen. Der vermutlich größte Skandal wurde von *Der Spiegel* Ende 2018 öffentlich gemacht. Claas Relotius, Redakteur des Hamburger Wochenmagazins, war über Jahre hinweg an etwa 60 Berichten beteiligt, die in der gedruckten Fassung oder über *Spiegel Online* publiziert worden sind. In vielen Fällen hatte er nicht recherchiert, sondern seine Geschichten frei erfunden.[342] Relotius hat damit dem Vorwurf von der manipulierenden »Lügenpresse«

neue Nahrung gegeben. Der Vorfall deckte insbesondere auf, dass es in der Redaktion keinen effektiven Kontrollmechanismus gab, über den es zu einem Verdacht hätte kommen können.

Schließlich gibt es die weniger geschickten, ja geradezu tollpatschigen Verfremdungen in Berichten der Leitmedien. Im Februar 2020 war es zu einer Demonstration von Rechtsextremisten in Dresden gekommen. Der MDR berichtete und zeigte ein Banner, das linke Gegendemonstranten hochhielten. Ein Grafiker des Senders war der Ansicht, ein Bild vor der Ausstrahlung bearbeiten zu müssen. Offensichtlich wusste er nicht, dass er dabei ausgerechnet den Hitler-Attentäter Georg Elser entfernte.[343]

Somit kann festgehalten werden, dass Vertreter aus Politik und den Leitmedien – zum Teil gezielt, in vielen Fällen unreflektiert – die Macht der Sprache nutzen, um einseitig an der Formung und Verfestigung linker Weltbilder in der Bevölkerung mitzuwirken. Dazu gehört, das Nationale zugunsten des Multikulturellen zu diskreditieren. In vielen Fällen ist nachweisbar, dass Berichte ganz offensichtlich manipuliert werden, um auf audiovisuellem Wege Frames und Narrative zu beeinflussen. Im Regelfall spiegelt das Verhalten der politischen und medialen Akteure aber nicht die Befolgung eines übergeordneten Plans wider. Vielmehr kommen Frames und Narrative zur Anwendung, die nicht mehr hinterfragt werden.

6. Demobilisierung des Unmuts

Die Bundesrepublik wird immer multikultureller. 2005 hatten 15,3 Millionen Menschen in Deutschland einen Migrationshintergrund im weiten Sinne (18,6 Prozent); der Anteil der Ausländer – Migranten ohne deutsche Staatsangehörigkeit – lag bei 7,32 Millionen Menschen (8,9 Prozent). Bereits 2019 hatten sich die Zahlen stark verändert. Nun wiesen 21,246 Millionen Menschen einen Migrationshintergrund im weiten Sinne (25,6 Prozent) auf; der Anteil der Ausländer war auf 10,12 Millionen Menschen (12,2 Prozent) gestiegen.[344] Am deutlichsten zeigten sich die demografischen Verschiebungen bei Kindern im Vorschulalter von 0 bis unter 5 Jahren – 40,4 Prozent hatten einen Migrationshintergrund im weiten Sinne.[345] In Frankfurt am Main ist die Dynamik besonders groß: Dort wiesen 2018 bereits 71,4 Prozent der Kinder im Alter von bis zu 5 Jahren einen Migrationshintergrund auf.[346] Dieser Prozess hat dazu geführt, dass in diversen deutschen Städten die autochthone Bevölkerung mittlerweile entweder stark zurückgedrängt worden ist oder nicht mehr die Mehrheit stellt.[347] In Berlin liegt der Anteil der Menschen mit Migrationshintergrund bei 36,2 Prozent (2019),[348] in München bei 45,1 Prozent (2019),[349] in Frankfurt am Main bei 53,7 Prozent (2018)[350] und in Offenbach bei 63,9 Prozent (2020)[351].

In der Bevölkerung stößt diese Entwicklung auf Ablehnung. Im Herbst 2014 hatte die Europäische Kommission eine Umfrage durchgeführt. 37 Prozent der Deutschen sahen die Einwanderung als das größte Problem der EU an; 61 Prozent lehnten die Zuwanderung aus Nicht-EU-Staaten ab.[352] Als im November 2019 die neuen Jahresdaten aus Brüssel veröffentlicht wurden, stand Einwanderung mit 26 Prozent auf Platz 2 der wichtigsten Themen der Deutschen.[353] Weiteren Befragungen sind deutlich skeptischere Sichtweisen zu entnehmen. Aus einer Umfrage vom September 2016 geht hervor, dass 82 Prozent der Bundesbürger forderten, Angela Merkel möge ihren Kurs in der Flüchtlingspolitik ganz oder teilweise ändern.[354] Im August 2019 veröffentlichte die Bertelsmann-Stiftung eine entsprechende Datenerhebung. 63 Prozent der Befragten hielten folgende Aussage für richtig: »Zu viele Einwanderer übernehmen die deutschen Wertvorstellungen nicht«[355]. 52 Prozent waren der Meinung: »Insgesamt findet zu viel Einwanderung nach Deutschland statt«[356].

Noch weitaus stärkere Emotionen weckt das Thema Islamisierung. Nach der Zensuserhebung 2011 war es zu einer Zuwanderung von 1,2 Millionen Menschen aus dem islamischen Kulturkreis gekommen.[357] Schätzungen gingen deshalb davon aus, dass Ende 2015 bereits zwischen 4,4 und 4,7 Millionen Muslime in der Bundesrepublik lebten.[358] Aufgrund der anhaltenden Zuwanderung soll ihre Zahl bis 2019 auf 5,3 bis 5,6 Millionen angestiegen sein.[359] Das BfV nahm für 2015 und 2016 an, dass die Neuankömmlinge zu etwa 70 Prozent der Welt des Islam zuzurechnen sind.[360] Mittlerweile soll es zudem 2500 bis 2800 Moscheen in der Bundesrepublik geben.[361]

Der Pew Research Center hat zur weiteren Entwicklung des Anteils der Muslime an der Bevölkerung in Deutschland drei Szenarien entworfen, die auf das Jahr 2050 ausgerichtet sind. Ihnen sind zwei Dinge gemeinsam: Die Zahl der Nichtmuslime verringert sich; dagegen nimmt die Ausbreitung des Islam zu. Im ersten Szenario (ohne weitere Migration) ist nur mit einem leichten Anstieg auf 6 Millionen Muslime zu rechnen (Nichtmuslime: 62,7 Millionen). Beim zweiten Szenario mit einer mäßigen Zuwanderung wird mit 8,5 Millionen Muslimen in Deutschland gerechnet (Nichtmuslime: 69,9 Millionen). Bei einer besonders hohen Migration Richtung Bundesrepublik gehen die Analysten in Szenario 3 von 17,5 Millionen Menschen aus, die dem Koran anhängen (Nichtmuslime: 71,3 Millionen).[362]

Die Vertreter und Anhänger des Islam in Deutschland zeigen sich ambitioniert. Viele Moscheen tragen den Namen »Fatih« und lassen damit ohne Umschweife missionarische Zielsetzungen erkennen. Erinnert wird damit an Sultan Mehmed II., der 1453 das damals noch christliche Konstantinopel (heute: Istanbul) eroberte. Er trug den Beinamen »Fatih«, was mit »Eroberer« übersetzt werden kann. Fatih-Moscheen stehen u. a. in Bremen, Essen, Heilbronn, Lindau, Marl, Pforzheim, Ravensburg, Stadtallendorf und Werl.[363] 2015/2016 förderte eine Umfrage zutage, dass 47 Prozent der in Deutschland lebenden Türken der Aussage zustimmen, die »Befolgung der Gebote meiner Religion ist für mich wichtiger als die [der] Gesetze des Staates, in dem ich lebe«. Immerhin 32 Prozent legten ihre Religion noch strenger aus und pflichteten folgendem Satz bei: »Muslime sollten die Rückkehr zu einer Gesellschaftsordnung wie zu Zeiten des Propheten Mohammeds anstreben«. Weitere 36 Prozent äußerten sogar: »Nur der Islam ist in der Lage, die Probleme unserer Zeit zu lösen«.[364]

Wie weit wird dieser Prozess gehen? Ein Blick ins Ausland deutet an, was auf die Bundesrepublik zukommen kann. In Frankreich untergräbt die Islamisierung bereits das Wertefundament der Republik. Einer Umfrage vom Spätsommer 2020 unter den Muslimen des Landes ist zu entnehmen, dass 40 Prozent der Befragten ihre religiösen Ansichten über staatlich garantierte Rechte wie die Meinungs- und Gewissensfreiheit stellen. Die junge Generation – und auf diese kommt es perspektivisch an – tritt noch deutlich radikaler auf. Bei den Muslimen unter 25 Jahren wurden 74 Prozent gemessen.[365] Die Verbreitung des Islamismus ist nicht nur in französischen Schulen zu einem Problem geworden. Der Staat muss seit einigen Jahren sogar Einheiten seiner Streitkräfte im Innern einsetzen, um die Konsequenzen multikultureller Bruchlinienkonflikte präventiv einzuhegen. Infolge der zahlreichen, von radikalen Muslimen verübten Anschläge wurde die »Opération Sentinelle« (»Operation Wachposten«) beschlossen. Mehrere Tausend französische Soldaten – unter ihnen Fremdenlegionäre – werden in Bereitschaft gehalten oder patrouillieren täglich auf heimischem Boden.[366]

Der Prozess der Islamisierung löst in der deutschen Bevölkerung sichtbar großes Unbehagen aus. Die Zunahme der muslimischen Bevölkerung in Verbindung mit der Haltung vieler Anhänger des Islam, Werte und Normen des Aufnahmelandes nicht zu respektieren, lassen den Schluss zu, dass die geäußerten Sorgen einen sachlichen Grund haben. Bereits lange vor der Flüchtlings- und Migrationskrise von 2015 gaben sich viele Deutsche skeptisch. In einer Umfrage vom Dezember 2009 äußerten 36 Prozent »große Sorgen« und 39 Prozent »ein wenig Sorge« vor der Ausbreitung des Islam in der Bundesrepublik. Bis zum November 2014 sollten beide Werte auf jeweils 42 Prozent steigen.[367] 60 Prozent waren nun der Meinung, dass der Islam nicht als friedliche Religion eingestuft werden könne.[368]

Eine Umfrage des Meinungsforschungsinstituts INSA ergab im April 2016 die folgenden Ergebnisse: 60,3 Prozent waren der Meinung, der Islam gehöre nicht zu Deutschland (Ja: 22,1 Prozent/Weiß nicht bzw. keine Angabe: 17,4 Prozent); lediglich 49 Prozent der Befragten gaben an, die Muslime, die in der Bundesrepublik leben, gehören zu Deutschland (Nein: 29,8 Prozent/Weiß nicht bzw. keine Angabe: 21,2 Prozent); 46,1 Prozent befürchteten eine Islamisierung Deutschlands (Nein: 38,6 Prozent/Weiß nicht bzw. keine Angabe: 15,3 Prozent).[369] Im September 2016 wurde auf der Basis einer INSA-Umfrage bekannt, dass 57 Prozent der Deutschen Angst vor einer Islamisierung haben.[370] 2017 gaben 51 Prozent der Menschen in der alten Bundesrepublik und 58 in den neuen Bundesländern an, im Islam eine Bedrohung zu sehen.[371] 2019 waren diese Werte weitgehend konstant; insgesamt sahen 52 Prozent aller Deutschen im Islam eine Bedrohung.[372]

Obwohl die Große Koalition eine Politik betreibt, die in Fragen der Zuwanderung und der Islamisierung der Mehrheit der Bevölkerungsmeinung entgegensteht, ist sie in der Bundestagswahl vom 24. September 2017 bestätigt worden. Anschließend ging die Zustimmung zwar zurück. Die Bundesregierung konnte aber nach Beginn der Corona-Krise im Frühjahr 2020 in der Sonntagsfrage wieder stark zulegen und übersprang in der Wählergunst schnell die 50-Prozent-Marke. Am stärksten war der Schwenk Richtung Union in Bayern: Nach 37,2 Prozent in der Landtagswahl vom 14. Oktober 2018 lag die CSU in einer Umfrage vom 8. April 2020 bei 49 Prozent Zustimmung (das Ergebnis wurde im Laufe des Jahres mehrfach bestätigt).[373] Dieser Sprung war sachlich durchaus nachvollziehbar. Ministerpräsident Markus Söder machte im Corona-Krisenmanagement eine vorzügliche Figur, und der pandemisch verunsicherte Bürger belohnte dies.

In akuten Krisenzeiten wie der Corona-Seuche fällt es Regierungen leicht, Zustimmung zu generieren. Ihre Gegenmaßnahmen sind tägliches Thema der Presseberichterstattung, und so kommt es zum bekannten »Rally-around-the-flag«-Effekt: Bürger und Regierung halten ob eines höheren Zieles in der Phase der Krise zusammen. Dass dieser Zustand wegen diverser Abnutzungseffekte in der Regel nur vorübergehender Natur ist, haben die Landtagswahlen in Rheinland-Pfalz und Baden-Württemberg vom 14. März 2021 gezeigt. Die CDU schnitt in beiden Bundesländern so schlecht ab wie nie zuvor.[374] Und in der Sonntagsfrage rutschte die Große Koalition im Frühjahr wieder deutlich unter 50 Prozent Zustimmung.

Zu unterscheiden ist folglich zwischen kurz- und langfristigen Verhaltensmustern des Wählers. Letzteres wird in diesem Abschnitt eruiert: Wie ist die Hinnahme einer Politik der Multikulturalisierung, die im Widerspruch zur Haltung großer Teile des Volkes steht, zu erklären? Einige Antworten sind bereits formuliert worden: Das Modell der »Schweigespirale« von Elisabeth Noelle-Neumann verdeutlicht, warum es vielen Menschen so schwer fällt, sich zu ihrer eigentlichen Meinung auch nach außen zu bekennen. Hintergrund ist die Isolationsfurcht. Wer sich gegen weithin geteilte Positionierungen äußert, könnte im eigenen sozialen Umfeld in Misskredit geraten. Um dies zu verhindern, passen sich Menschen akzeptierten Meinungen an. Zudem ist darauf verwiesen worden, dass von der politisch-medialen Elite einseitig ausgerichtete Narrative und ebenso einseitig trainierte Frames klare Wirkungen zeitigen. Die Diskurshegemonie liegt eindeutig im politisch linken Lager, das die Kulturnation abschaffen möchte.

Panem et circenses

Die vermutlich mit Abstand wichtigste Erklärung für die Bereitschaft der Massen, missliebige politische Projekte über sich ergehen zu lassen, ergibt sich aus der Annahme der Konstanz der menschlichen Natur, die sich – entsprechendes Geschick vorausgesetzt – trefflich manipulieren lässt. Sie ist einerseits gesellschaftlichen, technologischen und normativen Umbrüchen unterworfen, was zu unterschiedlichen Ausprägungen im Verhalten führt (z. B. bei der Beachtung von Normen). Andererseits ergeben sich aus der *conditio humana* ewige Konstanten, die den Menschen zu einem sozialen Wesen, ausgestattet mit natürlichen Bedürfnissen und Begierden, machen – fähig zum Guten wie zum Schlechten. Seit Menschen ihre Beobachtungen verschriftlichen und damit überliefern können, wird dieses Thema diskutiert. Bereits aus der Antike sind zahlreiche Betrachtungen bekannt.

Der römische Dichter Juvenal (um 60 bis um 128 n. Chr.) zählte zu den ersten Satirikern seiner Zeit, der vor allem menschliche Schwächen starker Kritik unterzog. Für die politische Apathie eines Volkes hatte er eine schlichte Erklärung: »Längst schon, seitdem wir unsere Stimmen niemandem mehr verkaufen, hat es jedes Interesse von sich geworfen; denn einst verlieh es Befehlsgewalt, Rutenbündel, Legionen, alles sonst, jetzt hält es sich zurück und wünscht ängstlich nur zwei Dinge, Brot und Zirkusspiele.«[375] Die Aussage ist vor dem Hintergrund der Ära des römischen Prinzipats einzuordnen, in der unter Kaiser Augustus ab 27 v. Chr. republikanische Verfassungselemente zugunsten einer monarchistischen Praxis zurückgedrängt wurden.

Juvenal kritisierte ironisch bis zynisch das Verhalten seiner Mitmenschen, die sich durch einfache Zugeständnisse politisch demobilisieren ließen. Tatsächlich hat sich am Kern seiner Aussage bis heute wenig geändert, soweit der Annahme gefolgt wird, dass sich die *conditio humana* an einer gewissen Grammatik orientiert. Zu ihr gehört zweifellos die angesprochene Genusssucht. Sie wurde auch von Aurelius Prudentius Clemens (348 bis um 405 n. Chr.), dem bedeutendsten Dichter seiner Zeit in der lateinisch-christlichen Welt, beschrieben. In der bis heute nachwirkenden Schrift »Psychomachia«, gehalten im Stil eines allegorischen Gedichts, befasste er sich mit einem »Seelenkampf« zwischen idealtypischen Trägern widersprüchlicher menschlicher Eigenschaften. Prudentius unterschied sieben Tugenden und Untugenden: (1) Glaube versus Pflege der alten Götter, (2) Keuschheit versus sodomitische Begierde, (3) Geduld versus Zorn, (4) Demut und Hoffnung versus Hochmut und Betrug, (5) Mäßigung (im Trinken) versus Genusssucht, (6) Vernunft und Arbeit versus Habgier, (7) Einigkeit und Glaube versus Zwietracht namens Häresie.[376]

Übertragen auf die Gegenwart, muss eine Regierung demnach zwei Güter zur Verfügung stellen: das *panem* in Form einer Absicherung der physischen Existenzgrundlagen (Nahrung, Wohnung, Arbeit bzw. Sozialhilfe, medizinische Versorgung) und die *circenses* durch Bedienung einer digitalen Genusssucht (Fernsehen, Internet, soziale Medien, Playstation, Smartphones). Viele Menschen, die im Wohlstand leben und hinreichend digitale Möglichkeiten der »Selbstverwirklichung« haben, nehmen eine ihren Idealen widerstrebende Politik hin, solange sie zumindest *panem et circenses* absichert.[377]

Macht sich eine Regierung diese Mechanismen zunutze, sitzt sie in gewisser Weise mit Blick auf die Eigenlegitimation in der Falle. Die Politikwissenschaftlerin Hannah Arendt beschrieb die Tiefen der Konsumgesellschaft 1958 skeptisch: »[...] die überschüssige Zeit des Animal laborans wird niemals für etwas anderes verbraucht als Konsumieren, und je mehr Zeit ihm gelassen wird, desto begehrlicher und bedrohlicher werden seine Wünsche und sein Appetit.«[378] Der Konsum würde alsbald über das Lebensnotwendige hinausgehen und sich des »Überflüssigen«[379] bemächtigen. Arendt äußerte sich zudem kritisch zur Massenkultur, »was in Wahrheit ein Gesellschaftszustand ist, in dem die Kultur zum Zwecke der Unterhaltung der Massen, denen man die leere Zeit vertreiben muß, benutzt, mißbraucht und aufgebraucht wird.«[380] Die erzeugte Konsumneigung will folglich bedient werden, nachdem sie geweckt worden ist.

Wie ist es nun um *panem et circenses* in Deutschland bestellt? Sozialdemokraten, Grüne und Vertreter der Linkspartei werden im Geiste einer strengen Klientelpolitik immer an der gerechten Verteilung des Wohlstands zweifeln. Tatsächlich geht es der Bundesrepublik und ihren Bürgern – gerade auch im internationalen Vergleich – aber sehr gut. Deutschland war

2019 mit einem BIP von 3,861 Billionen Dollar die viertstärkste Wirtschaftsmacht der Welt – und wird diese Stellung wegen des großen Abstandes zu Platz 5 vorerst halten.[381] Was Wohlstand bedeutet, macht der Vergleich mit der Subsahara deutlich, deren Staaten zusammen nur auf 1,767 Billionen Dollar kamen.[382] Das deutsche BIP pro Kopf lag 2019 bei 46 445,2 Dollar und damit weit über dem globalen Durchschnitt von 11 433,2 Dollar sowie dem entsprechenden Wert für die EU in Höhe von 34 913,2 Dollar.[383] Die Arbeitslosenquote war 2019 auf 5 Prozent gesunken.[384]

Der deutsche Gini-Koeffizient[385] wird für 2018 mit 31,1 angegeben, was für eine einigermaßen ausgewogene Verteilung des Wohlstands spricht.[386] Kritiker weisen zu Recht auf Verzerrungen des Wertes hin: Die obere Hälfte der erwachsenen Bevölkerung besitzt 98,6 Prozent (das oberste eine Prozent allein 35 Prozent) des Gesamtvermögens Deutschlands, die untere Hälfte nur 1,4 Prozent.[387]

Diese Ungleichgewichte werden jedoch in der Praxis zu großen Teilen durch die Umverteilungsmechanismen des Sozialstaats ausgeglichen, über die den meisten Bürgern ein menschenwürdiges Leben ermöglicht wird. Der Haushaltsposten des Bundesministeriums für Arbeit und Soziales verfügt im Kabinett traditionell über die mit Abstand umfassendsten Mittel. 2019 hatte er mit 143,28 Milliarden Euro einen Anteil von 40,12 Prozent am Bundeshaushalt.[388] Weitere Beiträge der anderen Ministerien werden de facto zu den Sozialausgaben gerechnet. Das Gros machen die Sozialversicherung (inklusive Arbeitslosenversicherung) und die Arbeitsmarktpolitik aus. Hinzu kommen Familienhilfe, Wohlfahrtspflege, soziale Leistungen nach dem Sozialgesetzbuch (SGB) XII und dem Asylbewerberleistungsgesetz, die Verwaltung für soziale Angelegenheiten, soziale Leistungen für Folgen von Krieg und politischen Ereignissen, sonstige soziale Angelegenheiten, Kinder- und Jugendhilfe sowie die Kindertagesbetreuung nach SGB VIII. Die Sozialausgabenquote des Bundeshaushalts lag somit für 2019 bei 49,6 Prozent. Dies entsprach 177,133 Milliarden Euro.[389] Schätzungen vor der Corona-Krise gingen davon aus, dass 2023 bereits ein Anteil von 52,7 Prozent und ein Betrag von 198,1 Milliarden Euro erreicht werden wird.[390]

Insgesamt nimmt der Sozialstaat immer größere Dimensionen an. Ein wichtiger Indikator dafür ist das Sozialbudget. 2019 wurden folgende Leistungen (ohne Verwaltungsausgaben) ausgeschüttet: 441,6 Milliarden Euro für Krankheit und Invalidität; 383,3 Milliarden Euro für Alter und Hinterbliebene; 115,8 Milliarden Euro für Kinder, Ehegatten und Mutterschaft; 31,8 Milliarden Euro für Arbeitslosigkeit; 25,5 Milliarden Euro für den Bereich »Sonstiges«. Insgesamt hatte das Sozialbudget ein Volumen von 1040,3 Milliarden Euro, womit es erstmals über der Billionen-Euro-Grenze lag.[391]

Die Wirkungen des ökonomischen Erfolgs Deutschlands sowie der Segnungen des Sozialstaats lassen sich in Umfrageergebnissen ablesen. 2018 beurteilten 63 Prozent der Deutschen ihre persönliche finanzielle Situation als »gut« oder sogar »sehr gut«; nur 8 Prozent gaben »schlecht« oder »eher schlecht« an.[392] Im Frühjahr 2019 bewerteten knapp zwei Drittel der Deutschen ihre wirtschaftliche Lage als positiv.[393] Damit werden weitere Umfrageergebnisse zur generellen Befindlichkeit der Bundesbürger erklärlich. Im Better Life Index wird 2018 im Bereich »Lebenszufriedenheit« in der Organisation for Economic Co-operation and Development (OECD) auf einer Skala von 0 bis 10 ein Durchschnittswert von 7,4 erreicht, der auch bei den Deutschen vorliegt.[394] Im Glücksatlas der Deutschen Post von 2019 sieht es ähnlich aus. Er weist nach, dass die Lebenszufriedenheit der Deutschen auf einer Skala von 0 bis 10 sogar gestiegen ist, nämlich von 7,05 in 2018 auf 7,14 in 2019.[395] Im Zuge der Corona-Krise ist der Wert 2020 auf 6,74 abgesunken. Dennoch waren 80 Prozent der Befragten froh, während der Pandemie in einem Land wie der Bundesrepublik zu leben.[396]

Bei der Bereitstellung von *circenses* ist die Leistung des Staates darauf begrenzt, die Entstehung von Strukturen zu ermöglichen, sie vor allem aber nicht zu behindern. Der Breitbandausbau mit modernen Glasfaserkabeln für ein leistungsfähiges Internet oder das moderne 5G-Netz zur Optimierung des Mobilfunks sind an dieser Stelle zu nennen. Der Begriff »circenses« ist natürlich im übertragenen Sinne zu verstehen. Heute geht es nicht mehr um die römischen Zirkusspiele, sondern um breite – vor allem digitale – Möglichkeiten der Freizeitgestaltung. Dem Einzelnen werden dabei mannigfaltige Optionen der apolitischen Ablenkung offeriert. Soziale Medien wie Facebook, YouTube, Twitch, Instagram oder Twitter bieten aber noch weitaus mehr. Sie geben dem Menschen neue Möglichkeiten der Selbstdarstellung. Wer den Glauben daran verloren hat, durch politische Partizipation etwas bewirken zu können, kann sich zumindest im digitalen Raum betätigen. Es sind diese Freiheiten, die einen Anreiz schaffen, politische Entwicklungen hinzunehmen, auch wenn der Einzelne im persönlichen Gespräch oder in Umfragen gegen sie votiert.

Welche Dimension die digitale Welt für das Freizeitverhalten der Deutschen angenommen hat, zeigen die folgenden Zahlen: Die Infrastruktur selbst ist günstig zu beziehen. Leistungsstarke Notebooks gibt es für unter 400 Euro. Flatrates für Telefonie und Internet sorgen dafür, dass auch sozial benachteiligte Menschen problemlos Zugriff bekommen. Der Basis-Tarif beim Film- und Serienanbieter Netflix liegt bei 7,99 Euro im Monat. Die Nutzung von YouTube, Facebook, Instagram und Twitter ist kostenlos, was auch für die Erstellung eines eigenen Kanals oder einer persönlichen Seite gilt. Um die Entwicklung und Verbreitung von Videospielen zu fördern, hat die Bundesregierung im August 2020 angekündigt, »in den kommenden Jahren 250 Millionen Euro in diese wichtige Zukunftsbranche«[397] zu investieren.

Entsprechend hoch sind die Abonnenten- und Zugriffszahlen in Deutschland ab einem Alter von 14 Jahren.[398] Schätzungen gehen für 2019 von täglich (!) 15,2 Millionen Nutzern von Facebook, 45,6 Millionen von WhatsApp, 9,4 Millionen von Instagram, 3,6 Millionen von Snapchat, 1,4 Millionen von Twitter und 0,7 Millionen von Xing aus.[399] Hinzu kommen die Streaming-Dienste. Anbieter wie Netflix, Amazon Prime Video oder Maxdome haben täglich 10,1 Millionen Zuschauer; Marktführer YouTube liegt im Segment »Videos online« bei wöchentlich 29 Millionen.[400] De facto ist dies die zweite Welle der Erweiterung des medialen Freizeitprogramms. Die erste Welle hatte bereits in den 1980er-Jahren eingesetzt, als die öffentlich-rechtlichen Anbieter ARD und ZDF durch eine zunehmende Zahl privater Sender Konkurrenz bekommen hatten. Dennoch nutzen auch heute noch 95 Prozent der Menschen regelmäßig das klassische Fernsehprogramm.[401]

Über die Jahre sind umfassende Abhängigkeiten von dieser Form der *circenses* entstanden. 75 Prozent der Bundesbürger können sich ein Leben ohne das Internet nicht mehr vorstellen; bei den 14- bis 29-Jährigen sind es sogar 89 Prozent. 70 Prozent halten das Fernsehen für unverzichtbar.[402] Die tägliche Mediennutzungsdauer lag 2019 pro Person für die Bereiche TV, Radio, Social Media, Games, Video-Streaming, Musik-Streaming sowie Blogs und Podcasts bei durchschnittlich 9 Stunden und 46 Minuten.[403] Dabei ist das Suchtpotenzial in der Kategorie »Computerspiel- und Internetabhängigkeit« in den bildungsfernen Schichten signifikant höher als unter Abiturienten und Studenten.[404] Eine weitere Beobachtung ist interessant: Die Zahlungsbereitschaft für die Nutzung etwa von Online-Medien ist gering; nur 20 Prozent der Befragten einer Umfrage von 2018 hatten dies schon einmal getan.[405] *Circenses* genießt der *Homo Digitalis* demnach idealerweise kostenlos.

Die digitale Genusssucht hat somit viele Facetten, die von der Zerstreuung und der Bedienung des menschlichen Spieltriebes bis hin zu neuen Möglichkeiten zur Erzeugung persönlicher Anerkennung reichen. Über die Jahre ist das Angebot immer umfangreicher und ausdifferenzierter geworden. Dies alles kann zur politischen Demobilisierung des Menschen beitragen.

Zahlreiche Ausnahmen schränken den behaupteten Zusammenhang ein. Nicht jeder Mensch, der sich an *panem et circenses* erfreut, ist unpolitisch. Genaue Zahlen lassen sich nicht ermitteln. Selbst die Entscheidung, einer Wahl fernzubleiben, kann eine politische Motivation haben. Zudem dient das Internet nicht nur der Ablenkung des Einzelnen, es hat sich auch zum Wirtschaftsfaktor und zur Spielwiese der Nachrichtendienste entwickelt. Offensichtlich ist zudem, dass es vor allem die sozialen Medien sind, die den politischen Raum geradezu revolutioniert haben (u. a. durch neue/alternative Medien oder Online-Kampagnen). In aller Welt verstehen es oppositionelle Gruppen, das Internet so zu nutzen, dass sich der Unmut gegenüber den Herrschenden potenziert. In Diktaturen wie China hat dies zur Errichtung rigider Überwachungsmechanismen geführt. In Demokratien wie Deutschland wird versucht, tatsächliche bzw. mutmaßlich radikale Äußerungen zu löschen oder die Betreiber entsprechender Internetseiten bzw. Kanäle ganz aus dem Spiel zu nehmen (*deplatforming*).

Insofern müssen die aufgestellten Zusammenhänge in Hypothesen-Form präzisiert werden: Je mehr *panem* die Regierung den Bürgern zur Verfügung stellt, desto größer ist die sedierende Wirkung im Sinne einer politischen Demobilisierung. Je umfassender der Bürger Zugriff auf *circenses* hat, desto stärker ist dieser Effekt. Dabei bedeutet Sedierung das Vorliegen einer Bereitschaft, Verwerfungen in verschiedenen Politikbereichen sehenden Auges hinzunehmen, solange sie sich nicht auf das persönliche Wohlergehen auswirken. Der Bürger ist bereit, sich mit dem Status quo zu arrangieren, weil er von ihm kurzfristig profitiert.

Die Stimmigkeit der Hypothesen kann in Situationen überprüft werden, in denen es zu einer tatsächlichen oder nur drohenden Reduktion von *panem et circenses* kommt. Für Schockwellen in der Wirtschafts- und Finanzwelt hat im Frühjahr 2020 der Beginn der Corona-Krise, verbunden mit einem zeitweisen Zurückfahren des ökonomischen und gesellschaftlichen Lebens (Lockdown), gesorgt. Dass dadurch erhebliche Kosten zur langfristigen Wiederherstellung des Status quo ante entstanden sind, war absehbar. Die Bundesregierung verbreitete jedoch Darstellungen ihrer persönlichen Realitätswahrnehmung, die vollkommen übertrieben waren. So titelte das Bundesministerium für Wirtschaft und Energie am 4. Juni 2020 in einer Pressemeldung: »Koalitionsausschuss beschließt Marshallplan 2.0«.[406] Wenige Tage zuvor hatte die Europäische Kommission einen »Wiederaufbau-Plan« vorgestellt.[407] Die Politik wähnte sich in einem Zustand, als ob Deutschland einen langjährigen Krieg verloren hatte und nun einen Neuanfang organisieren müsste.

Tatsächlich dürfte die Verbreitung solcher irreführender Lageeinschätzungen auf eine konkrete Sorge zurückgehen: Könnte ein wirtschaftlicher Abschwung in Deutschland zum Aufschwung der »Rechtspopulisten« führen? Mit anderen Worten: Wer wird von einer Situation profitieren, in der das *panem* knapper wird? Die Bundesregierung kündigte auch deshalb umfassende Hilfsprogramme an, was zudem zu einer Beruhigung des nervösen Aktienmarktes und vieler verunsicherter Bürger beitrug. Die AfD konnte aus der Pandemie direkt keinen Profit schlagen. Ganz im Gegenteil. In der Sonntagsfrage ging ihr Stimmenanteil zunächst sogar deutlich zurück.

Wenn eine Lehre aus der Corona-Krise gezogen werden kann, dann die Folgende: Bereits eine begrenzte Einschränkung in den Bereichen *panem* und in diesem Fall vor allem *circenses* versetzt große Teile der Bevölkerung in Wallung. Damit sollen natürlich weder die erheblichen gesundheitlichen noch die finanziellen Folgen der Pandemie verniedlicht werden, und der Verfasser ist sich der berechtigen Sorgen vieler Arbeitnehmer und Arbeitgeber sehr bewusst. Es geht um etwas anderes: Wenn Menschen bereits das Tragen eines Mund-Nase-Schutzes als Zumutung begreifen, die Abstandsregel von 1,5 Metern ignorieren und sich allen Warnungen zum Trotz von vollen Stränden an der Ostsee nicht abschrecken lassen, um doch noch in den Genuss des geplanten Urlaubs zu kommen, dann ist dies ein Hinweis auf niedrige Belastungsgrenzen. Der Besuch von Schwimmbädern, Kinos, Theatern, Clubs oder Restaurants zählt zum üblichen Freizeitverhalten. Bereits eine Einschränkung dieses Segments der *circenses* von einigen Monaten wird in einer Wohlstandsgesellschaft für nicht hinnehmbar erachtet, da die Maßstäbe in historischer Perspektive vollkommen verloren gegangen sind.

Deutschland ist nicht bombardiert worden, es gibt keine Hyperinflation und die Verkaufsflächen im Einzelhandel sind gut gefüllt. Im Vergleich zu 1945 leben die meisten Menschen der Bundesrepublik auch in der Pandemie immer noch in gut situierten Verhältnissen. Dennoch ergab eine im Juli 2020 in Deutschland durchgeführte Umfrage, dass sich 91 Prozent der Befragten gestresst fühlen, was auch auf die Corona-Krise zurückgeführt wird.[408] Insbesondere junge Menschen verloren sehr schnell die Geduld. Nicht wenige von ihnen trafen sich auf stark frequentierten öffentlichen Plätzen. Im Juni und Juli 2020 kam es dabei zu massiven Ausschreitungen in Stuttgart und Frankfurt am Main. Mehrheitlich Migranten lieferten sich Straßenschlachten mit der Polizei, bei denen Teile der Innenstadt verwüstet wurden; in der Hauptstadt Baden-Württembergs kam es zu Plünderungen.[409] Der Polizeipräsident von Stuttgart, Franz Lutz, gab zu Protokoll, einen solchen Gewaltexzess – an diesem waren zeitweise bis zu 500 Personen beteiligt – in »46 Dienstjahren nicht erlebt«[410] zu haben. Der Corona-Krise wird zumindest eine katalytische Wirkung zugeschrieben, um das Verhalten der Randalierer zu erklären.[411]

Der Leser möge sich nun vorstellen, wie die Menschen in Deutschland im Falle einer »richtigen« Krise reagieren würden: einer massiven Pandemie mit striktem, von Polizei und Bundeswehr durchgesetztem Ausgangsverbot; einem hohen Wertverlust des Ersparten infolge eines Zusammenbruchs des Finanzmarkts; einer Arbeitslosenquote von über 20 Prozent; einem Ausfall der Hartz-IV-Überweisungen wegen mangelnder Liquidität des Staates. Auf keines dieser Szenarien ist die deutsche Bevölkerung mental vorbereitet.

Die Gretchenfrage der Demokratie

Das Eis ist also durchaus dünn, auf dem sich die Bundesregierung bewegt. Um gegen Umfrageergebnisse in zentralen gesellschaftlichen Fragen über einen längeren Zeitraum zu agieren, bedarf es der politischen Demobilisierung großer Teile der Bevölkerung. Der Parteienstaat kommt der Exekutive dabei insofern zugute, als in ihm eine Machtverlagerung stattgefunden hat, die zuungunsten des Wählers ausgegangen ist. Mit dem BfV verfügt die Bundesregierung zudem über ein mächtiges Instrument, unliebsame Meinungen bei Bedarf zu brandmarken.

Aus politikwissenschaftlicher Sicht wird an dieser Stelle nun unterstellt, dass zwei Phänomene – die Hinnahme missliebiger politischer Projekte auf der einen Seite und die Bereitstellung von *panem et circenses* auf der anderen Seite – in gekoppelter Form vorliegen. Diese Überlegung knüpft an ein Interview mit Ralf Dahrendorf von 1996 an, in dem sich dieser zu grundlegenden ökonomischen und politischen Funktionszusammenhängen äußerte. Das Scheitern der Weimarer Republik erklärte er sehr plausibel: »Das deutsche Problem war in Weimar, daß Demokratie und wirtschaftlicher Erfolg für viele miteinander verbunden waren, und solange die beiden den Menschen den Gefallen taten, d.h. zwischen 1924 und '28/29, schien alles o.k. In dem Augenblick, in dem die Wirtschaft zu wackeln begann und viele einzelne das spürten, kam auch der Zweifel an der Demokratie.«[412] Es wird daher an dieser Stelle davon ausgegangen, dass die Akzeptanz der Abschaffung der deutschen Kulturnation nicht entkoppelt von der Bereitstellung von *panem et circenses* vorliegt, sondern dass eine Hinnahme dieser Entwicklung an die permanente Sicherstellung vor allem des ökonomischen Erfolgs des Landes gebunden ist. Dies ist auch einer der Gründe für die Bestrebungen der Bundesregierung, den Anteil der Sozialausgaben im Bundeshaushalt immer weiter auszubauen. Offiziell wird dies mit dem allgemein formulierten Willen begründet, »zukunftsgestaltend in die Stärkung des sozialen Zusammenhalts zu investieren.«[413] Diese Haltung schlägt sich auch im Ausbau des Sozialbudgets nieder, das von 2015 bis 2019 in vier Jahren schneller gewachsen ist als das BIP; nur 2018 war der Anstieg im Gleichschritt erfolgt.[414]

Ob es im Falle einer massiven Wirtschaftskrise, die absehbar zu Verwerfungen an den sozialen und multikulturellen Bruchlinien führen wird, zusätzlich auch zu einer Krise der Demokratie kommt, ist nicht absehbar. Das Thema wird in der Politikwissenschaft seit langer Zeit diskutiert. Kurt Sontheimer stellte 1989 fest: »Es waren primär die wirtschaftlichen Motive, die dabei eine positive Rolle für die Akzeptanz des politischen Systems der neuen Republik durch die breite Mehrheit spielten. Es ist seitdem ein wichtiges Element der politischen Kultur der Westdeutschen geblieben, die Staatsform der Demokratie mit wirtschaftlicher Leistungsfähigkeit und wachsendem Wohlstand zu verbinden.«[415] Damit steht fast schon die Unterstellung im Raum, dass die Loyalität vieler Deutscher zum demokratischen System in Zeiten einer massiven Rezession angezweifelt werden darf.[416] In der Tat: Der Grad der habitualisierten Verfassungstreue des Einzelnen wird sich insbesondere in ökonomischen Krisenzeiten zeigen. Seit 1949 ist die Gretchenfrage jedoch nie gestellt worden, wie auch Sontheimer resümiert: »Der Bundesrepublik ist bislang die immer wieder von kritischen Beobachtern befürchtete Situation erspart geblieben, in der ein massives Nachlassen der wirtschaftlichen und sozialen Leistungsfähigkeit des Systems die politische Kultur einem ernsthaften Test ausgesetzt hätte«[417].

Zur Beurteilung der Gesamtlage gehören nun zwei Aussagen. Einerseits steht die Demokratie in Deutschland weiterhin auf festem Grund, soweit der aktuelle ökonomische Status quo und die normativen Überzeugungen der großen Mehrheit der Bundesbürger in Betracht gezogen werden. Andererseits ist nicht absehbar, wie sich strukturell angelegte Schwächen langfristig auf die Durchhaltefähigkeit des Projekts der Zwangsnation und die Demokratie als solche auswirken werden. Denn die Bereitstellung von *panem et circenses* erfolgt zu großen Teilen auf Pump, womit Zustimmung zu den herrschenden politischen Verhältnissen bis zu einem gewissen Grad auch künstlich hergestellt wird.[418]

Eine mittel- bis langfristige Implosion des ökonomischen Status quo ist nicht auszuschließen. Die folgenden Zahlen verdeutlichen, dass die starke Wirtschaftsmacht Deutschland vor erheblichen finanziellen Herausforderungen steht:

- Die Staatsschulden beliefen sich 2019 auf 2,053 Billionen Euro. Damit konnte zwar das Maastricht-Kriterium nach 61,9 Prozent in 2018 nun mit 59,8 Prozent erstmals seit Jahren wieder erfüllt werden. Es geht von maximal 60 Prozent zulässigen Staatsschulden – gemessen am BIP – aus. Dieser Wert wird aber infolge der Corona-Krise sicher nicht gehalten werden. Nach der Wirtschafts- und Finanzkrise lag er 2010 bei 82,4 Prozent.[419] Die deutsche Gesamtverschuldung nimmt pro Sekunde um 6855 Euro (Stand: 16. März 2021) zu.[420]

- 2019 betrug der Haushaltsposten »Bundesschuld« 12,696 Milliarden Euro (Ist-Wert), womit er einen Anteil von 3,56 Prozent am Gesamtetat hatte. Mit diesem Geld wurden fast ausschließlich Zinsen bedient. Das Volumen der Bundesschuld lag auf Platz 8 aller Haushaltsposten. Dies war mehr, als dem Bundesministerium für Familie, Senioren, Frauen und Jugend zur Verfügung stand.[421]

- Die Corona-Krise hatte massive Folgen für die Planung des Bundeshaushalts 2020, was zur Außerkraftsetzung der im Grundgesetz etablierten Schuldenbremse geführt hat. Die Einnahmen (Sollwerte inklusive erster und zweiter Nachtragshaushalt) wurden mit 508,53 Milliarden Euro beziffert, von denen 218,924 Milliarden Euro als Bundesschuld finanziert wurden, was einem Anteil von 43,05 Prozent entspricht.[422] Für 2021 wird von Einnahmen (Sollwerte inklusive erster Nachtragshaushalt) von 547,726 Milliarden Euro ausgegangen, die zu 241,297 Milliarden Euro als Bundesschuld ausgewiesen werden (44,05 Prozent).[423] Aktuelle Zahlen sind wegen des nicht absehbaren Pandemieverlaufs starken Schwankungen unterworfen. Bei den Kreditaufnahmen dürfte der Bedarf in den kommenden Jahren aber auf einem hohen Niveau bleiben. Dabei muss die Bundesregierung unter erschwerten Bedingungen handeln, da die Lockdowns der Wirtschaft massiv geschadet haben, was wiederum zu Steuerausfällen führt. Der Staat nimmt folglich weniger ein: 2019 wurden 328,989 Milliarden Euro Steuereinnahmen verbucht (Ist-Wert).[424] 2020 waren es nur noch 264,446 Milliarden Euro (Soll-Wert),[425] was einem Rückgang von 64,543 Milliarden Euro entspricht (19,62 Prozent). Die Tilgung von Krediten und die Bedienung der Zinsen werden dadurch nicht einfacher. Sollte sich die Lage zuspitzen, könnten Zweifel an der Zahlungsfähigkeit des Staates aufkommen.

- In Expertenkreisen wird schließlich auf die Gefahr der Ausdehnung des deutschen Saldos im europäischen Zahlungsverkehrssystem, das als Trans-European Automated Real-time Gross settlement Express Transfer system (Target) 2 bekannt ist, verwiesen. Die Europäische Zentralbank (EZB) hat die geäußerten Sorgen zwar immer wieder als unbegründet eingeordnet. Nachdem der deutsche Target-Saldo im Juli 2020 aber zum ersten Mal die Eine-Billion-Euro-Grenze überschritten hatte, gingen die Diskussionen weiter. Im Dezember 2020 lagen die Target-2-Forderungen der Bundesbank sogar bei über 1,136 Billionen Euro (anschließend war der Betrag leicht rückläufig).[426] Ist die finanzielle und wirtschaftliche Lage im Euro-Raum stabil, dürfte es kaum zu Problemen kommen. Was jedoch passiert, wenn ein großer Staat sich aus der gemeinsamen Währung zurückzieht oder die Währungsunion insgesamt scheitert? Wie will die Deutsche Bundesbank dann Forderungen gegenüber der – vielleicht gar nicht mehr existenten – EZB geltend machen?[427] Der Wirtschaftswissenschaftler Frank Westermann weist auf folgenden Zusammenhang hin: »Eine Billion Euro stehen im Feuer. Die Target-Salden sind ein Teil des deutschen Auslandsvermögens«[428]. Im Falle eines Zusammenbruchs der Währungsunion würde der deutsche Staat für seinen Anteil haften – und damit letztlich der Steuerzahler.

Einige der genannten Summen betreffen die drei Bereiche Corona-Krise, Euro-Rettung und globaler Umweltschutz. Deutschland hat sich dabei auch langfristig gebunden:

- Anfang Juni 2020 hat die Bundesregierung ein »Konjunktur- und Zukunftspaket«, genannt Marshallplan 2.0, mit einem Volumen von 130 Milliarden Euro beschlossen.[429]

- Im Juli 2020 legte das Kabinett den Wirtschaftsstabilisierungsfonds in Höhe von bis zu 600 Milliarden Euro auf, der »langfristige volkswirtschaftliche und soziale Folgen der Pandemie abwenden«[430] soll.

- Ebenfalls im Juli 2020 hat die Europäische Union das mit Abstand größte Konjunktur- und Investitionsprogramm ihrer Geschichte beschlossen, dem im Rahmen des siebenjährigen Haushaltsplans von 2021 bis 2027 insgesamt 750 Milliarden Euro zugewiesen worden sind. Diese Summe teilt sich in zwei Bereiche auf: 390 Milliarden Euro sind als Zuschüsse zur Corona-Hilfe vorgesehen, die nicht zurückgezahlt werden müssen. 360 Milliarden Euro stehen einzelnen Staaten der Gemeinschaft als Kredite zur Verfügung. Die neuen Schulden der EU sollen bis 2058 getilgt werden. Der Beschluss hat zur Folge, dass Deutschland vermutlich jährlich etwa 10 Milliarden Euro mehr an die Brüsseler Haushaltskasse wird überweisen müssen.[431]

- Zur Aufrechterhaltung der Zahlungsfähigkeit der Staaten der Euro-Gruppe wurde 2012 der Europäische Stabilitätsmechanismus ins Leben gerufen. Er verfügt über ein Stammkapital von 704,8 Milliarden Euro; diese Summe setzt sich aus eingezahltem (80,5 Milliarden Euro) und abrufbarem (624,3 Milliarden Euro) Kapital zusammen. Droht die Zahlungsunfähigkeit eines Euro-Staates, kann diese mit Krediten und Bürgschaften abgewendet werden. Der Finanzierungsanteil Deutschlands liegt bei 26,9 Prozent. In der Aufschlüsselung bedeutet dies, dass die Bundesregierung 21,7 Milliarden Euro eingezahlt hat und 168,2 Milliarden Euro an abrufbarem Kapital bereithält. Das Haftungsrisiko Deutschlands liegt damit bei 189,9 Milliarden Euro.[432]

- Vor der Corona-Krise waren ebenfalls enorme Summen angedacht worden, um ein weiteres gesellschaftliches Großprojekt zu fördern. Der europäische »Grüne Deal« sieht eine Mobilisierung von einer Billion Euro innerhalb von nur zehn Jahren vor.[433]

Die finanziellen Belastungen werden im Zuge der Corona-Krise zunehmen. Der Lockdown hat dazu geführt, dass weitere Kurzarbeiter und Hartz-IV-Empfänger Unterstützung benötigen. Viele Firmen mussten Insolvenz anmelden oder standen ohne externe Hilfe vor dem Ruin. Der Staat beteiligte sich daher an Unternehmen wie der Lufthansa, um zu ihrer Rekapitalisierung beizutragen.[434] Damit nahm er weitere finanzielle Risiken auf sich. Die Exekutive wird zudem vorübergehend mit weniger Steuereinnahmen auskommen müssen. Im ersten Quartal 2020 ist das Wirtschaftswachstum um 2,2 Prozent gesunken,[435] was der stärkste Rückgang seit der globalen Wirtschafts- und Finanzkrise von 2008/2009 war. Für das gesamte Jahr 2020 gab die Bundesregierung den Rückgang des BIP mit 5 Prozent an.[436]

Vor diesem Hintergrund sollte eine weitere Lehre aus der Corona-Krise gezogen werden. Das Auftauchen eines »Schwarzen Schwans«, der eine linear projizierte politische Entwicklung über Nacht ad absurdum führt, ist jederzeit möglich. Trifft er die Wirtschaft, müssen enorme Reserven vorgehalten werden, um ihn abzuwehren. 2020 und 2021 verfügte die Bundesregierung über entsprechende Mittel. Ob sie weitere Lockdowns durchhalten kann, darf bezweifelt werden. In einer solchen Situation können politische Dominosteine schnell und unkontrolliert kippen. Nimmt das *panem* ab, dürfte auch die Fähigkeit des Staates, politischen Unmut zu demobilisieren, zurückgehen.

VI. Schleichwege zum Chaos

»Mit einer demokratischen Gesellschaft ist das Konzept von Multikulti schwer vereinbar. Vielleicht auf ganz lange Sicht. Aber wenn man fragt, wo denn multikulturelle Gesellschaften bislang funktioniert haben, kommt man sehr schnell zum Ergebnis, daß sie nur dort friedlich funktionieren, wo es einen starken Obrigkeitsstaat gibt. Insofern war es ein Fehler, daß wir zu Beginn der 60er Jahre Gastarbeiter aus fremden Kulturen ins Land holten.«

Helmut Schmidt, 2004[1]

Die in diesem Buch geübte Kritik richtet sich gegen das System. Viele Menschen werden einem solchen Satz zustimmen, ohne ihn weiter zu hinterfragen. Und nicht wenige Vertreter des BfV dürften sofort mutmaßen, dass damit der Beweis der Verfassungsfeindlichkeit erbracht ist. Die Dinge liegen natürlich ganz anders. Kritik am System wendet sich hier gegen die herrschenden Verhältnisse, die von der politisch-medialen Elite geprägt werden. Dem politischen Häretiker geht es um eine Veränderung von Geisteshaltungen. Nicht Institutionen, sondern Personen und ihr Handeln werden in Frage gestellt. Die politische Ordnung, das Grundgesetz (*polity*), verdient jede Unterstützung. Zweifel sind mit Blick auf die Inhalte der staatlichen Neukonstruktion des Nationalen (*policy*) und die Formen der Umsetzung dieses Projekts (*politics*) angebracht.[2]

Zu welchen Ergebnissen ist diese Studie gekommen? Die eingangs aufgestellte These kann als bestätigt betrachtet werden. Die Ausführungen haben den in der Öffentlichkeit immer wieder zu hörenden Vorwurf, der Verfassungsschutz werde von der Politik instrumentalisiert, als nicht nur intuitiv, sondern auch als sachlich korrekt bewiesen. Zweifellos darf dies aber nicht zu der Schlussfolgerung führen, dass das BfV insgesamt nur tendenziöse Berichte vorlegt. Die meisten Analysen der Behörde sind durchweg wertvoll. Die Instrumentalisierung ergibt sich aus dem Amt des Präsidenten, der die Funktion eines politischen Beamten ausübt und damit gesetzlich verpflichtet ist, die politische Positionierung der Bundesregierung durchzusetzen. Einige Amtsinhaber sind dazu weniger bereit, der aktuelle Behördenleiter Thomas Haldenwang folgt dagegen im »Kampf gegen rechts« vollständig der offiziellen Linie. Dies führt zur Produktion von *intelligence to please,* die methodisch und inhaltlich sehr angreifbar ist. Das BfV erweitert damit sein eigentliches Mandat, den Schutz des Grundgesetzes, um eine zusätzliche Aufgabe: die Beeinflussung des politischen Wettbewerbs.

Inhalte des Nationalen und des Identitären sind in Deutschland umstritten. Aber sind sie auch kategorial als rechtsextrem einzuordnen? Um diese Frage im Laufe der Untersuchung beantworten zu können, setzten die Ausführungen zunächst mit der Definition zahlreicher Begriffe an. Gezeigt wurde, dass zwischen dem etymologischen Ursprung eines Terminus und seiner Verwendung auf der Basis gefühlter Wahrheiten im öffentlichen Diskurs oft ein großer Widerspruch besteht. Dies wurde auch bei den Darlegungen zu den Ursprüngen und der Reichweite der deutschen Nation deutlich. Durch sie konnte zugleich herausgearbeitet werden, dass Deutschland als Kulturnation gegründet worden ist, die im Vergleich zur Willensnation über die Vorzüge der Anrufung einer Solidargemeinschaft in Krisenzeiten sowie eines höheren Maßes an Sekurität verfügt.

Ein sehr kursorischer Rückblick in die Geschichte der Bundesrepublik hat in Erinnerung gerufen, für wie selbstverständlich das Bekenntnis zu Volk und Nation für Konrad Adenauer, Kurt Schumacher, Willy Brandt, Helmut Schmidt, Helmut Kohl, Richard von Weizsäcker und andere Staatsmänner war. Nur in diesem Sinne sind die Ereignisse von 1990 zu verstehen: Die Wiedervereinigung Deutschlands erfolgte als Kulturnation. Dagegen sind viele Vertreter in Politik und Medien derzeit bemüht, dem historischen Erbe ein Ende zu setzen. Ziel ist die Errichtung einer multikulturellen Willensnation. Sie wird langfristig scheitern, weil ihr der Gründungsmythos fehlt und sich weder Einheimische noch Zugewanderte mit ihr identifizieren können. Die Bundesregierung wird daher letztlich an der Konstruktion einer Zwangsnation arbeiten müssen, der es nicht minder an innerem Rückhalt mangeln wird.

Die Ausführungen haben zudem gezeigt, dass der Begriff »rechts« im politischen Diskurs unangemessen eingesetzt wird. Tatsächlich bedeutet er nicht mehr als »konservativ«. Indem »rechts« jedoch immer wieder in Politik und Medien als Synonym für »rechtspopulistisch«, »rechtsextrem« und »neonationalsozialistisch« gesehen wird, ist es fast unmöglich, ihn sachgemäß zu verwenden. In Teilen folgt der Verfassungsschutz dieser Vorgehensweise. Vor allem aber ist er derzeit bereit, als »rechts« geltende Themen in die Nähe der Verfassungsfeindlichkeit zu rücken. Dazu gehören Bekenntnisse des Einzelnen zu seinem Volk, Sorgen vor einer kulturellen Überfremdung oder die Kritik an Formen der Islamisierung Deutschlands – kurzum: die Frage der nationalen Identität. Da dies alles als »rechts« gilt und »Rechte« de facto als Extremisten betrachtet werden, wird es immer schwerer, öffentlich in einem derart verminten Gelände in ruhiger Weise zu diskutieren.

Deutlich wurde darüber hinaus, dass der Extremismus-Begriff des BfV sowie die Prioritätensetzung im Umgang mit Gefahren als weitere Hinweise auf eine Politisierung der Behörde betrachtet werden können. Ganz offensichtlich wird es für unmöglich gehalten, dass auch im liberalen Lager verfassungsfeindliche Akte denkbar sind – etwa dann, wenn eine Überdehnung der Freiheit dazu führt, die Grundlagen der Sicherheit und damit die Durchsetzbarkeit des Grundgesetzes zu gefährden. Dabei geht es nicht um eine verfassungsfeindliche Haltung, sondern um eine in der Wirkung verfassungsfeindliche Tat. Vorgeschlagen wurde, auch Formen des administrativen Extremismus nachzugehen, um zu verhindern, dass über Jahre aggressiv auftretende, verfassungsfeindliche Straßenkämpfer und Führer kommunistischer Gruppen (z. B. Joseph Fischer, Hans-Gerhart Schmierer) unter günstigen politischen Bedingungen in die Lage versetzt werden, in hohe und höchste Staatspositionen zu gelangen. Zudem ist an der Bewertung Horst Seehofers und Thomas Haldenwangs, wonach der Rechtsextremismus die größte Bedrohung der inneren Sicherheit Deutschlands darstellt, sichtbar geworden, wie sehr aktuelle Ereignisse Perzeptionen jenseits der selbst im Verfassungsschutzbericht dargestellten Sachlage prägen.

Die Ergebnisse wurden anschließend in den größeren politischen Kontext eingeordnet. Demnach wird der ideologische Überbau – Inhalte und Rechtfertigung der Zwangsnation – durch fünf Stützpfeiler getragen. Sie sind auf einem Fundament verankert, das in der konkreten Ausgestaltung aus den Mechanismen des Parteienstaates und der postdemokratischen Verformung der Lebensrealität des Grundgesetzes besteht. Auf dieser Grundlage operiert die Bundesregierung, um das Projekt zur Schaffung einer neuen Nation durchzusetzen. Die fünf Stützpfeiler sind miteinander verbunden und bieten sich gegenseitig Halt. Zu nennen sind: (1) eine antinationale Führung durch Angela Merkel, deren Vita keine inneren Bezüge zur deutschen Kulturnation aufweist; (2) die institutionelle Flankierung dieses Ansatzes durch das BfV, das auch in der Vergangenheit je nach politischen Erfordernissen die »rote Linie« zwischen Grundgesetztreue und Verfassungsfeindlichkeit flexibel etwas mehr nach rechts oder etwas mehr nach links verschoben hat; (3) ideologische Rechtfertigungsmechanismen in Form einer politischen Brandmauer gegen »rechts«, die zum Zwecke des Machterhalts der alten Eliten verhindern soll, dass sich aus grundsätzlicher

Sicht wie im Falle der Grünen in Deutschland und aus »rechter« Perspektive wie im Falle der FPÖ in Österreich eine neue Partei dauerhaft im Bundestag festsetzt; (4) täglich trainierte sowie dadurch einseitig konditionierte Frames und Narrative zur Beförderung dieses Ansatzes; (5) die Aufrechterhaltung des ökonomischen Erfolgs der Bundesrepublik und die permanente Bedienung der (digitalen) Genusssucht einer Wohlstandsgesellschaft, die de facto zur politischen Demobilisierung eines großen Teils des Elektorats beitragen und dadurch dessen Unmut weitgehend neutralisieren.

In dieser Form zusammengefasst, sieht es fast so aus, als ob die Bundesregierung einer klaren Strategie folgt. Die Realität ist banaler. Die Dinge haben sich einfach so entwickelt, weil das bürgerliche Lager dem linken Marsch durch die Institutionen nicht gewachsen war. Deren Vertreter fahren nun die Ernte ein. Der »Kampf gegen rechts« ist aber natürlich nicht nur gegen den politischen Gegner gerichtet. Er wirkt innerhalb der ihn führenden Parteien und über Parteigrenzen hinaus integrierend. Nichts schließt die inneren Reihen bei der Linkspartei, den Grünen und der SPD so sehr wie der Aufruf, etwas gegen »den« Faschismus unternehmen zu müssen. Zugleich hat er dort eine legitimierende Funktion, wo nach weiteren Argumenten zur Rechtfertigung des multikulturellen Projekts gesucht wird.

Politiker brauchen Feinde – sanfter formuliert: Gegner –, um eigene Vorhaben in abgrenzender Weise besser begründen zu können. Für die politisch-mediale Elite ist der Islamismus zu diesem Zweck ungeeignet. Bei aller Differenzierung zwischen radikalen und friedlichen Muslimen ist die Angst vor unkontrollierbaren Spill-Over-Effekten zu groß, die in der Wahrnehmung der Menschen zu einem Verschwimmen der Grenze zwischen Islamismus und Islam führen könnten. Zudem werden die hier lebenden Migranten für die Durchsetzung der Zwangsnation benötigt. Auch über den Linksextremismus ließen sich keine vergleichbaren Wirkungen erzielen, wie dies über den »Kampf gegen rechts« möglich ist. Einzelne Vertreter der politisch-medialen Elite zeigen überdies klammheimlich Sympathie für Gewalttaten gegen »Rechte« und die Symbole des Kapitalismus. Sie solidarisieren sich mit der verfassungsfeindlichen Antifa, wie dies z. B. Martina Renner von der Linkspartei durch Tragen eines Ansteckers während einer Rede im Bundestag getan hat.[3] Selbst die SPD-Vorsitzende Saskia Esken hat dieser Gruppe am 1. Juni 2020 ihren Respekt gezollt: »58 und Antifa. Selbstverständlich.«[4]

Der »Kampf gegen rechts« hat demgemäß viele Facetten, und er dient der Verfolgung unterschiedlicher Ziele. Man könnte auch fragen: Wäre ohne ein entsprechendes Feindbild die Zurückdrängung des Nationalen in der gegenwärtigen Form überhaupt möglich? Die Kritik an der politischen

Instrumentalisierung des BfV ist berechtigt. Aber sind es nicht immer wieder auch radikalisierte Politiker und Vorfeld-Aktivisten, die jene Stichworte liefern, die von der politisch-medialen Elite begierig aufgenommen werden, um das Bild der existenziellen Gefahr von »rechts« für die Bundesrepublik in immer neuen Farben zu zeichnen?

Der überforderte Staat

Es soll nun abschließend noch ein wenig in die Zukunft geschaut werden – so problematisch dies methodisch auch ist. Dabei steht eine Frage im Mittelpunkt: Wie wird sich das Projekt des Aufbaus einer multikulturellen Zwangsnation entwickeln? Es wird derzeit gegen den Willen großer Teile des Volkes durchgesetzt, wozu die Herrschenden in Wohlstandszeiten Mechanismen der politischen Demobilisierung nutzen können, um eine offene und kritische Diskussion des Vorhabens zu umgehen. Nicht absehbar ist daher, wie in einer ökonomischen Krise jene Menschen reagieren werden, die sich seit Jahren in den apolitischen Biedermeier zurückgezogen haben. Wie positioniert sich der Demos in toto, wenn das *panem* weniger wird und die disziplinierenden Wirkungen der politischen Korrektheit schwinden?

Sollte es zu einem massiven wirtschaftlichen Einbruch in Deutschland kommen, der längere Zeit andauert, könnte dies zu einer Überforderung der finanziellen Möglichkeiten der Bundesregierung führen. Die enorm hohen Schulden des Landes und zahlreiche weitere monetäre Verpflichtungen könnten die Handlungsfähigkeit der Regierung erheblich einschränken. Hinzu kommen Steuerausfälle und die ökonomischen Folgen der Corona-Krise. Es war daher durchweg ernst gemeint, wenn die Bundesregierung ab Herbst 2020 verstärkt darauf hingewiesen hat, dass sie von der Pandemie betroffene Unternehmen und Bürger nicht dauerhaft werde alimentieren können.

Damit ist der archimedische Punkt des Krisenszenarios benannt. Eine ökonomische Abwärtsspirale hätte nicht nur Folgen für die Innen-, sondern auch für die Außen- und Sicherheitspolitik. Denn beides will finanziert werden, weshalb es zu einem Streit um Anteile des Bundeshaushalts kommen würde. Dabei ginge es mit Blick auf das hier zu entfaltende Krisenszenario vor allem um ein Thema: Wie viel Geld bliebe zur Finanzierung von *panem et circenses* nach dem Verteilungskampf zwischen den Ministerien übrig?

In den Außenbeziehungen wäre sofort die Europa-Politik der Bundesregierung betroffen. Deutschland ist seit Jahren der größte Nettozahler der

EU. Dies bedeutet, dass es mehr Gelder an Brüssel überweist, als es selbst an Mitteln zurückerhält. 2019 lag dieser Betrag bei 14,3 Milliarden Euro (2018: 13,21 Milliarden Euro).[5] Da Großbritannien nach dem Brexit als wichtiger Nettozahler ausfällt, wird der Beitrag der Bundesrepublik absehbar ansteigen. Haushaltskommissar Günther Oettinger geht für 2027 von einem deutschen Betrag von 23,5 Milliarden Euro aus.[6] Sollten die finanziellen Spielräume der Bundesregierung enger werden, wird sie ihre EU-Politik zwangsläufig überdenken müssen.

In sicherheitspolitischer Hinsicht würde diskutiert, was aus dem Etat des Verteidigungsministeriums wird. Bereits jetzt befindet sich die Bundeswehr in einem kritischen Zustand. Die materielle Einsatzbereitschaft von 68 Hauptwaffensystemen wird für die Monate November 2019 bis April 2020 mit nur etwas über 70 Prozent bewertet. In Einzelfällen lag sie weit unter diesem Wert. Bei Hubschraubern waren es weniger als 40 Prozent.[7] Da Deutschland seine Streitkräfte nach dem Kalten Krieg stark verkleinert hat, beeinträchtigen Ausfälle die Verteidigungsfähigkeit des Landes erheblich. Die materielle Einsatzbereitschaft des Kampfpanzers Leopard 2 wird mit etwas über 70 Prozent bewertet.[8] Da der Bundeswehr nur 245 Einheiten zur Verfügung stehen, reduziert sich die Zahl auf 172 einsatzbereite Main Battle Tanks.[9] Zum Bestand der Deutschen Marine zählen sechs Unterseeboote der Klasse 212A. 2017 gab es Phasen, in denen nicht ein einziges Unterwasserkriegsschiff einsatzbereit war.[10] Medienberichten sind zum Teil geradezu dramatische Werte zu entnehmen. Im Februar 2020 hieß es, dass von 140 Kampfflugzeugen des Typs Eurofighter nur zehn Einheiten einsatzfähig seien.[11] Eine ökonomische Krise würde die Lage verschärfen. Zudem wäre das NATO-Ziel, das jedes Mitglied auf Verteidigungsausgaben im Umfang von 2 Prozent seines BIP verpflichtet, unerreichbar. Der deutsche Betrag lag 2020 bei 1,36 Prozent – nach 1,15 Prozent 2018 und 1,25 Prozent 2019.[12]

Wie könnten Verteilungskämpfe um Etat-Anteile ausgehen? Soweit keine akute sicherheitspolitische Bedrohung erkennbar ist, dürfte die Entscheidung zugunsten der Aufrechterhaltung des Sozialstaats ausfallen. Was jedoch passiert, wenn parallel zu einer Wirtschaftskrise Russland auf den Gedanken kommt, das Baltikum zu besetzen?[13] Innenpolitisch wäre es in einer solchen Situation kaum zu vermitteln, dem Verteidigungsministerium Gelder zu streichen. Ganz im Gegenteil: Es würde in der Bevölkerung die Erwartungshaltung vorherrschen, dass Deutschland in der Lage ist, seine nationale Sicherheit aufrechtzuerhalten.

Diese Zusammenhänge zeigen, dass der Sozialstaat nicht nur durch innenpolitische, sondern auch durch außen- und sicherheitspolitische Entwicklungen unter Druck geraten kann. Nehmen seine Handlungsräume ab, hat dies für den innergesellschaftlichen Zusammenhalt Folgen – insbesondere dort, wo seit langer Zeit gesellschaftliche Bruchlinien mühevoll mit massiven finanziellen Zuwendungen übertüncht werden. Dies gilt primär für sozial schwache Gebiete und multikulturell geprägte Parallelgesellschaften.

Eine bereits vorhandene Bruchlinie wurde durch die Migrationskrise vertieft. Von Januar 2015 bis Dezember 2020 sind in Deutschland 1 769 607 Erstanträge auf Asyl gestellt worden.[14] Die Versorgung dieser Menschen bindet erhebliche Mittel. Von 2019 bis 2024 sind für flüchtlingsbezogene Belastungen im Bundeshaushalt 71,7 Milliarden Euro (ohne Fluchtursachenbekämpfung) angesetzt worden.[15] Dies entspricht durchschnittlich fast 12 Milliarden Euro im Jahr. Ein Blick in den Bundeshaushalt 2019 zeigt, in welcher Dimension sich diese Summe bewegt: Dem Auswärtigen Amt, dem Bundesministerium für Umwelt, Naturschutz und nukleare Sicherheit, dem Deutschen Bundestag, dem Bundesministerium der Justiz und für Verbraucherschutz, dem Bundesrechnungshof, dem Bundespräsidenten und dem Bundespräsidialamt, dem Bundesrat und dem Bundesverfassungsgericht standen zusammen nur 9,86 Milliarden Euro (Ist-Wert) zur Verfügung.[16] Nicht abzusehen ist, ob die flüchtlingsbezogenen Belastungen tatsächlich bei »nur« 12 Milliarden Euro im Jahr bleiben. Allein 2018 erreichten sie den Rekordwert von 15,1 Milliarden Euro (ohne Fluchtursachenbekämpfung).[17] Nur fünf Bundesministerien hatten in jenem Jahr einen Etat, der über dieser Summe lag.[18]

Die Zwangsnation müsste im Falle wirtschaftlicher Verwerfungen zeigen, wie sehr ihre Mitglieder tatsächlich eine gemeinsame Identität herausgebildet haben, die das multikulturelle Großprojekt der Bundesregierung ideell abstützt. Verschiedene Fragen stünden im Raum: Wie werden bei einer Kürzung der monatlichen Unterstützung jene Menschen reagieren, die aufgrund sprachlicher Defizite und schlechter Bildung ohnehin keine Aufstiegschancen in Deutschland haben? Werden sie sich dennoch als integralen Bestandteil der Bundesrepublik begreifen? Als jene Menschen, von denen laut Bundesregierung die Zukunft Deutschlands abhängt, weil die deutsche Fertilitätsrate zu gering ist? Oder ziehen sie nach mehreren Jahren Erfahrung, mehrheitlich Teil einer sozial immobilen Unterschicht zu sein, andere Schlussfolgerungen aus einer Krisenlage?

Menschen ohne Migrationshintergrund könnten im Gegenzug die einseitige Belastung der Solidarkassen oder die hohe Kriminalitätsrate unter Migranten zum Thema machen. 2019 lag der Anteil der Menschen mit Migrationshintergrund im weiten Sinne in Deutschland bei knapp 26 Prozent. Als Bezieher von Arbeitslosengeld II (Hartz IV) sind sie mit fast 55 Prozent überproportional vertreten. Selbiges gilt mit 59,2 Prozent für den Bereich der Sozialhilfe.[19] Die Polizeiliche Kriminalstatistik des Bundeskriminalamts zeigt zudem Jahr für Jahr auf, dass Ausländer – Migranten ohne deutsche Staatsbürgerschaft – im Vergleich zu ihrem Bevölkerungsanteil überdurchschnittlich oft auffällig werden. 2019 gab es in Deutschland 2 019 211 Tatverdächtige. Unter ihnen befanden sich 699 261 Ausländer.[20] Das entspricht einem Anteil von 34,63 Prozent, wohingegen diese Bevölkerungsgruppe nur 12,36 Prozent der Gesamtbevölkerung stellt.[21]

Vor allem spektakuläre Vorfälle wie Gruppenvergewaltigungen durch Migranten sind geeignet, die Massen zu empören. Im Oktober 2018 war eine 18-jährige Frau in Freiburg etwa zweieinhalb Stunden missbraucht worden. Beteiligt an dem Verbrechen waren zehn Migranten, zumeist Flüchtlinge, und ein Deutscher ohne Migrationshintergrund. Sie vergewaltigten ihr Opfer sowohl nacheinander als auch gleichzeitig.[22] In den vergangenen Jahren hat die Presse regelmäßig über ähnliche Fälle berichtet. Diese Entwicklung korrespondiert mit der Zunahme von Straftaten gegen die sexuelle Selbstbestimmung. 2014 registrierte das Bundeskriminalamt 949 Vorgänge, an denen Zuwanderer (in den Statistiken werden diese als Untergruppe von Ausländern aufgeführt) beteiligt waren. Dies entsprach einem Anteil von 2,6 Prozent.[23] Im Zuge der Flüchtlings- und Migrationskrise seit 2015 haben sich die Gewichte erheblich verschoben. 2018 wurden bereits 6046 Straftaten gegen die sexuelle Selbstbestimmung gezählt, die Zuwanderern zugeschrieben werden (Anteil: 11,8 Prozent).[24] In nur vier Jahren konnte somit eine Steigerungsrate von 537,1 Prozent festgestellt werden. 2019 hielt sich die Zahl der von Zuwanderern begangenen Straftaten gegen die sexuelle Selbstbestimmung mit 5802 aufgeklärten Fällen (10,1 Prozent) auf einem hohen Niveau.[25]

Es ist völlig offen, wie sich eine ökonomisch und vermutlich dann auch gesellschaftlich angespannte Lage entwickeln wird. Gerät die gegenseitige Solidarität der unterschiedlichen Ethnien in Deutschland an Grenzen, stünde die Leistungsfähigkeit der Exekutive auf dem Prüfstand. Solange sie hinreichend *panem* verteilen kann, ist es relativ leicht, Wohlwollen beim Bürger zu erzeugen. Der Wille der Exekutive muss nicht mit übermäßigem Zwang durchgesetzt werden. Wenn gleichwohl diese Grundlage zur Gestaltung von Politik reduziert wird, kann es schnell kritisch werden. Zu befürchten ist, dass es radikalisierte Gruppen nicht bei der Organisation eines friedlichen Protests belassen werden.

Da der Staat in den letzten Jahren in einigen Themenfeldern fast schon verlernt hat, gegen gesellschaftlichen Widerstand Regeln durchzusetzen, wird er vor erheblichen Herausforderungen stehen. Dies zeigt sich nicht nur in Fällen mit zu erwartender gewaltsamer Gegenwehr. Es fängt bereits bei Kleinigkeiten an. Während der Corona-Krise gab es die Pflicht zum Tragen einer Mund-Nase-Bedeckung in Bahnhöfen und Zügen. Viele Menschen haben die Vorgabe ganz bewusst ignoriert und damit gezeigt, staatliche Vorgaben nicht ernst zu nehmen. In einer Stichprobe vom 12. bis zum 16. September 2020 – also in nur fünf Tagen – musste die Bundespolizei 14 676 Reisende ermahnen, eine Mund-Nase-Bedeckung anzulegen.[26]

Es ist daher nicht nur wegen solcher Vorgänge plausibel anzunehmen, dass die Bundesregierung ab einem bestimmten Punkt zumindest zeitweise an einem innenpolitischen Stresstest nicht gekannten Ausmaßes scheitern wird. Diese Einschätzung basiert auf den Folgen einer überzogenen liberalen Grundhaltung in Politik und Medien. Sie wirkt seit Jahren gegen eine konsequente Verfolgung von Straftätern sowie die Durchsetzung geltender Gesetze. Es seien hier nur die offensichtlichsten Beispiele genannt: Im Frühjahr 2020 gab es in Deutschland 192 801 offene Haftbefehle.[27] Würden die Bundesregierung und die Landesregierungen häufiger Straßenkontrollen ansetzen, ließen sich viele flüchtige Täter schnell ergreifen, wie dies immer wieder im Vorfeld internationaler Großveranstaltungen sichtbar wird. Wenn die Polizei großflächig Kontrollen zum Schutz von Staatsgästen durchführt, bleiben zahlreiche Straftäter als »Beifang« im Netz hängen. So konnten im Vorfeld der Gipfeltreffen der G-7 in Elmau im Juni 2015 und der G-20 in Hamburg im Juli 2017 insgesamt 135 bzw. 782 offene Haftbefehle en passant vollstreckt werden.[28]

Würde der Staat häufiger kontrollieren, könnte er weiterer Straftäter schnell habhaft werden. Die Bundesregierung ist zu einem solchen Schritt jedoch nicht bereit. In der Flüchtlings- und Migrationskrise 2015 weigerte sie sich ebenfalls, die Grenze zumindest an den Grenzübergangsstellen zu schließen. Auch dies war, wie sich in der Corona-Krise zeigte, keine Frage der Fähigkeiten, sondern eine des Willens. Plötzlich war es möglich, Einreisewilligen den Grenzübertritt zu verwehren. Im Mai 2020 ging darauf die Zahl der Erstanträge auf Asyl auf 3777 deutlich zurück.[29] Die Entscheidung Angela Merkels, eine siebenstellige Zahl kulturfremder Menschen illegal einreisen zu lassen, war also nicht aus der Not geboren. Ganz bewusst wurde gegen geltendes Recht – Asylbewerber dürfen nicht über sichere Drittstaaten in die Bundesrepublik gelangen –[30] verstoßen.

Wenn ein Staat die Strafverfolgung und die Rechtsdurchsetzung nur begrenzt ernst nimmt, perlt eine solche Attitüde auch auf das Ansehen seiner Ordnungshüter ab. Sie agieren aus einer Position der Schwäche heraus. Zusätzlich sind sie ständigen Verdächtigungen linker Politiker und Medien ausgesetzt, die von unverhältnismäßigen Überreaktionen bis hin zum Rassismus reichen. Mitte Juni 2020 schlug Hengameh Yaghoobifarah in der *taz* zum Umgang mit der Polizei vor: »Spontan fällt mir nur eine geeignete Option ein: die Mülldeponie. Nicht als Müllmenschen mit Schlüsseln zu Häusern, sondern auf der Halde, wo sie wirklich nur von Abfall umgeben sind. Unter ihresgleichen fühlen sie sich bestimmt auch selber am wohlsten.«[31] Mitte August 2020 wurde ein umstrittenes Satire-Video der ARD bekannt, das den durchschnittlichen deutschen Polizisten als schießwütigen Rassisten darstellt. Nach einem kurzen Gespräch der Ordnungshüter über einen Menschen mit Migrationshintergrund, der sichtbar versucht, sein eigenes Fahrrad loszuketten, beschließen sie, den »Fahrraddieb« vorsichtshalber zu erschießen.[32]

Viele Polizisten handeln in einem solchen Klima zögerlich, was im Ergebnis dazu führt, dass sie von entschlossenen Kriminellen und politischen Gewalttätern nicht ernst genommen werden. In sozialen und multikulturellen Brennpunkten gibt es in deutschen Großstädten No-Go-Areas, in die sich die Ordnungshüter nur noch mit ganzen Hundertschaften hineintrauen.[33] Als die Polizei im späten Frühjahr 2018 in Ellwangen einen Flüchtling aus Togo abholen wollte, um seine Abschiebung einzuleiten, wurde sie daran von etwa 150 zum Teil sehr aggressiven Bewohnern der Flüchtlingsunterkunft gehindert. Die Beamten waren in dieser Situation so machtlos, dass sie dem Druck der Migranten nachgaben und nach einem Ultimatum die Schlüssel aushändigten, um die Handschellen des Togolesen aufzuschließen.[34] Aber auch polizeiliche Mehrheiten führen nicht immer zum Ziel. Der im Juli 2020 als »Wald-Rambo« bekannt gewordene Yves Rausch konnte mehrere Tage ein Großaufgebot von Spezialeinheiten im Schwarzwald um Oppenau narren. Zuvor war es ihm im Alleingang gelungen, vier Polizisten zu entwaffnen.[35]

In der Wahrnehmung der Bevölkerung haben solche Beispiele, die zuhauf in den Medien zu finden sind, Folgen. In einer Umfrage vom November 2019 gaben 58 Prozent der Befragten (neue Bundesländer: 73 Prozent) an, die Regierung für schwach zu halten. Den Staat an und für sich sahen 44 Prozent als »eher schwach« bzw. »sehr schwach« an.[36]

Besonders machtlos sind die Vertreter der Staatsmacht bei Großveranstaltungen. Gewalttäter wissen, dass sie temporär und lokal selektiv rechtsfreie Räume schaffen können. In der Silvesternacht von Köln 2015/2016 kam es zu massenhaften sexuellen Übergriffen junger Migranten gegen Frauen, ohne dass die anwesende Polizei diese verhindern konnte.[37] Im Vorfeld des G-20-Gipfels in Hamburg im Juli 2017 hatten Linksextremisten die Demonstration »Welcome to Hell« angekündigt. Obwohl die Politik wissen musste, was auf sie zukam, präparierte sie die Polizei nicht angemessen. So kam es zu massiven Ausschreitungen mit brennenden Autos in zerstörten

Straßenzügen.[38] Gelingt es zudem Demonstranten, wie in der Corona-Zeit, eine kritische Teilnehmergröße zu überschreiten, ist es der Polizei wegen personeller Überforderung schlicht nicht möglich, geltende Hygienevorschriften durchzusetzen.

Der Staat arbeitet der Gewalt viel zu oft entweder zu langsam und unentschlossen hinterher. Oder er lässt sich bei Drohungen sogar vorführen. Kein Wunder, dass unter solchen Vorzeichen auch kulturelle Veranstalter dem Druck der Radikalen nachgeben. Im September 2020 sollte die aus Österreich stammende Kabarettistin Lisa Eckhart an einem Literaturfestival in Hamburg teilnehmen. Sie wird von Linksextremisten für rassistisch gehalten, was wiederum Kollegen wie Dieter Nuhr vehement bestreiten. Der »Schwarze Block« der Antifa drohte, gegen Eckhart aufzumarschieren, was den Veranstalter prompt dazu veranlasste, selbige auszuladen.[39] Offensichtlich traute er es der Polizei nicht zu, den Literaturwettbewerb zu schützen.

Ein Konfliktszenario

Auch über lange Jahre sehr stabile Gesellschaften können in kürzester Zeit in innenpolitische Turbulenzen geraten, wenn vorhandene Potenziale der Instabilität schlagartig aufbrechen und sich dabei gegenseitig negativ beeinflussen. In Deutschland gehören dazu eine sich polarisierende Gesellschaft, soziale und multikulturelle Bruchlinien, ausgeprägte Formen der Kriminalität, ein hoher Schuldenstand und eine schwache Polizei. Das derzeit noch hohe Niveau an *panem et circenses* wirkt zwar wie ein Löschmittel, das einen schwelenden Konflikt umgibt. Damit lässt sich eine explosive soziale Mischung ruhigstellen, aber nicht entschärfen.

Wie könnte eine Eskalation der innenpolitischen Lage aussehen? Unter den gegebenen Bedingungen braucht es in Deutschland vermutlich nicht mehr als 500 entschlossene politische Gewalttäter, um die Demokratie massiv zu erschüttern. Wenn sich in Guerilla-Manier 100 Gruppen zu je fünf Personen bilden, die in 50 bis 100 großen wie kleinen Städten am späten Abend konzertiert in marodierender Form zuschlagen, dann haben sie das Überraschungsmoment und die Initiative auf ihrer Seite. Sie könnten im Modus des *hit and run* vorgehen, Geschäfte zerstören und Autos anzünden, um sich anschließend blitzartig wieder zurückzuziehen. Die Wirkung des Angriffs könnte gesteigert werden, wenn in Großstädten mehrere Teams an unterschiedlichen Orten zuschlagen, um die Polizei- und Feuerwehreinheiten an Belastungsgrenzen zu bringen. Gelingen Gewaltakte in sozial schwachen Gebieten oder in multikulturell geprägten Parallelgesellschaften, könnte es zu Solidaritätsaktionen und damit einer Ausweitung des Chaos kommen.

Fraglich ist, ob die Mobilisierung des kompletten Polizeiapparats ausreichen würde, um eine solche Situation zügig in den Griff zu kriegen. Deutschland hat bislang darauf verzichtet, eine Nationalgarde aufzubauen, zu deren Aufgabenspektrum die Niederschlagung von Aufständen im Innern gehören würde. Auch gibt es bis dato keine Möglichkeiten, zu diesem Zweck die Bundeswehr einzusetzen. Das zumindest temporäre Versagen des vorhandenen Sicherheitsapparats ist damit absehbar.

Wer ein solches Szenario aufstellt, dem wird – oft völlig zu Recht – vorgeworfen, Effekthascherei zu betreiben oder Panik verbreiten zu wollen. Und in der Tat kann eingewandt werden: Einen 500 Mann starken Guerilla-Verband in der Bundesrepublik unerkannt aufzubauen, ist angesichts der Beobachtungsmöglichkeiten der Inlandsnachrichtendienste und der Polizei nur schwer vorstellbar. Das dystopische Gedankenspiel hat daher auch ein ganz anderes Ziel. Es zeigt, wie brüchig die innere Sicherheit im Ernstfall wäre.

Wahrscheinlicher ist ein anderes Szenario, in dem es im Zuge einer massiven Wirtschaftskrise zu breiten Rissen im gesellschaftlichen Zusammenhalt kommt. Es könnten sich spontan lokale Unruhen ausbreiten, die in anderen Teilen Deutschlands Nachahmer finden (im begrenzten Umfang hat die Politik damit bereits Erfahrungen gesammelt). Sehen politisch radikale Kräfte, dass die Polizei überfordert ist, könnten sie genau das als Motivationsschub für eigenes Handeln betrachten. Ganz unterschiedliche Formen der Gewaltanwendung sind in der Folge denkbar. Linksextremisten würden sich vermutlich gegen die verhassten Symbole von Staat und Kapitalismus (Banken, Geschäfte, politische Einrichtungen, Villenviertel, »rechts« eingestufte Politiker) wenden; Rechtsextremisten dürften versuchen, Asylbewerberunterkünfte und Moscheen anzuzünden sowie als »links« eingestufte Politiker anzugreifen; Islamisten würden gegen die Symbole des christlichen Abendlandes (z. B. Kirchen) und der Konsumgesellschaft sowie ganz allgemein gegen »Ungläubige« vorgehen. Solange die Gewalttäter nur aus radikalen Kräften bestehen, wird der Aufstand an Grenzen stoßen. Problematisch wird es, sobald sich Teile der normalen Bevölkerung den Unruhen auf der Basis ihrer politischen Präferenzen oder ethnischen bzw. religiösen Identitäten anschließen. Im Sinne Ernesto »Che« Guevaras hätte es der »Fokus« – also das notwendige Gravitationszentrum eines Aufstandes – geschafft, die Massen mitzureißen.[40]

Wie schnell eine solche Situation entstehen kann, musste die Polizei in Frankfurt am 30. Oktober 2020 erfahren – vorerst noch im Mikroformat und ohne Nachhaltigkeit. Etwa 25 Personen hatten zwei Polizisten eines Streifenwagens mit Steinen, Flaschen und Pfefferspray attackiert; die Beamten zogen sich nach der Anforderung von Unterstützung »aus taktischen Gründen zurück.«[41] Die Frankfurter Polizei erhöhte daher am Folgetag ihre Präsenz in der Innenstadt. Dies galt allerdings auch für die Gegenseite. Erneut wurden die Beamten mit Steinen und Flaschen beworfen – und dies sogar direkt an der »Hauptwache, wo sich etwa 500 bis 800 Personen zusammengerottet hatten«[42]. Eine Auswertung der veröffentlichten Bilder vom Tatort lässt darauf schließen, dass der Migrantenanteil unter den Gewalttätern erheblich war.

In einer gesteigerten Form haben die Niederlande im Januar 2021 landesweite »Corona-Unruhen« erlebt. Politik und Medien waren vom Ausmaß der Krawalle überrascht. Der Täterkreis wird als sehr heterogen beschrieben. Im Süden Rotterdams waren vor allem jugendliche Migranten an den Ausschreitungen beteiligt. Es kam zu Plünderungen.[43] Die Regierung in Den Haag wirkte vollkommen überfordert – auch deshalb, weil die Vorgänge außerhalb des eigenen Vorstellungshorizonts stattfanden.

Um sich gegen die Aktivitäten mutmaßlich krimineller Migrantengruppen überhaupt durchsetzen zu können, muss die deutsche Exekutive mittlerweile erhebliche Kräfte zusammenziehen. Als es im November 2020 darum ging, eine konzertierte große Razzia gegen einen Clan in Berlin durchzuführen, wurde offensichtlich heftige – auch bewaffnete – Gegenwehr für möglich gehalten. Insgesamt 1638 Polizisten wurden für die Operation aufgeboten,[44] damit der Einsatz an einer ethnisch-religiösen Bruchlinie der bundesrepublikanischen Gesellschaft nicht eskaliert. Viele Beamte waren mit Sturmgewehren ausgerüstet. Bei einer weiteren Razzia in Berlin im Dezember 2020 gegen einen Clan und eine Rockergruppe wurden 500 Polizisten entsandt – unter ihnen mehrere Spezialeinsatzkommandos und die Grenzschutzgruppe 9 der Bundespolizei.[45]

Belastungsgrenzen des Sicherheitsapparates werden insbesondere im Ernstfall schnell erreicht – also bei der aktiven Abwehr und Bewältigung einer massiven Gewalteskalation. Am 2. November 2020 hat Wien einen der größten Anschläge seiner Geschichte erlebt. Der Attentäter, der während des Tatgeschehens von der Polizei erschossen wurde, war ein Islamist aus Nordmazedonien. Er besaß auch die Staatsbürgerschaft Österreichs.[46] Aus dem Vorgang lassen sich mehrere Lehren ziehen. Zum einen hat ein einzelner Gewalttäter ausgereicht, um in der Landeshauptstadt etwa 1000 Polizisten zu mobilisieren. Da diese für nicht ausreichend gehalten wurden, um der Gefahr Herr zu werden, musste das Bundesheer Aufgaben des Objektschutzes übernehmen.[47] Der liberale Rechtsstaat dürfte daher schnell –

zumindest vorübergehend – überfordert sein, wenn ein Terrorkommando aus fünf je Zwei-Personen-Teams zeitgleich in Wien, Linz, Innsbruck, Salzburg und Graz zuschlagen sollte.

Zum anderen hatten die Österreicher insgesamt Glück im Unglück. Bei vier Toten und über 20 Verletzten ist davon auszugehen, dass der Attentäter weitgehend planlos agierte. Hätte er seine Waffe zielgerichtet eingesetzt, dann wäre die Opferzahl höher ausgefallen. Denn im Falle professionell agierender Gewalttäter ist mit einem weitaus größeren Chaos und schnell dreistelligen Todeszahlen zu rechnen. Am 13. November 2015 hatten nur wenige Angreifer des »Islamischen Staats« 130 Menschen in Paris umgebracht, wobei die meisten von ihnen im Bataclan-Theater kaltblütig erschossen wurden.[48]

So etwas kann sich jederzeit wiederholen. Man stelle sich vor, nur eine einzige Person setzt in der Kaufingerstraße in München an einem gut besuchten Samstagnachmittag ein Schnellfeuergewehr ein, in den Seitengassen assistieren zwei oder drei weitere Terroristen und schießen auf die flüchtenden Passanten. Eine solche Gewaltlage ließe sich nur durch eine dauerhafte, präventive Verstärkung der Präsenz der Polizei halbwegs eindämmen. Doch genau das ist politisch nicht gewollt, weshalb die deutsche Zivilgesellschaft zahlreiche, sehr verletzliche offene Flanken hat.

Die Bürger Wiens haben – wie bislang auch die Deutschen und andere Europäer – davon profitiert, dass die meisten Attentäter sofort eine Art Endkampf suchen. Sie geraten schnell in Schusswechsel mit der Polizei und werden dabei getötet; einige sprengen sich im Rahmen eines Selbstmordanschlags in die Luft; andere verfügen nicht über einen durchdachten Rückzugsplan, sondern sie werden über kurz oder lang von der Exekutive ermittelt und festgesetzt. Was aber würde passieren, wenn künftige Gewalttäter im Stile einer Stadtguerilla zuschlagen und sich anschließend schnell zurückziehen?[49] Wie wären Terroristen zu ergreifen, die *Hit-and-run*-Taktiken einsetzen und sich dabei nicht auffällig verhalten (kein Einsatz von Langwaffen, kein Tragen symbolisch besetzter Tarnanzüge etc.)? Blieben sie unentdeckt, könnten sie mehrfach zuschlagen und für eine starke Verunsicherung in der Gesellschaft sorgen – orientiert am Vorgehen der Roten Armee Fraktion in den 1970er-, 1980er- und auch 1990er-Jahren.

Dabei geht von radikalen Islamisten für die innere Sicherheit Deutschlands sicherlich die mit Abstand größte Akutbedrohung aus. Terroristen sind aber wegen ihrer begrenzten Aufmarschstärke grundsätzlich nicht in der Lage, das politische System nachhaltig zu erschüttern. Selbst wenn sie mehrere Anschläge gleichzeitig durchführen würden, ist davon auszugehen, dass sich der Sicherheitsapparat früher oder später konsolidiert und angemessen gegenhalten kann. Dies zeigte die Zeit nach dem 11. September 2001: Nicht der amerikanische Präsident George W. Bush war auf der Flucht, sondern Osama bin Laden.

Viel gefährlicher ist das angeführte Konfliktszenario, in dem gesellschaftliche Bruchlinien aufbrechen und dies zu einer Konfrontation großer Bevölkerungsteile führt. Dann würde sich bemerkbar machen, dass die zwei großen Vorteile einer Kulturnation fehlen. Erstens: Da es in einer Zwangsnation keine historisch gewachsene, tiefe gemeinsame Identität gibt, kann die Regierung keine Solidargemeinschaft anrufen. Zweitens: Die Sekurität steht in den meisten multikulturell angelegten Gesellschaften durchgehend unter Druck und kann bei einem Wegfall des *panem* schnell schwinden. Trotz all dieser offensichtlichen mittel- bis langfristigen Bedrohungen hält die politisch-mediale Elite am Aufbau einer neuen Nation fest. Ideologische Momente dominieren das eigene Handeln. Historische Erfahrungen werden ignoriert.

Alte und neue Zwangsnation

Wie sehr sich doch die Geschichte wiederholt. Die Führung der DDR hatte zur Frage der Einheit der deutschen Nation ein gespaltenes Verhältnis, da aus ihrer Sicht eine Wiedervereinigung nur unter sozialistischen Vorzeichen denkbar war. In der Hymne des SED-Staates vom 5. November 1949 waren nationale Bezüge noch unübersehbar, wenn »Deutschland, einig Vaterland« und »Deutschland, unserm Vaterland« intoniert wurde.[50] Zu Beginn der 1970er-Jahre distanzierte sich die DDR-Führung von den Termini »deutsch« und »Deutschland«. Die Hymne wurde zunehmend ohne Text verwendet, bei offiziellen Anlässen kam es nur noch zum Abspielen der Melodie.[51] Wie gegenwärtig die Bundesregierung versuchte damals auch das Politbüro um Erich Honecker,[52] eine neue – in jenem Fall sozialistische – Willensnation zu schaffen, die wie die Bundesrepublik kulturell entkoppelt von der deutschen Kulturnation existieren sollte.

Dieses Vorhaben ließ sich auch an Änderungen von Staatszielbestimmungen ablesen. Die erste Verfassung der DDR vom 7. Oktober 1949 wies noch diverse gesamtnationale Elemente auf. In Artikel 1 Absatz 1 hieß es: »Deutschland ist eine unteilbare demokratische Republik«[53]. Einen Absatz weiter war zu lesen: »Die Republik entscheidet alle Angelegenheiten, die für den Bestand und die Entwicklung des deutschen Volkes in seiner Gesamtheit wesentlich sind«[54]. Absatz 4 hielt fest: »Es gibt nur eine deutsche Staatsangehörigkeit.«[55] Auch der Amtseid des Präsidenten der DDR spiegelte diesen Zeitgeist wider, wenn er schwören musste, seine »Kraft dem Wohle des deutschen Volkes«[56] zu widmen. In der Sowjetischen Besatzungszone wurde zwar ein sozialistischer Staat errichtet. Offensichtlich hatten sich seine Vertreter anfangs aber noch nicht ganz von der eigenen Kulturnation verabschiedet. Selbst die Flagge war zunächst mit jener der Bundesrepublik in den Farben Schwarz-Rot-Gold identisch; erst 1959 kamen Hammer, Zirkel und Ährenkranz als Unterscheidungsmerkmal hinzu.

In der Fassung vom 6. (Inkrafttreten: 9.) April 1968 war in der Präambel der DDR-Verfassung zu lesen, das Land wolle »der ganzen deutschen Nation den Weg in eine Zukunft des Friedens und des Sozialismus [...] weisen«[57]. In Artikel 1 hieß es: »Die Deutsche Demokratische Republik ist ein sozialistischer Staat deutscher Nation.«[58] In der Fassung vom 7. Oktober 1974 klang dies plötzlich ganz anders. Artikel 1 der neuen DDR-Verfassung legte fest: »Die Deutsche Demokratische Republik ist ein sozialistischer Staat der Arbeiter und Bauern.«[59] Wer diesen Satz vor dem Hintergrund von Artikel 18 liest, der so auch in der Fassung von 1968 steht, erkennt, dass die Neukonstruktion des Nationalen ab 1974 nur noch eine Stoßrichtung kannte: »Die sozialistische Gesellschaft fördert das kulturvolle Leben der Werktätigen, pflegt alle humanistischen Werte des nationalen Kulturerbes und der Weltkultur und entwickelt die sozialistische Nationalkultur als Sache des ganzen Volkes.«[60] Im Sinne der Neukonstruktion wurde sowohl 1968 wie auch 1974 vom »Volk der Deutschen Demokratischen Republik«[61] gesprochen. Diese Politik fand auch in Umbenennungen medialer Akteure ihren Niederschlag: Aus dem »Deutschlandsender« wurde die »Stimme der DDR«, der »Deutsche Demokratische Rundfunk« hieß nun »Rundfunk der DDR« und das »Deutsche Fernsehen« firmierte fortan unter »Fernsehen der DDR«. Viele weitere Beispiele ließen sich nennen, die einen wahren Bildersturm durch die Landschaft der gesellschaftlichen Institutionen des SED-Regimes dokumentieren.[62]

Damals wie heute ging es darum, die deutsche Kulturnation abzuschaffen. In beiden Fällen sollte und soll eine neue Willensnation kreiert werden. Dazu bedurfte bzw. bedarf es jedoch eines Willensbildungsprozesses von unten, der Mehrheiten voraussetzt. An diesem Punkt, dem aktiven Versuch der Neukonstruktion von Identität, stößt die Bundesregierung auf jene Voraussetzungen, die bereits dem SED-Regime das Leben schwer machten. Entsprechende Mehrheiten für ein solches Projekt gibt es nicht. Präziser formuliert, muss es heißen: Die gewünschte Mehrheit lässt sich zumindest nicht ohne Widerstand erlangen. Und das hat für die aktuelle Politik Folgen.

Ein Blick in das Werk des Psychoanalytikers Erik H. Erikson erklärt, warum die politisch-mediale Elite gegen Anhänger des Konzepts der deutschen Kulturnation ebenso heftig wie sachlich unfair vorgeht. Die offiziell angestrebte neue Identität kann erst möglich werden, wenn die alte beseitigt ist. Die Bundesregierung und die Leitmedien sehen, dass die gewünschte multikulturelle Identität nicht allenthalben auf Akzeptanz stößt. Erikson hat in abstrakter Form beschrieben, was ein Akteur in einer solchen Situation macht: »[…] wenn bestehende Identitäten fadenscheinig werden oder im Entstehen begriffene sich in ihrer Entwicklung bedroht fühlen, kommt es zu besonderen Krisen, die Menschen dazu veranlassen können, mit grausamsten Mitteln Kreuzzüge zu führen gegen jene, die ihre unsicheren ideologischen Grundfesten zu bedrohen oder zu erschüttern scheinen.«[63]

Die DDR-Führung hatte keine Willens-, sondern summa summarum eine sozialistische Zwangsnation geschaffen, die so zerbrechlich war, dass sie 1989 implodierte. Bis dahin konnte sie nur dem Schein nach durch staatliche Zwangsmaßnahmen aufrechterhalten werden, gekittet mit reichlich Ideologie, die von der sozialistischen politisch-medialen Elite verbreitet wurde. Hinzu kamen diverse Unterstützungsleistungen der Sowjetunion. Heute sieht die Lage ähnlich aus, wenngleich unter ganz anderen Ausgangsbedingungen. Auch Angela Merkel versucht, eine neue Zwangsnation zu errichten, die eine multikulturelle Grundlage haben soll. Erneut kommt massiver Druck zum Einsatz, um die neue Staatszielbestimmung durchzusetzen – so, wie es Helmut Schmidt in grundsätzlicher Weise 2004 im Interview mit dem *Hamburger Abendblatt* vorausgesagt hatte.[64]

Wer nun glaubt, dass mit dem Vergleich der Ära Honecker mit jener Merkels auch eine Gleichsetzung von DDR und Bundesrepublik gemeint ist, irrt natürlich gewaltig. Es geht um die Aufdeckung von Ähnlichkeiten in machtpolitischen Herrschaftsfragen – und dies in systemübergreifender Form. Sowohl in Diktaturen wie auch in Demokratien können Politiker nicht der Versuchung widerstehen, zumindest zu versuchen, die menschliche Natur politisch neu zu programmieren. Die DDR scheiterte schlussendlich am real existierenden Sozialismus. Der Bundesregierung wird es ähnlich ergehen, nun eben unter kapitalistischen Bedingungen.

Der Grund für diese Behauptung ist offensichtlich. Die Protagonisten einer Zwangsnation wollen auf oberer Ebene Werte verpflichtend machen, ohne zu wissen, wie sie unter demokratischen Vorzeichen mit der desintegrierenden Konkurrenz von unten umgehen sollen. Sie kommt aus unterschiedlichen Kulturen, die in Deutschland mittlerweile breit vertreten sind. Sozialisationsversuche des Staates zur Schaffung einer neuen deutschen Identität stehen dabei im direkten Wettstreit mit der persönlichen Sozialisierung des Einzelnen. Der Psychoanalytiker Sigmund Freud (1856–1939) hat auf einen wichtigen Einflussfaktor hingewiesen, der sich der staatlichen

Kontrolle entzieht. Es sei die Familie, die maßgeblich zur Herausbildung von Identität beitrage: »Im Elterneinfluss wirkt natürlich nicht nur das persönliche Wesen der Eltern, sondern auch der durch sie fortgepflanzte Einfluss von Familien-, Rassen- und Volkstradition sowie die von ihnen vertretenen Anforderungen des jeweiligen sozialen Milieus.«[65] Für die Identität eines Menschen ist damit vor allem in jungen Jahren die geistig-kulturelle Abstammung, die von Vater und Mutter über Erzählungen weitergegeben wird, von zentraler Bedeutung. Unterschiedliche Eltern aus unterschiedlichen Kulturkreisen werden daher ihre Kinder unterschiedlich prägen. Genau an diesem Punkt liegt die integrative Grenze der Zwangsnation.

Letztlich können aber auch absehbar zum Scheitern verurteilte Projekte lange andauern und auch Erfolge vorweisen. Die DDR hat es vorgemacht. In der zweiten Hälfte ihrer Existenz konnte sie zumindest Punktsiege gegen das verhasste kapitalistische System des Westens und den von ihm angeblich geschützten Restbestand nationalsozialistischer Umtriebe erzielen. Vor allem die fortgesetzten Versuche, Beiträge zur Abschaffung der deutschen Kulturnation zu leisten und in diesem Sinne auch gegen den Gedanken der Wiedervereinigung zu wirken, waren erfolgreich. Die Propaganda aus Ost-Berlin schloss in zahlreichen Punkten nahtlos an die Ideologie der 1968er-Generation an, deren Politik vom SED-Regime in selektiver Form direkt wie indirekt unterstützt wurde. Der Verfasser hat dies selbst noch im Schulunterricht erleben dürfen. Viele Lehrer, die im Marsch durch die Institutionen erfolgreich waren, sahen die DDR nicht nur als Ausland, sondern auch als Vorbild für Westdeutschland an. Ideen zur Wiedervereinigung Deutschlands hielten sie für utopisch, ja revanchistisch.[66] Auch in der ARD und dem ZDF gab es zahlreiche Journalisten, die dieser Sichtweise folgten. Es wundert daher nicht, dass 1987 eine Umfrage ergab, dass 51 Prozent der 14- bis 29-Jährigen die DDR als »Ausland« betrachteten.[67]

Der Blick in die Zukunft kann vor diesem Hintergrund nur skeptisch ausfallen. Wer die Bundesrepublik in den 1990er-Jahren und zuvor erlebt hat, der dürfte das eigene Land mehr als 30 Jahre nach der Wiedervereinigung kaum wiedererkennen. Um es in ein Bild zu fassen: Der über Jahrhunderte gewachsene deutsche Wald[68] wird nicht nur abgeholzt, sondern so stark vernachlässigt, dass sein geschwächtes Wurzelwerk den Stürmen der Zeit bald nicht mehr trotzen kann. Für die Waldwächter ist dies kein Problem. Sie haben längst mit der Neupflanzung begonnen.

Wenn das Werk vollbracht ist, werden die heute politisch Verantwortlichen nicht mehr im Amt sein. So laben sie sich weiter am Honigtopf der Gesinnungsethik. Sie sehen sich als moralische Avantgarde, die in ihrem

Treiben gar nicht merkt, dass sie die Speerspitze eines gesellschaftlichen und kulturellen Abbruchunternehmens ist. Vielleicht ist aber auch das sehr deutsch, wenn man Friedrich Nietzsche folgt. 1886 formulierte er: »[…] der Deutsche versteht sich auf die Schleichwege zum Chaos.«[69]

Anhang

Anmerkungen

I. Kulturkampf

1 Zit. n. Siegfried Battisti, Freiheit und Bindung. Wilhelm von Humboldts »Ideen zu einem Versuch, die Grenzen der Wirksamkeit des Staats zu bestimmen« und das Subsidiaritätsprinzip, Berlin 1987, S. 159.

2 Der Begriff »identitär« wird in diesem Buch unabhängig vom politischen Verständnis der Identitären Bewegung oder ähnlicher Gruppen gebraucht. Das Wort »identitär« ist somit schlicht als von »Identität« abgeleitetes Adjektiv zu verstehen. Inhaltlich wird der Festlegung durch den Duden gefolgt: »die Identität betreffend« bzw. »sich in Übereinstimmung mit dem eigenen Selbstbild, der eigenen Identität befindend«. Stichwort »identitär«, in: Dudenverlag, Duden online, Berlin 2020 (https://www.duden.de/rechtschreibung/identitaer, 05.11.2020).

3 Helmut Kohl, Fernseh- und Hörfunkansprache anlässlich des Jahreswechsels, Bonn, 31. Dezember 1991.

4 So gab es 2001/2002 bei eingebürgerten Türken klare Wahlabsichten. 62 Prozent wollten ihr Kreuz bei den Sozialdemokraten und weitere 22 Prozent bei den Grünen machen. Vgl. Andreas M. Wüst, Das Wahlverhalten eingebürgerter Personen in Deutschland, in: Aus Politik und Zeitgeschichte, B 52, 22. Dezember 2003, S. 36.

5 Vgl. Bundesamt für Migration und Flüchtlinge, Aktuelle Zahlen: Tabellen, Diagramme, Erläuterungen, Nürnberg, Dezember 2020, S. 6.

6 Kurt Sontheimer sinnierte mit Blick auf die Studentenunruhen bereits 1976 darüber, »was die Herrschaft linker Theorie für Geist und Kultur sowie für die Institutionen einer sich als frei verstehenden Gesellschaft bedeuten würde.« Er sah voraus, dass man »die langfristige Wirkung, die von geistigen Wandlungsprozessen ausgeht, nicht gering achten [darf].« Kurt Sontheimer, Das Elend unserer Intellektuellen. Linke Theorie in der Bundesrepublik Deutschland, Hamburg 1976, S. 12.

7 Zu den geistigen Wegbereitern dieser Haltung gehört der Philosoph und Soziologe Jürgen Habermas. Für ihn war der deutsche Nationalstaat seit den Verbrechen der Nationalsozialisten diskreditiert. Daher plädierte er für einen »abstrakter gewordenen Patriotismus, der sich nicht mehr auf das konkrete Ganze einer Nation, sondern auf abstrakte Verfahren und Prinzipien bezieht.« Jürgen Habermas, Geschichtsbewußtsein und posttraditionale Identität. Die Westorientierung der Bundesrepublik, in: Jürgen Habermas, Eine Art Schadensabwicklung (Aufsatzsammlung), Frankfurt am Main 1987, S. 173. Soweit das nationale Erbe der Deutschen in der Gegenwart noch eine Rolle spielen konnte, sollte es zuvor »durch den Filter universalistischer Wertorientierungen hindurchgetrieben werden«. Jürgen Habermas, Apologetische Tendenzen, in: Ebd., S. 135. Der Aufsatz erschien erstmals am 11. Juli 1986. Die Bundesregierung unter Führung Angela Merkels orientiert sich weitgehend an diesem Verständnis von Nation.

8 Helmut Schmidt, »Deutsche Geschichte – nicht nur ein Verbrecheralbum«, Interview, in: Hamburger Abendblatt, 9. November 1999.

9 Ebd.

10 Wenn in diesem Zusammenhang von einem »Projekt« gesprochen wird, ist damit nicht ein konkret beschlossenes Vorhaben gemeint, das von einer offiziellen Stelle ausgeführt wird. Es geht vielmehr darum festzuhalten, dass die Regierung die gesellschaftlichen Weichen in eine Richtung stellt, die im Ergebnis – letztlich gewollt oder ungewollt – zur Multikulturalisierung des Landes führt (Neugestaltung des Staatsangehörigkeitsgesetzes, Verzicht auf den Grenzschutz, Hinnahme kontinuierlicher Einwanderung unter Verletzung von Artikel 16a des Grundgesetzes, Schaffung von Bleibeperspektiven auch für politisch nicht Verfolgte, inhaltliche Neugestaltung von Begriffen wie »Volk« und »Nation« in Reden führender Politiker usw.). In der Synopse kann dies dann durchaus als »Projekt« gewertet werden, weil die Regierung intentional an der Entwicklung einer sehr konkreten Gesellschaftsvorstellung mit ebenso konkreten Maßnahmen arbeitet.

11 Vgl. Samuel P. Huntington, Who are we? Die Krise der amerikanischen Identität, Hamburg – Wien 2004.

12 Angela Merkel, Rede beim Festakt »60 Jahre Bundesamt für Migration und Flüchtlinge«, Nürnberg, 10. April 2013.

13 Vgl. zu den Zahlen und dem inhaltlichen Kontext: Martin Wagener, Deutschlands unsichere Grenze. Plädoyer für einen neuen Schutzwall, München 2018, S. 11–116, 305–376.

14 Vgl. Marcel Leubecher, Asylbewerber: Integrationsbeauftragte für Förderung unabhängig von Bleibeperspektive, in: Die Welt, 13. März 2019 (https://www.welt.de/politik/deutschland/article190280081/Asylbewerber-Widmann-Mauz-fuer-Foerderung-unabhaengig-von-Bleibeperspektive.html, 06.11.2020).

15 Bündnis 90/Die Grünen, »... zu achten und zu schützen ...«. Veränderung schafft Halt, Grundsatzprogramm, Berlin, November 2020, S. 53. Der Begriff »Staatsziel« taucht im Grundsatzprogramm nur ein einziges Mal auf.

16 Vgl. Omid Nouripour, Kleines Lexikon für MiMiMis* und Bio-Deutsche**, München 2014.

17 Vgl. Thomas Petersen, Allensbach-Umfrage: Der deutsche Pass ist nicht genug, in: Frankfurter Allgemeine Zeitung (FAZ), 22. September 2016 (https://www.faz.net/aktuell/politik/allensbach-umfrage-zum-thema-nationalkultur-14446621.html, 06.11.2020).

18 Vgl. ebd.

19 Vgl. ebd.

20 Vgl. ebd.

21 Bundesamt für Verfassungsschutz, Gutachten zu tatsächlichen Anhaltspunkten für Bestrebungen gegen die freiheitliche demokratische Grundordnung in der »Alternative für Deutschland« (AfD) und ihren Teilorganisationen, Köln, 15. Januar 2019, S. 68. Die Formulierung wird an zahlreichen weiteren Stellen des Dokuments genutzt. Das Gutachten ist als »Verschlusssache – Nur für den Dienstgebrauch« eingestuft worden und damit in illegaler Weise weitergereicht worden, um im Internet veröffentlicht zu werden. Die Authentizität des Inhalts hängt davon ab, dass der Whistleblower die Inhalte des Gutachtens nicht verändert hat. Die AfD hat als Reaktion auf diese Vorwürfe eine Erklärung veröffentlicht, der ein unproblematischer Volksbegriff zu entnehmen ist. Vgl. Alternative für Deutsch-

land, Erklärung zum deutschen Staatsvolk und zur deutschen Identität, Berlin, 18. Januar 2021. Vgl. zu diesem Thema Kapitel II.4.

22 Vgl. dazu die Ausführungen in Kapitel II.1.

23 Bundesamt für Verfassungsschutz (15.01.2019): S. 371.

24 Hans-Gerd Jaschke, Politischer Extremismus, Bonn 2007 [2006], S. 25.

25 Ebd.

26 Ebd.

27 Petersen (22.09.2016).

28 Der Duden betrachtet als Kulturkampf eine »Auseinandersetzung über kulturelle, ethische, soziale und andere Fragen innerhalb einer Gesellschaft, einer Gruppe oder Ähnlichem«. Stichwort »Kulturkampf«, in: Duden, Deutsches Universalwörterbuch, 7. Auflage, Mannheim 2011 (CD-ROM). Das Original ist kursiv gesetzt und mit Abkürzungen versehen. Als »Kulturkampf« wurde ursprünglich der Versuch Otto von Bismarcks, den Einfluss des Katholizismus im neu gegründeten Deutschen Reich zu reduzieren, verstanden. Vermutlich war der Abgeordnete im preußischen Landtag, Rudolf Virchow, der erste, der den Begriff am 17. Januar 1873 einsetzte, um die Politik des Reichskanzlers gegenüber der katholischen Kirche zu kritisieren. Im betrachteten Beispiel dieses Buches bedeutet »Kulturkampf«, dass gesellschaftliche Gruppen um das historische, kulturelle oder politische Selbstverständnis von Volk und Staat ringen. In eine solche Auseinandersetzung kann sich auch eine Regierung mit ihren Präferenzen aktiv einmischen. Sie verfügt dabei gleichwohl – wie einst Bismarck – über den Vorteil, eigene Vorstellungen mit Gesetzen und Sprachbildern voranzutreiben. Letztlich geht es im Kulturkampf immer darum, gesellschaftliche Fundamente ändern bzw. bewahren zu wollen. Vgl. zu den historischen Hintergründen: Johannes Leicht, Der »Kulturkampf«, in: Lebendiges Museum Online (LEMO), Berlin – Bonn – Koblenz, 30. November 2005.

29 Vgl. Renate Köcher, Deutsche Fragen – Deutsche Antworten. Grenzen der Freiheit, in: FAZ, Nr. 119, 23. Mai 2019, S. 12.

30 Vgl. Institut für Demoskopie Allensbach, Grenzen der Freiheit. Eine Dokumentation des Beitrags von Prof. Dr. Renate Köcher in der Frankfurter Allgemeinen Zeitung Nr. 119 vom 23. Mai 2019, Allensbach 2019, S. 14.

31 Vgl. ebd., S. 22.

32 Vgl. zum Terminus Wagener (2018): S. 30. Von einer politisch-medialen Elite kann gesprochen werden, wenn die politische Führung des Landes und die Leitmedien auf ausgewählte Fragestellungen ebenso einseitige wie gemeinsam einheitliche Antworten geben. In anderen Fällen gibt es dagegen politische und mediale Meinungsführer, die aufgrund unterschiedlicher Positionierungen keine geschlossene Meinungsfront bilden. Wenn auf den folgenden Seiten von »der« politisch-medialen Elite die Rede ist, meint dies eine mehrheitlich vertretene Sichtweise – aber natürlich nicht jeden Politiker eines bestimmten Lagers oder jeden Journalisten der Leitmedien. Weitere Ausführungen zu diesem Thema erfolgen zu Beginn von Kapitel IV und in Kapitel V.1. Vgl. zur Anpassung von Sichtweisen in Politik und Medien: Michael Oswald, Strategisches Framing. Eine Einführung, Wiesbaden 2019, S. 133–162. »Besonders bei frisch aufkommenden Themen framen Medien je nach Ausrichtung heterogen. Im Laufe der Zeit oder mit zunehmender Regierungstätigkeit homogenisieren sich die Frames jedoch meist allmählich.« Ebd., S. 151.

In seinem Vortrag »Deutschlands innere Sicherheit. Die Herausforderung unserer Zeit« vom 4. Dezember 2019 in der Bibliothek des Konservatismus in Berlin hat Hans-Georg Maaßen ebenfalls den Terminus »politisch-mediale Elite« genutzt. Es erfolgte keine definitorische Präzisierung. Maaßen setzte die Formulierung gleichwohl im Sinne der hier getroffenen Aussagen ein.

33 Vgl. Institut für Demoskopie Allensbach (2019): S. 14.

34 Vgl. ebd., S. 18.

35 Vgl. Holger Schwesinger, Brandenburg und Sachsen: Viele fühlen sich als Bürger zweiter Klasse, in: tagesschau.de, 1. September 2019 (https://www.tagesschau.de/inland/landtagswahlen-161.html, 03. 11. 2019).

36 Vgl. Elizabeth Prommer, Carlos Collado Seidel, Juliane Wegner, Das freie Wort unter Druck, Rostock – Darmstadt, 10. Oktober 2018, S. 6.

37 Vgl. Shell Jugend Studie 2019, Zusammenfassung, Hamburg 2019, S. 16.

38 Vgl. ebd.

39 Vgl. ebd.

40 Vgl. Köcher (23. 05. 2019): S. 12.

41 Grundgesetz für die Bundesrepublik Deutschland, Bonn, Ausfertigungsdatum vom 23. Mai 1949, Fassung vom 29. September 2020.

42 Friedrich Nietzsche, Jenseits von Gut und Böse. Vorspiel einer Philosophie der Zukunft, Hamburg 2017 [1886], S. 167. Der Untertitel entstammt dem Original, nicht dem genutzten Nachdruck.

43 Was es genau mit der FDGO auf sich hat, wird in der Literatur unterschiedlich ausgeführt. Teilweise finden sich sehr lange Listen von normativen Schutzgütern. Das Bundesverfassungsgericht hat dagegen einen engen Kern markiert. Demnach umfasst die FDGO drei Elemente: die »Garantie der Menschenwürde«, »das Demokratieprinzip [...] [und damit] die Rückbindung der Ausübung der Staatsgewalt an das Volk« sowie »die im Rechtsstaatsprinzip wurzelnde Rechtsbindung der öffentlichen Gewalt [...] und die Kontrolle dieser Bindung durch unabhängige Gerichte«. Bundesverfassungsgericht, Leitsätze zum Urteil des Zweiten Senats vom 17. Januar 2017, 2 BvB 1/13, Karlsruhe, 17. Januar 2017.

44 John Stuart Mill, Über die Freiheit, Ditzingen 2018 [1859], S. 12.

45 Ebd.

46 Damit meint John Stuart Mill nicht den Inlandsnachrichtendienst, sondern ganz allgemein den staatlichen Verwaltungsapparat.

47 Mill (1859): S. 12.

48 Vgl. Christoph Möllers, Zur Pflicht zur Verfassungstreue von Hochschullehrern an einer Hochschule des Bundes in Bezug auf einen Einzelfall. Ein Rechtsgutachten im Auftrag des Bundesnachrichtendienstes, Berlin, November 2018.

II. Nationale Identität

1 Friedrich Nietzsche, Also sprach Zarathustra. Ein Buch für Alle und Keinen, Hamburg 2019 [1883], S. 45.

2 Johann Gottlieb Fichte, Erste Rede: Vorerinnerungen und Uebersicht des Ganzen,

in: Johann Gottlieb Fichte, Reden an die deutsche Nation, 3. Auflage, Berlin 2014 [1807/1808], S. 14.

3 Ernst-Wolfgang Böckenförde ordnete die herausragende Bedeutung des staatlich kontrollierten Bildungssystems wie folgt ein: »Die Schule wird in spezifischer Weise auch zur Schule der *Nation*, prägt und formt das ›nationale Bildungsgut‹ und die mentale Verfaßtheit der zur Nation Gehörigen.« So entstehe eine »spezifische – blickverengte – Wahrnehmung und Interpretation der eigenen Geschichte«. Ernst-Wolfgang Böckenförde, Die Nation – Identität in Differenz, in: Ernst-Wolfgang Böckenförde, Staat, Nation, Europa. Studien zur Staatslehre, Verfassungstheorie und Rechtsphilosophie, Frankfurt am Main 1999, S. 52. Der Aufsatz erschien erstmals 1995.

4 John Kornblum, Ex-US-Botschafter: »In Deutschland leugnet man die deutsche Identität«, Interview mit Andrea Seibel, in: Die Welt, 25. Juli 2016.

5 Zit. n. Sport Inside/WDR, Handball in Deutschland: Weiß und deutsch wird zum Problem, 16. Januar 2020.

6 Zit. n. ebd.

7 Zit. n. ebd.

8 Markus Lanz, Talkshow des ZDF, Sendung vom 1. Juni 2016.

9 Johann Gottlieb Fichte, Zehnte Rede: Zur nähern Bestimmung der deutschen Nationalerziehung, in: Fichte (1807/1808): S. 116.

10 Staatsführer versuchen seit jeher, diesen Mechanismus in Krisensituationen fruchtbar zu machen. Nachdem Mitte Oktober 2020 die Corona-Infektionszahlen in Frankreich stark angestiegen waren, verhängte die Regierung für mehrere Städte, unter ihnen Paris, eine Ausgangssperre in der Zeit von 21:00 bis 06:00 Uhr. Präsident Emmanuel Macron warb um Verständnis, indem er an die nationale Solidarität seiner Landsleute appellierte. Er brauche nun jeden einzelnen Franzosen: »Wir sind dabei wieder zu lernen, eine Nation zu sein.« Zit. n. Michaela Wiegel, Corona-Notstand in Frankreich: Klima des Misstrauens, in: FAZ, 15. Oktober 2020 (https://www.faz.net/aktuell/politik/ausland/frankreich-fuehrt-naechtliche-ausgangssperren-ein-17003354.html, 16.11.2020).

11 Otto Dann schreibt daher: »[…] für den Aufbau einer sozial gerechten und solidarischen Gesellschaft ist die Nation bis heute das einzig bewährte und tragfähige Modell.« Otto Dann, Nation und Nationalismus in Deutschland 1770–1990, München 1993, S. 10.

12 Vgl. Sara Kreuter, Neuer Amtseid: Nordrhein-Westfalen ist groß und anstrengend, in: FAZ, 27. Juni 2017 (https://www.faz.net/aktuell/gesellschaft/menschen/amtseid-in-nordrhein-westfalen-15014482.html, 30.01.2021).

13 Vgl. Möllers (2018): S. 10, 21–25.

14 Das Original-Video der Talkshow von Markus Lanz vom 12. Februar 2020 ist nicht mehr auf YouTube zu finden. Dafür ist die zitierte Stelle von verschiedenen privaten Anbietern (https://www.youtube.com/watch?v=WIOoOd_h6Vw, 16.11.2020) dokumentiert worden.

15 Die Welt, »White Lives Matter«-Banner: Flugzeug fliegt mit rassistischer Parole über Manchester-City-Stadion, 23. Juni 2020 (https://www.welt.de/sport/article210127079/Manchester-City-Flugzeug-fliegt-mit-rassistischer-Parole-ueber-Stadion.html, 16.11.2020).

16 ZDF heute, Sendung vom 23. Juni 2020, 19:00 Uhr (https://www.zdf.de/nachrichten/heute-19-uhr/200623-heute-sendung-19-uhr-100.html, 16. 11. 2020). Das ZDF hat die Falschmeldung später auf seiner Internetseite korrigiert, nicht jedoch die damit verbundene Wertung. Vgl. ZDF heute, In eigener Sache: Korrekturen und Richtigstellungen, Mainz, 23. Juni 2020 (https://www.zdf.de/nachrichten/heute/korrekturen-104.html, 16. 11. 2020).

17 Annalena Baerbock, Interview mit Markus Lanz, Talkshow des ZDF, Sendung vom 18. August 2020.

18 Markus Lanz, in: Ebd.

19 Vgl. Peter Struck, Rede des Bundesministers der Verteidigung, Berlin, 20. Dezember 2002.

20 Grundgesetz für die Bundesrepublik Deutschland, Bonn, 23. Mai 1949, in: Grundwissen Gesetze und Verträge, zusammengestellt von Roland Blessing und Hans-Martin Gruber, 2. überarbeitete Auflage, Stuttgart 1984, S. 30. Die Formulierung entspricht wortwörtlich der aktuellen Fassung des Grundgesetzes.

21 Wie Konstruktionen sicherheitspolitischer Bedrohungen in der Praxis funktionieren, ist den Studien zum Prozess der Sekuritisierung zu entnehmen. Vgl. Barry Buzan, Ole Waever, Jaap de Wilde, Security. A New Framework for Analysis, Boulder – London 1998, S. 21–47.

22 Viele Begriffsinhalte haben sich im Laufe der Zeit geändert, was sich auch in den Definitionen in Wörterbüchern und Lexika niedergeschlagen hat. Soweit daher alte Nachschlagewerke zitiert werden, erfolgt zum besseren Verständnis eine Nennung des Erscheinungsjahres auch im Fließtext.

23 Stichwort »Identität«, in: Dudenredaktion, Duden. Deutsches Universalwörterbuch, 5. überarbeitete Auflage, Mannheim – Leipzig – Wien – Zürich 2003, S. 817. Das Original ist kursiv gesetzt.

24 Stichwort »Identität«, in: Der Brockhaus multimedial premium 2009, Mannheim, Fassung vom 20. März 2015.

25 Erik H. Erikson, Ich-Entwicklung und geschichtlicher Wandel, in: Erik H. Erikson, Identität und Lebenszyklus. Drei Aufsätze, 29. Auflage, Frankfurt am Main 2020 [1959], S. 18. Der Aufsatz wurde erstmals 1946 veröffentlicht.

26 Stichwort »Fremdbild«, in: Der Brockhaus multimedial premium 2009 (2015).

27 Erik H. Erikson, Das Problem der Ich-Identität, in: Erikson (1959): S. 124. Der Aufsatz wurde erstmals 1956 veröffentlicht.

28 George H. Mead, Geist, Identität und Gesellschaft aus der Sicht des Sozialbehaviorismus, 8. Auflage, Frankfurt am Main 1991 [1934], S. 180.

29 Ebd., S. 182.

30 Identität kann »als ein von sozialen Interaktionen beeinflusster Prozess verstanden« werden. Olaf Kühne, Antje Schönwald, Identität, Heimat sowie In- und Exklusion: Aspekte der sozialen Konstruktion von Eigenem und Fremdem als Herausforderung des Migrationszeitalters, in: Birte Nienaber, Ursula Roos (Hrsg.), Internationalisierung der Gesellschaft und die Auswirkungen auf die Raumentwicklung. Beispiele aus Hessen, Rheinland-Pfalz und dem Saarland, Hannover 2015, S. 101.

31 Ausnahmen sind in den genannten Beispielen sicherlich zu finden, dürften aber nur eine kleine Minderheit abbilden.

32 Francis Fukuyama, Identität. Wie der Verlust der Würde unsere Demokratie gefährdet, Hamburg 2019 [2018], S. 26.
33 Ebd., S. 213.
34 Stichwort »civilis«, in: PONS, Stuttgart 2020 (https://de.pons.com/%C3%BCbersetzung/latein-deutsch/Civilis, 17.11.2020).
35 Stichwort »Zivilisation«, in: Der Brockhaus multimedial premium 2009 (2015).
36 O. Schnyder, Zivilisation und Kultur, in: Monatshefte für deutsche Sprache und Pädagogik, Nr. 2, Februar 1918, S. 40.
37 Stichwort »Zivilisation«, in: Dudenredaktion (2003): S. 1861. Das Original ist kursiv gesetzt und mit Abkürzungen versehen.
38 Stichwort »Zivilisation«, in: Der Brockhaus multimedial premium 2009 (2015).
39 Vgl. Hans-Otto Dill, Kultur vs. Zivilisation – Genesis zweier anthropologischer Grundbegriffe, Vortrag, 10. März 2011, in: Sitzungsberichte der Leibnitz-Sozietät der Wissenschaften zu Berlin, Band 111, Berlin 2011, S. 138–142. Siehe auch Ingo Mörth, Stichwort Zivilisation, in: Volker Drehsen u. a. (Hrsg.), Wörterbuch des Christentums, Gütersloh – Zürich 1988, S. 1384.
40 Stichwort »Zivilisation«, in: Der Große Brockhaus, Handbuch des Wissens in zwanzig Bänden, Zwanzigster Band, Wan-Zz, 15. völlig neu bearbeitete Auflage, Leipzig 1935, S. 668.
41 Stichwort »zivilisiert«, in: Dudenredaktion (2003): S. 1862. Das Original ist kursiv gesetzt.
42 Stichwort »primitiv«, in: Ebd., S. 1240. Das Original ist kursiv gesetzt.
43 Samuel P. Huntington, The Clash of Civilizations?, in: Foreign Affairs, Nr. 3, Sommer 1993, S. 23.
44 Ebd., S. 23 f.
45 Ebd., S. 24.
46 Ebd.
47 Stichwort »natio«, in: PONS, Stuttgart 2020 (https://de.pons.com/%C3%BCbersetzung/latein-deutsch/Natio, 17.11.2020).
48 Ebd.
49 Stichwort »Nation«, in: Dudenredaktion (2003): S. 1126. Das Original ist kursiv gesetzt.
50 Stichwort »Nation«, in: Der Brockhaus multimedial premium 2009 (2015).
51 Stichwort »Kulturnation«, in: wissen.de, Leinfelden-Echterdingen 2020 (https://www.wissen.de/lexikon/kulturnation, 17.11.2020). Das Original ist mit Abkürzungen versehen.
52 Böckenförde (1999): S. 34.
53 Ebd.
54 Vgl. ebd., S. 42. Abgrenzung kann als natürlicher Prozess von Großgruppen verstanden werden. »Menschen haben sich seit jeher als Mitglieder einer ›Wir‹-Gemeinschaft definiert im Unterschied (und zumeist im Gegensatz) zu den anderen ›Sie‹-Gemeinschaften, und daran wird sich wohl in absehbarer Zukunft nichts ändern.« Eric J. Hobsbawm, Nationen und Nationalismus. Mythos und Realität seit 1780, 3. Auflage, Frankfurt am Main – New York 2005 [1991], S. 7. Das Original erschien 1990.
55 Peter Alter, Nationalismus, Frankfurt am Main 1985, S. 15.

56 Ernest Renan, What is a nation?, Paris, 11. März 1882.

57 Heinrich August Winkler, Der lange Weg nach Westen, Erster Band: Deutsche Geschichte vom Ende des Alten Reiches bis zum Untergang der Weimarer Republik, 4. durchgesehene Auflage, München 2002 [2000], S. 217. So auch Alter (1985): S. 31.

58 Vgl. Todd Wassel, Timor-Leste: Links between Peacebuilding, Conflict Prevention and Durable Solutions to Displacement, Washington D.C., 5. September 2014.

59 Stichwort »Nationalbewusstsein«, in: Dudenredaktion (2003): S. 1126. Das Original ist kursiv gesetzt.

60 Stichwort »Nationalbewusstsein«, in: Der Brockhaus multimedial premium 2009 (2015).

61 Ebd.

62 Alter (1985): S. 24.

63 Benedict Anderson, Imagined Communities. Reflections on the Origin and Spread of Nationalism, überarbeitete Ausgabe, London – New York 2016 [1983], S. 6.

64 Vgl. Alexander Wendt, Social Theory of International Politics, Cambridge 1999.

65 Anderson (1983): S. 6.

66 Vgl. dazu Ernest Gellner, Thought and Change, London 1964, S. 168. Hobsbawm (1991): S. 21, 58. Siehe auch Hans-Ulrich Wehler, Nationalismus. Geschichte, Formen, Folgen, 3. Auflage, München 2007 [2001], S. 13, 17.

67 Manfred Hettling, Nation: Das kollektive Leben, in: Der Brockhaus multimedial premium 2009 (2015).

68 Ute Planert hat zwölf Merkmale erarbeitet, um den »modernen Nationalismus« definieren zu können. Dazu gehören die Integration von Menschen zu Gruppen und die Aussage, wonach zwischen Nationalismus und Krieg »eine innige Wechselbeziehung « bestehe. Ute Planert, Nation und Nationalismus in der deutschen Geschichte, in: Aus Politik und Zeitgeschichte, B 39, 20. September 2004, S. 11.

69 Stichwort »Nationalismus«, in: Dudenredaktion (2003): S. 1127. Das Original ist kursiv gesetzt.

70 Stichwort »Nationalismus«, in: Der Brockhaus multimedial premium 2009 (2015).

71 Ebd.

72 Ebd.

73 Otto Dann befürwortet diese Sichtweise. Er unterscheidet zwischen einer legitimen »Nationalbewegung« und »Nationalismus«, in dem er »die inhumane und antidemokratische Gefährdung jeder Nationalbewegung« erblickt. Dann (1993): S. 21. Peter Alter sieht es anders: »Nationalismus kann verbunden sein mit Bestrebungen der politischen, sozialen, wirtschaftlichen und kulturellen Emanzipation wie solchen der Unterdrückung.« Alter (1985): S. 10.

74 Stichwort »Chauvinismus«, in: Dudenredaktion (2003): S. 335. Das Original ist kursiv gesetzt.

75 Stichwort »Nationalismus«, in: Ebd., S. 1127. Das Original ist kursiv gesetzt.

76 Stichwort »Nationalismus«, in: Der Brockhaus multimedial premium 2009 (2015).

77 Ebd.

78 Wehler (2001): S. 13.

79 Stichwort »Nationalist«, in: Dudenredaktion (2003): S. 1127. Das Original ist kursiv gesetzt.

80 Vgl. dazu Hobsbawm (1991): S. 19 f.
81 Stichwort »cultura«, in: PONS, Stuttgart 2020 (https://de.pons.com/%C3%BCbersetzung/latein-deutsch/cultura, 17. 11. 2020).
82 Ebd.
83 Ebd.
84 Stichwort »colere«, in: PONS, Stuttgart 2020 (https://de.pons.com/%C3%BCbersetzung/latein-deutsch/colere, 17. 11. 2020).
85 Vgl. Emil Angehrn, Kultur – Begriff und Funktion, in: Uni Nova – Das Wissenschaftsmagazin der Universität Basel, Nr. 70, 1994, S. 4.
86 Stichwort »Kultur«, in: Dudenredaktion (2003): S. 972. Das Original ist kursiv gesetzt.
87 Stichwort »Kultur«, in: Der Brockhaus multimedial premium 2009 (2015).
88 Ebd.
89 Ebd.
90 Bettina Beer, Kultur und Ethnizität, in: Bettina Beer, Hans Fischer (Hrsg.), Ethnologie. Einführung und Überblick, 8. Auflage, Berlin 2013, S. 55.
91 Ebd., S. 56.
92 Ebd., S. 57.
93 Angehrn (1994): S. 6.
94 Martin Sökefeld, Der Kulturbegriff in der Ethnologie und im öffentlichen Diskurs – eine paradoxe Entwicklung?, in: Georg Stöber (Hrsg.), »Fremde Kulturen« im Geographieunterricht. Analysen, Konzepte, Erfahrungen, Hannover 2001, S. 129.
95 Ebd., S. 128 f.
96 Friedrich Dieckmann, Kulturnation und Nationalkultur. Von alten und neuen Herausforderungen, in: Norbert Sievers, Patrick S. Föhl, Tobias J. Knoblich (Hrsg.), Jahrbuch für Kulturpolitik 2015/16, Band 15, Thema: Transformatorische Kulturpolitik, Bielefeld 2016, S. 153.
97 Theodor Schieder, Das deutsche Kaiserreich von 1871 als Nationalstaat, 2. Auflage, Göttingen 1992 [1961], S. 64.
98 Vertrag zwischen der Bundesrepublik Deutschland und der Deutschen Demokratischen Republik über die Herstellung der Einheit Deutschlands (Einigungsvertrag), Berlin, 31. August 1990, Fassung vom 27. Juni 2017.
99 Stichwort »Kulturnation«, in: Dudenredaktion (2003): S. 973. Das Original ist kursiv gesetzt und mit einer Abkürzung versehen. Kritisch zum Konzept der »Kulturnation« hat sich geäußert: Sökefeld (2001): S. 126–131.
100 Johann Gottfried Herder, Auch eine Philosophie der Geschichte zur Bildung der Menschheit, herausgegeben von Hans-Dietrich Irmscher, Stuttgart 2012 [1990], S. 23. Das Original erschien 1774.
101 Ebd., S. 27.
102 Ebd.
103 Ebd.
104 Ebd., S. 29.
105 Johann Gottfried Herder, Ideen zur Philosophie der Geschichte der Menschheit, Berlin 2017 [1784–1791], S. 304.
106 Friedrich Schiller, Was heißt und zu welchem Ende studiert man Universalgeschichte?, Antrittsvorlesung, Jena, 26. Mai 1789, S. 19.

107 Vgl. Die Beauftragte der Bundesregierung für Kultur und Medien, Im Bund mit der Kultur. Kultur und Medienpolitik der Bundesregierung, Berlin, September 2020, S. 4, 31, 32, 68. Auch Angela Merkel spricht von »Deutschland als Kulturnation«. Angela Merkel, Rede beim Festakt der CDU-Fraktion im Thüringer Landtag zum Tag der deutschen Einheit 2019, Erfurt, 27. September 2019. Einem solchen Verständnis von Kulturnation folgte selbst Günter Grass. Vgl. Matthias Buth, Zersplitterter Spiegel. Sprachbilder – Deutschlandbilder, in: Die Politische Meinung, Nr. 407, Oktober 2003, S. 87 f.

108 Das Konzept geht auf den österreichischen Politiker Otto Bauer (1881–1938) zurück. Demnach gilt: »Die Nation ist nie etwas anderes als Schicksalsgemeinschaft.« Otto Bauer, Die Nationalitätenfrage und die Sozialdemokratie, Wien 1907, S. 21. Inhaltlich führt Bauer dazu aus: »[...] Schicksalsgemeinschaft bedeutet nicht Unterwerfung unter gleiches Schicksal, sondern gemeinsames Erleben desselben Schicksals in stetem Verkehr, fortwahrender Wechselwirkung miteinander. [...] Nicht Gleichartigkeit des Schicksals, sondern nur das gemeinsame Erleben und Erleiden des Schicksals, die Schicksalsgemeinschaft, erzeugt die Nation.« Ebd., S. 97.

109 Stichwort »Nation«, in: Der Große Brockhaus, Handbuch des Wissens in zwanzig Bänden, Dreizehnter Band: Mue-Ost, 15. völlig neubearbeitete Auflage, Leipzig 1932, S. 197. Das Original ist mit Abkürzungen versehen. In der Nachfolgeausgabe aus der Zeit des Nationalsozialismus wurde das Stichwort »Nation« im Geiste der Rassenlehre angepasst: »[...] im wörtlichen Sinne die Abstammungsgemeinschaft. Mit dieser Wortbedeutung ist der Begriff Nation nach seinem wesentlichen Inhalt bezeichnet; denn durch den Abstammungszusammenhang werden nicht nur körperliche, sondern auch seelisch-geistige Eigenschaften vererbt«. Stichwort »Nation«, in: Der Neue Brockhaus. Allbuch in vier Bänden und einem Atlas, 3. Band: L-R, Leipzig 1941, S. 338. Das Original ist mit einer Abkürzung versehen.

110 Wehler (2001): S. 38.

111 Friedrich Meinecke, Weltbürgertum und Nationalstaat, Studien zur Genesis des deutschen Nationalstaats, München – Berlin 1908, S. 3.

112 Ebd.

113 Ebd.

114 Ebd., S. 13.

115 Stichwort »Ethnie«, in: Dudenredaktion (2003): S. 498. Das Original ist kursiv gesetzt und mit einer Abkürzung versehen.

116 Stichwort »Ethnie«, in: Der Brockhaus multimedial premium 2009 (2015).

117 Mathias Bös, Ethnizität, in: Nina Baur u. a. (Hrsg.), Handbuch Soziologie, Wiesbaden 2008, S. 55.

118 Vgl. Beer (2013): S. 63.

119 Heidrun Alzheimer, Ethnizität: I. Ethnologische Grundlegung, in: Staatslexikon, Freiburg, Version vom 22. Oktober 2019. Das Original ist mit einer Abkürzung versehen.

120 Margit Feischmidt, Ethnizität, in: Online-Lexikon zur Kultur und Geschichte der Deutschen im östlichen Europa, Oldenburg, Stand vom 24. August 2020.

121 Martin Sökefeld sieht in Ethnizität eine Auseinandersetzung um »kollektive Identitäten«. Und weiter: »Ohne Differenz gibt es keine Ethnizität. Damit ist nicht gesagt, dass die Differenz ›schon da ist‹ und durch Ethnizität lediglich ›abgebildet‹

wird. Differenz ist nicht einfach die Ursache von Ethnizität. Menschen *sind* nicht einfach anders, sondern sie *tun* einiges, um sich von anderen zu unterscheiden.« Martin Sökefeld, Problematische Begriffe: »Ethnizität«, »Rasse«, »Kultur«, »Minderheit«, in: Brigitta Schmidt-Lauber (Hrsg.), Ethnizität und Migration. Einführung in Wissenschaft und Arbeitsfelder, Berlin 2007, S. 31.

122 Stichwort »Ethnizität«, in: Bundeszentrale für politische Bildung, Das Politiklexikon, Bonn 2018 (https://www.bpb.de/nachschlagen/lexika/politiklexikon/17421/ethnizitaet, 17.11.2020).

123 Bös (2008): S. 57.

124 Vgl. Feischmidt (2020).

125 Alzheimer (2019).

126 Stichwort »Stamm«, in: Dudenredaktion (2003): S. 1503. Das Original ist kursiv gesetzt und mit Abkürzungen versehen.

127 Stichwort »Stamm«, in: Der Brockhaus multimedial premium 2009 (2015). Vgl. zur Entstehung des Begriffs und seiner Verwendung bzw. Kritik: Wolfgang Kraus, Islamische Stammesgesellschaften. Tribale Identitäten im Vorderen Orient in sozialanthropologischer Perspektive, Wien – Köln – Weimar 2004, S. 27–45.

128 Ebd., S. 42.

129 Hans K. Schulze, Das Reich und die Deutschen: Hegemoniales Kaisertum – Ottonen und Salier, Siedler Deutsche Geschichte, Berlin 1994a, S. 67f.

130 Zit. n. Bayerische Staatsregierung, Menschen in Bayern, München, o.J.

131 Die Verfassung des Deutschen Reiches (»Weimarer Reichsverfassung«), Weimar, 11. August 1919. Demnach gibt es kein Volk der Bayern.

132 Vgl. Mareike Transfeld, Ansatzpunkte für einen nachhaltigen Frieden im Jemen, in: Aus Politik und Zeitgeschichte, Nr. 1–3, 6. Januar 2020, S. 41–46.

133 Vgl. Stichwort »Volk«, in: Der Brockhaus multimedial premium 2009 (2015).

134 Stichwort »Volk«, in: Dudenredaktion (2003): S. 1743. Das Original ist kursiv gesetzt und mit Abkürzungen versehen.

135 Ebd.

136 Stichwort »Volk«, in: Der Brockhaus multimedial premium 2009 (2015).

137 Ebd.

138 Ebd.

139 Stichwort »Ethnie«, in: Dudenredaktion (2003): S. 498.

140 Vgl. Julius-Maximilians-Universität Würzburg, Lehrstuhl für Europäische Ethnologie/Volkskunde, Würzburg 2020.

141 Vgl. Ludwig-Maximilians-Universität München, Institut für Ethnologie, München 2020.

142 Vgl. Deutsche Gesellschaft für Sozial- und Kulturanthropologie, Über unsere Disziplin, Bremen, o.J.

143 Stichwort »Volk«, in: Der Brockhaus multimedial premium 2009 (2015).

144 Ebd.

145 Dann (1993): S. 13.

146 Stichwort »Bevölkerung«, in: Dudenredaktion (2003): S. 280. Das Original ist kursiv gesetzt und mit einer Abkürzung versehen.

147 Stichwort »bevölkern«, in: Ebd. Das Original ist kursiv gesetzt.

148 Stichwort »völkisch«, in: Der Brockhaus multimedial premium 2009 (2015). In

historischen Abhandlungen, auch aus dem 21. Jahrhundert, wird »völkisch« von einigen Historikern und Rechtswissenschaftlern weiterhin äquivalent zu »volklich« genutzt – und dies ohne Bezüge zum Rechtsextremismus.

149 Stichwort »völkisch«, in: Dudenredaktion (2003): S. 1743. Das Original ist zum Teil kursiv gesetzt.

150 Stichwort »völkisch«, in: Der Brockhaus multimedial premium 2009 (2015).

151 Stichwort »völkisch«, in: Dudenredaktion (2003): S. 1743. Das Original ist kursiv gesetzt.

152 Vgl. dazu Stichwort »völkisch«, in: Bundeszentrale für politische Bildung, Dossier Rechtsextremismus: Glossar, Bonn, 3. Februar 2014 (https://www.bpb.de/politik/extremismus/rechtsextremismus/173908/glossar?p=63, 18. 11. 2020). Siehe auch Uwe Puschner, Die völkische Bewegung, in: Bundeszentrale für politische Bildung, Bonn, 7. Juli 2016.

153 Günther Küchenhoff, Großraumgedanke und völkische Idee im Recht, in: Zeitschrift für ausländisches öffentliches Recht und Völkerrecht, 1944, S. 46.

154 Zit. n. Beat Balzli, Matthias Kamann, AfD-Chefin: Petry will den Begriff »völkisch« positiv besetzen, in: Die Welt, 11. September 2016 (https://www.welt.de/politik/deutschland/article158049092/Petry-will-den-Begriff-voelkisch-positiv-besetzen.html, 18. 11. 2020).

155 Zit. n. ebd.

156 Stichwort »Volk«, in: Duden Online, Berlin 2020 (https://www.duden.de/suchen/dudenonline/Volk, 18. 11. 2020).

157 Stichwort »volklich«, in: Dudenredaktion (2003): S. 1743. Das Original ist kursiv gesetzt.

158 Stichwort »volksfeindlich«, in: Ebd., S. 1744. Das Original ist kursiv gesetzt.

159 Stichwort »Rasse«, in: Duden (2011). Das Original ist kursiv gesetzt.

160 Stichwort »Rasse«, in: Der Brockhaus multimedial premium 2009 (2015).

161 Stichwort »Gattung«, in: Dudenredaktion (2003): S. 603. Das Original ist kursiv gesetzt.

162 Vgl. zu einer typischen Diskussion unter deutschen Wissenschaftlern: Volker Schurig, Ausgewählte biologische Grundlagen der Kritischen Psychologie (II): die Problematik Rassenbegriff/Rassismus, in: Forum Kritische Psychologie, Nr. 56, 2012, S. 6–33. Michael Zander, Ein »unentbehrlicher Begriff«? Anmerkungen zu Volker Schurigs Ausführungen zum Thema »Menschenrassen«, in: Forum Kritische Psychologie, Nr. 56, 2012, S. 49–57.

163 Stichwort »Rasse«, in: Duden (2011). Das Original ist zum Teil kursiv gesetzt.

164 Stichwort »Menschenrassen«, in: Bertelsmann Lexikon-Verlag, Das Bertelsmann Lexikon. In zehn Bänden, Band 6: Kred-Mit, Gütersloh 1982, S. 342.

165 Vgl. Stichwort »Menschenrassen«, in: Der Brockhaus multimedial premium 2009 (2015).

166 Westminster Abbey, Malaya memorial, London 1962.

167 UNESCO, The Race Question, Paris, 18. Juli 1950, S. 8.

168 Ebd., S. 9.

169 Horst Seidler, Stellungnahme zur Rassenfrage, Ergebnis der wissenschaftlichen Arbeitsgruppe der UNESCO-Konferenz »Gegen Rassismus, Gewalt und Diskriminierung«, Stadtschlaining, 8./9. Juni 1995.

170 Vgl. Joachim Müller-Jung, Jenaer Erklärung: Der Mist mit den Rassen, in: FAZ, 12. September 2019 (https://www.faz.net/aktuell/feuilleton/biologen-fordern-streicht-den-begriff-rasse-16379749.html, 18. 11. 2020).

171 Vgl. Reinhard Müller, Debatte um Grundgesetz: Warum man »Rasse« nicht streichen sollte, in: FAZ, 12. Juni 2020 (https://www.faz.net/aktuell/politik/inland/warum-man-rasse-nicht-aus-dem-grundgesetz-streichen-sollte-16812288.html, 18. 11. 2020).

172 Vgl. z. B. Naika Foroutan u. a. (Hrsg.), Das Phantom »Rasse«. Zur Geschichte und Wirkungsmacht von Rassismus, Bonn 2018.

173 Vgl. Constanze von Bullion, Cerstin Gammelin, Koalition: Begriff »Rasse« soll aus Grundgesetz gestrichen werden, in: Süddeutsche Zeitung (SZ), 20. Oktober 2020 (https://www.sueddeutsche.de/politik/grundgesetz-deutschland-begriff-rasse-1.5085426, 18. 11. 2020).

174 Martin S. Fischer, Uwe Hoßfeld, Johannes Krause, Stefan Richter, Jenaer Erklärung: Das Konzept der Rasse ist das Ergebnis von Rassismus und nicht dessen Voraussetzung, Jena 2019.

175 Peter Winkler, Joe Biden will grosse Dinge schaffen. In seiner Antrittsrede ruft der 46. amerikanische Präsident das Volk zum Überwinden der Gräben auf, in: Neue Zürcher Zeitung (NZZ), Nr. 17, 22. Januar 2021, S. 1.

176 Stichwort »Rassismus«, in: Duden (2011). Das Original ist kursiv gesetzt.

177 Grundgesetz (1949).

178 United Nations Organization, Charta der Vereinten Nationen, San Francisco, 26. Juni 1945.

179 Vgl. zur Problematik der Verwendung des Begriffs der »Rasse« in Gesetzestexten einerseits und der Ablehnung des Konzepts andererseits: Hendrik Cremer, »… und welcher Rasse gehören Sie an?« Zur Problematik des Begriffs »Rasse« in der Gesetzgebung, Policy Paper Nr. 10, Deutsches Institut für Menschenrechte, Berlin, August 2008.

180 Stichwort »Deutschtum«, in: Dudenredaktion (2003): S. 372. Das Original ist kursiv gesetzt.

181 Ebd.

182 Ebd.

183 Ebd.

184 Zit. n. Heidrun Kämper, Von zeitbedingten und ewigen Deutschen. Der Identitätsdiskurs in der frühen Nachkriegszeit und seine argumentative Struktur, in: Martin Wengeler (Hrsg.), Deutsche Sprachgeschichte nach 1945. Diskurs- und kulturgeschichtliche Perspektiven. Beiträge zu einer Tagung anlässlich der Emeritierung Georg Stötzels, Hildesheim 2003, S. 351.

185 Stichwort »Deutschtümelei«, in: Dudenredaktion (2003): S. 372. Das Original ist kursiv gesetzt.

186 Herbert Fürst, Von der Deutschtümelei zum Deutschnationalismus, von der Volksgeschichte zum Volkstumskampf. Kämpfende Wissenschaft im Dienst nationalsozialistischer Politik für den deutschnationalen Kultur- und Volkstumskampf in Südosteuropa, Wien 2012, S. 19.

187 Stichwort »Vaterland«, in: Der Große Brockhaus, Zwölfter Band: Unk-Zz, 16. völlig neubearbeitete Auflage in zwölf Bänden, Wiesbaden 1957, S. 59.

188 Stichwort »patria«, in: PONS, Stuttgart 2020 (https://de.pons.com/%C3%BCbersetzung/latein-deutsch/patria, 18.11.2020).

189 Alexander Brakel, Das Vaterland. Ein »Parforceritt« durch seine Geschichte, in: Die Politische Meinung, Nr. 536, Januar/Februar 2016, S. 69.

190 Stichwort »Vaterland«, in: Dudenredaktion (2003): S. 1680. Das Original ist kursiv gesetzt.

191 Stichwort »Heimatland«, in: Ebd., S. 734. Das Original ist kursiv gesetzt und mit Abkürzungen versehen.

192 Stichwort »Heimat«, in: Ebd. Das Original ist kursiv gesetzt und mit Abkürzungen versehen.

193 Konrad Adenauer, Europa (Zitatensammlung), Berlin, o.J.

194 Vgl. Bundeszentrale für politische Bildung, Europa der Vaterländer, Bonn 2020.

195 Stichwort »Patriotismus«, in: Dudenredaktion (2003): S. 1190. Das Original ist kursiv gesetzt.

196 Ebd.

197 Stichwort »Patriotismus«, in: Der Brockhaus multimedial premium 2009 (2015).

198 Bundeszentrale für politische Bildung, Glossar: Patriotismus, Bonn 2020 (https://www.bpb.de/nachschlagen/lexika/das-junge-politik-lexikon/161490/patriotismus, 18.11.2020).

199 Stichwort »Patriotismus«, in: Der Brockhaus multimedial premium 2009 (2015).

200 Stichwort »Patriotismus«, in: Der Große Brockhaus, Neunter Band: Pas-Rim, 16. völlig neubearbeitete Auflage in zwölf Bänden, Wiesbaden 1956, S. 19. Das Original ist mit Abkürzungen versehen.

201 Michael Wolffsohn, Patriotismus? Ja, bitte!, in: Sprachnachrichten, Nr. 2, 2005, S. 5. Siehe auch Dann (1993): S. 16.

202 Dolf Sternberger, Verfassungspatriotismus, in: FAZ, Nr. 119, 23. Mai 1979, S. 1.

203 Ebd. Siehe auch Bernhard Vogel, Dolf Sternberger, Vater des Verfassungspatriotismus. Eine Würdigung zum 100. Geburtstag, in: Die Politische Meinung, Nr. 452, Juli 2007, S. 69–72.

204 Dolf Sternberger, Verfassungspatriotismus, Rede bei der 25-Jahr-Feier der »Akademie für politische Bildung«, Tutzing 1982, in: Dolf Sternberger, Verfassungspatriotismus (Schriftensammlung), Frankfurt am Main 1990, S. 19.

205 Dolf Sternberger erkannte die Bedeutung eines nationalen Bandes zwischen den Menschen an, das aus seiner Sicht allerdings niemals die Relevanz der zu priorisierenden Bindewirkung einer Verfassung erhalten durfte. Insofern unterschied er sich von Jürgen Habermas, der in der Zeit der Teilung jeder nationalen Gefühlsregung die Existenzberechtigung absprach. Vgl. Martin Ohlert, Zwischen »Multikulturalismus« und »Leitkultur«. Integrationsleitbild und -politik der im 17. Deutschen Bundestag vertretenen Parteien, Wiesbaden 2015, S. 137–151.

206 George Orwell, Über Nationalismus, o.O., Mai 1945, 3. Auflage, München 2020, S. 8.

207 Wehler (2001): S. 38.

208 Klaus von Dohnanyi, Feigheit vor dem Wort, in: SZ, 4. Mai 2011 (https://www.sueddeutsche.de/politik/debatte-um-thilo-sarrazin-feigheit-vor-dem-wort-1.996129-0, 18.11.2020).

209 Ebd.

210 Reinhold Beckmann, in: ARD/#Beckmann, Horst Seehofer und der neue Rechtsruck in Deutschland, 10. Mai 2016.

211 Ebd.

212 Auswärtiges Amt, Nachricht auf Twitter vom 26. Mai 2020.

213 Roger Scruton, England and the Need for Nations, 2. Auflage, London, Februar 2006 [2004], S. 36.

214 Erikson (1956): S. 163.

215 Ebd.

216 Ebd.

217 Ebd., S. 164.

218 Orwell (1945): S. 19 f.

219 Friedrich Dieckmann, Was ist deutsch?, in: Friedrich Dieckmann, Was ist deutsch? Eine Nationalerkundung (Aufsatzsammlung), 2. Auflage, Frankfurt am Main 2018 [2003], S. 20. Der Aufsatz erschien erstmals 2001.

220 Botho Strauss, Anschwellender Bocksgesang, in: Der Spiegel, Nr. 6, 8. Februar 1993, S. 203.

221 Ebd.

222 Zu diesem Thema sind in den vergangenen mehr als 200 Jahren unzählige Schriften erschienen. Die folgenden Ausführungen beziehen sich auf: Bertelsmann Lexikothek Verlag, Deutschland. Porträt einer Nation, 10 Bände, Gütersloh 1985 bis 1986. Siedler Verlag, Deutsche Geschichte, 12 Bände, Berlin 1994. Thomas Nipperdey, Deutsche Geschichte, 3 Bände, München 2013 [1983–1992]. Hans-Ulrich Wehler, Deutsche Gesellschaftsgeschichte, 5 Bände, München 2008 [1987–2008]. Heinrich Pleticha (Hrsg.), Deutsche Geschichte, 12 Bände, Gütersloh 1993. Gute Quellensammlungen in Überblicksform finden sich bei: Peter Longerich (Hrsg.), »Was ist des Deutschen Vaterland?« Dokumente zur Frage der deutschen Einheit 1800–1990, München – Zürich 1990. Gilbert Krebs, Bernard Poloni (Hrsg.), Volk, Reich und Nation. Texte zur Einheit Deutschlands in Staat, Wirtschaft und Gesellschaft. 1806–1918, Paris 1994. Mit der Frage nach dem Wesen des Deutschen hat sich ausführlich befasst: Dieter Borchmeyer, Was ist deutsch? Die Suche einer Nation nach sich selbst, Berlin 2017. Eine mehrheitlich essayistische Abhandlung zu diesem Thema findet sich bei: Dieckmann (2003). Eine solche Nationalerkundung hat auch Thea Dorn vorgenommen – in ebenso süffisanter wie spielerisch-melancholischer Art. Vgl. Thea Dorn, deutsch, nicht dumpf. Ein Leitfaden für aufgeklärte Patrioten, München 2019 [2018]. Das ZDF hat 2008 und 2010 die 20 Folgen umfassende Serie »Die Deutschen« ausgestrahlt, die Schlaglichter der Geschichte von Karl dem Großen bis zur Weimarer Republik betrachtet. 2014 folgte im ZDF die sechsteilige »Deutschland-Saga« mit Christopher Clark.

223 Helmuth Plessner, Die verspätete Nation, Stuttgart – Berlin – Köln – Main 1974 [1934/1959]. Dem Deutschen Reich habe, so Plessner, eine moderne Staatsidee gefehlt, wie sie in Frankreich, England und den USA ausgebildet worden sei. Der neue, in seiner Entwicklung noch nicht konsolidierte Nationalstaat habe dem politischen Humanismus des alten Europas – der Zeit vom 16. bis zum 18. Jahrhundert – feindlich gegenübergestanden, da er zur »Rechts- und Staatsidee dieser für Entstehung und Ausbildung der modernen Nationen entscheidenden Jahrhunderte« keine Verbindung hatte. Ebd., S. 41. Folglich sei dem »romantische[n] Be-

griff des Volkes die Rolle einer politischen Idee« zugekommen. Ebd. Das Verhalten des neuen Nationalstaates erklärt Plessner dann wie folgt: Das Volk sei immer noch nicht vereint gewesen und habe im Spannungsfeld klein- und großdeutscher Überlegungen gestanden. »Deshalb haben es die Saturierten besser, sie verbreiten Behagen und Freude um sich, und der Zuspätgekommene verdirbt sich auch noch das Letzte, weil er keine Ruhe gibt.« Ebd., S. 48.

224 Das Zitat stammt aus dem Niedersachsenlied, das an dieses Ereignis erinnert und bis heute die inoffizielle Hymne des Bundeslandes ist. Nicht nur auf Volksfesten wird es mit Inbrunst gesungen. Vgl. dazu einen Auftritt von Heinz Georg Kramm alias »Heino« von 2013 (https://www.youtube.com/watch?v=pJ1P69u3uow, 19.11.2020). Auf Veranstaltungen der Jungen Union gehört das Lied zum Rahmenprogramm. Vgl. Junge Union Niedersachsen, Singen des Niedersachsenliedes, Hannover, 12. April 2017. Das Video zeigt den damaligen Vorsitzenden des Landesverbandes, Tilman Kuban, der durch die vier Strophen führt. 2019 wurde er Bundesvorsitzender der Jungen Union. Amtierende wie nachfolgende Ministerpräsidenten Niedersachsens haben ebenfalls den Text öffentlich intoniert – und erinnern damit nicht nur an die Varusschlacht, sondern auch an die Sachsenkriege. Vgl. Dirk M. Herrmann, Nachts auf der Expo in Shanghai: McAllister und Weil singen Niedersachsen-Lied, in: Bild, 11. Juli 2010 (https://www.bild.de/regional/hannover/nachts-auf-der-expo-in-shanghai-13251976.bild.html, 19.11.2020).

225 Vgl. Herfried Münkler, Die Deutschen und ihre Mythen, 3. Auflage, Berlin 2009, S. 165–180. Tacitus äußerte sich geradezu bewundernd über Arminius: »Er war unbestritten der Befreier Germaniens und hat dem römischen Volk den Fehdehandschuh hingeworfen, und zwar nicht in der Zeit seiner schwachen Anfänge, sondern als es in der Blüte seiner weltbeherrschenden Macht stand.« Tacitus, Annalen. Deutsche Gesamtausgabe, herausgegeben von Werner Suerbaum, 3. vollständig überarbeitete Auflage, Stuttgart 2018 [etwa 115–120 n. Chr.], S. 110.

226 Vgl. Tacitus, Germania, o. O., 98 n. Chr. Vorlage: zweisprachige Ausgabe Lateinisch-Deutsch, übertragen und erläutert von Arno Mauersberger, Köln 2009 [1942]. Die lange Fassung des Titels lautet: De origine et situ Germanorum liber.

227 Vgl. zur territorialen Entwicklung Deutschlands: Alexander Demandt (Hrsg.), Deutschlands Grenzen in der Geschichte, 2. verbesserte und erweiterte Auflage, München 1991 [1990].

228 Nicht ganz so weit geht Hans K. Schulze, der dem Sieg gegen die Ungarn aber dennoch eine integrierende Wirkung zuschreibt: »Diese Bewährung im gemeinsamen Abwehrkampf hat ohne Zweifel das Gemeinschaftsbewußtsein gestärkt und das Zusammenwachsen der Stämme zum deutschen Volk gefördert. Auch unter diesem Aspekt ist die Schlacht auf dem Lechfeld am 10. August 955 ein Markstein der deutschen Geschichte.« Schulze (1994a): S. 195.

229 Manfred Firnkes bezeichnet das von Otto I. vereinte Heer gegen die Ungarn von 955 als das »erste ›gesamtdeutsche‹ Aufgebot«. Manfred Firnkes, Die Sachsenkönige und -kaiser, in: Heinrich Pleticha (Hrsg.), Deutsche Geschichte, Band 1: Vom Frankenreich zum Deutschen Reich 500–1024, Gütersloh 1993, S. 225. Heinrich I. habe sich dagegen eher als ostfränkischer König »und noch nicht als deutscher Herrscher im modernen Sinne« gefühlt. Ebd., S. 199. Das Original ist kursiv gesetzt und stammt vermutlich von Lothar Häusler.

230 Horst Fuhrmann legt diese Phase auf die Jahre vom Ende des 9. bis zur Mitte des 10. Jahrhunderts. Vgl. Horst Fuhrmann, Kaiserreich und Reich der Deutschen, in: Bertelsmann Lexikothek Verlag, Deutschland. Porträt einer Nation, Band 1: Geschichte, Gütersloh 1985, S. 44. Siehe dazu auch Hans K. Schulze, Das Reich und die Deutschen: Vom Reich der Franken zum Land der Deutschen – Merowinger und Karolinger, Siedler Deutsche Geschichte, Berlin 1994, S. 7–20.

231 So z.B. Bernd Schneidmüller, Reich – Volk – Nation. Die Entstehung des deutschen Reiches und der deutschen Nation im Mittelalter, in: Almut Bues, Rex Rexheuser (Hrsg.), Mittelalterliche nationes – neuzeitliche Nationen. Probleme der Nationenbildung in Europa, Wiesbaden 1995, S. 89.

232 Vgl. zu den historischen und inhaltlichen Hintergründen dieser Bezeichnung: Barbara Stollberg-Rilinger, Das Heilige Römische Reich Deutscher Nation. Vom Ende des Mittelalters bis 1806, 6. aktualisierte Auflage 2018 [2006], S. 10–13. Stollberg-Rilinger weist darauf hin, dass »Heiliges Römisches Reich Deutscher Nation« kein offizieller Titel gewesen sei. Zudem war er nicht der einzige, der für das neue Gebilde gebraucht wurde. Vgl. ebd., S. 10.

233 Zit. n. Peter Schröder, Niccolò Machiavelli, Frankfurt am Main – New York 2004, S. 29.

234 Herfried Münkler, Der Dreißigjährige Krieg. Europäische Katastrophe, deutsches Trauma 1618–1648, Berlin 2017.

235 Vgl. Wolfgang Torge, Geschichte der Geodäsie in Deutschland, Berlin – New York 2007, S. 58.

236 Weitere Staaten wie Portugal und Schweden waren involviert. Der Krieg wurde nicht nur in Europa, sondern als Kolonialkonflikt zwischen Frankreich und Großbritannien auch in Nordamerika und Indien ausgetragen. Vgl. Klaus-Jürgen Bremm, Preußen bewegt die Welt. Der Siebenjährige Krieg, Darmstadt 2017.

237 Damit war der Zerfall des Heiligen Römischen Reiches Deutscher Nation realiter um drei Jahre vorweggenommen. Vgl. Stollberg-Rilinger (2006): S. 114.

238 Vgl. Christopher Clark, Preußen. Aufstieg und Niedergang 1600–1947, 6. Auflage, München 2008 [2006], S. 364–399.

239 Friedrich Wilhelm III., An Mein Volk!, Breslau, 17. März 1813, in: Krebs/Poloni (1994): S. 25.

240 Vgl. zur Intensität der zentralen Auseinandersetzung bei Leipzig im Oktober 1813: Andreas Platthaus, 1813. Die Völkerschlacht und das Ende der alten Welt, 3. Auflage, Berlin 2013.

241 Historiker gehen davon aus, dass von etwa 600 000 Soldaten ein Drittel Deutsche waren. Vgl. Daniel Furrer, Hölle auf Erden. Napoleons Russlandfeldzug, Interview mit Pia Fruth, in: Südwestrundfunk, 22. Juni 2012 (https://www.swr.de/-/id=9719960/property=download/nid=660374/2pptar/swr2-wissen-20120622.pdf, 27. 11. 2020).

242 »Der Dritte Stand umfaßt alles, was zur Nation gehört. Und alles, was nicht der Dritte Stand ist, kann sich nicht als ein Bestandteil der Nation betrachten.« Emmanuel Joseph Sieyès, Was ist eine Nation? (Auszüge), Paris 1789, in: Peter Alter (Hrsg.), Nationalismus: Dokumente zur Geschichte und Gegenwart eines Phänomens, München – Zürich 1994, S. 37.

243 Demnach lässt sich zwischen einer »Adelsnation« und einer »Bürgernation« unterscheiden. Vgl. Erich Pelzer, Ideologien des 19. Jahrhunderts: Liberalismus,

Konservativismus, Nationalismus, in: Der Brockhaus multimedial premium 2009 (2015).

244 Nach dem Sieg über Deutschland 1945 wiederholte Frankreich diese Vorgehensweise. Nun wurden einzelne Sockelreliefs der Siegessäule in Berlin abgetragen. Paris hatte 1946 beantragt, das Nationaldenkmal zu sprengen, konnte sich mit diesem Ansinnen aber nicht durchsetzen. 1984 und 1987 gab Frankreich die Sockelreliefs wieder zurück. Vgl. Reinhard Alings, Die Berliner Siegessäule. Vom Geschichtsbild zum Bild der Geschichte, Berlin 2000, S. 107–115, 140. Alexander Markschies, Die Siegessäule – Großer Stern, Der Berliner Kunstbrief, Berlin 2001, S. 5, 27.

245 Vgl. Thierry Lentz, 1815. Der Wiener Kongress und die Neugründung Europas, München 2014 [2013].

246 Die Mitgliederzahl hat sich im Laufe der Jahre geändert. In der Regel ist von 35 Fürstentümern die Rede. Bei Unterzeichnung der Verfassung des Deutschen Bundes waren es allerdings erst 34. Vgl. Deutsche Bundesakte, Wien, 8. Juni 1815.

247 Vgl. Ekkehard Kuhn, Einigkeit und Recht und Freiheit. Die nationalen Symbole der Deutschen, Berlin – Frankfurt am Main 1991, S. 40.

248 Ludger Kerssen, Das Interesse am Mittelalter im deutschen Nationaldenkmal, Berlin – New York 1975, S. 140. Dagegen urteilte Karl Gutzkow etwas zynisch: »Es ist kein Pantheon der Nation, sondern eine Privatkapelle eines Einzelnen.« Karl Gutzkow, Gesammelte Werke. Dritter Band: Briefe eines Narren an eine Närrin – Seraphine – Wiener Eindrücke, vollständig umgearbeitete Ausgabe, Frankfurt am Main 1845, S. 275.

249 Vgl. Bayerische Verwaltung der staatlichen Schlösser, Gärten und Seen, Walhalla, München 2020.

250 Zu ihnen gehören neben vielen anderen die Befreiungshalle oberhalb Kehlheims von 1863, die Siegessäule in Berlin von 1873, das Hermannsdenkmal im südlichen Teutoburger Wald von 1875, das Niederwalddenkmal von 1883, das Kyffhäuserdenkmal von 1896, das Kaiser-Wilhelm-Denkmal an der Porta Westfalica von 1896, das Kaiser-Wilhelm-Denkmal am Deutschen Eck in Koblenz von 1897, das Bismarck-Denkmal in Hamburg von 1906 und das Völkerschlachtdenkmal in Leipzig von 1913. Vgl. Ulrich Schlie, Die Nation erinnert sich. Die Denkmäler der Deutschen, München 2002, S. 7–69. Architektonisch deutlich breiter setzt an: Dana Horáková, Denkmäler in Deutschland. Was alte Steine uns erzählen. Ein Führer zu den schönsten Kulturstätten, Bergisch Gladbach 1996. Siehe auch Kuhn (1991). Wie schwach die nationale Erinnerungskultur ausgeprägt ist, demonstrierte Bundeskanzler Gerhard Schröder auf einer Rundreise durch Berlin 1999. Walter Momper, einstiger Bürgermeister der Hauptstadt, hatte versucht, ihm die Bedeutung der Siegessäule zu erklären und dazu auf den Krieg gegen Frankreich 1870/71 verwiesen. Darauf fragte Schröder: »Gewonnen?« Zit. n. Jürgen Leinemann, Kanzler: Das Neue ist die Größe, in: Spiegel Online, 5. September 1999 (https://www.spiegel.de/spiegel/print/d-14718361.html, 27. 04. 2021).

251 Dokument 22, Angebot der Kaiserkrone an den preußischen König Friedrich Wilhelm IV. und dessen Ablehnung, 3. März 1849, in: Longerich (1990): S. 81. Im Dokument wird ein falsches Datum genannt. Tatsächlich war es der 3. April 1849.

252 Ebd.

253 Ebd.
254 Ebd., S. 82.
255 Ebd.
256 Friedrich Wilhelm IV., An mein Volk und an die Deutsche Nation, Berlin, 21. März 1848.
257 Vgl. Klaus-Jürgen Bremm, 70/71. Preußens Triumph über Frankreich und die Folgen, Darmstadt 2019.
258 Dokument 33, Proklamation Kaiser Wilhelm I. an das deutsche Volk, 18. Januar 1871, in: Longerich (1990): S. 98.
259 Vgl. Michael Stürmer, Die Deutschen und ihre Nation: Das ruhelose Reich. Deutschland 1866–1918, Siedler Deutsche Geschichte, Berlin 1994.
260 Vgl. Volker Ullrich, Die nervöse Großmacht 1871–1918. Aufstieg und Untergang des deutschen Kaiserreichs, erweiterte Neuausgabe, Frankfurt am Main 2013 [1997].
261 Herder (1784–1791): S. 474.
262 Ebd. Siehe dazu auch ebd., S. 409–413, 471–479.
263 Ernst Moritz Arndt, Des Deutschen Vaterland (1813), in: Ernst Moritz Arndt, Gedichte, 3. Auflage, Berlin 2015, S. 114–116.
264 Der Begriff »kulturfremd« wird im Sinne Friedrich Dieckmanns verstanden, der die Migranten zu einem »sprachlich wie religiös und kulturell fernen und fremden Kulturkreis« zählt. Sie würden »die [deutsche, M. W.] Kulturnation vor eine extreme Belastung« stellen. Dieckmann (2016): S. 155.
265 Martin van Creveld, »Ans Hakenkreuz geschlagen«, Interview mit Michael Klonovsky, in: Focus, Nr. 15, 11. April 2005.
266 Vgl. Friedrich Meinecke, Die deutsche Katastrophe. Betrachtungen und Erinnerungen, 2. Auflage, Wiesbaden 1946.
267 Vgl. Deutscher Bundestag, Vor 50 Jahren: Debatte über den ersten Bericht zur Lage der Nation, Berlin 2018.
268 Heinrich Lübke, Proklamation vom 11. Juni 1963, in: Bundesgesetzblatt, Teil 1, Nr. 31, Bonn, 24. Juni 1963, S. 397 (veröffentlicht durch Hermann Höcherl).
269 Ebd., S. 397 f.
270 Vgl. Der Spiegel, Oder-Neiße: Unehrlich und zweideutig, Nr. 10, 5. März 1990, S. 23–25.
271 Vgl. Vertrag zwischen der Bundesrepublik Deutschland und der Republik Polen über die Bestätigung der zwischen ihnen bestehenden Grenze, Warschau, 14. November 1990, in: Bundesgesetzblatt, Teil II, Nr. 33, Bonn, 21. Dezember 1991, S. 1329 f.
272 Einordnungen erfolgen auch als »erste deutsche Teilung«. Vgl. z. B. Ulrich Schlie, »Behausung des Menschen in einer unbehausten Welt«. Nation und Europa in der deutschen Geschichte, in: Aus Politik und Zeitgeschichte, B 39, 20. September 2004, S. 28.
273 Zit. n. Wolfgang Menzel, Die letzten 120 Jahre der Weltgeschichte (1740–1860), Sechster Band, Stuttgart 1860, S. 211.
274 Schieder (1961): S. 95. Siehe auch ebd., S. 48. Otto von Bismarck habe eine Politik des »Eindämmens der Nationalbewegung auf das Reichsgebiet von 1871« betrieben. Ebd.
275 Gesetz vom 12. November 1918 über die Staats- und Regierungsform von Deutsch-

österreich, in: Staatsgesetzblatt für den Staat Deutschösterreich, Wien, 15. November 1918, S. 4.

276 Friedrich Ebert, Ansprache, Weimar, 6. Februar 1919, in: Reichstagsprotokolle 1919, Erste Sitzung der Nationalversammlung, Weimar 1919, S. 2. Fettsetzungen im Original sind beim Zitat nicht berücksichtigt worden.

277 Staatsvertrag von Saint-Germain-en-Laye, 10. September 1919.

278 Vgl. Neues Wiener Tagblatt, Staatskanzler a. D. Dr. Renner: »Ich stimme mit Ja.«, 3. April 1938, S. 3.

279 Vgl. Bernd-Jürgen Wendt, Großdeutschland. Außenpolitik und Kriegsvorbereitung des Hitler-Regimes, München 1987, S. 143.

280 Vgl. Gerhard Botz, 1938: Der »Anschluss«, in: Forum Politische Bildung (Hrsg.), Wendepunkte und Kontinuitäten. Zäsuren der demokratischen Entwicklung in der österreichischen Geschichte, Wien 1998, S. 83–94. Vgl. zur Stimmung am Tag des Einmarsches am 12. März 1938: Gerhard Tomkowitz, Dieter Wagner, »Ein Volk, ein Reich, ein Führer!« Der »Anschluß« Österreichs 1938, 2. Auflage, München – Zürich 1988 [1968], S. 239–299.

281 Vgl. Hans-Ulrich Wehler, Deutsche Gesellschaftsgeschichte. Vierter Band: Vom Beginn des Ersten Weltkriegs bis zur Gründung der beiden deutschen Staaten 1914–1949, 3. durchgesehene Auflage, München 2008 [2003], S. 622.

282 Adolf Hitler wies die Truppe darauf hin, »dass wir keinen Krieg gegen ein Brudervolk führen wollen.« Zugleich betonte er allerdings auch: »Sollte es aber zu Widerstand kommen, so ist er mit grösster Rücksichtslosigkeit durch Waffengewalt zu brechen.« Adolf Hitler, Geheime Kommandosache, Unternehmen Otto, Weisung Nr. 1, Berlin, 11. März 1938.

283 Staatsvertrag betreffend die Wiederherstellung eines unabhängigen und demokratischen Österreich, Wien, 15. Mai 1955.

284 United Nations Organization (26. 06. 1945).

285 Vgl. Ernst Bruckmüller, Österreichbegriff und Österreich-Bewusstsein in der Franzisko-Josephinischen Epoche, in: Richard G. Plaschka, Gerald Stourzh, Jan Paul Niederkorn (Hrsg.), Was heißt Österreich? Inhalt und Umfang des Österreichbegriffs vom 10. Jahrhundert bis heute, Wien 1995, S. 255–288. Ernst Bruckmüller, Die Entwicklung des Österreichbewusstseins, Sammelbandauszug von 1998.

286 Vgl. P. A. Ulram, Österreichbewusstsein 1987, Wien, o. J. (vermutlich 1988), S. 10. Die Groß-/Kleinschreibung und das letzte Satzzeichen sind vom Verfasser angepasst worden.

287 Vgl. ebd., S. 12.

288 Vgl. ebd., S. 4.

289 Vgl. SPÖ, Grundsatzprogramm, Wels 2018. ÖVP, Die neue Volkspartei. Grundsatzprogramm 2015 der Österreichischen Volkspartei, Wien, 12. Mai 2015.

290 Ernst Karl Winter, Die Geschichte des österreichischen Volkes, herausgegeben und kommentiert von Paul R. Tarmann, 2. Auflage, Wien 2019 [2018], S. 14. Fettsetzungen sind bei den Zitaten nicht berücksichtigt worden. Das Original stammt von 1945.

291 Ebd.

292 Ebd.

293 Zit. n. Oliver Pink, Nation, in: Rainer Nowak, Norbert Mayer (Hrsg.), Zur Schräglage der Nation. Österreich in 20 Feuilletons, Wien 2017, S. 51.
294 Vgl. Der Spiegel, Helmut Zilk, Nr. 41, 7. Oktober 1990 (https://www.spiegel.de/spiegel/print/d-13501692.html, 21.11.2020).
295 Amt der Tiroler Landesregierung, Tiroler Landeshymne, Innsbruck 2020.
296 Ebd.
297 FPÖ, Parteiprogramm der Freiheitlichen Partei Österreichs (FPÖ), Graz, 18. Juni 2011, S. 5.
298 Vgl. Der Standard, Wahlkampf: Hofers Burschenschaft und ihr Nein zur österreichischen Nation, 7. April 2016 (https://www.derstandard.at/story/2000034371348/hofers-burschenschaft-und-ihr-nein-zur-oesterreichischen-nation, 21.11.2020).
299 Vgl. zur Geschichte Südtirols: Rolf Steininger, Südtirol. Vom Ersten Weltkrieg bis zur Gegenwart, erweiterte und aktualisierte Neuausgabe, Innsbruck – Wien 2014.
300 Vgl. ebd., S. 80.
301 Besichtigung des Verfassers, September 2016.
302 Vgl. Stadtgemeinde Bozen, BZ '18–'45: ein Denkmal, eine Stadt, zwei Diktaturen. Eine Dokumentationsausstellung im Siegesdenkmal, Wien – Bozen 2016.
303 Vgl. nachrichten.at, Faschisten-Denkmal in Bozen wird renoviert, 23. November 2009 (http://www.nachrichten.at/nachrichten/politik/aussenpolitik/Faschisten-Denkmal-in-Bozen-wird-renoviert;art391,298710, 21.11.2020).
304 Vgl. Steininger (2014): S. 241 f.
305 Besichtigung des Verfassers, September 2016.
306 Vgl. Autonome Provinz Bozen-Südtirol, Das Monumental-Relief in Bozen. Von Hans Piffrader zu Hannah Arendt, Bozen, o. J.
307 Vgl. Johannes Kramer, Geschichte, Politik und Namengebung: *Alto Adige* (1810/1906) und *Südtirol* (1839/1918), in: Wolfgang Dahmen u. a. (Hrsg.), Zur Bedeutung der Namenkunde für die Romanistik, Romanistisches Kolloquium XXII, Tübingen 2008, S. 151–153.
308 In Meraner Buchhandlungen liegen deshalb auch die entsprechenden Schriften aus, etwa jene von Hans Magenschab, Andreas Hofer. Held und Rebell der Alpen, 4. Auflage, Wien 2012 [1998].
309 Vgl. Autonome Provinz Bozen-Südtirol, Statistisches Jahrbuch für Südtirol 2019, Bozen 2020, S. 118.
310 Südtirol/Die offizielle Reiseseite, Sprachen in Südtirol, Bozen 2016. Der neue Betreiber der Internetseite hat die Formulierung gestrichen. Internetauftritten privater Anbieter aus dem Tourismusbereich ist der Satz dagegen weiterhin sinngemäß zu entnehmen. Vgl. Martin Huber, Noltehof: Land, Leute, Essen …, Brixen, o. J.
311 Vgl. Südtiroler Landesverwaltung, Autonome Provinz Bozen-Südtirol, Bozen 2020.
312 Koalitionsabkommen zur Bildung der Landesregierung für die Legislaturperiode 2013 bis 2018, Bozen, 30. Dezember 2013, S. 16.
313 Walter Mayr, Italien: Der ewige Durni, in: Der Spiegel, Nr. 34, 23. August 2010, S. 106.
314 Barbara Bachmann, Südtirol: Daheim bei Fremden, in: Zeit Online, 26. März 2015 (http://www.zeit.de/2015/13/italiener-minderheit-deutschsprachiges-suedtirol, 23.11.2020).

315 Vgl. Die Presse, Südtirol: 89 Prozent der Österreicher für Referendum, 26. Januar 2015 (http://diepresse.com/home/politik/innenpolitik4647389/Sudtirol_89-Prozent-der-Osterreicher-fur-Referendum, 21. 11. 2020).

316 Norbert Hofer, Gedenkrede auf der Andreas-Hofer-Landesfeier, Meran, 22. Februar 2015.

317 Guido Knopp, Ekkehard Kuhn, Das Lied der Deutschen. Schicksal einer Hymne, Berlin – Frankfurt am Main 1988, S. 33.

318 Ebd., S. 12.

319 Ebd.

320 Zit. n. ebd., S. 78. Siehe auch Heinrich August Winkler, Weimar 1918–1933: Die Geschichte der ersten deutschen Demokratie, 3. durchgesehene Auflage, München 1998 [1993], S. 178.

321 Vgl. Knopp/Kuhn (1988): S. 116 f.

322 So auch Borchmeyer (2017): S. 522.

323 Vgl. Knopp/Kuhn (1988): S. 59.

324 Ebd., S. 13.

325 Konrad Adenauer, Brief an den Bundespräsidenten der Bundesrepublik Deutschland, Herrn Prof. Dr. Theodor Heuss, Bonn, 29. April 1952, in: Bulletin des Presse- und Informationsamtes der Bundesregierung, Nr. 51, 6. Mai 1952, S. 537.

326 Vgl. Theodor Heuss, Brief an den Bundeskanzler der Bundesrepublik Deutschland, Herrn Dr. Konrad Adenauer, Bonn – Berlin, 2. Mai 1952, in: Ebd.

327 Richard von Weizsäcker, Brief an den Bundeskanzler der Bundesrepublik Deutschland, Herrn Dr. Helmut Kohl, Bonn, 19. August 1991, in: Bulletin des Presse- und Informationsamtes der Bundesregierung, Nr. 89, 27. August 1991, S. 713.

328 Vgl. Helmut Kohl, Brief an den Bundespräsidenten der Bundesrepublik Deutschland, Herrn Dr. Richard von Weizsäcker, Bonn, 23. August 1991, in: Ebd.

329 Von Weizsäcker (19. 08. 1991): S. 713.

330 Überschrift des zitierten Ausschnitts des Bulletins.

331 Knopp/Kuhn (1988): S. 20.

332 Die französische Nationalhymne/»La Marseillaise«, Straßburg, 26. April 1792.

333 Vgl. dazu beispielhaft die Veranstaltung von 2011 (https://www.youtube.com/watch?v=PnY83VTHSTM, 21. 11. 2020). In Großbritannien gab es 2020 eine Diskussion darüber, ob das Singen des Liedes angemessen ist. Am Ende entschied sich die BBC für die Beibehaltung des traditionellen Rituals. Vgl. Gina Thomas, Streit um Night of the Proms: »Rule Britannia« darf bleiben, in: FAZ, 4. September 2020 (https://www.faz.net/aktuell/feuilleton/buehne-und-konzert/streit-um-patriotische-lieder-der-last-night-of-the-proms-16936802.html, 21. 11. 2020).

334 Thomas Arne, Rule Britannia Lyrics, o. O., 1740.

335 Aydan Özoğuz, Gesellschaftsvertrag statt Leitkultur: Leitkultur verkommt zum Klischee des Deutschseins, in: Der Tagesspiegel, 14. Mai 2017.

336 Natürlich ist der sprachliche Faktor zur Bildung von Identität äußerst wichtig. Es geht aber um weitaus mehr, wie Gerd Habermann zeigt. Er spricht von einer »Kommunikationsgemeinschaft (in Sprache, Sitten, Erinnerungen und Mythen), die über die Jahrhunderte geht, ein Kontinuum an Gemeinsamkeiten in Literatur, Ideen, Überzeugungen, Sitten und Bräuchen. Durch Kommunikation zwischen den Generationen entwickeln sich Traditionen, die sich wie alle Kulturbestände

im Laufe der Zeit verändern, so dass von einem konstanten Nationalcharakter oder ›Volksgeist‹ nur schwerlich gesprochen werden kann, gleichwohl gibt es auch dieses Kontinuum.« Gerd Habermann, Freiheit in Deutschland. Geschichte und Gegenwart, Reinbek 2021, S. 20.

337 Böckenförde (1999): S. 54.

338 Gustave Le Bon, Psychologie der Massen, 17. Auflage, Hamburg 2018 [2009], S. 37 f. Das Original stammt von 1895.

339 Ebd., S. 30.

340 Ebd., S. 41.

341 Ebd., S. 45.

342 Ebd., S. 56.

343 Ebd., S. 106.

344 Ebd., S. 118.

345 Ebd., S. 72.

346 Ebd., S. 47.

347 Stichwort »Identität«, in: Dudenredaktion (2003): S. 817. Das Original ist kursiv gesetzt.

348 Vgl. Wissenschaftliche Dienste des Deutschen Bundestags, Sachstand: Transferzahlungen an die ostdeutschen Bundesländer, WD 4 – 3000 – 033/18, Berlin, 22. Februar 2018, S. 7.

349 Vgl. Trutz Rendtorff, Religion und Konfession. Zur Bedeutung des Westfälischen Friedens von 1648 für den politischen Rechtsfrieden, in: Leviathan, Nr. 2, Juni 1999, S. 238–249.

350 Vgl. Magdalena Osumi, Japan's crime rate hits postwar low, but child abuse, domestic violence and offenses by elderly on rise, in: The Japan Times, 29. November 2019 (https://www.japantimes.co.jp/news/2019/11/29/national/crime-legal/japans-crime-rate-hits-postwar-low-report-shows-rise-child-abuse-domestic-violence-offenses-elderly/, 23. 11. 2020).

351 Vgl. Herfried Münkler, Marina Münkler, Die neuen Deutschen. Ein Land vor seiner Zukunft, 2. Auflage, Berlin 2016, S. 74. Die Angabe bezieht sich auf Städte mit über 100 000 Einwohnern.

352 Inhaltlicher Widerspruch wird dabei nicht besonders gerne gesehen. Während der Flüchtlings- und Migrationskrise 2015 war Hans-Georg Maaßen Präsident des BfV und Gerhard Schindler hatte das Amt des Präsidenten des BND inne. Beide haben intern vor den Gefahren des unkontrollierten Zuzugs kulturfremder Menschen, vor allem aus dem islamischen Raum, für die innere Sicherheit Deutschlands gewarnt. Beide wurden von ihren Aufgaben entbunden. Dies dürfte zu einem – mehr oder weniger großen – Anteil auch darauf zurückzuführen sein, dass ihre Lageeinschätzungen im Widerspruch zum Ziel der Bundesregierung, die Errichtung einer multikulturellen Gesellschaft voranzutreiben, standen. Vgl. zu den Analysen beider Präsidenten: SZ, Ex-Verfassungsschutzchef: Maaßen sieht Versäumnisse bei deutscher Migrationspolitik, 11. April 2019 (https://www.sueddeutsche.de/politik/maassen-migration-fluechtlinge-merkel-1.4405670, 23. 11. 2020). Gerhard Schindler, Wer hat Angst vorm BND? Warum wir mehr Mut beim Kampf gegen die Bedrohungen unseres Landes brauchen. Eine Streitschrift, 2. Auflage, Berlin 2020, S. 47 f., 51–60.

353 Zit. n. Hasnain Kazim, Armenien-Resolution: Bundestagsabgeordnete erhalten Drohmails, in: Spiegel Online, 31. Mai 2016 (https://www.spiegel.de/politik/deutschland/bundestag-vor-armenien-resolution-drohmails-an-abgeordnete-a-1094944.html, 23. 11. 2020).

354 Vgl. Zeit Online, Demonstrationen: 40 000 Erdogan-Anhänger demonstrieren friedlich in Köln, 1. August 2016 (https://www.zeit.de/news/2016-07/31/konflikte-tausende-erdogan-anhaenger-wollen-in-koeln-demonstrieren-31111012, 23. 11. 2020).

355 Vgl. Die Welt, Türkeiwahl im Ausland: In Deutschland ist Erdogan viel beliebter als zu Hause, 25. Juni 2018 (https://www.welt.de/politik/ausland/article178155754/Recep-Tayyip-Erdogan-ist-in-Deutschland-viel-beliebter-als-zu-Hause.html, 23. 11. 2020).

356 Huntington (1993): S. 22.

357 Vgl. ebd., S. 29.

358 Ebd., S. 31 f.

359 Ebd., S. 35.

360 Vgl. J. Paul Barker (Hrsg.), The Clash of Civilizations. Twenty Years On, Bristol, Oktober 2013.

361 Der Zusammenstoß der Zivilisationen ist empirisch weitaus häufiger innerhalb als zwischen Staaten zu beobachten. Als Beispiele können die Bürgerkriege in Jugoslawien, in Syrien, im Irak oder in Afghanistan genannt werden. In ihnen kam und kommt es nicht nur zu Kämpfen unterschiedlicher autochthoner Gruppierungen, sondern auch zur Intervention Dritter und damit zu Stellvertreterkriegen.

362 Vgl. dazu die Ausführungen in Kapitel V.6. In der Zahl sind die Nachkommen der Eingewanderten enthalten. Sie bezieht sich auf den aktuellen Stand der in Deutschland lebenden Muslime.

363 Vgl. Huntington (2004): S. 165–169. Huntington sprach konkret von einer »anglo-protestantische[n] Tomatensuppe«. Ebd., S. 167.

364 Ebd.

365 Vgl. Carl Schmitt, Der Begriff des Politischen. Vorwort und drei Corollarien, 9. und korrigierte Auflage, Berlin 2015 [1932], S. 25. Das Vorwort stammt von 1963, der Text ist erstmals im Heidelberger Archiv für Sozialwissenschaft und Sozialpolitik 1927 erschienen.

366 Ebd., S. 26.

367 Ebd.

368 Ebd., S. 33.

369 Ebd., S. 27.

370 Vgl. ebd., S. 31.

371 Ebd., S. 27.

372 Vgl. ebd., S. 30 f.

373 Ebd., S. 28. Die Formulierung »dem Islam ausliefern« ist in der Übertragung auf die Gegenwart als »für den Islam öffnen« zu verstehen.

374 Münkler sieht die Stärke Schmitts darin, »den Kern eines Problems offenzulegen, den Nerv einer Sache zu treffen. Nicht nur die Formulierung, sondern auch der in ihr gefaßte Gedanke gleicht Alexanders Schwertstreich. Man muß mit Schmitt nicht inhaltlich einverstanden sein, um von seiner Art des Denkens fasziniert zu werden. Nicht selten haben sich in der alten Bundesrepublik darum Linke wie

Rechte gleichzeitig auf ihn berufen.« Herfried Münkler, Erkenntnis wächst an den Rändern, in: Die Welt, 7. April 2005 (https://www.welt.de/print-welt/article583822/Erkenntnis-waechst-an-den-Raendern.html, 23.11.2020).

375 Schmitt (1932): S. 48 f.

376 Vgl. Hans J. Morgenthau, Macht und Frieden. Grundlegung einer Theorie der internationalen Politik, Gütersloh 1963 [1948], S. 49.

377 Vgl. Reinhold Niebuhr, The Nature and Destiny of Man. A Christian Interpretation, Band 1 und 2, New York 1949 [1941].

378 Vgl. Thomas Hobbes, Leviathan. Erster und zweiter Teil, Ditzingen 2005 [1970]. Das Original stammt von 1651. Siehe auch Herfried Münkler, Thomas Hobbes, 2. vollständig überarbeitete Auflage, Frankfurt am Main – New York 2001 [1993].

379 Schmitt (1932): S. 49 f.

380 Stichwort »Adaption«, in: Dudenredaktion (2003): S. 103. Das Original ist kursiv gesetzt.

381 Stichwort »Integration«, in: Ebd., S. 839. Das Original ist kursiv gesetzt und mit Abkürzungen versehen.

382 UNESCO, Erklärung von Mexiko-City über Kulturpolitik, Mexiko-City, 26. Juli – 6. August 1982, S. 2.

383 Internationaler Pakt über bürgerliche und politische Rechte, 19. Dezember 1966, in: Bundesgesetzblatt, Teil II, Nr. 60, Bonn, 20. November 1973, S. 1534. Internationaler Pakt über wirtschaftliche, soziale und kulturelle Rechte, 19. Dezember 1966, in: Bundesgesetzblatt, Teil II, Nr. 62, Bonn, 28. November 1973, S. 1570 f.

384 Rahmenübereinkommen zum Schutz nationaler Minderheiten, Straßburg, 1. Februar 1995, in: Bundesgesetzblatt, Teil II, Nr. 31, Bonn, 29. Juli 1997, S. 1408.

385 Ebd., S. 1409.

386 Ebd.

387 In Absatz 2 heißt es: »[…] sehen die Vertragsparteien von Zielsetzungen oder Praktiken ab, die auf die Assimilierung von Angehörigen nationaler Minderheiten gegen deren Willen gerichtet sind«. Ebd., S. 1410.

388 Ebd., S. 1413.

389 Organisation für Afrikanische Einheit, Banjul Charta der Menschenrechte und Rechte der Völker, Nairobi, 27. Juni 1981.

390 Ebd.

391 Ebd.

392 Vertrag über die Europäische Union, Maastricht, 7. Februar 1992, S. 5.

393 Ebd., S. 9.

394 Vgl. dazu Jeffrey M. Jones, In U.S., Record-Low 47% Extremely Proud to Be Americans, in: Gallup, 2. Juli 2018.

395 Vgl. ebd.

396 Vgl. ebd.

397 Vgl. Cleve R. Wootson Jr. u. a., Politics: Black Americans are deeply pessimistic about the country under Trump, whom are more than 8 in 10 describe as ›a racist‹, Post-Ipsos poll finds, in: The Washington Post, 17. Januar 2020 (https://www.washingtonpost.com/politics/black-americans-deeply-pessimistic-about-country-under-president-who-more-than-8-in-10-describe-as-a-racist-post-ipsos-poll-finds/2020/01/16/134b705c-37de-11ea-bb7b-265f4554af6d_story.html, 23.11.2020).

398 Vgl. ebd.

399 Vgl. ebd.

400 Vgl. Pew Research Center, King's Dream Remains an Elusive Goal; Many Americans See Racial Disparities, Washington D.C., 22. August 2013, S. 1.

401 Vgl. ebd., S. 12.

402 Vgl. ebd., S. 18.

403 Heather Long, Andrew Van Dam, The black-white economic divide is as wide as it was in 1968, in: The Washington Post, 4. Juni 2020 (https://www.washingtonpost.com/business/2020/06/04/economic-divide-black-households/, 23.11.2020).

404 Vgl. ebd.

405 Vgl. ebd.

406 Vgl. dazu die Studien von: Laura Sullivan u.a., The Racial Wealth Gap. Why Policy Matters, Demos/IASP, New York 2015. William Darity Jr. u.a., What We Get Wrong About Closing the Racial Wealth Gap, Durham – Oakland, April 2018.

407 Vgl. Jill Lepore, Black Lives Matter: Heißhunger auf Freiheit, in: Zeit Online, 17. Juni 2020 (https://www.zeit.de/2020/26/black-lives-matter-bewegung-geschichte/komplettansicht, 23.11.2020).

408 Vgl. Gregory Clark, The Son Also Rises. Surnames and the History of Social Mobility, Princeton – Oxford 2014. Zum Thema der sozialen Immobilität gibt es umfassende Forschungsleistungen, die hier nicht im Detail dargelegt werden können. Es sei aber darauf verwiesen, dass Gregory Clark natürlich Kritiker hat. Vgl. dazu die Buchbesprechung in: The Economist, Social mobility. Have and have not. A new study shows just how slow it is to change social class, 1. Februar 2014 (http://www.economist.com/news/books-and-arts/21595396-new-study-shows-just-how-slow-it-change-social-class-have-and-have-not, 23.11.2020).

409 Vgl. Clark (2014): S. 6f., 225.

410 Vgl. Dennis Stute, Amerika: Chronik von Rassenunruhen in den USA, in: Deutsche Welle, 25. November 2014 (https://www.dw.com/de/chronik-von-rassenunruhen-in-den-usa/a-18085477, 23.11.2020).

411 Vgl. Manfred Berg, Rassismus in den USA: Pulverfass mit kurzer Lunte, in: Zeit Online, 13. Mai 2015 (http://www.zeit.de/2015/20/rassismus-usa-race-riots-baltimore-ferguson, 21.11.2020).

412 Vgl. Neil MacFarquhar, Robert Chiarito, Chicago Gun Violence Spikes and Increasingly Finds the Youngest Victims, in: The New York Times, 22. Juli 2020 (https://www.nytimes.com/2020/07/05/us/chicago-shootings.html, 23.11.2020).

413 Vgl. Chicago Sun Times, 50 shot, 9 fatally, in Chicago weekend violence, 28. September 2020 (https://chicago.suntimes.com/crime/2020/9/27/21458287/chicago-weekend-shooting-gun-violence-homicide-september-25-28, 23.11.2020). NBC Chicago, Chicago Violence: 4 Dead, at Least 41 Wounded in Weekend Shootings, 11. Oktober 2020 (https://www.nbcchicago.com/news/local/chicago-violence-3-dead-at-least-20-wounded-in-weekend-shootings/2352098/, 23.11.2020).

414 Vgl. United States Census Bureau, Quick Facts: Chicago city, Illinois, Washington D.C., 1. Juli 2019.

415 Vgl. Devin Foley, Culture: Chicago: 75 % of Murdered Are Black, 71 % of Murderers Are Black, in: Intellectual Takeout, 27. Juli 2016.

416 Vgl. U.S. Department of Justice/Office of Juvenile Justice and Delinquency Pre-

vention, Estimated number of arrests by offense and race, 2019, Washington D.C., 16. November 2020.

417 Vgl. Federal Bureau of Prisons, Inmate Race, Washington D.C., 6. März 2021. Federal Bureau of Prisons, Inmate Ethnicity, Washington D.C., 6. März 2021. United States Census Bureau, Quick Facts: United States, Washington D.C., 1. Juli 2019.

418 Vgl. Kim Farbota, Black Crime Rates: What Happens When Numbers Aren't Neutral, in: The Huffington Post, 2. September 2016 (http://www.huffingtonpost.com/kim-farbota/black-crime-rates-your-st_b_8078586.html, 23.11.2020).

419 Vgl. Jemima McEvoy, 14 Days Of Protests, 19 Dead, in: Forbes, 8. Juni 2020 (https://www.forbes.com/sites/jemimamcevoy/2020/06/08/14-days-of-protests-19-dead/#, 23.11.2020).

420 Vgl. Bild, Wie beim Schlussverkauf: 200 Plünderer stürmen Walmart-Filiale, 12. Juni 2020 (https://www.bild.de/video/clip/news-ausland/wie-zum-schlussverkauf-200-pluenderer-stuermen-laden-in-florida-71220596.bild.html, 23.11.2020).

421 Vgl. Zeit Online, Nach Tod von George Floyd: Donald Trump fordert Gouverneure zum Durchgreifen auf, 1. Juni 2020 (https://www.zeit.de/news/2020-05/31/trump-ruft-zu-haerterem-durchgreifen-auf-und-greift-biden-an, 23.11.2020).

422 Beim Rütlischwur gibt es einen Streit darüber, ob er nicht später stattgefunden hat.

423 Jakob Tanner, Die Schweiz ist eine gespaltene Nation, Interview, in: magazin, Nr. 3, 2011, S. 40.

424 Bundeskanzlei, Der Bund kurz erklärt, Bern 2006, S. 14.

425 »Nicht zufällig lassen sich daher das ›*Wir*‹ der demokratischen Willensnation und dessen direktdemokratische *Verfahren* der Willens- und Entscheidungsbildung nicht sinnvoll voneinander separieren: *Das eine verwirklicht sich im jeweils anderen.*« Georg Kohler, Basiskonsens und Willensnation. Die Kontingenz des Unverfügbaren und das Modell der Schweiz, in: Hans Vorländer (Hrsg.), Demokratie und Transzendenz. Die Begründung politischer Ordnungen, Bielefeld 2013, S. 136. Siehe auch Jürg Müller-Muralt, Die Willensnation. Die Schweiz bleibt ein Sonderfall, in: Die Gazette, Nr. 41, Frühjahr 2014, S. 32.

426 Vgl. Fund for Peace, Fragile States Index. Annual Report 2020, Washington D.C. 2020, S. 6. Die Zählung im Fragile States Index fängt mit Platz 178 an, was zum besseren Verständnis an dieser Stelle angepasst worden ist.

427 Vgl. Bundesamt für Statistik, Bevölkerung nach Migrationsstatus, Neuchâtel 2020.

428 Vgl. Bundesamt für Statistik, Bevölkerung, Neuchâtel 2020.

429 Vgl. The World Bank, GDP per capita (current US$), Washington D.C. 2021.

430 Navid Kermani, Die Zukunft der Erinnerung: Auschwitz morgen, in: FAZ, 7. Juli 2017 (https://www.faz.net/aktuell/feuilleton/debatten/auschwitz-morgen-navid-kermani-ueber-die-zukunft-der-erinnerung-15094667.html?printPagedArticle=true#pageIndex_2, 24.11.2020).

431 Vgl. Malte Lehming, Deutsche Geschichte: Wie Migranten das Holocaust-Gedenken verändern, in: Der Tagespiegel, 13. Januar 2018 (https://www.tagesspiegel.de/kultur/deutsche-geschichte-wie-migranten-das-holocaust-gedenken-veraendern/20841264.html, 24.11.2020).

432 Vgl. ebd.

433 Solchen Ideen liegt ein gehöriges Maß an Optimismus zugrunde, wie es etwa bei intellektuellen Journalisten zu beobachten ist. Ulrich Wickert hat dazu ein Buch

vorgelegt, in dem er eine Willensnation für Deutschland vorschlägt. Die eigene Prägung, also in seinem Falle die vielen Lebensjahre in Frankreich, ist dabei unverkennbar. Und wie andere auch unterlegt er seinen Vorschlag mit einem Müssen aller Beteiligten: »Die Einheimischen müssen sich öffnen und empfangen, die Hinzukommenden müssen sich die neue Heimat erschließen und die Zugehörigkeit erarbeiten.« Ulrich Wickert, Identifiziert Euch! Warum wir ein neues Heimatgefühl brauchen, München 2019, S. 196. Die Frage bleibt: Was folgt, wenn die Beteiligten nicht müssen wollen?

434 Die meisten Autoren, die sich wie Herfried und Marina Münkler für den Aufbau eines neuen Gemeinwesens in Deutschland einsetzen, plädieren für die Schaffung einer multikulturellen Willensnation und damit das Ende der traditionellen Kulturnation. Zu den Grundlagen des Vorhabens gehören die Förderung der Einwanderungsgesellschaft und neue Narrative, um das derzeitige Selbstverständnis der Deutschen anzupassen. Vgl. Aleida Assmann, Die Wiedererfindung der Nation. Warum wir sie fürchten und warum wir sie brauchen, München 2020. Jan Plamper, Das neue Wir. Warum Migration dazugehört. Eine andere Geschichte der Deutschen, Frankfurt am Main 2019.

435 Dies sprechen die Autoren explizit an. Vgl. Münkler/Münkler (2016): S. 18.

436 Ebd., S. 9.

437 Dies lässt sich sehr gut u. a. an den sehr wohlwollenden bis begeisterten Rezensionen linker Medien ablesen. Vgl. dazu Nils Minkmar, Familienaufstellung, in: Der Spiegel, Nr. 34, 20. August 2016, S. 118–120. Andreas Zielcke, Sozialutopie »Die neuen Deutschen«: Wie wir unseren Werten bei Zuwanderung treu bleiben, in: SZ, 30. August 2016 (http://www.sueddeutsche.de/kultur/einjahr-wir-schaffen-das-fremde-und-selbstbild-1.3139754, 24. 11. 2020). Adam Soboczynski, Flüchtlingskrise: Deutsche Gelenkigkeit, in: Zeit Online, 4. September 2016 (http://www.zeit.de/2016/37/fluechtlingskrise-deutschland-eu-herfried-muenkler, 24. 11. 2020). Wesentlich kritischer ist dagegen ein von der FAZ geführtes Streitgespräch ausgefallen. Vgl. Christian Geyer, Andreas Kilb, Regina Mönch, Gespräch mit Marina und Herfried Münkler: Ein Traum für Deutschland, in: FAZ, 26. August 2016 (http://www.faz.net/aktuell/feuilleton/debatten/marina-und-herfried-muenkler-die-neuen-deutschen-14405574.html, 21. 06. 2021).

438 Münkler/Münkler (2016): S. 217.

439 Ebd., S. 219.

440 Vgl. ebd., S. 13.

441 Ebd., S. 227.

442 Ebd., S. 229.

443 Ebd., S. 197.

444 Vgl. ebd., S. 18.

445 Vgl. ebd., S. 38.

446 Vgl. ebd., S. 241, 262, 270, 274.

447 Vgl. ebd., S. 102.

448 Ebd., S. 167.

449 Ebd., S. 29.

450 Ebd., S. 221.

451 Ebd., S. 84.

452 Ebd., S. 234.
453 Vgl. ebd., S. 38 f.
454 Ebd., S. 185.
455 Vgl. ebd., S. 13 f.
456 Dies ist auch dem Rezensenten der Tageszeitung *Die Welt* aufgefallen: »Die kulturellen und religiösen Voraussetzungen für Integration kommen bei den Münklers eher nachrangig vor.« Marc Reichwein, Zuwanderung: Das muss man alles können, um Deutscher zu sein, in: Die Welt, 25. August 2016 (https://www.welt.de/kultur/literarischewelt/article157806524/Das-muss-man-alles-koennen-um-Deutscher-zu-sein.html, 24. 11. 2020).
457 Münkler/Münkler (2016): S. 60.
458 Ebd., S. 188.
459 Ebd., S. 287.
460 Ebd.
461 Vgl. zu diesen Merkmalen: Ebd., S. 287 f.
462 Ebd., S. 288.
463 Ebd., S. 288 f.
464 Vgl. Claudia Keller, Erzbistum Berlin lädt zum Fastenbrechen: Muss der Ramadan katholisch werden?, in: Der Tagesspiegel, 9. Juli 2015 (https://www.tagesspiegel.de/berlin/erzbistum-berlin-laedt-zum-fastenbrechen-muss-der-ramadan-katholisch-werden/12030136.html, 24. 11. 2020). Die Landesregierung/Nordrhein-Westfalen, Gemeinsames Fastenbrechen mit Muslimen, Christen und Juden, Düsseldorf, 22. Mai 2019.
465 Auswärtiges Amt, Iran: Reise- und Sicherheitshinweise (COVID-19-bedingte Reisewarnung), Berlin, 24. Juli 2020.
466 Vgl. Evangelische Landeskirche in Württemberg, Ich bin ein Fremder gewesen. Mission zwischen Fluchtursachenbekämpfung und Willkommenskultur, herausgegeben von Detlef Blöcher und Andreas Kümmerle, Stuttgart 2020, S. 184–188.
467 Ein solches Verhalten ist zu begrüßen, soweit es Respekt für andere Kulturen ausdrückt. Kritisiert wird an dieser Stelle die Einseitigkeit des Ansatzes, der fast ausschließlich kulturelle Anpassungsleistungen der Deutschen einfordert.
468 Fachkommission der Bundesregierung zu den Rahmenbedingungen der Integrationsfähigkeit, Gemeinsam die Einwanderungsgesellschaft gestalten, Berlin, November 2020, S. 203. Das Zitat ist im Original fett gesetzt.
469 Vgl. Münkler/Münkler (2016): S. 186–188.
470 Vgl. Das konvivialistische Manifest. Für eine neue Kunst des Zusammenlebens, herausgegeben von Frank Adloff und Claus Leggewie, Bielefeld 2014, S. 40 f.
471 Ebd., S. 64.
472 Ebd., S. 47.
473 Dirk Jörke, Wer kann dazu schon »nein« sagen? Oder: die Grenzen der Demokratie, in: Frank Adloff, Volker M. Heins (Hrsg.), Konvivialismus. Eine Debatte, Bielefeld 2015, S. 24.
474 Danny Michelsen, Franz Walter, Taking politics seriously. Gedanken zu einer republikanischen Bürgersolidarität, in: Ebd., S. 37.
475 Steffen Mau, It's the middle class, stupid. (Post-)Wachstum, Ungleichheit, Lebensqualität, in: Ebd., S. 195.

476 Stephan Lessenich, Von der Strukturanalyse zur Morallehre – und zurück. Für eine neue Ökonomie des Zusammenlebens, in: Ebd., S. 220.

477 Henning Hahn, Was tun? Zur politischen Verantwortung der Wissenschaft im Zeitalter der Economentalität, in: Ebd., S. 250.

478 Vgl. zur Schrift von Thomas Morus: Helmut Swoboda (Hrsg.), Der Traum vom besten Staat. Texte aus Utopien von Platon bis Morris, 3. Auflage, München 1987 [1972], S. 57–76.

479 Naika Foroutan, Konviviale Integration in postmigrantischen Gesellschaften, in: Adloff/Heins (2015): S. 208. Dieses Ziel verfolgen zahlreiche Forscher, die im Deutschen Zentrum für Integrations- und Migrationsforschung miteinander verbunden sind. Andreas Zick plädiert dafür, »Kenntnisse so aufzubereiten, dass Migration weniger als Gefahr denn als Chance erkannt wird«. Zit. n. Gerald Wagner, Migrationsforschung: Wissenschaft mit Agenda?, in: FAZ, 10. Juli 2020 (https://www.faz.net/aktuell/karriere-hochschule/migrationsforscher-wehren-sich-gegen-den-vorwurf-der-parteilichkeit-16849371.html, 22. 06. 2021). Wagner fragt daher, ob das Zentrum »eine PR-Agentur für Zuwanderung« sei. Ebd.

480 Foroutan (2015): S. 208 f.

481 Ebd., S. 212.

482 Münkler/Münkler (2016): S. 35.

483 Ebd., S. 71.

484 Ebd., S. 113.

485 Ebd., S. 116.

486 Ebd., S. 185.

487 Ebd.

488 Ebd., S. 198.

489 Bundesministerium des Innern, für Bau und Heimat, Masterplan Migration. Maßnahmen zur Ordnung, Steuerung und Begrenzung der Zuwanderung, Berlin, 4. Juli 2018, S. 2.

490 Ebd., S. 19.

491 Renan (1882).

492 Soweit der Begriff in Publikationen aufgeführt wird, erfolgt dies in beiläufiger Weise. Ein Brockhaus-Beitrag bezieht die »Zwangsnation« auf die Sowjetunion und die DDR. Vgl. Stichwort »Nation«, in: Der Brockhaus multimedial premium 2009 (2015). Auch Volker Kronenberg kam beim Blick auf das SED-Regime die Formulierung »sozialistische Zwangsnation« in den Sinn. Volker Kronenberg, Patriotismus, Solidarität, Gemeinsinn. Schlüsselbegriffe einer notwendigen deutschen Selbstverständigung, in: Die Politische Meinung, Nr. 435, Februar 2006, S. 22. Der Verfasser hat keinen Beitrag zur »Zwangsnation« mit konzeptionellem Anspruch gefunden. Die Eingabe des Begriffs in die Google-Suchmaschine hat am 24. November 2020 insgesamt 45 Treffer ergeben, was aber natürlich nur als grober Indikator zur angenommenen begrenzten Verwendung des Terminus verstanden werden kann.

493 Vgl. dazu Kapitel III.4.

494 Der Präsident der Bundespolizei, Dieter Romann, erklärte zu diesem Punkt in einem Interview mit dem *Deutschlandfunk* im Januar 2017, dass es das zentrale Ziel der Bundespolizei sei, die unerlaubte Einreise nach Deutschland zu verhindern: »Ist die Person erst im Inland oder im Schengen-Raum eingereist, dauert es

oft Monate, Jahre oder Jahrzehnte, bis ein dann entsprechend negativ beschiedener Aufenthalt beendet werden kann.« Dieter Romann, Innere Sicherheit: »Das Primärziel muss bleiben, die unerlaubte Einreise zu verhindern«, Interview mit Rolf Clement, in: Deutschlandfunk, 22. Januar 2017.

495 Bundesministerium des Innern, für Bau und Heimat (04. 07. 2018): S. 19.

496 Möllers (2018): S. 25.

497 Ebd., S. 21.

498 Ebd.

499 Ebd.

500 Ebd.

501 Wagener (2018): S. 349.

502 Vgl. Statistisches Bundesamt, Migration und Integration: Ausländische Bevölkerung nach Geschlecht und ausgewählten Staatsangehörigkeiten am 31. 12. 2019, Wiesbaden, 15. April 2020.

503 Dagegen ist grundlegenden Werken wie dem Staatslexikon dieser Unterschied natürlich bekannt: »Ethnizität [Abkürzung im Original, M. W.] bzw. der Begriff ›ethnisch‹ werden juristisch als Verweis auf die ›*Volkszugehörigkeit*‹ i. S. d. sozialwissenschaftlichen Volksbegriffs (Volk) verwendet. Dadurch entsteht ein Spannungsfeld zum Begriff des Staatsvolks, dem eigentlichen juristischen Volksbegriff, der als Bezugspunkt des verfassungsrechtlichen Demokratieprinzips von der ganz herrschenden Meinung nur über die Summe der Staatsangehörigen definiert wird.« Walther Michl, Ethnizität: II. Rechtliche Anknüpfungen, in: Staatslexikon, Freiburg, Version vom 22. Oktober 2019.

504 Zit. n. Reinhard Rürup, Deutschland im 19. Jahrhundert. 1815–1871, 2. durchgesehene und bibliographisch ergänzte Auflage, Göttingen 1992, S. 120.

505 Dann (1993): S. 12.

506 Staatsangehörigkeitsgesetz (StAG), Berlin, Ausfertigungsdatum vom 22. Juli 1913, Fassung vom 19. Juni 2020.

507 Grundgesetz (1949).

508 Vgl. Statistisches Bundesamt, Migration und Integration: Bevölkerung in Privathaushalten nach Migrationshintergrund im weiteren Sinn nach ausgewählten Geburtsstaaten, Wiesbaden, 28. Juli 2020.

509 Sächsisches Sorbengesetz, Dresden, 31. März 1999, Fassung vom 27. Januar 2012.

510 Ebd.

511 Ebd.

512 Gesetz über die Angelegenheiten der Vertriebenen und Flüchtlinge (Bundesvertriebenengesetz, BVFG), Bonn, Ausfertigungsdatum vom 19. Mai 1953, Fassung vom 19. Juni 2020.

513 Vgl. Bundesamt für Verfassungsschutz (15. 01. 2019): S. 68.

514 Vgl. Statistics Bureau of Japan, Monthly Report: Population Estimates by Age (Five-Year Groups) and Sex, Tokio, 1. November 2020.

515 Vgl. Office for National Statistics, Research report on population estimates by ethnic group and religion, London, 4. Dezember 2019.

516 Vgl. Republic of South Africa/Department: Statistics South Africa, Mid-year population estimates, Pretoria, 29. Juli 2019, S. vi.

517 Vgl. United States Census Bureau (01. 07. 2019a).

518 Im Juni 2018 fanden in der Türkei vorgezogene Parlaments- und Präsidentschaftswahlen statt.
519 Zit. n. FAZ, Eklat um Erdogan-Foto: Özil und Gündogan treffen den Bundespräsidenten, 19. Mai 2018 (https://www.faz.net/aktuell/sport/fussball-wm/deutsches-team/erdogan-fotos-oezil-und-guendogan-besuchen-bundespraesident-15598719.html, 25. 11. 2020).
520 Zit. n. Spiegel Online, Treffen mit türkischem Präsidenten: Özil und Gündogan posieren mit Erdogan, 14. Mai 2018 (https://www.spiegel.de/sport/fussball/mesut-oezil-und-ilkay-guendogan-treffen-recep-tayyip-erdogan-a-1207631.html, 25. 11. 2020).
521 Vgl. Der Tagesspiegel, Nach umstrittenen Treffen mit Erdogan: Bundespräsident Steinmeier spricht mit Özil und Gündogan, 20. Mai 2018 (https://www.tagesspiegel.de/sport/nach-umstrittenen-treffen-mit-erdogan-bundespraesident-steinmeier-spricht-mit-oezil-und-guendogan/22584948.html, 25. 11. 2020).
522 Vgl. Deutsche Welle, Gesellschaft: Özil feiert Hochzeit mit Erdogan, 7. Juni 2019 (https://www.dw.com/de/%C3%B6zil-feiert-hochzeit-mit-erdogan/a-49108162, 25. 11. 2020).
523 Zit. n. Der Tagesspiegel, Instagram-Like für militärischen Gruß: Ilkay Gündogan und Emre Can agieren zu naiv, 14. Oktober 2019 (https://www.tagesspiegel.de/sport/instagram-like-fuer-militaerischen-gruss-ilkay-guendogan-und-emre-can-agieren-zu-naiv/25113332.html, 25. 11. 2020).
524 Vgl. Bild, Überraschung beim Liga-Spiel: Hier singt Özil die Türkei-Hymne, 21. Februar 2021 (https://www.bild.de/sport/fussball/fussball-international/mesut-oezil-ueberraschung-beim-liga-spiel-hier-singt-er-die-tuerkei-hymne-75492468.bild.html, 06. 03. 2021).
525 Möllers (2018): S. 21 f.
526 Vgl. Bundesministerium des Innern, für Bau und Heimat, Staatsangehörigkeitsrecht, Berlin 2020a.
527 Bundesministerium des Innern, für Bau und Heimat, Verfassungsschutzbericht 2017, Berlin 2018, S. 286.
528 Heiko Maas, »Es gibt keine Selbstverständlichkeiten mehr«, Interview mit dem DuMont Medienhaus, Berlin, 3. August 2018.
529 Angela Merkel, Pressekonferenz von Bundeskanzlerin Merkel und dem türkischen Ministerpräsidenten Binali Yildirim, Berlin, 15. Februar 2018.
530 Zit. n. Die Bundesregierung, Integration: Gemeinsam am Ball, Berlin, 24. Juni 2010.
531 Grundgesetz (1949).
532 Vgl. Bundesministerium des Innern, für Bau und Heimat, Deutsche Minderheiten stellen sich vor, 3. überarbeitete Auflage, Berlin, August 2018, S. 7. Siehe auch Beauftragter der Bundesregierung für Aussiedlerfragen und nationale Minderheiten, Deutsche Minderheiten im Ausland, Berlin, o. J.
533 Bundesministerium des Innern, für Bau und Heimat (August 2018): S. 2.
534 Ebd.
535 Ebd., S. 11.
536 Ebd., S. 12.
537 Ebd., S. 14 f.
538 Ebd., S. 87.

539 Ebd., S. 139.
540 Punktation zur Versachlichung der Aussiedlerdiskussion (Zusammenfassung), in: Info-Dienst Deutsche Aussiedler, Nr. 77, o. J., S. 9, eingestellt auf der Internetseite des Beauftragten der Bundesregierung für Aussiedlerfragen und nationale Minderheiten.
541 Ebd., S. 10.
542 Beauftragter der Bundesregierung für Aussiedlerfragen und nationale Minderheiten, Tätigkeitsbericht des Beauftragten der Bundesregierung für Aussiedlerfragen und nationale Minderheiten. 1. Amtsjahr April 2018–April 2019, Berlin, Juni 2019, S. 5, 6, 16, 20.
543 UN-Generalversammlung, Erklärung der Vereinten Nationen über die Rechte der indigenen Völker, Resolution 61/295, New York, 13. September 2007, S. 19.
544 Ebd.
545 Ebd., S. 24.
546 Die Bundesregierung, Internationaler Tag der indigenen Völker: Rechte indigener Völker stärken, Berlin, 9. August 2013.
547 Bundesministerium für wirtschaftliche Zusammenarbeit und Entwicklung, Entwicklungszusammenarbeit mit indigenen Völkern in Lateinamerika und der Karibik, BMZ Konzepte 139, Berlin – Bonn, Juli 2006, S. 8, 9, 17, 18, 19.
548 Ebd., S. 5.
549 Ebd., S. 7. Im Original ist eine fett gesetzte Hervorhebung zu finden.
550 Ebd., S. 5.
551 Ebd.
552 Ebd.
553 Ebd.
554 Ebd.
555 Ebd., S. 18. Im Original ist eine fett gesetzte Hervorhebung zu finden.
556 UN-Generalversammlung (13.09.2007): S. 19.
557 Volker Beck u. a., Antrag der Abgeordneten: Eine kohärente und konsistente Menschenrechtspolitik gegenüber China entwickeln, Deutscher Bundestag, 16. Wahlperiode, Drucksache 16/9422, Berlin, 4. Juni 2008, S. 2.
558 Claudia Roth, Facebook-Eintrag vom 9. März 2018.
559 Claudia Roth formuliert dazu: »Auch verfolge ich mit wachsender Trauer, wie das Erbe der Tibetischen Hochkultur zunehmend zerstört wird.« Claudia Roth, Erklärung zur Lage Tibets auf der Internetseite »Tibet Initiative Deutschland e.V.«, Berlin, o. J.
560 Bündnis 90/Die Grünen, Tibet, 23. Ordentliche Bundesdelegiertenkonferenz, Kiel, 3. Oktober 2004.
561 Volker Beck, Menschenrechte: Situation in Tibet besorgniserregend, o. O., 10. März 2009.
562 Bündnis 90/Die Grünen (03.10.2004).
563 Ebd.
564 Grüne Jugend, Wir bleiben dabei: Patriotismus? Nein Danke!, überarbeitete Fassung eines Textes von 2012, Berlin 2016.
565 Ebd.
566 Zit. n. Rheinische Post (RP) Online, »Fußballfans: Fahnen runter!« Empörung

über Fahnenverzicht – Aufruf der Grünen Jugend, 12. Juni 2016 (https://rp-online.de/politik/deutschland/massive-kritik-an-gruene-jugend-rheinland-pfalz-fahnenverzicht-zur-em_aid-21457637, 25. 11. 2020).

567 Zit. n. Der Tagesspiegel, Grüne Jugend: Eine kleine Provokation, 5. Oktober 2015 (http://www.tagesspiegel.de/politik/gruene-jugend-eine-kleine-provokation/12408396.html, 25. 11. 2020).

568 Jeweils zit. n. Andreas von Delhaes-Guenther, Mit Linksautonomen: Claudia Roth auf Abwegen, in: Bayernkurier, 4. Dezember 2015 (https://www.bayernkurier.de/inland/8411-claudia-roth-auf-abwegen, 25. 11. 2020).

569 Für diese Bewertung sprechen auch Sympathiebekundungen der Grünen Jugend für linksextreme Gruppen. Vgl. Grüne Jugend, Solidarität mit dem antifaschistischen Infoportal indymedia.linksunten.org, Berlin 2017.

570 Grundgesetz für die Bundesrepublik Deutschland, Bonn, 23. Mai 1949, in: Bundesgesetzblatt, Nr. 1, Bonn, 23. Mai 1949, S. 1.

571 Vgl. dazu die Zahlen in Kapitel V.6.

572 Arnd Uhle ist Professor für Öffentliches Recht, Allgemeine Staatslehre und Verfassungstheorie an der Universität Leipzig. Rupert Scholz war Professor für Öffentliches Recht an der Freien Universität Berlin sowie für Staats- und Verwaltungsrecht, Verwaltungslehre und Finanzrecht an der Universität München. Er hat verschiedene politische Ämter bekleidet, u. a. als Berliner Senator, Bundestagsabgeordneter und Bundesverteidigungsminister. Scholz gehört zu den bekannten Kommentatoren des Grundgesetzes. Paul Kirchhof war Professor für Öffentliches Recht und Steuerrecht an der Universität Heidelberg sowie Richter am Bundesverfassungsgericht von 1987 bis 1999.

573 Arnd Uhle, Freiheitlicher Verfassungsstaat und kulturelle Identität, Tübingen 2004, S. 105.

574 Ebd., S. 89.

575 Ebd., S. 510.

576 Ebd.

577 Ebd., S. 489.

578 Ebd. Das Original ist kursiv gesetzt.

579 Ebd., S. 89.

580 Ebd., S. 105.

581 Ebd.

582 Ebd., S. 517.

583 Ebd.

584 Rupert Scholz, Kulturelle Identität. Über Multikulturalität im Unterschied zu Multikulturalismus, in: Die Politische Meinung, Nr. 465, August 2008, S. 36.

585 Ebd.

586 Ebd.

587 Vgl. ebd., S. 37.

588 Ebd., S. 36.

589 Ebd., S. 36 f.

590 Ebd., S. 39.

591 Rupert Scholz, »Das schwächt die Verfassung«, Interview mit Moritz Schwarz, in: Junge Freiheit, Nr. 26, 21. Juni 2019, S. 3. Scholz bezieht sich auf Artikel 16a des

Grundgesetzes. Demnach genießt derjenige kein Asylrecht, der über einen sicheren Drittstaat in die Bundesrepublik einreist.

592 Ebd.

593 Ebd.

594 Paul Kirchhof, Der Staat als Organisationsform politischer Herrschaft und rechtlicher Bindung. Kontinuität und Erneuerung des deutschen Verfassungsstaates in Freiheitlichkeit, Weltoffenheit und demokratischer Solidarität, in: Deutsches Verwaltungsblatt, Nr. 10, 1999, S. 642.

595 Ebd., S. 643.

596 Bundesverfassungsgericht, Verfassungsmäßigkeit des Grundlagenvertrages, Urteil des Zweiten Senats, 2 BvF 1/73, Karlsruhe, 31. Juli 1973. Siehe auch Wissenschaftliche Dienste des Deutschen Bundestages, Zum rechtlichen Fortbestand des »Deutschen Reichs«. Dokumentation, WD 3 – 292/07, Berlin, 25. Juli 2007.

597 Grundgesetz für die Bundesrepublik Deutschland (23. 05. 1949): S. 19.

598 Genau dies ist jedoch im Sinne der Ausführungen von Arnd Uhle problematisch: »Der Verfassungsstaat knüpft an die gewachsene und historisch selbstverständlich gewordene kulturelle Prägung der Nation, an ihre kulturelle Identität, an [...]. Eine freiheitliche Verfassung, deren Ziel nicht die revolutionäre Umgestaltung der Gesellschaft, sondern die rechtliche Ordnung der vorgefundenen Gesellschaft auf freiheitliche Weise ist, respektiert daher die kulturellen Bindungen, Werteinstellungen, Lebensformen, die kulturell tradierten Sitten und Gebräuche, die gemeinsame Sprache des Staatsvolkes – für sie gilt die ›rechtliche Unverfügbarkeit des Vorgefundenen‹.« Uhle (2004): S. 15 f. Die Formulierung »rechtliche Unverfügbarkeit von Vorgefundenem« findet sich bei: Kirchhof (1999): S. 642. Arnd Uhle weist darauf hin, dass die Verfassung trotz kultureller Prägung und Bindung »ihre Offenheit für zukünftige Entwicklungen« nicht verliere. Uhle (2004): S. 16.

599 Vgl. dazu Kapitel V.1.

600 Über das Instrument des Volksentscheids ist in der Fachliteratur breit diskutiert worden. Letztlich ist es eine parlamentarische Frage: Bundestag und Bundesrat können dieses Element plebiszitärer Demokratie in das Grundgesetz einbauen oder sich dagegen sperren.

601 Bundesamt für Verfassungsschutz (15. 01. 2019): S. 68.

602 Konrad Adenauer, Ansprache beim Deutschen Handwerkstag, Köln, 20. Juni 1961.

603 Helmut Kohl, Bericht zur Lage der Nation, Bonn, 23. Juni 1983, in: Deutscher Bundestag, Stenographischer Bericht, 16. Sitzung, Plenarprotokoll 10/16, Bonn, 23. Juni 1983, S. 988. Das Original ist mit Fettsetzungen versehen.

604 Ebd.

605 Ebd., S. 990. Das Original ist mit Fettsetzungen versehen.

606 Vgl. Kurt Schumacher, Rede über Deutschland und Europa, Nürnberg, 29. Juni 1947. Kurt Schumacher, Rede über die Sozialdemokratie im Kampf um Deutschland und Europa, Hamburg, 21.–25. Mai 1950.

607 Die Worte Kurt Schumachers sind auf einer Aufnahme der Rede Konrad Adenauers gut zu hören (https://www.youtube.com/watch?v=P5K8s4Ibq8A, 08. 02. 2021).

608 Zit. n. Mathias Friedel, Die Bundestagswahl 1953, in: Nikolaus Jackob (Hrsg.), Wahlkämpfe in Deutschland. Fallstudien zur Wahlkampfkommunikation 1912–2005, Wiesbaden 2007, S. 115.

609 Willy Brandt, Rede auf dem Kongress anlässlich des Deutschlandtreffens der SPD (Auszüge), Nürnberg, 12. August 1961, S. 3.

610 Willy Brandt, Rede über die Lage der Nation, Dortmund, 1.–5. Juni 1966.

611 Zit. n. Egon Bahr, Willy Brandt und die Nation, Schriftenreihe der Bundeskanzler-Willy-Brandt-Stiftung, Vortrag vom 8. Mai 2008, Heft 16, Berlin 2008, S. 19.

612 Ein Foto des Plakats findet sich bei: Klaus Pokatzky, Philipp Schnee, Bundestagswahl: So klang Wahlkampf früher, in: Deutschlandfunk Kultur, 13. September 2017 (https://www.deutschlandfunkkultur.de/bundestagswahl-so-klang-wahlkampf-frueher.976.de.html?dram:article_id=395806, 26. 11. 2020).

613 Bahr (2008): S. 33 f.

614 Vgl. dazu den sehr differenziert gehaltenen Beitrag von: Wolfgang Schmidt, Otto von Bismarck im Urteil Willy Brandts, in: Ulrich Lappenküper (Hrsg.), Otto von Bismarck und das »lange 19. Jahrhundert«. Lebendige Vergangenheit im Spiegel der »Friedrichsruher Beiträge« 1996–2016, Paderborn 2017, S. 855–872. Der Beitrag erschien erstmals 2009.

615 Willy Brandt, Bismarck und die Kunst des Möglichen, in: Die Welt, 27. März 1965, abgedruckt als Dokument 38 in: Willy Brandt, »Im Zweifel für die Freiheit«, Reden zur sozialdemokratischen und deutschen Geschichte, herausgegeben von Klaus Schönhoven, Willy-Brandt-Dokumente, Band 2, Bonn 2012, S. 588.

616 Zit. n. Schmidt (2009): S. 867.

617 Zit. n. Ulrich Lappenküper, Bismarck heute. Zum 150. Jahrestag der Reichsgründung 1871, in: Die Politische Meinung, Nr. 565, November/Dezember 2020, S. 110.

618 Vgl. Deutsche Bundespost, Briefmarke: Jahrestag der Reichsgründung vom 18. Januar 1871, Bonn, 18. Januar 1971. Staatliche Münzen Baden-Württemberg, 5 Deutsche Mark Gedenkmünze »Deutsche Reichsgründung«, Stuttgart 1971.

619 Richard von Weizsäcker, Rede während der Gedenkveranstaltung im Plenarsaal des Deutschen Bundestages zum 40. Jahrestag des Endes des Zweiten Weltkrieges in Europa, Bonn, 8. Mai 1985.

620 Frank-Walter Steinmeier, Rede auf dem Festakt zum Tag der Deutschen Einheit 2020, Potsdam, 3. Oktober 2020.

621 Grundsätzlich gilt die Emser Depesche vom 13. Juli 1870, in der es um die Frage der letztlich zurückgezogenen Kandidatur des Erbprinzen Leopold von Hohenzollern-Sigmaringen um den spanischen Thron ging, als Auslöser des deutsch-französischen Krieges. Demnach wäre Deutschland als Verantwortlicher zu betrachten. Dass sich Paris durch die einen Tag später publizierte Fassung, die zuvor von Otto von Bismarck redigiert und dabei zugespitzt worden war, provoziert sah, ist nicht von der Hand zu weisen. Mit welchem Mittel Frankreich darauf reagierte, lag allerdings allein in seiner Verantwortung. Thomas Nipperdey urteilt dazu: »[…] ja selbst auf die Emser Depesche noch waren andere Reaktionen als eine Kriegserklärung möglich. […] Die Bonapartisten brauchten nicht provoziert zu werden; sie wollten ihren diplomatischen Sieg bis zum letzten ausnutzen, und als sie damit in Schwierigkeiten gerieten, mündete ihre bisherige Risiko- und Kriegsbereitschaft in den Willen zum Krieg.« Thomas Nipperdey, Deutsche Geschichte 1866–1918. Zweiter Band: Machtstaat vor der Demokratie, München 2013 [1992], S. 61. Jonathan Steinberg hat bezüglich der Bedeutung der Emser Depesche ebenfalls darauf hingewiesen, »dass Frankreich sich schon früher für den Kampf ent-

schieden hatte.« Jonathan Steinberg, Bismarck. Magier der Macht, Berlin 2012 [2011], S. 399. Auch Christopher Clark bestätigt dies: »Die Franzosen zogen 1870 in den Krieg, weil sie – nicht zu Unrecht – überzeugt waren, sie würden ihn gewinnen. So gesehen wäre es übertrieben zu behaupten, Bismarck habe den Krieg mit Frankreich ›geplant‹.« Clark (2006): S. 628. Das neben anderen von der Beauftragten der Bundesregierung für Kultur und Medien geförderte Lebendige Museum Online zeichnet den Vorgang dagegen sehr einseitig und dürfte das Geschichtsbild des Bundespräsidenten damit bestätigen: »Das Vorgehen Bismarcks stellte einen Affront dar, auf den Frankreich am 19. Juli mit der Kriegserklärung an Preußen reagierte.« Auch ist nur von einer »vermeintlichen französischen Aggression« die Rede. Burkhard Asmuss, Arnulf Scriba, Die »Emser Depesche«, in: LEMO, Berlin – Bonn – Koblenz, o. J. Selbst vor über 50 Jahren erschienene Studien zur Vorgeschichte des deutsch-französischen Krieges 1870/71 sind differenzierter und bestätigen wie Nipperdey, Steinberg und Clark die aggressive Haltung Frankreichs (ohne dabei natürlich die machtpolitischen Interessen Preußens auszublenden). Der seit 1866 zu vernehmende Ruf nach »Rache für Sadowa« war in der französischen Bevölkerung weithin verbreitet. Vgl. z. B. Jochen Dittrich, Ursachen und Ausbruch des deutsch-französischen Krieges 1870/71, in: Theodor Schieder, Ernst Deuerlein (Hrsg.), Reichsgründung 1870/71, Stuttgart 1970, S. 64–94.

622 Steinmeier (03. 10. 2020).

623 Das Geschichtsbild Frank-Walter Steinmeiers orientiert sich vermutlich am Stand der »Fischer-Kontroverse«. Der Historiker Fritz Fischer hatte mit seiner Schrift »Griff nach der Weltmacht« 1961 behauptet, dass das 1871 gegründete Deutsche Reich zielstrebig auf einen großen Krieg in Europa zusteuerte und dessen Ausbruch allein zu verantworten habe. Vgl. Fritz Fischer, Griff nach der Weltmacht. Die Kriegszielpolitik des kaiserlichen Deutschland 1914/1918, Düsseldorf 2013 [1961]. Vgl. zur Behauptung einer breiten Mitschuld aller großen Mächte Europas am Ausbruch des Ersten Weltkrieges: Christopher Clark, Die Schlafwandler. Wie Europa in den Ersten Weltkrieg zog, München 2013 [2012]. Selbst das Wochenmagazin *Der Spiegel* folgt mittlerweile dieser Sichtweise. Vgl. Klaus Wiegrefe, Der nahe ferne Krieg, in: Der Spiegel, Nr. 1, 30. Dezember 2013, S. 28–37.

624 Frank-Walter Steinmeier, 150. Jahrestag der Gründung des Deutschen Reiches, Berlin, 13. Januar 2021. Die Feindschaft Frankreichs existierte lange vor 1871, und tatsächlich war es zu einem erheblichen Teil die Politik von Napoleon I., die zum deutsch-französischen Zerwürfnis beigetragen hatte. Steinmeier verdreht an diesem Punkt Ursache und Wirkung eines wesentlichen Stranges der europäischen Geschichte des 19. Jahrhunderts.

625 Ebd. Der Verfasser hat auf den öffentlich zur Verfügung stehenden Fotos fast ausschließlich Reichsflaggen auf den Stufen (!) des Reichstagsgebäudes entdecken können. Mit einer Ausnahme: Auf einem Video (https://www.youtube.com/watch?v=zgcr8eDPVWU, 25. 01. 2021) ist in einer sehr kurzen Sequenz zu erkennen, wie ein Mann mit einer umgehängten Reichskriegsflagge der Jahre 1933 bis 1935 die Reichstagstreppe hinaufschreitet. Sie war zum damaligen Zeitpunkt nicht verboten, da sie noch nicht über das Hakenkreuz verfügte. Auf den dominierenden Großaufnahmen der Medien zu diesem Ereignis ist der Mann gleichwohl nicht zu erkennen.

626 Ebd. Dieser Behauptung stehen zahlreiche Medienbeiträge zum 150. Jahrestag der Reichsgründung wie auch das touristische Verhalten vieler Deutscher – etwa bei der Besichtigung der Schlösser und Bauten aus der Blütezeit Preußens in Potsdam oder am Kyffhäuserdenkmal in Thüringen – entgegen.
627 Richard von Weizsäcker, Rede, Bonn, 24. Februar 1972, in: Deutscher Bundestag, 6. Wahlperiode, 172. Sitzung, Bonn, 24. Februar 1972, S. 9838.
628 Ebd.
629 Richard von Weizsäcker, Was ist das eigentlich: deutsch? Eine Einleitung, in: Bertelsmann Lexikothek Verlag, Deutschland. Porträt einer Nation, Band 1: Geschichte, Gütersloh 1985, S. 10.
630 Ebd., S. 10.
631 Ebd., S. 11.
632 Ebd., S. 12.
633 Ebd., S. 13.
634 Ebd.
635 Ebd., S. 11.
636 Ebd.
637 Vgl. dazu Norbert Seitz, Patriotismus von links. Von Kurt Schumacher bis Gerhard Schröder, in: Die Politische Meinung, Nr. 512/513, Juli/August 2012, S. 33–38.
638 Grundgesetz für die Bundesrepublik Deutschland (23.05.1949): S. 1.
639 Ebd.
640 Ebd.
641 »Dieses Grundgesetz gilt zunächst im Gebiete der Länder Baden, Bayern, Bremen, Groß-Berlin, Hamburg, Hessen, Niedersachsen, Nordrhein-Westfalen, Rheinland-Pfalz, Schleswig-Holstein, Württemberg-Baden und Württemberg-Hohenzollern. In anderen Teilen Deutschlands ist es nach deren Beitritt in Kraft zu setzen.« Ebd., S. 3 f.
642 Helmut Kohl, Fernsehansprache des Bundeskanzlers, o. O., 2. Oktober 1990, in: Bulletin des Presse- und Informationsamtes der Bundesregierung, Nr. 118, Bonn, 5. Oktober 1990, S. 1226. Die Rede findet sich als Video im Internet (https://www.youtube.com/watch?v=YW9-mFO4bYo, 26.11.2020).
643 Kohl (02.10.1990).
644 Richard von Weizsäcker, Ansprache beim Staatsakt zum Tag der Deutschen Einheit in der Philharmonie, Berlin, 3. Oktober 1990, in: Ebd., S. 1232.
645 Ebd., S. 1233.
646 Ebd.
647 Wolfgang Schäuble, Und der Zukunft zugewandt, München 1995 [1994], S. 47.
648 Ebd.
649 Ebd., S. 184 f. Zur Staatsräson zählte Wolfgang Schäuble auch die Westbindung.
650 Ebd., S. 217.
651 Ebd., S. 54.
652 Ebd., S. 221.
653 Ebd., S. 21.
654 Ebd., S. 31.
655 Angela Merkel, Rede zur Eröffnung des »Forum de Paris sur la Paix«, Paris, 11. November 2018.

656 Ebd.
657 Angela Merkel, Rede zum zehnjährigen Bestehen der Stiftung Auschwitz-Birkenau, Auschwitz, 6. Dezember 2019.
658 Ebd.
659 Ebd.
660 Vgl. Angela Merkel, Rede anlässlich des Festakts zum Tag der Deutschen Einheit, Kiel, 3. Oktober 2019. Merkel sprach allerdings von »unserer Nation«.
661 Zit. n. Der Spiegel, »Wer konnte das ahnen?«, Nr. 40, 2. Oktober 1989, S. 21. Vgl. auch: Der Spiegel, Kohl: »Wir haben die Grenze anerkannt«, Nr. 29, 17. Juli 1989, S. 18–23. Ein kurze Videoaufnahme findet sich in einem Ausschnitt der Tagesschau (https://www.youtube.com/watch?v=Fuwr2NQVtIg, 26. 11. 2020).
662 Eduard Lintner, »Die aktuellen Chancen nutzen«. Wiedervereinigungspolitik parallel zur Abrüstung, Interview, in: Das Ostpreußenblatt, Folge 29, 22. Juli 1989, S. 3.
663 Vgl. Johannes Jäger, Die rechtsextreme Versuchung, Münster 2002, S. 68.
664 Zit. n. Karl Feldmeyer, CSU-Parteitag: Die neue Sprache Angela Merkels, in: FAZ, 21. November 2004 (https://www.faz.net/aktuell/politik/csu-parteitag-die-neue-sprache-angela-merkels-1193517.html, 26. 11. 2020).
665 Zit. n. Spiegel Online, Patriotismusdebatte: Merkel wettert gegen die Multikultur, 30. November 2004 (https://www.spiegel.de/politik/deutschland/patriotismus-debatte-merkel-wettert-gegen-die-multikultur-a-330263.html, 26. 11. 2020). Ob Angela Merkel ihre Worte ernst gemeint hat, sei dahingestellt. 2004 wird sie versucht haben, auch für konservative Anhänger der Union wählbar zu sein. Der damalige Generalsekretär der SPD, Klaus Uwe Benneter, hatte sie deshalb als »Verlegenheits-Patriotin« bezeichnet, was der Wahrheit vermutlich recht nahe kommt. Zit. n. ebd.
666 Zit. n. ebd.
667 Zit. n. Spiegel Online, Integration: Merkel erklärt Multikulti für gescheitert, 16. Oktober 2010 (https://www.spiegel.de/politik/deutschland/integration-merkel-erklaert-multikulti-fuer-gescheitert-a-723532.html, 26. 11. 2020).
668 Zit. n. ebd.
669 Zit. n. Die Welt, Horst Seehofer: »Der Islam gehört nicht zu Deutschland«, 15. März 2018 (https://www.welt.de/politik/deutschland/article174603526/Horst-Seehofer-Der-Islam-gehoert-nicht-zu-Deutschland.html, 26. 11. 2020).
670 Zit. n. Matthias Jung, Thomas Niehr, Karin Böke, Ausländer und Migranten im Spiegel der Presse. Ein diskurstheoretisches Wörterbuch zur Einwanderung seit 1945, Wiesbaden 2000, S. 171.
671 Zit. n. Severin Weiland, Geis-Entgleisung: Empörung über Gerede von der »durchrassten Gesellschaft«, in: Spiegel Online, 6. Februar 2002 (https://www.spiegel.de/politik/deutschland/geis-entgleisung-empoerung-ueber-gerede-von-der-durchrassten-gesellschaft-a-181032.html, 26. 11. 2020).
672 Zit. n. ebd.
673 Zit. n. Spiegel Online, »Kinder statt Inder«: Rüttgers verteidigt verbalen Ausrutscher, 9. März 2000 (https://www.spiegel.de/politik/deutschland/kinder-statt-in der-ruettgers-verteidigt-verbalen-ausrutscher-a-68369.html, 13. 12. 2020).
674 Zit. n. ebd.
675 Zit. n. Zeit Online, »Hart aber fair«: Joachim Herrmann äußert sich rassistisch

über Roberto Blanco, 1. September 2015 (https://www.zeit.de/gesellschaft/zeitgeschehen/2015-09/rassismus-herrmann-blanco-neger, 26. 11. 2020).

676 Martin Luther King, Acceptance Speech, Oslo, 10. Dezember 1964.

677 Vgl. Der Spiegel, Sterben die Deutschen aus? Mehr Sex – weniger Babys, Nr. 13, 24. März 1975, Titelblatt.

678 Zit. n. Die Kinder wollen keine Kinder mehr, in: Ebd., S. 41.

679 Zit. n. ebd.

680 Zit. n. ebd.

681 Zit. n. ebd.

682 Ebd., S. 57.

III. Das Bundesamt für Verfassungsschutz

1 Hans-Georg Maaßen, Abschiedsrede vor den Chefs der europäischen Inlandsgeheimdienste, Warschau, 18. Oktober 2018, dokumentiert in: Martin Knobbe, Wolf Wiedmann-Schmidt, Abschiedsrede im Wortlaut: Das Maaßen-Manuskript, in: Spiegel Online, 5. November 2018.

2 Dies gilt natürlich nicht nur für das Bundesamt für Verfassungsschutz, sondern auch für die einzelnen Landesämter. Sie arbeiten mit dem BfV zusammen, erhalten von diesem aber keine Weisungen. Da die Bundesebene die mit Abstand größte politische und mediale Aufmerksamkeit erfährt, steht sie im Mittelpunkt des Buches. Ergänzend und sehr selektiv wird in einzelnen Abschnitten aber auch auf die Arbeit der Landesämter eingegangen.

3 Schreiben der Militärgouverneure zum Grundgesetz (»Polizei-Brief«), Berlin, 14. April 1949, in: Jonas Grutzpalk u. a. (Hrsg.), Beiträge zu einer vergleichenden Soziologie der Polizei, Potsdam 2009, S. 103.

4 Vgl. Constantin Goschler, Michael Wala, »Das Bundesamt für Verfassungsschutz und die NS-Vergangenheit 1950–1975«. Ergebnissynopse, Köln, 29. Januar 2015.

5 Schreiben der Militärgouverneure zum Grundgesetz (14. 04. 1949): S. 103.

6 Vgl. Grundgesetz (1949).

7 Vgl. Bundesministerium des Innern, für Bau und Heimat, Verfassungsschutzbericht 2019, Berlin 2020, S. 15.

8 Aufgrund der allgemein üblichen Schreibweise wird nicht die Formulierung »Bundesamt für den Militärischen Abschirmdienst« genutzt, sondern die Abkürzung »MAD« beibehalten.

9 Vgl. Bundesministerium des Innern, für Bau und Heimat (2020): S. 15.

10 Vgl. Bundesnachrichtendienst, Unsere Standorte, Berlin 2020.

11 Vgl. Bundesministerium der Finanzen, Bundeshaushalt: Ausgaben 2018/Ist/Einzelplan/Bundeskanzlerin und Bundeskanzleramt, Berlin 2018. Bundesministerium der Finanzen, Bundeshaushalt: Ausgaben 2019/Ist/Einzelplan/Bundeskanzlerin und Bundeskanzleramt, Berlin 2019.

12 Vgl. Bundesamt für Verfassungsschutz, Die Organisation ist kein Geheimnis, Köln, Juli 2020.

13 Gesetz über die Zusammenarbeit des Bundes und der Länder in Angelegenheiten

des Verfassungsschutzes und über das Bundesamt für Verfassungsschutz (Bundesverfassungsschutzgesetz, BVerfSchG), Berlin, Ausfertigungsdatum vom 20. Dezember 1990, Fassung vom 19. Juni 2020.

14 Ebd.

15 Ebd.

16 Ebd.

17 Ebd.

18 Ebd.

19 Bundesamt für Verfassungsschutz, Schutz der Verfassung ist Schutz für alle Bürger, Köln, o. J. a.

20 Eckart Werthebach, Vorwort, in: Bundesamt für Verfassungsschutz, Aufgaben – Befugnisse – Grenzen, Köln, Oktober 1992, S. 3.

21 Vgl. Gesetz über die Voraussetzungen und das Verfahren von Sicherheitsüberprüfungen des Bundes und den Schutz von Verschlusssachen (Sicherheitsüberprüfungsgesetz, SÜG), Berlin, Ausfertigungsdatum vom 20. April 1994, Fassung vom 19. Juni 2020.

22 Gesetz über die Zusammenarbeit des Bundes und der Länder in Angelegenheiten des Verfassungsschutzes und über das Bundesamt für Verfassungsschutz (20.12.1990).

23 Horst Seehofer, Vorwort des Bundesministers des Innern, für Bau und Heimat, in: Bundesministerium des Innern, für Bau und Heimat, Verfassungsschutzbericht 2018, Berlin 2019, S. 3. Der Terminus »Frühwarnsystem« wird seit vielen Jahren verwendet, um die Funktion des BfV zu verdeutlichen. Vgl. z. B. Werthebach (1992): S. 4.

24 Vgl. Deutscher Bundestag, Parlamentarisches Kontrollgremium (PKGr), Berlin, o. J. Hinzu kommt das Amt des Ständigen Bevollmächtigten des Parlamentarischen Kontrollgremiums, der über einen eigenen Mitarbeiterstab verfügt. Vgl. Deutscher Bundestag, Arne Schlatmann zum Bevollmächtigten des Kontrollgremiums ernannt, Berlin, 10. Januar 2017.

25 Vgl. Die Bundesregierung, Berlin/Bonn: Dienstsitze des Bundeskanzleramts, Berlin, o. J.

26 Vgl. Die Bundesregierung, Organisationsplan des Bundeskanzleramtes, Berlin, 30. April 2020.

27 Vgl. Jan Fleischhauer, Im Kanzleramt, in: Der Spiegel, Nr. 38, 17. September 2005, S. 38.

28 Natürlich referiert in der Lagebesprechung nicht immer der Präsident. Expertise wird auch über Präsentationen der Experten der Behörde direkt zur Verfügung gestellt. Zu berücksichtigen sind bei der Erstellung von Lagebildern zudem komplexe Abstimmungsprozesse zwischen dem Bundeskanzleramt, dem BfV und weiteren Akteuren.

29 Bundesamt für Verfassungsschutz, BfV-Newsletter, Nr. 2, Thema 9: »Expertise zeigen« – Präventions- und Wirtschaftsschutzreferat des BfV auf der Hannover Messe und anderen Veranstaltungen, Köln, Juli 2018.

30 Vgl. Bundesamt für Verfassungsschutz, »Hybride Bedrohungen – Vernetzte Antworten«, 15. Symposium, Berlin, 14. Mai 2018. Yoram Cohen, Rede auf dem 14. BfV-Symposium, Berlin, 29. Mai 2017. Spiegel Online, Übermittelte Daten: Ver-

fassungsschutz verstärkt Zusammenarbeit mit US-Geheimdiensten, 11. Juni 2014 (https://www.spiegel.de/politik/deutschland/verfassungsschutz-arbeitet-eng-mit-us-geheimdiensten-zusammen-a-974647.html, 07. 11. 2020).

31 Vgl. Zeit Online, Offene Stellen: BND und Verfassungsschutz finden nicht genug Mitarbeiter, 8. Dezember 2018 (https://www.zeit.de/gesellschaft/zeitgeschehen/2018-12/bnd-verfassungsschutz-bewerber-offene-stellen, 07. 11. 2020).

32 Vgl. Office of the Director of National Intelligence, U.S. Intelligence Community Budget, Washington D.C., 18. März 2019.

33 Bundesministerium des Innern, für Bau und Heimat (2020): S. 23.

34 Vgl. ebd., S. 53, 116.

35 Vgl. ebd., S. 180, 236.

36 »Ein ›Gefährder‹ ist eine Person, zu der bestimmte Tatsachen die Annahme rechtfertigen, dass sie politisch motivierte Straftaten von erheblicher Bedeutung, insbesondere solche im Sinne des § 100a der Strafprozessordnung, begehen wird.« Bundeskriminalamt, Politisch motivierte Kriminalität, Wiesbaden, o. J.

37 Vgl. SZ, Islamisten: Seehofer: 615 Gefährder in Deutschland, 5. November 2020 (https://www.sueddeutsche.de/politik/islamisten-seehofer-615-gefaehrder-in-deutschland-1.5105608, 07. 11. 2020).

38 Vgl. Wagener (2018): S. 81–98.

39 Landeskriminalamt Niedersachsen, Polizeilicher Staatsschutz, Hannover 2020.

40 Vgl. Schindler (2020): S. 48.

41 Vgl. Die Bundesregierung (30. 04. 2020).

42 Vgl. Chris Joynes, Review of the literature on individual and institutional learning, Oxford, April 2018.

43 Vgl. dazu Abschnitt 4 in diesem Kapitel.

44 Vgl. Bundesamt für Verfassungsschutz, Geschichtsprojekt – Auftakt, Köln, o. J.

45 Vgl. Constantin Goschler, Michael Wala, »Keine neue Gestapo«. Das Bundesamt für Verfassungsschutz und die NS-Vergangenheit, Reinbek bei Hamburg 2015, S. 69 f.

46 Vgl. ebd., S. 52–91, 211–238, 337–346.

47 Vgl. Goschler/Wala (29. 01. 2015).

48 In den Medien wurde Hans Globke bereits sehr früh wegen seiner NS-Vergangenheit attackiert. Bundeskanzler Konrad Adenauer hielt dennoch mit großer Überzeugung an ihm fest. Vgl. Der Spiegel, Globke: Böse Erinnerungen, Nr. 14, 4. April 1956, S. 15–25.

49 Vgl. Der Spiegel, Verfassungsschutz: Nichts Unsittliches, Nr. 5, 24. Januar 1972, S. 26.

50 Vgl. Goschler / Wala (2015): S. 343 f.

51 Vgl. Irmgard Zündorf, Hermann Höcherl 1912–1989, in: LEMO, Berlin – Bonn – Koblenz, 15. Februar 2016.

52 Vgl. Goschler / Wala (2015): S. 355 f.

53 Vgl. Wolfgang Krieger, »Dr. Schneider« und der BND, in: Wolfgang Krieger (Hrsg.), Geheimdienste in der Weltgeschichte. Von der Antike bis heute, Köln 2007 [2003], S. 275–296.

54 Constantin Goschler, Michael Wala, Forschungsvorhaben »Organisationsgeschichte des BfV 1950–1975«. Zwischenergebnisse, Köln, Oktober 2013.

55 Goschler/Wala (2015): S. 358. Siehe auch ebd., S. 359.

56 Hinzu kommt bei vielen Menschen eine grundsätzlich skeptische Haltung gegen-

über dem Inlandsnachrichtendienst. Vgl. Thomas Grumke, Rudolf van Hüllen, Der Verfassungsschutz. Grundlagen. Gegenwart. Perspektiven?, 2. überarbeitete Auflage, Opladen – Berlin – Toronto 2019, S. 44–87.

57 Hans-Joachim Funke, Sicherheitsrisiko Verfassungsschutz. Staatsaffäre NSU: das V-Mann-Desaster und was daraus gelernt werden muss, Hamburg 2018, S. 161.

58 Ebd.

59 V-Mann bedeutet in der Ausschreibung »Vertrauensmann«.

60 Zit. n. Der Spiegel, NPD: Tut und Tut, Nr. 52, 23. Dezember 1968, S. 27. Das Cover dieser Ausgabe zeigt ein durchgekreuztes »NPD«, darunter den Titel »Verbot?«.

61 Vgl. zu den Hintergründen Eckhard Jesse, Der gescheiterte Verbotsantrag gegen die NPD. Die streitbare Demokratie ist beschädigt worden, in: Politische Vierteljahresschrift, Nr. 3, 2003, S. 292–301.

62 Bundesverfassungsgericht, Beschluss des Zweiten Senats, 2 BvB 1/01, Karlsruhe, 18. März 2003.

63 Ebd.

64 Ebd.

65 Vgl. Jesse (2003): S. 299.

66 Die Zuständigen werden darauf verweisen, dass mit solchen V-Männern die Vorbereitung schwerer Straftaten präventiv aufgeklärt werden kann. Im Schwerpunkt ging es im konkreten Fall aber immer darum nachzuweisen, dass die NPD gegen die freiheitliche demokratische Grundordnung agiert.

67 Udo Voigt, »Ziel ist, die BRD abzuwickeln«, Interview, in: Junge Freiheit, 24. September 2004.

68 Ebd.

69 Ebd.

70 Ebd.

71 Vgl. Uwe Wesel, Mahlers Welt, in: Zeit Online, 31. Mai 2001 (https://www.zeit.de/2001/23/Mahlers_Welt/komplettansicht, 07. 11. 2020).

72 Vgl. Jochen Leffers, Rechtsextremist Günter Deckert: Erst Gefängnis, dann Jurastudium, in: Spiegel Online, 30. April 2001 (https://www.spiegel.de/lebenundlernen/uni/rechtsextremist-guenter-deckert-erst-gefaengnis-dann-jurastudium-a-130557.html, 07. 11. 2020).

73 Vgl. Spiegel Online, Verbotsantrag: Verfassungsschutz führte elf V-Leute in der NPD-Spitze, 15. Mai 2015 (https://www.spiegel.de/politik/deutschland/verfassungsschutz-fuehrte-elf-v-leute-in-der-npd-spitze-a-1033842.html, 07. 11. 2020).

74 Vgl. Bundesverfassungsgericht, Beschluss des Zweiten Senats, 2 BvB 1/13, Karlsruhe, 2. Dezember 2015.

75 Bundesverfassungsgericht (17. 01. 2017). Das Original ist fett gesetzt.

76 Ebd.

77 Ebd.

78 Ebd.

79 Ebd.

80 Vgl. Maik Baumgärtner u. a., Letzte Ausfahrt Eisenach, in: Der Spiegel, Nr. 46, 14. November 2011, S. 71.

81 Einen guten und auf die wesentlichen Ereignisse konzentrierten Überblick zum Thema liefert die Dokumentation von: Annette Ramelsberger u. a., Der NSU-

Prozess. Das Protokoll, Band 2: Plädoyers und Urteil, Materialien, Bonn 2019, S. 1868–1899.

82 Vgl. Julia Jüttner, V-Leute im »Thüringer Heimatschutz«: »Spitzel bespitzelt Spitzel«, in: Spiegel Online, 4. September 2012 (https://www.spiegel.de/panorama/nsu-40-v-leute-im-thueringer-heimatschutz-a-853927.html, 08. 11. 2020).

83 Vgl. Jörg Diehl, Verfassungsschutzskandal: Geschreddertes Vertrauen, in: Spiegel Online, 2. Juli 2012 (https://www.spiegel.de/panorama/justiz/fromm-ruecktritt-rekonstruktion-des-verfassungsschutz-skandals-a-842138.html, 08. 11. 2020).

84 Zit. n. Spiegel Online, NSU-Affäre: Verfassungsschützer manipulierten Dateien, 1. Juli 2012 (https://www.spiegel.de/panorama/justiz/nsu-akten-verfassungsschuetzer-fromm-raeumt-fehler-ein-a-841948.html, 08. 11. 2020).

85 Vgl. Bundesministerium des Innern, für Bau und Heimat/Bundeskriminalamt, Politisch motivierte Kriminalität im Jahr 2019. Bundesweite Fallzahlen, Berlin, 12. Mai 2020, S. 7. Bundesministerium des Innern, für Bau und Heimat, Politisch motivierte Kriminalität im Jahr 2017. Bundesweite Fallzahlen, Berlin, 8. Mai 2018, S. 6 f. Bundesministerium des Innern, für Bau und Heimat, PMK-Straftaten gegen Asylunterkünfte nach Deliktsbereichen 2014 und 2015, Berlin, 23. Mai 2016.

86 Vgl. ebd.

87 Vgl. dazu die Dokumentation »Fall Walter Lübcke« bei Spiegel Thema, Hamburg 2020 (https://www.spiegel.de/thema/fall_walter_luebcke/, 09. 11. 2020).

88 Vgl. dazu die Dokumentation »Angriff in Halle (Saale)« bei Spiegel Thema, Hamburg 2020 (https://www.spiegel.de/thema/angriff_in_halle_saale/, 09. 11. 2020).

89 Vgl. dazu die Dokumentation »Anschlag in Hanau« bei Spiegel Thema, Hamburg 2020 (https://www.spiegel.de/thema/bluttat-in-hanau/, 09. 11. 2020).

90 Vgl. Malene Gürgen, Neue Zahlen zu rechten Gewalttaten: Das rechte Auge bleibt blind, in: taz, 5. Juli 2018 (https://taz.de/Neue-Zahlen-zu-rechten-Gewalttaten/!5519023/, 09. 11. 2020).

91 Vgl. Friederike Haupt, Verfassungsschutz: Auf dem rechten Auge blind?, in: FAZ, 23. Juni 2019 (https://www.faz.net/aktuell/politik/inland/hat-der-verfassungsschutz-im-fall-luebcke-ein-problem-16249057.html, 09. 11. 2020).

92 Eine Analyse des Mitteldeutschen Rundfunks (MDR) kam zu dem Schluss, dass Stephan Balliet keine direkten Kontakte zur rechten Szene in Halle gehabt habe. Daher wurde über »Zusammenhänge« zwischen ideologischen Strömungen und dem Weltbild des Attentäters spekuliert. Vgl. Alisa Sonntag, Radikalisierung im Netz: Was der Anschlag in Halle mit der Neuen Rechten zu tun hat, in: MDR Sachsen-Anhalt, 4. November 2019 (https://www.mdr.de/sachsen-anhalt/landespolitik/patrick-stegemann-neue-rechte-anschlag-halle-100.html, 09. 11. 2020).

93 Das Fazit einer SZ-Betrachtung zur Motivation Tobias Rathjens lautet: »Oft sind sie Einzelgänger, ermutigt von einem Strom völkischer Gesinnung – der bis in die Parlamente reicht.« Annette Ramelsberger, Anschlag in Hanau: Die Gewaltbereiten fühlen sich plötzlich verstanden, in: SZ, 21. Februar 2020 (https://www.sueddeutsche.de/politik/anschlag-hanau-terror-1.4806195, 09. 11. 2020).

94 Vgl. Uwe Müller, Christian Schweppe, Verfassungsschutz: Geheimakten verraten Nähe zwischen Lübcke-Mörder und prominentem Neonazi, in: Die Welt, 25. Oktober 2020 (https://www.welt.de/politik/deutschland/article218442702/Verfassungsschutz-Luebcke-Moerder-mit-Kontakten-zu-NPD-Kader-Heise.html, 09. 11. 2020).

95 Bei Christian Fuchs, Journalist der Wochenzeitung *Die Zeit*, klingen Ausführungen zum Täter im Mordfall Lübcke entsprechend inhaltslos, da er ausschließlich spekuliert und auf dieser »Basis« Urteile fällt: »Die AfD ist da auch nicht im luftleeren Raum. Auch die wird ja sehr, sehr stark ideologisch und auch von dem Mitarbeiterstab her geprägt von der sogenannten Neuen Rechten, von dieser Strömung, die immer wieder auch aufrufen, die Protagonisten, auf Pegida-Demonstrationen zum Beispiel oder in ihren Theorietexten zum Widerstand, zum Systemsturz. Das sind alles Dinge, die jetzt auch bei Stephan E., glaube ich (sic!), auf offene Ohren gestoßen sind.« Christian Fuchs, Mord an Walter Lübcke: »Gibt auf jeden Fall eine Mitschuld der Neuen Rechten«, Interview mit Dirk Müller, in: Deutschlandfunk, 26. Juni 2019 (https://www.deutschlandfunk.de/mord-an-walter-luebcke-gibt-auf-jeden-fall-eine-mitschuld.694.de.html?dram:article_id=452359, 09.11.2020).

96 Vgl. Matthias Bartsch u.a., Der Feind im Innern, in: Der Spiegel, Nr. 33, 8. August 2020, S. 8–17.

97 Ebd., S. 13.

98 Vgl. ebd., S. 16.

99 Vgl. Bundespräsident, Anordnung über die Kennzeichnung der Luftfahrzeuge und Kampffahrzeuge der Bundeswehr, Bonn, 1. Oktober 1956.

100 Bartsch (08.08.2020): S. 10.

101 Ebd., S. 11.

102 Ebd., S. 10.

103 Ebd.

104 Ebd., S. 11.

105 Ebd.

106 Ebd., S. 12.

107 Ebd.

108 Ebd.

109 Ebd., S. 13.

110 Ebd., S. 15.

111 Ebd.

112 Ebd., S. 16.

113 Ebd., S. 17.

114 Vgl. SZ, Rechte Chatgruppen: Durchsuchungen bei Polizisten in Mecklenburg-Vorpommern, 18. September 2020 (https://www.sueddeutsche.de/politik/polizei-chats-rechtsextremismus-1.5037506, 09.11.2020).

115 Strauss (1993): S. 205.

116 Vgl. zur umstrittenen Zahl der Teilnehmer: Holger Dambeck, Corona-Proteste in Berlin: Faktencheck zur Teilnehmerzahl, in: Spiegel Online, 30. August 2020 (https://www.spiegel.de/politik/deutschland/corona-proteste-in-berlin-fakten check-zur-teilnehmerzahl-a-bed7b31e-53ab-48da-8643-16f368d4dec3, 09.11.2020).

117 Vgl. Rundfunk Berlin-Brandenburg (rbb), Verfassungsschutz stellt Lagebericht vor: Rund 2500 Rechtsextreme bei Corona-Demo im August, 9. September 2020 (https://www.rbb24.de/politik/thema/2020/coronavirus/beitraege_neu/2020/09/berlin-ausschuss-verfassungsschutz-corona-demonstrationen.html, 09.11.2020).

118 Saskia Esken, Twitter-Beitrag vom 30. August 2020.

119 Auf der Demonstration waren vereinzelt kaiserliche Reichskriegsflaggen zu sehen, deren Zeigen in der Öffentlichkeit zum damaligen Zeitpunkt nicht verboten war. Als verfassungsfeindlich gilt die Reichskriegsflagge mit Hakenkreuz aus der Zeit des Nationalsozialismus.

120 Vgl. Dominik Rzepka, Reichsflaggen vor dem Reichstag: »Diese Bilder sind beschämend«, in: ZDF, 29. August 2020 (https://www.zdf.de/nachrichten/politik/corona-demonstration-reichstag-100.html, 09.11.2020).

121 FAZ, Steinmeier fordert entschiedenen Kampf gegen Rechtsextremismus. Bundespräsident empfängt Polizisten, die Angriff auf Reichstag abgewehrt haben, Nr. 203, 1. September 2020, S. 1.

122 Zit. n. FAZ, Steinmeier verurteilt »Angriff auf das Herz unserer Demokratie«. Anit-Corona-Demonstranten besetzen Reichstagstreppe/Polizei löst Proteste auf, Nr. 202, 31. August 2020, S. 1.

123 Vgl. Bild, Corona-Demo in Berlin: Video zeigt, wie es wohl zum versuchten Sturm des Reichstags kam, Berlin, 31. August 2020 (https://www.youtube.com/watch?v=wLIcOv6BMWw, 09.11.2020). In dem Video ist eine Frau zu sehen, die mit kreischender Stimme ihre Zuhörer aufhetzt. Sie fordert die Menge auf, sich Richtung Reichstag zu bewegen, und fügt hinzu: Wir »setzen uns friedlich auf die Treppe.« Auf einem anderen Video ist zu hören, wie einer der Demonstranten einem nachvollziehbar gestressten Polizisten entgegenruft: »Keiner will Dir was.« Zit. n. Der Tagesspiegel, Video zeigt chaotische Szenen: Wer beim Sturm auf die Reichstagstreppe mitmischte, 30. August 2020 (https://www.tagesspiegel.de/politik/video-zeigt-chaotische-szenen-wer-beim-sturm-auf-die-reichstagstreppe-mitmischte/26141214.html, 09.11.2020).

124 Vgl. rbb (09.09.2020).

125 Frank-Walter Steinmeier, Dank an Polizisten für ihren Einsatz, Berlin, 31. August 2020.

126 Thomas Haldenwang, Interview (Ausschnitt) mit dem ARD-Magazin »Kontraste«, o. O., 26. August 2020.

127 Zit. n. FAZ, »Starke rechtsextreme Komponente«, Nr. 204, 2. September 2020, S. 1.

128 Vgl. Bundesamt für Verfassungsschutz, Rechtsextremismus: Symbole, Zeichen und verbotene Organisationen, Köln, Oktober 2018, S. 51. Freistaat Sachsen/Landesamt für Verfassungsschutz, Rechtsextremismus: Augen auf! Sehen – Erkennen – Handeln. Rechtsextremistische Symbole, Kennzeichen und Organisationen, 3. überarbeitete Auflage, Dresden, September 2019, S. 7, 20. Ministerium für Inneres und Sport Mecklenburg-Vorpommern/Abteilung Verfassungsschutz, Rituale und Symbole der rechtsextremistischen Szene, Schwerin, Juli 2015, S. 19 f.

129 Schieder (1961): S. 83.

130 Vgl. Stiftung Internationaler Karlspreis zu Aachen, Karl der Große und der Internationale Karlspreis, Aachen, o. J.

131 Die Zweifel an der Zahl 4500 werden vom Stadtarchivar Verdens, Björn Emigholz, gut begründet. Vgl. Marius Werle, Die Legende vom »Blutgericht«, in: Weser Kurier, 14. Februar 2015 (https://www.weser-kurier.de/region/verdener-nachrichten_artikel,-Die-Legende-vom-Blutgericht-_arid,1056578.html, 09.11.2020).

132 Zit. n. Spiegel Online, Verfassungsschutzpräsident: Maaßen sieht keine Beweise für Hetzjagd in Chemnitz, 7. September 2018 (https://www.spiegel.de/politik/deutsch

land/hans-georg-maassen-sieht-keine-beweise-fuer-hetzjagd-in-chemnitz-a-1226949.html, 09.11.2020).

133 Vgl. Daniel Bouhs, Faktencheck: Chemnitz-Videos auf dem Prüfstand, in: NDR/ZAPP, 12. September 2018 (https://www.ndr.de/fernsehen/sendungen/zapp/medien politik/Faktencheck-Chemnitz-Videos-auf-dem-Pruefstand,faktencheck180.html, 09.11.2020).

134 Steffen Seibert, Pressekonferenz, in: Die Welt, Regierungssprecher Seibert: Bundesregierung verurteilt »Hetzjagden« in Chemnitz scharf, 27. August 2018.

135 Hans-Georg Maaßen hat sich in der Folgezeit mehrfach zu den Vorgängen von Chemnitz geäußert. Gespräche wie jene mit Markus Lanz zeigen gleichwohl, dass viele Journalisten nicht bereit sind, seinen nüchternen und inhaltlich überzeugenden Erklärungen zu folgen. Vgl. Markus Lanz, Talkshow des ZDF, Sendung vom 17. Dezember 2019.

136 Der Präsident steht grundsätzlich in der Verantwortung. Von außen kann nicht eingeschätzt werden, welche Personen aus seinem unmittelbaren Umfeld oder den einzelnen Abteilungen ebenfalls zu *intelligence to please* neigen und damit den internen Entscheidungsprozess beeinflussen.

137 Loch K. Johnson, National Security Intelligence, in: Loch K. Johnson (Hrsg.), The Oxford Handbook of National Security Intelligence, Oxford – New York 2010, S. 22.

138 Uri Bar-Joseph, Rose McDermott, The Intelligence Analysis Crisis, in: Johnson (2010): S. 370.

139 James J. Wirtz, The Tet Offensive. Intelligence Failure in War, New York 1994 [1991], S. 8.

140 Ebd.

141 Ebd.

142 Marina Caparini, Controlling and Overseeing Intelligence Services in Democratic States, in: Hans Born, Marina Caparini (Hrsg.), Democratic Control of Intelligence Services. Containing Rogue Elephants, London – New York 2007, S. 7.

143 Diese Sichtweise teilt: Loch Johnson, The Liaison Arrangements of the Central Intelligence Agency, in: Athan Theoharis u.a. (Hrsg.), The Central Intelligence Agency. Security under Scrutiny, Westport – London 2006, S. 102.

144 Einige Fälle, die Züge eines Staatstreiches aufweisen, finden sich bei: Bar-Joseph/McDermott (2010): S. 370.

145 Vgl. D. Banse, U. Müller, Der Fall »Curveball«: Wie ein BND-Informant den Irak-Krieg auslöste, in: Die Welt, 28. August 2011 (https://www.welt.de/politik/specials/911/article13568908/Wie-ein-BND-Informant-den-Irak-Krieg-ausloeste.html, 09.11.2020).

146 Zit. n. FAZ, Irak-Krieg: Powell: »Schandfleck meiner Karriere«, 9. September 2005 (https://www.faz.net/aktuell/politik/europaeische-union/irak-krieg-powell-schandfleck-meiner-karriere-1255325.html, 09.11.2020).

147 Vgl. Mark Phythian, The Perfect Intelligence Failure? U.S. Pre-War Intelligence on Iraqi Weapons of Mass Destruction, in: Politics & Policy, Nr. 2, 2006, S. 400–424.

148 George J. Tenet sagte am 19. März 2002 vor einem Ausschuss des Senats, dass der Irak »continues to build and expand an infrastructure capable of producing WMD [Weapons of Mass Destruction, M. W.]. Baghdad is expanding its civilian chemical industry in ways that could be diverted quickly to CW [Chemical Weapons,

M. W.] production. We believe it also maintains an active and capable BW [Biological Weapons, M. W.] program«. George J. Tenet, DCI Worldwide Threat Briefing 2002: Converging Dangers in a Post 9/11 World, Testimony Before the Senate Armed Services Committee, Washington D.C., 19. März 2002.

149 Zit. n. Spiegel TV, »Curveball«: Die Geschichte des BND-Supergaus, 1. April 2008 (https://www.spiegel.de/video/curveball-die-geschichte-des-bnd-supergaus-video-28755.html, 09. 11. 2020).

150 Zugunsten von August Hanning ist festzuhalten, dass dessen Begründung für dieses Vorgehen durchaus überzeugt: »Man muss sich nur vorstellen, welche Vorwürfe gegen die Deutschen erhoben worden wären, wenn wir die Angaben unserer Quelle zurückgehalten hätten und Massenvernichtungswaffen gefunden worden wären. Wenn womöglich Soldaten unserer Verbündeten zu Schaden gekommen wären, weil wir eine Zusammenarbeit verweigert hätten.« Zit. n. Banse/Müller (28. 08. 2011).

151 Goschler/Wala (2015): S. 360 f.

152 Ebd., S. 361. Siehe auch ebd., S. 349.

153 Vgl. Joachim Wagner, Verkappte Staatsfeinde oder unbequeme Demokraten? Wie der Verfassungsschutz die Grünen beobachtet, in: Die Zeit, Nr. 52, 20. Dezember 1985 (https://www.zeit.de/1985/52/verkappte-staatsfeinde-oder-unbequeme-demokraten/komplettansicht, 09. 11. 2020). Die Zeit, Grüne – ganz groß, Nr. 6, 30. Januar 1987 (https://www.zeit.de/1987/06/gruene-ganz-gross/komplettansicht, 10. 11. 2020). Siehe dazu auch: Jörg Schindler, Linke unter Beobachtung: Wie damals bei den Grünen, in: Frankfurter Rundschau (FR), 22. Juli 2010 (https://www.fr.de/politik/damals-gruenen-11465846.html, 25. 01. 2021).

154 Das Nachrichtendienstliche Informationssystem (NADIS) ist ein Datenverbund, der das BfV und die Landesämter für Verfassungsschutz miteinander vernetzt. Vgl. Bundesamt für Verfassungsschutz, Glossar: NADIS, Köln, o. J. (https://www.verfassungsschutz.de/de/service/glossar/nadis, 22. 11. 2020).

155 Wagner (20. 12. 1985).

156 Vgl. Der Bundesminister des Innern, Verfassungsschutzbericht 1986, Bonn, August 1987, S. 69, 88, 92, 93, 108. Der Bundesminister des Innern, Verfassungsschutz 1981, Bonn 1982, S. 107.

157 Der Bundesminister des Innern, Verfassungsschutz 1982, Bonn, April 1983, S. 85.

158 Der Bundesminister des Innern, Verfassungsschutzbericht 1987, Bonn, Juni 1988, S. 55.

159 Der Bundesminister des Innern (August 1987): S. 101.

160 Vgl. zum damaligen Diskurs: Friedhelm Hase, Die Grünen – eine verfassungsfeindliche Partei?, in: Zeitschrift für Rechtspolitik, Nr. 4, April 1984, S. 86–93. Richard Stöss, Sollen die Grünen verboten werden? Zur Kritik konservativer Staatsrechtslehrer an der Verfassungsmäßigkeit der Grünen/Alternativen, in: Politische Vierteljahresschrift, Nr. 4, Dezember 1984, S. 403–424.

161 Vgl. Der Spiegel, Björn und die Detektive. Der Sozialdemokrat Engholm im Visier der Geheimdienste, Nr. 23, 7. Juni 1993, S. 72, 75, 77, 80.

162 Vgl. Focus Magazin, Verfassungsschutz: »Kein Verdacht gegen Björn Engholm«, Nr. 23, 7. Juni 1993 (https://www.focus.de/magazin/archiv/verfassungsschutz-kein-verdacht-gegen-bjoern-engholm_aid_142979.html, 10. 11. 2020).

163 Vgl. Verfassungsschutz Mecklenburg-Vorpommern, Funktionen und Aufgaben, Schwerin 2020.

164 Aus Gründen des Quellenschutzes kann an dieser Stelle nicht offengelegt werden, wer die Information zur Verfügung gestellt hat. Das Gespräch mit der in jeder Hinsicht glaubwürdigen Person hat 2019 stattgefunden.

165 Soweit sich die nachfolgenden Überlegungen auf generelle Zusammenhänge beziehen, ist damit grundsätzlich das Verhalten von Beamten in deutschen Großbürokratien gemeint. Anspielungen auf konkrete Geschehnisse in einer spezifischen Behörde oder in einem Ministerium können daraus nicht abgeleitet werden.

166 Max Weber, Politik als Beruf, Ditzingen 1997 [1919], S. 32.

167 Dabei geht es, sehr technokratisch gesprochen, um die »Nutzbarmachung des Menschen für das Erreichen der Organisationsziele«. Hans-Ulrich Derlien, Doris Böhme, Markus Heindl, Bürokratietheorie. Einführung in eine Theorie der Verwaltung, Wiesbaden 2011, S. 164.

168 Graham Allison, Philip Zelikow, Essence of Decision. Explaining the Cuban Missile Crisis, 2. Auflage, New York u. a. 1999, S. 143.

169 Funktionale Politisierung ist »die politisch vorausschauende Handlungsweise von Bürokraten als Ausdruck von Selbstverständnis, Verwaltungskultur und Erwartungshaltung der politischen Führung.« Jörg Bogumil, Falk Ebinger, Linda Jochheim, Spitzenbeamte und ihr Verhalten bei politisch relevanten Entscheidungen, in: Dieter Schimanke, Sylvia Veit, Hans Peter Bull (Hrsg.), Bürokratie im Irrgarten der Politik. Gedächtnisband für Hans-Ulrich Derlien, Baden-Baden 2012, S. 155. In der wissenschaftlichen Forschung ist festgestellt worden, dass Spitzenbeamte in dieser Hinsicht sensibilisiert sind. Vgl. ebd., S. 168–170.

170 Vgl. Klaus Naumann, Arme Armee, in: SZ, 3. Juli 2018 (https://www.sueddeutsche.de/politik/aussenansicht-arme-armee-1.4038460, 10.11.2020). Harald Kujat, »Unsere Sicherheit ist bei dieser Bundesregierung nicht in guten Händen«, Interview mit Christoph Pagel, in: Focus Online, 14. Februar 2019 (https://www.focus.de/politik/sicherheitsreport/harald-kujat-im-interview-bei-dieser-bundesregierung-habe-ich-angst-um-unsere-sicherheit_id_10318803.html, 10.11.2020).

171 Vgl. Peter Burghardt, Joachim Wundrak: Der Ex-Offizier, der für die AfD kandidiert, in: SZ, 31. Juli 2019 (https://www.sueddeutsche.de/politik/afd-hannover-wundrak-1.4546483, 10.11.2020).

172 Vgl. Thorsten Jungholt, Bundeswehr: Der Drohnen-Pionier, den von der Leyen kaltstellte, in: Die Welt, 13. Juni 2018 (https://www.welt.de/politik/deutschland/article177506920/Bundeswehr-Der-Drohnen-Pionier-den-von-der-Leyen-kaltstellte.html, 10.11.2020).

173 Vgl. Martin Knobbe, Jörg Schindler, Fidelius Schmid, Luxus auf Staatskosten: Und zwölf Gläser Grappa zu je 18,60 Euro, in: Spiegel Online, 21. Oktober 2016 (https://www.spiegel.de/spiegel/bundesnachrichtendienst-guido-mueller-und-sein-luxus-auf-staatskosten-a-1117708.html, 10.11.2020).

174 Vgl. Bild, Protz auf Staatskosten: Die teuren Eskapaden des BND-Vize, 22. Oktober 2016 (https://www.bild.de/politik/inland/bnd/bnd-vize-verschwendung-48405082.bild.html, 10.11.2020).

175 Vgl. Focus Online, Nur zwei Fachgespräche und viel Folklore: Dienstreise nach Mexiko: BND-Vize verärgert das Kanzleramt, 27. Februar 2017 (https://www.focus.

de/politik/deutschland/nur-zwei-fachgespraeche-und-viel-folklore-dienstreise-nach-mexiko-bnd-vize-veraergert-das-kanzleramt_id_6704477.html, 10. 11. 2020).

176 Zit. n. Knobbe/Schindler/Schmid (21. 10. 2016).

177 Vgl. Rudi Wais, Berlin: Wer soll die Geheimdienste überwachen?, in: Main-Post, 27. September 2016 (https://www.mainpost.de/ueberregional/politik/zeitgeschehen/Wer-soll-die-Geheimdienste-ueberwachen;art16698,9365437, 10. 11. 2020).

178 Bundesbeamtengesetz (BBG), Berlin, Ausfertigungsdatum vom 5. Februar 2009, Fassung vom 20. November 2019.

179 Gesetz zur Regelung des Statusrechts der Beamtinnen und Beamten in den Ländern (Beamtenstatusgesetz, BeamtStG), Berlin, Ausfertigungsdatum vom 17. Juni 2008, Fassung vom 20. November 2019.

180 Ulrike Schmidt, Jana Hechel, Die Rechtsstellung der Staatssekretäre in den Bundesländern, Parlamentarischer Beratungsdienst, Landtag Brandenburg, Potsdam, 16. August 2011, S. 8. So auch Christian Lindenschmidt: »Vor diesem Hintergrund ist die Berücksichtigung parteipolitischer Einstellungen bei der Berufung politischer Beamter ausnahmsweise zulässig.« Christian Lindenschmidt, Zur Strafbarkeit der parteipolitischen Ämterpatronage in der staatlichen Verwaltung, Schriften zum Strafrecht, Heft 156, Berlin 2004, S. 39. Siehe dazu auch Katja Schwanke, Falk Ebinger, Politisierung und Rollenverständnis der deutschen Administrativen Elite 1970 bis 2005 – Wandel trotz Kontinuität, in: Jörg Bogumil, Werner Jann, Frank Nullmeier (Hrsg.), Politik und Verwaltung, Politische Vierteljahresschrift, Sonderheft, Nr. 37, 2006, S. 234–236.

181 Vgl. zu dieser Problematik: Jörg Auf dem Hövel, Politisierung der öffentlichen Verwaltung durch Parteien? Ursachenforschung und normative Debatte, in: Zeitschrift für Parlamentsfragen, Nr. 1, 1996, S. 82–95.

182 Ebd., S. 84.

183 Vgl. Bogumil/Ebinger/Jochheim (2012): S. 156 f.

184 Theodor Eschenburg, Politische Beamte sind überflüssig, in: Die Zeit, Nr. 10, 6. März 1959. Eine entgegengesetzte Position zu Theodor Eschenburg vertritt: Philip Manow, Die politische Kontrolle der Ministerialbürokratie des Bundes: Die Bedeutung der Landesebene, in: Steffen Ganghof, Philip Manow (Hrsg.), Mechanismen der Politik. Strategische Interaktion im deutschen Regierungssystem, Frankfurt am Main 2005, S. 245–275.

185 Vgl. Theodor Eschenburg, Ämterpatronage, Stuttgart 1961, S. 12–18. »Das letzte Ziel der Herrschaftspatronage ist, daß im Sinne des Patrons regiert und verwaltet wird.« Ebd., S. 12.

186 Ebd., S. 14.

187 Vgl. Handelsblatt, Illustre Verflechtungen mit der Politik: Hintergrund: PR-Berater Hunzinger, 22. Juli 2002 (https://www.handelsblatt.com/archiv/illustre-verflechtungen-mit-der-politik-hintergrund-pr-berater-hunzinger/2184156.html, 19. 04. 2021).

188 Vgl. Maren Richter, Leben im Ausnahmezustand. Terrorismus und Personenschutz in der Bundesrepublik Deutschland (1970–1993), Frankfurt am Main 2014, S. 106.

189 Vgl. Senatsverwaltung für Inneres und Sport, Dr. Eckart Werthebach, Berlin, o. J.

190 Vgl. Peter Fahrenholz, Ludwig-Holger Pfahls: Der Fall eines Prinzen, in: SZ,

17. Mai 2010 (https://www.sueddeutsche.de/politik/ludwig-holger-pfahls-der-fall-eines-prinzen-1.298836, 10. 11. 2020).

191 Vgl. Günter Bannas, Peter Carstens, Hanning muss gehen: Eine Zentralfigur der Terrorabwehr, in: FAZ, 6. November 2009 (https://www.faz.net/aktuell/politik/inland/hanning-muss-gehen-eine-zentralfigur-der-terrorabwehr-1883059.html, 10. 11. 2020).

192 Vgl. Focus Online, Im Fall von Merkel-Sieg: BND-Chef Kahl soll Staatssekretär im Kanzleramt werden, 2. September 2017 (https://www.focus.de/politik/deutschland/bundestagswahl_2017/karrieresprung-bei-merkels-bnd-chef-kahl-soll-staatssekretaer-im-kanzleramt-werden_id _7544768.html, 10. 11. 2020).

193 Vgl. Who's Who, Biografie: Hans-Georg Wieck, Rheinmünster, o. J.

194 Vgl. Who's Who, Biografie: Klaus Kinkel, Rheinmünster, o. J.

195 Vgl. Bernd Stöver, Der Fall Otto John, Neue Dokumente zu den Aussagen des deutschen Geheimdienstchefs gegenüber MfS und KGB, in: Vierteljahreshefte für Zeitgeschichte, Nr. 1, 1999, S. 103–136.

196 Vgl. Spiegel Online, Betrugsprozess: Haftstrafe gegen Ex-Staatssekretär Pfahls ist rechtskräftig, 27. Dezember 2011 (https://www.spiegel.de/politik/deutschland/betrugsprozess-haftstrafe-gegen-ex-staatssekretaer-pfahls-ist-rechtskraeftig-a-805958.html, 10. 11. 2020).

IV. Rechte, Rechtspopulisten und Rechtsextremisten

1 Joachim Gauck (in Zusammenarbeit mit Helga Hirsch), Toleranz – einfach schwer, 2. Auflage, Freiburg – Basel – Wien 2019, S. 109.

2 Daniel Deckers, Ramelow, in: FAZ, Nr. 250, 28. Oktober 2019, S. 1.

3 Vgl. Bundesministerium des Innern, für Bau und Heimat (2020): S. 169.

4 Vgl. Antikapitalistische Linke, Aufruf: Kapitalismus bedeutet Krieg, Umweltzerstörung und Armut – für eine antikapitalistische LINKE, Hannover, 9. November 2013.

5 Vgl. Marcel Leubecher, Barbara Borchardt: Nordost-CDU steht zur sozialistischen Verfassungsrichterin, in: Die Welt, 15. Juni 2020 (https://www.welt.de/politik/deutschland/article209630711/Barbara-Borchardt-Nordost-CDU-steht-zur-sozialistischen-Richterin.html, 08. 11. 2020).

6 Zit. n. Frank Heindl, Thüringen nach der Landtagswahl: Droht die Unregierbarkeit?, in: Web.de, 28. Oktober 2019 (https://web.de/magazine/politik/wahlen/landtagswahlen/thueringen/thueringen-landtagswahl-droht-unregierbarkeit-34134950, 08. 11. 2020).

7 Frank-Walter Steinmeier, »Unsere Verantwortung kennt keinen Schlussstrich«, Interview mit Dirk Kurbjuweit und Veit Medick, in: Der Spiegel, Nr. 38, 14. September 2019, S. 24.

8 Vgl. Zeit Online, Wiebke Binder: MDR entschuldigt sich für Wortwahl von Moderatorin, 2. September 2019 (https://www.zeit.de/kultur/film/2019-09/wiebke-binder-mdr-landtagswahl-entschuldigung, 08. 11. 2020).

9 Das Video ist u. a. über den Twitter-Zugang von Heiko Maas dokumentiert wor-

den, dort mit Datum vom 15. September 2019 (https://twitter.com/HeikoMaas/status/1173139512576360448, 08. 11. 2020).

10 Ebd.

11 »Es liegt an uns, für eine freie Gesellschaft einzutreten und die Demokratie gemeinsam zu verteidigen. Danke an Herbert #Groenemeyer und alle[n] anderen, die das jeden Tag tun.« Ebd.

12 Zit. n. Focus Online, Wegen Tweet: Medienbericht: AfD-Lokalpolitiker stellen Strafanzeige gegen stellvertretenden Chef der Bundes-SPD, 6. Mai 2017 (https://www.focus.de/regional/bayern/wegen-tweet-afd-stellt-strafanzeige-gegen-stell vertretenden-chef-der-bundes-spd_id_5536505.html, 08. 11. 2020).

13 Zit. n. Die Welt, Nordrhein-Westfalen: Laschet warnt vor rot-rot-grüner Koalition, 12. Oktober 2019 (https://www.welt.de/regionales/nrw/article201793576/Laschet-warnt-vor-rot-rot-gruener-Koalition.html, 08. 11. 2020).

14 Vgl. Spiegel Online, Gewaltsame Übergriffe: Dutzende Attacken gegen Politiker – AfD am stärksten betroffen, 22. August 2019 (https://www.spiegel.de/politik/deutschland/afd-politiker-am-staerksten-betroffen-31-gewaltattacken-gegen-politiker-a-1283211.html, 08. 11. 2020).

15 Vgl. Spiegel Online, Jahresbericht: Angriffe auf Politikerinnen und Politiker haben weiter zugenommen, 8. Februar 2021 (https://www.spiegel.de/politik/deutsch land/deutschland-angriffe-auf-afd-mitglieder-und-gruene-haben-weiter-zuge nommen-a-93fc89bb-4070-4186-8edc-064351c04ca4, 09.02.2021).

16 Vgl. Deutscher Bundestag, Sitzordnung im Plenum (Buchauszug), Berlin, 15. November 2018. Siehe auch Wissenschaftliche Dienste des Deutschen Bundestags, Die Sitzordnung im Deutschen Bundestag, WD 1 – 3000 – 009/16, Berlin, 16. März 2016.

17 Stichwort »Linke«, in: Dudenredaktion (2003): S. 1022. Das Original ist kursiv gesetzt.

18 Stichwort »Rechte«, in: Ebd., S. 1284. Das Original ist kursiv gesetzt und mit einer Abkürzung versehen.

19 Stichwort »Linke«, in: Der Brockhaus multimedial premium 2009 (2015).

20 Stichwort »Rechte«, in: Ebd.

21 Vgl. dazu die Auseinandersetzung von Politik und Wissenschaft in: Ulrich Sarcinelli, Volker Hörner (Hrsg.), Was ist? Konservativ, links, liberal, grün, Akademiegespräche 2008 / 2009, Landau, Mai 2009.

22 Vgl. Uwe Jun, Parteiensystem und Parteienwettbewerb, in: Informationen zur politischen Bildung, Nr. 328, Nr. 4, 2015, S. 36–40.

23 Vgl. Rudolf Augstein, Meinungen, ein wenig verschieden, in: Der Spiegel, Nr. 45, 6. November 1989, S. 22 f.

24 Vgl. Bild, Nr. 230, 2. Oktober 1990, S. 1.

25 Vgl. zu den umstrittenen Ursprüngen dieses Satzes Bernd Rother, »Jetzt wächst zusammen, was zusammengehört« – Oder: Warum Historiker Rundfunkarchive nutzen sollten, in: Timothy Garton Ash (Hrsg.), Wächst zusammen, was zusammengehört?, Bundeskanzler-Willy-Brandt-Stiftung, Schriftenreihe, Heft 8, Berlin 2001, S. 25–30.

26 Vgl. Bundesverfassungsgericht (17. 01. 2017).

27 Vgl. zu den unterschiedlichen inhaltlichen Dimensionen von »Nationalismus« Kapitel II.1.

28 Bundesamt für Verfassungsschutz, Glossar: Rechtsextremismus, Köln, o. J. (https://www.verfassungsschutz.de/de/service/glossar/_lR, 09.02.2021).
29 Bundesministerium Inneres/Bundesamt für Verfassungsschutz und Terrorismusbekämpfung, Verfassungsschutzbericht 2018, Wien 2019, S. 29.
30 Armin Pfahl-Traughber, Rechtsextremismus in der Bundesrepublik Deutschland, in: Eckhard Jesse, Tom Mannewitz (Hrsg.), Extremismusforschung. Handbuch für Wissenschaft und Praxis, Bonn 2018, S. 303. Siehe zur Definition des Rechtsextremismus auch Armin Pfahl-Traughber, Rechtsextremismus in der Bundesrepublik, 3. Auflage, München 2001 [1999], S. 11–20. Richard Stöss, Rechtsextremismus im vereinten Deutschland, 3. überarbeitete Auflage, Berlin 2000, S. 11–24.
31 Pfahl-Traughber (2018): S. 306.
32 Ebd.
33 Ebd.
34 Ebd.
35 Stöss (2000): S. 11.
36 Pfahl-Traughber (1999): S. 17.
37 Vgl. Jürgen W. Falter, Wer wählt rechts? Die Wähler und Anhänger rechtsextremistischer Parteien im vereinigten Deutschland, München 1994, S. 137. Der Satz wurde redaktionell (Großschreibung, Satzzeichen) angepasst.
38 Vgl. ebd. Der Satz wurde redaktionell (Großschreibung, Satzzeichen) angepasst.
39 Vgl. ebd., S. 156.
40 Zit. n. Yves Bellinghausen, Das sollten Erstwähler wissen: Rechts, Mitte, Links – von den Wirren der politischen Orientierung, in: FAZ, 1. August 2017 (https://www.faz.net/aktuell/politik/80-prozent/erstwaehlerlexikon/der-unterschied-zwischen-rechts-und-links-in-der-politik-15112855.html, 08.11.2020).
41 Vgl. Falter (1994).
42 Maik Baumgärtner u. a., Jetzt erst recht, in: Der Spiegel, Nr. 22, 25. Mai 2019, S. 18.
43 Ebd.
44 Ebd., S. 20.
45 Ebd., S. 22.
46 Ebd., S. 23.
47 Vgl. ebd., S. 22 f.
48 Vgl. ebd., S. 24.
49 Ebd., S. 21.
50 Spiegel Online, Mordfall Walter Lübcke: Peter Tauber sieht Mitschuld bei AfD- und CDU-Politikern, 19. Juni 2019 (https://www.spiegel.de/politik/deutschland/peter-tauber-sieht-steinbach-weidel-hoecke-mitschuldig-am-luebcke-mord-a-1273151.html, 08.11.2020).
51 Ebd.
52 Ebd. Mit diesen Worten fasst *Spiegel Online* die Aussage Peter Taubers zusammen.
53 Ebd.
54 Ebd.
55 ARD, Tagesschau, Sendung vom 28. September 2019, 12:53 Uhr.
56 Ralf Melzer, Politische Sprache: Was ist rechtspopulistisch, was rechtsextrem?, in: Spiegel Online, 30. Juni 2016 (https://www.spiegel.de/politik/deutschland/rechts-extrem-populistisch-radikal-im-dschungel-der-begriffe-a-1096904.html, 08.11.2020).

57 Werner Patzelt, Rechts ist nicht gleich rechtsextrem. Politikprofessor nennt »Kampf gegen Rechts« undifferenziert, Interview mit Susanne Führer, in: Deutschlandfunk Kultur, 2. Dezember 2008 (https://www.deutschlandfunkkultur.de/patzelt-rechts-ist-nicht-gleich-rechtsextrem.954.de.html?dram:article_id=143868, 08.11.2020).

58 Daniel Deckers, AfD: Rechts? Rechtspopulistisch? Rechtsradikal? Rechtsextrem?, in: FAZ, 15. September 2016 (https://www.faz.net/aktuell/politik/inland/afd-rechts-rechtspopulistisch-rechtsradikal-rechtsextrem-14430780.html?printPagedArticle=true#pageIndex_2, 08.11.2020).

59 Jens Jessen, Politisches Spektrum: Konservativ, reaktionär, rechtsradikal. Eine Begriffsklärung für die verwirrte Öffentlichkeit, in: Zeit Online, 21. März 2018 (https://www.zeit.de/2018/13/politisches-spektrum-konservativ-reaktionaer-rechtsradikal, 08.11.2020).

60 Hugo Müller-Vogg, »Kampf gegen rechts«: Ein demagogischer Trick, in: Cicero, 24. Juni 2019 (https://www.cicero.de/innenpolitik/Joachim-Gauck-rechts-konservativ-Merkel-links, 18.05.2021).

61 Ralf Schuler, Lasst uns Populisten sein. Zehn Thesen für eine neue Streitkultur, Freiburg – Basel – Wien 2019, S. 198.

62 Ebd.

63 Ebd.

64 Kristina Schröder, Mord an Walter Lübcke: Nicht »rechts« ist das Problem, sondern Rechtsextremismus, in: Die Welt, 27. Juni 2019 (https://www.welt.de/debatte/kommentare/plus195955705/Kristina-Schroeder-Nicht-rechts-ist-das-Problem-sondern-Rechtsextremismus.html, 08.11.2020).

65 Stichwort »Populismus«, in: Dudenredaktion (2003): S. 1226. Das Original ist kursiv gesetzt.

66 Vgl. Michaela Wiegel, Vor Regionalwahl in Frankreich: Valls warnt vor Bürgerkrieg bei Sieg Le Pens, in: FAZ, 11. Dezember 2015 (http://www.faz.net/aktuell/politik/ausland/europa/vor-regionalwahl-in-frankreich-valls-warnt-vor-buergerkrieg-bei-sieg-le-pens-13960769.html, 23.05.2021).

67 Vgl. Martin Wagener, Politische Rhetorik: Populistisch sind immer die Anderen, in: Cicero, 31. Juli 2017 (https://www.cicero.de/kultur/politische-rhetorik-populistisch-sind-immer-die-anderen, 08.03.2021).

68 Vgl. Zeit Online, SPD: Der Schulz-Effekt verfestigt sich, 17. Februar 2017 (https://www.zeit.de/politik/deutschland/2017-02/spd-martin-schulz-kanzleramt-umfragewerte-cdu, 08.11.2020).

69 Michael Minkenberg, Was ist Rechtspopulismus?, in: Politische Vierteljahresschrift, Nr. 2, 2018, S. 338.

70 Ebd., S. 340.

71 Vgl. ebd., S. 344.

72 Ebd., S. 346.

73 Ebd., S. 349.

74 Stichwort »rechtsradikal«, in: Dudenredaktion (2003): S. 1285. Das Original ist kursiv gesetzt.

75 Stichwort »rechtsextremistisch«, in: Ebd., S. 1284. Das Original ist kursiv gesetzt.

76 Bundesamt für Verfassungsschutz (o. J. a). Der Verfassungsschutz hält nicht nur radikale Positionen, sondern auch den Versuch, diese aktiv politisch umzusetzen,

für legitim: »Radikale politische Auffassungen haben in unserer pluralistischen Gesellschaftsordnung ihren legitimen Platz. Auch wer seine radikalen Zielvorstellungen realisieren will, muss nicht befürchten, dass er vom Verfassungsschutz beobachtet wird, jedenfalls nicht, so lange er die Grundprinzipien unserer Verfassungsordnung anerkennt.« Bundesamt für Verfassungsschutz, Glossar: Extremismus/Radikalismus, Köln, o. J. (https://www.verfassungsschutz.de/de/service/glossar/extremismus-radikalismus, 28. 01. 2021).

77 Vgl. Stöss (2000): S. 18.

78 Frank Decker, Was ist Rechtspopulismus?, in: Politische Vierteljahresschrift, Nr. 2, 2018, S. 361.

79 Vgl. ebd., S. 368.

80 Vgl. ebd., S. 361.

81 Vgl. Die Linke/Bundesarbeitsgemeinschaft Grundeinkommen, Unser Konzept eines bedingungslosen Grundeinkommens – finanzierbar, emanzipatorisch, gemeinwohlfördernd, 4. Auflage, Berlin, Juni 2016.

82 Vgl. z. B. FAZ, AfD-Politiker: Gauland nennt Merkel »Kanzler-Diktatorin«, 5. Juni 2016 (https://www.faz.net/aktuell/politik/inland/afd-politiker-gauland-nennt-merkel-kanzler-diktatorin-14269792.html, 09. 11. 2020).

83 Vgl. z. B. Zeit Online, Höcke wird als Star gefeiert: AfD will »Wende 2.0« – erst im Osten, dann im ganzen Land, 14. Juli 2019 (https://www.zeit.de/news/2019-07/13/die-afd-blickt-auf-die-wende-der-osten-steht-geschlossen, 09. 11. 2020).

84 Vgl. z. B. FAZ, »Kameltreiber«: AfD-Politiker Poggenburg beleidigt Türken in Deutschland, 14. Februar 2018 (https://www.faz.net/aktuell/politik/inland/afd-politiker-beschimpft-tuerken-in-deutschland-als-kameltreiber-15448890.html, 09. 11. 2020).

85 CDU, Freiheit und Sicherheit. Grundsätze für Deutschland. Das Grundsatzprogramm, beschlossen vom 21. Parteitag, Hannover, 3.–4. Dezember 2007, S. 2.

86 Vgl. Viola Neu, »Ich wollte etwas bewegen.« Die Mitglieder der CDU. Eine empirische Analyse von Mitgliedern, Wählern und der Bevölkerung, Sankt Augustin – Berlin 2017, S. 12.

87 Vgl. FAZ, Neue Vorsitzende der CDU: Kramp-Karrenbauer gewinnt die Stichwahl, 7. Dezember 2018 (https://www.faz.net/aktuell/politik/merkels-erbe/kramp-karrenbauer-gewinnt-die-stichwahl-15929763.html, 09. 11. 2020).

88 Vgl. Johannes Leithäuser, Parteitag in Berlin: Armin Laschet zum neuen CDU-Vorsitzenden gewählt, in: FAZ, 16. Januar 2021 (https://www.faz.net/aktuell/politik/inland/armin-laschet-zum-neuen-cdu-vorsitzenden-gewaehlt-17149208.html, 09. 02. 2021).

89 Schuler (2019): S. 211.

90 Joachim Gauck, »Wir müssen lernen, mutiger intolerant zu sein«, Interview mit Christiane Hoffmann und Lothar Gorris, in: Der Spiegel, Nr. 25, 15. Juni 2019, S. 35.

91 Joachim Gauck, Interview mit Markus Lanz, Talkshow des ZDF, Sendung vom 20. Juni 2019.

92 Gauck (2019): S. 109 f.

93 Gauck (20. 06. 2019). Auch andere Intellektuelle hatten sich zuvor an dieser Deutung versucht. So schrieb Botho Strauss 1993: »Der Rechte in solchem Sinne ist vom Neonazi so weit entfernt wie der Fußballfreund vom Hooligan, ja mehr noch:

Der Zerstörer innerhalb seiner Interessensphäre wird ihm zum ärgsten, erbittertsten Feind.« Strauss (1993): S. 204.

94 Gauck (2019): S. 109 f.

95 Ebd., S. 96.

96 Ebd., S. 96 f.

97 Wörtlich sagte Gauck: »Es gibt so ein altes linkes Denkmodell, dass im Grunde alles, was rechts vom linken Denken ist, schon der Beginn vom Faschismus ist. Und das ist im Grunde eine Spätfolge der hier sehr stark dominierenden 68er Kultur.« Gauck (20. 06. 2019).

98 Gauck (15. 06. 2019): S. 35.

99 Ebd., S. 32.

100 Ebd.

101 Gauck (2019): S. 114.

102 Ebd.

103 Ebd.

104 Gauck (20. 06. 2019). Die Äußerung wurde vom Publikum mit Applaus bedacht.

105 Gauck (15. 06. 2019): S. 37.

106 Joachim Gauck, »Ohne Wahrheit kann es keine echte Versöhnung geben«, Interview mit Daniel Goffart, in: Focus, Nr. 40, 28. September 2019, S. 32.

107 Ebd., S. 31.

108 Ebd., S. 33.

109 Gauck (20. 06. 2019).

110 Ebd.

111 Markus Lanz im Gespräch mit Gauck (20. 06. 2019).

112 Dabei ist es geblieben. In seiner Gesprächsrunde vom 7. Oktober 2020 stellte Lanz die These in den Raum: »Es ist auch ein schmaler Grat zwischen rechts und rechtsradikal.« Markus Lanz, Talkshow des ZDF, Sendung vom 7. Oktober 2020. Tatsächlich sind eine rechte und eine rechtsradikale Meinung in sich verschieden.

113 Vgl. Bundesamt für Verfassungsschutz, Präsident Thomas Haldenwang, Köln, o. J.

114 Helene Bubrowski, Marlene Grunert, BfV-Chef Thomas Haldenwang: Ein Nachfolger von besonderer Trockenheit, in: FAZ, 1. März 2019 (https://www.faz.net/aktuell/politik/inland/was-thomas-haldenwang-bislang-getan-hat-16063801.html, 12. 11. 2020).

115 Vgl. Thomas Haldenwang, Interview mit Marietta Slomka (»›Neue Dynamik‹ im Rechtsextremismus«), in: heute journal, 13. Mai 2019.

116 Thomas Haldenwang, »Emotion, Hass, Hetze«, Interview mit Martin Knobbe und Wolf Wiedmann-Schmidt, in: Der Spiegel, Nr. 43, 19. Oktober 2019, S. 27. Konrad Schuller geht in seiner Interpretation noch etwas weiter: »Merkels Haltung entsprach Haldenwangs christlichen Überzeugungen. Ihr ›Wir schaffen das‹ fand er richtig, und wenn er im Ausland darauf angesprochen wurde, war er stolz.« Konrad Schuller, BfV-Chef Thomas Haldenwang: Waschen ohne Plätschern, in: FAZ, 6. April 2019 (https://www.faz.net/aktuell/politik/inland/portraet-von-thomas-haldenwang-neuer-chef-des-verfassungsschutz-16116276.html, 12. 11. 2020).

117 Vgl. Kai Biermann, BfV-Chef Haldenwang: Der Stellvertreter, in: Zeit Online, 17. November 2018 (https://www.zeit.de/politik/deutschland/2018-11/verfassungsschutz-bfv-thomas-haldenwang-rechtsextremismus, 12. 11. 2020).

118 Thomas Haldenwang, Neuer Verfassungsschutz-Chef: »Kein Terrorist fällt vom Himmel«, Interview mit Ferdos Forudastan und Ronen Steinke, in: SZ, 20. Dezember 2018.
119 Zit. n. Constanze von Bullion, Anschlag in Hanau: Seehofer nennt Rechtsextremismus »größte Bedrohung in unserem Land«, in: SZ, 21. Februar 2020 (https://www.sueddeutsche.de/politik/hanau-anschlag-bundespressekonferenz-1.4809324, 12. 11. 2020).
120 Thomas Haldenwang, BfV-Pressekonferenz zum Stand der Bekämpfung des Rechtsextremismus, Köln, 12. März 2020.
121 Vgl. Der Bundeswahlleiter, Bundestagswahl 2013, Wiesbaden 2013.
122 Vgl. Wahlrecht.de, Dokumentation von Forsa-Umfragen zum Thema »Wenn am nächsten Sonntag Bundestagwahl wäre …«, Hamburg 2021.
123 Vgl. Bundesministerium des Innern, Verfassungsschutzbericht 2014, Berlin 2015, S. 34. Bundesministerium des Innern, Verfassungsschutzbericht 2016, Berlin 2017, S. 40. Bundesministerium des Innern, für Bau und Heimat (2019): S. 50. Angegeben werden bereinigte Zahlen, die Mehrfachmitgliedschaften nicht mehr enthalten.
124 Vgl. Ferdos Forudastan, Ronen Steinke, Thomas Haldenwang: Neuer Verfassungsschutz-Chef verspricht stärkeren Kampf gegen rechts, in: SZ, 21.12.2018 (https://www.sueddeutsche.de/politik/thomas-haldenwang-neuer-verfassungsschutz-chef-verspricht-staerkeren-kampf-gegen-rechts-1.4262135, 12. 11. 2020).
125 Vgl. tagesschau.de, Verfassungsschutz: Stärkerer Kampf gegen Rechts, 21. Dezember 2018 (https://www.tagesschau.de/inland/verfassungsschutz-149.html, 12. 11. 2020).
126 Nadine Lindner, Verfassungsschutz: Stärkerer Einsatz gegen Rechtsextreme, in: Deutschlandfunk, 21. Dezember 2018 (https://www.deutschlandfunk.de/verfassungsschutz-staerkerer-einsatz-gegen-rechtsextreme.1766.de.html?dram:article_id=436685, 12. 11. 2020).
127 Sinan Selen, Extremismus – steigende Gefahr für Sicherheit und Reputation von Unternehmen, Rede auf der 13. BfV/ASW-Sicherheitstagung, Berlin, 27. März 2019.
128 Vgl. Fund for Peace, Fragile States Index. Annual Report 2019, Washington D.C. 2019, S. 6.
129 Selen (27. 03. 2019).
130 Ebd.
131 Vgl. Thomas Haldenwang, Mobilisierungsfähigkeit im politischen Extremismus, Rede auf dem 16. Symposium des Bundesamts für Verfassungsschutz, Berlin, 13. Mai 2019.
132 Ebd.
133 Ebd.
134 Ebd.
135 Ebd.
136 Ebd.
137 Ebd.
138 Vgl. Guido Knopp, Vorwort, in: Guido Knopp (Hrsg.), Die Gefangenen, München 2005 [2003], S. 8.
139 Vgl. Guido Knopp, Ricarda Schlosshan, Zwischen Tod und Liebe, in: Ebd., S. 275.

140 Vgl. Florian Huber, Kind, versprich mir, dass du dich erschießt. Der Untergang der kleinen Leute 1945, 4. Auflage, München 2019 [2016], S. 41. Siehe auch Sven Felix Kellerhoff, Vergewaltigungen '45: »Für die Russen waren wir Freiwild«, in: Die Welt, 3. März 2015 (https://www.welt.de/geschichte/zweiter-weltkrieg/article 138008854/Fuer-die-Russen-waren-wir-Freiwild.html, 12.11.2020).

141 Kinder, die von ihren Müttern ertränkt wurden, werden in dieser Statistik ebenfalls erfasst. Vgl. Huber (2016): S. 101. Florian Huber schildert die Grausamkeit jener Tage bis in die Details. Das Vorgehen der neuen Besatzer beschreibt er eindringlich: »In großer Zahl starben in Demmin Frauen und Kinder. Zum Zeitpunkt der sowjetischen Eroberung waren die meisten Männer jungen oder mittleren Alters an der Front oder in Gefangenschaft, oder sie lagen im Soldatengrab. Die Frauen waren allein mit den Kindern zurückgeblieben oder auf der Flucht in Demmin gestrandet. Sie waren dem tagelangen Gewaltrausch der Eroberer nahezu wehrlos ausgesetzt. Fast alle Berichte schildern die Vergewaltigungen und Misshandlungen, die Frauen aus allen Altersgruppen jederzeit und überall drohten.« Ebd., S. 62.

142 Vgl. Miriam Gebhardt, Als die Soldaten kamen. Die Vergewaltigung deutscher Frauen am Ende des Zweiten Weltkriegs, 4. Auflage, München 2015, S. 37 f.

143 Vgl. Andreas Kossert, Kalte Heimat. Die Geschichte der deutschen Vertriebenen nach 1945, 2. Auflage, München 2008, S. 9.

144 Bundesverwaltungsgericht, Treuepflicht von Soldaten – Betätigung in der Partei »Die Republikaner«, Urteil, 2 WD 42/00, 43/00, Leipzig, 18. Mai 2001.

145 Vgl. Thomas Haldenwang, Eingangsstatement/Dritte öffentliche Anhörung der Präsidenten der Nachrichtendienste des Bundes durch das Parlamentarische Kontrollgremium im Deutschen Bundestag, Berlin, 29. Oktober 2019.

146 Thomas Haldenwang, Früherkennungs- und Analysefähigkeiten weiterentwickeln, Rede auf der BKA Herbsttagung »Ausgrenzung, Hass und Gewalt – Herausforderungen für den Rechtsstaat und die Sicherheitsbehörden«, Wiesbaden, 28. November 2019.

147 Ebd.

148 Ebd.

149 Heiko Maas, Interview mit Anne Will, Talkshow der ARD, Sendung vom 5. Juni 2016.

150 Vgl. Wagener (2018): S. 305 f.

151 Vgl. Göran Schattauer, »Bitte nehmt Corona ernst!« Ärzte besorgt über viele Covid-Patienten mit Migrationshintergrund – Kliniken starten Aufklärung, in: Focus Online, 5. März 2021 (https://www.focus.de/politik/bitte-nehmt-corona-ernst-migranten-auf-corona-stationen_id_13039874.html, 22.03.2021).

152 Haldenwang (28.11.2019).

153 Vgl. Bundesregierung, Nicht vollstreckte Haftbefehle als Gefahr für die innere Sicherheit 2020, Antwort auf die Kleine Anfrage der Abgeordneten Dr. Irene Mihalic, Dr. Konstantin von Notz, Luise Amtsberg, weiterer Abgeordneter und der Fraktion BÜNDNIS 90/DIE GRÜNEN (Drucksache 19/18764), Deutscher Bundestag, 19. Wahlperiode, Drucksache 19/19736, Berlin, 3. Juni 2020, S. 2. Kai Biermann, Sascha Venohr, Kriminalität in Deutschland: Zahl offener Haftbefehle erreicht neuen Höchststand, in: Zeit Online, 29. Mai 2019 (https://www.zeit.de/ge

sellschaft/zeitgeschehen/2019-05/kriminalitaet-deutschland-sicherheit-politisch-motivierte-straftaten-haftbefehle, 12.11.2020).

154 Haldenwang (28.11.2019).

155 Vgl. dazu Kapitel V.III.

156 Zit. n. Tagesschau, 10. Oktober 2019, 20:00 Uhr (https://www.tagesschau.de/, 11.10.2019).

157 Zit. n. Tagesschau, 11. Oktober 2019, 14:00 Uhr (https://www.tagesschau.de/, 11.10.2019).

158 Mona Jaeger, Nach der Attacke von Halle: Eine Tat auf fruchtbarem Boden?, in: FAZ, 10. Oktober 2019 (https://www.faz.net/aktuell/politik/inland/nach-der-attacke-von-halle-eine-tat-auf-fruchtbarem-boden-16426044.html, 12.11.2020).

159 Der Begriff »vorpolitisch« bezieht sich auf außerparlamentarische Aktivitäten im weiten Sinne. Dazu gehören Demonstrationen, Handlungen von Aktivisten sowie journalistische und wissenschaftliche Schriften, soweit sie geeignet sind, auf politische Entscheidungsprozesse – also das konkrete Handeln von Legislative und Exekutive – direkt oder mittelbar einzuwirken. Dabei geht es um Reflexionen normativer und empirischer Grundlagen von Politik, wobei Vertreter des Vorpolitischen nicht mit repräsentativen Befugnissen auftreten. Gesine Schwan spricht diesbezüglich vom »Vorverständnis von Politik«. Eine vorpolitische Version betreffe »alle impliziten oder expliziten kulturellen bzw. mentalen Annahmen darüber, was Politik sei, wie sie sein sollte, welche Ideen wir über den Menschen vor aller historischen oder kulturellen Spezifizierung hegen.« Gesine Schwan, Nachhaltige Politik braucht »vorpolitische« Vorlagen, in: Michael Kühnlein (Hrsg.), Das Politische und das Vorpolitische. Über die Wertgrundlagen der Demokratie, Baden-Baden 2014, S. 130. Das letzte Zitat ist im Original kursiv gesetzt.

160 Haldenwang (19.10.2019): S. 26 f.

161 Das BfV definiert den Begriff wie folgt: »Bei der ›Neuen Rechten‹ handelt es sich um eine in den 1970er Jahren in Frankreich aufgekommene geistige Strömung, die sich um eine Intellektualisierung des Rechtsextremismus bemüht. Sie beruft sich unter anderem auf antidemokratische Denker, die bereits zur Zeit der Weimarer Republik unter der Bezeichnung ›Konservative Revolution‹ aktiv waren. Die Aktivisten der ›Neuen Rechten‹ beabsichtigen die Beseitigung oder zumindest die Beeinträchtigung des demokratischen Verfassungsstaates und versuchen, zunächst einen bestimmenden kulturellen Einfluss zu erlangen, um letztlich den demokratischen Verfassungsstaat zu delegitimieren und das politische System grundlegend zu verändern.« Bundesamt für Verfassungsschutz, Glossar: Neue Rechte, Köln, o. J. (https://www.verfassungsschutz.de/de/service/glossar/_lN, 12.11.2020).

162 Haldenwang (28.11.2019).

163 Ebd.

164 Ebd.

165 Ebd.

166 Florian Finkbeiner, Armin Mohler und die Frühgeschichte der »Neuen Rechten« in der Bundesrepublik Deutschland. Zum Wandel von Konservatismus, Nationalismus und Rechtsextremismus, in: Armin Pfahl-Traughber (Hrsg.), Jahrbuch für Extremismus- und Terrorismusforschung 2015/2016 (I), Brühl 2016, S. 212.

167 Samuel Salzborn, Renaissance der »Neuen Rechten« in Deutschland? Zur Diskus-

sion über neurechte Elemente im gegenwärtigen deutschen Rechtsextremismus, in: Ebd., S. 236.

168 Ebd.

169 Uwe Backes, Wortbeitrag in der Diskussion »Die Neue Rechte – eine Gefahr für die Demokratie?«, in: Wolfgang Gessenharter, Thomas Pfeiffer (Hrsg.), Die Neue Rechte – eine Gefahr für die Demokratie?, Wiesbaden 2004, S. 227.

170 Ebd., S. 230.

171 Vgl. ebd., S. 226 f.

172 Vgl. Salzborn (2016): S. 248–256.

173 Vgl. Junge Freiheit, Interviewpartner, Berlin, o. J.

174 Dieter Stein, AfD-Politiker Björn Höcke: Bescheidener Weltenlenker, in: Junge Freiheit, Nr. 10, 28. Februar 2019 (https://jungefreiheit.de/debatte/forum/2019/bescheidener-weltenlenker/, 12. 11. 2020).

175 Ebd.

176 Dieter Stein, AfD-Rauswurf von Andreas Kalbitz: Ein überfälliger Befreiungsschlag, in: Junge Freiheit, 16. Mai 2020 (https://jungefreiheit.de/debatte/kommentar/2020/ein-ueberfaelliger-befreiungsschlag/, 04. 07. 2020).

177 Vgl. Bibliothek des Konservatismus, Videos, Berlin 2020 (https://www.youtube.com/user/bdkBerlin/videos, 12. 11. 2020).

178 Vgl. dazu Kapitel V.III.

179 Dieter Stein, Phantom »Neue Rechte«. Die Geschichte eines politischen Begriffs und sein Mißbrauch durch den Verfassungsschutz, Berlin 2005, S. 11.

180 Vgl. Alain de Benoist, »Wahnvorstellungen«, Interview mit Dieter Stein, in: Ebd., S. 159.

181 Vgl. Helene Bubrowski, Kampf gegen Rechtsextremisten: Die hässliche Spur des Terrors, in: FAZ, 17. Dezember 2019 (https://www.faz.net/aktuell/politik/inland/was-seehofer-im-kampf-gegen-rechtsextremismus-plant-16540648.html, 13. 11. 2020).

182 Thomas Haldenwang, Stellungnahme auf der Pressekonferenz mit Horst Seehofer und Holger Münch, Berlin, 17. Dezember 2019.

183 Ebd.

184 Ebd.

185 Jan Fleischhauer, Freund-Feind-Denken: Kontaktschuld, in: Spiegel Online, 14. März 2019 (https://www.spiegel.de/politik/deutschland/mitrechtenfeiern-kontaktschuld-kolumne-von-jan-fleischhauer-a-1257762.html, 13. 11. 2020). Unter »Kontaktschuld« wird generell verstanden, auf die Gesinnung der Person A über deren Beziehung zur Person B schließen zu können. Warum sich beide ausgetauscht haben (gemeinsame Gesinnung, bloße familiäre Bande, alte Schulfreundschaft, zufällige Begegnung etc.), ist unerheblich. Der nachgewiesene Kontakt wird genutzt, um den Vorwurf der Verfassungsfeindlichkeit über bloße Vermutungen zu lancieren. Wenn folglich B Gegner der freiheitlichen demokratischen Grundordnung ist, wird dies sogleich auch A unterstellt.

186 Vgl. Wahlrecht.de, Ergebnisse der Landtagswahlen in Bayern, Hamburg 2020.

187 Der bayerische Ministerpräsident Markus Söder nutzt diese Zuschreibung regelmäßig. Vgl. Spiegel Online, CSU-Parteitag: Söder nennt AfD die »neue NPD«, 18. Oktober 2019 (https://www.spiegel.de/politik/deutschland/csu-parteitag-markus-soeder-nennt-afd-die-neue-npd-a-1292267.html, 13. 11. 2020).

188 Horst Seehofer, Stellungnahme auf der Pressekonferenz mit Thomas Haldenwang und Holger Münch, Berlin, 17. Dezember 2019.
189 Vgl. Markus Wehner, Lars Herrmann: Ein Beamter flüchtet aus der AfD, in: FAZ, 19. Dezember 2019 (https://www.faz.net/aktuell/politik/inland/lars-herrmann-ein-beamter-fluechtet-aus-der-afd-16544448.html, 13. 11. 2020).
190 Vgl. Deutscher Bundestag, Biografien: Verena Hartmann, Berlin 2020.
191 Vgl. Thomas Haldenwang, Erklärung auf der Pressekonferenz des Verfassungsschutzes zur bundesweiten Prüfung der AfD, Berlin, 15. Januar 2019.
192 Ebd.
193 Vgl. SZ, Verfassungsschutzchef Haldenwang: »Anhaltspunkte« für demokratiefeindliche Bestrebungen der AfD, 15. Januar 2019 (https://www.sueddeutsche.de/politik/afd-verfassungsschutz-haldenwang-1.4289142, 13. 11. 2020).
194 Wissenschaftliche Dienste des Deutschen Bundestags, Öffentlichkeitsarbeit des Verfassungsschutzes: »Prüffälle«, WD 3 – 3000 – 025/19, Berlin, 12. Februar 2019, S. 5.
195 Verwaltungsgericht Köln, Bezeichnung der AfD als »Prüffall« durch das Bundesamt für Verfassungsschutz unzulässig, Az.: 13 L 202/19, Köln, 26. Februar 2019.
196 Ebd.
197 Ebd.
198 Ebd.
199 Ebd.
200 Bundesamt für Verfassungsschutz (15. 01. 2019): S. 12.
201 In seinem Interview mit der SZ hatte sich Haldenwang noch sehr kritisch zu einem möglichen Fehlschlag bei der Bewertung der AfD geäußert: »Nichts wäre schlimmer, als wenn wir eine Entscheidung träfen, die von irgendeinem Gericht wieder aufgehoben würde.« Haldenwang (20. 12. 2018).
202 Vgl. Markus Wehner, Umfrage der Fraktion: Beobachtung durch Verfassungsschutz schreckt AfD-Wähler ab, in: FAZ, 7. Mai 2019 (https://www.faz.net/aktuell/politik/inland/beobachtung-durch-verfassungsschutz-schreckt-afd-waehler-ab-16175190.html, 13. 11. 2020).
203 Haldenwang (15. 01. 2019).
204 Ebd.
205 Ebd.
206 Vgl. Bundesamt für Verfassungsschutz (15. 01. 2019): passim. Die Zählung schließt Erwähnungen in Fußnoten ein.
207 Vgl. ebd., Fußnoten 306, 519, 522, 572, 723, 743.
208 Ebd., S. 158.
209 Deutscher Bundestag, Völkerrechtssubjekt »Deutsches Reich«, Auswärtiges/Antwort, Berlin, 30. Juni 2015.
210 Eine interne »Arbeitsgruppe Verfassungsschutz« der AfD bestätigte ebenfalls, dass einzelne Mitglieder der Partei verfassungsfeindliche Positionen vertreten würden. Vgl. FAZ, Interne Arbeitsgruppe: AfD stellt Verfassungsfeindlichkeit in den eigenen Reihen fest, 20. September 2019 (https://www.faz.net/aktuell/politik/inland/afd-arbeitsgruppe-stellt-verfassungsfeindlichkeit-fest-16394787.html, 13. 11. 2020).
211 Armin Pfahl-Traughber ging für 2019 zwar davon aus, dass sich die AfD in einem Entwicklungsprozess befinde. Dabei habe sie jedoch eine klare Richtung einge-

schlagen. Sie sei eine »extremistische Partei mit noch niedrigem Intensitätsgrad, aber eben einer extremistischen Orientierung.« Armin Pfahl-Traughber, Die AfD und der Rechtsextremismus. Eine Analyse aus politikwissenschaftlicher Perspektive, Wiesbaden 2019, S. 37.

212 Vgl. Berliner Morgenpost, Unterlassungserklärung: AfD gegen BKA: Behörde muss Rechtsextremismus-Tweet löschen, 13. Juli 2017 (https://www.morgenpost.de/politik/article211238431/AfD-gegen-BKA-Behoerde-muss-Rechtsextremismus-Tweet-loeschen.html, 13. 11. 2020).

213 Zit. n. Deutschlandfunk Kultur, Identitäre unter Verfassungsschutz-Beobachtung: »Die Hitlerjugend unserer Zeit«, 11. Juli 2019 (https://www.deutschlandfunkkultur.de/identitaere-unter-verfassungsschutz-beobachtung-die.2950.de.html?dram:article_id=453595, 13. 11. 2020).

214 Verwaltungsgericht Köln, Bundesamt für Verfassungsschutz muss Bezeichnung der Identitären Bewegung als »gesichert rechtsextremistisch« widerrufen, Az.: 13 L 1667/19, Köln, 25. September 2019.

215 Ebd.

216 Haldenwang (28. 11. 2019).

217 Thomas Haldenwang, Die wehrhafte Demokratie und ihre Feinde, Rede auf dem Symposium »70 Jahre Verfassung – 70 Jahre Schutz« des LfV Hamburg, Hamburg, 23. Mai 2019.

218 Haldenwang (13. 05. 2019a).

219 Ebd.

220 Haldenwang (12. 03. 2020).

221 Vgl. Wolf Wiedmann-Schmidt, Verfassungsschutz: Kubitscheks rechtsradikale Denkfabrik wird zum Verdachtsfall, in: Spiegel Online, 23. April 2020 (https://www.spiegel.de/politik/deutschland/rechtsextremismus-goetz-kubitscheks-institut-fuer-staatspolitik-wird-zum-verdachtsfall-a-a099e200-d1b6-4b9c-a36c-87e6419e0e31, 13. 11. 2020).

222 Thomas Haldenwang, Statement anlässlich der vierten Anhörung durch das Parlamentarische Kontrollgremium im Deutschen Bundestag, Berlin, 29. Juni 2020.

223 Tilman Steffen, Rechtsextremismus: Verfassungsschutz stellt Ein Prozent unter Beobachtung, in: Zeit Online, 29. Juni 2020 (https://www.zeit.de/politik/deutschland/2020-06/rechtsextremismus-einprozent-netzwerk-verfassungsschutz-verdachtsfall, 13. 11. 2020).

224 Zit. n. Wolf Wiedmann-Schmidt, »PI-News«: Verfassungsschutz stuft islamfeindlichen Blog als »erwiesen extremistisch« ein, in: Spiegel Online, 29. April 2021 (https://www.spiegel.de/panorama/gesellschaft/pi-news-bundesamt-fuer-verfassungsschutz-stuft-islamfeindlichen-blog-als-erwiesen-extremistisch-ein-a-e2995ba3-0002-0001-0000-000177330635, 19. 06. 2021).

225 Thomas Haldenwang gab diese Einstufung während der Vorstellung des Verfassungsschutzberichtes 2020 bekannt. Vgl. Thomas Haldenwang, Stellungnahme auf der Pressekonferenz mit Horst Seehofer zur Vorstellung des Verfassungsschutzberichtes 2020, in: Phoenix vor Ort, Berlin, 15. Juni 2021.

226 Thomas Haldenwang, Statement anlässlich der Vorstellung des Verfassungsschutzberichts 2019, Berlin, 9. Juli 2020.

227 Vgl. Ein Prozent, Dresden 2020.

228 Vgl. Kanal Schnellroda, Schnellroda 2021.
229 Thomas Haldenwang, Das Bundesamt für Verfassungsschutz – 70 Jahre im Dienst der wehrhaften Demokratie, Rede auf dem 23. Europäischen Polizeikongress, Berlin, 5. Februar 2020.
230 Ebd.
231 Thomas Haldenwang, Statement anlässlich der Vorstellung des Lageberichtes »Rechtsextremisten in Sicherheitsbehörden«, Berlin, 6. Oktober 2020.
232 Wolfgang Kubicki, Rechtsstaat: Demokratie heißt, konträre Meinungen auszuhalten, in: Die Welt, 25. Oktober 2019.
233 Vgl. Bundesministerium des Innern, für Bau und Heimat (2019): S. 6–12. Bundesministerium des Innern, für Bau und Heimat (2020): S. 6–12. Die Gliederung orientiert sich am Aufbau des Verfassungsschutzberichtes.
234 Die Ergänzung um die Analysekategorie »rechtsextremistischer Terrorismus« ist neu in den Verfassungsschutzbericht 2019 aufgenommen worden.
235 In der Fassung von 2019 ist dieses Beobachtungsfeld erweitert bzw. präzisiert worden: »Spionage, Cyberangriffe und sonstige sicherheitsgefährdende oder geheimdienstliche Aktivitäten für eine fremde Macht«. Bundesministerium des Innern, für Bau und Heimat (2020): S. 11.
236 Vgl. ebd., S. 342–347.
237 Vgl. ebd., S. 25, 32.
238 Vgl. ebd., S. 53, 116, 181, 236.
239 Vgl. Kapitel III.3.
240 Bundesministerium des Innern, für Bau und Heimat (2019): S. 55.
241 Ebd., S. 128.
242 Bundesministerium des Innern, für Bau und Heimat (2020): S. 72.
243 Ebd., S. 135.
244 Vgl. Bundesministerium des Innern, für Bau und Heimat, Verfassungsschutzbericht 2020, Berlin 2021, S. 74–86. Kurz vor Drucklegung des Buches konnte dieses Dokument nicht weiter ausgewertet werden.
245 Vgl. ebd., S. 53.
246 Bundesamt für Verfassungsschutz, Bundesamt für Verfassungsschutz stuft AfD-Teilorganisation »Der Flügel« als gesichert rechtsextremistische Bestrebung ein, Pressemitteilung, Köln, 12. März 2020.
247 Ebd.
248 Zur Berechnung des Umfangs des Rechtsextremismus heißt es im Verfassungsschutzbericht 2019: »Unter dem sonstigen rechtsextremistischen Personenpotenzial in Parteien werden die Mitglieder der AfD (selbst kein Beobachtungsobjekt) zugehörigen Teilorganisationen ›Junge Alternative‹ (JA) (Verdachtsfall) und ›Der Flügel‹ (im Berichtszeitraum Verdachtsfall) […] gezählt.« Bundesministerium des Innern, für Bau und Heimat (2020): S. 53. »Verschiedene Aussagen von AfD- und ›Flügel‹-Funktionären lassen […] den Schluss zu, dass dem ›Flügel‹ bundesweit mindestens 20 % der AfD-Mitglieder zuzurechnen sind. Deshalb ist als untere Grenze von einem Personenpotenzial von circa 7000 Anhängern auszugehen.« Ebd., S. 84. Vgl. auch Bundesamt für Verfassungsschutz, Rechtsextremisten in Sicherheitsbehörden. Lagebericht, Köln, September 2020, S. 5.
249 Zit. n. FAZ, AfD-Vorsitzender Meuthen: »Das Feuer ist bereits unter Kontrolle«,

23. Juli 2019 (https://www.faz.net/aktuell/politik/inland/afd-vorsitzender-meuthen-sieht-hoechstens-20-prozent-bei-fluegel-16298250.html, 13. 11. 2020).

250 Vgl. Alternative für Deutschland, AfD startet mit über 35 000 Mitgliedern und Förderern ins Super-Wahljahr 2019, Berlin, 29. Januar 2019.

251 Diese Einschätzung wird von Hendrik Hansen, Professor am Fachbereich Nachrichtendienste an der Hochschule des Bundes für öffentliche Verwaltung, unterstützt. Vgl. Michael Stempfle, Auflösung des »Flügel«: Gesamte AfD stärker beobachten?, in: tagesschau.de, 1. April 2020 (https://www.tagesschau.de/inland/afd-verfassungsschutz-165.html, 13. 11. 2020).

252 Bundesministerium des Innern, für Bau und Heimat (2020): S. 53.

253 Bundesministerium des Innern, für Bau und Heimat (2019): S. 55 f. Die Kursivsetzungen sind zur Hervorhebung durch den Verfasser vorgenommen worden.

254 Ebd., S. 56. Die Kursivsetzungen sind zur Hervorhebung durch den Verfasser vorgenommen worden.

255 Ebd., S. 60. Die Kursivsetzungen sind zur Hervorhebung durch den Verfasser vorgenommen worden.

256 Vgl. Bundesministerium des Innern (2017): S. 62 f.

257 Vgl. Bundesministerium des Innern, für Bau und Heimat (2020): S. 100.

258 Vgl. Martin Sellner, Identitär! Geschichte eines Aufbruchs, 3. Auflage, Schnellroda 2019 [2017].

259 Vgl. Martin Sellner, BitChute-Kanal, Wien 2021a.

260 Vgl. Christoph Kehlbach, Verfassungsschutz und AfD: Was Prüffall und Verdachtsfall unterscheidet, in: tagesschau.de, 26. Februar 2019 (https://www.tages schau.de/inland/afd-prueffall-103.html, 09. 02. 2021).

261 Vgl. Bundesministerium des Innern (2016): S. 62–64.

262 Haldenwang (09. 07. 2020).

263 Vgl. Verwaltungsgericht Berlin, »Identitäre Bewegung« und Verfassungsschutzbericht 2019: Einstufung als »gesichert rechtsextrem« nicht zu beanstanden, Pressemitteilung, Nr. 34, Berlin, 23. Juni 2020.

264 Bundesministerium des Innern, für Bau und Heimat (2019): S. 82.

265 Ebd.

266 Ebd.

267 Ebd., S. 83.

268 Ebd., S. 82.

269 Ebd., S. 83. Die Kursivsetzung ist zur Hervorhebung durch den Verfasser vorgenommen worden.

270 Identitäre Bewegung, Häufig gestellte Fragen: Was ist unter dem Begriff »Ethnopluralismus« zu verstehen?, Salzkotten 2020.

271 Ebd.

272 Identitäre Bewegung, Häufig gestellte Fragen: Was versteht ihr unter Multikulti und warum seid ihr dagegen?, Salzkotten 2020a.

273 Identitäre Bewegung, Klage gegen den Verfassungsschutz – ein Prozessbericht, Salzkotten, 12. November 2020.

274 Edzard Schmidt-Jortzig, »Gleiche Maßstäbe für alle!«, Interview mit Moritz Schwarz, in: Junge Freiheit, Nr. 36, 30. August 2019, S. 3.

275 Zit. n. SZ, Identitäre Bewegung: »Geistige Brandstifter«, 11. Juli 2019 (https://www.

sueddeutsche.de/politik/identitaere-bewegung-geistige-brandstifter-1.4521198, 14.11.2020).

276 Zit. n. ebd.

277 Schmidt-Jortzig (30.08.2019): S. 3.

278 Ebd.

279 Zit. n. Verwaltungsgericht Köln (25.09.2019).

280 Zit. n. Helene Bubrowski, Verfassungsschutz: »Identitäre« eingestuft, in: FAZ, 11. Juli 2019 (https://www.faz.net/aktuell/politik/verfassungsschutz-identitaere-eingestuft-16280421.html, 14.11.2020).

281 Schmidt-Jortzig (30.08.2019): S. 3.

282 Ebd.

283 Ebd.

284 Dietrich Murswiek, Verfassungsschutz und Demokratie: Voraussetzungen und Grenzen für die Einwirkung der Verfassungsschutzbehörden auf die demokratische Willensbildung, Schriften zum Öffentlichen Recht, Band 1416, Berlin 2020, S. 166.

285 Ebd., S. 167.

286 Ebd., S. 169.

287 Ebd.

288 Ebd.

289 Ebd., S. 174.

290 Ebd., S. 172.

291 Ebd.

292 Im Verfassungsschutzbericht Österreichs scheint es diesbezüglich eine Anpassung gegeben zu haben. In der Fassung von 2018 heißt es noch eindeutig: »Für den Bereich des sogenannten ›modernisierten‹ Rechtsextremismus kann die Identitäre Bewegung exemplarisch genannt werden.« Bundesministerium Inneres/Bundesamt für Verfassungsschutz und Terrorismusbekämpfung (2019): S. 29. In der Aktualisierung von 2019 findet die Identitäre Bewegung zwar immer noch Erwähnung. Sie wird in der Rubrik »Rechtsextremismus« aber nicht explizit aufgeführt, sondern lediglich indirekt über die Erwähnung ihrer inhaltlichen Ansichten (z. B. »Der große Austausch«) markiert. Die Einordnung findet an anderer Stelle statt und ist im Vergleich zum Vorgängerbericht deutlich schwächer, wenn es heißt: »die der ›Neuen Rechten‹ zuordenbare ›Identitäre Bewegung Österreich‹ (IBÖ)«. Bundesministerium Inneres/Bundesamt für Verfassungsschutz und Terrorismusbekämpfung, Verfassungsschutzbericht 2019, Wien 2020, S. 24.

293 Republik Österreich/Landesgericht für Strafsachen Graz, 5 Hv 22/18d, Graz, 26. Juli 2018, S. 24.

294 Ebd., S. 118.

295 Ebd.

296 Ebd., S. 68.

297 Vgl. Martin Sellner, in: Martin Wagener, Über die Identitäre Bewegung. Ein Gespräch mit Martin Sellner, Berlin 2021, S. 13. Das Interview wurde größtenteils am 25. Juli 2020 in Wien geführt.

298 Martin Lichtmesz, Ethnopluralismus. Kritik und Verteidigung, Schnellroda 2020, S. 13 f.

299 Martin Lichtmesz hält den Ansatz in gewisser Hinsicht sogar für apolitisch: »Eth-

nopluralismus eignet sich weder als politisches Programm noch als geschlossenes philosophisches System. Man kann nicht jedem Volk ein klar abgegrenztes, in sich homogenes Heimatland geben«. Ebd., S. 290.

300 Der Begriff »Großer Austausch« – oder: »Bevölkerungsaustausch« – lässt auch aus der Sicht von Martin Sellner »Raum für Missverständnisse«. Sellner (2021): S. 17. Der Fachterminus lautet »Bestandserhaltungsmigration«. Die United Nations Organization (UNO) fasst den Inhalt prägnant zusammen: »Der Begriff ›Bestandserhaltungsmigration‹ bezieht sich auf die Zuwanderung aus dem Ausland, die ein Land benötigt, um zu vermeiden, dass seine Bevölkerung aufgrund niedriger Fruchtbarkeits- und Sterblichkeitsraten abnimmt und überaltert.« UNO/Abteilung für Bevölkerungsfragen, Ohne Einwanderung wird die Bevölkerung in fast allen europäischen Ländern schrumpfen (Press Release), New York, 17. März 2000, S. 1. Vgl. dazu auch United Nations Secretariat/Population Division/Department of Economic and Social Affairs, Replacement Migration. Is It a Solution to Declining and Ageing Populations?, New York 2001.

301 Identitäre Bewegung, Forderungen: Remigration, Salzkotten 2020.

302 Vgl. Die Welt, Rückführung von Straftätern: Abschiebung libanesischer Clan-Mitglieder nun möglich, 20. Januar 2018 (https://www.welt.de/politik/deutschland/article172669182/Abschiebung-straffaelliger-libanesischer-Clan-Mitglieder-aus-Deutschland-nun-moeglich.html, 14. 11. 2020).

303 Identitäre Bewegung (2020a).

304 Identitäre Bewegung, Häufig gestellte Fragen: Seid ihr gegen Einwanderung?, Salzkotten 2020.

305 Identitäre Bewegung, Häufig gestellte Fragen: Was heißt für euch eigentlich »Identität«?, Salzkotten 2020.

306 Ebd.

307 Ebd.

308 Sellner (2021): S. 11.

309 Ebd., S. 13.

310 Ebd.

311 Ebd., S. 15.

312 Ebd., S. 14.

313 Ebd., S. 17 f.

314 Ebd., S. 15.

315 Bundesministerium des Innern, für Bau und Heimat (2020): S. 91.

316 Zit. n. Deutschlandfunk Kultur (11. 07. 2019).

317 »Als Identitäre Bewegung gilt für uns bei jeder Aktion und in der gesamten politischen Arbeit stets das Gebot der Gewaltfreiheit.« Identitäre Bewegung, Häufig gestellte Fragen: Sind eure Ziele nicht rassistisch/extremistisch?, Salzkotten 2020. Die Identitären führen ihre »Interventionen«, wie es in der Sprache der Gruppe heißt, fast durchweg in friedlicher Form durch. Dem Verfasser sind gezielt umgesetzte Gewaltakte nicht bekannt.

318 Identitäre Bewegung, Zukunft für Europa – Identitäre Bewegung, o. O., 21. Januar 2016.

319 Identitäre Bewegung, Häufig gestellte Fragen: Was bedeutet der Begriff »Reconquista«?, Salzkotten 2020.

320 Martin Schmidt, Verfassungsschutz stuft »Identitäre Bewegung« als rechtsextre-

mistisch ein, in: Tagesthemen, 11. Juli 2019 (https://www.tagesschau.de/inland/identitaere-121.html, 14. 11. 2020).

321 Vgl. Katharina Meyer, Linke und Rechte: Warum die Hufeisentheorie nicht zeitgemäß ist, in: ZDF heute, 14. Februar 2020 (https://www.zdf.de/nachrichten/politik/hufeisentheorie-hufeisenschema-rechtsextremismus-afd-linke-thueringen-102.html, 14. 11. 2020). Katrin Kampling, Caroline Walter, Bundeswehr: Social-Media-Leiter sympathisiert mit »Identitären«, in: tagesschau.de, 23. Juli 2020 (https://www.tagesschau.de/investigativ/panorama/bundeswehr-social-media-107.html, 14. 11. 2020).

322 Vgl. Don Alphonso, »Panorama«-Skandal: Linksextreme Verbindungen ignorieren, Öffentlichkeit täuschen, in: Die Welt, 29. Juli 2020 (https://www.welt.de/kultur/deus-ex-machina/article212441285/Don-Alphonso-Linksextreme-Verbindungen-ignorieren-Oeffentlichkeit-taeuschen.html, 14. 11. 2020).

323 Vgl. Bundesministerium des Innern, für Bau und Heimat (2020): S. 119 f.

324 Zit. n. Andreas Wetz, Identitäre Bewegung: Rechts oder rechtsextrem?, in: Die Presse, 23. Mai 2014 (https://www.diepresse.com/3811210/identitare-bewegung-rechts-oder-rechtsextrem, 18. 05. 2021).

325 Vgl. Julian Bruns, Kathrin Glösel, Natascha Strobel, Die Identitären. Handbuch zur Jugendbewegung der Neuen Rechten in Europa, 4. Auflage, Münster, Dezember 2018.

326 Vgl. Antifaschistische Bildungsinitiative e.V., Antifabi Marburg: Vortrag »Identitäre Bewegung« mit Julian Bruns, Marburg, 11. April 2017. North-East Antifascists, »Identitäre Bewegung« – Faschismus in neuem Gewand, Berlin, 8. Mai 2017.

327 Vgl. Identitäre Bewegung (21. 01. 2016).

328 Vgl. The Epoch Times, Blaulicht: Razzia wegen Kunstaktion »Opfer von Multikulti«: 19-Jähriger droht Anklage wegen Volksverhetzung, 25. Juni 2019 (https://www.epochtimes.de/blaulicht/razzia-wegen-kunstaktion-opfer-von-multikulti-19-jaehriger-droht-anklage-wegen-volksverhetzung-a2923620.html, 14. 11. 2020). Ob noch aus anderen Gründen gegen die Aktivistin vorgegangen worden ist, konnte der Verfasser nicht ermitteln.

329 Vgl. zu den einzelnen Aussagen: Fellner! Live, Martin Sellner im Interview, OE24.TV, Wien, 10. September 2019.

330 Vgl. tagesschau.de, Hausdurchsuchung bei Identitärem: Spende von Christchurch-Attentäter, 27. März 2019 (https://www.tagesschau.de/ausland/christchurch-spende-identitaere-101.html, 14. 11. 2020). Der Standard, Spende: Terrorermittlungen gegen Identitären-Chef Sellner, 26. März 2019 (https://www.derstandard.de/story/2000100211871/hausdurchsuchung-bei-identitaeren-sprecher-sellner-nach-terror-in-neuseeland, 14. 11. 2020).

331 Vgl. Katrin Bennhold, Donation from New Zealand Attack Suspect Puts Spotlight on Europe's Far Right, in: The New York Times, 27. März 2019 (https://www.nytimes.com/2019/03/27/world/europe/new-zealand-attack-europe-far-right.html, 14. 11. 2020).

332 Vgl. Die Presse, Gerichtsentscheid: Identitäre: Hausdurchsuchungen bei Sellner waren rechtswidrig, 15. Dezember 2019 (https://www.diepresse.com/5739014/identitare-hausdurchsuchungen-bei-sellner-waren-rechtswidrig, 14. 11. 2020).

333 Vgl. Oberösterreichische Nachrichten, Chronik: Terrorverfahren gegen Identitäre

eingestellt, 16. Januar 2021 (https://www.nachrichten.at/panorama/chronik/terror verfahren-gegen-identitaere-eingestellt;art58,3340726, 29. 01. 2021).

334 Vgl. Martin Sellner, Gewaltloser Widerstand, Rede beim IfS, Schnellroda, 18. Februar 2017. Ein Überblick zu den Beiträgen Sellners in der *Sezession* findet sich im Autorenverzeichnis des Magazins bzw. Blogs (https://sezession.de/author/martin-sellner, 14. 11. 2020).

335 Vgl. Martin Sellner, 50 Jahre Kubitschek, Wien, 24. August 2020. Götz Kubitschek, Mein Freund Martin Sellner, in: Sezession, 27. März 2019.

336 Vgl. Severin Weiland, Nach rassistischer Rede: AfD mahnt Poggenburg ab, in: Spiegel Online, 16. Februar 2018 (https://www.spiegel.de/politik/deutschland/afd-mahnt-andre-poggenburg-wegen-rassistischer-aeusserungen-ab-a-1193915.html, 14. 11. 2020).

337 Vgl. Martin Sellner, US Wahl – Es geht um die Welt! Compact Rezension 11/20, 29. Oktober 2020. Martin Sellner, Die Identitäre Bewegung stellt sich vor, in: Compact-Live, 19. September 2016.

338 Vgl. die Internetseite des Compact-Magazins (https://www.compact-online.de/, 14. 11. 2020).

339 Vgl. Martin Sellner, Rede auf der PEGIDA-Demonstration in Dresden, Dresden, 20. Oktober 2019.

340 Vgl. Stefan Locke, Urteil wegen Volksverhetzung: Bachmann zahlt Strafe – und fühlt sich als Held, in: FAZ, 30. November 2016 (https://www.faz.net/aktuell/politik/inland/lutz-bachmann-zahlt-strafe-wegen-volksverhetzung-14552268.html, 14. 11. 2020).

341 Zit. n. ebd.

342 Vgl. Martin Sellner, Helft Höcke – in Thüringen die Wende vollenden, Wien, 23. Oktober 2019.

343 Vgl. Martin Sellner, Kalbitz ist wieder in der Partei! Wie weiter?, Wien, 20. Juni 2020.

344 Vgl. Spiegel Online, Dresdner Holocaust-Rede: Höcke entschuldigt sich auf AfD-Parteitag, 18. Februar 2017 (https://www.spiegel.de/politik/deutschland/bjoern-hoecke-vor-der-afd-entschuldigung-fuer-dresden-rede-a-1135230.html, 14. 11. 2020).

345 Die Aussage ist dokumentiert: ARD, AfD-Bundessprecher Jörg Meuthen im Sommerinterview, Berlin, 6. August 2020 (https://www.youtube.com/watch?v=2eKTonIlDdQ, 14. 11. 2020). Siehe dazu auch: Die Welt, »Ich sehe da kein Problem«: AfD-Landeschef Kalbitz bei rechtsextremem Verein zu Besuch, 6. März 2020 (https://www.welt.de/politik/deutschland/article174269822/Ich-sehe-da-kein-Problem-AfD-Landeschef-Kalbitz-bei-rechtsextremem-Verein-zu-Besuch.html, 14. 11. 2020).

346 Dabei gilt in grundsätzlicher Weise, was Dietrich Murswiek festgehalten hat: »Die Verfassungsschutzbehörden machen es sich in der Praxis aber viel zu leicht, indem sie grundsätzlich alle Kontakte zu extremistischen Organisationen als Indizien für eigene verfassungsfeindliche Bestrebungen werten. Diese Praxis ist [...] rechtswidrig.« Murswiek (2020): S. 55.

347 Martin Sellner, Kadir ist kein »Opfer«. Die Wahrheit über die »Polizeigewalt«, Wien, 19. August 2020.

348 Vgl. Sellner (2017): S. 130–141. Es ist natürlich nachvollziehbar, was Sellner mit der Formulierung meint. Aber die Bezeichnung »Totalitarismus« sollte der Etikettierung von Diktaturen vorbehalten bleiben, in denen eine Abwahl der Herrschenden nicht möglich ist.

349 Martin Sellner, »Schuld an Stuttgart sind fehlende Gärten« – Professor Clown erklärt, Wien, 21. Juli 2020.

350 Bundesministerium des Innern, für Bau und Heimat (2019): S. 83.

351 Auch Niels Altmieks, der zum Führungskader der Bewegung gehört, hat eine neonationalsozialistische Vergangenheit, die sich vermutlich – wie bei den anderen auch – auf die frühe Jugend bezieht. Er war bei der Heimattreuen Deutschen Jugend aktiv. Vgl. Kai Biermann u.a., Identitäre Bewegung: Die Scheinriesen, in: Zeit Online, 26. April 2017 (https://www.zeit.de/politik/deutschland/2017-04/identitaere-bewegung-rechtsextremismus-neonazis-mitglieder/komplettansicht, 14.11.2020).

352 Vgl. Daniel Fiß, »Extremismus ist falsch«, Interview mit Moritz Schwarz, in: Junge Freiheit, Nr. 19, 3. Mai 2019, S. 3. Martin Sellner, »Kämpfen gegen das Regime der Angst«, Interview mit Moritz Schwarz, in: Junge Freiheit, Nr. 40, 30. September 2016, S. 3. Martin Sellner hat sich auf seinem YouTube-Kanal sehr deutlich vom rechtsterroristischen Anschlag in Halle am 9. Oktober 2019 distanziert und die Tat ausdrücklich verurteilt. Spekulationen über eine sogenannte False-Flag-Operation hat er zurückgewiesen. Vgl. Martin Sellner, Täter in Halle war rechtsextremer Terrorist, Wien, 9. Oktober 2019. Unter einer False-Flag-Operation wird ein Täuschungsmanöver verstanden, das einer dritten Partei zugeschrieben wird, um die wahren Absichten des handelnden Akteurs zu verschleiern.

353 Vgl. Bundesamt für Verfassungsschutz, Aussteigerprogramm für Rechtsextremisten, Köln, o. J.

354 Vgl. Fiß (03.05.2019). Sellner (30.09.2016).

355 Im Verfassungsschutzbericht Österreichs von 2018 heißt es: »Trotz aller formalen Abgrenzungsversuche seitens neurechter Ideologen sind Berührungspunkte zwischen Neonazis und Identitären vorhanden.« Bundesministerium Inneres/Bundesamt für Verfassungsschutz und Terrorismusbekämpfung (2019): S. 32. Es werden keine Belege für die Behauptung angefügt. Auch ist nicht erkennbar, welcher Natur solche »Berührungspunkte« sind und was daraus konkret für die Haltung der IBÖ folgt.

356 Diese Einschätzung beruht auf diversen Beobachtungen des Verfassers, die sich auf in der Szene aktive Frauen beziehen. Das Motiv lässt sich bis in Kreise der Frauenbewegung um Alice Schwarzer nachzeichnen. Vgl. Alice Schwarzer (Hrsg.), Der Schock. Die Silvesternacht von Köln, 4. Auflage, Köln 2016.

357 Sellner (2021): S. 11.

358 Identitäre Bewegung, Schulungs-Handout: Grundlagen Strategie III. Kritik der Alten Rechten, o. O., o. J., vermutlich Wien 2020 (unveröffentlicht), S. 2 f.

359 Sellner (2021): S. 10.

360 Vgl. Seymour Martin Lipset, Der »Faschismus« – die Linke, die Rechte und die Mitte, in: Kölner Zeitschrift für Soziologie und Sozialpsychologie, Nr. 3, 1959, S. 401–444.

361 So äußerte sich z. B. Heinrich August Winkler: »Als Massenbasis kamen für die

Nationalsozialisten, da sie aus der Arbeiterschaft nur verhältnismäßig wenige Anhänger gewinnen konnten, allein die Mittelschichten in Frage.« Heinrich August Winkler, Extremismus der Mitte? Sozialgeschichtliche Aspekte der nationalsozialistischen Machtergreifung, in: Vierteljahreshefte für Zeitgeschichte, Nr. 2, 1972, S. 188.

362 Vgl. Jürgen W. Falter, Hitlers Wähler, München 1991, S. 169–193.

363 Vgl. ebd., S. 364–375.

364 Die Debatte ist gut zusammengefasst worden von: Wolfgang Kraushaar, Extremismus der Mitte. Zur Geschichte einer soziologischen und sozialhistorischen Interpretationsfigur, in: Hans-Martin Lohmann (Hrsg.), Extremismus der Mitte. Vom rechten Verständnis deutscher Nation, Frankfurt am Main 1995 [1994], S. 23–50.

365 Vgl. Thilo Sarrazin, Deutschland schafft sich ab. Wie wir unser Land aufs Spiel setzen, 7. Auflage, München 2010.

366 Vgl. Andrea Seibel, Henryk M. Broder, Integration: Thilo Sarrazin geißelt die Wut der Pharisäer, in: Die Welt, 9. Januar 2012 (https://www.welt.de/politik/deutschland/article13805710/Thilo-Sarrazin-geisselt-die-Wut-der-Pharisaeer.html, 15.11.2020).

367 Vgl. dazu Klaus Ahlheim, Sarrazin und der Extremismus der Mitte. Empirische Analysen und pädagogische Reflexionen, Hannover 2011.

368 Vgl. zur methodischen Problematik der Mitte-Studien: Viola Neu, Sabine Pokorny, Ist »die Mitte« (rechts)-extremistisch?, in: Aus Politik und Zeitgeschichte, Nr. 40, 28. September 2015, S. 4–7.

369 Vgl. Andreas Zick u. a., Gruppenbezogene Menschenfeindlichkeit in Deutschland 2002–2016, in: Andreas Zick, Beate Küpper, Daniela Krause (Hrsg.), Gespaltene Mitte, feindselige Zustände. Rechtsextreme Einstellungen in Deutschland 2016, herausgegeben für die Friedrich-Ebert-Stiftung von Ralf Melzer, Bonn 2016, S. 38.

370 Vgl. Martina Sauer, Identifikation und politische Partizipation türkeistämmiger Zugewanderter in Nordrhein-Westfalen und in Deutschland. Ergebnisse der erweiterten Mehrthemenbefragung 2017, Analyse der Stiftung Zentrum für Türkeistudien und Integrationsforschung in Kooperation mit dem Ministerium für Kinder, Familie, Flüchtlinge und Integration des Landes Nordrhein-Westfalen, Essen, Februar 2018, S. 18.

371 Zick u. a. (2016): S. 39.

372 Ebd.

373 Der Koran, Vollständige Ausgabe, aus dem Arabischen übersetzt von Max Henning, 7. Auflage, Hamburg 2016 [2010], S. 73 f. Das Original erschien 1901.

374 An dieser Stelle können die breiten und sehr differenzierten Ausarbeitungen zur Stellung der Frau im Islam, die Stereotypen entgegenwirken, nicht nachgezeichnet werden. Zudem ist im Einzelfall zu klären, ob Geschlechterbilder in muslimischen Gesellschaften eher durch religiöse oder durch kulturelle Traditionen beeinflusst werden. Streng gläubigen Ehemännern bieten Sure 4 Vers 34 und weitere Passagen des Koran eine innereheliche Rechtfertigung in Über- und Unterordnungsfragen. In anderen Fällen weicht die Lebenswirklichkeit weit von der ursprünglichen Zeichnung der Frau im Koran ab. Vgl. Malise Ruthven, Der Islam. Eine kurze Einführung, Stuttgart 2000 [1997], S. 126–157. Mathias Rohe, Der Islam in Deutschland. Eine Bestandsaufnahme, München 2016, S. 250–259, 274–277. Deutlich kri-

tischer äußert sich: Hans-Peter Raddatz, Von Allah zum Terror? Der Djihad und die Deformierung des Westens, 2. Auflage, München 2002, S. 283–289.

375 Zick u. a. (2016): S. 39.

376 Zit. n. Bettina Grönewald, Armutszuwanderung: »Müssen mehr Respekt für die Deutschen haben«, in: Die Welt, 12. August 2018 (https://www.welt.de/regionales/nrw/article180964152/Armutszuwanderung-In-den-Stadtquartieren-waechst-der-soziale-Unfrieden.html, 15. 11. 2020).

377 Zick u. a. (2016): S. 39.

378 Vgl. BAMF (Dezember 2020): S. 3.

379 Der Begriff findet sich mehrfach im Bericht.

380 Andreas Zick, Polarisierung und radikale Abwehr – Fragen an eine gespaltene Gesellschaft und Leitmotive politischer Bildung, in: Zick/Küpper/Krause (2016): S. 211.

381 Oliver Decker, Johannes Kiess, Elmar Brähler, Die Ergebnisse der »Mitte-Studien« 2002–2010 zu rechtsextremen Einstellungen und Strukturen, in: Oliver Decker, Johannes Kiess, Elmar Brähler (Hrsg.), Die Mitte im Umbruch. Rechtsextreme Einstellungen in Deutschland 2012, herausgegeben für die Friedrich-Ebert-Stiftung von Ralf Melzer, Bonn 2012, S. 16.

382 Klaus Schroeder, Rechtsextremismus in der Mitte der Gesellschaft?, in: Deutschlandfunk Kultur, 8. Januar 2007 (https://www.deutschlandfunkkultur.de/rechtsextremismus-in-der-mitte-der-gesellschaft.1005.de.html?dram:article_id=158155, 15. 11. 2020).

383 Sigmar Gabriel, Von wegen »verlorene Mitte«: Eine Studie und ihre bewusste Fehlinterpretation, in: Der Tagesspiegel, 27. April 2019.

384 Aus der Perspektive des römischen Dichters Juvenal wird dabei ein altes Problem deutlich: »[…] sed quis custodiet ipsos custodes?« (»Wer aber soll die Wächter selbst bewachen?«) Juvenal, Satiren, München 1993 [um 100 n. Chr.], S. 114 f.

385 Angreifbar ist die Perspektive des »liberalen Extremismus« allerdings genau an diesem Punkt: Wer legt fest, ab wann etwas konkret zur Beschädigung der Staatsfundamente führt? Hier müsste das BfV auf der Basis spezifischer Kriterien urteilen, wie sie etwa für den Begriff des Rechtsextremismus erarbeitet worden sind.

386 Vgl. Anti-Defamation League, Global 100: An Index of Anti-Semitism, New York 2020.

387 Vgl. Bundesministerium des Innern, Verfassungsschutzbericht 2015, Berlin 2016, S. 174.

388 »Unabhängig von ihrer jeweiligen Gewichtung gibt es heute drei Quellen antijüdischer ›Unsicherheiten‹, Klartext: Judenfeindschaft. Vom rechten und linken und muslimischen Rand. Benannt wird eigentlich nur der rechte, selten der linke und noch seltener der muslimische. Aus Angst, integrationspolitisches Porzellan zu zerschlagen, wird der muslimische tabuisiert und damit befördert.« Michael Wolffsohn, Antisemitismus – hier irrt (nicht nur) die Kanzlerin. Die Wurzeln des Judenhasses in Deutschland, in: Bild, 1. Juni 2019. Das Zitat ist im Original fett gesetzt.

389 Vgl. Jonas Hermann, Judenhass flammt in Deutschland auf. Polizei stoppt antisemitische Demonstration in Gelsenkirchen – der Antisemitismus kommt aus dem migrantischen Milieu, in: NZZ, Nr. 110, 15. Mai 2021, S. 1.

390 Vgl. tagesschau.de, Antisemitismus in Deutschland: »Die Bilder sind unerträglich«, 17. Mai 2021 (https://www.tagesschau.de/inland/antisemitismus-strafen-101.html, 17.05.2021).

391 Der administrative Extremismus bezieht sich auf Einzelfälle. Es wird an dieser Stelle nicht die Behauptung aufgestellt, dass deutsche Großbürokratien strukturell extremistisch aufgestellt sind oder gar willentlich gegen das Grundgesetz agieren.

392 Vgl. Nadine Chmura, Antoinette Lepper-Binnewerg, Markus Würz, Joschka Fischer geb. 1948, in: LEMO, Berlin – Bonn – Koblenz, 22. Februar 2016.

393 Zit. n. Dirk Kurbjuweit, Gunther Latsch, »Ich hab gekämpft«, in: Der Spiegel, Nr. 2, 8. Januar 2001, S. 25.

394 Vgl. ebd., S. 28.

395 Vgl. ebd., S. 24–29.

396 Zit. n. ebd., S. 31.

397 Vgl. ebd.

398 Vgl. Holger Stark, Joschka Fischer: Der Außenminister bekennt: Wir haben Steine geworfen, in: Der Tagesspiegel, 3. Januar 2001 (https://www.tagesspiegel.de/politik/joschka-fischer-der-aussenminister-bekennt-wir-haben-steine-gewor fen/190976.html, 15.11.2020).

399 Vgl. Kurbjuweit/Latsch (08.01.2001): S. 33.

400 Wolfgang Kraushaar, Fischer in Frankfurt. Karriere eines Außenseiters, Hamburg 2001, S. 191.

401 Vgl. Spiegel Online, Ex-Terrorist: Hessen begnadigt Hans-Joachim Klein, 7. März 2009 (https://www.spiegel.de/politik/deutschland/ex-terrorist-hessen-begnadigt-hans-joachim-klein-a-611948.html, 15.11.2020).

402 Joseph Fischer, »Tapfer gegen den Strom«, Interview mit Olaf Ihlau und Paul Lersch, in: Der Spiegel, Nr. 32, 3. August 1998, S. 35.

403 Heinrich-Böll-Stiftung, Joscha Schmierer, Berlin, o. J.

404 Vgl. Michael Jach, Diplomaten: Zorn außer Dienst, in: Focus Magazin, Nr. 12, 19. März 2001 (https://www.focus.de/politik/deutschland/diplomaten-zorn-ausser-dienst_aid_187971.html, 15.11.2020). Zum Ende der Zeit Hans-Gerhart Schmierers als Sekretär des KBW, der sich 1985 auflöste, finden sich unterschiedliche Jahreszahlen.

405 Vgl. zur ideologischen Haltung der damaligen westdeutschen Kommunisten die Dissertation von: Andreas Kühn, Stalins Enkel, Maos Söhne. Die Lebenswelt der K-Gruppen in der Bundesrepublik der 70er Jahre, Frankfurt am Main 2005, S. 101–135. Kühn geht dabei auch auf den veranstalteten Personenkult um Josef Stalin und Mao Zedong – zwei der größten Massenmörder der Geschichte – ein.

406 Kommunistischer Bund Westdeutschland, Programm und Statut des Kommunistischen Bundes Westdeutschland, Mannheim, 5. unveränderte Auflage, Januar 1975, S. 5.

407 Ebd., S. 6.

408 Ebd.

409 Ebd., S. 7.

410 Ebd., S. 16.

411 Ebd.

412 Ebd.

413 Vgl. Thomas Karl Forster, The Khmer Rouge and the Crime of Genocide. Issues of Genocidal Intent With Regard to the Khmer Rouge Mass Atrocities, Bern, 5. September 2011, S. 112.

414 Zit. n. MJI, Kritik an Fischers Berater Schmierer, in: Die Welt, 12. Februar 2001 (https://www.welt.de/print-welt/article433385/Kritik-an-Fischers-Berater-Schmierer.html, 15.11.2020). Das Original des Telegramms ließ sich nicht finden. Schmierer hat dagegen seine Reise zu Pol Pot zugegeben. Vgl. Joscha Schmierer, Zwei Bücher über die Roten Khmer: Unbeschreibliche Brutalität, verblüffende Inkompetenz, in: FAZ, 30. Juni 2013 (https://www.faz.net/aktuell/feuilleton/buecher/rezensionen/sachbuch/zwei-buecher-ueber-die-roten-khmer-unbeschreibliche-brutalitaet-verblueffende-inkompetenz-12265948.html, 15.11.2020).

415 Vgl. Der Spiegel, Kambodscha: Licht aus, Nr. 5, 30. Januar 1978, S. 114–118. Der Spiegel, Ein Volk, zu schwach zum Weinen. Holocaust in Kambodscha, doch der Krieg geht weiter, Nr. 44, 29. Oktober 1979, S. 150, 156–159, 162.

416 Vgl. Joscha Schmierer, Demokratie ist kein Deckchensticken. Auch einige Oberkommissare sollten über ihre Vergangenheit nachdenken, in: Der Tagesspiegel, 15. Januar 2001, S. 8.

417 Bundesministerium des Innern, für Bau und Heimat (2020): S. 91.

418 Thomas Haldenwang, Stellungnahme auf der Pressekonferenz mit Horst Seehofer zur Vorstellung des Verfassungsschutzberichtes 2018, in: Phoenix vor Ort, Berlin, 27. Juni 2019.

419 Niedersächsisches Ministerium für Inneres und Sport/Verfassungsschutz, Identitäre Bewegung Deutschland (IBD). Ideologie und Aktionsfelder, Informationen zum Thema Rechtsextremismus in Niedersachsen, 3. Auflage, Hannover, November 2016, S. 22.

420 Ebd.

421 Ebd.

422 Ebd.

423 Vgl. ebd., S. 6, 28.

424 Murswiek (2020): S. 18.

425 Ebd., S. 125.

426 Vgl. ebd., S. 25.

427 Ebd., S. 38.

428 Vgl. ebd., S. 24.

429 Vgl. ebd., S. 85–97.

430 Ebd., S. 23.

431 Ebd., S. 31.

432 Vgl. ebd., S. 36.

433 Vgl. Josef Hufelschulte, Schreiben sorgt intern für heftige Kritik: Verfassungsschutz fordert alle Mitarbeiter auf, Kontakte zur AfD offenzulegen, in: Focus Online, 8. März 2019 (https://www.focus.de/politik/deutschland/schreiben-sorgt-intern-fuer-heftige-kritik-verfassungsschutz-fordert-alle-mitarbeiter-auf-kontakte-zur-afd-offenzulegen_id_10422992.html, 15.11.2020).

434 Horst Seehofer, Bundespressekonferenz, Berlin, 6. Oktober 2020.

435 Jürgen Habermas, Wo bleiben die Liberalen?, in: Die Zeit, Nr. 19, 5. Mai 1978.

436 Ebd.

437 Ebd.
438 Vgl. Die Bundesregierung, 30 Jahre. Deutschland ist eins: vieles, Berlin 2020.
439 Vgl. Land Brandenburg, Wir miteinander. Tag der Deutschen Einheit, Potsdam 2020.
440 Eindrücke des Verfassers während eines Rundgangs durch Potsdam am 3. Oktober 2020.
441 Vgl. dazu Neues Potsdamer Toleranzedikt e.V., Miteinander für Toleranz & Solidarität, Potsdam 2020.
442 Vgl. Begegnung-der-Künste e.V., WeltPavillon, Hannover 2020.
443 Steinmeier (03.10.2020).
444 My Heritage, Lassen Sie sich verblüffen, Or Yehuda 2020.
445 My Heritage, Ethnizitätsschätzung, Or Yehuda 2020.
446 Vgl. MDR, Myheritage, Ancestrydna, 23andme & Co: Ist Ahnenforschung mit Gentests-To-Go zuverlässig?, 30. September 2019 (https://www.mdr.de/wissen/podcast/challenge/sind-dna-test-herkunft-zuverlaessig-100.html, 15.11.2020).
447 Sawsan Chebli, Gespräch mit Markus Feldenkirchen, o. O., 23. Juni 2020.
448 Zit. n. Die Welt, Angeblicher Regelverstoß: Twitter sperrt Account von Sawsan Chebli vorübergehend, 5. Mai 2019 (https://www.welt.de/politik/deutschland/article192970789/Twitter-sperrt-Account-von-Sawsan-Chebli-voruebergehend.html, 25.11.2020).
449 Vgl. Benjamin Tetteh, 2019: Year of return for African Diaspora. Ghana rolls out the red carpet to encourage resettlement in the motherland, in: Africa Renewal, Dezember 2018–März 2019.
450 Vgl. Sophia Bogner, Paul Hertzberg, Auf den Spuren der Ahnen: Amerikaner auf »Heimaturlaub« in Ghana, in: Die Welt, 12. August 2019 (https://www.welt.de/reise/Fern/article198234621/Urlaub-in-Ghana-Amerikaner-auf-den-Spuren-ihrer-Vor fahren.html, 25.11.2020).
451 Zit. n. Die Welt, Angela Merkel: »Das Volk ist jeder, der in diesem Lande lebt«, 26. Februar 2017 (https://www.welt.de/politik/deutschland/article162407512/Das-Volk-ist-jeder-der-in-diesem-Lande-lebt.html, 25.11.2020).

V. Zur Durchsetzung einer neuen Nation

1 Hans Kelsen, Vom Wesen und Wert der Demokratie, 2. überarbeitete Auflage, Ditzingen 2018 [1929], S. 132. Das Thema hat Kelsen auch in anderen Schriften beschäftigt: »Wenn wir aus der geistigen Erfahrung der Vergangenheit irgendetwas lernen können, ist es dies, dass die menschliche Vernunft nur relative Werte begreifen kann, und d. h., dass das Urteil, mit dem etwas für gerecht erklärt wird, niemals mit dem Anspruch auftreten kann, die Möglichkeit eines gegenteiligen Werturteils auszuschließen.« Hans Kelsen, Was ist Gerechtigkeit?, Ditzingen 2016 [1953], S. 45.
2 Vgl. zu den Umfragen die Ausführungen in Abschnitt 6 dieses Kapitels.
3 Vgl. Kelsen (1929): S. 76–94.
4 Dies ist die gängige Übersetzung des Originals: »No one pretends that democracy

is perfect or all-wise. Indeed, it has been said that democracy is the worst form of Government except all those other forms that have been tried from time to time; but there is the broad feeling in our country that the people should rule, continuously rule, and that public opinion, expressed by all constitutional means, should shape, guide, and control the actions of Ministers who are their servants and not their masters.« Winston Churchill, Rede, Parliament Bill, London, 11. November 1947.

5 Karl Raimund Popper hat dies drastisch formuliert: »Es gibt eigentlich nur zwei Staatsformen: Solche, in denen es möglich ist, die Regierung ohne Blutvergießen durch eine Abstimmung loszuwerden, und solche, in denen das nicht möglich ist. Darauf kommt es an, nicht aber darauf, wie man diese Staatsform benennt.« Karl Raimund Popper, Über das Problem der Demokratie, in: Manfred Lahnstein, Hans Matthöfer (Hrsg.), Leidenschaft zur praktischen Vernunft. Helmut Schmidt zum Siebzigsten, Berlin 1989, S. 392. Das Original ist mit Kursivsetzungen versehen.

6 Weber (1919): S. 16.

7 Ebd., S. 20.

8 Ebd.

9 Ebd.

10 Ebd.

11 Ebd., S. 21.

12 Hans Kelsen spricht von der »Fiktion der Repräsentation«. Kelsen (1929): S. 46. An anderer Stelle schreibt er: »Auch die Lehre von der Volkssouveränität ist – wenn auch sehr verfeinert und vergeistigt – eine totemistische Maske.« Ebd., S. 113.

13 Popper (1989): S. 394. Dieser Gedanke findet sich auch bei Jean-Jacques Rousseau, der prominent von Hans Kelsen verarbeitet worden ist. Vgl. Kelsen (1929): S. 13. Hans Kelsen weist auf die Parlamentarismus-Kritik hin, zu der gehöre, »dass der durch das Parlament gebildete Staatswille durchaus nicht der Wille des Volkes sei, und dass das Parlament den Willen des Volkes schon darum nicht ausdrücken könne, weil nach den Verfassungen der parlamentarisch regierten Staaten ein Wille des Volkes – abgesehen vom Akte der Parlamentswahl – überhaupt nicht gebildet werden könne.« Ebd., S. 48 f.

14 Grundgesetz (1949).

15 Ebd.

16 Gesetz über die politischen Parteien (Parteiengesetz), Bonn, Ausfertigungsdatum vom 24. Juli 1967, Fassung vom 19. Juni 2020.

17 Wilhelm Hennis, Überdehnt und abgekoppelt. An den Grenzen des Parteienstaates, in: Wilhelm Hennis, Auf dem Weg in den Parteienstaat. Aufsätze aus vier Jahrzehnten, Stuttgart 1998, S. 69. Das Original ist kursiv gesetzt. Der Aufsatz erschien erstmals 1982.

18 Ebd.

19 Ebd., S. 73.

20 Ebd., S. 78.

21 Ebd., S. 79.

22 Vgl. z. B. Franz Walter, Vom Milieu zum Parteienstaat. Lebenswelten, Leitfiguren und Politik im historischen Wandel, Wiesbaden 2010, S. 225–231. »Im Grunde kam es in letzter Konsequenz, wie Leibholz ausführte, auf Wahlen gar nicht mehr an.«

Ebd., S. 226. Walter hält den Ansatz von Leibholz heute für weitgehend überholt, da die Parteien nicht mehr wie damals in das Leben der Bevölkerung eingebunden seien. Siehe auch Josef Schmid, Parteien, in: Uwe Andersen, Wichard Woyke (Hrsg.), Handwörterbuch des politischen Systems, 5. aktualisierte Auflage, Bonn 2003, S. 464. Hans Herbert von Arnim, Die Hebel der Macht und wer sie bedient. Parteienherrschaft statt Volkssouveränität, 2. Auflage, München 2017, S. 94 f.

23 Hennis (1982): S. 81.

24 Kelsen (1929): S. 30.

25 Hennis (1982): S. 83.

26 Ebd.

27 Ebd., S. 86.

28 Ebd., S. 87.

29 Ebd., S. 92.

30 Ebd.

31 Kurt Sontheimer, Vom Zustand unserer Republik, in: Kurt Sontheimer, Von Deutschlands Republik. Politische Essays, Stuttgart 1991, S. 118. Der Aufsatz erschien erstmals 1989.

32 Ebd.

33 Vgl. ebd., S. 110.

34 Ebd., S. 108.

35 Ebd., S. 109.

36 Richard von Weizsäcker, »Wo bleibt der politische Wille des Volkes?«, Interview mit Gunter Hofmann und Werner A. Perger, in: Die Zeit, Nr. 26, 19. Juni 1992.

37 Ebd.

38 Ebd.

39 Ebd.

40 Ebd.

41 Ebd.

42 Ebd.

43 So auch von Arnim (2017): S. 243.

44 Vgl. Statista, Mitgliederzahlen der politischen Parteien am 31. Dezember 2019, Hamburg 2020.

45 Hans Herbert von Arnim hat sich ausführlich mit diesem Problem und seinen weitreichenden Auswirkungen für die Demokratie befasst: »Das eigentliche Problem ist viel grundlegender, denn die Parteien entscheiden selbst über die sogenannten Regeln des Machterwerbs, die ihnen eigentlich Grenzen setzen sollten. Dies stellt einen grundlegenden Strukturmangel unseres politischen Systems dar, prägt die Entwicklung zum exzessiven Parteienstaat und ermöglicht eine Politik über die Köpfe der Menschen hinweg.« von Arnim (2017): S. 15. »Die Souveränität, die in der Demokratie eigentlich dem Volk zusteht, haben die Parteien an sich gerissen.« Ebd., S. 16.

46 Ein Abgeordneter der CDU berichtete dem Verfasser 2016, dass die Stimmung für oder gegen Merkel bei etwa »50 zu 50« liege. Siehe zur Berichterstattung: Robin Alexander, Flüchtlingskanzlerin: Die Union verweigert Merkel die Gefolgschaft, in: Die Welt, 27. September 2015 (https://www.welt.de/politik/deutschland/article146898053/Die-Union-verweigert-Merkel-die-Gefolgschaft.html, 30. 11. 2020).

47 Vgl. Martin Ferber, Stefan Drescher, Michael Stifter, Exklusiv: CSU droht im Asylstreit mit Ende der Unions-Fraktion, in: Augsburger Allgemeine, 14. Juni 2018 (https://www.augsburger-allgemeine.de/bayern/CSU-droht-im-Asylstreit-mit-Ende-der-Unions-Fraktion-id51365716.html, 30.11.2020).

48 Vgl. Bundesministerium des Innern, für Bau und Heimat, Ministerium, Berlin, o. J.

49 Vgl. Bundesministerium für Verkehr und digitale Infrastruktur, Das Ministerium stellt sich vor, Berlin, o. J.

50 Vgl. Bundesministerium für wirtschaftliche Zusammenarbeit und Entwicklung, Ministerium: Aufbau und Organisation, Berlin 2020.

51 Vgl. Markus Feldenkirchen, Gerald Traufetter, Haus der Pannen, in: Der Spiegel, Nr. 29, 13. Juli 2019, S. 33. Der Spiegel gibt die Zahl der nachgelagerten Behörden mit 57 an.

52 Vgl. Der Landeswahlleiter des Freistaates Bayern, Wahl zum 18. Bayerischen Landtag in Bayern am 14. Oktober 2018. Wahlen zum Bayerischen Landtag 1946 bis 2018, Fürth 2019, S. 8.

53 Zit. n. Feldenkirchen/Traufetter (13. 07. 2019): S. 34.

54 Zit. n. ebd.

55 Vgl. Bundesverfassungsgericht, Die Richterinnen und Richter des Bundesverfassungsgerichts, Karlsruhe 2020.

56 Vgl. Bayerischer Rundfunk (BR), Der Intendant: Ulrich Wilhelm, München, 1. Januar 2018.

57 Vgl. Die Bundesregierung, Regierungssprecher: Steffen Seibert, Berlin, o. J.

58 Vgl. Saarländischer Rundfunk, Prof. Thomas Kleist, Saarbrücken, o. J. Hans-Peter Siebenhaar, Saarländischer Rundfunk: Ex-SPD-Mann Thomas Kleist wird neuer Intendant, in: Handelsblatt, 15. April 2011 (https://www.handelsblatt.com/unternehmen/it-medien/saarlaendischerundfunk-ex-spd-mann-thomas-kleist-wird-neuer-intendant/4067194.html?ticket=ST-4112325-RXFlXdz3z3tDce2s94di-ap3, 01. 12. 2020).

59 Zit. n. Berliner Zeitung, Künftige MDR-Chefin hat SED-Vergangenheit, 11. Oktober 2011 (https://www.bz-berlin.de/artikel-archiv/kuenftige-mdr-chefin-hat-sed-vergangenheit, 01. 12. 2020).

60 Bundesverfassungsgericht, Leitsätze zum Urteil des Ersten Senats vom 25. März 2014, 1 BvF 1/11, 1 BvF 4/11, Karlsruhe, 25. März 2014. Das Zitat ist im Original fett gesetzt.

61 Ebd. Das Zitat ist im Original fett gesetzt.

62 Vgl. ZDF, Die Mitglieder des ZDF-Fernsehrats, Mainz, 5. März 2021. Norddeutscher Rundfunk, Der NDR Rundfunkrat, Hamburg, o. J.

63 Vgl. ARD, ZDF, Deutschlandradio, Beitragsservice: Jahresbericht 2019, Köln, Juni 2020, S. 8.

64 Vgl. Spiegel Online, Werbung in eigener Sache: Große Koalition steigert PR-Ausgaben deutlich, 4. Februar 2020 (https://www.spiegel.de/politik/deutschland/werbung-in-eigener-sache-grosse-koalition-steigert-pr-ausgaben-deutlich-a-07a3ea8f-2ab5-475d-ac04-5102b286a612, 01. 12. 2020).

65 Bundesregierung, Staatliche Förderung der Pressezustellung, Antwort auf die Kleine Anfrage der Abgeordneten Doris Achelwilm, Dr. Petra Sitte, Simone Barrientos, weiterer Abgeordneter und der Fraktion DIE LINKE (Drucksache

19/16227), Deutscher Bundestag, 19. Wahlperiode, Drucksache 19/16690, Berlin, 21. Januar 2020, S. 1. Ende April 2021 wurde bekannt, dass das Projekt der staatlichen Presseförderung nicht weiter verfolgt wird. Vgl. Claudia Tieschky, Staatshilfen für Transformation: 220-Millionen-Presseförderung gescheitert, in: SZ, 27. April 2021 (https://www.sueddeutsche.de/medien/pressefoerderung-zeitungen-zeitschriften-altmaier-1.5277915, 18.05.2021).

66 Hans Herbert von Arnim, Der Staat als Beute. Wie Politiker in eigener Sache Gesetze machen, München 1993.

67 Vgl. zu den folgenden Angaben: Deutscher Bundestag/19. Wahlperiode, Unterrichtung durch den Präsidenten des Deutschen Bundestages. Bekanntmachung von Rechenschaftsberichten politischer Parteien für das Kalenderjahr 2018 (1. Teil – Bundestagsparteien, Band I), Drucksache 19/15450, Berlin, 25. November 2019, S. 3, 45. Deutscher Bundestag/19. Wahlperiode, Unterrichtung durch den Präsidenten des Deutschen Bundestages. Bekanntmachung von Rechenschaftsberichten politischer Parteien für das Kalenderjahr 2018 (1. Teil – Bundestagsparteien, Band II), Drucksache 19/16760, Berlin, 21. Januar 2020, S. 3. Deutscher Bundestag/19. Wahlperiode, Unterrichtung durch den Präsidenten des Deutschen Bundestages. Bekanntmachung von Rechenschaftsberichten politischer Parteien für das Kalenderjahr 2018 (1. Teil – Bundestagsparteien, Band III), Drucksache 19/17350, Berlin, 24. Februar 2020, S. 3, 73, 113, 141.

68 Vgl. Martin Lutz, Uwe Müller, Ausgaben-Rekord: Parteinahe Stiftungen kosten Steuerzahler 581 Millionen, in: Die Welt, 12. Februar 2018 (https://www.welt.de/politik/deutschland/article173425205/Bundestag-581-Millionen-Euro-fuer-parteinahe-Stiftungen-bewilligt.html, 01.12.2020).

69 Vgl. Deutscher Bundestag, Aufwandsentschädigung für die Abgeordneten des Deutschen Bundestages, Berlin, Januar 2021.

70 Vgl. Deutscher Bundestag, Kostenpauschale, Berlin, Januar 2021.

71 Vgl. Deutscher Bundestag, Mitarbeiter, Berlin, 1. März 2020.

72 Vgl. Deutscher Bundestag, Büroausstattung/Konto für Sachleistungen, Berlin, o. J.

73 Zit. n. Lutz/Müller (12.02.2018).

74 Vgl. Bundeszentrale für politische Bildung, Präsident: Thomas Krüger, Bonn, 14. Juni 2016.

75 Vgl. Bundeszentrale für politische Bildung, Kuratorium, Bonn, 31. Januar 2019. Landeszentrale für politische Bildung Thüringen, Unser Kuratorium, Erfurt, o. J.

76 Vgl. Spiegel Online, Neuer Präsident: Unionspolitiker soll Bundesrechnungshof leiten, 4. April 2014 (https://www.spiegel.de/politik/deutschland/unions-mann-kay-scheller-soll-bundesrechnungshofs-praesident-werden-a-962585.html, 01.12.2020).

77 Vgl. z. B. Konrad-Adenauer-Stiftung, Präsenz vor Ort: Die Hochschulgruppen, Berlin, o. J.

78 Vgl. dazu den Überblick bei Manfred G. Schmidt, Demokratietheorien. Eine Einführung, 5. Auflage, Wiesbaden 2010 [1995]. Vgl. zur Bandbreite politischer Systeme Alexander Gallus, Eckhard Jesse (Hrsg.), Staatsformen von der Antike bis zur Gegenwart. Ein Handbuch, 2. aktualisierte und ergänzte Auflage, Köln 2007.

79 Andrew Moravcsik, Taking Preferences Seriously: A Liberal Theory of International Politics, in: International Organization, Nr. 4, Herbst 1997, S. 518.

80 Klaus von Beyme, Die politische Klasse im Parteienstaat, Frankfurt am Main 1993, S. 9.

81 »Hence we see the emergence of a new type of party, the cartel party, characterized by the interpenetration of party and state, and also by a pattern of inter-party collusion.« Richard S. Katz, Peter Mair, Changing Models of Party Organization and Party Democracy. The Emergence of the Cartel Party, in: Party Politics, Nr. 1, 1995, S. 17.

82 Richard S. Katz, Peter Mair, Democracy and the Cartelization of Political Parties, Oxford 2018, S. 7.

83 Peter Frey, Chefredakteur des ZDF, hat eine solche Situation mit Blick auf die Angemessenheit staatlicher Maßnahmen in der Corona-Krise nicht nur zugegeben, sondern auch kritisch bewertet: »In den ersten sechs Wochen der Pandemie, etwa von Mitte März bis Ende April, gab es in der Tat eine gewisse Übereinstimmung zwischen politischer und medialer Landschaft, wie sie in demokratischen Verhältnissen der Ausnahmefall sein sollte«. Peter Frey, »In demokratischen Verhältnissen sollte das die Ausnahme sein«, Interview mit Catalina Schröder, in: journalist, 10. Dezember 2020. Eine solche Verschmelzung in politischen Sichtweisen ist mit Blick auf die eigentliche Funktion der Medien, wie Hans Herbert von Arnim anmerkt, nicht unproblematisch: »Die Politisierung des aus Zwangsbeiträgen finanzierten öffentlich-rechtlichen Hörfunks und Fernsehens mindert seine Informations-, Kritik- und Kontrollfunktion. Das geht an den Nerv des demokratischen Rechtsstaats.« von Arnim (2017): S. 66. Hans Kelsen hat dargelegt, wie sich Mehrheiten im eigenen Glauben an ihre Einsichten täuschen können: »Dass viele Individuen in einem Werturteile übereinstimmen, ist keinerlei Beweis dafür, dass dieses Urteil richtig, d. h. in einem objektiven Sinne gültig ist.« Kelsen (1953): S. 20.

84 Richard S. Katz und Peter Mair haben 1995 beschrieben, was dies für den Demos am Ende bedeutet: »As a result, there is an increased sense in which electoral democracy may be seen as a means by which the rulers control the ruled, rather than the other way around. As party programmes become more similar, and as campaigns are in any case oriented more towards agreed goals rather than contentious means, there is a shrinkage in the degree to which electoral outcomes can determine government actions.« Katz/Mair (1995): S. 22. So auch Hans Herbert von Arnim: »Die Angleichung der etablierten Parteien nimmt dem Bürger die Möglichkeit, unter ihnen wirklich zu wählen. Damit wird der Wettbewerb selbst in seiner Funktion beeinträchtigt.« von Arnim (2017): S. 234.

85 Vgl. ebd., S. 15.

86 Gesetz über die politischen Parteien (2020).

87 Vgl. z. B. von Arnim (2017): S. 303–338.

88 Kelsen (1929): S. 59. Vgl. ebd., S. 61.

89 Colin Crouch, Postdemokratie, 13. Auflage, Frankfurt am Main 2017 [2008], S. 10.

90 Ebd.

91 Ebd., S. 13.

92 Ebd., S. 32.

93 Ebd., S. 35.

94 Ebd., S. 36.

95 Ebd., S. 96.

96 Ebd.

97 Vgl. ebd., S. 29.
98 Ebd., S. 143.
99 Vgl. Maxim Kireev, Gerhard Schröder: Russlands loyalster Bundeskanzler, in: Zeit Online, 29. September 2017 (https://www.zeit.de/wirtschaft/unternehmen/2017-09/gerhard-schroeder-rosneft-altkanzler-russland-wladimir-putin, 01.12.2020).
100 Vgl. Verband der Automobilindustrie, Bernhard Mattes folgt Matthias Wissmann als VDA-Präsident, Berlin, 30. Januar 2018.
101 Vgl. Spiegel Online, Ex-Geheimdienstchef: Uhrlau heuert bei der Deutschen Bank an, 5. Februar 2012 (https://www.spiegel.de/wirtschaft/unternehmen/ex-geheim dienstchef-uhrlau-heuert-bei-der-deutschen-bank-an-a-813480.html, 01.12.2020).
102 Vgl. Deutsche Bahn, Vorstand Infrastruktur, Berlin, o. J.
103 Daimler AG, Eckart von Klaeden wird Nachfolger von Martin Jäger, Stuttgart, 28. Mai 2013.
104 Vgl. Der Bundeswahlleiter, Wahlbeteiligung, Wiesbaden, Stand vom 24. Juni 2019.
105 Vgl. Tom Mannewitz, Erik Vollmann, Muster regionaler Demokratieunterstützung in Deutschland 2017, in: Bertelsmann Stiftung (Hrsg.), Schwindendes Vertrauen in Politik und Parteien. Eine Gefahr für den gesellschaftlichen Zusammenhalt?, Gütersloh, Januar 2019, S. 56.
106 Vgl. ebd., S. 57.
107 Vgl. ebd., S. 58. In diesem Zusammenhang ist allerdings der Hinweis angebracht, dass die Deutschen ihre Parteien schon immer sehr skeptisch betrachtet haben und dass Parteienkrisen nicht unüblich sind. Ulrich von Alemann bezeichnet sie gar als »Konjunkturthema«. »Krisen des Parteiensystems gibt es auch nicht erst seit 1990, vielmehr ist die ganze Geschichte der Parteien in Deutschland eine Krisengeschichte, auch in der Nachkriegszeit.« Ulrich von Alemann, Das Parteiensystem der Bundesrepublik Deutschland, Bonn 2003, S. 181, 190.
108 Vgl. Mannewitz/Vollmann (2019): S. 61.
109 Ebd., S. 52.
110 Vgl. Der Bundeswahlleiter, Ergebnisse früherer Bundestagswahlen, Wiesbaden, Stand vom 8. November 2018, S. 28.
111 Vgl. dazu den TV-Ausschnitt von Phoenix vom 24. September 2017: »Bundestagswahl 2017: Rede von Angela Merkel zu den vorläufigen Wahlergebnissen am 24.09.2017« (https://www.youtube.com/watch?v=_2nhR4Md4Fw, 01.12.2020).
112 Vgl. Der Bundeswahlleiter (November 2018): S. 22, 28.
113 Vgl. Der Bundeswahlleiter, Europawahl 2019: Endgültiges Ergebnis, Pressemitteilung Nr. 37/19, Wiesbaden, 24. Juni 2019. Siehe zum Vergleich früherer Europawahlen: Der Bundeswahlleiter, Ergebnisse früherer Europawahlen, Wiesbaden, Stand vom 1. Oktober 2019, S. 8.
114 Zit. n. Lars Haferkamp, Kai Doering, Ausgang der Europawahl: Nahles nach SPD-Wahldebakel: »Der Ernst der Lage ist allen vollkommen klar«, in: Vorwärts, 27. Mai 2019 (https://www.vorwaerts.de/artikel/nahles-spd-wahldebakel-ernst-lage-allen-vollkommen-klar, 01.12.2020).
115 Zit. n. ebd.
116 Vgl. Zeit Online, Europawahl: Manfred Weber wird EVP-Spitzenkandidat, 8. November 2018 (https://www.zeit.de/politik/ausland/2018-11/europawahl-manfred-weber-wird-evp-spitzenkandidat, 01.12.2020).

117 Vgl. Michaela Wiegel, Macron und von der Leyen: Ein Präsident gerät ins Schwärmen, in: FAZ, 3. Juli 2019 (https://www.faz.net/aktuell/politik/ausland/macron-haelt-von-der-leyen-ideal-fuer-den-vorsitz-der-eu-kommission-16266851.html, 01. 12. 2020).

118 Vgl. Florian Kain, Erst wollte sie nicht, jetzt tut sie's doch: AKK erklärt ihren Sinneswandel, in: Bild, 18. Juli 2019 (https://www.bild.de/politik/inland/politik-inland/annegret-kramp-karrenbauer-akk-die-wendehals-chefin-der-cdu-63361654.bild.html, 01. 12. 2020).

119 Vgl. Spiegel Online, SPON-Umfrage: Große Mehrheit lehnt Kramp-Karrenbauer als Verteidigungsministerin ab, 18. Juli 2019 (https://www.spiegel.de/politik/deutschland/annegret-kramp-karrenbauer-mehrheit-lehnt-wechsel-ins-verteidigungsministerium-ab-a-1277867.html, 01. 12. 2020).

120 Zit. n. SZ, Flüchtlinge: Seehofer: »Es ist eine Herrschaft des Unrechts«, 9. Februar 2016 (https://www.sueddeutsche.de/bayern/fluechtlinge-seehofer-es-ist-eine-herrschaft-des-unrechts-1.2856699, 01. 12. 2020). Siehe dazu auch Ulrich Vosgerau, Die Herrschaft des Unrechts. Die Asylkrise, die Krise des Verfassungsstaates und die Rolle der Massenmedien, Berlin 2018.

121 Horst Seehofer, »Sie ist die Beste«, Interview mit René Pfister, in: Der Spiegel, Nr. 50, 8. Dezember 2018, S. 22.

122 Ebd.

123 Vgl. Der Tagesspiegel, Umfrage nach der Bayernwahl: Rund zwei Drittel der Deutschen für Seehofer-Rücktritt, 22. Oktober 2018 (https://www.tagesspiegel.de/politik/umfrage-nach-der-bayernwahl-rund-zwei-drittel-der-deutschen-fuer-seehofer-ruecktritt/23215648.html, 01. 12. 2020).

124 Vgl. Der Bundeswahlleiter (November 2018): S. 28.

125 Zit. n. Daniel Friedrich Sturm, »Wo ham' Sie datt her?« Frage zu Merkel bringt Schulz völlig aus dem Konzept, in: Die Welt, 25. September 2017 (https://www.welt.de/politik/deutschland/article169028979/Frage-zu-Merkel-bringt-Schulz-voellig-aus-dem-Konzept.html, 01. 12. 2020).

126 Vgl. Spiegel Online, Martin Schulz: SPD schließt große Koalition aus, 20. November 2017 (https://www.spiegel.de/politik/deutschland/jamaika-aus-spd-will-neuwahlen-und-stellt-sich-gegen-grosse-koalition-a-1179376.html, 01. 12. 2020).

127 Vgl. Spiegel Online, SPD-Chaos: Schulz verzichtet auf Ministerposten, 9. Februar 2018 (https://www.spiegel.de/politik/deutschland/martin-schulz-will-offenbar-auf-aussenministerium-verzichten-a-1192707.html, 01. 12. 2020).

128 Vgl. n-tv, RTL/n-tv Trendbarometer: SPD und Schulz weiter im Umfrage-Tief, 29. Januar 2018 (https://www.n-tv.de/politik/SPD-und-Schulz-weiter-im-Umfrage-Tief-article20256176.html, 01. 12. 2020).

129 Vgl. BAMF (Dezember 2020): S. 6.

130 Vgl. Worldometers, Africa Population, o. O., 2021. Die nach Deutschland reisenden Migranten stammen aus unterschiedlichen Kontinenten, weshalb die hier vorgenommene Übertragung nur abstrakte Größenordnungen andeuten kann.

131 Vier Staaten sind für 54,21 Prozent der globalen CO_2-Emissionen verantwortlich: China (27,92 Prozent), die USA (14,5 Prozent), Indien (7,18 Prozent) und Russland (4,61 Prozent). Vgl. Hannah Ritchie, Max Roser, CO_2 emissions, in: Our World in Data, Oxford, o. J.

132 Crouch (2008): S. 148.

133 Ebd.

134 Angela Merkel, »Es war ein schlechter Tag für die Demokratie«, Ausschnitt aus der Pressekonferenz, in: tagesschau.de, 6. Februar 2020.

135 Vgl. Die Bundesregierung, Angela Merkel: Bundeskanzlerin. Lebenslauf, Berlin, o.J.

136 Gerd Langguth, Angela Merkel, 2. Auflage, München 2005, S. 7.

137 Vgl. Wolfgang Stock, Angela Merkel. Eine politische Biographie, 2. Auflage, München 2000, S. 7–59. Vgl. zur Bewertung dieses Buches die Rezension von: Georg Paul Hefty, Politisches Pubertätsproblem gegenüber Hausvater Kohl, in: FAZ, 8. November 2000 (https://www.faz.net/aktuell/feuilleton/politik/rezension-sachbuch-politisches-pubertaetsproblem-gegenueber-hausvater-kohl-112919.html, 03.12.2020).

138 Vgl. Barack Obama, Angela Merkel, Exchange of Toasts, Washington D.C., 7. Juni 2011.

139 Vgl. Christina Pazzanese, Angela Merkel, the scientist who became a world leader, in: The Harvard Gazette, 28. Mai 2019 (https://news.harvard.edu/gazette/story/2019/05/those-who-have-known-angela-merkel-describe-her-rise-to-prominence/, 03.12.2020).

140 Vgl. Langguth (2005): S. 27, 59, 62. Merkel ging 1991 davon aus, dass ihr Vater eine Neigung zum Sozialismus hatte – im Gegensatz zu ihr. Vgl. Angela Merkel, Interview mit Günter Gaus, Deutscher Fernsehfunk, 28. Oktober 1991.

141 Vgl. Deutsche Welle, Angela Merkel und die DDR, Berlin, 24. Mai 2013 (https://www.youtube.com/watch?v=doyLF3jMljQ, 03.12.2020).

142 Vgl. Hubertus Knabe, IM Erika – eine Spurensuche, Sankt Petersburg, 9. August 2019.

143 Zit. n. Ralf Georg Reuth, Günther Lachmann, Das erste Leben der Angela M., 4. Auflage, München 2013, S. 113.

144 Vgl. ebd., S. 113 f.

145 Hans-Jörg Osten, Eine hoffnungsvolle junge Physikerin (Leserbrief), in: Neues Deutschland, 22. September 1994 (https://www.neues-deutschland.de/artikel/508197.eine-hoffnungsvolle-junge-physikerin.html, 03.12.2020).

146 Vgl. Evelyn Roll, Die Kanzlerin. Angela Merkels Weg zur Macht, 5. Auflage, Berlin 2019 [2009], S. 97.

147 Zit. n. ebd., S. 95.

148 Angela Merkel, Interview, in: Herlinde Koelbl, Spuren der Macht. Die Verwandlung des Menschen durch das Amt. Eine Langzeitstudie, Sonderausgabe, München 2002, S. 51.

149 Zit. n. Reuth/Lachmann (2013): S. 128.

150 Zit. n. ebd.

151 Zit. n. Langguth (2005): S. 86.

152 Zit. n. ebd., S. 107.

153 Ebd.

154 Zit. n. Ilona Katharina Schneider, Weltanschauliche Erziehung in der DDR. Normen – Praxis – Opposition. Eine kommentierte Dokumentation, Opladen 1995, S. 50.

155 Vgl. dazu neben anderen: Der Bundesminister des Innern, Verfassungsschutzbericht 1988, Bonn, Juli 1989, S. 31, 53–56.

156 Vgl. Knabe (2019).
157 Vgl. Reuth/Lachmann (2013): S. 137–139.
158 Knabe (2019).
159 Zit. n. Roll (2009): S. 17.
160 Vgl. Langguth (2005): S. 99.
161 Vgl. Angela Merkel, Mein Weg. Angela Merkel im Gespräch mit Hugo Müller-Vogg, Hamburg 2004, S. 58 f.
162 Zit. n. Stock (2000): S. 14. Vgl. auch Roll (2009): S. 93.
163 Zit. n. ebd. Das Original ist kursiv gesetzt. Wolfgang Stock zitiert den Satz wie folgt: »Angela steht unserem Staat sehr kritisch gegenüber.« Zit. n. Stock (2000): S. 14.
164 Vgl. Reuth/Lachmann (2013): S. 140 f.
165 Vgl. dazu Stefan Kornelius, Angela Merkel. Die Kanzlerin und ihre Welt, Hamburg 2013, S. 41.
166 Merkel (28.10.1991).
167 Ebd.
168 Ebd.
169 Merkel (2004): S. 59.
170 Zit. n. Roll (2009): S. 96.
171 Merkel (2004): S. 41.
172 Ebd., S. 46.
173 Kornelius (2013): S. 33.
174 Merkel (2004): S. 71.
175 Vgl. Langguth (2005): S. 96.
176 Knabe (2019).
177 Ebd.
178 »Ich habe erst einmal schon bestimmte Formen der Anpassung genutzt, um einen bestimmten Bildungsweg zu gehen.« Merkel (28.10.1991).
179 Vgl. Kornelius (2013): S. 18 f.
180 Zit. n. Spiegel Online, Familiengeschichte der Kanzlerin: Merkels polnische Wurzeln, 13. März 2013 (https://www.spiegel.de/politik/deutschland/kanzlerin-merkel-hat-polnische-wurzeln-a-888674.html, 03.12.2020).
181 Merkel hat auf die Frage, was ihre »wirklich grundlegende Idee« sei, geantwortet: »Ich sage es doch: dem Menschen zu ermöglichen, an seine eigenen Grenzen zu gehen, das eigene Potenzial ausschöpfen zu können, nicht eingeengt zu werden – oder politischer formuliert: die soziale Marktwirtschaft. Das ist mein grundlegendes Anliegen. Sie ist die freiheitliche Wirtschafts- und Sozialordnung in der freiheitlichen politischen Ordnung der Demokratie.« Merkel (2004): S. 19 f.
182 Vgl. ebd., S. 30.
183 Langguth (2005): S. 302.
184 Ebd., S. 303 f.
185 Angela Merkel, Interview, in: Koelbl (2002): S. 49.
186 Ebd., S. 53.
187 Ebd.
188 Zit. n. Mariam Lau, Wir sind Klischee – und stolz drauf, in: Die Welt, 4. März 2010 (https://www.welt.de/welt_print/vermischtes/article6642425/Wir-sind-Klischee-

und-stolz-drauf.html, 21.08.2020). Die Aussage war ursprünglich in einem Interview mit der *Bild*-Zeitung entstanden.

189 Langguth (2005): S. 322.

190 Merkel (03.10.2019).

191 Helmut Kohl, Ansprache bei dem Festakt zum Tag der Deutschen Einheit, Stuttgart, 3. Oktober 1997.

192 Vgl. Nicola Abé u. a., Die große Anführerin, in: Spiegel Online, 25. September 2013 (https://www.spiegel.de/spiegel/print/d-114429158.html, 03.12.2020).

193 Vera Lengsfeld, So tickt Angela Merkel! Meine persönlichen Erfahrungen mit der Kanzlerin, Kanada, 21. August 2018.

194 Zit. n. Langguth (2005): S. 58.

195 Zit. n. Frank Lübberding, TV-Kritik: Sandra Maischberger. »Angela Merkel ist unpolitisch«, in: FAZ, 9. Dezember 2015 (https://www.faz.net/aktuell/feuilleton/medien/tv-kritik/tv-kritik-sandra-maischberger-angela-merkel-ist-unpolitisch-13956148.html, 03.12.2020).

196 Merkel (28.10.1991).

197 Die Linke, Kommunistische Plattform der Partei DIE LINKE, Berlin, o. J.

198 Lothar Bisky, Wir sind gekommen, um zu bleiben, Rede vom 15. Juni 2007, 3. Tagung des 10. Parteitages der Linkspartei.PDS, in: Disput, Juni 2017, S. 55.

199 Zit. n. FAZ, Linkspartei: Gesine Lötzsch verteidigt Kommunismus, 5. Januar 2011 (https://www.faz.net/aktuell/politik/inland/linkspartei-gesine-loetzsch-vertei digt-kommunismus-1576117.html, 04.12.2020).

200 Zit. n. Thomas Schmoll, Schräge Hackordnung: Von fiesen und weniger fiesen Extremisten, in: n-tv, 10. Juli 2017 (https://www.n-tv.de/politik/politik_kommentare/Von-fiesen-und-weniger-fiesen-Extremisten-article19928425.html, 04.12.2020). Kipping entschuldigte sich später für diese Wortwahl.

201 Vgl. Bundesministerium des Innern, für Bau und Heimat (2020): S. 167–170.

202 Vgl. Bundesministerium des Innern, für Bau und Heimat (2019): S. 161, 163 f.

203 Bayerisches Staatsministerium des Innern, für Sport und Integration, Verfassungsschutzbericht 2019, München, März 2020, S. 254.

204 Vgl. Ministerium des Innern und für Kommunales des Landes Brandenburg, Verfassungsschutzbericht des Landes Brandenburg 2018, Potsdam 2019. Ministerium für Inneres und Europa von Mecklenburg-Vorpommern, Verfassungsschutzbericht 2018, Schwerin 2019. Ministerium für Inneres und Sport von Sachsen-Anhalt, Verfassungsschutzbericht 2018, Magdeburg 2019.

205 Vgl. Freistaat Thüringen, Verfassungsschutzbericht Freistaat Thüringen 2018 (Pressefassung), Erfurt 2019.

206 Staatsministerium des Innern des Freistaates Sachsen, Sächsischer Verfassungsschutzbericht 2018, Dresden 2019, S. 255.

207 Vgl. Landesregierung, Verfassungsschutzbericht 2018, Schleswig-Holsteinischer Landtag, 19. Wahlperiode, Drucksache 19/1429 (2019-04-30), Kiel 2019.

208 Vgl. Daniel Günther, »Normalisierung zwischen CDU und Linken«, Interview, in: RP Online, 11. August 2018.

209 Niedersächsisches Ministerium für Inneres und Sport/Verfassungsschutz, Verfassungsschutzbericht 2019, Hannover 2020, S. 138.

210 Eckhard Jesse, Ist die Beobachtung der Partei DIE LINKE durch den Verfassungs-

schutz rechtens?, in: Hans-Jürgen Lange, Jens Lanfer (Hrsg.), Verfassungsschutz. Reformperspektiven zwischen administrativer Effektivität und demokratischer Transparenz, Wiesbaden 2016, S. 64.

211 Ebd., S. 70.

212 Erhard Denninger, Vorwort, in: Erhard Denninger (Hrsg.), Freiheitlich demokratische Grundordnung I. Materialien zum Staatsverständnis und zur Verfassungswirklichkeit in der Bundesrepublik, Frankfurt am Main 1977, S. 8 f.

213 Vgl. Forschungsgruppe Wahlen e.V., Politbarometer September 2018, Mannheim, 14. September 2018.

214 Vgl. Thomas Reutter, Matthias Gerlach, Schattenwelt BND: Deutsche misstrauen dem Bundesnachrichtendienst, in: Südwestrundfunk, 26. Juli 2016 (https://www.swr.de/film/misstrauen-bnd-geheimdienst-umfrage/-/id=5791128/did=17849490/nid=5791128/1aotu1u/index.html, 04. 12. 2020).

215 Vgl. Infratest Dimap, Verfassungsschutz – Geheimdienst im Zwielicht, Berlin, Oktober 2020.

216 Vgl. dazu Kapitel IV.2.

217 Verwaltungsgericht Köln (25.09.2019).

218 Vgl. Dietmar Hipp, Urteil gegen Verfassungsschützer: Big Brother verwechselte Freund und Feind, in: Spiegel Online, 5. April 2011 (https://www.spiegel.de/politik/deutschland/urteil-gegen-verfassungsschuetzer-big-brother-verwechselte-freund-und-feind-a-754472.html, 04. 12. 2020). Eckhard Stengel, Menschenrechtler: Im Auge des Staatsschutzes, in: FR, 12. Juni 2018 (https://www.fr.de/politik/auge-staatsschutzes-10974644.html, 04. 12. 2020).

219 Selbst Christian Fuchs und Paul Middelhoff, beide Redakteure der Wochenzeitung *Die Zeit*, ordnen die *Junge Freiheit* nicht als »rechtsextrem«, sondern als »nationalkonservativ« ein. Vgl. Christian Fuchs, Paul Middelhoff, Das Netzwerk der Neuen Rechten. Wer sie lenkt, wer sie finanziert und wie sie die Gesellschaft verändern, 2. Auflage, Reinbek bei Hamburg 2019, S. 61.

220 Vgl. dazu beispielhaft die folgenden Ausgaben: Abteilung Verfassungsschutz des Ministeriums des Innern des Landes Nordrhein-Westfalen, Verfassungsschutzbericht 1995, Düsseldorf, 29. April 1996, S. 84–99. Landesamt für Verfassungsschutz Baden-Württemberg, Verfassungsschutzbericht 2001, Stuttgart 2002, S. 61 f. Ob die Zitation in dieser Form exakt ist, konnte der Verfasser wegen fehlender Deckblätter beider Dokumente nicht feststellen. Die Sammlung von Verfassungsschutzberichten der Open Knowledge Foundation Deutschland e.V. (https://verfassungsschutzberichte.de/berichte, 04. 12. 2020) dürfte im Internet dennoch konkurrenzlos sein.

221 Vgl. Bundesministerium des Innern, Verfassungsschutzbericht 1995, Berlin, Mai 1996, S. 163 f.

222 Bundesverfassungsgericht, Leitsätze: zu dem Beschluss des Ersten Senats vom 24. Mai 2005, 1 BvR 1072/01, Karlsruhe, 24. Mai 2005.

223 Ebd.

224 Vgl. Rainer Lang, Urteil: Freiburger Stadtrat Michael Moos erringt Teilerfolg gegen Verfassungsschutz, in: Badische Zeitung, 12. Juli 2019 (https://www.badische-zeitung.de/freiburg/freiburger-stadtrat-michael-moos-erringt-teilerfolg-gegen-verfassungsschutz--175262310.html, 04. 12. 2020).

225 Vgl. FR, Urteil: Verfassungsschutz-Abhöraktion rechtswidrig, 1. März 2012 (https://

www.fr.de/politik/verfassungsschutz-abhoeraktion-rechtswidrig-11320897.html, 04.12.2020).

226 Vgl. Bayerisches Staatsministerium des Innern, für Sport und Integration (2020): S. 180–182.

227 Vgl. Matthias Köpf, Urteil: Gericht erklärt aktuellen Verfassungsschutzbericht in Bayern für unzulässig, in: SZ, 22. Juli 2020 (https://www.sueddeutsche.de/bayern/bayern-verfassungsschutzbericht-2019-urteil-1.4975516, 08.01.2021).

228 Vgl. Spiegel Online, Panne in Berlin: Verfassungsschutz ließ weitere Rechtsextremismus-Akten schreddern, 13. November 2012 (https://www.spiegel.de/politik/deutschland/berliner-verfassungsschutz-liess-rechtsextremismus-akten-schreddern-a-866981.html, 04.12.2020).

229 Vgl. Spiegel Online, Panne beim Verfassungsschutz: Berlin ließ Rechtsextremismus-Akten schreddern, 6. November 2012 (https://www.spiegel.de/politik/deutschland/verfassungsschutz-panne-berlin-schreddert-rechtsextremismus-akten-a-865681.html, 04.12.2020).

230 Zit. n. Dirk Laabs, NSU: Verfahren um Akten-Vernichtung nach Geldauflage eingestellt, in: Die Welt, 27. März 2018 (https://www.welt.de/politik/deutschland/article174944754/NSU-Verfahren-um-Akten-Vernichtung-nach-Geldauflage-eingestellt.html, 04.12.2020).

231 Vgl. Michael Götschenberg, Kai Küstner, Verdachtsfall: AfD wird vom Verfassungsschutz beobachtet, in: tagesschau.de, 3. März 2021 (https://www.tagesschau.de/inland/afd-verfassungsschutz-verdachtsfall-103.html, 06.03.2021).

232 Vgl. Sebastian Fischer u. a., Seehofer über Verfassungsschützer: »Da platzt mir der Kragen«, in: Spiegel Online, 6. März 2021 (https://www.spiegel.de/politik/deutschland/horst-seehofer-ueber-verfassungsschuetzer-nach-afd-gerichtsentscheid-da-platzt-mir-der-kragen-a-d2d25995-ceb6-4858-b1fe-2b2d5278021c, 06.03.2021).

233 Verwaltungsgericht Köln, Verwaltungsgericht Köln untersagt Verfassungsschutz per Hängebeschluss vorerst Einstufung der AfD als »Verdachtsfall«, Az.: 13 L 105/21, Köln, 5. März 2021.

234 Ebd.

235 Ebd.

236 Ebd.

237 Vgl. tagesschau.de, AfD nun Verdachtsfall: Viel Lob für den Verfassungsschutz, 3. März 2021 (https://www.tagesschau.de/inland/afd-verfassungsschutz-verdachtsfall-105.html, 06.03.2021).

238 Vgl. Alexander Fröhlich, AfD-Gutachten-Affäre: Berlins Innensenator stellt Verfassungsschutz-Beamten frei, in: Der Tagesspiegel, 23. Januar 2021 (https://www.tagesspiegel.de/berlin/afd-gutachten-affaere-berlins-innensenator-stellt-verfassungsschutz-beamten-frei/26846070.html, 06.03.2021). Frank Jansen, Berliner AfD-Gutachten-Affäre: Innensenator sieht »enormen Schaden« durch Geheimnisverrat im Verfassungsschutz, in: Der Tagesspiegel, 17. Februar 2021 (https://www.tagesspiegel.de/berlin/berliner-afd-gutachten-affaere-innensenator-sieht-enormen-schaden-durch-geheimnisverrat-im-verfassungsschutz/26923818.html, 06.03.2021).

239 Claus Leggewie, Horst Meier, »Verfassungsschutz«. Über das Ende eines deutschen Sonderwegs, in: Lange/Lanfer (2016): S. 9.

240 Ebd., S. 12.

241 Ebd., S. 14.
242 Ebd., S. 17.
243 Ebd.
244 Ebd.
245 Zit. n. Der Spiegel, Union: Gewisse Sätze, Nr. 43, 20. Oktober 1986, S. 56.
246 Christian Kerl, Bundestagswahl: SPD ist mit Martin Schulz abgestürzt – er darf aber bleiben, in: Berliner Morgenpost, 25. September 2017 (https://www.morgenpost.de/politik/article212036773/SPD-ist-mit-Martin-Schulz-abgestuerzt-er-darf-aber-bleiben.html, 05.12.2020).
247 Vgl. Philipp Guttmann, Chronik aller Wahlumfragen zur Bundestagswahl, Glienicke 2021.
248 Vgl. zu diesen Zahlen ebd.
249 Zit. n. Katja Auer, Jan Bielicki, Wolfgang Wittl, Vor den Landtagswahlen: Söder: AfD wird zur wahren NPD, in: SZ, 21. Juli 2019 (https://www.sueddeutsche.de/politik/vor-den-landtagswahlen-soeder-afd-wird-zur-wahren-npd-1.4533215, 05.12.2020).
250 Zit. n. SZ, Parteien: Söder nennt AfD »unbayerisch«, 12. Mai 2018 (https://www.sueddeutsche.de/politik/parteien-soeder-nennt-afd-unbayerisch-dpa.urn-newsml-dpa-com-20090101-180512-99-275858, 05.12.2020).
251 Zit. n. Spiegel Online, Warnung vor »Schaden für die Union«: Auch Söder schließt Zusammenarbeit mit AfD aus, 24. Juni 2019 (https://www.spiegel.de/politik/deutschland/markus-soeder-schliesst-zusammenarbeit-mit-afd-aus-a-1274098.html, 16.03.2021).
252 Vgl. Berliner Morgenpost, ARD-Talk: Merz macht AfD für Mord an Walter Lübcke mitverantwortlich, 20. Juni 2019 (https://www.morgenpost.de/politik/article226232443/Merz-macht-AfD-fuer-Mord-an-Walter-Luebcke-mitverantwortlich.html, 05.12.2020).
253 Volker Bouffier, »Die AfD schafft ein Klima, in dem Gewalt als Lösung denkbar wird«, Interview mit Marlene Grunert und Julian Staib, in: FAZ, Nr. 185, 12. August 2019, S. 2.
254 Vgl. Adrian Arab, Wählerwanderung: Welche Parteien die meisten Stimmen an die AfD verloren, in: Die Welt, 24. September 2017 (https://www.welt.de/politik/deutschland/article168989573/Welche-Parteien-die-meisten-Stimmen-an-die-AfD-verloren.html, 05.12.2020).
255 Vgl. Jörg Rößner, Wählerwanderung: An diese Parteien verlor die CSU die meisten Stimmen, in: Die Welt, 15. Oktober 2018 (https://www.welt.de/politik/deutschland/article182068850/Landtagswahl-Bayern-2018-An-diese-Parteien-verlor-die-CSU-die-meisten-Stimmen.html, 05.12.2020).
256 Vgl. tagesschau.de, Europawahl 2019/Deutschland: Wählerwanderungen, Hamburg 2019 (https://wahl.tagesschau.de/wahlen/2019-05-26-EP-DE/analyse-wanderung.shtml, 05.12.2020).
257 Vgl. FAZ, Seehofer lässt prüfen: Wie politisch dürfen Beamte sein?, 12. Februar 2019 (https://www.faz.net/aktuell/politik/inland/horst-seehofer-laesst-konsequenzen-fuer-beamte-pruefen-16036860.html, 05.12.2020).
258 Vgl. Annelle Naumann, Prüfverfahren: Verfassungsschützern drohen Konsequenzen bei AfD-Kontakten, in: Die Welt, 1. März 2019 (https://www.welt.de/politik/

deutschland/article189633761/Pruefverfahren-Verfassungsschuetzern-drohen-Konsequenzen-bei-AfD-Kontakten.html, 05. 12. 2020).

259 Zit. n. Zeit Online, Horst Seehofer: Beamte dürfen AfD-Mitglied sein, 9. April 2019 (https://www.zeit.de/politik/deutschland/2019-04/horst-seehofer-afd-mitgliedschaft-beamte-innenministerium, 05. 12. 2020).

260 Vgl. zur Aufstandsbekämpfung: James D. Kiras, Terrorism and Irregular Warfare, in: John Baylis u. a. (Hrsg.), Strategy in the Contemporary World. An Introduction to Strategic Studies, Oxford – New York 2002, S. 220–226.

261 Günter Krings, Keynote auf dem 16. BfV-Symposium zum Thema »Mobilisierungsfähigkeit im politischen Extremismus«, Berlin, 13. Mai 2019.

262 Vgl. Bundeskanzleramt, Regierungen seit 1945, Wien 2020.

263 Vgl. Der Standard, Vorarlberg: SPÖ seit 1974 nicht mehr in der Regierung, 19. September 2004 (https://www.derstandard.at/story/1774394/spoe-seit-1974-nicht-mehr-in-der-regierung, 05. 12. 2020).

264 Vgl. Land Oberösterreich, Landesregierung, Linz, o. J.

265 Vgl. Land Niederösterreich, Landesregierung, St. Pölten, o. J.

266 Vgl. Kurier, Wie hält es die SPÖ mit der FPÖ? Eine Chronologie, 23. November 2016 (https://kurier.at/politik/inland/wie-haelt-es-die-spoe-mit-der-fpoe-eine-chronologie/232.206.926, 05. 12. 2020).

267 Vgl. Spiegel Online, Burgenland: Sozialdemokraten regieren gemeinsam mit FPÖ – jetzt wirklich, 5. Juni 2015 (https://www.spiegel.de/politik/ausland/burgenland-in-oesterreich-rechte-und-spoe-regieren-gemeinsam-a-1037467.html, 09. 02. 2021).

268 Vgl. Deutscher Bundestag, Bundestagswahlergebnisse seit 1949 – Zweitstimmen, Berlin, o. J.

269 Vgl. Guttmann (2021).

270 In Anspielung an den »Langen Marsch« (1934/35) aus der revolutionären Phase Mao Zedongs sagte Rudi Dutschke wörtlich: »Das ist der lange Marsch durch die Institutionen.« Zit. n. Holger Schmale, Marsch an die Schalthebel, in: Das Parlament, Nr. 2–3, 8. Januar 2018 (https://www.das-parlament.de/2018/2_3/themenausgaben/535596-535596, 05. 12. 2020). Dutschke ging es vor allem um eine Destabilisierung der Institutionen von innen – weniger um deren Nutzung.

271 Vgl. zu den linksextremistischen Wurzeln der Grünen: Kühn (2005): S. 261–285. Siehe auch Armin Fuhrer, Hartmut Kistenfeger, Politik: Einst Kommunist, heut' grün, in: Focus Online, 7. März 2016 (https://www.focus.de/politik/deutschland/politik-einst-kommunist-heut-gruen_aid_614542.html, 05. 12. 2020). Wolfgang Glabus (vermutlich), Karrieresprungbrett KBW, in: Cicero, April 2006 (https://www.cicero.de/innenpolitik/karrieresprungbrett-kbw/36900, 05. 12. 2020).

272 Vgl. dazu die Ausführungen Kapitel IV.3.

273 Vgl. Andreas Müller, Radikalenerlass: Die Akte Kretschmann, in: Stuttgarter Zeitung, 18. Dezember 2014 (https://www.stuttgarter-zeitung.de/inhalt.radikalenerlass-die-akte-kretschmann.85884f6c-d73d-4b44-bc0e-b8625e7d416b.html, 09. 02. 2021).

274 Zit. n. Stefan Aust, Der Baader-Meinhof-Komplex, Hamburg 2020 [1985], S. 134.

275 Vgl. Peter Unfried, Zum 70. von Daniel Cohn-Bendit: Der Kompromiss als Fortschritt, in: taz, 4. April 2015 (https://taz.de/Zum-70-von-Daniel-Cohn-Bendit/!5014130/, 05. 12. 2020).

276 Vgl. dazu die Ausführungen Kapitel IV.3.

277 Vgl. Corinna Emundts, Ulla und die Kommunisten, in: Cicero, April 2006 (https://www.cicero.de/innenpolitik/ulla-und-die-kommunisten/36899, 05.12.2020).

278 Vgl. Reimar Paul, Politik: 100 Prozent Taktik: Wie aus dem Kommunisten Jürgen Trittin ein grüner Staatsmann wurde, in: Neues Deutschland, 28. September 2013 (https://www.neues-deutschland.de/artikel/834521.prozent-taktik.html, 05.12.2020). Jürgen Trittin ordnete seine Äußerungen zu Siegfried Buback später als Fehler ein. Vgl. Spiegel Online, Buback-Nachruf: »Trotzkopf« Trittin räumt Fehler ein, 23. Januar 2011 (https://www.spiegel.de/politik/deutschland/buback-nachruf-trotzkopf-trittin-raeumt-fehler-ein-a-113579.html, 05.12.2020).

279 Vgl. Reinhard Bütikofer, Vita, Brüssel 2019.

280 Vgl. Sandra Pott, Laufen lernen mit Ho Tschi Minh, in: FAZ, 9. Januar 2006 (https://www.faz.net/aktuell/feuilleton/buecher/rezensionen/sachbuch/laufen-lernen-mit-ho-tschi-minh-1307331.html, 05.12.2020).

281 Wagner (20.12.1985).

282 Ebd.

283 Zit. n. Jacques Schuster, Parteivize: Alexander Gauland und der »gärige Haufen« AfD, in: Die Welt, 12. Februar 2016 (https://www.welt.de/politik/deutschland/article152178742/Alexander-Gauland-und-der-gaerige-Haufen-AfD.html, 05.12.2020).

284 Vgl. Der Bundeswahlleiter (08.11.2018): S. 28.

285 Vgl. dazu die sehr verständlich geschriebene Einführung in die Thematik von: Elisabeth Wehling, Politisches Framing. Wie eine Nation sich ihr Denken einredet – und daraus Politik macht, Köln 2016.

286 Ebd., S. 17.

287 Ebd.

288 Ebd., S. 17 f.

289 Ebd., S. 48.

290 Vgl. zum Begriff des Narrativs und seinen Inhalten: Norman Ächtler, Was ist ein Narrativ? Begriffsgeschichtliche Überlegungen anlässlich der aktuellen Europa-Debatte, in: KulturPoetik, Nr. 2, 2014, S. 244–268. Im Diskurs wird kritisiert, dass der Begriff zu einem Modewort geworden sei. Vgl. Tobias Kniebe, Modewort »Narrativ«: Erzähl!, in: SZ, 25. August 2017 (https://www.sueddeutsche.de/kultur/modewort-narrativ-erzaehl-1.3640669, 06.12.2020).

291 Oswald (2019): S. 2.

292 Stichwort »belief system«, in: Collins Dictionary, Glasgow 2020 (https://www.collinsdictionary.com/de/worterbuch/englisch/belief-system, 06.11.2020).

293 Vgl. Oswald (2019): S. 15.

294 Ebd., S. 16.

295 Wehling (2016): S. 58.

296 Dies entspricht der jahrelangen Erfahrung des Verfassers im Hochschulunterricht und wird in fast jedem Kurs abgefragt.

297 Wehling (2016): S. 165.

298 Vgl. ARD, Tagesschau, 12. August 2019, 20:00 Uhr (https://www.youtube.com/watch?v=zVwzSMR2FMw, 16.03.2021).

299 Ebd.

300 Ebd.

301 Ebd.

302 Ebd.

303 Ebd.

304 Ebd.

305 Ebd.

306 Vgl. Nic Newman mit Richard Fletcher, Antonis Kalogeropoulos, Rasmus Kleis Nielsen, Digital News Report 2019, Reuters Institute, Oxford 2019, S. 45.

307 Vgl. Michael Hanfeld, Volontäre der ARD: 92 Prozent für Rot-Rot-Grün, in: FAZ, 6. November 2020 (https://www.faz.net/aktuell/feuilleton/medien/ard-volontaere-wie-divers-ist-die-ausbildungs-generation-17038169.html, 22.12.2020).

308 Vgl. zum klinischen Bild: Ulrich Frommberger, Jörg Angenendt, Mathias Berger, Posttraumatische Belastungsstörung – eine diagnostische und therapeutische Herausforderung, in: Deutsches Ärzteblatt, Nr. 5, 31. Januar 2014, S. 59–65.

309 Oswald (2019): S. 7.

310 Wehling (2016): S. 60.

311 Angela Merkel, Neujahrsansprache der Bundeskanzlerin, Berlin, 31. Dezember 2016.

312 Wehling (2016): S. 64.

313 Die Bundesregierung, Kabinettausschuss: Klares Signal gegen Rechtsextremismus und Rassismus, Berlin, 25. November 2020.

314 Ebd.

315 Presse- und Informationsamt der Bundesregierung, Maßnahmenkatalog des Kabinettausschusses zur Bekämpfung von Rechtsextremismus und Rassismus, Berlin, 25. November 2020, S. 1.

316 Ebd., S. 3.

317 Vgl. ebd.

318 Zwar dominiert der Begriff »Rechtsextremismus« den Maßnahmenkatalog. Dieser wird aber klar synonym zum Terminus »rechts« gesehen, wenn etwa in Punkt 64 von »Beratungsstellen für Betroffene rechter, rassistischer und antisemitischer Gewalt« die Rede ist. Ebd., S. 9. In Punkt 6 wird zudem der »Rechtspopulismus« als Gegner erkannt. Ebd., S. 3.

319 Die Förderung entsprechend ausgerichteter Forschungsprojekte wird in dem Dokument mehrfach angesprochen.

320 Amadeu Antonio Stiftung, Ermutigen. Beraten. Fördern, Berlin 2020.

321 Vgl. Bundesregierung, Das Bundesprogramm »Demokratie leben! Aktiv gegen Rechtsextremismus, Gewalt und Menschenfeindlichkeit«, Antwort auf die Kleine Anfrage des Abgeordneten Stephan Brandner und der Fraktion der AfD (Drucksache 19/744), Deutscher Bundestag, 19. Wahlperiode, Drucksache 19/1012, Berlin, 1. März 2018, S. 23, 27, 37, 49. Bundesministerium für Familie, Senioren, Frauen und Jugend, Abschlussbericht Bundesprogramm *Demokratie leben!* Erste Förderperiode (2015–2019), Berlin, November 2020, S. 113, 115, 120, 127, 132.

322 Vgl. ebd. Amadeu Antonio Stiftung, Ergebnisrechnung für die Zeit vom 1. Januar bis zum 31. Dezember 2017, Heidelberg, 25. Juni 2018, S. 1. Amadeu Antonio Stiftung, Ergebnisrechnung für die Zeit vom 1. Januar bis zum 31. Dezember 2018, Berlin, 9. September 2019, S. 2. Amadeu Antonio Stiftung, Ergebnisrechnung für die Zeit vom 1. Januar bis zum 31. Dezember 2019, Berlin 2020, S. 1.

323 Vgl. Amadeu Antonio Stiftung, Anetta Kahane, Berlin, o. J.

324 Vgl. Bundesregierung, Zusammenarbeit von Bundesregierung und externen Interessenträgern (Teil 15) – Amadeu Antonio Stiftung, Antwort auf die Kleine Anfrage der Abgeordneten Christoph Meyer, Christian Dürr, Grigorios Aggelidis, weiterer Abgeordneter und der Fraktion der FDP (Drucksache 19/13874), Deutscher Bundestag, 19. Wahlperiode, Drucksache 19/14537, Berlin, 28. Oktober 2019.

325 Vgl. Amadeu Antonio Stiftung, Stiftungsrat, Berlin, o. J.

326 Vgl. Wolfgang Benz, Demokratisierung durch Entnazifizierung und Erziehung, in: Bundeszentrale für politische Bildung, Dossier Nationalsozialismus und Zweiter Weltkrieg, Bonn, 11. April 2005.

327 Elisabeth Noelle-Neumann, Die Schweigespirale. Öffentliche Meinung – unsere soziale Haut, Frankfurt am Main – Wien – Berlin 1982 [1980], S. III.

328 Ebd., S. XII.

329 Ebd., S. XIII.

330 Vgl. Solomon E. Asch, Opinions and Social Pressure, in: Scientific American, Nr. 5, November 1955, S. 31–35. Vgl. dazu auch die kritische Reflexion der Ergebnisse bei: Ronald Friend, Yvonne Rafferty, Dana Bramel, A puzzling misinterpretation of the Asch ›conformity‹ study, in: European Journal of Social Psychology, Band 20, 1990, S. 29-44.

331 Alexis de Tocqueville, Democracy in America. Historical-Critical edition of *De la démocratie en Amérique,* herausgegeben von Eduardo Nolla, Band 2, Indianapolis 2010 [1835], S. 307. Der Autor äußert sich in seiner grundlegenden Schrift zum Wesen der Demokratie umfassend zur »Tyrannei der Mehrheit«.

332 Vgl. Elisabeth Wehling, Framing-Manual. Unser gemeinsamer, freier Rundfunk ARD, Berkeley 2017.

333 Vgl. Elisabeth Wehling, »Ich habe noch nie einem Kunden vorgeschrieben, was er sagen soll«, Interview mit Detlef Esslinger, in: SZ, 27. Februar 2019 (https://www.sueddeutsche.de/medien/elisabeth-wehling-framing-ard-linguistik-sprachwissenschaft-1.4346478, 06. 12. 2020).

334 Vgl. Christian Buß, ARD-Strategiepapier: Dokument der Angst, in: Spiegel Online, 18. Februar 2019 (https://www.spiegel.de/kultur/tv/ard-debatte-um-das-framing-manual-von-elisabeth-wehling-a-1253756.html, 06. 12. 2020).

335 Wehling (2017): S. 77.

336 Ebd., S. 78.

337 Ebd., S. 85.

338 Das Zitat ist – soweit dies dem Verfasser bekannt ist – nicht über eine klare Originalaussage Franklins oder Jeffersons nachweisbar, weshalb davon auszugehen ist, dass es sich im Laufe der Jahrzehnte verselbstständigt hat. Allerdings hatte Franklin seiner Schwester Jane Mecom am 1. November 1773 einen Brief geschrieben, in dem es heißt: »And there is Truth in the Old Saying, That *if you make yourself a Sheep, the Wolves will eat you.*« Benjamin Franklin, To Jane Mecom, London, 1. November 1773, in: National Archives, Founders Online, College Park, o. J.

339 Vgl. Spiegel Online, Gerichtsurteil: »taz« darf Björn Höcke mit ausgestrecktem Arm zeigen, 22. Juni 2016 (https://www.spiegel.de/kultur/gesellschaft/taz-darf-afd-mann-bjoern-hoecke-mit-ausgestrecktem-arm-zeigen-a-1099094.html, 06. 12. 2020).

340 Vgl. Märkische Allgemeine, Kemmerich und Höcke. Handschlag-Foto: Der Tag von Erfurt erinnert an den »Tag von Potsdam«, 7. Februar 2020 (https://www.maz-online.de/Nachrichten/Kultur/Der-Handschlag-von-Hoecke-und-Kemmerich-beim-Tag-von-Erfurt, 06.12.2020).

341 Vgl. Alexander Gauland, Interview mit Thomas Walde, Sommerinterview des ZDF, 12. August 2018 (https://www.youtube.com/watch?v=HWUvTqlbsjg, 06.12.2020).

342 Vgl. Spiegel Online, Der Fall Relotius: Welche Texte gefälscht sind – und welche nicht, 24. Januar 2019 (https://www.spiegel.de/kultur/gesellschaft/der-fall-claas-relotius-welche-texte-gefaelscht-sind-und-welche-nicht-a-1249747.html, 06.12.2020).

343 Vgl. Bild, Manipulation in Nachrichten-Sendung: MDR retuschierte Hitler-Attentäter weg, 17. Februar 2020 (https://www.bild.de/politik/inland/politik-inland/manipulation-in-sendung-mdr-retuschierte-hitler-attentaeter-weg-68852776.bild.html, 06.12.2020).

344 Vgl. Statistisches Bundesamt, Bevölkerung und Erwerbstätigkeit. Bevölkerung mit Migrationshintergrund, Ergebnisse des Mikrozensus 2019, Wiesbaden, 28. Juli 2020a, S. 66.

345 Vgl. ebd., S. 36.

346 Vgl. Stadt Frankfurt am Main, Statistisches Jahrbuch Frankfurt am Main 2019, Frankfurt am Main, Dezember 2019, S. 21.

347 Vgl. Michael Rasch, In deutschen Städten sieht die Mehrheitsgesellschaft ihrem Ende entgegen, in: NZZ, 9. Juli 2019 (https://www.nzz.ch/international/in-deutschen-staedten-geht-die-mehrheitsgesellschaft-zu-ende-ld.1492568, 08.12.2020).

348 Vgl. Amt für Statistik Berlin-Brandenburg, Statistischer Bericht. Einwohnerinnen und Einwohner im Land Berlin am 31. Dezember 2019. Grunddaten, 3. korrigierte Ausgabe, Februar 2020, S. 10. Fett- und Farbsetzungen im Titel werden an dieser Stelle nicht wiedergegeben.

349 Vgl. Statistisches Amt München, Bevölkerung am 31.12.2019 nach Alter, Geschlecht und Migrationshintergrund, München 2020.

350 Vgl. Stadt Frankfurt am Main (2019): S. 21.

351 Vgl. Stadt Offenbach am Main, Einwohner mit Migrationshintergrund am 31.12.2020, Offenbach 2021.

352 Vgl. Europäische Kommission, Standard Eurobarometer 82. Die öffentliche Meinung in der Europäischen Union. Nationaler Bericht Deutschland, Brüssel, Herbst 2014, S. 6.

353 Vgl. Europäische Kommission, Standard Eurobarometer 92 – Herbst 2019. Die öffentliche Meinung in der Europäischen Union. Erste Ergebnisse, Brüssel, November 2019, S. 26.

354 Vgl. Jan Friedmann u.a., Herbst der Macht, in: Der Spiegel, Nr. 37, 10. September 2016, S. 13.

355 Vgl. Ulrich Kober, Orkan Kösemen, Willkommenskultur zwischen Skepsis und Pragmatik. Deutschland nach der »Fluchtkrise«, Bertelsmann Stiftung, Gütersloh, August 2019, S. 14.

356 Vgl. ebd.

357 Vgl. Anja Stichs, Wie viele Muslime leben in Deutschland? Eine Hochrechnung

über die Anzahl der Muslime in Deutschland zum Stand 31. Dezember 2015. Im Auftrag der Deutschen Islam Konferenz, Working Paper 71 des Bundesamts für Migration und Flüchtlinge, Nürnberg, Dezember 2016, S. 5.

358 Vgl. ebd.

359 Vgl. Katrin Pfündel, Anja Stichs, Kerstin Tanis, Muslimisches Leben in Deutschland 2020, Studie im Auftrag der Deutschen Islam Konferenz, Forschungsbericht 38 des Bundesamts für Migration und Flüchtlinge, Nürnberg, April 2021, S. 9.

360 Vgl. Bundesministerium des Innern (2016): S. 174.

361 Vgl. Wissenschaftliche Dienste des Deutschen Bundestages, Sachstand: Moscheen in Deutschland, WD 10 – 3000 – 083/19, Berlin, 11. Februar 2020, S. 6 f.

362 Vgl. Pew Research Center, The Growth of Germany's Muslim Population, Washington D. C., 29. November 2017.

363 Vgl. Wissenschaftliche Dienste des Deutschen Bundestages (2020): S. 15–18, 23 f., 26, 28.

364 Vgl. Detlef Pollack u. a., Integration und Religion aus der Sicht von Türkeistämmigen in Deutschland. Repräsentative Erhebung von TNS Emnid im Auftrag des Exzellenzclusters »Religion und Politik« der Universität Münster, Münster 2016, S. 14.

365 Vgl. Michaela Wiegel, Muslime in Frankreich: Unbehagen mit der Meinungsfreiheit, in: FAZ, 3. September 2020 (https://www.faz.net/aktuell/politik/ausland/grossteil-der-muslime-frankreichs-stellt-eigene-werte-ueber-republik-16935965.html, 23. 02. 2021).

366 Vgl. Zeit Online, Messerangriff in Nizza: Frankreich verstärkt Schutz von Schulen und Gotteshäusern, 30. Oktober 2020 (https://www.zeit.de/politik/ausland/2020-10/messerangriff-nizza-kirchen-schulen-polizei-militaer-anti-terrormission, 07. 03. 2021). Gerwald Herter, Mythos Fremdenlegion (4/5): Einsätze in Kriegen und gegen den Terror, in: Deutschlandfunk, 18. Juli 2019 (https://www.deutschlandfunk.de/mythos-fremdenlegion-4-5-einsaetze-in-kriegen-und-gegen-den.795.de.html?dram:article_id=421576, 07. 03. 2021).

367 Vgl. Infratest Dimap, Sechs von zehn Deutschen machen sich keine Sorgen über eine zu starke Ausbreitung des Islam in unserer Gesellschaft, Umfrage im Auftrag der Sendung »hart aber fair«, Berlin, November 2014.

368 Vgl. ebd.

369 Vgl. Bild, Exklusive Umfrage: So denken die Deutschen wirklich über den Islam, 4. Mai 2016 (https://www.bild.de/politik/inland/umfrage/so-denken-die-deutschen-ueber-den-islam-4560618.bild.html, 10. 12. 2020).

370 Vgl. kath.net, Umfrage: 57 Prozent der Deutschen haben Angst vor einer Islamisierung, Gallneukirchen bei Linz, 21. September 2016 (https://www.kath.net/news/56788, 10. 12. 2020).

371 Vgl. Gert Pickel, Weltanschauliche Vielfalt und Demokratie. Wie sich religiöse Pluralität auf die politische Kultur auswirkt, Religionsmonitor der Bertelsmann-Stiftung, Gütersloh 2019, S. 80.

372 Vgl. ebd., S. 13.

373 Vgl. Wahlrecht.de, Umfragen Bayern: Wenn am nächsten Sonntag Landtagswahl wäre …, Hamburg 2020.

374 Vgl. Wenke Börnsen, CDU in der Krise: In Aufruhr, in: tagesschau.de, 14. März

2021 (https://www.tagesschau.de/inland/innenpolitik/landtagswahlen-cdu-laschet-101.html, 23. 03. 2021).

375 Juvenal (ca. 100 n. Chr.): S. 207, 209.

376 Vgl. Aaron Pelttari, The Psychomachia of Prudentius. Text, Commentary, and Glossary, Oklahoma 2019, S. 12, 41–74.

377 Aus Gründen der begrifflichen Kontinuität, angelehnt an den bekannten Ausspruch Juvenals, wird nachfolgend der Akkusativ beibehalten, auch wenn z. B. im Nominativ von »panis« gesprochen werden müsste.

378 Hannah Arendt, Vita activa oder Vom tätigen Leben, 20. Auflage, München 2019 [1958], S. 157.

379 Ebd.

380 Ebd.

381 Vgl. The World Bank, Gross domestic product 2019, Washington D. C., 12. Februar 2021.

382 Vgl. ebd.

383 Vgl. The World Bank (2021).

384 Vgl. Bundesagentur für Arbeit, Arbeitslosenquoten im Jahr 2019, Nürnberg 2020, S. 2.

385 Der Gini-Koeffizient ist nach dem italienischen Statistiker Corrado Gini (1884–1965) benannt worden. Er misst die Verteilung des Einkommens in einer Gesellschaft. Bei einem Wert von Null ist von vollständiger Gleichverteilung auszugehen, bei einem Wert von 100 dagegen von einer totalen Ungleichverteilung.

386 Vgl. United Nations University UNU-Wider, World Income Inequality Database, Helsinki, 6. Mai 2020. Dem Schaubild ist ein Wert von 30,92 zu entnehmen.

387 Vgl. Fabian Dinklage u. a., Vermögensverteilung: Das obere Prozent, in: Zeit Online, 14. Juli 2020 (https://www.zeit.de/wirtschaft/2020-07/vermoegensverteilung-deutschland-diw-studie-ungleichheit, 11. 12. 2020).

388 Vgl. Bundesministerium der Finanzen, Bundeshaushalt 2019: Ist/Ausgaben/Einzelplan, Berlin 2019a.

389 Vgl. Bundesministerium der Finanzen, Bundeshaushalt 2019: Ist/Ausgaben/Funktion/Soziale Sicherung, Familie und Jugend, Arbeitsmarktpolitik, Berlin 2019.

390 Vgl. Bundesrat, Unterrichtung durch die Bundesregierung. Finanzplan des Bundes 2019 bis 2023, Drucksache 331/19, Berlin, 9. August 2019, S. 16.

391 Vgl. Bundesministerium für Arbeit und Soziales, Sozialbudget 2019, Bonn, Juni 2020, S. 6.

392 Vgl. Spiegel Online, Umfrage: Finanzielle Zufriedenheit in Deutschland steigt auf Rekordhoch, 24. Oktober 2018 (https://www.spiegel.de/wirtschaft/soziales/vermoegensbarometer-deutsche-sind-zufrieden-mit-ihrer-finanziellen-lage-a-1234752.html, 11. 12. 2020).

393 Vgl. FAZ, Verbesserung seit 2013: Mehrheit der Verbraucher finanziell zufrieden, 4. März 2019 (https://www.faz.net/aktuell/wirtschaft/mehrheit-der-verbraucher-finanziell-zufrieden-16071044.html, 11. 12. 2020).

394 Vgl. OECD, How's Life? 2020. Measuring Well-being, Online-Kapitel zu Deutschland, Paris 2020, S. 8.

395 Vgl. Deutsche Post DHL Group, Deutsche Post Glücksatlas 2019. Deutschland so zufrieden wie noch nie, Bonn, 5. November 2019.

396 Vgl. Deutsche Post DHL Group, Deutsche Post Glücksatlas 2020. Die Deutschen schauen trotz Corona optimistisch in die Zukunft, Bonn, 18. November 2020.

397 Bundesministerium für Verkehr und digitale Infrastruktur, Deutschland muss auch bei Games ganz oben mitspielen. Förderaufruf für großvolumige Gamesförderung veröffentlicht, Pressemitteilung, Berlin, 28. August 2020.

398 Die folgenden Berechnungen gehen bei einer Bevölkerung von 83,081 Millionen Menschen (2019) von 72,43 Millionen in Deutschland lebenden Personen aus, die 14 Jahre und älter sind. Vgl. Statistisches Bundesamt (28. 07. 2020a): S. 66. Statista, Anzahl der Kinder unter 14 Jahren in Deutschland von 1991 bis 2019, Hamburg 2020.

399 Vgl. Natalia Beisch, Wolfgang Koch, Carmen Schäfer, ARD/ZDF-Onlinestudie 2019: Mediale Internetnutzung und Video-on-Demand gewinnen weiter an Bedeutung, in: Media Perspektiven, Nr. 9, 2019, S. 383.

400 Vgl. ebd., S. 378 f.

401 Vgl. ebd., S. 385.

402 Vgl. Bitkom, Netzgesellschaft. Eine repräsentative Untersuchung zur Mediennutzung und dem Informationsverhalten der Gesellschaft in Deutschland, Berlin 2011, S. 36 f.

403 Vgl. Alegra Kaczinski, Thorsten Henning-Thurau, Henrik Sattler, Social Media & Society Report 2019. Wie Deutschland soziale Medien nutzt und was das für unsere Gesellschaft bedeutet, Münster – Hamburg, August 2019, S. 24. Zur Erklärung dieser Zahl teilen die Autoren mit: »Dieses allgemein hohe Maß an Mediennutzung pro Tag lässt sich teilweise dadurch erklären, dass mediales Multitasking und speziell Second Screening, also eine gleichzeitige Verwendung mehrerer (internetfähiger) Endgeräte, sehr üblich ist.« Ebd.

404 Vgl. Die Drogenbeauftragte der Bundesregierung, Drogen- und Suchtbericht 2019, Berlin, Oktober 2019, S. 105.

405 Vgl. PricewaterhouseCoopers, Ergebnisse: Bevölkerungsbefragung zur Nutzung von Online-Medienangeboten, Düsseldorf, Januar 2019, S. 8.

406 Vgl. Bundesministerium für Wirtschaft und Energie, Koalitionsausschuss beschließt Marshallplan 2.0, Berlin, 4. Juni 2020.

407 Vgl. Die Bundesregierung, Fragen und Antworten zur deutsch-französischen Initiative: »Eine außergewöhnliche, einmalige Kraftanstrengung«, Berlin, 27. Mai 2020.

408 Vgl. Presseportal, Lebensmittelverband Deutschland e.V.: COVID-19-Pandemie: Fast alle Deutschen fühlen sich gestresst. Versorgung mit Nährstoffen wichtig für Stressbewältigung, Hamburg, 23. Juli 2020.

409 Vgl. Lisa Hänel, Jugendgewalt: Nach Frankfurter Krawallen: Drohen französische Verhältnisse?, in: Deutsche Welle, 21. Juli 2020 (https://www.dw.com/de/nach-frankfurter-krawallen-drohen-franz%C3%B6sische-verh%C3%A4ltnisse/a-54254043, 11. 12. 2020).

410 Zit. n. tagesschau.de, Ausschreitungen in Stuttgart: »In 46 Dienstjahren nicht erlebt«, 21. Juni 2020 (https://www.tagesschau.de/inland/stuttgart-ausschreitungen-105.html, 11. 12. 2020).

411 Vgl. Hänel (21. 07. 2020).

412 Ralf Dahrendorf, Die Quadratur des Kreises. Ökonomie, sozialer Zusammenhalt

und Demokratie im Zeitalter der Globalisierung, Interview, in: Blätter für deutsche und internationale Politik, Nr. 9, September 1996, S. 1064f.

413 Bundesrat (09.08.2019): S. 13.

414 Vgl. Bundesministerium für Arbeit und Soziales (Juni 2020): S. 8.

415 Sontheimer (1989): S. 112.

416 Hans-Ulrich Wehler behauptet, dass die Staaten des Westens nicht mehr über Verweise auf die Nation Zustimmung erzeugen könnten. Er sieht vielmehr »vier neue[n] Ressourcen der Legitimation«. Wehler (2001): S. 115. Genannt werden: (1) die »Funktionstüchtigkeit der demokratischen Institutionen«, (2) »Rechtssicherheit«, (3) die »Sicherheitsgewähr, die der Sozialstaat seinen Bürgern zu bieten vermag«, (4) »Wohlstandseffekte[n], die eine wachsende, umweltverträgliche Wirtschaft generieren kann.« Wehler (2001): S. 114. Damit betont er, wie sehr die heutigen westlichen Demokratien vom wirtschaftlichen Erfolg des Systems abhängen.

417 Sontheimer (1989): S. 115.

418 Ferdinand Kirchhof, von 2010 bis 2018 Vizepräsident des Bundesverfassungsgerichts, sprach in diesem Zusammenhang sogar von einer »Demokratie auf Pump«. Ferdinand Kirchhof, »Ich plädiere für ein grundsätzliches Verbot neuer Schulden«, Interview mit Henning Krumrey, in: Wirtschaftswoche, 21. Oktober 2013 (https://www.wiwo.de/politik/deutschland/ferdinand-kirchoff-ich-plaediere-fuer-ein-grundsaetzliches-verbot-neuer-schulden/8950812.html, 11.12.2020).

419 Vgl. Deutsche Bundesbank, German general government debt down in 2019 by € 16 billion to € 2.05 trillion – debt ratio down from 61.9 % to 59.8 %, Frankfurt am Main, 31. März 2020.

420 Vgl. Bund der Steuerzahler e.V., Die Schuldenuhr Deutschlands: Wie sich Schuldenstand und -zuwachs entwickelten, Berlin 2021.

421 Vgl. Bundesministerium der Finanzen (2019a).

422 Vgl. Bundesministerium der Finanzen, Bundeshaushalt 2020: Einnahmen/Einzelplan, Berlin 2020.

423 Vgl. Bundesministerium der Finanzen, Bundeshaushalt 2021: Einnahmen/Einzelplan, Berlin 2021.

424 Vgl. Bundesministerium der Finanzen, Bundeshaushalt 2019: Ist/Einnahmen/Einzelplan/Allgemeine Finanzverwaltung, Berlin 2019.

425 Vgl. Bundesministerium der Finanzen, Bundeshaushalt 2020: Einnahmen/Einzelplan/Allgemeine Finanzverwaltung, Berlin 2020.

426 Die monatlichen Target-2-Angaben werden dokumentiert von: Deutsche Bundesbank, Monatliche Auslandsposition der Bundesbank – Aktiva – Übrige Kapitalanlagen – Bargeld und Einlagen – Nettoposition aus TARGET, Frankfurt am Main 2021.

427 Vgl. Gerald Braunberger, Christian Siedenbiedel, Die EZB erklärt den Targetsaldo, in: FAZ, Nr. 188, 14. August 2020, S. 18.

428 Frank Westermann, »Vor allem Kapitalflucht treibt den Target-Saldo«, Interview mit Gerald Braunberger und Christian Siedenbiedel, in: FAZ, Nr. 184, 10. August 2020, S. 17.

429 Vgl. Bundesministerium für Wirtschaft und Energie (04.06.2020).

430 Bundesministerium für Wirtschaft und Energie, EU-Kommission erteilt grünes Licht für den Wirtschaftsstabilisierungsfonds, Berlin, 8. Juli 2020.

431 Vgl. Wirtschaftswoche, EU-Kompromiss zu Corona-Paket: Deutschland zahlt

mehr, 21. Juli 2020 (https://www.wiwo.de/politik/europa/eu-kompromiss-zu-corona-paket-deutschland-zahlt-mehr/26025586.html, 11. 12. 2020).

432 Vgl. Bundesministerium der Finanzen, Europäische Finanzhilfen im Überblick: ESM, Berlin, 31. Dezember 2020.

433 Vgl. Europäische Kommission, Der Investitionsplan für den europäischen Grünen Deal und der Mechanismus für einen gerechten Übergang, Brüssel, 14. Januar 2020.

434 Vgl. FAZ, Nach der Lufthansa-Rettung: 14 Unternehmen wollen Kapital vom Staat, 11. August 2020 (https://www.faz.net/aktuell/wirtschaft/unternehmen/14-unternehmen-wollen-kapital-vom-staat-gegen-die-krise-16899604.html, 11. 12. 2020).

435 Vgl. Statistisches Bundesamt, Bruttoinlandsprodukt im 1. Quartal 2020 um 2,2 % niedriger als im Vorquartal. Auswirkungen der Corona-Pandemie führen zu stärkstem Rückgang seit 1. Quartal 2009, Pressemitteilung Nr. 169, Wiesbaden, 15. Mai 2020.

436 Vgl. Bundesministerium für Wirtschaft und Energie, Wirtschaftliche Entwicklung: Konjunktur und Wachstum, 15. Februar 2021.

VI. Schleichwege zum Chaos

1 Helmut Schmidt, Wieviel Anatolien verträgt Europa?, Interview, in: Hamburger Abendblatt, 24. November 2004.

2 Der Begriff der »Politik« hat im Englischen mehr als eine Bedeutung. Vgl. zur Unterscheidung von *polity, policy* und *politics:* Gert Krell, Weltbilder und Weltordnung. Einführung in die Theorie der internationalen Beziehungen, 4. überarbeitete und aktualisierte Auflage, Baden-Baden 2009, S. 23.

3 Vgl. Die Welt, Martina Renner: Kubicki ruft Linken-Politikerin wegen Antifa-Sticker im Bundestag zur Ordnung, 27. September 2019 (https://www.welt.de/politik/deutschland/article201051712/Wolfgang-Kubicki-ruegt-Martina-Renner-wegen-Antifa-Sticker.html, 08. 12. 2020).

4 Zit. n. Die Welt, Disput auf Twitter: Esken zählt sich zur Antifa – Kritik an mangelnder Differenzierung, 2. Juni 2020 (https://www.welt.de/politik/deutschland/article208750999/Disput-auf-Twitter-Esken-zaehlt-sich-zur-Antifa.html, 08. 12. 2020). Saskia Esken gab später an, den Begriff lediglich als Abkürzung für »Antifaschismus« zu sehen. Tatsächlich wird sie aber als erfahrene Politikerin wissen, welche Assoziationen sie mit solchen Aussagen vor dem Hintergrund randalierender Antifa-Gruppen weckt.

5 Vgl. FAZ, Deutschland wieder größter Nettozahler der EU. Beitrag steigt auf 14,3 Milliarden Euro/Polen und Ungarn profitieren am stärksten, Nr. 195, 22. August 2020, S. 18. European Commission, EU Budget 2018. Financial Report, Luxemburg 2019, S. 70. Siehe dazu auch Bundeszentrale für politische Bildung, Nettozahler und Nettoempfänger in der EU, Bonn, 26. November 2019. Der FAZ-Artikel gibt den deutschen Beitrag für 2018 abweichend mit 13,5 Milliarden Euro an.

6 Vgl. Vertretung der Europäischen Kommission in Deutschland, Haushaltskommissar Oettinger weist Berichte über »EU-Beitrags-Hammer« für Deutschland zurück, Berlin, 30. Oktober 2019.

7 Vgl. Bundesministerium der Verteidigung, Bericht zur materiellen Einsatzbereitschaft der Hauptwaffensysteme der Bundeswehr I/2020, Berlin, 9. Juni 2020, S. 4.

8 Vgl. ebd.

9 Vgl. International Institute for Strategic Studies (IISS), The Military Balance 2021, London 2021, S. 107.

10 Vgl. Bundesministerium der Verteidigung, Bericht zur materiellen Einsatzbereitschaft der Hauptwaffensysteme der Bundeswehr 2017, Berlin, 26. Februar 2018, S. 68.

11 Vgl. Mona Botros, Probleme bei der Bundeswehr: »Nur noch zehn Eurofighter einsetzbar«, in: tagesschau.de, 25. Februar 2020 (https://www.tagesschau.de/investigativ/report-mainz/bundeswehr-ruestungsprojekte-105.html, 08. 12. 2020).

12 Vgl. IISS (2021): S. 517.

13 Ein solcher Vorstoß würde sich vermutlich zunächst gegen Estland und Lettland richten. Dort ist jeweils ein Viertel der Bevölkerung russischer Abstammung, was Moskau als Interventionsvorwand nutzen könnte. Ähnlich wurden der Krieg gegen Georgien 2008 und das Vorgehen gegen die Ukraine ab 2014 gerechtfertigt. Unter führenden westlichen Strategen wird seit Jahren über ein solches Szenario diskutiert. NATO-Truppen übten bereits die Verteidigung der strategisch wichtigen »Suwalki-Lücke« zwischen Polen und Litauen. Vgl. dazu vor allem die Studie von Research and Development (RAND): David A. Shlapak, Michael W. Johnson, Reinforcing Deterrence on NATO's Eastern Flank. Wargaming the Defense of the Baltics, Santa Monica 2016. Andrius Sytas, NATO war game defends Baltic weak spot for first time, in: Reuters, 18. Juni 2017 (https://www.reuters.com/article/us-nato-russia-suwalki-gap/nato-war-game-defends-baltic-weak-spot-for-first-time-idUSKBN1990L2, 08. 12. 2020).

14 Vgl. BAMF (Dezember 2020): S. 6.

15 Vgl. Bundesministerium der Finanzen, Finanzbericht 2021, Berlin, Oktober 2020, S. 44.

16 Vgl. Bundesministerium der Finanzen (2019a).

17 Vgl. Bundesministerium der Finanzen, Finanzbericht 2020, Berlin, August 2019, S. 41.

18 Vgl. Bundesministerium der Finanzen, Bundeshaushalt 2018: Ist/Ausgaben/Einzelplan, Berlin 2018.

19 Vgl. Statistisches Bundesamt, Migration und Integration: Bevölkerung in Privathaushalten nach Migrationshintergrund und überwiegendem Lebensunterhalt, Wiesbaden, 28. Juli 2020b.

20 Vgl. Bundeskriminalamt, Polizeiliche Kriminalstatistik. Tatverdächtige, Jahrbuch 2019, Band 3, Wiesbaden, Juli 2020, S. 12.

21 Vgl. Statistisches Bundesamt (28. 07. 2020b). Bei den ausländischen Tatverdächtigen handelt es sich oft um »reisende Täter«, die keinen festen Wohnsitz in Deutschland haben. Deshalb kann ihr Anteil nur abstrakt auf die in der Bundesrepublik lebende ausländische Bevölkerungsgruppe bezogen werden.

22 Vgl. tagesschau.de, Urteil in Freiburg: Haftstrafen nach Gruppenvergewaltigung, 23. Juli 2020 (https://www.tagesschau.de/inland/urteil-gruppenvergewaltigung-freiburg-101.html, 08. 12. 2020).

23 Vgl. Bundeskriminalamt, Kriminalität im Kontext von Zuwanderung. Bundeslagebild 2015, Wiesbaden, 18. Oktober 2016, S. 14.

24 Vgl. Bundeskriminalamt, Kriminalität im Kontext von Zuwanderung. Bundeslagebild 2018, Wiesbaden, 2. April 2019, S. 20.

25 Vgl. Bundeskriminalamt, Kriminalität im Kontext von Zuwanderung. Bundeslagebild 2019, Wiesbaden, 21. August 2020, S. 22.

26 Vgl. Bundespolizei, Mund-Nase-Schutz: Seit dem 12. September 2020 fast 15 000 Reisende durch die Bundespolizei ermahnt, Potsdam, 17. September 2020.

27 Vgl. Bundesregierung (03. 06. 2020): S. 2.

28 Vgl. Spiegel Online, G7-Gipfel: Polizei kontrollierte 360 000 Menschen, 10. Juni 2015 (http://www.spiegel.de/politik/deutschland/g7-gipfel-polizei-kontrollierte-360-000-menschen-a-1038156.html, 08. 12. 2020). Spiegel Online, G20-Grenzkontrollen: Bundespolizei zählt mehr als 4500 unerlaubte Einreisen, 4. August 2017 (http://www.spiegel.de/panorama/g20-grenzkontrollen-bundespolizei-zaehlt-mehr-als-4500-unerlaubte-einreisen-a-1161362.html, 08. 12. 2020).

29 Vgl. BAMF (Dezember 2020): S. 6. Für den Rückgang der Asylanträge waren natürlich auch die Grenzkontrollen weiterer europäischer Staaten und die globalen Reisebeschränkungen verantwortlich.

30 In Absatz 2 von Artikel 16a des Grundgesetzes heißt es unmissverständlich: »Auf Absatz 1 [›Politisch Verfolgte genießen Asylrecht.‹, M. W.] kann sich nicht berufen, wer aus einem Mitgliedstaat der Europäischen Gemeinschaften oder aus einem anderen Drittstaat einreist, in dem die Anwendung des Abkommens über die Rechtsstellung der Flüchtlinge und der Konvention zum Schutze der Menschenrechte und Grundfreiheiten sichergestellt ist.« Grundgesetz (1949).

31 Hengameh Yaghoobifarah, Abschaffung der Polizei: All cops are berufsunfähig, in: taz, 15. Juni 2020 (https://taz.de/Abschaffung-der-Polizei/!5689584/, 08. 12. 2020).

32 Vgl. Bild Live, Gebührenfinanzierter Hass. ARD verunglimpft Polizei als Mörder und Rassisten, 18. August 2020 (https://www.youtube.com/watch?v=QwMsfBOWrLo, 08. 12. 2020).

33 Vgl. Andreas Kopietz, No-Go-Areas in Berlin: »Es gibt Bereiche, wo der Rechtsstaat handlungsunfähig ist«, in: Berliner Zeitung, 5. April 2018 (https://www.berliner-zeitung.de/politik-gesellschaft/no-go-areas-in-berlin-es-gibt-bereiche-wo-der-rechtsstaat-handlungsunfaehig-ist-li.11656, 08. 12. 2020).

34 Vgl. FAZ, »Sie waren so aggressiv«: Mehr als 100 Migranten verhindern Abschiebung, 3. Mai 2018 (http://www.faz.net/aktuell/politik/inland/ellwangen-migranten-verhindern-abschiebung-nach-togo-15570232.html, 08. 12. 2020).

35 Vgl. Sebastian Prengel, Melissa Seitz, Alexandra zu Castell-Rüdenhausen, Beamte überrumpelt: So entwaffnete der Wald-Rambo vier Polizisten, in: Bild, 14. Juli 2020 (https://www.bild.de/news/inland/news-inland/oppenau-schwarzwald-so-entwaffnete-der-wald-rambo-vier-polizisten-71857932.bild.html, 08. 12. 2020).

36 Vgl. Institut für Demoskopie Allensbach, Erosion des Vertrauens. Eine Dokumentation des Beitrags von Prof. Dr. Renate Köcher in der Frankfurter Allgemeinen Zeitung Nr. 270 vom 20. November 2019, Allensbach 2019, S. 2 f., 14.

37 Vgl. Schwarzer (2016).

38 Vgl. zur Randale in Hamburg: Maik Baumgärtner u. a., Abgebrannt, in: Der Spiegel, Nr. 29, 15. Juli 2017, S. 12–20.

39 Vgl. Knut Cordsen, Schwarzer Block schlägt schwarzen Humor: Zur Ausladung Lisa Eckharts vom Hamburger Harbour Front Festival, in: BR, 6. August 2020 (https://

www.br.de/kultur/lisa-eckhart-lesung-absage-100.html, 08.12.2020). Später erneuerte der Veranstalter seine Einladung, was von der Künstlerin aber abgelehnt wurde. Vgl. Zeit Online, Literaturfestival Harbourfront: Lisa Eckhart wieder zu Literaturfestival eingeladen, 10. August 2020 (https://www.zeit.de/kultur/2020-08/lisa-eckhart-literaturfestival-harbourfront-kabarettistin, 08.12.2020).

40 Guevara schrieb, welche Aufgaben der »Fokus« hat: »Nicht immer muß man warten, bis alle Bedingungen für eine Revolution gegeben sind, der aufständische Fokus kann solche Bedingungen selbst schaffen.« Ernesto Che Guevara, Guerilla – Theorie und Methode. Sämtliche Schriften zur Guerillamethode, zur revolutionären Strategie und zur Figur des Guerilleros, herausgegeben von Horst Kurnitzky, Berlin 1968, S. 23.

41 Polizeipräsidium Frankfurt am Main, POL-F: 201031 – 1116 Frankfurt-Innenstadt: Tätlicher Angriff auf Polizeistreife, Frankfurt am Main, 31. Oktober 2020.

42 Polizeipräsidium Frankfurt am Main, POL-F: 201101 – 1117 Frankfurt-Innenstadt: Polizei greift durch. Erneut Angriffe gegen Polizeibeamte, Frankfurt am Main, 1. November 2020.

43 Vgl. Daniel Steinvorth, Chaos-Nächte in den Niederlanden: »Viele denken, endlich passiert wieder etwas«, in: NZZ, 27. Januar 2021 (https://www.nzz.ch/international/corona-krawalle-in-den-niederlanden-wer-steckt-dahinter-ld.1598502?reduced=true, 10.02.2021). Dirk Schümer, Ein Corona-Aufstand, der aus allen gesellschaftlichen Lagern kommt, in: Die Welt, 1. Februar 2021 (https://www.welt.de/debatte/kommentare/article225476383/Niederlande-Ein-Corona-Aufstand-allen-gesellschaftlichen-Lagern.html, 10.02.2021).

44 Vgl. n-tv, Über 1600 Polizisten im Einsatz: Grünes Gewölbe: Drei Mitglieder des Berliner Remmo-Clans festgenommen, 17. November 2020 (https://www.n-tv.de/panorama/Gruenes-Gewoelbe-Drei-Mitglieder-des-Berliner-Remmo-Clans-festgenommen-article22173525.html, 23.11.2020).

45 Vgl. Axel Lier, Peter Rossberg, Polizei und GSG 9 greifen durch: Razzia bei Abou-Chaker-Clan und den Hells Angels, in: Bild, 10. Dezember 2020 (https://www.bild.de/news/inland/news-inland/polizei-und-gsg-9-greifen-durch-razzia-bei-berliner-clan-familien-74395578.bild.html, 10.12.2020).

46 Vgl. Florian Flade, Volkmar Kabisch, Anschlag von Wien: Ein Netzwerk und eine neue Generation, in: tagesschau.de, 11. November 2020 (https://www.tagesschau.de/ausland/wien-anschlag-103.html, 08.12.2020).

47 Vgl. Nö-News/ORF, Bundesheer, Polizei und Rettung im Einsatz, 3. November 2020 (https://noe.orf.at/stories/3074227/, 08.12.2020).

48 Vgl. Der Tagesspiegel, Jahrestag der Pariser Terroranschläge: Frankreich erinnert an 13. November 2015, 13. November 2019 (https://www.tagesspiegel.de/politik/jahrestag-der-pariser-terroranschlaege-frankreich-erinnert-an-13-november-2015/25224758.html, 08.12.2020).

49 Sie könnten sich dabei am Konzept der Roten Armee Fraktion orientieren, die versucht hat, asymmetrische Kampfformen Mao Zedongs auf die Auseinandersetzung mit dem Staat in den Großstädten zu übertragen. Vgl. Rote Armee Fraktion, Das Konzept Stadtguerilla, o. O., Mai 1971. An anderer Stelle wird der April 1971 als Erscheinungsdatum angegeben. Vgl. Alex Schubert, Stadtguerilla. Tupamaros in Uruguay – Rote Armee Fraktion in der BRD, Berlin 1974 [1971], S. 125. Ähnlich

setzte auch die »Bewegung 2. Juni« an, die sich durch die lateinamerikanischen Tupamaros inspiriert fühlte. Vgl. Michael Baumann, Wie alles anfing, o. O., etwa 1975/1976 (verbotene Fassung).

50 Vgl. MDR, Die Nationalhymne der DDR: »Auferstanden aus Ruinen«, 14. Dezember 2020 (https://www.mdr.de/zeitreise/ddr-hymne-100.html, 17.03.2021).

51 Vgl. Heike Amos, Auferstanden aus Ruinen … Die Nationalhymne der DDR 1949 bis 1990, Berlin 1997, S. 132–159.

52 Damit ist natürlich keine Gleichsetzung beider Systeme gemeint. Der Verfasser hält auch Beschreibungen der Bundesrepublik als »DDR 2.0« für abwegig. Auf einer abstrakten Ebene sind einzelne Mechanismen der Macht in Demokratien und Autokratien aber durchaus vergleichbar.

53 Verfassung der Deutschen Demokratischen Republik, Ost-Berlin, 7. Oktober 1949.

54 Ebd.

55 Ebd.

56 Ebd.

57 Verfassung der Deutschen Demokratischen Republik, Ost-Berlin, 6. April 1968, veröffentlicht von der Konrad-Adenauer-Stiftung.

58 Ebd.

59 Verfassung der Deutschen Demokratischen Republik, Ost-Berlin 7. Oktober 1974.

60 Ebd.

61 Ebd.

62 Vgl. Amos (1997): S. 136–138.

63 Erikson (1956): S. 204.

64 Vgl. Schmidt (2004).

65 Sigmund Freud, Abriss der Psychoanalyse, Köln 2016 [1940], S. 13. Der Beitrag war ursprünglich 1940 postum in der »Internationalen Zeitschrift für Psychoanalyse und Imago« erschienen.

66 Vgl. zur damaligen Geisteshaltung: Jens Hacker, Deutsche Irrtümer. Schönfärber und Helfershelfer der SED-Diktatur im Westen, Berlin – Frankfurt am Main 1992.

67 Vgl. Werner Weidenfeld, Manuela Glaab, Die deutsche Frage im Bewußtsein der Bevölkerung in beiden Teilen Deutschlands. Das Zusammengehörigkeitsgefühl der Deutschen – Konstanten und Wandlungen. Einstellungen der westdeutschen Bevölkerung 1945/49–1990, in: Deutscher Bundestag (Hrsg.), Enquete-Kommission »Aufarbeitung von Geschichte und Folgen der SED-Diktatur in Deutschland« (1992–1994), Band V/3, vermutlich Berlin, vermutlich 1995, S. 2832.

68 Der Wald nimmt in der deutschen Kultur eine herausragende Rolle ein. Seine Bedeutung wird anschaulich erklärt vom australischen Historiker Christopher Clark in: ZDF, Deutschland-Saga, Teil 2: Wovon wir schwärmen. Der deutsche Wald, unsere Märchen und geheimen Sehnsüchte, Mainz, 7. Dezember 2014 (https://www.zdf.de/dokumentation/terra-x/deutschlandsaga-wovon-wir-schwaermen-100.html, 08.12.2020). Siehe auch Dorn (2018): S. 20–23. Dagegen äußert sich kritisch zur Wald-Metapher: Johannes Zechner, Natur der Nation. Der »deutsche Wald« als Denkmuster und Weltanschauung, in: Aus Politik und Zeitgeschichte, Nr. 49/50, 4. Dezember 2017, S. 4–10.

69 Nietzsche (1886): S. 168.

Abkürzungsverzeichnis

A	Amtszeit
Abs.	Absatz
AfD	Alternative für Deutschland
AfV	Akademie für Verfassungsschutz
AG	Aktiengesellschaft
AKK	Annegret Kramp-Karrenbauer
AKL	Antikapitalistische Linke
Antifa	Antifaschistische Aktion
APO	Außerparlamentarische Opposition
ARD	Arbeitsgemeinschaft der öffentlich-rechtlichen Rundfunkanstalten der Bundesrepublik Deutschland
Art.	Artikel
ASW	Allianz für Sicherheit in der Wirtschaft
Az.	Aktenzeichen
BAMF	Bundesamt für Migration und Flüchtlinge
BBC	British Broadcasting Corporation
BBG	Bundesbeamtengesetz
BeamtStg	Beamtenstatusgesetz
BfV	Bundesamt für Verfassungsschutz
BIP	Bruttoinlandsprodukt
BKA	Bundeskriminalamt
BMZ	Bundesministerium für wirtschaftliche Zusammenarbeit und Entwicklung
BND	Bundesnachrichtendienst
BRD	Bundesrepublik Deutschland
BVerfSchG	Bundesverfassungsschutzgesetz
BVFG	Bundesvertriebenengesetz
BW	Biological Weapons
B-Waffen	Biologische Waffen
BZ	Bozen
BZÖ	Bündnis Zukunft Österreich
CDU	Christlich Demokratische Union
CIA	Central Intelligence Agency
CNN	Cable News Network
CO_2	Kohlenstoffdioxid
COVID	Coronavirus Disease
CSU	Christlich-Soziale Union
CW	Chemical Weapons
C-Waffen	Chemische Waffen
DCI	Director of Central Intelligence
DDR	Deutsche Demokratische Republik
DHL	Dalsey, Hillblom, Lynn
DKP	Deutsche Kommunistische Partei

DNA	Deoxyribonucleic Acid
ESM	Europäischer Stabilitätsmechanismus
EU	Europäische Union
e.V.	eingetragener Verein
EVP	Europäische Volkspartei
EZB	Europäische Zentralbank
FAZ	Frankfurter Allgemeine Zeitung
FDGO	Freiheitliche demokratische Grundordnung
FDJ	Freie Deutsche Jugend
FDP	Freie Demokratische Partei
FPÖ	Freiheitliche Partei Österreichs
FR	Frankfurter Rundschau
GDP	Gross Domestic Product
Gestapo	Geheime Staatspolizei
GETZ	Gemeinsames Extremismus- und Terrorismusabwehrzentrum
GG	Grundgesetz
GmbH	Gesellschaft mit beschränkter Haftung
GSG 9	Grenzschutzgruppe 9
IASP	Institute on Assets and Social Policy
IB	Identitäre Bewegung
IBD	Identitäre Bewegung Deutschland
IBÖ	Identitäre Bewegung Österreich
IfS	Institut für Staatspolitik
IISS	International Institute for Strategic Studies
IM	Inoffizieller Mitarbeiter
INSA	Institut für neue soziale Antworten
JA	Junge Alternative
KB	Kommunistischer Bund
KBW	Kommunistischer Bund Westdeutschland
KGB	Komitet Gossudarstwennoi Besopasnosti
KPF	Kommunistische Plattform
KSK	Kommando Spezialkräfte
LEMO	Lebendiges Museum Online
LfV	Landesamt für Verfassungsschutz
MAD	Militärischer Abschirmdienst
MDR	Mitteldeutscher Rundfunk
MfS	Ministerium für Staatssicherheit
MiMiMi	Mitbürger mit Migrationshintergrund
NADIS	Nachrichtendienstliches Informationssystem
NATO	North Atlantic Treaty Organization
NBC	National Broadcasting Company
NDR	Norddeutscher Rundfunk
NPD	Nationaldemokratische Partei Deutschlands
NS	Nationalsozialismus
NSDAP	Nationalsozialistische Deutsche Arbeiterpartei
NSU	Nationalsozialistischer Untergrund

n-tv	Nachrichten Television
NZZ	Neue Zürcher Zeitung
OECD	Organisation for Economic Co-operation and Development
ORF	Österreichischer Rundfunk
ÖVP	Österreichische Volkspartei
P	Präsidentschaft
PDS	Partei des Demokratischen Sozialismus
PEGIDA	Patriotische Europäer gegen die Islamisierung des Abendlandes
PEN	Poets, Essayists, Novelists
PI	Politically Incorrect
PKGr	Parlamentarisches Kontrollgremium
PMK	Politisch motivierte Kriminalität
PR	Public Relations
R	Regierung
RAND	Research and Development
rbb	Rundfunk Berlin-Brandenburg
RK	Revolutionärer Kampf
RP	Rheinische Post
RTL	Radio Télévision Luxembourg
SA	Sturmabteilung
SED	Sozialistische Einheitspartei Deutschlands
SGB	Sozialgesetzbuch
SO	Scientology-Organisation
SPD	Sozialdemokratische Partei Deutschlands
SPÖ	Sozialdemokratische Partei Österreichs
SPON	Spiegel Online
SS	Schutzstaffel
StAG	Staatsangehörigkeitsgesetz
SÜG	Sicherheitsüberprüfungsgesetz
SWR	Südwestrundfunk
SZ	Süddeutsche Zeitung
Target	Trans-European Automated Real-time Gross settlement Express Transfer system
taz	Tageszeitung
TBV	Turn- und Ballspielverein
THS	Thüringer Heimatschutz
TNS	Taylor Nelson Sofres
TV	Television
UdSSR	Union der Sozialistischen Sowjetrepubliken
UN	United Nations
UNESCO	United Nations Educational, Scientific and Cultural Organization
UNO	United Nations Organization
UNU	United Nations University
U.S.	United States
USA	United States of America
VDA	Verband der Automobilindustrie

V-Mann	Vertrauensmann
WD	Wissenschaftliche Dienste
WDR	Westdeutscher Rundfunk
WMD	Weapons of Mass Destruction
ZDF	Zweites Deutsches Fernsehen
ZIPC	Zentralinstitut für Physikalische Chemie

Literaturverzeichnis

Abteilung Verfassungsschutz des Ministeriums des Innern des Landes Nordrhein-Westfalen, Verfassungsschutzbericht 1995, Düsseldorf, 29. April 1996.

Ächtler, Norman, Was ist ein Narrativ? Begriffsgeschichtliche Überlegungen anlässlich der aktuellen Europa-Debatte, in: KulturPoetik, Nr. 2, 2014, S. 244–268.

Adenauer, Konrad, Ansprache beim Deutschen Handwerkstag, Köln, 20. Juni 1961 (https://www.konrad-adenauer.de/quellen/reden/1961-06-20-rede-handwerkstag-koeln, 26. 11. 2020).

Adenauer, Konrad, Brief an den Bundespräsidenten der Bundesrepublik Deutschland, Herrn Prof. Dr. Theodor Heuss, Bonn, 29. April 1952, in: Bulletin des Presse- und Informationsamtes der Bundesregierung, Nr. 51, 6. Mai 1952, S. 537.

Adenauer, Konrad, Europa (Zitatensammlung), Berlin, o. J. (https://www.konrad-adenauer.de/quellen/zitate/europa, 18. 11. 2020).

Adloff, Frank; Heins, Volker M. (Hrsg.), Konvivialismus. Eine Debatte, Bielefeld 2015.

Ahlheim, Klaus, Sarrazin und der Extremismus der Mitte. Empirische Analysen und pädagogische Reflexionen, Hannover 2011.

Alemann, Ulrich von, Das Parteiensystem der Bundesrepublik Deutschland, Bonn 2003.

Alings, Reinhard, Die Berliner Siegessäule. Vom Geschichtsbild zum Bild der Geschichte, Berlin 2000.

Allison, Graham; Zelikow, Philip, Essence of Decision. Explaining the Cuban Missile Crisis, 2. Auflage, New York u. a. 1999.

Alter, Peter (Hrsg.), Nationalismus: Dokumente zur Geschichte und Gegenwart eines Phänomens, München – Zürich 1994.

Alter, Peter, Nationalismus, Frankfurt am Main 1985.

Alternative für Deutschland, Erklärung zum deutschen Staatsvolk und zur deutschen Identität, Berlin, 18. Januar 2021 (https://www.afd.de/staatsvolk/, 09. 02. 2021).

Alternative für Deutschland, AfD startet mit über 35 000 Mitgliedern und Förderern ins Super-Wahljahr 2019, Berlin, 29. Januar 2019 (https://www.afd.de/afd-startet-mit-ueber-35-000-mitgliedern-und-foerderern-ins-super-wahljahr-2019/, 13. 11. 2020).

Alzheimer, Heidrun, Ethnizität: I. Ethnologische Grundlegung, in: Staatslexikon, Freiburg, Version vom 22. Oktober 2019 (https://www.staatslexikon-online.de/Lexikon/Ethnizit%C3%A4t, 17. 11. 2020).

Amadeu Antonio Stiftung, Ermutigen. Beraten. Fördern, Berlin 2020 (https://www.amadeu-antonio-stiftung.de/, 06. 12. 2020).

Amadeu Antonio Stiftung, Ergebnisrechnung für die Zeit vom 1. Januar bis zum 31. Dezember 2019, Berlin 2020 (https://www.amadeu-antonio-stiftung.de/wp-content/uploads/2021/03/AAS-Jahresabschluss-2019-Bilanz-GuV.pdf, 16. 03. 2021).

Amadeu Antonio Stiftung, Ergebnisrechnung für die Zeit vom 1. Januar bis zum 31. Dezember 2018, Berlin, 9. September 2019 (https://www.amadeu-antonio-stiftung.de/wp-content/uploads/2020/01/Jahresabschluss_AAS_2018.pdf, 06. 12. 2020).

Amadeu Antonio Stiftung, Ergebnisrechnung für die Zeit vom 1. Januar bis zum 31. Dezember 2017, Heidelberg, 25. Juni 2018 (https://www.amadeu-antonio-stiftung.de/wp-content/uploads/2019/02/bilanz_2017.pdf, 06. 12. 2020).

Amadeu Antonio Stiftung, Stiftungsrat, Berlin, o. J. (https://www.amadeu-antonio-stiftung.de/ueber-uns/gremien/, 19. 12. 2020).

Amadeu Antonio Stiftung, Anetta Kahane, Berlin, o. J. (https://www.amadeu-antonio-stiftung.de/ueber-uns/kontakt-team/anetta-kahane/, 06. 12. 2020).

Amos, Heike, Auferstanden aus Ruinen … Die Nationalhymne der DDR 1949 bis 1990, Berlin 1997.

Amt der Tiroler Landesregierung, Tiroler Landeshymne, Innsbruck 2020 (https://www.tirol.gv.at/tirol-europa/tirol-zahlen-fakten/landeshymne/, 21. 11. 2020).

Amt für Statistik Berlin-Brandenburg, Statistischer Bericht. Einwohnerinnen und Einwohner im Land Berlin am 31. Dezember 2019. Grunddaten, 3. korrigierte Ausgabe, Februar 2020.

Andersen, Uwe; Woyke, Wichard (Hrsg.), Handwörterbuch des politischen Systems, 5. aktualisierte Auflage, Bonn 2003.

Anderson, Benedict, Imagined Communities. Reflections on the Origin and Spread of Nationalism, überarbeitete Ausgabe, London – New York 2016 [1983].

Angehrn, Emil, Kultur – Begriff und Funktion, in: Uni Nova – Das Wissenschaftsmagazin der Universität Basel, Nr. 70, 1994, S. 4–7.

Anti-Defamation League, Global 100: An Index of Anti-Semitism, New York 2020 (http://global100.adl.org/#map, 15. 11. 2020).

Antifaschistische Bildungsinitiative e.V., Antifabi Marburg: Vortrag »Identitäre Bewegung« mit Julian Bruns, Marburg, 11. April 2017 (https://antifabi.de/?p=3916, 14. 11. 2020).

Antikapitalistische Linke, Aufruf: Kapitalismus bedeutet Krieg, Umweltzerstörung und Armut – für eine antikapitalistische LINKE, Hannover, 9. November 2013 (https://www.antikapitalistische-linke.de/?page_id=25, 08. 11. 2020).

ARD, ZDF, Deutschlandradio, Beitragsservice: Jahresbericht 2019, Köln, Juni 2020 (https://www.rundfunkbeitrag.de/e175/e6373/Jahresbericht_2019.pdf, 01. 12. 2020).

Arendt, Hannah, Vita activa oder Vom tätigen Leben, 20. Auflage, München 2019 [1958].

Arndt, Ernst Moritz, Gedichte, 3. Auflage, Berlin 2015.

Arndt, Ernst Moritz, Des Deutschen Vaterland (1813), in: Arndt (2015): S. 114–116.

Arne, Thomas, Rule Britannia Lyrics, o. O., 1740 (https://www.magistrix.de/lyrics/thomas-arne/Rule-Britannia-99171.html, 21. 11. 2020).

Arnim, Hans Herbert von, Die Hebel der Macht und wer sie bedient. Parteienherrschaft statt Volkssouveränität, 2. Auflage, München 2017.

Arnim, Hans Herbert von, Der Staat als Beute. Wie Politiker in eigener Sache Gesetze machen, München 1993.

Asch, Solomon E., Opinions and Social Pressure, in: Scientific American, Nr. 5, November 1955, S. 31–35.

Ash, Timothy Garton (Hrsg.), Wächst zusammen, was zusammengehört?, Bundeskanzler-Willy-Brandt-Stiftung, Schriftenreihe, Heft 8, Berlin 2001.

Asmuss, Burkhard; Scriba, Arnulf, Die »Emser Depesche«, in: LEMO, Berlin – Bonn – Koblenz, o. J. (https://www.dhm.de/lemo/kapitel/kaiserreich/aussenpolitik/emser-depesche.html, 26. 11. 2020).

Assmann, Aleida, Die Wiedererfindung der Nation. Warum wir sie fürchten und warum wir sie brauchen, München 2020.

Auf dem Hövel, Jörg, Politisierung der öffentlichen Verwaltung durch Parteien? Ursachenforschung und normative Debatte, in: Zeitschrift für Parlamentsfragen, Nr. 1, 1996, S. 82–95.

Aust, Stefan, Der Baader-Meinhof-Komplex, Hamburg 2020 [1985].

Auswärtiges Amt, Iran: Reise- und Sicherheitshinweise (COVID-19-bedingte Reisewarnung), Berlin, 24. Juli 2020 (http://www.auswaertiges-amt.de/DE/Laenderinformationen/00-SiHi/Nodes/IranSicherheit_node.html#doc337572bodyText2, 24.11.2020).

Auswärtiges Amt, Nachricht auf Twitter vom 26. Mai 2020 (https://twitter.com/AuswaertigesAmt/status/1265302626830352384, 18.11.2020).

Autonome Provinz Bozen-Südtirol, Statistisches Jahrbuch für Südtirol 2019, Bozen 2020 (https://astat.provinz.bz.it/downloads/Jahrbuch_2019(11).pdf, 21.11.2020).

Autonome Provinz Bozen-Südtirol, Das Monumental-Relief in Bozen. Von Hans Piffrader zu Hannah Arendt, Bozen, o. J. (http://www.monumentalrelief-bozen.com/inhalt/das-relief.html, 21.11.2020).

Backes, Uwe, Wortbeitrag in der Diskussion »Die Neue Rechte – eine Gefahr für die Demokratie?«, in: Gessenharter/Pfeiffer (2004): S. 223–243.

Baerbock, Annalena, Interview mit Markus Lanz, Talkshow des ZDF, Sendung vom 18. August 2020 (https://www.youtube.com/watch?v=LDxvotLaqes, 16.11.2020).

Bahr, Egon, Willy Brandt und die Nation, Schriftenreihe der Bundeskanzler-Willy-Brandt-Stiftung, Vortrag vom 8. Mai 2008, Heft 16, Berlin 2008 (https://docplayer.org/25816938-Willy-brandt-und-die-nation.html, 26.11.2020).

Bar-Joseph, Uri; McDermott, Rose, The Intelligence Analysis Crisis, in: Johnson (2010): S. 359–374.

Barker, J. Paul (Hrsg.), The Clash of Civilizations. Twenty Years On, Bristol, Oktober 2013.

Battisti, Siegfried, Freiheit und Bindung. Wilhelm von Humboldts »Ideen zu einem Versuch, die Grenzen der Wirksamkeit des Staats zu bestimmen« und das Subsidiaritätsprinzip, Berlin 1987.

Bauer, Otto, Die Nationalitätenfrage und die Sozialdemokratie, Wien 1907.

Baumann, Michael, Wie alles anfing, o. O., etwa 1975/1976 (verbotene Fassung).

Baur, Nina; u. a. (Hrsg.), Handbuch Soziologie, Wiesbaden 2008.

Bayerische Staatsregierung, Menschen in Bayern, München, o. J. (https://www.bayern.de/unser-bayern/menschen-in-bayern-tradition-und-zukunft/, 17.11.2020).

Bayerische Verwaltung der staatlichen Schlösser, Gärten und Seen, Walhalla, München 2020 (https://www.schloesser.bayern.de/deutsch/schloss/objekte/walhalla.htm, 20.11.2020).

Bayerischer Rundfunk, Der Intendant: Ulrich Wilhelm, München, 1. Januar 2018 (https://www.br.de/unternehmen/inhalt/organisation/bayerischer-rundfunk-intendant-ulrich-wilhelm-v2-102.html, 30.11.2020).

Bayerisches Staatsministerium des Innern, für Sport und Integration, Verfassungsschutzbericht 2019, München, März 2020.

Baylis, John; u. a. (Hrsg.), Strategy in the Contemporary World. An Introduction to Strategic Studies, Oxford – New York 2002.

Beauftragter der Bundesregierung für Aussiedlerfragen und nationale Minderheiten, Tätigkeitsbericht des Beauftragten der Bundesregierung für Aussiedlerfragen und nationale Minderheiten. 1. Amtsjahr April 2018–April 2019, Berlin, Juni 2019.

Beauftragter der Bundesregierung für Aussiedlerfragen und nationale Minderheiten, Deutsche Minderheiten im Ausland, Berlin, o. J. (https://www.aussiedlerbeauftrag

ter.de/AUSB/DE/Themen/deutsche-minderheiten/deutsche-minderheiten_node.html, 25.11.2020).

Beck, Volker, Menschenrechte: Situation in Tibet besorgniserregend, o.O., 10. März 2009 (http://umweltenergie.blogspot.com/2009/03/pm-022009-menschenrechte-situation-in.html, 25.11.2020).

Beck, Volker; u.a., Antrag der Abgeordneten: Eine kohärente und konsistente Menschenrechtspolitik gegenüber China entwickeln, Deutscher Bundestag, 16. Wahlperiode, Drucksache 16/9422, Berlin, 4. Juni 2008 (http://dip21.bundestag.de/dip21/btd/16/094/1609422.pdf, 25.11.2020).

Beckmann, Reinhold, in: ARD/#Beckmann, Horst Seehofer und der neue Rechtsruck in Deutschland, 10. Mai 2016 (https://programm.ard.de/TV/Themenschwerpunkte/Politik/Aktuelle-Reportagen/Startseite/?sendung=2810617438027202, 18.11.2020).

Beer, Bettina; Fischer, Hans (Hrsg.), Ethnologie. Einführung und Überblick, 8. Auflage, Berlin 2013.

Beer, Bettina, Kultur und Ethnizität, in: Beer/Fischer (2013): S. 53–73.

Begegnung-der-Künste e.V., WeltPavillon, Hannover 2020 (http://www.begegnung-der-kuenste.de/veranstaltungen/weltpavillon-2020.html, 15.11.2020).

Beisch, Natalia; Koch, Wolfgang; Schäfer, Carmen, ARD/ZDF-Onlinestudie 2019: Mediale Internetnutzung und Video-on-Demand gewinnen weiter an Bedeutung, in: Media Perspektiven, Nr. 9, 2019, S. 374–388.

Benz, Wolfgang, Demokratisierung durch Entnazifizierung und Erziehung, in: Bundeszentrale für politische Bildung, Dossier Nationalsozialismus und Zweiter Weltkrieg, Bonn, 11. April 2005 (https://www.bpb.de/geschichte/nationalsozialismus/dossier-nationalsozialismus/39605/entnazifizierung-und-erziehung?p=all, 06.12.2020).

Bertelsmann Lexikon-Verlag, Das Bertelsmann Lexikon. In zehn Bänden, Band 6: Kred-Mit, Gütersloh 1982.

Bertelsmann Lexikothek Verlag, Deutschland. Porträt einer Nation, 10 Bände, Gütersloh 1985 bis 1986.

Bertelsmann Stiftung (Hrsg.), Schwindendes Vertrauen in Politik und Parteien. Eine Gefahr für den gesellschaftlichen Zusammenhalt?, Gütersloh, Januar 2019.

Beyme, Klaus von, Die politische Klasse im Parteienstaat, Frankfurt am Main 1993.

Bibliothek des Konservatismus, Videos, Berlin 2020 (https://www.youtube.com/user/bdkBerlin/videos, 12.11.2020).

Bisky, Lothar, Wir sind gekommen, um zu bleiben, Rede vom 15. Juni 2007, 3. Tagung des 10. Parteitages der Linkspartei.PDS, in: Disput, Juni 2017, S. 52–56 (https://archiv2017.die-linke.de/fileadmin/download/disput/2007/disput_juni07.pdf, 04.12.2020).

Bitkom, Netzgesellschaft. Eine repräsentative Untersuchung zur Mediennutzung und dem Informationsverhalten der Gesellschaft in Deutschland, Berlin 2011.

Böckenförde, Ernst-Wolfgang, Staat, Nation, Europa. Studien zur Staatslehre, Verfassungstheorie und Rechtsphilosophie, Frankfurt am Main 1999.

Böckenförde, Ernst-Wolfgang, Die Nation – Identität in Differenz, in: Böckenförde (1999): S. 34–58. Der Aufsatz erschien erstmals 1995.

Bogumil, Jörg; Ebinger, Falk; Jochheim, Linda, Spitzenbeamte und ihr Verhalten bei politisch relevanten Entscheidungen, in: Schimanke/Veit/Bull (2012): S. 151–174.

Bogumil, Jörg; Jann, Werner; Nullmeier, Frank (Hrsg.), Politik und Verwaltung, Politische Vierteljahresschrift, Sonderheft, Nr. 37, 2006.

Borchmeyer, Dieter, Was ist deutsch? Die Suche einer Nation nach sich selbst, Berlin 2017.

Born, Hans; Caparini, Marina (Hrsg.), Democratic Control of Intelligence Services. Containing Rogue Elephants, London – New York 2007.

Bös, Mathias, Ethnizität, in: Nina Baur u. a. (2008): S. 55–76.

Botz, Gerhard, 1938: Der »Anschluss«, in: Forum Politische Bildung (1998): S. 83–94.

Bouffier, Volker, »Die AfD schafft ein Klima, in dem Gewalt als Lösung denkbar wird«, Interview mit Marlene Grunert und Julian Staib, in: FAZ, Nr. 185, 12. August 2019, S. 2.

Brakel, Alexander, Das Vaterland. Ein »Parforceritt« durch seine Geschichte, in: Die Politische Meinung, Nr. 536, Januar/Februar 2016, S. 69–73.

Brandt, Willy, »Im Zweifel für die Freiheit«, Reden zur sozialdemokratischen und deutschen Geschichte, herausgegeben von Klaus Schönhoven, Willy-Brandt-Dokumente, Band 2, Bonn 2012.

Brandt, Willy, Rede über die Lage der Nation, Dortmund, 1.–5. Juni 1966 (https://www.cvce.eu/content/publication/2007/8/16/cec6ebf1-6954-48c5-940c-66bf4f60467e/publishable_de.pdf, 26. 11. 2020).

Brandt, Willy, Bismarck und die Kunst des Möglichen, in: Die Welt, 27. März 1965, abgedruckt als Dokument 38 in: Brandt (2012): S. 588-593.

Brandt, Willy, Rede auf dem Kongress anlässlich des Deutschlandtreffens der SPD (Auszüge), Nürnberg, 12. August 1961 (http://www.chronik-der-mauer.de/system/files/dokument_pdf/56831_cdm-610812-RedeBrandt.pdf, 26. 11. 2020).

Bremm, Klaus-Jürgen, 70/71. Preußens Triumph über Frankreich und die Folgen, Darmstadt 2019.

Bremm, Klaus-Jürgen, Preußen bewegt die Welt. Der Siebenjährige Krieg, Darmstadt 2017.

Bruckmüller, Ernst, Die Entwicklung des Österreichbewusstseins, Sammelbandauszug von 1998 (http://www.demokratiezentrum.org/fileadmin/media/pdf/bruckmueller.pdf, 10. 02. 2021).

Bruckmüller, Ernst, Österreichbegriff und Österreich-Bewusstsein in der Franzisko-Josephinischen Epoche, in: Plaschka/Stourzh/Niederkorn (1995): S. 255–288.

Bruns, Julian; Glösel, Kathrin; Strobel, Natascha, Die Identitären. Handbuch zur Jugendbewegung der Neuen Rechten in Europa, 4. Auflage, Münster, Dezember 2018.

Bues, Almut; Rexheuser, Rex (Hrsg.), Mittelalterliche nationes – neuzeitliche Nationen. Probleme der Nationenbildung in Europa, Wiesbaden 1995.

Bund der Steuerzahler e.V., Die Schuldenuhr Deutschlands: Wie sich Schuldenstand und -zuwachs entwickelten, Berlin 2021 (https://www.steuerzahler.de/aktion-position/staatsverschuldung/dieschuldenuhrdeutschlands/?L=0, 16. 03. 2021).

Bundesagentur für Arbeit, Arbeitslosenquoten im Jahr 2019, Nürnberg 2020 (https://www.arbeitsagentur.de/datei/ba146218.pdf, 11. 12. 2020).

Bundesamt für Migration und Flüchtlinge, Aktuelle Zahlen: Tabellen, Diagramme, Erläuterungen, Nürnberg, Dezember 2020.

Bundesamt für Statistik, Bevölkerung nach Migrationsstatus, Neuchâtel 2020 (https://www.bfs.admin.ch/bfs/de/home/statistiken/bevoelkerung/migration-integration/nach-migrationsstatuts.html, 12. 03. 2021).

Bundesamt für Statistik, Bevölkerung, Neuchâtel 2020 (https://www.bfs.admin.ch/bfs/de/home/statistiken/bevoelkerung.html, 24. 11. 2020).

Bundesamt für Verfassungsschutz, Rechtsextremisten in Sicherheitsbehörden. Lagebericht, Köln, September 2020.

Bundesamt für Verfassungsschutz, Die Organisation ist kein Geheimnis, Köln, Juli 2020 (https://www.verfassungsschutz.de/de/das-bfv/aufgaben/die-organisation-ist-kein-geheimnis, 07.11.2020).

Bundesamt für Verfassungsschutz, Bundesamt für Verfassungsschutz stuft AfD-Teilorganisation »Der Flügel« als gesichert rechtsextremistische Bestrebung ein, Pressemitteilung, Köln, 12. März 2020 (https://www.verfassungsschutz.de/de/oeffentlichkeitsarbeit/presse/pm-20200312-bfv-stuft-afd-teilorganisation-der-fluegel-als-gesichert-rechtsextremistische-bestrebung-ein, 13.11.2020).

Bundesamt für Verfassungsschutz, Gutachten zu tatsächlichen Anhaltspunkten für Bestrebungen gegen die freiheitliche demokratische Grundordnung in der »Alternative für Deutschland« (AfD) und ihren Teilorganisationen, Köln, 15. Januar 2019 (https://www.afd.de/wp-content/uploads/sites/111/2019/01/BfV-Gutachten_%C3%BCber_die_AfD.pdf, 06.11.2020).

Bundesamt für Verfassungsschutz, Rechtsextremismus: Symbole, Zeichen und verbotene Organisationen, Köln, Oktober 2018.

Bundesamt für Verfassungsschutz, BfV-Newsletter, Nr. 2, Thema 9: »Expertise zeigen« – Präventions- und Wirtschaftsschutzreferat des BfV auf der Hannover Messe und anderen Veranstaltungen, Köln, Juli 2018 (https://www.verfassungsschutz.de/de/oeffentlichkeitsarbeit/newsletter/newsletter-archive/bfv-newsletter-archiv/bfv-newsletter-2018-02-archiv/bfv-newsletter-2018-02-thema-09, 07.11.2020).

Bundesamt für Verfassungsschutz, »Hybride Bedrohungen – Vernetzte Antworten«, 15. Symposium, Berlin, 14. Mai 2018 (https://www.verfassungsschutz.de/de/oeffentlichkeitsarbeit/symposium/symposium-2018, 07.11.2020).

Bundesamt für Verfassungsschutz, Aufgaben – Befugnisse – Grenzen, Köln, Oktober 1992.

Bundesamt für Verfassungsschutz, Schutz der Verfassung ist Schutz für alle Bürger, Köln, o. J.a (https://www.verfassungsschutz.de/de/das-bfv/aufgaben/schutz-der-verfassung, 07.11.2020).

Bundesamt für Verfassungsschutz, Aussteigerprogramm für Rechtsextremisten, Köln, o. J. (https://www.verfassungsschutz.de/de/arbeitsfelder/af-rechtsextremismus/aussteigerprogramm-rechtsextremismus, 14.11.2020).

Bundesamt für Verfassungsschutz, Geschichtsprojekt – Auftakt, Köln, o. J. (https://www.verfassungsschutz.de/de/das-bfv/geschichtsprojekt-bfv/geschichtsprojekt-auftakt, 07.11.2020).

Bundesamt für Verfassungsschutz, Glossar, Köln, o. J. (https://www.verfassungsschutz.de/de/service/glossar/, 22.11.2020).

Bundesamt für Verfassungsschutz, Präsident Thomas Haldenwang, Köln, o. J. (https://www.verfassungsschutz.de/de/das-bfv/amtsleitung/biografie-praesident-haldenwang, 12.11.2020).

Bundesbeamtengesetz (BBG), Berlin, Ausfertigungsdatum vom 5. Februar 2009, Fassung vom 20. November 2019 (https://www.gesetze-im-internet.de/bbg_2009/BJNR016010009.html, 10.11.2020).

Bundeskanzlei, Der Bund kurz erklärt, Bern 2006.

Bundeskanzleramt, Regierungen seit 1945, Wien 2020 (https://www.bundeskanzleramt.gv.at/bundeskanzleramt/geschichte/regierungen-seit-1945.html, 05.12.2020).

Bundeskriminalamt, Kriminalität im Kontext von Zuwanderung. Bundeslagebild 2019, Wiesbaden, 21. August 2020.

Bundeskriminalamt, Polizeiliche Kriminalstatistik. Tatverdächtige, Jahrbuch 2019, Band 3, Wiesbaden, Juli 2020.

Bundeskriminalamt, Kriminalität im Kontext von Zuwanderung. Bundeslagebild 2018, Wiesbaden, 2. April 2019.

Bundeskriminalamt, Kriminalität im Kontext von Zuwanderung. Bundeslagebild 2015, Wiesbaden, 18. Oktober 2016.

Bundeskriminalamt, Politisch motivierte Kriminalität, Wiesbaden, o. J. (https://www.bka.de/DE/UnsereAufgaben/Deliktsbereiche/PMK/pmk_node.html, 07. 11. 2020).

Bundesministerium der Finanzen, Bundeshaushalt 2021: Einnahmen/Einzelplan, Berlin 2021 (https://www.bundeshaushalt.de/#/2021/soll/einnahmen/einzelplan.html, 22. 06. 2021).

Bundesministerium der Finanzen, Bundeshaushalt 2020: Einnahmen/Einzelplan, Berlin 2020 (https://www.bundeshaushalt.de/#/2020/soll/einnahmen/einzelplan.html, 04. 01. 2021).

Bundesministerium der Finanzen, Bundeshaushalt 2020: Einnahmen/Einzelplan/Allgemeine Finanzverwaltung, Berlin 2020 (https://www.bundeshaushalt.de/#/2020/soll/einnahmen/einzelplan/60.html, 06. 01. 2021).

Bundesministerium der Finanzen, Europäische Finanzhilfen im Überblick: ESM, Berlin, 31. Dezember 2020 (https://www.bundesfinanzministerium.de/Content/DE/Standardartikel/Themen/Europa/Stabilisierung_des_Euro/europaeische-finanzhilfen-esm.html, 16. 03. 2021).

Bundesministerium der Finanzen, Finanzbericht 2021, Berlin, Oktober 2020.

Bundesministerium der Finanzen, Bundeshaushalt 2019: Ist/Ausgaben/Einzelplan, Berlin 2019a (https://www.bundeshaushalt.de/#/2019/ist/ausgaben/einzelplan.html, 11. 12. 2020).

Bundesministerium der Finanzen, Bundeshaushalt 2019: Ist/Einnahmen/Einzelplan/Allgemeine Finanzverwaltung, Berlin 2019 (https://www.bundeshaushalt.de/#/2019/ist/einnahmen/einzelplan/60.html, 16. 03. 2021).

Bundesministerium der Finanzen, Bundeshaushalt 2019: Ist/Ausgaben/Funktion/Soziale Sicherung, Familie und Jugend, Arbeitsmarktpolitik, Berlin 2019 (https://www.bundeshaushalt.de/#/2019/ist/ausgaben/funktion/2.html, 09. 03. 2021).

Bundesministerium der Finanzen, Bundeshaushalt: Ausgaben 2019/Ist/Einzelplan/Bundeskanzlerin und Bundeskanzleramt, Berlin 2019 (https://www.bundeshaushalt.de/#/2019/ist/ausgaben/einzelplan/04.html, 12. 03. 2021).

Bundesministerium der Finanzen, Finanzbericht 2020, Berlin, August 2019.

Bundesministerium der Finanzen, Bundeshaushalt 2018: Ist/Ausgaben/Einzelplan, Berlin 2018 (https://www.bundeshaushalt.de/#/2018/ist/ausgaben/einzelplan.html, 12. 12. 2020).

Bundesministerium der Finanzen, Bundeshaushalt: Ausgaben 2018/Ist/Einzelplan/Bundeskanzlerin und Bundeskanzleramt, Berlin 2018 (https://www.bundeshaushalt.de/#/2018/ist/ausgaben/einzelplan/04.html, 12. 03. 2021).

Bundesministerium der Verteidigung, Bericht zur materiellen Einsatzbereitschaft der Hauptwaffensysteme der Bundeswehr I/2020, Berlin, 9. Juni 2020 (https://www.bmvg.de/resource/blob/263912/1733864006a669c2cb588aece6e25bc2/20200609-download-bericht-materielle-einsatzbereitschaft-data.pdf, 08. 12. 2020).

Bundesministerium der Verteidigung, Bericht zur materiellen Einsatzbereitschaft der Hauptwaffensysteme der Bundeswehr 2017, Berlin, 26. Februar 2018 (https://www.dbwv.de/fileadmin/user_upload/Mediabilder/DBwV_Info_Portal/Politik_Verband/2018/Bericht_Einsatzbereitschaft.pdf, 08. 12. 2020).

Bundesministerium des Innern, Verfassungsschutzbericht 2016, Berlin 2017.

Bundesministerium des Innern, Verfassungsschutzbericht 2015, Berlin 2016.

Bundesministerium des Innern, Verfassungsschutzbericht 2014, Berlin 2015.

Bundesministerium des Innern, Verfassungsschutzbericht 1995, Berlin, Mai 1996.

Bundesministerium des Innern, für Bau und Heimat, Verfassungsschutzbericht 2020, Berlin 2021.

Bundesministerium des Innern, für Bau und Heimat, Staatsangehörigkeitsrecht, Berlin 2020a (https://www.bmi.bund.de/DE/themen/verfassung/staatsangehoerigkeit/staatsangehoerigkeitsrecht/staatsangehoerigkeitsrecht-node.html, 25. 11. 2020).

Bundesministerium des Innern, für Bau und Heimat, Verfassungsschutzbericht 2019, Berlin 2020.

Bundesministerium des Innern, für Bau und Heimat, Verfassungsschutzbericht 2018, Berlin 2019.

Bundesministerium des Innern, für Bau und Heimat, Verfassungsschutzbericht 2017, Berlin 2018.

Bundesministerium des Innern, für Bau und Heimat, Deutsche Minderheiten stellen sich vor, 3. überarbeitete Auflage, Berlin, August 2018.

Bundesministerium des Innern, für Bau und Heimat, Masterplan Migration. Maßnahmen zur Ordnung, Steuerung und Begrenzung der Zuwanderung, Berlin, 4. Juli 2018.

Bundesministerium des Innern, für Bau und Heimat, Politisch motivierte Kriminalität im Jahr 2017. Bundesweite Fallzahlen, Berlin, 8. Mai 2018.

Bundesministerium des Innern, für Bau und Heimat, PMK-Straftaten gegen Asylunterkünfte nach Deliktsbereichen 2014 und 2015, Berlin, 23. Mai 2016 (https://www.bmi.bund.de/SharedDocs/downloads/DE/veroeffentlichungen/2016/pmk-2015-straftaten-gegen-asylunterkuenfte.pdf?__blob=publicationFile&v=1, 09. 11. 2020).

Bundesministerium des Innern, für Bau und Heimat, Ministerium, Berlin, o. J. (https://www.bmi.bund.de/DE/ministerium/ministerium-node.html, 30. 11. 2020).

Bundesministerium des Innern, für Bau und Heimat/Bundeskriminalamt, Politisch motivierte Kriminalität im Jahr 2019. Bundesweite Fallzahlen, Berlin, 12. Mai 2020.

Bundesministerium für Arbeit und Soziales, Sozialbudget 2019, Bonn, Juni 2020 (https://www.bmas.de/SharedDocs/Downloads/DE/Publikationen/a230-19-sozialbudget-2019.pdf?__blob=publicationFile&v=1, 10. 03. 2021).

Bundesministerium für Familie, Senioren, Frauen und Jugend, Abschlussbericht Bundesprogramm *Demokratie leben!* Erste Förderperiode (2015–2019), Berlin, November 2020.

Bundesministerium für Verkehr und digitale Infrastruktur, Deutschland muss auch bei Games ganz oben mitspielen. Förderaufruf für großvolumige Gamesförderung veröffentlicht, Pressemitteilung, Berlin, 28. August 2020 (https://www.bmvi.de/SharedDocs/DE/Pressemitteilungen/2020/044-scheuer-gamesfoerderung.html, 11. 12. 2020).

Bundesministerium für Verkehr und digitale Infrastruktur, Das Ministerium stellt sich vor, Berlin, o. J. (https://www.bmvi.de/DE/Ministerium/Aufgaben-Struktur/aufgaben-struktur.html, 30. 11. 2020).

Bundesministerium für Wirtschaft und Energie, Wirtschaftliche Entwicklung: Konjunktur und Wachstum, 15. Februar 2021 (https://www.bmwi.de/Redaktion/DE/Dossier/konjunktur-und-wachstum.html, 16. 03. 2021).

Bundesministerium für Wirtschaft und Energie, EU-Kommission erteilt grünes Licht für den Wirtschaftsstabilisierungsfonds, Berlin, 8. Juli 2020 (https://www.bmwi.de/Redaktion/DE/Pressemitteilungen/2020/20200708-eu-kommission-erteilt-gruenes-licht-fuer-den-wirtschaftsstabilisierungsfonds.html, 11. 12. 2020).

Bundesministerium für Wirtschaft und Energie, Koalitionsausschuss beschließt Marshallplan 2.0, Berlin, 4. Juni 2020 (https://www.bmwi.de/Redaktion/DE/Artikel/Wirtschaft/konjunkturpaket.html, 11. 12. 2020).

Bundesministerium für wirtschaftliche Zusammenarbeit und Entwicklung, Ministerium: Aufbau und Organisation, Berlin 2020 (http://www.bmz.de/de/ministerium/aufbau/index.html, 30. 11. 2020).

Bundesministerium für wirtschaftliche Zusammenarbeit und Entwicklung, Entwicklungszusammenarbeit mit indigenen Völkern in Lateinamerika und der Karibik, BMZ Konzepte 139, Berlin – Bonn, Juli 2006.

Bundesministerium Inneres/Bundesamt für Verfassungsschutz und Terrorismusbekämpfung, Verfassungsschutzbericht 2019, Wien 2020.

Bundesministerium Inneres/Bundesamt für Verfassungsschutz und Terrorismusbekämpfung, Verfassungsschutzbericht 2018, Wien 2019.

Bundesnachrichtendienst, Unsere Standorte, Berlin 2020 (https://www.bnd.bund.de/DE/Der_BND/Standorte/standorte_node.html, 07. 11. 2020).

Bundespolizei, Mund-Nase-Schutz: Seit dem 12. September 2020 fast 15 000 Reisende durch die Bundespolizei ermahnt, Potsdam, 17. September 2020 (https://www.bundespolizei.de/Web/DE/04Aktuelles/01Meldungen/2020/09/200917_pm_mns.html, 08. 12. 2020).

Bundespräsident, Anordnung über die Kennzeichnung der Luftfahrzeuge und Kampffahrzeuge der Bundeswehr, Bonn, 1. Oktober 1956 (https://www.gesetze-im-internet.de/bpr_skennzano/BPr%C3%A4sKennzAnO.pdf, 16. 08. 2020).

Bundesrat, Unterrichtung durch die Bundesregierung. Finanzplan des Bundes 2019 bis 2023, Drucksache 331/19, Berlin, 9. August 2019 (https://www.bundesrat.de/SharedDocs/drucksachen/2019/0301-0400/331-19.pdf?__blob=publicationFile&v=1, 11. 12. 2020).

Bundesregierung, Nicht vollstreckte Haftbefehle als Gefahr für die innere Sicherheit 2020, Antwort auf die Kleine Anfrage der Abgeordneten Dr. Irene Mihalic, Dr. Konstantin von Notz, Luise Amtsberg, weiterer Abgeordneter und der Fraktion BÜNDNIS 90/DIE GRÜNEN (Drucksache 19/18764), Deutscher Bundestag, 19. Wahlperiode, Drucksache 19/19736, Berlin, 3. Juni 2020.

Bundesregierung, Staatliche Förderung der Pressezustellung, Antwort auf die Kleine Anfrage der Abgeordneten Doris Achelwilm, Dr. Petra Sitte, Simone Barrientos, weiterer Abgeordneter und der Fraktion DIE LINKE (Drucksache 19/16227), Deutscher Bundestag, 19. Wahlperiode, Drucksache 19/16690, Berlin, 21. Januar 2020.

Bundesregierung, Zusammenarbeit von Bundesregierung und externen Interessenträgern (Teil 15) – Amadeu Antonio Stiftung, Antwort auf die Kleine Anfrage der Abgeordneten Christoph Meyer, Christian Dürr, Grigorios Aggelidis, weiterer Abgeordneter und der Fraktion der FDP (Drucksache 19/13874), Deutscher Bundestag, 19. Wahlperiode, Drucksache 19/14537, Berlin, 28. Oktober 2019 (http://dip21.bundestag.de/dip21/btd/19/145/1914537.pdf, 06.12.2020).

Bundesregierung, Das Bundesprogramm »Demokratie leben! Aktiv gegen Rechtsextremismus, Gewalt und Menschenfeindlichkeit«, Antwort auf die Kleine Anfrage des Abgeordneten Stephan Brandner und der Fraktion der AfD (Drucksache 19/744), Deutscher Bundestag, 19. Wahlperiode, Drucksache 19/1012, Berlin, 1. März 2018 (https://dipbt.bundestag.de/dip21/btd/19/010/1901012.pdf, 06.12.2020).

Bundesverfassungsgericht, Die Richterinnen und Richter des Bundesverfassungsgerichts, Karlsruhe 2020 (https://www.bundesverfassungsgericht.de/DE/Richter/richter_node.html, 30.11.2020).

Bundesverfassungsgericht, Leitsätze zum Urteil des Zweiten Senats vom 17. Januar 2017, 2 BvB 1/13, Karlsruhe, 17. Januar 2017 (https://www.bundesverfassungsgericht.de/SharedDocs/Entscheidungen/DE/2017/01/bs20170117_2bvb000113.html, 06.11.2020).

Bundesverfassungsgericht, Beschluss des Zweiten Senats, 2 BvB 1/13, Karlsruhe, 2. Dezember 2015 (https://www.bundesverfassungsgericht.de/SharedDocs/Entscheidungen/DE/2015/12/bs20151202_2bvb000113.html, 07.11.2020).

Bundesverfassungsgericht, Leitsätze zum Urteil des Ersten Senats vom 25. März 2014, 1 BvF 1/11, 1 BvF 4/11, Karlsruhe, 25. März 2014 (https://www.bundesverfassungsgericht.de/SharedDocs/Entscheidungen/DE/2014/03/fs20140325_1bvf000111.html, 01.12.2020).

Bundesverfassungsgericht, Leitsätze: zu dem Beschluss des Ersten Senats vom 24. Mai 2005, 1 BvR 1072/01, Karlsruhe, 24. Mai 2005 (https://www.bundesverfassungsgericht.de/SharedDocs/Entscheidungen/DE/2005/05/rs20050524_1bvr107201.html, 04.12.2020).

Bundesverfassungsgericht, Beschluss des Zweiten Senats, 2 BvB 1/01, Karlsruhe, 18. März 2003 (https://www.bundesverfassungsgericht.de/SharedDocs/Entscheidungen/DE/2003/03/bs20030318_2bvb000101.html, 07.11.2020).

Bundesverfassungsgericht, Verfassungsmäßigkeit des Grundlagenvertrages, Urteil des Zweiten Senats, 2 BvF 1/73, Karlsruhe, 31. Juli 1973 (abgerufen am 18. Februar 2021 über die Datenbank von Beck-Online).

Bundesverwaltungsgericht, Treuepflicht von Soldaten – Betätigung in der Partei »Die Republikaner«, Urteil, 2 WD 42/00, 43/00, Leipzig, 18. Mai 2001 (abgerufen am 12. Februar 2021 über die Datenbank von Beck-Online).

Bundeszentrale für politische Bildung, Europa der Vaterländer, Bonn 2020 (https://www.bpb.de/nachschlagen/lexika/das-europalexikon/176853/europa-der-vaterlaender, 18.11.2020).

Bundeszentrale für politische Bildung, Nettozahler und Nettoempfänger in der EU, Bonn, 26. November 2019 (https://www.bpb.de/nachschlagen/zahlen-und-fakten/europa/70580/nettozahler-und-nettoempfaenger, 08.12.2020).

Bundeszentrale für politische Bildung, Kuratorium, Bonn, 31. Januar 2019 (https://www.bpb.de/die-bpb/51246/kuratorium, 01.12.2020).

Bundeszentrale für politische Bildung, Das Politiklexikon, Bonn 2018 (https://www.bpb.de/nachschlagen/lexika/politiklexikon/, 22.03.2021).

Bundeszentrale für politische Bildung, Präsident: Thomas Krüger, Bonn, 14. Juni 2016 (https://www.bpb.de/die-bpb/51753/praesident, 01.12.2020).

Bundeszentrale für politische Bildung, Dossier Rechtsextremismus: Glossar, Bonn, 3. Februar 2014 (https://www.bpb.de/politik/extremismus/rechtsextremismus/173908/glossar, 22. 03. 2021).

Bündnis 90/Die Grünen, »... zu achten und zu schützen ...«. Veränderung schafft Halt, Grundsatzprogramm, Berlin, November 2020.

Bündnis 90/Die Grünen, Tibet, 23. Ordentliche Bundesdelegiertenkonferenz, Kiel, 3. Oktober 2004 (https://savetibet.de/pressemitteilungen/03-10-2004/, 25. 11. 2020).

Buth, Matthias, Zersplitterter Spiegel. Sprachbilder – Deutschlandbilder, in: Die Politische Meinung, Nr. 407, Oktober 2003, S. 84–95.

Bütikofer, Reinhard, Vita, Brüssel 2019 (https://reinhardbuetikofer.eu/vita/, 05. 12. 2020).

Buzan, Barry; Waever, Ole; de Wilde, Jaap, Security. A New Framework for Analysis, Boulder – London 1998.

Caparini, Marina, Controlling and Overseeing Intelligence Services in Democratic States, in: Born/Caparini (2007): S. 3–24.

CDU, Freiheit und Sicherheit. Grundsätze für Deutschland. Das Grundsatzprogramm, beschlossen vom 21. Parteitag, Hannover, 3.–4. Dezember 2007.

Chebli, Sawsan, Gespräch mit Markus Feldenkirchen, o. O., 23. Juni 2020 (https://twitter.com/MFeldenkirchen/status/1275515245520457729, 25. 11. 2020).

Chmura, Nadine; Lepper-Binnewerg, Antoinette; Würz, Markus, Joschka Fischer geb. 1948, in: LEMO, Berlin – Bonn – Koblenz, 22. Februar 2016 (https://www.hdg.de/lemo/biografie/joschka-fischer.html, 15. 11. 2020).

Churchill, Winston, Rede, Parliament Bill, London, 11. November 1947 (https://api.parliament.uk/historic-hansard/commons/1947/nov/11/parliament-bill, 30. 11. 2020).

Clark, Christopher, Die Schlafwandler. Wie Europa in den Ersten Weltkrieg zog, München 2013 [2012].

Clark, Christopher, Preußen. Aufstieg und Niedergang 1600–1947, 6. Auflage, München 2008 [2006].

Clark, Gregory, The Son Also Rises. Surnames and the History of Social Mobility, Princeton – Oxford 2014.

Cohen, Yoram, Rede auf dem 14. BfV-Symposium, Berlin, 29. Mai 2017 (https://www.verfassungsschutz.de/de/oeffentlichkeitsarbeit/symposium/symposium-2017/rede-cohen-20170529-symposium-2017, 07. 11. 2020).

Collins Dictionary, Glasgow 2021 (https://www.collinsdictionary.com/de/, 18. 05. 2021).

Compact-Magazin, Internetseite (https://www.compact-online.de/, 14. 11. 2020).

Cremer, Hendrik, »... und welcher Rasse gehören Sie an?« Zur Problematik des Begriffs »Rasse« in der Gesetzgebung, Policy Paper Nr. 10, Deutsches Institut für Menschenrechte, Berlin, August 2008.

Creveld, Martin van, »Ans Hakenkreuz geschlagen«, Interview mit Michael Klonovsky, in: Focus, Nr. 15, 11. April 2005 (https://www.focus.de/magazin/archiv/serie-und150-teil-vi-ans-hakenkreuz-geschlagen_aid_212248.html, 20. 11. 2020).

Crouch, Colin, Postdemokratie, 13. Auflage, Frankfurt am Main 2017 [2008].

Dahmen, Wolfgang; u. a. (Hrsg.), Zur Bedeutung der Namenkunde für die Romanistik, Romanistisches Kolloquium XXII, Tübingen 2008.

Dahrendorf, Ralf, Die Quadratur des Kreises. Ökonomie, sozialer Zusammenhalt und Demokratie im Zeitalter der Globalisierung, Interview, in: Blätter für deutsche und internationale Politik, Nr. 9, September 1996, S. 1060–1071.

Daimler AG, Eckart von Klaeden wird Nachfolger von Martin Jäger, Stuttgart, 28. Mai 2013 (https://media.daimler.com/marsMediaSite/de/instance/ko/Eckart-von-Klaeden-wird-Nachfolger-von-Martin-Jaeger.xhtml?oid=9916975, 01. 12. 2020).

Dann, Otto, Nation und Nationalismus in Deutschland 1770–1990, München 1993.

Darity Jr., William; u. a., What We Get Wrong About Closing the Racial Wealth Gap, Durham - Oakland, April 2018.

Das konvivialistische Manifest. Für eine neue Kunst des Zusammenlebens, herausgegeben von Frank Adloff und Claus Leggewie, Bielefeld 2014.

De Benoist, Alain, »Wahnvorstellungen«, Interview mit Dieter Stein, in: Stein (2005): S. 159–178.

De Tocqueville, Alexis, Democracy in America. Historical-Critical edition of *De la démocratie en Amérique,* herausgegeben von Eduardo Nolla, Volume 2, Indianapolis 2010 [1835].

Decker, Frank, Was ist Rechtspopulismus?, in: Politische Vierteljahresschrift, Nr. 2, 2018, S. 353–369.

Decker, Oliver; Kiess, Johannes; Brähler, Elmar (Hrsg.), Die Mitte im Umbruch. Rechtsextreme Einstellungen in Deutschland 2012, herausgegeben für die Friedrich-Ebert-Stiftung von Ralf Melzer, Bonn 2012.

Decker, Oliver; Kiess, Johannes; Brähler, Elmar, Die Ergebnisse der »Mitte-Studien« 2002–2010 zu rechtsextremen Einstellungen und Strukturen, in: Decker/Kiess/Brähler (2012): S. 10–23.

Demandt, Alexander (Hrsg.), Deutschlands Grenzen in der Geschichte, 2. verbesserte und erweiterte Auflage, München 1991 [1990].

Denninger, Erhard (Hrsg.), Freiheitlich demokratische Grundordnung I. Materialien zum Staatsverständnis und zur Verfassungswirklichkeit in der Bundesrepublik, Frankfurt am Main 1977.

Denninger, Erhard, Vorwort, in: Denninger (1977): S. 7–9.

Der Brockhaus multimedial premium 2009, Mannheim, Fassung vom 20. März 2015.

Der Bundesminister des Innern, Verfassungsschutzbericht 1988, Bonn, Juli 1989.

Der Bundesminister des Innern, Verfassungsschutzbericht 1987, Bonn, Juni 1988.

Der Bundesminister des Innern, Verfassungsschutzbericht 1986, Bonn, August 1987.

Der Bundesminister des Innern, Verfassungsschutz 1982, Bonn, April 1983.

Der Bundesminister des Innern, Verfassungsschutz 1981, Bonn 1982.

Der Bundeswahlleiter, Ergebnisse früherer Europawahlen, Wiesbaden, Stand vom 1. Oktober 2019 (https://www.bundeswahlleiter.de/dam/jcr/0872e1f8-935a-45d6-a0f1-a3352fb4bc69/ew_ergebnisse_gesamt.pdf, 01. 12. 2020).

Der Bundeswahlleiter, Europawahl 2019: Endgültiges Ergebnis, Pressemitteilung Nr. 37/19, Wiesbaden, 24. Juni 2019 (https://www.bundeswahlleiter.de/info/presse/mitteilungen/europawahl-2019/37_19_endgueltiges_ergebnis.html, 01. 12. 2020).

Der Bundeswahlleiter, Wahlbeteiligung, Wiesbaden, Stand vom 24. Juni 2019 (https://www.bundeswahlleiter.de/service/glossar/w/wahlbeteiligung.html, 01. 12. 2020).

Der Bundeswahlleiter, Ergebnisse früherer Bundestagswahlen, Wiesbaden, Stand vom 8. November 2018 (https://www.bundeswahlleiter.de/dam/jcr/397735e3-0585-46f6-a0b5-2c60c5b83de6/btw_ab49_gesamt.pdf, 01. 12. 2020).

Der Bundeswahlleiter, Bundestagswahl 2013, Wiesbaden 2013 (https://www.bundeswahlleiter.de/bundestagswahlen/2013/ergebnisse/bund-99.html, 12. 11. 2020).

Der Große Brockhaus, Zwölfter Band: Unk-Zz, 16. völlig neubearbeitete Auflage in zwölf Bänden, Wiesbaden 1957.

Der Große Brockhaus, Neunter Band: Pas-Rim, 16. völlig neubearbeitete Auflage in zwölf Bänden, Wiesbaden 1956.

Der Große Brockhaus, Handbuch des Wissens in zwanzig Bänden, Zwanzigster Band, Wan-Zz, 15. völlig neu bearbeitete Auflage, Leipzig 1935.

Der Große Brockhaus, Handbuch des Wissens in zwanzig Bänden, Dreizehnter Band: Mue-Ost, 15. völlig neubearbeitete Auflage, Leipzig 1932.

Der Koran, Vollständige Ausgabe, aus dem Arabischen übersetzt von Max Henning, 7. Auflage, Hamburg 2016 [2010]. Das Original erschien 1901.

Der Landeswahlleiter des Freistaates Bayern, Wahl zum 18. Bayerischen Landtag in Bayern am 14. Oktober 2018. Wahlen zum Bayerischen Landtag 1946 bis 2018, Fürth 2019 (https://www.statistik.bayern.de/mam/produkte/veroffentlichungen/statistische_berichte/b7243c_201851.pdf, 30. 11. 2020).

Der Neue Brockhaus, Allbuch in vier Bänden und einem Atlas, 3. Band: L-R, Leipzig 1941.

Derlien, Hans-Ulrich; Böhme, Doris; Heindl, Markus, Bürokratietheorie. Einführung in eine Theorie der Verwaltung, Wiesbaden 2011.

Deutsche Bahn, Vorstand Infrastruktur, Berlin, o. J. (https://www.deutschebahn.com/de/konzern/konzernprofil/vorstand/vorstand_infrastruktur-1187684, 01. 12. 2020).

Deutsche Bundesakte, Wien, 8. Juni 1815 (http://www.documentarchiv.de/nzjh/dtba.html, 20. 11. 2020).

Deutsche Bundesbank, Monatliche Auslandsposition der Bundesbank – Aktiva – Übrige Kapitalanlagen – Bargeld und Einlagen – Nettoposition aus TARGET, Frankfurt am Main 2021 (https://www.bundesbank.de/dynamic/action/de/statistiken/zeitreihen-datenbanken/zeitreihen-datenbank/723452/723452?treeAnchor=AUSSENWIRT SCHAFT&tsTab=0&statisticType=BBK_ITS&tsId=BBFI1.M.N.DE.4F.S121.S1.LE.A.FA.O.F2___T2.S._T.N.N&listId=www_s201_b12, 16. 03. 2021).

Deutsche Bundesbank, German general government debt down in 2019 by €16 billion to € 2. 05 trillion – debt ratio down from 61.9 % to 59.8 %, Frankfurt am Main, 31. März 2020 (https://www.bundesbank.de/en/press/press-releases/german-government-debt-829646, 11. 12. 2020).

Deutsche Bundespost, Briefmarke: Jahrestag der Reichsgründung vom 18. Januar 1871, Bonn, 18. Januar 1971 (https://www.briefmarken-versand-welt.de/1971-Jahrestag-der-Reichsgruendung, 07. 01. 2021).

Deutsche Gesellschaft für Sozial- und Kulturanthropologie, Über unsere Disziplin, Bremen, o. J. (https://www.dgska.de/ueber-unsere-disziplin/, 18. 11. 2020).

Deutsche Post DHL Group, Deutsche Post Glücksatlas 2020. Die Deutschen schauen trotz Corona optimistisch in die Zukunft, Bonn, 18. November 2020 (https://www.dpdhl.com/de/presse/pressemitteilungen/2020/deutsche-post-gluecksatlas-2020.html, 11. 12. 2020).

Deutsche Post DHL Group, Deutsche Post Glücksatlas 2019. Deutschland so zufrieden wie noch nie, Bonn, 5. November 2019 (https://www.dpdhl.com/de/presse/presse mitteilungen/2019/deutsche-post-gluecksatlas-2019.html, 11. 12. 2020).

Deutscher Bundestag, Aufwandsentschädigung für die Abgeordneten des Deutschen Bundestages, Berlin, Januar 2021 (https://www.bundestag.de/abgeordnete/mdb_dia eten/mdb_diaeten-214848, 15. 03. 2021).

Deutscher Bundestag, Kostenpauschale, Berlin, Januar 2021 (https://www.bundestag.de/abgeordnete/mdb_diaeten/1334e-260800, 15.03.2021).

Deutscher Bundestag, Biografien: Verena Hartmann, Berlin 2020 (https://www.bundestag.de/abgeordnete/biografien/H/520120-520120, 13.11.2020).

Deutscher Bundestag, Mitarbeiter, Berlin, 1. März 2020 (https://www.bundestag.de/abgeordnete/mdb_diaeten/1334d-260806, 01.12.2020).

Deutscher Bundestag/19. Wahlperiode, Unterrichtung durch den Präsidenten des Deutschen Bundestages. Bekanntmachung von Rechenschaftsberichten politischer Parteien für das Kalenderjahr 2018 (1. Teil – Bundestagsparteien, Band III), Drucksache 19/17350, Berlin, 24. Februar 2020.

Deutscher Bundestag/19. Wahlperiode, Unterrichtung durch den Präsidenten des Deutschen Bundestages. Bekanntmachung von Rechenschaftsberichten politischer Parteien für das Kalenderjahr 2018 (1. Teil – Bundestagsparteien, Band II), Drucksache 19/16760, Berlin, 21. Januar 2020.

Deutscher Bundestag/19. Wahlperiode, Unterrichtung durch den Präsidenten des Deutschen Bundestages. Bekanntmachung von Rechenschaftsberichten politischer Parteien für das Kalenderjahr 2018 (1. Teil – Bundestagsparteien, Band I), Drucksache 19/15450, Berlin, 25. November 2019.

Deutscher Bundestag, Vor 50 Jahren: Debatte über den ersten Bericht zur Lage der Nation, Berlin 2018 (https://www.bundestag.de/dokumente/textarchiv/2018/kw10-kalenderblatt-lage-nation-546688, 20.11.2020).

Deutscher Bundestag, Sitzordnung im Plenum (Buchauszug), Berlin, 15. November 2018 (https://www.bundestag.de/resource/blob/294074/3fe82636202cf9b1a6f8fd45f2b232a3/Kapitel_07_02_Sitzordnung_im_Plenum-pdf-data.pdf, 08.11.2020).

Deutscher Bundestag, Arne Schlatmann zum Bevollmächtigten des Kontrollgremiums ernannt, Berlin, 10. Januar 2017 (https://www.bundestag.de/dokumente/textarchiv/2017/kw02-schlatmann-pkgr-487768, 22.11.2020).

Deutscher Bundestag, Völkerrechtssubjekt »Deutsches Reich«, Auswärtiges/Antwort, Berlin, 30. Juni 2015 (https://www.bundestag.de/webarchiv/Presse/hib/2015_06/380964-380964, 13.11.2020).

Deutscher Bundestag, Bundestagswahlergebnisse seit 1949 – Zweitstimmen, Berlin, o.J. (https://www.bundestag.de/parlament/wahlen/ergebnisse_seit1949-244692, 05.12.2020).

Deutscher Bundestag, Büroausstattung/Konto für Sachleistungen, Berlin, o.J. (https://www.bundestag.de/abgeordnete/mdb_diaeten/1334f-260802, 01.12.2020).

Deutscher Bundestag, Parlamentarisches Kontrollgremium (PKGr), Berlin, o.J. (https://www.bundestag.de/ausschuesse/weitere_gremien/parlamentarisches_kontrollgremium, 12.03.2021).

Die Beauftragte der Bundesregierung für Kultur und Medien, Im Bund mit der Kultur. Kultur und Medienpolitik der Bundesregierung, Berlin, September 2020.

Die Bundesregierung, 30 Jahre. Deutschland ist eins: vieles, Berlin 2020 (https://deutschland-ist-eins-vieles.de/videos-und-plakate/, 15.11.2020).

Die Bundesregierung, Kabinettausschuss: Klares Signal gegen Rechtsextremismus und Rassismus, Berlin, 25. November 2020 (https://www.bundesregierung.de/breg-de/aktuelles/kabinett-rechtsextremismus-1819828, 06.12.2020).

Die Bundesregierung, Fragen und Antworten zur deutsch-französischen Initiative: »Eine außergewöhnliche, einmalige Kraftanstrengung«, Berlin, 27. Mai 2020 (https://

www.bundesregierung.de/breg-de/themen/coronavirus/wiederaufbauprogramm-europa-1755280, 11.12.2020).

Die Bundesregierung, Organisationsplan des Bundeskanzleramtes, Berlin, 30. April 2020 (https://www.bundesregierung.de/resource/blob/975196/773044/73b7b4c042d43a1dd14221080e72853d/druckversion-organigramm-bkamt-data.pdf?download=1, 07.11.2020).

Die Bundesregierung, Internationaler Tag der indigenen Völker: Rechte indigener Völker stärken, Berlin, 9. August 2013 (https://archiv.bundesregierung.de/archiv-de/rechte-indigener-voelker-staerken-435898, 25.11.2020).

Die Bundesregierung, Integration: Gemeinsam am Ball, Berlin, 24. Juni 2010 (https://www.bundesregierung.de/breg-de/suche/gemeinsam-am-ball-394046, 25.11.2020).

Die Bundesregierung, Angela Merkel: Bundeskanzlerin. Lebenslauf, Berlin, o. J. (https://www.bundesregierung.de/breg-de/bundesregierung/bundeskabinett/angela-merkel, 03.12.2020).

Die Bundesregierung, Regierungssprecher: Steffen Seibert, Berlin, o. J. (https://www.bundesregierung.de/breg-de/bundesregierung/bundespresseamt/steffen-seibert-377052, 01.12.2020).

Die Bundesregierung, Angela Merkel: Bundeskanzlerin. Lebenslauf, Berlin, o. J. (https://www.bundesregierung.de/breg-de/bundesregierung/bundeskabinett/angela-merkel, 03.12.2020).

Die Bundesregierung, Berlin/Bonn: Dienstsitze des Bundeskanzleramts, Berlin, o. J. (https://www.bundesregierung.de/breg-de/bundesregierung/bundeskanzleramt/dienstsitze-des-bundeskanzleramts-466834, 07.11.2020).

Die Drogenbeauftragte der Bundesregierung, Drogen- und Suchtbericht 2019, Berlin, Oktober 2019.

Die französische Nationalhymne/»La Marseillaise«, Straßburg, 26. April 1792 (http://www.laenderservice.de/hymnen/europa/frankreich.aspx, 21.11.2020).

Die Landesregierung/Nordrhein-Westfalen, Gemeinsames Fastenbrechen mit Muslimen, Christen und Juden, Düsseldorf, 22. Mai 2019 (https://www.land.nrw/de/pressemitteilung/gemeinsames-fastenbrechen-mit-muslimen-christen-und-juden-der-staatskanzlei, 24.11.2020).

Die Linke, Kommunistische Plattform der Partei DIE LINKE, Berlin, o. J. (https://kpf.die-linke.de/start/, 04.12.2020).

Die Linke/Bundesarbeitsgemeinschaft Grundeinkommen, Unser Konzept eines bedingungslosen Grundeinkommens – finanzierbar, emanzipatorisch, gemeinwohlfördernd, 4. Auflage, Berlin, Juni 2016.

Die Verfassung des Deutschen Reiches (»Weimarer Reichsverfassung«), Weimar, 11. August 1919 (http://www.documentarchiv.de/wr/wrv.html, 17.11.2020).

Dieckmann, Friedrich, Kulturnation und Nationalkultur. Von alten und neuen Herausforderungen, in: Sievers/Föhl/Knoblich (2016): S. 149–159.

Dieckmann, Friedrich, Was ist deutsch? Eine Nationalerkundung (Aufsatzsammlung), 2. Auflage, Frankfurt am Main 2018 [2003].

Dieckmann, Friedrich, Was ist deutsch?, in: Dieckmann (2003): S. 15–36. Der Aufsatz erschien erstmals 2001.

Dill, Hans-Otto, Kultur vs. Zivilisation – Genesis zweier anthropologischer Grundbegriffe, Vortrag, 10. März 2011, in: Sitzungsberichte der Leibniz-Sozietät der Wissenschaften zu Berlin (2011): S. 131–158 (https://leibnizsozietaet.de/wp-content/uploads/2012/10/Gesamtdatei-SB-111-2011.pdf, 17.11.2020).

Dittrich, Jochen, Ursachen und Ausbruch des deutsch-französischen Krieges 1870/71, in: Schieder/Deuerlein (1970): S. 64–94.

Dokument 33, Proklamation Kaiser Wilhelm I. an das deutsche Volk, 18. Januar 1871, in: Longerich (1990): S. 98.

Dokument 22, Angebot der Kaiserkrone an den preußischen König Friedrich Wilhelm IV. und dessen Ablehnung, 3. März 1849, in: Longerich (1990): S. 81f. Im Dokument wird ein falsches Datum genannt. Tatsächlich war es der 3. April 1849.

Dorn, Thea, deutsch, nicht dumpf. Ein Leitfaden für aufgeklärte Patrioten, München 2019 [2018].

Drehsen, Volker; u.a. (Hrsg.), Wörterbuch des Christentums, Gütersloh – Zürich 1988.

Duden, Deutsches Universalwörterbuch, 7. Auflage, Mannheim 2011 (CD-ROM).

Dudenredaktion, Duden. Deutsches Universalwörterbuch, 5. überarbeitete Auflage, Mannheim – Leipzig – Wien – Zürich 2003.

Dudenverlag, Duden online, Berlin 2020 (https://www.duden.de, 05.11.2020).

Ebert, Friedrich, Ansprache, Weimar, 6. Februar 1919, in: Reichstagsprotokolle 1919, Erste Sitzung der Nationalversammlung, Weimar 1919, S. 1–3 (http://www.reichstagsprotokolle.de/Blatt2_wv_bsb00000010_00008.html, 20.11.2020).

Ein Prozent, Dresden 2020 (https://www.youtube.com/channel/UCDVMut6Xd5duYCxBHHwwJTA, 13.11.2020).

Erikson, Erik H., Identität und Lebenszyklus. Drei Aufsätze, 29. Auflage, Frankfurt am Main 2020 [1959].

Erikson, Erik H., Das Problem der Ich-Identität, in: Erikson (1959): S. 123–212. Der Aufsatz wurde erstmals 1956 veröffentlicht.

Erikson, Erik H., Ich-Entwicklung und geschichtlicher Wandel, in: Erikson (1959): S. 11–54. Der Aufsatz wurde erstmals 1946 veröffentlicht.

Eschenburg, Theodor, Ämterpatronage, Stuttgart 1961.

Eschenburg, Theodor, Politische Beamte sind überflüssig, in: Die Zeit, Nr. 10, 6. März 1959 (https://www.zeit.de/1959/10/politische-beamte-sind-ueberfluessig, 10.11.2020).

Esken, Saskia, Twitter-Beitrag vom 30. August 2020 (https://twitter.com/EskenSaskia/status/1300077687244021760, 09.11.2020).

Europäische Kommission, Der Investitionsplan für den europäischen Grünen Deal und der Mechanismus für einen gerechten Übergang, Brüssel, 14. Januar 2020 (https://ec.europa.eu/commission/presscorner/detail/de/qanda_20_24, 11.12.2020).

Europäische Kommission, Standard Eurobarometer 92 – Herbst 2019. Die öffentliche Meinung in der Europäischen Union. Erste Ergebnisse, Brüssel, November 2019.

Europäische Kommission, Standard Eurobarometer 82. Die öffentliche Meinung in der Europäischen Union. Nationaler Bericht Deutschland, Brüssel, Herbst 2014.

European Commission, EU Budget 2018. Financial Report, Luxemburg 2019.

Evangelische Landeskirche in Württemberg, Ich bin ein Fremder gewesen. Mission zwischen Fluchtursachenbekämpfung und Willkommenskultur, herausgegeben von Detlef Blöcher und Andreas Kümmerle, Stuttgart 2020.

Fachkommission der Bundesregierung zu den Rahmenbedingungen der Integrationsfähigkeit, Gemeinsam die Einwanderungsgesellschaft gestalten, Berlin, November 2020.

Falter, Jürgen W., Wer wählt rechts? Die Wähler und Anhänger rechtsextremistischer Parteien im vereinigten Deutschland, München 1994.

Falter, Jürgen W., Hitlers Wähler, München 1991.

Federal Bureau of Prisons, Inmate Race, Washington D.C., 6. März 2021 (https://www.bop.gov/about/statistics/statistics_inmate_race.jsp, 12.03.2021).

Federal Bureau of Prisons, Inmate Ethnicity, Washington D.C., 14. November 2020 (https://www.bop.gov/about/statistics/statistics_inmate_ethnicity.jsp, 12.03.2021).

Feischmidt, Margit, Ethnizität, in: Online-Lexikon zur Kultur und Geschichte der Deutschen im östlichen Europa, Oldenburg, Stand vom 24. August 2020 (https://ome-lexikon.uni-oldenburg.de/begriffe/ethnizitaet, 17.11.2020).

Fellner! Live, Martin Sellner im Interview, OE24.TV, Wien, 10. September 2019 (https://www.youtube.com/watch?v=KskJzaPoKEM, 14.11.2020).

Fichte, Johann Gottlieb, Reden an die deutsche Nation, 3. Auflage, Berlin 2014 [1807/1808].

Fichte, Johann Gottlieb, Erste Rede: Vorerinnerungen und Uebersicht des Ganzen, in: Fichte (1807/1808): S. 7–18.

Fichte, Johann Gottlieb, Zehnte Rede: Zur nähern Bestimmung der deutschen Nationalerziehung, in: Fichte (1807/1808): S. 111–123.

Finkbeiner, Florian, Armin Mohler und die Frühgeschichte der »Neuen Rechten« in der Bundesrepublik Deutschland. Zum Wandel von Konservatismus, Nationalismus und Rechtsextremismus, in: Pfahl-Traughber (2016): S. 209–233.

Firnkes, Manfred, Die Sachsenkönige und -kaiser, in: Heinrich Pleticha (Hrsg.), Deutsche Geschichte, Band 1: Vom Frankenreich zum Deutschen Reich 500–1024, Gütersloh 1993, S. 197–265.

Fischer, Fritz, Griff nach der Weltmacht. Die Kriegszielpolitik des kaiserlichen Deutschland 1914/1918, Düsseldorf 2013 [1961].

Fischer, Joseph, »Tapfer gegen den Strom«, Interview mit Olaf Ihlau und Paul Lersch, in: Der Spiegel, Nr. 32, 3. August 1998, S. 35–37.

Fischer, Martin S.; Hoßfeld, Uwe; Krause, Johannes; Richter, Stefan, Jenaer Erklärung: Das Konzept der Rasse ist das Ergebnis von Rassismus und nicht dessen Voraussetzung, Jena 2019 (https://www.uni-jena.de/190910_JenaerErklaerung, 18.11.2020).

Fiß, Daniel, »Extremismus ist falsch«, Interview mit Moritz Schwarz, in: Junge Freiheit, Nr. 19, 3. Mai 2019, S. 3.

Foley, Devin, Culture: Chicago: 75% of Murdered Are Black, 71% of Murderers Are Black, in: Intellectual Takeout, 27. Juli 2016 (https://www.intellectualtakeout.org/blog/chicago-75-murdered-are-black-71-murderers-are-black/, 27.11.2020).

Foroutan, Naika; u.a. (Hrsg.), Das Phantom »Rasse«. Zur Geschichte und Wirkungsmacht von Rassismus, Bonn 2018.

Foroutan, Naika, Konviviale Integration in postmigrantischen Gesellschaften, in: Adloff/Heins (2015): S. 205–216.

Forschungsgruppe Wahlen e.V., Politbarometer September 2018, Mannheim, 14. September 2018 (https://www.forschungsgruppe.de/Umfragen/Politbarometer/Archiv/Politbarometer_2018/September_I_2018/, 15.03.2021).

Forster, Thomas Karl, The Khmer Rouge and the Crime of Genocide. Issues of Genocidal Intent With Regard to the Khmer Rouge Mass Atrocities, Bern, 5. September 2011.

Forum Politische Bildung (Hrsg.), Wendepunkte und Kontinuitäten. Zäsuren der demokratischen Entwicklung in der österreichischen Geschichte, Wien 1998.

FPÖ, Parteiprogramm der Freiheitlichen Partei Österreichs (FPÖ), Graz, 18. Juni 2011 (https://www.fpoe.at/fileadmin/user_upload/www.fpoe.at/dokumente/2015/2011_graz_parteiprogramm_web.pdf, 21. 11. 2020).

Franklin, Benjamin, To Jane Mecom, London, 1. November 1773, in: National Archives, Founders Online, College Park, o. J. (https://founders.archives.gov/documents/Franklin/01-20-02-0246#BNFN-01-20-02-0246-fn-0002, 06. 12. 2020).

Freistaat Sachsen/Landesamt für Verfassungsschutz, Rechtsextremismus: Augen auf! Sehen – Erkennen – Handeln. Rechtsextremistische Symbole, Kennzeichen und Organisationen, 3. überarbeitete Auflage, Dresden, September 2019.

Freistaat Thüringen, Verfassungsschutzbericht Freistaat Thüringen 2018 (Pressefassung), Erfurt 2019.

Freud, Sigmund, Abriss der Psychoanalyse, Köln 2016 [1940].

Frey, Peter, »In demokratischen Verhältnissen sollte das die Ausnahme sein«, Interview mit Catalina Schröder, in: journalist, 10. Dezember 2020 (https://www.journalist.de/startseite/detail/article/in-demokratischen-verhaeltnissen-sollte-das-die-ausnahme-sein, 12. 12. 2020).

Friedel, Mathias, Die Bundestagswahl 1953, in: Jackob (2007): S. 112–136.

Friedrich Wilhelm III., An Mein Volk!, Breslau, 17. März 1813, in: Krebs/Poloni (1994): S. 24 f.

Friedrich Wilhelm IV., An mein Volk und an die Deutsche Nation, Berlin, 21. März 1848 (https://www.dhm.de/lemo/bestand/objekt/proklamation-an-mein-volk-und-an-die-deutsche-nation-2131848.html, 20. 11. 2020).

Friend, Ronald; Rafferty, Yvonne; Bramel, Dana, A puzzling misinterpretation of the Asch »conformity« study, in: European Journal of Social Psychology, Band 20, 1990, S. 29–44.

Frommberger, Ulrich; Angenendt, Jörg; Berger, Mathias, Posttraumatische Belastungsstörung – eine diagnostische und therapeutische Herausforderung, in: Deutsches Ärzteblatt, Nr. 5, 31. Januar 2014, S. 59–65.

Fuchs, Christian; Middelhoff, Paul, Das Netzwerk der Neuen Rechten. Wer sie lenkt, wer sie finanziert und wie sie die Gesellschaft verändern, 2. Auflage, Reinbek bei Hamburg 2019.

Fuhrmann, Horst, Kaiserreich und Reich der Deutschen, in: Bertelsmann Lexikothek Verlag, Deutschland. Porträt einer Nation, Band 1: Geschichte, Gütersloh 1985, S. 43–53.

Fukuyama, Francis, Identität. Wie der Verlust der Würde unsere Demokratie gefährdet, Hamburg 2019 [2018].

Fund for Peace, Fragile States Index. Annual Report 2020, Washington D. C. 2020.

Fund for Peace, Fragile States Index. Annual Report 2019, Washington D. C. 2019.

Funke, Hans-Joachim, Sicherheitsrisiko Verfassungsschutz. Staatsaffäre NSU: das V-Mann-Desaster und was daraus gelernt werden muss, Hamburg 2018.

Fürst, Herbert, Von der Deutschtümelei zum Deutschnationalismus, von der Volksgeschichte zum Volkstumskampf. Kämpfende Wissenschaft im Dienst nationalsozialistischer Politik für den deutschnationalen Kultur- und Volkstumskampf in Südosteuropa, Wien 2012.

Gabriel, Sigmar, Von wegen »verlorene Mitte«: Eine Studie und ihre bewusste Fehlinterpretation, in: Der Tagesspiegel, 27. April 2019 (https://www.tagesspiegel.de/politik/von-wegen-verlorene-mitte-eine-studie-und-ihre-bewusste-fehlinterpretation/24263736.html, 15. 11. 2020).

Gallus, Alexander; Jesse, Eckhard (Hrsg.), Staatsformen von der Antike bis zur Gegenwart. Ein Handbuch, 2. aktualisierte und ergänzte Auflage, Köln 2007.

Ganghof, Steffen; Manow, Philip (Hrsg.), Mechanismen der Politik. Strategische Interaktion im deutschen Regierungssystem, Frankfurt am Main 2005.

Gauck, Joachim (in Zusammenarbeit mit Helga Hirsch), Toleranz – einfach schwer, 2. Auflage, Freiburg – Basel – Wien 2019.

Gauck, Joachim, »Ohne Wahrheit kann es keine echte Versöhnung geben«, Interview mit Daniel Goffart, in: Focus, Nr. 40, 28. September 2019, S. 28–33.

Gauck, Joachim, Interview mit Markus Lanz, Talkshow des ZDF, Sendung vom 20. Juni 2019 (https://www.youtube.com/watch?v=kRl-NzYmLbA, 28. 09.2019).

Gauck, Joachim, »Wir müssen lernen, mutiger intolerant zu sein«, Interview mit Christiane Hoffmann und Lothar Gorris, in: Der Spiegel, Nr. 25, 15. Juni 2019, S. 32–38.

Gauland, Alexander, Interview mit Thomas Walde, Sommerinterview des ZDF, 12. August 2018 (https://www.youtube.com/watch?v=HWUvTqlbsjg, 06. 12. 2020).

Gebhardt, Miriam, Als die Soldaten kamen. Die Vergewaltigung deutscher Frauen am Ende des Zweiten Weltkriegs, 4. Auflage, München 2015.

Gellner, Ernest, Thought and Change, London 1964.

Gesetz über die Angelegenheiten der Vertriebenen und Flüchtlinge (Bundesvertriebenengesetz, BVFG), Bonn, Ausfertigungsdatum vom 19. Mai 1953, Fassung vom 19. Juni 2020 (https://www.gesetze-im-internet.de/bvfg/BVFG.pdf, 24. 11. 2020).

Gesetz über die politischen Parteien (Parteiengesetz), Bonn, Ausfertigungsdatum vom 24. Juli 1967, Fassung vom 19. Juni 2020 (https://www.gesetze-im-internet.de/partg/BJNR007730967.html, 30. 11. 2020).

Gesetz über die Voraussetzungen und das Verfahren von Sicherheitsüberprüfungen des Bundes und den Schutz von Verschlusssachen (Sicherheitsüberprüfungsgesetz, SÜG), Berlin, Ausfertigungsdatum vom 20. April 1994, Fassung vom 19. Juni 2020 (https://www.gesetze-im-internet.de/s_g/BJNR086700994.html, 07. 11. 2020).

Gesetz über die Zusammenarbeit des Bundes und der Länder in Angelegenheiten des Verfassungsschutzes und über das Bundesamt für Verfassungsschutz (Bundesverfassungsschutzgesetz, BVerfSchG), Berlin, Ausfertigungsdatum vom 20. Dezember 1990, Fassung vom 19. Juni 2020 (https://www.gesetze-im-internet.de/bverfschg/BJNR029700990.html, 07. 11. 2020).

Gesetz vom 12. November 1918 über die Staats- und Regierungsform von Deutschösterreich, in: Staatsgesetzblatt für den Staat Deutschösterreich, Wien, 15. November 1918, S. 4 f. (http://alex.onb.ac.at/cgi-content/alex?aid=sgb&datum=1918&page=26&size=46, 20. 11. 2020).

Gesetz zur Regelung des Statusrechts der Beamtinnen und Beamten in den Ländern (Beamtenstatusgesetz, BeamtStG), Berlin, Ausfertigungsdatum vom 17. Juni 2008, Fassung vom 20. November 2019 (https://www.gesetze-im-internet.de/beamtstg/BJNR101000008.html, 10. 11. 2020).

Gessenharter, Wolfgang; Pfeiffer, Thomas (Hrsg.), Die Neue Rechte – eine Gefahr für die Demokratie?, Wiesbaden 2004.

Goschler, Constantin; Wala, Michael, »Keine neue Gestapo«. Das Bundesamt für Verfassungsschutz und die NS-Vergangenheit, Reinbek bei Hamburg 2015.

Goschler, Constantin; Wala, Michael, »Das Bundesamt für Verfassungsschutz und die NS-Vergangenheit 1950–1975«. Ergebnissynopse, Köln, 29. Januar 2015 (https://www.verfassungsschutz.de/de/das-bfv/geschichtsprojekt-bfv/ergebnisse-geschichtsprojekt/ergebnissynopse-2015-01, 07.11.2020).

Goschler, Constantin; Wala, Michael, Forschungsvorhaben »Organisationsgeschichte des BfV 1950–1975«. Zwischenergebnisse, Köln, Oktober 2013 (https://www.verfassungsschutz.de/de/das-bfv/geschichtsprojekt-bfv/zwischenergebnisse-2013-10, 07.11.2020).

Grumke, Thomas; van Hüllen, Rudolf, Der Verfassungsschutz. Grundlagen. Gegenwart. Perspektiven?, 2. überarbeitete Auflage, Opladen – Berlin – Toronto 2019.

Grundgesetz für die Bundesrepublik Deutschland, Bonn, Ausfertigungsdatum vom 23. Mai 1949, Fassung vom 29. September 2020 (https://www.gesetze-im-internet.de/gg/BJNR000010949.html, 06.11.2020).

Grundgesetz für die Bundesrepublik Deutschland, Bonn, 23. Mai 1949, in: Grundwissen Gesetze und Verträge (1984): S. 13-46.

Grundgesetz für die Bundesrepublik Deutschland, Bonn, 23. Mai 1949, in: Bundesgesetzblatt, Nr. 1, Bonn, 23. Mai 1949, S. 1-20.

Grundwissen Gesetze und Verträge, zusammengestellt von Roland Blessing und Hans-Martin Gruber, 2. überarbeitete Auflage, Stuttgart 1984.

Grüne Jugend, Wir bleiben dabei: Patriotismus? Nein Danke!, überarbeitete Fassung eines Textes von 2012, Berlin 2016 (https://gruene-jugend.de/wir-bleiben-dabei-patriotismus-nein-danke/, 25.11.2020).

Grutzpalk, Jonas; u. a. (Hrsg.), Beiträge zu einer vergleichenden Soziologie der Polizei, Potsdam 2009.

Guevara, Ernesto Che, Guerilla – Theorie und Methode. Sämtliche Schriften zur Guerillamethode, zur revolutionären Strategie und zur Figur des Guerilleros, herausgegeben von Horst Kurnitzky, Berlin 1968.

Günther, Daniel, »Normalisierung zwischen CDU und Linken«, Interview, in: RP Online, 11. August 2018 (https://rp-online.de/politik/deutschland/daniel-guenther-offen-fuer-cdu-linke-koalition-im-osten_aid-24308357, 04.12.2020).

Guttmann, Philipp, Chronik aller Wahlumfragen zur Bundestagswahl, Glienicke 2021 (https://dawum.de/Bundestag/#Chronik, 09.02.2021).

Gutzkow, Karl, Gesammelte Werke. Dritter Band: Briefe eines Narren an eine Närrin – Seraphine – Wiener Eindrücke, vollständig umgearbeitete Ausgabe, Frankfurt am Main 1845.

Habermann, Gerd, Freiheit in Deutschland. Geschichte und Gegenwart, Reinbek 2021.

Habermas, Jürgen, Eine Art Schadensabwicklung (Aufsatzsammlung), Frankfurt am Main 1987.

Habermas, Jürgen, Apologetische Tendenzen, in: Habermas (1987): S. 120–136. Der Aufsatz erschien erstmals am 11. Juli 1986.

Habermas, Jürgen, Geschichtsbewußtsein und posttraditionale Identität. Die Westorientierung der Bundesrepublik, in: Habermas (1987): S. 161–179.

Habermas, Jürgen, Wo bleiben die Liberalen?, in: Die Zeit, Nr. 19, 5. Mai 1978 (https://www.zeit.de/1978/19/wo-bleiben-die-liberalen/komplettansicht, 15.11.2020).

Hacker, Jens, Deutsche Irrtümer. Schönfärber und Helfershelfer der SED-Diktatur im Westen, Berlin – Frankfurt am Main 1992.

Hahn, Henning, Was tun? Zur politischen Verantwortung der Wissenschaft im Zeitalter der Economentalität, in: Adloff/Heins (2015): S. 249–258.

Haldenwang, Thomas, Stellungnahme auf der Pressekonferenz mit Horst Seehofer zur Vorstellung des Verfassungsschutzberichtes 2021, in: Phoenix vor Ort, Berlin, 15. Juni 2021 (https://www.youtube.com/watch?v=KnMbhM7UfCk, 19.06.2021).

Haldenwang, Thomas, Statement anlässlich der Vorstellung des Lageberichtes »Rechtsextremisten in Sicherheitsbehörden«, Berlin, 6. Oktober 2020 (https://www.verfassungsschutz.de/de/oeffentlichkeitsarbeit/vortraege/statement-p-20201006-vorstellung-lagebericht-rechtsextremisten-in-sicherheitsbehoerden, 13.11.2020).

Haldenwang, Thomas, Interview (Ausschnitt) mit dem ARD-Magazin »Kontraste«, o. O., 26. August 2020 (https://twitter.com/ardkontraste/status/1298715444967170049, 09.11.2020).

Haldenwang, Thomas, Statement anlässlich der Vorstellung des Verfassungsschutzberichts 2019, Berlin, 9. Juli 2020 (https://www.verfassungsschutz.de/de/oeffentlichkeitsarbeit/vortraege/statement-p-20200709-vorstellung-vsb-2019, 13.11.2020).

Haldenwang, Thomas, Statement anlässlich der vierten Anhörung durch das Parlamentarische Kontrollgremium im Deutschen Bundestag, Berlin, 29. Juni 2020 (https://www.verfassungsschutz.de/de/oeffentlichkeitsarbeit/vortraege/statement-p-20200629-pkgr-2020, 13.11.2020).

Haldenwang, Thomas, BfV-Pressekonferenz zum Stand der Bekämpfung des Rechtsextremismus, Köln, 12. März 2020 (https://www.verfassungsschutz.de/de/oeffentlichkeitsarbeit/vortraege/eingangsstatement-p-20200312-pressekonferenz-zum-stand-der-bekaempfung-des-rechtsextremismus, 12.11.2020).

Haldenwang, Thomas, Das Bundesamt für Verfassungsschutz – 70 Jahre im Dienst der wehrhaften Demokratie, Rede auf dem 23. Europäischen Polizeikongress, Berlin, 5. Februar 2020 (https://www.verfassungsschutz.de/de/oeffentlichkeitsarbeit/vortraege/rede-p-20200205-europaeischer-polizeikongress-2020, 13.11.2020).

Haldenwang, Thomas, Stellungnahme auf der Pressekonferenz mit Horst Seehofer und Holger Münch, Berlin, 17. Dezember 2019 (https://www.youtube.com/watch?v=sWPJWTJuNNk, 13.11.2020).

Haldenwang, Thomas, Früherkennungs- und Analysefähigkeiten weiterentwickeln, Rede auf der BKA Herbsttagung »Ausgrenzung, Hass und Gewalt – Herausforderungen für den Rechtsstaat und die Sicherheitsbehörden«, Wiesbaden, 28. November 2019 (https://www.verfassungsschutz.de/de/oeffentlichkeitsarbeit/vortraege/rede-p-haldenwang-20191128-bka-herbsttagung, 12.11.2020).

Haldenwang, Thomas, Eingangsstatement/Dritte öffentliche Anhörung der Präsidenten der Nachrichtendienste des Bundes durch das Parlamentarische Kontrollgremium im Deutschen Bundestag, Berlin, 29. Oktober 2019 (https://www.verfassungsschutz.de/de/oeffentlichkeitsarbeit/vortraege/eingangsstatement-p-20191029-oeffentliche-anhoerung-pkgr-2019, 12.11.2020).

Haldenwang, Thomas, »Emotion, Hass, Hetze«, Interview mit Martin Knobbe und Wolf Wiedmann-Schmidt, in: Der Spiegel, Nr. 43, 19. Oktober 2019, S. 26 f.

Haldenwang, Thomas, Stellungnahme auf der Pressekonferenz mit Horst Seehofer zur

Vorstellung des Verfassungsschutzberichtes 2018, in: Phoenix vor Ort, Berlin, 27. Juni 2019 (https://www.youtube.com/watch?v=K4Zv5SCMUNo, 15. 11. 2020).

Haldenwang, Thomas, Die wehrhafte Demokratie und ihre Feinde, Rede auf dem Symposium »70 Jahre Verfassung – 70 Jahre Schutz« des LfV Hamburg, Hamburg, 23. Mai 2019 (https://www.verfassungsschutz.de/de/oeffentlichkeitsarbeit/vortraege/rede-p-haldenwang-20190523-symposium-lfv-hamburg, 13. 11. 2020).

Haldenwang, Thomas, Mobilisierungsfähigkeit im politischen Extremismus, Rede auf dem 16. Symposium des Bundesamts für Verfassungsschutz, Berlin, 13. Mai 2019a (https://www.verfassungsschutz.de/de/oeffentlichkeitsarbeit/vortraege/rede-p-haldenwang-20190513-bfv-symposium-2019, 12. 11. 2020).

Haldenwang, Thomas, Interview mit Marietta Slomka (»›Neue Dynamik‹ im Rechtsextremismus«), in: heute journal, 13. Mai 2019 (https://www.zdf.de/nachrichten/heute-journal/neue-dynamik-im-rechtsextremismus-100.html, 25. 05.2019).

Haldenwang, Thomas, Erklärung auf der Pressekonferenz des Verfassungsschutzes zur bundesweiten Prüfung der AfD, Berlin, 15. Januar 2019 (https://www.youtube.com/watch?v=QOWJahMJBmM, 13. 11. 2020).

Haldenwang, Thomas, Neuer Verfassungsschutz-Chef: »Kein Terrorist fällt vom Himmel«, Interview mit Ferdos Forudastan und Ronen Steinke, in: SZ, 20. Dezember 2018 (https://www.sueddeutsche.de/politik/verfassungsschutz-haldenwang-rechtsextremismus-1.4261461?reduced=true, 12. 11. 2020).

Hase, Friedhelm, Die Grünen – eine verfassungsfeindliche Partei?, in: Zeitschrift für Rechtspolitik, Nr. 4, April 1984, S. 86–93.

Heinrich-Böll-Stiftung, Joscha Schmierer, Berlin, o. J. (https://www.boell.de/de/person/joscha-schmierer, 15. 11. 2020).

Hennis, Wilhelm, Auf dem Weg in den Parteienstaat. Aufsätze aus vier Jahrzehnten, Stuttgart 1998.

Hennis, Wilhelm, Überdehnt und abgekoppelt. An den Grenzen des Parteienstaates, in: Hennis (1998): S. 69–92. Der Aufsatz erschien erstmals 1982.

Herder, Johann Gottfried, Ideen zur Philosophie der Geschichte der Menschheit, Berlin 2017 [1784–1791].

Herder, Johann Gottfried, Auch eine Philosophie der Geschichte zur Bildung der Menschheit, herausgegeben von Hans-Dietrich Irmscher, Stuttgart 2012 [1990]. Das Original erschien 1774.

Hettling, Manfred, Nation: Das kollektive Leben, in: Der Brockhaus multimedial premium 2009 (2015).

Heuss, Theodor, Brief an den Bundeskanzler der Bundesrepublik Deutschland, Herrn Dr. Konrad Adenauer, Bonn – Berlin, 2. Mai 1952, in: Bulletin des Presse- und Informationsamtes der Bundesregierung, Nr. 51, 6. Mai 1952, S. 537.

Hitler, Adolf, Geheime Kommandosache, Unternehmen Otto, Weisung Nr. 1, Berlin, 11. März 1938 (http://www.documentarchiv.de/ns/1938/weisung-nr01_otto.html, 21. 11. 2020).

Hobbes, Thomas, Leviathan. Erster und zweiter Teil, Ditzingen 2005 [1970]. Das Original stammt von 1651.

Hobsbawm, Eric J., Nationen und Nationalismus. Mythos und Realität seit 1780, 3. Auflage, Frankfurt am Main – New York 2005 [1991]. Das Original erschien 1990.

Hofer, Norbert, Gedenkrede auf der Andreas-Hofer-Landesfeier, Meran, 22. Februar 2015 (https://www.youtube.com/watch?v=xuXY5Rap-vw, 21. 11. 2020).

Horáková, Dana, Denkmäler in Deutschland. Was alte Steine uns erzählen. Ein Führer zu den schönsten Kulturstätten, Bergisch Gladbach 1996.

Huber, Florian, Kind, versprich mir, dass du dich erschießt. Der Untergang der kleinen Leute 1945, 4. Auflage, München 2019 [2016].

Huber, Martin, Noltehof: Land, Leute, Essen …, Brixen, o. J. (https://noltehof.lima-city.de/land_leute.html, 11. 01. 2021).

Huntington, Samuel P., Who are we? Die Krise der amerikanischen Identität, Hamburg – Wien 2004.

Huntington, Samuel P., The Clash of Civilizations?, in: Foreign Affairs, Nr. 3, Sommer 1993, S. 22–49.

Identitäre Bewegung, Häufig gestellte Fragen: Was versteht ihr unter Multikulti und warum seid ihr dagegen?, Salzkotten 2020a (https://www.identitaere-bewegung.de/category/faq/, 14. 11. 2020).

Identitäre Bewegung, Forderungen: Remigration, Salzkotten 2020 (https://www.identitaere-bewegung.de/forderungen/remigration/, 14. 11. 2020).

Identitäre Bewegung, Häufig gestellte Fragen: Seid ihr gegen Einwanderung?, Salzkotten 2020 (https://www.identitaere-bewegung.de/forderungen/, 14. 11. 2020).

Identitäre Bewegung, Häufig gestellte Fragen: Sind eure Ziele nicht rassistisch/extremistisch?, Salzkotten 2020 (https://www.identitaere-bewegung.de/forderungen/, 14. 11. 2020).

Identitäre Bewegung, Häufig gestellte Fragen: Was bedeutet der Begriff »Reconquista«?, Salzkotten 2020 (https://www.identitaere-bewegung.de/category/faq/, 14. 11. 2020).

Identitäre Bewegung, Häufig gestellte Fragen: Was heißt für euch eigentlich »Identität«?, Salzkotten 2020 (https://www.identitaere-bewegung.de/forderungen/, 14. 11. 2020).

Identitäre Bewegung, Häufig gestellte Fragen: Was ist unter dem Begriff »Ethnopluralismus« zu verstehen?, Salzkotten 2020 (https://www.identitaere-bewegung.de/forderungen/, 14. 11. 2020).

Identitäre Bewegung, Schulungs-Handout: Grundlagen Strategie III. Kritik der Alten Rechten, o. O., o. J., vermutlich Wien 2020 (unveröffentlicht).

Identitäre Bewegung, Klage gegen den Verfassungsschutz – ein Prozessbericht, Salzkotten, 12. November 2020 (https://www.identitaere-bewegung.de/blog/klage-gegen-den-verfassungsschutz-ein-prozessbericht/, 14. 11. 2020).

Identitäre Bewegung, Zukunft für Europa – Identitäre Bewegung, o. O., 21. Januar 2016 (https://www.youtube.com/watch?v=rPXI6tA31yI, 14. 11. 2020).

Infratest Dimap, Verfassungsschutz – Geheimdienst im Zwielicht, Berlin, Oktober 2020 (https://www.infratest-dimap.de/umfragen-analysen/bundesweit/umfragen/aktuell/verfassungsschutz-geheimdienst-im-zwielicht/, 04. 12. 2020).

Infratest Dimap, Sechs von zehn Deutschen machen sich keine Sorgen über eine zu starke Ausbreitung des Islam in unserer Gesellschaft, Umfrage im Auftrag der Sendung »hart aber fair«, Berlin, November 2014 (https://www.infratest-dimap.de/umfragen-analysen/bundesweit/umfragen/aktuell/sechs-von-zehn-deutschen-machen-sich-keine-sorgen-ueber-eine-zu-starke-ausbreitung-des-islam-in-unserer-gesellschaft/, 10. 12. 2020).

Institut für Demoskopie Allensbach, Erosion des Vertrauens. Eine Dokumentation des Beitrags von Prof. Dr. Renate Köcher in der Frankfurter Allgemeinen Zeitung Nr. 270 vom 20. November 2019, Allensbach 2019.

Institut für Demoskopie Allensbach, Grenzen der Freiheit. Eine Dokumentation des Beitrags von Prof. Dr. Renate Köcher in der Frankfurter Allgemeinen Zeitung Nr. 119 vom 23. Mai 2019, Allensbach 2019.

International Institute for Strategic Studies, The Military Balance 2021, London 2021.

Internationaler Pakt über bürgerliche und politische Rechte, 19. Dezember 1966, in: Bundesgesetzblatt, Teil II, Nr. 60, Bonn, 20. November 1973, S. 1534–1555.

Internationaler Pakt über wirtschaftliche, soziale und kulturelle Rechte, 19. Dezember 1966, in: Bundesgesetzblatt, Teil II, Nr. 62, Bonn, 28. November 1973, S. 1570–1582.

Jackob, Nikolaus (Hrsg.), Wahlkämpfe in Deutschland. Fallstudien zur Wahlkampfkommunikation 1912–2005, Wiesbaden 2007.

Jäger, Johannes, Die rechtsextreme Versuchung, Münster 2002.

Jaschke, Hans-Gerd, Politischer Extremismus, Bonn 2007 [2006].

Jesse, Eckhard, Ist die Beobachtung der Partei DIE LINKE durch den Verfassungsschutz rechtens?, in: Lange/Lanfer (2016): S. 55–74.

Jesse, Eckhard, Der gescheiterte Verbotsantrag gegen die NPD. Die streitbare Demokratie ist beschädigt worden, in: Politische Vierteljahresschrift, Nr. 3, 2003, S. 292–301.

Jesse, Eckhard; Mannewitz, Tom (Hrsg.), Extremismusforschung. Handbuch für Wissenschaft und Praxis, Bonn 2018. Johnson, Loch K. (Hrsg.), The Oxford Handbook of National Security Intelligence, Oxford – New York 2010.

Johnson, Loch K., National Security Intelligence, in: Johnson (2010): S. 3–32.

Johnson, Loch, The Liaison Arrangements of the Central Intelligence Agency, in: Theoharis u. a. (2006): S. 85–120.

Jones, Jeffrey M., In U.S., Record-Low 47% Extremely Proud to Be Americans, in: Gallup, 2. Juli 2018 (https://news.gallup.com/poll/236420/record-low-extremely-proud-americans.aspx, 23. 11. 2020).

Jörke, Dirk, Wer kann dazu schon »nein« sagen? Oder: die Grenzen der Demokratie, in: Adloff/Heins (2015): S. 23–32.

Joynes, Chris, Review of the literature on individual and institutional learning, Oxford, April 2018 (https://docplayer.net/136830284-Review-of-the-literature-on-individual-and-institutional-learning-chris-joynes.html, 07. 11. 2020).

Julius-Maximilians-Universität Würzburg, Lehrstuhl für Europäische Ethnologie/Volkskunde, Würzburg 2020 (http://www.volkskunde.uni-wuerzburg.de/team/professor-innen/prof-dr-michaela-fenske/, 18. 11. 2020).

Jun, Uwe, Parteiensystem und Parteienwettbewerb, in: Informationen zur politischen Bildung, Nr. 328, Nr. 4, 2015, S. 36–40.

Jung, Matthias; Niehr, Thomas; Böke, Karin, Ausländer und Migranten im Spiegel der Presse. Ein diskurstheoretisches Wörterbuch zur Einwanderung seit 1945, Wiesbaden 2000.

Junge Freiheit, Interviewpartner, Berlin, o. J. (https://jungefreiheit.de/informationen/interviewpartner/, 12. 11. 2020).

Junge Union Niedersachsen, Singen des Niedersachsenliedes, Hannover, 12. April 2017 (https://www.facebook.com/JungeUnionNiedersachsen/videos/1423503671041718/, 19. 11. 2020).

Juvenal, Satiren, München 1993 [ca. 100 n. Chr.].

Kaczinski, Alegra; Henning-Thurau, Thorsten; Sattler, Henrik, Social Media & Society Report 2019. Wie Deutschland soziale Medien nutzt und was das für unsere Gesellschaft bedeutet, Münster – Hamburg, August 2019.

Kämper, Heidrun, Von zeitbedingten und ewigen Deutschen. Der Identitätsdiskurs in der frühen Nachkriegszeit und seine argumentative Struktur, in: Wengeler (2003): S. 338–363.

Kanal Schnellroda, Schnellroda 2021 (https://www.youtube.com/channel/UC-PmBc5R3HVD_Do_yO8ju2Q, 09.02.2021).

Katz, Richard S.; Mair, Peter, Democracy and the Cartelization of Political Parties, Oxford 2018.

Katz, Richard S.; Mair, Peter, Changing Models of Party Organization and Party Democracy. The Emergence of the Cartel Party, in: Party Politics, Nr. 1, 1995, S. 5–28.

Kelsen, Hans, Was ist Gerechtigkeit?, Ditzingen 2016 [1953].

Kelsen, Hans, Vom Wesen und Wert der Demokratie, 2. überarbeitete Auflage, Ditzingen 2018 [1929].

Kerssen, Ludger, Das Interesse am Mittelalter im deutschen Nationaldenkmal, Berlin – New York 1975.

King, Martin Luther, Acceptance Speech, Oslo, 10. Dezember 1964 (https://www.nobelprize.org/prizes/peace/1964/king/26142-martin-luther-king-jr-acceptance-speech-1964/, 26.11.2020).

Kiras, James D., Terrorism and Irregular Warfare, in: Baylis u. a. (2002): S. 208–232.

Kirchhof, Ferdinand, »Ich plädiere für ein grundsätzliches Verbot neuer Schulden«, Interview, in: Wirtschaftswoche, 21. Oktober 2013 (https://www.wiwo.de/politik/deutschland/ferdinand-kirchoff-ich-plaediere-fuer-ein-grundsaetzliches-verbot-neuer-schulden/8950812.html, 11.12.2020).

Kirchhof, Paul, Der Staat als Organisationsform politischer Herrschaft und rechtlicher Bindung. Kontinuität und Erneuerung des deutschen Verfassungsstaates in Freiheitlichkeit, Weltoffenheit und demokratischer Solidarität, in: Deutsches Verwaltungsblatt, Nr. 10, 1999, S. 637–657.

Knabe, Hubertus, IM Erika – eine Spurensuche, Sankt Petersburg, 9. August 2019 (https://hubertus-knabe.de/auf-den-spuren-von-im-erika/, 03.12.2020).

Knopp, Guido (Hrsg.), Die Gefangenen, München 2005 [2003].

Knopp, Guido, Vorwort, in: Knopp (2003): S. 7–11.

Knopp, Guido; Kuhn, Ekkehard, Das Lied der Deutschen. Schicksal einer Hymne, Berlin – Frankfurt am Main 1988.

Knopp, Guido; Schlosshan, Ricarda, Zwischen Tod und Liebe, in: Knopp (2003): S. 265–329.

Koalitionsabkommen zur Bildung der Landesregierung für die Legislaturperiode 2013 bis 2018, Bozen, 30. Dezember 2013 (https://www.svp.eu/smartedit/documents/content/sub/_published/koalitionsabkommen2013-2018.pdf, 21.11.2020).

Kober, Ulrich; Kösemen, Orkan, Willkommenskultur zwischen Skepsis und Pragmatik. Deutschland nach der »Fluchtkrise«, Bertelsmann Stiftung, Gütersloh, August 2019.

Koelbl, Herlinde, Spuren der Macht. Die Verwandlung des Menschen durch das Amt. Eine Langzeitstudie, Sonderausgabe, München 2002.

Kohl, Helmut, Ansprache bei dem Festakt zum Tag der Deutschen Einheit, Stuttgart, 3. Oktober 1997 (https://www.helmut-kohl-kas.de/index.php?menu_sel=17&menu_sel2=126&menu_sel3 =&menu_sel4=&msg=1724, 01.12.2020).

Kohl, Helmut, Fernseh- und Hörfunkansprache anlässlich des Jahreswechsels, Bonn, 31. Dezember 1991 (https://www.helmut-kohl-kas.de/index.php?menu_sel=17&menu_sel2=126&menu_sel3=&menu_sel4=&msg=1443, 05.11.2020).

Kohl, Helmut, Brief an den Bundespräsidenten der Bundesrepublik Deutschland, Herrn Dr. Richard von Weizsäcker, Bonn, 23. August 1991, in: Bulletin des Presse- und Informationsamtes der Bundesregierung, Nr. 89, 27. August 1991, S. 713.

Kohl, Helmut, Fernsehansprache des Bundeskanzlers, o. O., 2. Oktober 1990, in: Bulletin des Presse- und Informationsamtes der Bundesregierung, Nr. 118, Bonn, 5. Oktober 1990, S. 1225 f.

Kohl, Helmut, Bericht zur Lage der Nation, Bonn, 23. Juni 1983, in: Deutscher Bundestag, Stenographischer Bericht, 16. Sitzung, Plenarprotokoll 10/16, Bonn, 23. Juni 1983, S. 987–993. Das Original ist mit Fettsetzungen versehen.

Kohler, Georg, Basiskonsens und Willensnation. Die Kontingenz des Unverfügbaren und das Modell der Schweiz, in: Vorländer (2013): S. 121–141.

Kommunistischer Bund Westdeutschland, Programm und Statut des Kommunistischen Bundes Westdeutschland, Mannheim, 5. unveränderte Auflage, Januar 1975.

Konrad-Adenauer-Stiftung, Präsenz vor Ort: Die Hochschulgruppen, Berlin, o. J. (https://www.kas.de/web/begabtenfoerderung-und-kultur/praesenz-vor-ort, 01. 12. 2020).

Kornblum, John, Ex-US-Botschafter: »In Deutschland leugnet man die deutsche Identität«, Interview mit Andrea Seibel, in: Die Welt, 25. Juli 2016 (https://www.welt.de/debatte/article157286020/In-Deutschland-leugnet-man-die-deutsche-Identitaet.html, 28. 01. 2021).

Kornelius, Stefan, Angela Merkel. Die Kanzlerin und ihre Welt, Hamburg 2013.

Kossert, Andreas, Kalte Heimat. Die Geschichte der deutschen Vertriebenen nach 1945, 2. Auflage, München 2008.

Kramer, Johannes, Geschichte, Politik und Namengebung: *Alto Adige* (1810/1906) und *Südtirol* (1839/1918), in: Dahmen u. a. (2008): S. 141–156.

Kraus, Wolfgang, Islamische Stammesgesellschaften. Tribale Identitäten im Vorderen Orient in sozialanthropologischer Perspektive, Wien – Köln – Weimar 2004.

Kraushaar, Wolfgang, Fischer in Frankfurt. Karriere eines Außenseiters, Hamburg 2001.

Kraushaar, Wolfgang, Extremismus der Mitte. Zur Geschichte einer soziologischen und sozialhistorischen Interpretationsfigur, in: Lohmann (1994): S. 23–50.

Krebs, Gilbert; Poloni, Bernard (Hrsg.), Volk, Reich und Nation. Texte zur Einheit Deutschlands in Staat, Wirtschaft und Gesellschaft. 1806–1918, Paris 1994.

Krell, Gert, Weltbilder und Weltordnung. Einführung in die Theorie der internationalen Beziehungen, 4. überarbeitete und aktualisierte Auflage, Baden-Baden 2009.

Krieger, Wolfgang (Hrsg.), Geheimdienste in der Weltgeschichte. Von der Antike bis heute, Köln 2007 [2003].

Krieger, Wolfgang, »Dr. Schneider« und der BND, in: Krieger (2003): S. 275–296.

Krings, Günter, Keynote auf dem 16. BfV-Symposium zum Thema »Mobilisierungsfähigkeit im politischen Extremismus«, Berlin, 13. Mai 2019 (https://www.verfassungsschutz.de/de/oeffentlichkeitsarbeit/symposium/symposium-2019/rede-psts-krings-20190513-bfv-symposium-2019, 05. 12. 2020).

Kronenberg, Volker, Patriotismus, Solidarität, Gemeinsinn. Schlüsselbegriffe einer notwendigen deutschen Selbstverständigung, in: Die Politische Meinung, Nr. 435, Februar 2006, S. 19–25.

Kubicki, Wolfgang, Rechtsstaat: Demokratie heißt, konträre Meinungen auszuhalten, in: Die Welt, 25. Oktober 2019 (https://www.welt.de/debatte/kommentare/plus2024409

58/Wolfgang-Kubicki-Demokratie-heisst-kontraere-Meinungen-auszuhalten.html, 13. 11. 2020).

Kubitschek, Götz, Mein Freund Martin Sellner, in: Sezession, 27. März 2019 (https://sezession.de/60880/mein-freund-martin-sellner, 14. 11. 2020).

Küchenhoff, Günther, Großraumgedanke und völkische Idee im Recht, in: Zeitschrift für ausländisches öffentliches Recht und Völkerrecht, 1944, S. 34–82.

Kühn, Andreas, Stalins Enkel, Maos Söhne. Die Lebenswelt der K-Gruppen in der Bundesrepublik der 70er Jahre, Frankfurt am Main 2005.

Kuhn, Ekkehard, Einigkeit und Recht und Freiheit. Die nationalen Symbole der Deutschen, Berlin – Frankfurt am Main 1991.

Kühne, Olaf; Schönwald, Antje, Identität, Heimat sowie In- und Exklusion: Aspekte der sozialen Konstruktion von Eigenem und Fremdem als Herausforderung des Migrationszeitalters, in: Nienaber/Roos (2015): S. 100–110.

Kühnlein, Michael (Hrsg.), Das Politische und das Vorpolitische. Über die Wertgrundlagen der Demokratie, Baden-Baden 2014.

Lahnstein, Manfred; Matthöfer, Hans (Hrsg.), Leidenschaft zur praktischen Vernunft. Helmut Schmidt zum Siebzigsten, Berlin 1989.

Land Brandenburg, Wir miteinander. Tag der Deutschen Einheit, Potsdam 2020 (https://tag-der-deutschen-einheit.de/, 15. 11. 2020).

Land Niederösterreich, Landesregierung, St. Pölten, o. J. (https://www.noe.gv.at/noe/Landesregierung/Landesregierung.html, 05. 12. 2020).

Land Oberösterreich, Landesregierung, Linz, o. J. (https://www.land-oberoesterreich.gv.at/12160.htm, 05. 12. 2020).

Landesamt für Verfassungsschutz Baden-Württemberg, Verfassungsschutzbericht 2001, Stuttgart 2002.

Landeskriminalamt Niedersachsen, Polizeilicher Staatsschutz, Hannover 2020 (https://www.lka.polizei-nds.de/kriminalitaet/deliktsbereiche/polizeilicher_staatsschutz/polizeilicher-staatsschutz-224.html, 07. 11. 2020).

Landesregierung, Verfassungsschutzbericht 2018, Schleswig-Holsteinischer Landtag, 19. Wahlperiode, Drucksache 19/1429 (2019-04-30), Kiel 2019 (https://www.landtag.ltsh.de/infothek/wahl19/drucks/01400/drucksache-19-01429.pdf, 04. 12. 2020).

Landeszentrale für politische Bildung Thüringen, Unser Kuratorium, Erfurt, o. J. (https://www.lztthueringen.de/ueber-uns/kuratorium/, 15. 03. 2021).

Lange, Hans-Jürgen; Lanfer, Jens (Hrsg.), Verfassungsschutz. Reformperspektiven zwischen administrativer Effektivität und demokratischer Transparenz, Wiesbaden 2016.

Langguth, Gerd, Angela Merkel, 2. Auflage, München 2005.

Lanz, Markus, Talkshow des ZDF, Sendung vom 7. Oktober 2020 (https://www.youtube.com/watch?v=gmHXQEc4N9E, 10. 11. 2020).

Lanz, Markus, Talkshow des ZDF, Sendung vom 17. Dezember 2019 (https://www.youtube.com/watch?v=aQOcZOWFDOI, 09. 11. 2020).

Lanz, Markus, Talkshow des ZDF, Sendung vom 1. Juni 2016 (https://www.youtube.com/watch?v=3LTBdJjJBzM, 16. 11. 2020).

Lappenküper, Ulrich, Bismarck heute. Zum 150. Jahrestag der Reichsgründung 1871, in: Die Politische Meinung, Nr. 565, November/Dezember 2020, S. 105–111.

Lappenküper, Ulrich (Hrsg.), Otto von Bismarck und das »lange 19. Jahrhundert«. Lebendige Vergangenheit im Spiegel der »Friedrichsruher Beiträge« 1996–2016, Paderborn 2017.

Le Bon, Gustave, Psychologie der Massen, 17. Auflage, Hamburg 2018 [2009]. Das Original stammt von 1895.

Leggewie, Claus; Meier, Horst, »Verfassungsschutz«. Über das Ende eines deutschen Sonderwegs, in: Lange/Lanfer (2016): S. 7–20.

Leicht, Johannes, Der »Kulturkampf«, in: LEMO, Berlin – Bonn – Koblenz, 30. November 2005 (https://www.dhm.de/lemo/kapitel/kaiserreich/innenpolitik/kulturkampf, 20.11.2020).

Lengsfeld, Vera, So tickt Angela Merkel! Meine persönlichen Erfahrungen mit der Kanzlerin, Kanada, 21. August 2018 (https://www.youtube.com/watch?v=xlrSsBRK5jo, 03.12.2020).

Lentz, Thierry, 1815. Der Wiener Kongress und die Neugründung Europas, München 2014 [2013].

Lessenich, Stephan, Von der Strukturanalyse zur Morallehre – und zurück. Für eine neue Ökonomie des Zusammenlebens, in: Adloff/Heins (2015): S. 217–223.

Lichtmesz, Martin, Ethnopluralismus. Kritik und Verteidigung, Schnellroda 2020.

Lindenschmidt, Christian, Zur Strafbarkeit der parteipolitischen Ämterpatronage in der staatlichen Verwaltung, Schriften zum Strafrecht, Heft 156, Berlin 2004.

Lintner, Eduard, »Die aktuellen Chancen nutzen«. Wiedervereinigungspolitik parallel zur Abrüstung, Interview, in: Das Ostpreußenblatt, Folge 29, 22. Juli 1989, S. 3 (http://archiv.preussische-allgemeine.de/1989/1989_07_22_29.pdf, 26.11.2020).

Lipset, Seymour Martin, Der »Faschismus« – die Linke, die Rechte und die Mitte, in: Kölner Zeitschrift für Soziologie und Sozialpsychologie, Nr. 3, 1959, S. 401–444.

Lohmann, Hans-Martin (Hrsg.), Extremismus der Mitte. Vom rechten Verständnis deutscher Nation, Frankfurt am Main 1995 [1994].

Longerich, Peter (Hrsg.), »Was ist des Deutschen Vaterland?« Dokumente zur Frage der deutschen Einheit 1800–1990, München – Zürich 1990.

Lübke, Heinrich, Proklamation vom 11. Juni 1963, in: Bundesgesetzblatt, Teil 1, Nr. 31, Bonn, 24. Juni 1963 (veröffentlicht durch Hermann Höcherl), S. 397 f.

Ludwig-Maximilians-Universität München, Institut für Ethnologie, München 2020 (https://www.ethnologie.uni-muenchen.de/ueber_uns/index.html, 18.11.2020).

Maas, Heiko, »Es gibt keine Selbstverständlichkeiten mehr«, Interview mit dem DuMont Medienhaus, Berlin, 3. August 2018 (https://www.auswaertiges-amt.de/de/newsroom/interview-maas-dumont/2124240, 25.11.2020).

Maas, Heiko, Interview mit Anne Will, Talkshow der ARD, Sendung vom 5. Juni 2016 (https://www. youtube.com/watch?v=QrQgZYWXk1g, 11.12.2020).

Maaßen, Hans-Georg, Deutschlands innere Sicherheit. Die Herausforderung unserer Zeit, Vortrag in der Bibliothek des Konservatismus, Berlin, 4. Dezember 2019.

Maaßen, Hans-Georg, Abschiedsrede vor den Chefs der europäischen Inlandsgeheimdienste, Warschau, 18. Oktober 2018, dokumentiert in: Martin Knobbe, Wolf Wiedmann-Schmidt, Abschiedsrede im Wortlaut: Das Maaßen-Manuskript, in: Spiegel Online, 5. November 2018 (https://www.spiegel.de/politik/deutschland/hans-georg-maassen-manuskript-der-abschiedsrede-im-wortlaut-a-1236797.html, 07.11.2020).

Magenschab, Hans, Andreas Hofer. Held und Rebell der Alpen, 4. Auflage, Wien 2012 [1998].

Mannewitz, Tom; Vollmann, Erik, Muster regionaler Demokratieunterstützung in Deutschland 2017, in: Bertelsmann Stiftung (2019): S. 22–61.

Manow, Philip, Die politische Kontrolle der Ministerialbürokratie des Bundes: Die Bedeutung der Landesebene, in: Ganghof/Manow (2005): S. 245–275.

Markschies, Alexander, Die Siegessäule – Großer Stern, Der Berliner Kunstbrief, Berlin 2001.

Mau, Steffen, It's the middle class, stupid. (Post-)Wachstum, Ungleichheit, Lebensqualität, in: Adloff/Heins (2015): S. 193–204.

Mead, George H., Geist, Identität und Gesellschaft aus der Sicht des Sozialbehaviorismus, 8. Auflage, Frankfurt am Main 1991 [1934].

Meinecke, Friedrich, Die deutsche Katastrophe. Betrachtungen und Erinnerungen, 2. Auflage, Wiesbaden 1946.

Meinecke, Friedrich, Weltbürgertum und Nationalstaat, Studien zur Genesis des deutschen Nationalstaats, München – Berlin 1908.

Menzel, Wolfgang, Die letzten 120 Jahre der Weltgeschichte (1740–1860), Sechster Band, Stuttgart 1860.

Merkel, Angela, »Es war ein schlechter Tag für die Demokratie«, Ausschnitt aus der Pressekonferenz, in: tagesschau.de, 6. Februar 2020 (https://www.tagesschau.de/inland/thueringen-kemmerich-merkel-101.html, 01.12.2020).

Merkel, Angela, Rede zum zehnjährigen Bestehen der Stiftung Auschwitz-Birkenau, Auschwitz, 6. Dezember 2019 (https://www.bundeskanzlerin.de/bkin-de/aktuelles/rede-von-bundeskanzlerin-merkel-zum-zehnjaehrigen-bestehen-der-stiftung-auschwitz-birkenau-am-6-dezember-2019-in-auschwitz-1704518, 26.12.2020).

Merkel, Angela, Rede anlässlich des Festakts zum Tag der Deutschen Einheit, Kiel, 3. Oktober 2019 (https://www.bundeskanzlerin.de/bkin-de/aktuelles/rede-von-bundeskanzlerin-merkel-anlaesslich-des-festakts-zum-tag-der-deutschen-einheit-am-3-oktober-2019-in-kiel-1678326, 26.11.2020).

Merkel, Angela, Rede beim Festakt der CDU-Fraktion im Thüringer Landtag zum Tag der deutschen Einheit 2019, Erfurt, 27. September 2019 (https://www.bundesregierung.de/breg-de/suche/rede-von-bundeskanzlerin-merkel-beim-festakt-der-cdu-fraktion-im-thueringer-landtag-zum-tag-der-deutschen-einheit-2019-am-27-september-2019-in-erfurt-1676554, 17.11.2020).

Merkel, Angela, Rede zur Eröffnung des »Forum de Paris sur la Paix«, Paris, 11. November 2018 (https://www.bundeskanzlerin.de/bkin-de/aktuelles/rede-von-bundeskanzlerin-merkel-zur-eroeffnung-des-forum-de-paris-sur-la-paix-am-11-november-2018-1548456, 26.11.2020).

Merkel, Angela, Pressekonferenz von Bundeskanzlerin Merkel und dem türkischen Ministerpräsidenten Binali Yildirim, Berlin, 15. Februar 2018 (https://www.bundesregierung.de/breg-de/suche/pressekonferenz-von-bundeskanzlerin-merkel-und-dem-tuerkischen-ministerpraesidenten-binali-y%C4%B1ld%C4%B1r%C4%B1m-849330, 25.11.2020).

Merkel, Angela, Neujahrsansprache der Bundeskanzlerin, Berlin, 31. Dezember 2016 (https://www.bundesregierung.de/breg-de/suche/neujahrsansprache-2017-389442, 06.12.2020).

Merkel, Angela, Rede beim Festakt »60 Jahre Bundesamt für Migration und Flüchtlinge«, Nürnberg, 10. April 2013 (https://www.bundeskanzlerin.de/bkin-de/aktuelles/rede-von-bundeskanzlerin-merkel-beim-festakt-60-jahre-bundesamt-fuer-migration-und-fluechtlinge-450528, 15.08.2020).

Merkel, Angela, Mein Weg. Angela Merkel im Gespräch mit Hugo Müller-Vogg, Hamburg 2004.

Merkel, Angela, Interview, in: Koelbl (2002): S. 46–61.

Merkel, Angela, Interview mit Günter Gaus, Deutscher Fernsehfunk, 28. Oktober 1991 (https://www.youtube.com/watch?v=5bPrcgL-N-k, 03.12.2020).

Michelsen, Danny; Walter, Franz, Taking politics seriously. Gedanken zu einer republikanischen Bürgersolidarität, in: Adloff/Heins (2015): S. 33–43.

Michl, Walther, Ethnizität: II. Rechtliche Anknüpfungen, in: Staatslexikon, Freiburg, Version vom 22. Oktober 2019 (https://www.staatslexikon-online.de/Lexikon/Ethnizit%C3%A4t, 25.11.2020).

Mill, John Stuart, Über die Freiheit, Ditzingen 2018 [1859].

Ministerium des Innern und für Kommunales des Landes Brandenburg, Verfassungsschutzbericht des Landes Brandenburg 2018, Potsdam 2019.

Ministerium für Inneres und Europa von Mecklenburg-Vorpommern, Verfassungsschutzbericht 2018, Schwerin 2019.

Ministerium für Inneres und Sport Mecklenburg-Vorpommern/Abteilung Verfassungsschutz, Rituale und Symbole der rechtsextremistischen Szene, Schwerin, Juli 2015.

Ministerium für Inneres und Sport von Sachsen-Anhalt, Verfassungsschutzbericht 2018, Magdeburg 2019.

Minkenberg, Michael, Was ist Rechtspopulismus?, in: Politische Vierteljahresschrift, Nr. 2, 2018, S. 337–352.

Möllers, Christoph, Zur Pflicht zur Verfassungstreue von Hochschullehrern an einer Hochschule des Bundes in Bezug auf einen Einzelfall. Ein Rechtsgutachten im Auftrag des Bundesnachrichtendienstes, Berlin, November 2018.

Moravcsik, Andrew, Taking Preferences Seriously: A Liberal Theory of International Politics, in: International Organization, Nr. 4, Herbst 1997, S. 513–553.

Morgenthau, Hans J., Macht und Frieden. Grundlegung einer Theorie der internationalen Politik, Gütersloh 1963 [1948].

Mörth, Ingo, Stichwort »Zivilisation«, in: Drehsen u.a. (1988): S. 1384 (http://soziologie.soz.uni-linz.ac.at/sozthe/staff/moerthpub/ZivilisationHWC.pdf, 17.11.2020).

Müller-Muralt, Jürg, Die Willensnation. Die Schweiz bleibt ein Sonderfall, in: Die Gazette, Nr. 41, Frühjahr 2014, S. 29–33.

Münkler, Herfried, Der Dreißigjährige Krieg. Europäische Katastrophe, deutsches Trauma 1618–1648, Berlin 2017.

Münkler, Herfried, Die Deutschen und ihre Mythen, 3. Auflage, Berlin 2009.

Münkler, Herfried, Thomas Hobbes, 2. vollständig überarbeitete Auflage, Frankfurt am Main – New York 2001 [1993].

Münkler, Herfried; Münkler, Marina, Die neuen Deutschen. Ein Land vor seiner Zukunft, 2. Auflage, Berlin 2016.

Murswiek, Dietrich, Verfassungsschutz und Demokratie: Voraussetzungen und Grenzen für die Einwirkung der Verfassungsschutzbehörden auf die demokratische Willensbildung, Schriften zum Öffentlichen Recht, Band 1416, Berlin 2020.

My Heritage, Ethnizitätsschätzung, Or Yehuda 2020 (https://www.myheritage.de/dna/ethnische-herkunft, 15.11.2020).

My Heritage, Lassen Sie sich verblüffen, Or Yehuda 2020 (https://www.myheritage.de/dna, 15.11.2020).

Neu, Viola, »Ich wollte etwas bewegen.« Die Mitglieder der CDU. Eine empirische Analyse von Mitgliedern, Wählern und der Bevölkerung, Sankt Augustin – Berlin 2017.

Neu, Viola; Pokorny, Sabine, Ist »die Mitte« (rechts)-extremistisch?, in: Aus Politik und Zeitgeschichte, Nr. 40, 28. September 2015, S. 3–8.

Neues Potsdamer Toleranzedikt e.V., Miteinander für Toleranz & Solidarität, Potsdam 2020 (http://www.miteinander-fuer-toleranz.de/, 15.11.2020).

Newman, Nic; u.a., Digital News Report 2019, Reuters Institute, Oxford 2019 (https://reutersinstitute.politics.ox.ac.uk/sites/default/files/2019-06/DNR_2019_FINAL_0.pdf, 06.12.2020).

Niebuhr, Reinhold, The Nature and Destiny of Man. A Christian Interpretation, Band 1 und 2, New York 1949 [1941].

Niedersächsisches Ministerium für Inneres und Sport/Verfassungsschutz, Verfassungsschutzbericht 2019, Hannover 2020.

Niedersächsisches Ministerium für Inneres und Sport/Verfassungsschutz, Identitäre Bewegung Deutschland (IBD). Ideologie und Aktionsfelder, Informationen zum Thema Rechtsextremismus in Niedersachsen, 3. Auflage, Hannover, November 2016.

Nienaber, Birte; Roos, Ursula (Hrsg.), Internationalisierung der Gesellschaft und die Auswirkungen auf die Raumentwicklung. Beispiele aus Hessen, Rheinland-Pfalz und dem Saarland, Hannover 2015.

Nietzsche, Friedrich, Jenseits von Gut und Böse. Vorspiel einer Philosophie der Zukunft, Hamburg 2017 [1886].

Nietzsche, Friedrich, Also sprach Zarathustra. Ein Buch für Alle und Keinen, Hamburg 2019 [1883].

Nipperdey, Thomas, Deutsche Geschichte 1866–1918. Zweiter Band: Machtstaat vor der Demokratie, München 2013 [1992].

Nipperdey, Thomas, Deutsche Geschichte, 3 Bände, München 2013 [1983–1992].

Noelle-Neumann, Elisabeth, Die Schweigespirale. Öffentliche Meinung – unsere soziale Haut, Frankfurt am Main – Wien – Berlin 1982 [1980].

Norddeutscher Rundfunk, Der NDR Rundfunkrat, Hamburg, o.J. (https://www.ndr.de/der_ndr/unternehmen/rundfunkrat/Mitglieder-des-Rundfunkrates,ndr1154.html, 18.05.2021).

North-East Antifascists, »Identitäre Bewegung« – Faschismus in neuem Gewand, Berlin, 8. Mai 2017 (https://antifa-nordost.org/tag/kathrin-gloesel/, 14.11.2020).

Nouripour, Omid, Kleines Lexikon für MiMiMis* und Bio-Deutsche**, München 2014.

Nowak, Rainer; Mayer, Norbert (Hrsg.), Zur Schräglage der Nation. Österreich in 20 Feuilletons, Wien 2017.

Obama, Barack; Merkel, Angela, Exchange of Toasts, Washington D.C., 7. Juni 2011 (https://obamawhitehouse.archives.gov/photos-and-video/video/2011/06/07/state-dinner-german-chancellor-merkel#transcript, 03.12.2020).

OECD, How's Life? 2020. Measuring Well-being, Online-Kapitel zu Deutschland, Paris 2020 (https://read.oecd-ilibrary.org/economics/how-s-life-2020_fe07a6b7-en#page7, 11.12.2020).

Office for National Statistics, Research report on population estimates by ethnic group and religion, London, 4. Dezember 2019 (https://www.ons.gov.uk/peoplepopulatio

nandcommunity/populationandmigration/populationestimates/articles/researchreportonpopulationestimatesbyethnicgroupandreligion/2019-12-04, 25.11.2020).

Office of the Director of National Intelligence, U.S. Intelligence Community Budget, Washington D.C., 18. März 2019 (https://www.dni.gov/index.php/what-we-do/ic-budget, 12.03.2021).

Ohlert, Martin, Zwischen »Multikulturalismus« und »Leitkultur«. Integrationsleitbild und -politik der im 17. Deutschen Bundestag vertretenen Parteien, Wiesbaden 2015.

Online-Lexikon zur Kultur und Geschichte der Deutschen im östlichen Europa, Oldenburg 2021 (https://ome-lexikon.uni-oldenburg.de/, 22.03.2021).

Organisation für Afrikanische Einheit, Banjul Charta der Menschenrechte und Rechte der Völker, Nairobi, 27. Juni 1981 (http://www.dadalos.org/deutsch/Menschenrechte/Grundkurs_MR2/Materialien/dokument_7.htm, 23.11.2020).

Orwell, George, Über Nationalismus, o. O., Mai 1945, 3. Auflage, München 2020.

Oswald, Michael, Strategisches Framing. Eine Einführung, Wiesbaden 2019.

ÖVP, Die neue Volkspartei. Grundsatzprogramm 2015 der Österreichischen Volkspartei, Wien, 12. Mai 2015 (https://www.dieneuevolkspartei.at/Files/Grundsatzprogramm-oKoYDM.pdf, 21.11.2020).

Özoğuz, Aydan, Gesellschaftsvertrag statt Leitkultur: Leitkultur verkommt zum Klischee des Deutschseins, in: Der Tagesspiegel, 14. Mai 2017 (https://causa.tagesspiegel.de/gesellschaft/wie-nuetzlich-ist-eine-leitkultur-debatte/leitkultur-verkommt-zum-klischee-des-deutschseins.html, 21.11.2020).

Pelttari, Aaron, The Psychomachia of Prudentius. Text, Commentary, and Glossary, Oklahoma 2019.

Pelzer, Erich, Ideologien des 19. Jahrhunderts: Liberalismus, Konservativismus, Nationalismus, in: Der Brockhaus multimedial premium 2009 (2015).

Pew Research Center, The Growth of Germany's Muslim Population, Washington D.C., 29. November 2017 (https://www.pewforum.org/essay/the-growth-of-germanys-muslim-population/, 10.10.2020).

Pew Research Center, King's Dream Remains an Elusive Goal; Many Americans See Racial Disparities, Washington D.C., 22. August 2013.

Pfahl-Traughber, Armin, Die AfD und der Rechtsextremismus. Eine Analyse aus politikwissenschaftlicher Perspektive, Wiesbaden 2019.

Pfahl-Traughber, Armin, Rechtsextremismus in der Bundesrepublik Deutschland, in: Jesse/Mannewitz (2018): S. 303–338.

Pfahl-Traughber, Armin (Hrsg.), Jahrbuch für Extremismus- und Terrorismusforschung 2015/2016 (I), Brühl 2016.

Pfahl-Traughber, Armin, Rechtsextremismus in der Bundesrepublik, 3. Auflage, München 2001 [1999].

Pfündel, Katrin; Stichs, Anja; Tanis, Kerstin, Muslimisches Leben in Deutschland 2020, Studie im Auftrag der Deutschen Islam Konferenz, Forschungsbericht 38 des Bundesamts für Migration und Flüchtlinge, Nürnberg, April 2021.

Phythian, Mark, The Perfect Intelligence Failure? U.S. Pre-War Intelligence on Iraqi Weapons of Mass Destruction, in: Politics & Policy, Nr. 2, 2006, S. 400–424.

Pickel, Gert, Weltanschauliche Vielfalt und Demokratie. Wie sich religiöse Pluralität auf die politische Kultur auswirkt, Religionsmonitor der Bertelsmann-Stiftung, Gütersloh 2019.

Pink, Oliver, Nation, in: Nowak/Mayer (2017): S. 51–57.

Plamper, Jan, Das neue Wir. Warum Migration dazugehört. Eine andere Geschichte der Deutschen, Frankfurt am Main 2019.

Planert, Ute, Nation und Nationalismus in der deutschen Geschichte, in: Aus Politik und Zeitgeschichte, B 39, 20. September 2004, S. 11–18.

Plaschka, Richard G.; Stourzh, Gerald; Niederkorn, Jan Paul (Hrsg.), Was heißt Österreich? Inhalt und Umfang des Österreichbegriffs vom 10. Jahrhundert bis heute, Wien 1995.

Platthaus, Andreas, 1813. Die Völkerschlacht und das Ende der alten Welt, 3. Auflage, Berlin 2013.

Plessner, Helmuth, Die verspätete Nation, Stuttgart – Berlin – Köln – Main 1974 [1934/1959].

Pleticha, Heinrich (Hrsg.), Deutsche Geschichte, 12 Bände, Gütersloh 1993.

Polizeipräsidium Frankfurt am Main, POL-F: 201101 – 1117 Frankfurt-Innenstadt: Polizei greift durch. Erneut Angriffe gegen Polizeibeamte, Frankfurt am Main, 1. November 2020 (https://www.presseportal.de/blaulicht/pm/4970/4750472, 08.12.2020).

Polizeipräsidium Frankfurt am Main, POL-F: 201031 – 1116 Frankfurt-Innenstadt: Tätlicher Angriff auf Polizeistreife, Frankfurt am Main, 31. Oktober 2020 (https://www.presseportal.de/blaulicht/pm/4970/4750050, 08.12.2020).

Pollack, Detlef; u. a., Integration und Religion aus der Sicht von Türkeistämmigen in Deutschland. Repräsentative Erhebung von TNS Emnid im Auftrag des Exzellenzclusters »Religion und Politik« der Universität Münster, Münster 2016.

PONS, Stuttgart 2021 (https://de.pons.com/, 22.03.2021).

Popper, Karl Raimund, Über das Problem der Demokratie, in: Lahnstein/Matthöfer (1989): S. 391–398.

Presse- und Informationsamt der Bundesregierung, Maßnahmenkatalog des Kabinettausschusses zur Bekämpfung von Rechtsextremismus und Rassismus, Berlin, 25. November 2020.

Presseportal, Lebensmittelverband Deutschland e.V.: COVID-19-Pandemie: Fast alle Deutschen fühlen sich gestresst. Versorgung mit Nährstoffen wichtig für Stressbewältigung, Hamburg, 23. Juli 2020 (https://www.presseportal.de/pm/12796/4660600, 11.12.2020).

PricewaterhouseCoopers, Ergebnisse: Bevölkerungsbefragung zur Nutzung von Online-Medienangeboten, Düsseldorf, Januar 2019.

Prommer, Elizabeth; Collado Seidel, Carlos; Wegner, Juliane, Das freie Wort unter Druck, Rostock – Darmstadt, 10. Oktober 2018.

Punktation zur Versachlichung der Aussiedlerdiskussion (Zusammenfassung), in: Info-Dienst Deutsche Aussiedler, Nr. 77, o. J., S. 9-20, eingestellt auf der Internetseite des Beauftragten der Bundesregierung für Aussiedlerfragen und nationale Minderheiten (https://www.aussiedlerbeauftragter.de/SharedDocs/downloads/Webs/AUSB/DE/punktation-zur-versachlichung-der-aussiedlerdiskussion.pdf?__blob=publicationFile&v=1, 25.11.2020).

Puschner, Uwe, Die völkische Bewegung, in: Bundeszentrale für politische Bildung, Bonn, 7. Juli 2016 (https://www.bpb.de/politik/extremismus/rechtsextremismus/230022/die-voelkische-bewegung, 18.11.2020).

Raddatz, Hans-Peter, Von Allah zum Terror? Der Djihad und die Deformierung des Westens, 2. Auflage, München 2002.

Rahmenübereinkommen zum Schutz nationaler Minderheiten, Straßburg, 1. Februar 1995, in: Bundesgesetzblatt, Teil II, Nr. 31, Bonn, 29. Juli 1997, S. 1408–1417.

Ramelsberger, Annette; u. a., Der NSU-Prozess. Das Protokoll, Band 2: Plädoyers und Urteil, Materialien, Bonn 2019.

Renan, Ernest, What is a nation?, Paris, 11. März 1882 (http://ucparis.fr/files/9313/6549/9943/What_is_a_Nation.pdf, 17. 11. 2020).

Rendtorff, Trutz, Religion und Konfession. Zur Bedeutung des Westfälischen Friedens von 1648 für den politischen Rechtsfrieden, in: Leviathan, Nr. 2, Juni 1999, S. 238–249.

Republic of South Africa/Department: Statistics South Africa, Mid-year population estimates, Pretoria, 29. Juli 2019 (http://www.statssa.gov.za/publications/P0302/P0302 2019.pdf, 25. 11. 2020).

Republik Österreich/Landesgericht für Strafsachen Graz, 5 Hv 22/18d, Graz, 26. Juli 2018.

Reuth, Ralf Georg; Lachmann, Günther, Das erste Leben der Angela M., 4. Auflage, München 2013.

Richter, Maren, Leben im Ausnahmezustand. Terrorismus und Personenschutz in der Bundesrepublik Deutschland (1970–1993), Frankfurt am Main 2014.

Ritchie, Hannah; Roser, Max, CO_2 emissions, in: Our World in Data, Oxford, o. J. (https://ourworldindata.org/co2-emissions, 01. 12. 2020).

Rohe, Mathias, Der Islam in Deutschland. Eine Bestandsaufnahme, München 2016.

Roll, Evelyn, Die Kanzlerin. Angela Merkels Weg zur Macht, 5. Auflage, Berlin 2019 [2009].

Romann, Dieter, Innere Sicherheit: »Das Primärziel muss bleiben, die unerlaubte Einreise zu verhindern«, Interview mit Rolf Clement, in: Deutschlandfunk, 22. Januar 2017 (https://www.deutschlandfunk.de/innere-sicherheit-das-primaerziel-muss-blei ben-die.868.de.html?dram:article_id=376972, 24. 11. 2020).

Rote Armee Fraktion, Das Konzept Stadtguerilla, o. O., Mai 1971 (https://www.hdg.de/lemo/bestand/objekt/dokument-das-konzept-stadtguerilla.html, 09. 02. 2021).

Roth, Claudia, Facebook-Eintrag vom 9. März 2018 (https://www.facebook.com/Roth/photos/der-morgige-59-jahrestag-des-gedenkens-an-den-tibetischen-volksauf stand-bei-dem-/10155944386710664/, 25. 11. 2020).

Roth, Claudia, Erklärung zur Lage Tibets auf der Internetseite »Tibet Initiative Deutschland e.V.«, Berlin, o. J. (http://www.tibet-flagge.de/causes/claudia-roth/, 25. 09. 2016).

Rother, Bernd, »Jetzt wächst zusammen, was zusammengehört« – Oder: Warum Historiker Rundfunkarchive nutzen sollten, in: Timothy Garton Ash (2001): S. 25–30.

Rürup, Reinhard, Deutschland im 19. Jahrhundert. 1815–1871, 2. durchgesehene und bibliographisch ergänzte Auflage, Göttingen 1992.

Ruthven, Malise, Der Islam. Eine kurze Einführung, Stuttgart 2000 [1997].

Saarländischer Rundfunk, Prof. Thomas Kleist, Saarbrücken, o. J. (https://www.sr.de/sr/home/der_sr/wir_uber_uns/intendant/thomas_kleist100.html, 01. 12. 2020).

Sächsisches Sorbengesetz, Dresden, 31. März 1999, Fassung vom 27. Januar 2012 (https://www.revosax.sachsen.de/vorschrift/3019-Saechsisches-Sorbengesetz#p2, 25. 11. 2020).

Salzborn, Samuel, Renaissance der »Neuen Rechten« in Deutschland? Zur Diskussion über neurechte Elemente im gegenwärtigen deutschen Rechtsextremismus, in: Pfahl-Traughber (2016): S. 234–265.

Sarcinelli, Ulrich; Hörner, Volker (Hrsg.), Was ist? Konservativ, links, liberal, grün, Akademiegespräche 2008/2009, Landau, Mai 2009.

Sarrazin, Thilo, Deutschland schafft sich ab. Wie wir unser Land aufs Spiel setzen, 7. Auflage, München 2010.

Sauer, Martina, Identifikation und politische Partizipation türkeistämmiger Zugewanderter in Nordrhein-Westfalen und in Deutschland. Ergebnisse der erweiterten Mehrthemenbefragung 2017, Analyse der Stiftung Zentrum für Türkeistudien und Integrationsforschung in Kooperation mit dem Ministerium für Kinder, Familie, Flüchtlinge und Integration des Landes Nordrhein-Westfalen, Essen, Februar 2018.

Schäuble, Wolfgang, Und der Zukunft zugewandt, München 1995 [1994].

Schieder, Theodor; Deuerlein, Ernst (Hrsg.), Reichsgründung 1870/71, Stuttgart 1970.

Schieder, Theodor, Das deutsche Kaiserreich von 1871 als Nationalstaat, 2. Auflage, Göttingen 1992 [1961].

Schiller, Friedrich, Was heißt und zu welchem Ende studiert man Universalgeschichte?, Antrittsvorlesung, Jena, 26. Mai 1789 (http://www.deutschestextarchiv.de/book/view/schiller_universalgeschichte_1789/, 17.11.2020).

Schimanke, Dieter; Veit, Sylvia; Bull, Hans Peter (Hrsg.), Bürokratie im Irrgarten der Politik. Gedächtnisband für Hans-Ulrich Derlien, Baden-Baden 2012.

Schindler, Gerhard, Wer hat Angst vorm BND? Warum wir mehr Mut beim Kampf gegen die Bedrohungen unseres Landes brauchen. Eine Streitschrift, 2. Auflage, Berlin 2020.

Schlie, Ulrich, »Behausung des Menschen in einer unbehausten Welt«. Nation und Europa in der deutschen Geschichte, in: Aus Politik und Zeitgeschichte, B 39, 20. September 2004, S. 25–31.

Schlie, Ulrich, Die Nation erinnert sich. Die Denkmäler der Deutschen, München 2002.

Schmid, Josef, Parteien, in: Andersen/Woyke (2003): S. 462–466.

Schmidt, Helmut, Wieviel Anatolien verträgt Europa?, Interview, in: Hamburger Abendblatt, 24. November 2004 (https://www.abendblatt.de/politik/deutschland/article106931175/Wieviel-Anatolien-vertraegt-Europa.html, 08.12.2020).

Schmidt, Helmut, »Deutsche Geschichte – nicht nur ein Verbrecheralbum«, Interview, in: Hamburger Abendblatt, 9. November 1999 (https://www.abendblatt.de/archiv/1999/article204704931/Deutsche-Geschichte-nicht-nur-ein-Verbrecheralbum.html, 05.11.2020).

Schmidt, Manfred G., Demokratietheorien. Eine Einführung, 5. Auflage, Wiesbaden 2010 [1995].

Schmidt, Ulrike; Hechel, Jana, Die Rechtsstellung der Staatssekretäre in den Bundesländern, Parlamentarischer Beratungsdienst, Landtag Brandenburg, Potsdam, 16. August 2011.

Schmidt, Wolfgang, Otto von Bismarck im Urteil Willy Brandts, in: Lappenküper (2017): S. 855–872. Der Beitrag erschien erstmals 2009.

Schmidt-Jortzig, Edzard, »Gleiche Maßstäbe für alle!«, Interview mit Moritz Schwarz, in: Junge Freiheit, Nr. 36, 30. August 2019, S. 3.

Schmidt-Lauber, Brigitta (Hrsg.), Ethnizität und Migration. Einführung in Wissenschaft und Arbeitsfelder, Berlin 2007.

Schmierer, Joscha, Demokratie ist kein Deckchensticken. Auch einige Oberkommissare sollten über ihre Vergangenheit nachdenken, in: Der Tagesspiegel, 15. Januar 2001, S. 8.

Schmitt, Carl, Der Begriff des Politischen. Vorwort und drei Corollarien, 9. und korrigierte Auflage, Berlin 2015 [1932].

Schneider, Ilona Katharina, Weltanschauliche Erziehung in der DDR. Normen – Praxis – Opposition. Eine kommentierte Dokumentation, Opladen 1995.

Schneidmüller, Bernd, Reich – Volk – Nation. Die Entstehung des deutschen Reiches und der deutschen Nation im Mittelalter, in: Bues/Rexheuser (1995): S. 73–101.

Schnyder, O., Zivilisation und Kultur, in: Monatshefte für deutsche Sprache und Pädagogik, Nr. 2, Februar 1918, S. 40–42.

Scholz, Rupert, »Das schwächt die Verfassung«, Interview mit Moritz Schwarz, in: Junge Freiheit, Nr. 26, 21. Juni 2019, S. 3.

Scholz, Rupert, Kulturelle Identität. Über Multikulturalität im Unterschied zu Multikulturalismus, in: Die Politische Meinung, Nr. 465, August 2008, S. 35–39.

Schreiben der Militärgouverneure zum Grundgesetz (»Polizei-Brief«), Berlin, 14. April 1949, in: Grutzpalk u. a. (2009): S. 102 f.

Schröder, Peter, Niccoló Machiavelli, Frankfurt am Main – New York 2004.

Schubert, Alex, Stadtguerilla. Tupamaros in Uruguay – Rote Armee Fraktion in der BRD, Berlin 1974 [1971].

Schuler, Ralf, Lasst uns Populisten sein. Zehn Thesen für eine neue Streitkultur, Freiburg – Basel – Wien 2019.

Schulze, Hans K., Das Reich und die Deutschen: Hegemoniales Kaisertum – Ottonen und Salier, Siedler Deutsche Geschichte, Berlin 1994a.

Schulze, Hans K., Das Reich und die Deutschen: Vom Reich der Franken zum Land der Deutschen – Merowinger und Karolinger, Siedler Deutsche Geschichte, Berlin 1994.

Schumacher, Kurt, Rede über die Sozialdemokratie im Kampf um Deutschland und Europa, Hamburg, 21.–25. Mai 1950 (https://www.cvce.eu/content/publication/2007/8/16/e0daa5f4-6370-44c4-9f27-d65d5e76d816/publishable_de.pdf, 26. 11. 2020).

Schumacher, Kurt, Rede über Deutschland und Europa, Nürnberg, 29. Juni 1947 (https://www.cvce.eu/content/publication/2007/7/13/4f4f783e-8b9d-4f39-96ce-b5061ff6b246/publishable_de.pdf, 26. 11. 2020).

Schurig, Volker, Ausgewählte biologische Grundlagen der Kritischen Psychologie (II): die Problematik Rassenbegriff/Rassismus, in: Forum Kritische Psychologie, Nr. 56, 2012, S. 6–33.

Schwan, Gesine, Nachhaltige Politik braucht »vorpolitische« Vorlagen, in: Kühnlein (2014): S. 129–132.

Schwanke, Katja; Ebinger, Falk, Politisierung und Rollenverständnis der deutschen Administrativen Elite 1970 bis 2005 – Wandel trotz Kontinuität, in: Bogumil/Jann/Nullmeier (2006): S. 228–249.

Schwarzer, Alice (Hrsg.), Der Schock. Die Silvesternacht von Köln, 4. Auflage, Köln 2016.

Scruton, Roger, England and the Need for Nations, 2. Auflage, London, Februar 2006 [2004].

Seehofer, Horst, Bundespressekonferenz, Berlin, 6. Oktober 2020 (https://www.youtube.com/watch?v=3FJ1bjwhJzE, 15. 11. 2020).

Seehofer, Horst, Stellungnahme auf der Pressekonferenz mit Thomas Haldenwang und Holger Münch, Berlin, 17. Dezember 2019 (https://www.youtube.com/watch?v=sWPJWTJuNNk, 13. 11. 2020).

Seehofer, Horst, Vorwort des Bundesministers des Innern, für Bau und Heimat, in: Bundesministerium des Innern, für Bau und Heimat (2018): S. 3–5.

Seehofer, Horst, »Sie ist die Beste«, Interview mit René Pfister, in: Der Spiegel, Nr. 50, 8. Dezember 2018, S. 20–23.

Seibert, Steffen, Pressekonferenz, in: Die Welt, Regierungssprecher Seibert: Bundesregierung verurteilt »Hetzjagden« in Chemnitz scharf, 27. August 2018 (https://www.welt.de/politik/deutschland/article181318302/Chemnitz-Bundesregierung-verurteilt-Hetzjagden-scharf.html, 09. 11. 2020).

Seidler, Horst, Stellungnahme zur Rassenfrage, Ergebnis der wissenschaftlichen Arbeitsgruppe der UNESCO-Konferenz »Gegen Rassismus, Gewalt und Diskriminierung«, Stadtschlaining, 8./9. Juni 1995 (https://uol.de/f/5/inst/biologie/ag/didaktik/Ulrich/Res_deutsch.pdf, 13. 09. 2020).

Seitz, Norbert, Patriotismus von links. Von Kurt Schumacher bis Gerhard Schröder, in: Die Politische Meinung, Nr. 512/513, Juli/August 2012, S. 33–38.

Selen, Sinan, Extremismus – steigende Gefahr für Sicherheit und Reputation von Unternehmen, Rede auf der 13. BfV/ASW-Sicherheitstagung, Berlin, 27. März 2019 (https://www.verfassungsschutz.de/de/oeffentlichkeitsarbeit/vortraege/rede-vp-selen-20190327-bfv-asw-sicherheitstagung-2019, 12. 11. 2020).

Sellner, Martin, BitChute-Kanal, Wien 2021a (https://www.bitchute.com/channel/Tb8OhoNNm41W/, 09. 02. 2021).

Sellner, Martin, in: Wagener (2021): S. 9–24.

Sellner, Martin, US Wahl – Es geht um die Welt! Compact Rezension 11/20, 29. Oktober 2020 (https://www.bitchute.com/video/9KwDWooaxtIG/, 14. 11. 2020).

Sellner, Martin, 50 Jahre Kubitschek, Wien, 24. August 2020 (https://www.bitchute.com/video/cIjlKFGpdb2l/, 14. 11. 2020).

Sellner, Martin, Kadir ist kein »Opfer«. Die Wahrheit über die »Polizeigewalt«, Wien, 19. August 2020 (https://www.bitchute.com/video/smVMqugtmlhv/, 14. 11. 2020).

Sellner, Martin, »Schuld an Stuttgart sind fehlende Gärten« – Professor Clown erklärt, Wien, 21. Juli 2020 (https://www.bitchute.com/video/UvsKphx3PEyI/, 14. 11. 2020).

Sellner, Martin, Kalbitz ist wieder in der Partei! Wie weiter?, Wien, 20. Juni 2020 (https://www.bitchute.com/video/_2IKE_7F2mM/, 14. 11. 2020).

Sellner, Martin, Helft Höcke – in Thüringen die Wende vollenden, Wien, 23. Oktober 2019 (https://www.youtube.com/watch?v=wzQG5ehq9-A, 23. 10. 2019).

Sellner, Martin, Rede auf der PEGIDA-Demonstration in Dresden, Dresden, 20. Oktober 2019 (https://www.youtube.com/watch?v=lk1YY4gDxME, 23. 10. 2019).

Sellner, Martin, Täter in Halle war rechtsextremer Terrorist, Wien, 9. Oktober 2019 (https://www.bitchute.com/video/fgdUIUEH-2s/, 14. 11. 2020).

Sellner, Martin, Identitär! Geschichte eines Aufbruchs, 3. Auflage, Schnellroda 2019 [2017].

Sellner, Martin, Gewaltloser Widerstand, Rede beim IfS, Schnellroda, 18. Februar 2017 (https://www.youtube.com/watch?v=3gjTgCAYwaA, 14. 11. 2020).

Sellner, Martin, »Kämpfen gegen das Regime der Angst«, Interview mit Moritz Schwarz, in: Junge Freiheit, Nr. 40, 30. September 2016, S. 3.

Sellner, Martin, Die Identitäre Bewegung stellt sich vor, in: Compact-Live, 19. September 2016 (https://www.youtube.com/watch?v=SHZwIGoGvJo, 14. 11. 2020).

Senatsverwaltung für Inneres und Sport, Dr. Eckart Werthebach, Berlin, o. J. (https://

www.berlin.de/sen/inneres/ueber-uns/berliner-innensenatoren/eckart-werthebach/artikel.548874.php, 10. 11. 2020).

Shell Jugend Studie 2019, Zusammenfassung, Hamburg 2019 (https://www.shell.de/ueber-uns/shelljugendstudie/_jcr_content/par/toptasks.stream/1570708341213/4a002dff58a7a9540cb9e83ee0a37a0ed8a0fd55/shell-youth-study-summary-2019-de.pdf, 06. 11. 2020).

Shlapak, David A.; Johnson, Michael W., Reinforcing Deterrence on NATO's Eastern Flank. Wargaming the Defense of the Baltics, Santa Monica 2016.

Siedler Verlag, Deutsche Geschichte, 12 Bände, Berlin 1994.

Sievers, Norbert; Föhl, Patrick S.; Knoblich, Tobias J. (Hrsg.), Jahrbuch für Kulturpolitik 2015/16, Band 15, Thema: Transformatorische Kulturpolitik, Bielefeld 2016.

Sieyès, Emmanuel Joseph, Was ist eine Nation? (Auszüge), Paris 1789, in: Alter (1994): S. 37 f.

Sitzungsberichte der Leibnitz-Sozietät der Wissenschaften zu Berlin, Band 111, Berlin 2011.

Sökefeld, Martin, Problematische Begriffe: »Ethnizität«, »Rasse«, »Kultur«, »Minderheit«, in: Schmidt-Lauber (2007): S. 31–50.

Sökefeld, Martin, Der Kulturbegriff in der Ethnologie und im öffentlichen Diskurs – eine paradoxe Entwicklung?, in: Stöber (2001): S. 119–137.

Sontheimer, Kurt, Von Deutschlands Republik. Politische Essays, Stuttgart 1991.

Sontheimer, Kurt, Vom Zustand unserer Republik, in: Sontheimer (1991): S. 103–119. Der Aufsatz erschien erstmals 1989.

Sontheimer, Kurt, Das Elend unserer Intellektuellen. Linke Theorie in der Bundesrepublik Deutschland, Hamburg 1976.

SPÖ, Grundsatzprogramm, Wels 2018 (https://www.spoe.at/wp-content/uploads/sites/739/2018/12/Parteiprogramm2018.pdf, 21. 11. 2020).

Sport Inside/WDR, Handball in Deutschland: Weiß und deutsch wird zum Problem, 16. Januar 2020 (https://www.youtube.com/watch?v=3n5u84Z9mos, 16. 11. 2020).

Staatliche Münzen Baden-Württemberg, 5 Deutsche Mark Gedenkmünze »Deutsche Reichsgründung«, Stuttgart 1971 (https://www.mdm.de/offizielle-5-dm-gedenkmunze-deutsche-reichsgrundung, 19. 01. 2021).

Staatsangehörigkeitsgesetz (StAG), Berlin, Ausfertigungsdatum vom 22. Juli 1913, Fassung vom 19. Juni 2020 (https://www.gesetze-im-internet.de/stag/BJNR005830913.html, 25. 11. 2020).

Staatslexikon, Freiburg 2021 (https://www.staatslexikon-online.de/Lexikon/Hauptseite, 22. 03. 2021).

Staatsministerium des Innern des Freistaates Sachsen, Sächsischer Verfassungsschutzbericht 2018, Dresden 2019.

Staatsvertrag betreffend die Wiederherstellung eines unabhängigen und demokratischen Österreich, Wien, 15. Mai 1955 (https://www.ris.bka.gv.at/GeltendeFassung.wxe?Abfrage=Bundesnormen&Gesetzesnummer=10000265, 21. 11. 2020).

Staatsvertrag von Saint-Germain-en-Laye, 10. September 1919 (http://www.versailler-vertrag.de/svsg/svsg-i.htm, 20. 11. 2020).

Stadt Frankfurt am Main, Statistisches Jahrbuch Frankfurt am Main 2019, Frankfurt am Main, Dezember 2019.

Stadt Offenbach am Main, Einwohner mit Migrationshintergrund am 31. 12. 2020, Offenbach 2021.

Stadtgemeinde Bozen, BZ '18–'45: ein Denkmal, eine Stadt, zwei Diktaturen. Eine Dokumentationsausstellung im Siegesdenkmal, Wien – Bozen 2016.

Statista, Anzahl der Kinder unter 14 Jahren in Deutschland von 1991 bis 2019, Hamburg 2020 (https://de.statista.com/statistik/daten/studie/1253/umfrage/anzahl-der-kinder-bis-14-jahre-in-deutschland-seit-dem-jahr-1950/, 11.12.2020).

Statista, Mitgliederzahlen der politischen Parteien am 31. Dezember 2019, Hamburg 2020 (https://de.statista.com/statistik/daten/studie/1339/umfrage/mitgliederzahlen-der-politischen-parteien-deutschlands/, 30.11.2020).

Statistics Bureau of Japan, Monthly Report: Population Estimates by Age (Five-Year Groups) and Sex, Tokio, 1. November 2020 (https://www.stat.go.jp/english/data/jinsui/tsuki/index.html, 25.11.2020).

Statistisches Amt München, Bevölkerung am 31.12.2019 nach Alter, Geschlecht und Migrationshintergrund, München 2020.

Statistisches Bundesamt, Bevölkerung und Erwerbstätigkeit. Bevölkerung mit Migrationshintergrund, Ergebnisse des Mikrozensus 2019, Wiesbaden, 28. Juli 2020a.

Statistisches Bundesamt, Migration und Integration: Bevölkerung in Privathaushalten nach Migrationshintergrund und überwiegendem Lebensunterhalt, Wiesbaden, 28. Juli 2020b (https://www.destatis.de/DE/Themen/Gesellschaft-Umwelt/Bevoelkerung/Migration-Integration/Tabellen/migrationshintergrund-lebensunterhalt.html, 08.12.2020).

Statistisches Bundesamt, Migration und Integration: Bevölkerung in Privathaushalten nach Migrationshintergrund im weiteren Sinn nach ausgewählten Geburtsstaaten, Wiesbaden, 28. Juli 2020 (https://www.destatis.de/DE/Themen/Gesellschaft-Umwelt/Bevoelkerung/Migration-Integration/Tabellen/migrationshintergrund-staatsangehoerigkeit-staaten.html, 25.08.2020).

Statistisches Bundesamt, Bruttoinlandsprodukt im 1. Quartal 2020 um 2,2 % niedriger als im Vorquartal. Auswirkungen der Corona-Pandemie führen zu stärkstem Rückgang seit 1. Quartal 2009, Pressemitteilung Nr. 169, Wiesbaden, 15. Mai 2020 (https://www.destatis.de/DE/Presse/Pressemitteilungen/2020/05/PD20_169_811.html, 11.12.2020)

Statistisches Bundesamt, Migration und Integration: Ausländische Bevölkerung nach Geschlecht und ausgewählten Staatsangehörigkeiten am 31.12.2019, Wiesbaden, 15. April 2020 (https://www.destatis.de/DE/Themen/Gesellschaft-Umwelt/Bevoelkerung/Migration-Integration/Tabellen/auslaendische-bevoelkerung-geschlecht.html, 25.11.2020).

Stein, Dieter, Phantom »Neue Rechte«. Die Geschichte eines politischen Begriffs und sein Mißbrauch durch den Verfassungsschutz, Berlin 2005.

Steinberg, Jonathan, Bismarck. Magier der Macht, Berlin 2012 [2011].

Steininger, Rolf, Südtirol. Vom Ersten Weltkrieg bis zur Gegenwart, erweiterte und aktualisierte Neuausgabe, Innsbruck – Wien 2014.

Steinmeier, Frank-Walter, 150. Jahrestag der Gründung des Deutschen Reiches, Berlin, 13. Januar 2021 (https://www.bundespraesident.de/SharedDocs/Reden/DE/Frank-Walter-Steinmeier/Reden/2021/01/210113-150Jahre-Reichsgruendung.html, 19.01.2021).

Steinmeier, Frank-Walter, Rede auf dem Festakt zum Tag der Deutschen Einheit 2020, Potsdam, 3. Oktober 2020 (https://www.bundespraesident.de/SharedDocs/Reden/DE/Frank-Walter-Steinmeier/Reden/2020/10/201003-TdDE-Potsdam.html, 16.04.2020).

Steinmeier, Frank-Walter, Dank an Polizisten für ihren Einsatz, Berlin, 31. August 2020 (https://www.bundespraesident.de/SharedDocs/Berichte/DE/Frank-Walter-Steinmeier/2020/08/200831-Statement-Gespraech-Polizisten.html, 09.11.2020).

Steinmeier, Frank-Walter, »Unsere Verantwortung kennt keinen Schlussstrich«, Interview mit Dirk Kurbjuweit und Veit Medick, in: Der Spiegel, Nr. 38, 14. September 2019, S. 24–27.

Sternberger, Dolf, Verfassungspatriotismus (Schriftensammlung), Frankfurt am Main 1990.

Sternberger, Dolf, Verfassungspatriotismus, Rede bei der 25-Jahr-Feier der »Akademie für politische Bildung«, Tutzing 1982, in: Sternberger (1990): S. 17–31.

Sternberger, Dolf, Verfassungspatriotismus, in: FAZ, Nr. 119, 23. Mai 1979, S. 1.

Stichs, Anja, Wie viele Muslime leben in Deutschland? Eine Hochrechnung über die Anzahl der Muslime in Deutschland zum Stand 31. Dezember 2015. Im Auftrag der Deutschen Islam Konferenz, Working Paper 71 des Bundesamts für Migration und Flüchtlinge, Nürnberg, Dezember 2016 (https://www.bamf.de/SharedDocs/Anlagen/DE/Forschung/WorkingPapers/wp71-zahl-muslime-deutschland.pdf?__blob=publicationFile &v=12, 10.12.2020).

Stiftung Internationaler Karlspreis zu Aachen, Karl der Große und der Internationale Karlspreis, Aachen, o. J. (https://www.karlspreis.de/de/karlspreis/karl-der-grosse-und-der-internationale-karlspreis, 09.11.2020).

Stöber, Georg (Hrsg.), »Fremde Kulturen« im Geographieunterricht. Analysen, Konzepte, Erfahrungen, Hannover 2001.

Stock, Wolfgang, Angela Merkel. Eine politische Biographie, 2. Auflage, München 2000.

Stollberg-Rilinger, Barbara, Das Heilige Römische Reich Deutscher Nation. Vom Ende des Mittelalters bis 1806, 6. aktualisierte Auflage 2018 [2006].

Stöss, Richard, Rechtsextremismus im vereinten Deutschland, 3. überarbeitete Auflage, Berlin 2000.

Stöss, Richard, Sollen die Grünen verboten werden? Zur Kritik konservativer Staatsrechtslehrer an der Verfassungsmäßigkeit der Grünen/Alternativen, in: Politische Vierteljahresschrift, Nr. 4, Dezember 1984, S. 403–424.

Stöver, Bernd, Der Fall Otto John, Neue Dokumente zu den Aussagen des deutschen Geheimdienstchefs gegenüber MfS und KGB, in: Vierteljahreshefte für Zeitgeschichte, Nr. 1, 1999, S. 103–136.

Strauss, Botho, Anschwellender Bocksgesang, in: Der Spiegel, Nr. 6, 8. Februar 1993, S. 202–207.

Struck, Peter, Rede des Bundesministers der Verteidigung, Berlin, 20. Dezember 2002 (https://www.bundesregierung.de/breg-de/service/bulletin/rede-des-bundesministers-der-verteidigung-dr-peter-struck--784328, 16.11.2020).

Stürmer, Michael, Die Deutschen und ihre Nation: Das ruhelose Reich. Deutschland 1866–1918, Siedler Deutsche Geschichte, Berlin 1994.

Südtirol/Die offizielle Reiseseite, Sprachen in Südtirol, Bozen 2016 (http://www.suedtirol.info/de/das-ist-suedtirol/menschen/sprachen, 09.12.2016).

Südtiroler Landesverwaltung, Autonome Provinz Bozen-Südtirol, Bozen 2020 (http://www.provinz.bz.it/de/kontakt.asp, 21.11.2020).

Sullivan, Laura; u. a., The Racial Wealth Gap. Why Policy Matters, Demos/IASP, New York 2015.

Swoboda, Helmut (Hrsg.), Der Traum vom besten Staat. Texte aus Utopien von Platon bis Morris, 3. Auflage, München 1987 [1972].

Tacitus, Annalen. Deutsche Gesamtausgabe, herausgegeben von Werner Suerbaum, 3. vollständig überarbeitete Auflage, Stuttgart 2018 [etwa 115–120 n. Chr.].
Tacitus, Germania, o. O., 98 n. Chr. Vorlage: zweisprachige Ausgabe Lateinisch-Deutsch, übertragen und erläutert von Arno Mauersberger, Köln 2009 [1942].
Tanner, Jakob, Die Schweiz ist eine gespaltene Nation, Interview, in: magazin, Nr. 3, 2011, S. 38–42.
Tenet, George J., DCI Worldwide Threat Briefing 2002: Converging Dangers in a Post 9/11 World, Testimony Before the Senate Armed Services Committee, Washington D.C., 19. März 2002 (https://www.cia.gov/news-information/speeches-testimony/2002/dci_speech_02062002.html, 09.11.2020).
Tetteh, Benjamin, 2019: Year of return for African Diaspora. Ghana rolls out the red carpet to encourage resettlement in the motherland, in: African Renewal, Dezember 2018–März 2019 (https://www.un.org/africarenewal/magazine/december-2018 march-2019/2019-year-return-african-diaspora, 25.11.2020).
The World Bank, GDP per capita (current US$), Washington D.C. 2021 (https://data.worldbank.org/indicator/NY.GDP.PCAP.CD, 09.03.2021).
The World Bank, Gross domestic product 2019, Washington D.C., 23. März 2021 (https://databank.worldbank.org/data/download/GDP.pdf, 09.03.2021).
Theoharis, Athan; u. a. (Hrsg.), The Central Intelligence Agency. Security under Scrutiny, Westport – London 2006.
Tomkowitz, Gerhard; Wagner, Dieter, »Ein Volk, ein Reich, ein Führer!« Der »Anschluß« Österreichs 1938, 2. Auflage, München – Zürich 1988 [1968].
Torge, Wolfgang, Geschichte der Geodäsie in Deutschland, Berlin – New York 2007.
Transfeld, Mareike, Ansatzpunkte für einen nachhaltigen Frieden im Jemen, in: Aus Politik und Zeitgeschichte, Nr. 1–3, 6. Januar 2020, S. 41–46.
Uhle, Arnd, Freiheitlicher Verfassungsstaat und kulturelle Identität, Tübingen 2004.
Ullrich, Volker, Die nervöse Großmacht 1871–1918. Aufstieg und Untergang des deutschen Kaiserreichs, erweiterte Neuausgabe, Frankfurt am Main 2013 [1997].
Ulram, P. A., Österreichbewusstsein 1987, Wien, o. J. (vermutlich 1988).
UNESCO, Erklärung von Mexiko-City über Kulturpolitik, Mexiko-City, 26. Juli–6. August 1982 (https://www.unesco.de/sites/default/files/2018-03/1982_Erkl%C3%A4rung_von_Mexiko.pdf, 08.02.2021).
UNESCO, The Race Question, Paris, 18. Juli 1950 (https://unesdoc.unesco.org/ark:/48223/pf0000128291, 18.11.2020).
UN-Generalversammlung, Erklärung der Vereinten Nationen über die Rechte der indigenen Völker, Resolution 61/295, New York, 13. September 2007 (https://www.un.org/esa/socdev/unpfii/documents/Declaration%28German%29.pdf, 25.11.2020).
United Nations Organization, Charta der Vereinten Nationen, San Francisco, 26. Juni 1945 (https://unric.org/de/charta/, 18.11.2020).
United Nations Organization/Abteilung für Bevölkerungsfragen, Ohne Einwanderung wird die Bevölkerung in fast allen europäischen Ländern schrumpfen (Press Release), New York, 17. März 2000 (https://www.un.org/en/development/desa/population/publications/pdf/ageing/replacement-press-ger.pdf, 12.11.2020).
United Nations Secretariat/Population Division/Department of Economic and Social Affairs, Replacement Migration. Is It a Solution to Declining and Ageing Popula-

tions?, New York 2001 (https://www.un.org/en/development/desa/population/publications/pdf/ageing/replacement-cover.pdf, 12.11.2020).

United Nations University UNU-Wider, World Income Inequality Database, Helsinki, 6. Mai 2020 (https://www.wider.unu.edu/database/wiid, 11.12.2020).

United States Census Bureau, Quick Facts: United States, Washington D.C., 1. Juli 2019a (https://www.census.gov/quickfacts/fact/table/US/PST045219, 23.11.2020).

United States Census Bureau, Quick Facts: Chicago city, Illinois, Washington D.C., 1. Juli 2019 (https://www.census.gov/quickfacts/fact/table/chicagocityillinois/PST045219, 11.03.2021).

U.S. Department of Justice/Office of Juvenile Justice and Delinquency Prevention, Estimated number of arrests by offense and race, 2019, Washington D.C., 16. November 2020 (https://www.ojjdp.gov/ojstatbb/crime/ucr.asp?table_in=2&selYrs=2019&rdoGroups=1&rdoData=c, 04.02.2021).

Verband der Automobilindustrie, Bernhard Mattes folgt Matthias Wissmann als VDA-Präsident, Berlin, 30. Januar 2018 (https://www.vda.de/de/presse/Pressemeldungen/20180130-bernhard-mattes-folgt-matthias-wissmann-als-vda-pr-siden.html, 01.12.2020).

Verfassung der Deutschen Demokratischen Republik, Ost-Berlin, 7. Oktober 1974 (http://www.verfassungen.de/ddr/verf74.htm#0, 13.08.2020).

Verfassung der Deutschen Demokratischen Republik, Ost-Berlin, 6. April 1968, veröffentlicht von der Konrad-Adenauer-Stiftung (https://www.kas.de/c/document_library/get_file?uuid=9c5c691c-e04a-85b3-5200-167692469643&groupId=252038, 08.12.2020).

Verfassung der Deutschen Demokratischen Republik, Ost-Berlin, 7. Oktober 1949 (http://www.documentarchiv.de/ddr/verfddr1949.html, 09.12.2020).

Verfassungsschutz Mecklenburg-Vorpommern, Funktionen und Aufgaben, Schwerin 2020 (https://www.verfassungsschutz-mv.de/verfassungsschutz/funktionen_aufgaben/, 10.11.2020).

Vertrag über die Europäische Union, Maastricht, 7. Februar 1992 (https://www.cvce.eu/content/publication/2002/4/9/2c2f2b85-14bb-4488-9ded-13f3cd04de05/publishable_de.pdf, 23.11.2020).

Vertrag zwischen der Bundesrepublik Deutschland und der Deutschen Demokratischen Republik über die Herstellung der Einheit Deutschlands (Einigungsvertrag), Berlin, Ausfertigungsdatum vom 31. August 1990, Fassung vom 27. Juni 2017 (http://www.gesetze-im-internet.de/einigvtr/BJNR208890990.html, 21.06.2021).

Vertrag zwischen der Bundesrepublik Deutschland und der Republik Polen über die Bestätigung der zwischen ihnen bestehenden Grenze, Warschau, 14. November 1990, in: Bundesgesetzblatt, Teil II, Nr. 33, Bonn, 21. Dezember 1991, S. 1329 f.

Vertretung der Europäischen Kommission in Deutschland, Haushaltskommissar Oettinger weist Berichte über »EU-Beitrags-Hammer« für Deutschland zurück, Berlin, 30. Oktober 2019 (https://ec.europa.eu/germany/news/20191030-EU-Haushalt-Deutschland-Oettinger_de, 17.03.3031).

Verwaltungsgericht Berlin, »Identitäre Bewegung« und Verfassungsschutzbericht 2019: Einstufung als »gesichert rechtsextrem« nicht zu beanstanden, Pressemitteilung, Nr. 34, Berlin, 23. Juni 2020 (https://www.berlin.de/gerichte/verwaltungsgericht/presse/pressemitteilungen/2020/pressemitteilung.949221.php, 14.11.2020).

Verwaltungsgericht Köln, Verwaltungsgericht Köln untersagt Verfassungsschutz per Hängebeschluss vorerst Einstufung der AfD als »Verdachtsfall«, Az.: 13 L 105/21, Köln, 5. März 2021 (https://www.vg-koeln.nrw.de/behoerde/presse/Pressemitteilungen/09_05032021/index.php, 06.03.2021).

Verwaltungsgericht Köln, Bundesamt für Verfassungsschutz muss Bezeichnung der Identitären Bewegung als »gesichert rechtsextremistisch« widerrufen, Az.: 13 L 1667/19, Köln, 25. September 2019 (http://www.vg-koeln.nrw.de/behoerde/presse/Pressemitteilungen/20_190919/index.php, 13.11.2020).

Verwaltungsgericht Köln, Bezeichnung der AfD als »Prüffall« durch das Bundesamt für Verfassungsschutz unzulässig, Az.: 13 L 202/19, Köln, 26. Februar 2019 (https://www.vg-koeln.nrw.de/behoerde/presse/Pressemitteilungen/Archiv/2019/03_190226/, 13.11.2020).

Vogel, Bernhard, Dolf Sternberger, Vater des Verfassungspatriotismus. Eine Würdigung zum 100. Geburtstag, in: Die Politische Meinung, Nr. 452, Juli 2007, S. 69–72.

Voigt, Udo, »Ziel ist, die BRD abzuwickeln«, Interview, in: Junge Freiheit, 24. September 2004 (https://jungefreiheit.de/debatte/interview/2004/ziel-ist-die-brd-abzuwickeln/, 07.11.2020).

Vorländer, Hans (Hrsg.), Demokratie und Transzendenz. Die Begründung politischer Ordnungen, Bielefeld 2013.

Wagener, Martin, Über die Identitäre Bewegung. Ein Gespräch mit Martin Sellner, Berlin 2021.

Wagener, Martin, Deutschlands unsichere Grenze. Plädoyer für einen neuen Schutzwall, München 2018.

Wahlrecht.de, Dokumentation von Forsa-Umfragen zum Thema »Wenn am nächsten Sonntag Bundestagwahl wäre …«, Hamburg 2021 (https://www.wahlrecht.de/umfragen/forsa.htm, 13.03.2021).

Wahlrecht.de, Ergebnisse der Landtagswahlen in Bayern, Hamburg 2020 (https://www.wahlrecht.de/ergebnisse/bayern.htm, 13.11.2020).

Wahlrecht.de, Umfragen Bayern: Wenn am nächsten Sonntag Landtagswahl wäre …, Hamburg 2020 (https://www.wahlrecht.de/umfragen/landtage/bayern.htm, 10.12.2020).

Walter, Franz, Vom Milieu zum Parteienstaat. Lebenswelten, Leitfiguren und Politik im historischen Wandel, Wiesbaden 2010.

Wassel, Todd, Timor-Leste: Links between Peacebuilding, Conflict Prevention and Durable Solutions to Displacement, Washington D.C., 5. September 2014.

Weber, Max, Politik als Beruf, Ditzingen 1997 [1919].

Wehler, Hans-Ulrich, Deutsche Gesellschaftsgeschichte, 5 Bände, München 2008 [1987–2008].

Wehler, Hans-Ulrich, Deutsche Gesellschaftsgeschichte. Vierter Band: Vom Beginn des Ersten Weltkriegs bis zur Gründung der beiden deutschen Staaten 1914–1949, 3. durchgesehene Auflage, München 2008 [2003].

Wehler, Hans-Ulrich, Nationalismus. Geschichte, Formen, Folgen, 3. Auflage, München 2007 [2001].

Wehling, Elisabeth, »Ich habe noch nie einem Kunden vorgeschrieben, was er sagen soll«, Interview mit Detlef Esslinger, in: SZ, 27. Februar 2019 (https://www.sueddeutsche.de/medien/elisabeth-wehling-framing-ard-linguistik-sprachwissenschaft-1.4346478, 06.12.2020).

Wehling, Elisabeth, Framing-Manual. Unser gemeinsamer, freier Rundfunk ARD, Berkeley 2017.

Wehling, Elisabeth, Politisches Framing. Wie eine Nation sich ihr Denken einredet – und daraus Politik macht, Köln 2016.

Weidenfeld, Werner; Glaab, Manuela, Die deutsche Frage im Bewußtsein der Bevölkerung in beiden Teilen Deutschlands. Das Zusammengehörigkeitsgefühl der Deutschen – Konstanten und Wandlungen. Einstellungen der westdeutschen Bevölkerung 1945/49–1990, in: Deutscher Bundestag (Hrsg.), Enquete-Kommission »Aufarbeitung von Geschichte und Folgen der SED-Diktatur in Deutschland« (1992–1994), Band V/3, vermutlich Berlin, vermutlich 1995, S. 2798–2962 (Recherche über: https://enquete-online.de/recherche/, 13.09.2020).

Weizsäcker, Richard von, »Wo bleibt der politische Wille des Volkes?«, Interview mit Gunter Hofmann und Werner A. Perger, in: Die Zeit, Nr. 26, 19. Juni 1992 (https://www.zeit.de/1992/26/wo-bleibt-der-politische-wille-des-volkes, 30.11.2020).

Weizsäcker, Richard von, Brief an den Bundeskanzler der Bundesrepublik Deutschland, Herrn Dr. Helmut Kohl, Bonn, 19. August 1991, in: Bulletin des Presse- und Informationsamtes der Bundesregierung, Nr. 89, 27. August 1991, S. 713.

Weizsäcker, Richard von, Ansprache beim Staatsakt zum Tag der Deutschen Einheit in der Philharmonie, Berlin, 3. Oktober 1990, in: Bulletin des Presse- und Informationsamtes der Bundesregierung, Nr. 118, Bonn, 5. Oktober 1990, S. 1232–1238.

Weizsäcker, Richard von, Was ist das eigentlich: deutsch? Eine Einleitung, in: Bertelsmann Lexikothek Verlag, Deutschland. Porträt einer Nation, Band 1: Geschichte, Gütersloh 1985, S. 10–14.

Weizsäcker, Richard von, Rede während der Gedenkveranstaltung im Plenarsaal des Deutschen Bundestages zum 40. Jahrestag des Endes des Zweiten Weltkrieges in Europa, Bonn, 8. Mai 1985 (http://www.bundespraesident.de/SharedDocs/Reden/DE/Richard-von-Weizsaecker/Reden/1985/05/19850508_Rede.html, 26.11.2020).

Weizsäcker, Richard von, Rede, Bonn, 24. Februar 1972, in: Deutscher Bundestag, 6. Wahlperiode, 172. Sitzung, Bonn, 24. Februar 1972, S. 9837–9842 (http://dipbt.bundestag.de/doc/btp/06/06172.pdf, 26.11.2020).

Wendt, Alexander, Social Theory of International Politics, Cambridge 1999.

Wendt, Bernd-Jürgen, Großdeutschland. Außenpolitik und Kriegsvorbereitung des Hitler-Regimes, München 1987.

Wengeler, Martin (Hrsg.), Deutsche Sprachgeschichte nach 1945. Diskurs- und kulturgeschichtliche Perspektiven. Beiträge zu einer Tagung anlässlich der Emeritierung Georg Stötzels, Hildesheim 2003.

Werthebach, Eckart, Vorwort, in: Bundesamt für Verfassungsschutz (Oktober 1992): S. 3 f.

Westminster Abbey, Malaya memorial, London 1962 (https://www.westminster-abbey.org/de/abbey-commemorations/commemorations/malaya-memorial, 18.11.2020).

Who's Who, Biografie: Hans-Georg Wieck, Rheinmünster, o. J. (http://www.whoswho.de/bio/hans-georg-wieck.html, 10.11.2020).

Who's Who, Biografie: Klaus Kinkel, Rheinmünster, o. J. (http://www.whoswho.de/bio/klaus-kinkel.html, 10.11.2020).

Wickert, Ulrich, Identifiziert Euch! Warum wir ein neues Heimatgefühl brauchen, München 2019.

Wiegrefe, Klaus, Der nahe ferne Krieg, in: Der Spiegel, Nr. 1, 30. Dezember 2013, S. 28–37.

Winkler, Heinrich August, Der lange Weg nach Westen, Erster Band: Deutsche Geschichte vom Ende des Alten Reiches bis zum Untergang der Weimarer Republik, 4. durchgesehene Auflage, München 2002 [2000].

Winkler, Heinrich August, Weimar 1918–1933: Die Geschichte der ersten deutschen Demokratie, 3. durchgesehene Auflage, München 1998 [1993].

Winkler, Heinrich August, Extremismus der Mitte? Sozialgeschichtliche Aspekte der nationalsozialistischen Machtergreifung, in: Vierteljahreshefte für Zeitgeschichte, Nr. 2, 1972, S. 175–191.

Winter, Ernst Karl, Die Geschichte des österreichischen Volkes, herausgegeben und kommentiert von Paul R. Tarmann, 2. Auflage, Wien 2019 [2018]. Das Original stammt von 1945.

Wirtz, James J., The Tet Offensive. Intelligence Failure in War, New York 1994 [1991].

wissen.de, Leinfelden-Echterdingen 2021 (https://www.wissen.de/, 21. 06. 2021).

Wissenschaftliche Dienste des Deutschen Bundestages, Sachstand: Moscheen in Deutschland, WD 10 – 3000 – 083/19, Berlin, 11. Februar 2020.

Wissenschaftliche Dienste des Deutschen Bundestags, Öffentlichkeitsarbeit des Verfassungsschutzes: »Prüffälle«, WD 3 – 3000 – 025/19, Berlin, 12. Februar 2019.

Wissenschaftliche Dienste des Deutschen Bundestags, Sachstand: Transferzahlungen an die ostdeutschen Bundesländer, WD 4 – 3000 – 033/18, Berlin, 22. Februar 2018.

Wissenschaftliche Dienste des Deutschen Bundestags, Die Sitzordnung im Deutschen Bundestag, WD 1 – 3000 – 009/16, Berlin, 16. März 2016.

Wissenschaftliche Dienste des Deutschen Bundestages, Zum rechtlichen Fortbestand des »Deutschen Reichs«. Dokumentation, WD 3 – 292/07, Berlin, 25. Juli 2007.

Wolffsohn, Michael, Antisemitismus – hier irrt (nicht nur) die Kanzlerin. Die Wurzeln des Judenhasses in Deutschland, in: Bild, 1. Juni 2019 (https://www.bild.de/politik/inland/politik-inland/antisemitismus-hier-irrt-nicht-nur-die-kanzlerin-62329984.bild.html, 28. 01. 2021).

Wolffsohn, Michael, Patriotismus? Ja, bitte!, in: Sprachnachrichten, Nr. 2, 2005, S. 5.

Worldometers, Africa Population, o. O., 2021 (https://www.worldometers.info/world-population/africa-population/, 15. 03. 2021).

Wüst, Andreas M., Das Wahlverhalten eingebürgerter Personen in Deutschland, in: Aus Politik und Zeitgeschichte, B 52, 22. Dezember 2003, S. 29–38.

Zander, Michael, Ein »unentbehrlicher Begriff«? Anmerkungen zu Volker Schurigs Ausführungen zum Thema »Menschenrassen«, in: Forum Kritische Psychologie, Nr. 56, 2012, S. 49–57.

ZDF, Die Mitglieder des ZDF-Fernsehrats, Mainz, 5. März 2021 (https://www.zdf.de/zdfunternehmen/zdf-fernsehrat-mitglieder-100.html, 15. 03. 2021).

ZDF, »Deutschland-Saga« mit Christopher Clark, 6 Teile, Mainz 2014 (https://www.zdf.de/dokumentation/terra-x/deutschland-saga-ueber-deutsche-tradition-und-mentalitaet-104.html, 19. 11. 2020).

ZDF, Deutschland-Saga, Teil 2: Wovon wir schwärmen. Der deutsche Wald, unsere Märchen und geheimen Sehnsüchte, Mainz, 7. Dezember 2014 (https://www.zdf.de/dokumentation/terra-x/deutschlandsaga-wovon-wir-schwaermen-100.html, 08. 12. 2020).

ZDF, »Die Deutschen«, 20 Folgen, Mainz, 2008–2010 (https://www.zdf.de/dokumentation/die-deutschen, 19.11.2020).

Zechner, Johannes, Natur der Nation. Der »deutsche Wald« als Denkmuster und Weltanschauung, in: Aus Politik und Zeitgeschichte, Nr. 49/50, 4. Dezember 2017, S. 4–10.

Zick, Andreas, Polarisierung und radikale Abwehr – Fragen an eine gespaltene Gesellschaft und Leitmotive politischer Bildung, in: Zick/Küpper/Krause (2016): S. 203–218.

Zick, Andreas; Küpper, Beate; Krause, Daniela (Hrsg.), Gespaltene Mitte, feindselige Zustände. Rechtsextreme Einstellungen in Deutschland 2016, herausgegeben für die Friedrich-Ebert-Stiftung von Ralf Melzer, Bonn 2016.

Zick, Andreas; u. a., Gruppenbezogene Menschenfeindlichkeit in Deutschland 2002–2016, in: Zick/Küpper/Krause (2016): S. 33–81.

Zündorf, Irmgard, Hermann Höcherl 1912–1989, in: LEMO, Berlin – Bonn – Koblenz, 15. Februar 2016 (https://www.hdg.de/lemo/biografie/hermann-hoecherl.html, 07.11.2020).

Das Literaturverzeichnis umfasst keinen der zahlreich in den Fußnoten zitierten Beiträge aus Tageszeitungen, Nachrichtenagenturen, Wochenmagazinen, TV-Sendern und ihren Online-Ablegern. Ausnahmen wurden lediglich bei grundsätzlich ausgerichteten Beiträgen gemacht. Die im Literaturverzeichnis nicht aufgeführten Titel wurden den folgenden Medien entnommen:

Arbeitsgemeinschaft der öffentlich-rechtlichen Rundfunkanstalten der Bundesrepublik Deutschland
Augsburger Allgemeine
Badische Zeitung
Bayerischer Rundfunk
Bayernkurier
Berliner Morgenpost
Berliner Zeitung
Bild
Bild Live
Chicago Sun Times
Cicero
Compact-Magazin
Das Ostpreußenblatt
Das Parlament
Der Spiegel
Der Standard
Der Tagesspiegel
Deutsche Welle
Deutschlandfunk
Die Presse
Die Welt
Focus
Focus Magazin

Focus Online
Forbes
Frankfurter Allgemeine Zeitung
Frankfurter Rundschau
Hamburger Abendblatt
Handelsblatt
Junge Freiheit
kath.net
Kurier
Main-Post
Märkische Allgemeine
Mitteldeutscher Rundfunk
nachrichten.at
National Broadcasting Company Chicago
Neue Zürcher Zeitung
Neues Deutschland
Neues Wiener Tagblatt
Norddeutscher Rundfunk
n-tv
Oberösterreichische Nachrichten
OE24.TV
Österreichischer Rundfunk
Reuters
Rheinische Post Online
Rundfunk Berlin-Brandenburg
Saarländischer Rundfunk
Spiegel Online
Spiegel TV
Stuttgarter Zeitung
Süddeutsche Zeitung
Südwestrundfunk
tagesschau.de
Tageszeitung
The Economist
The Epoch Times
The Harvard Gazette
The Huffington Post
The Japan Times
The New York Times
The Washington Post
Vorwärts
Web.de
Weser Kurier
Westdeutscher Rundfunk
Wirtschaftswoche
Zeit Online
Zweites Deutsches Fernsehen